目录

前言

自《春秋》以来，我国历史书写便确立了一个原则，那就是将道德观念与政治理想融入历史叙述之中来定褒贬、明得失。在中国文化传统中，历史的编撰与流播从来就不仅是出自简单的求知欲，而且是士人积极介入社会生活以实现其政治理想的重要方式，正如司马迁在《史记·太史公自序》中所说的那样："夫《春秋》，上明三王之道，下辨人事之纪，别嫌疑，明是非，定犹豫，善善恶恶，贤贤贱不肖，存亡国，继绝世，补敝起废，王道之大者也。"《春秋》一书所寄托的"王道"政治理想，一直激励着传统儒家士人砥砺修行，积极参与到现实政治之中去践行他们"致君尧舜上，再使风俗淳"（杜甫《奉赠韦左丞丈二十二韵》）的理想。在两千多年的历史长河中，这样一个薪火相传、秉持一贯的道德理想去参与和改造现实政治的社会群体，可谓是人类文明史上独一无二的，这也正是我国文明之所以能历经劫难而一再重光的重要原因。倘若没有这些先贤们所秉持的"知其不可为而为之"，"从道不从君，从义不从父"的理想主义精神，很难想象今天的中国人及中国文化会是何种面目。

在传统士人的认知中，历史活动中的人对道德的践行状况决定着朝代的兴亡更替。所谓"治世"或"盛世"的形成，是君明臣贤、励精图治的结果，而"衰世"和"乱世"则是由于道德原则遭到破坏，君主沉溺声色，奸臣弄权于朝堂，忠良窜伏于草野。这一观念固然有其局限性，但在历史经验中却有其不容置疑的合理性。今人在讨论历史兴废时,往往更强调制度的决定作用,甚至把对道德因素的强调作为中国传统史学观念的一大缺陷,却忽略了一个重要的问题,那就是制度是由人来运作的,不管多么严密、精巧的制度设计,倘若没有适当的人来执行和维护,也不过是虚文而已。比如,明朝拥有那个时代最为完善的监察制度,但明朝后期的贪腐现象在历朝历代中也是极为突出的,这与晚明时期士风败坏、奢靡之风的盛行密切相关。由此看来,士人群体以砥砺道德来清正社会风气的努力,其作用是不容小觑的,而且对当代社会也有着巨大的启示意义。

司马迁开创的纪传体,成为历代正史编撰的标准。经由这一源远流长的传统,各类人物在史书中各得其所,"明君""仁君"与"昏君""暴君","忠臣""清官"与"奸臣""贪官",在秉笔直书的史官那里各得其褒贬,或流芳百世,或遗臭万年。每一个在政治舞台上活动的人物,都在史书中存其影像。这其中,"廉吏",即我们通常所说的"清官",是一个重要的类别。关于"廉吏"的明确记述,自当以《史记·循吏列传》为始。虽然司马迁并未使用"廉吏"这一名称,但《循吏列传》中的人物无不清廉正直,严守纲纪,仁厚爱民,广施教化,集中体现了官吏应当"奉职循理"的观念。《史记》之后,历代史家皆重视对"循吏""良吏"或"廉吏"的记述,以寄托其政治理想,虽名称小有差异,但其宗旨立场和对历史人物的评判标准则是高度一致的。正是在这种强大的传统影响之下,值国运衰颓、政治浊乱的历史时期,采撷正史记述清官以激浊扬清砥砺士风的专门著作便应运而生。我们今天能见到的第一部这样的专书,是两宋之交成都人费枢所撰的《廉吏传》。

费枢,成都府广都县(今四川成都双流区)人。其人仕履始末,《四库全书总目提要》称其无考,当代学者考知其在宋高宗绍兴年间(1131—1162)曾出任归州(治所在今湖北秭归)知州。费枢收集整理历代史籍中为官清正、有功于社稷、施仁政于百姓者的事迹,统以"廉吏"名之,合编为《廉吏传》一书。其成书时间,《四库全书总目提要》云:"(费枢)自序题宣和乙巳，盖作于宋徽宗末年。”宋徽宗在位期间，大肆享乐，挥霍无度，为满足私欲而大兴土木，营建了历史上著名的皇家园林“艮岳”，由此而兴起为祸长达二十年的“花石纲”之役。上有好者，下必甚焉，朝堂晦暗，奸佞横行，政以贿成，贪腐成风，终致不可收拾，乃有“靖康之变”。费枢亲身经历了这一时期的内忧外患，其编撰《廉吏传》的用意不言而喻。他从历代史籍中辑录出上自春秋，下至唐末共一百一十二人的事迹，以春秋时期鲁国大夫季孙行父起首，唐人卢钧殿后，主要记述了这些人物如何砥砺清廉之操守及其为官之政绩，并加以议论点评。那些淹没于浩繁卷帙而大多令名不彰的廉吏被置于放大镜之下，第一次在历史的舞台上集体亮相。编撰者为这一群体树碑立传，正是为了针砭当时颓败衰朽的官场风气，希望借此弘扬正气，唤起同道，激起对于家国天下的责任感，肩负起天下的兴亡。

由此看来，黄汝亨在费枢的基础上增订续编这部《廉吏传》，就不仅仅是一种历史的巧合。

黄汝亨（1558—1626），字贞父，浙江仁和（今浙江杭州余杭区）人。万历二十六年（1598）进士，翌年为进贤知县，颇有政绩。后起为南京工部主事，改礼部郎中，迁江西提学佥事，进本省布政司参议。逾年谢病归隐，结庐南屏，题曰“寓林”，以著述自娱，与汪汝谦等众多文人雅士悠游山水之间。其著述除《廉吏传》而外，另有《寓林集》《寓林诗》《寓庸子游记》《天目游记》《古奏议》等。

与费枢的经历颇为相近，黄汝亨踏入官场之际，历史已经走入“晚明”时期，万历皇帝已经开始了他在中国历史上空前绝后的长期怠政生涯。与宋徽宗兴起“花石纲”类似，从万历二十四年（1596）开始，万历皇帝为了敛财而派出宦官到各地征收矿税和商税，所到之处大肆扰民，专以贪污纳贿、敲诈勒索为能事。明朝贵族、官僚的生活也日益腐朽，上层社会沉溺于奢靡享乐之中。与此同时，是土地兼并的日益加剧和底层民众生活的困苦，整个社会正酝酿着一场巨大的危机。黄汝亨去世的天启六年(1626)前后,关外的后金政权已多次击败明朝军队,而风起云涌的明末农民战争也即将拉开序幕。十多年后,腐朽的明王朝就在深重的内忧外患中覆灭了。身处末世的黄汝亨清楚地看到了当时天下弊端的根由在于礼崩乐坏、纲纪废弛,士大夫阶层精神堕落、蝇营狗苟,故而他在《廉吏传》序言中明确表示编撰本书的目的在于"扬清风,惩败类,使夷跖分途,治乱征象,泾渭画然,为世劝戒"。这是对"孔子作《春秋》而乱臣贼子惧"的儒家修史传统的继承和发扬。黄汝亨在费枢的基础上,增补了五代以前人物一百三十三人,续编宋、元两个朝代计六十四人。因为他在成书时仅署己名,不著费枢,故致掠美之讥,但是这并不能抹杀其功。平心论之,可以从以下几方面看出其不同于前人之处。

首先,黄汝亨将列入《廉吏传》的历史人物评定出上、中、下三等,在其评判标准中所贯彻的乃是儒家"修身齐家治国平天下"的核心价值观。在黄汝亨看来,士人出仕为官的根本目的在于实现天下太平、百姓安康的政治理想,清廉只是践行理想信念的一个必要条件而非旨归。清代纪晓岚的《阅微草堂笔记》中有个故事颇为形象地说明了这一点。故事说某官员死后在阎王面前自夸是个清官:"自称所至但饮一杯水,今无愧鬼神。王哂曰:'设官以治民,下至驿丞闸官,皆有利弊之当理。但不要钱即为好官,植木偶于堂,并水不饮,不更胜公乎?'"黄汝亨将那些能洁身自好、甘于清贫却没有什么突出政绩者列为下等;而上等的评定一方面要求其品格足以为后世楷模,另一方面则重点强调其政绩之突出。列入上等者多为历代名臣,他们有的身居宰辅之位而能匡扶朝政、成就善治、惠及苍生,如春秋之晏婴、蜀相诸葛亮、北宋之吕端等;有的能于危亡之际不改其志、秉持忠义,如唐之段秀实、司空图。至于列入中等者,亦多因有造福百姓的善政而为民众所追念。

其次,黄汝亨将费枢所撰《廉吏传》中的评论尽行删除,而在每位廉吏事迹的末尾加上自己的简短评语。这更是充分体现了黄汝亨祖述《春秋》之"微言大义"意图,以几个字、至多数十字,点出人物为何值得人效仿或何处显得偏狭不足为法。从这些评语中可以看出，黄汝亨认为清廉为官不一定要刻意自苦，西汉王吉“好车马衣服，其自奉养极为鲜明”，却被评为上等，黄汝亨的评语是：“衣车鲜明，不畜余财，实廉而不饰名。今之敝车羸马以为名者，视此公可愧。”如果廉吏的行为违背了基本的人伦，黄汝亨则予以明确的批评，如唐代阳城与其弟为了不让外姓人疏离兄弟之情而终身不娶，就被评价为“非义之正也”。黄汝亨对能行仁政、推行教化的廉吏评价都比较高，而对杀伐果决偏好强硬手段的施政者颇有微词。如西汉赵禹，以清廉和执法严明而知名，黄氏对他的评价是“廉矣，又称文深，称倨，近申、韩家”。还有东汉的董宣，著名的“强项令”故事的主角，尽管黄汝亨肯定了他执法不避权贵，但也禁不住要问一句：“杀人如屠儿，可乎？”

与费枢相比，黄汝亨在对廉吏的评价标准上表现出更为鲜明和严格的儒家价值观，因此，黄汝亨明确反对费枢将唐朝之牛僧孺、卢杞这类人物归入廉吏行列。他在《廉吏传》中专设了附录《廉蠹》篇，其中收录的人物如果从不收受贿赂、不积蓄私产、不徇私情这些行为来说，无疑当属于“廉吏”，但是黄汝亨认为他们虽然不贪钱财，而其政治作为却从根本上违背了追求仁政的政治理想，非但不足取法，根本就是反面典型。比如西汉的郅都、张汤、尹齐都是名列《史记·酷吏列传》中的人物，他们推行严刑峻法，揣摩上意陷人入罪，虽然面对财物他们是清廉的，但实际上是“贪生残矣”。唐朝卢杞之妒贤害能，牛僧孺以党争而误国事，都被黄汝亨视为“廉蠹”而痛加鞭挞。清末谴责小说《老残游记》中记载了一个“清官”为祸的故事，作者刘鹗写道：“赃官可恨，人人知之，清官尤可恨，人多不知。盖赃官自知有病，不敢公然为非；清官则自以为不要钱，何所不可？”鲁迅在《中国小说史略》中评论道：“历来小说，皆揭赃官之恶。有揭清官之恶者，自《老残游记》始也。”其实，刘鹗和鲁迅所说的这类特殊的“清官”，正同于黄汝亨所说的“廉蠹”。黄汝亨所揭示的事实，在今天仍然发人深省，它启示我们：不能脱离更高的政治理想和价值观来讨论官员的廉洁问题。

今人论史，时常把对“明君”和“清官”的期盼和崇拜作为批判的对象。但若将这种讨论放置在具体的历史条件下，持平而论，在现代“人民主权”的观念诞生之前，儒家士人所秉持的“以民为本”的“仁政”理念，在很大程度上制约了君主专制制度的恶性膨胀。“为民作主”的清官诚然不符合今天人民当家做主的基本原则，但是在专制制度之下生活的民众，面对着“灭门知县”这种官吏所拥有的几乎是生死予夺的权力，所期盼的除了官员能将他们平日所学的“天视自我民视，天听自我民听”（《尚书·泰誓》）在现实中予以践行之外，并无更多的办法来使自身免受来自专制权力的伤害。

《廉吏传》一书中，更值得重视的，是贯穿其间的“修身”理念。纵观书中所记人物，大都立志坚定，终身不渝。对于他们来说，清廉不仅是为官的政治道德原则，也是实现人生理想所必须的修为，正是因为这种崇高的人生观所激发的道德自觉，使“廉”超脱了普通的职业伦理，而达致理想主义的境界。这一宝贵的精神遗产，理应在当代得到继承和发扬。

最后交代一下《廉吏传》的版本和整理情况。宋代费枢《廉吏传》传世为《四库全书》本。黄汝亨《廉吏传》的传世版本均为明万历刻本，正编共十四卷，附一卷，《四库全书总目题要》传记类存目有本书提要，《续修四库全书》据南京图书馆藏本影印。笔者在整理时，以日本浅草文库藏本为底本，以《续修四库全书》影印本参校，补正了几处文字缺失。

2019年12月张仲裁于西南民族大学

序

【题解】

原本凡例之前有三篇序言，分别为焦竑序、高出序和黄汝亨自序（各本序言排列顺序有差）；凡例之后存有宋人辛次膺为费枢《廉吏传》所撰序言（名为“旧序”）；全书末尾又有黄汝亨门人马元调所作后序。为图省净，仅保留撰者自序一篇。黄汝亨在序言里交代了编撰此书的缘由，强调其目的在于“扬清风，惩败类”，并说明将全书人物分为上、中、下三等，另附“小廉大害、似廉真蠹”之廉蠹一类。遗憾的是，他在序言里对费枢所做的工作只字未提，而且书前书后，序不胜序，穿靴戴帽，亦属嗜名，又岂止存心“掠美”而已。

闻夫大道无名[①]，至德不称。廉者道之一隅，非通士所贵，贤圣所尊异也。伯夷、叔齐求仁得仁[②]，非以立名，阿衡之勋[③]，未闻畸行[④]，然西山高采薇之风[⑤]，一介坚不取之节[⑥]。高以下基，道由本立，廉顽立懦，任重道远，非廉其孰能植之[⑦]？士捐廉鲜耻，苟且富贵而能立身，天地者未之尝闻。故孔子曰：“不得中行而与之，必也狂狷乎[⑧]！”盖狷者有所不为、不屑、不洁也。惟澡身履洁，而后可以入磨涅[⑨]，完坚白,小以立身,大以匡世,故廉贵焉。

【注释】

①大道:天地间至高无上的道理和规律。

②伯夷、叔齐:商朝末年孤竹国君的两个儿子。他们在周武王灭商以后,耻食周粟,最后饿死在首阳山。这种不忘故国的行为,为后世所称赞。求仁得仁:求取仁德即得到仁德。《论语·述而》:"求仁而得仁,又何怨?"后来指如愿以偿。

③阿衡:这里指代商汤时的执政大臣伊尹。

④畸行:超凡脱俗的行为。

⑤西山高采薇之风:据说伯夷、叔齐隐居首阳山时,采薇而食,临终时作《采薇歌》:"登彼西山兮,采其薇矣。以暴易暴兮,不知其非矣。"

⑥一介坚不取之节:出自《孟子·万章上》:"伊尹耕于有莘之野,而乐尧舜之道焉。……非其义也,非其道也,一介不以与人,一介不以取诸人。"介,通"芥",极细小的东西。

⑦植:树立。

⑧狂狷(juàn):《论语·子路》:"不得中行而与之,必也狂狷乎?狂者进取,狷者有所不为也。"狂,特别激进。狷,有所不为,洁身自好。

⑨磨涅(niè):《论语·阳货》:"不曰坚乎,磨而不磷;不曰白乎,涅而不缁。"比喻所经受的考验或外界的影响。

【译文】

听说天地间的真理没有盛名,最高尚的道德不被称扬。廉只是道德的一个方面,并不是通达之士特别重视,圣人贤能特别推崇的。伯夷、叔齐求仁得仁,并不以此博取美名,伊尹辅佐商汤有功,但也没听说有什么超凡脱俗的行为,然而伯夷、叔齐宁可饿死,伊尹坚守一介不取的节操。高必以低下为基础,道必由根本而建立,使贪顽廉洁,使懦夫自立,此事任重道远，如果不凭借一个廉又怎能树立呢！读书人捐弃廉洁，不顾羞耻，苟且富贵却能安身立命，天地之间从未听说过这种事。所以孔子说："得不到言行合乎中庸的人和他相交，那一定要交到激进的人和狷介的人啊！"大约狷介的人有所不为，有所不屑，有所不洁。只有澡雪自身履行廉洁，这样才能经受住各种考验，保持自身的高洁节操，往小里说可以凭此立身，往大里说可以匡扶社稷，所以清廉是非常珍贵的。

然士不贪，犹女不淫。穷居窥观，点染未及，一旦担爵，食禄备冠绅之列[①]，处膏润之地，见欲则乱，见利则昏，乃迁素毁质，与汩俱没，内浊志意，外溷鄙俗[②]，甚者荧惑主心，浚削黔首[③]，流秽扇毒，贻宗社之祸[④]，遗臭千载。于是独醒独清之人，砥行于礼义廉耻，而栖志于淡泊凝静，皎然尘埃之表，澄汰末流，纲纪人世。故尚论者独绳督于人吏[⑤]，而表著其廉，所以扬清风，惩败类，使夷跖分途[⑥]，治乱征象，泾渭画然，为世劝戒。此《廉吏传》之所以作也。

【注释】

①冠绅：官宦。

②溷（hùn）：污混。

③浚削：榨取，搜刮。黔首：老百姓。

④宗社：宗庙和社稷。指代国家。

⑤尚论：向上追论。

⑥夷：伯夷。跖：古代的一名大盗。

【译文】

但是，想让所有的士大夫不贪腐，就像要求所有的妇人不淫乱一样，无法实现。贫居时所见有限，没有被玷污沾染，一旦有了高官显爵，衣食禄位跻身于官宦之列，处在优渥的环境里，见到嗜欲之物就乱了心，见到一点利益就昏了头，于是改变本来的志向，毁弃清高的本质，随浊流而沉没，于内败坏了自己的意志，于外污混于鄙陋的世俗，甚至于迷惑圣心，盘剥百姓，流布毒秽，给国家带来灾难，自己也遗臭千载。于是那些清醒自持的人，以礼义廉耻砥砺品行，以淡泊宁静为志趣所在，在世俗红尘中高标脱俗，淘汰社会末流，为世人表率楷模。所以追论古人行事的人，只是去衡量督正那些管理百姓的官吏，表彰他们的廉洁，借此弘扬清风，惩处败类，使好人和坏人截然分开，安定和动乱的种种表现泾渭分明，以此作为社会的一面镜子。这就是我编撰《廉吏传》一书的缘由。

故曰：举世混浊，清士乃见。三代以前，道德沕穆[①]，气醇风粹，功利无兢，贫富不相耀，世无贪廉之目。降及春秋列国，卿大夫载位食粟，渐于富侈；夷而战国从横之代[②]，人骛垄断，廉耻道丧；以及汉、晋、唐、宋以来，皆乘浊世之末流，兴于事会，各有标尚。士生其间，与俗俱靡，如飘风之弱羽，洪流之芜草，而鸿功亮节之臣，皎皎独行，敦尚风烈，显荣不以官爵，困苦不以饥寒。于是吏以廉特闻，其人可得而称焉。

【注释】

①沕（wù）穆：深微沉稳。

②从横：即战国时期的合纵与连横。从，同“纵”。

【译文】

所以说，整个社会都混浊不堪，于是就出现了清廉之士。夏商周三代以前，社会道德深微沉稳，风气醇厚纯粹，人们不竞逐功利，不迷惑于贫富，社会上也没有贪腐和清廉的说法。到了春秋时期，卿相士大夫居官食禄，逐渐地追求富裕奢侈；至于战国纵横时期，人们都渴望独占独得，廉耻之道丧尽；往下汉、晋、唐、宋各朝，人们乘着混浊时世的末流，热衷于抓住机会，各有标榜和追求的东西。读书人生活在这些朝代，随波逐流，仿佛飘飞在风中的羽毛，倒伏在洪流中的荒草，而那些高功显节的臣子，皎然特立独行，崇尚风采德业，不以官爵为显荣，不以饥寒为困苦。于是官吏就以清廉为大众所知，其人也因此能够被广为称扬。

然廉不同种，各有分予；不同略，各有建树；又不同量，各有广狭。余乃搜集正史[①]，考其行事，核其情性，究其归宿，列为上、中、下三等，各著于篇。其小廉大害，似廉真蠹，为世教戮辱者，附见之。即有巨公高贤，史不兼载，行无实纪，不敢漫录，俟后之君子，讨论而嗣广焉。

万历乙卯春三月，武林黄汝亨撰并书。

【注释】

①正史：一般指历代官方修撰的纪传体史书，比如《史记》《汉书》《后汉书》《三国志》等。

【译文】

不过，清廉一说，不同种类，各有分别；不同境界，各有建树；不同气量，各有宽狭。我于是搜集正史，考证其行事，核验其性情，探究其归宿，把历代清官列为上、中、下三等，分别著于篇首。那些施小廉为大害的，似清廉实禄蛀的，为社会舆论所不齿的，附列在全书最后。可能另有名公高人，史书未曾涉及，生平没有确切记录，不敢随意载入本书，有待于后来的君子，探讨研究而继续增补了。

万历乙卯年春三月，武林黄汝亨撰著并手书。

凡例

一、《廉吏传》抄本，予初得之吴之矩斋中，盖宋成都人费枢所编集，东莱辛次膺为序[①]。旧传断自春秋列国，讫于五季，共一百一十二人。今搜阅正史，添入百三十三人。宋元廉吏，旧俱无传，以编者宋人也。今考宋元史，续传六十四人。通共传三百九人。又旧传中叙事太略者，不见本人品格，稍稍铨补[②]。

【注释】

①辛次膺（1092—1170）：字起季，莱州（今属山东）人。南宋名臣。

②铨（quán）补：斟酌增补。

【译文】

一、《廉吏传》的手抄本，我最初从吴之矩那里得来，原是宋代成都人费枢所编集，东莱辛次膺作序。旧传起自春秋列国，下讫五代，共收入一百一十二人。我搜阅正史，增入一百三十三人。宋元两代廉吏，不见于旧传，因为编者是宋代人的缘故。如今考证宋元史事，接续前书新增六十四人。全书总共为三百零九人立传。另外，旧传中有些叙事过于简略，难以表现其人品格的，斟酌增补相关史实。

一、叙传依各代编年为次。其上者于某传首题一**上**字，次者题一**中**字，又次者题一**下**字，分见各代中。其似廉、诈廉、为廉蠹者别传附。

【译文】

一、各人传记以朝代编年为顺序。列为上等者，在其传记篇首题一**上**字，中等者题一**中**字，下等者题一**下**字，分见于各朝各代之中。那些似廉、诈廉、廉蠹之徒另作传附于全书之后。

一、旧传无上、中、下三等之别。今据愚见，仿孔子中行狂狷、品士之目，僭为次第。中有挂漏及评骘未尽[①]，当俟后之君子折衷焉。

【注释】

①评骘（zhì）：评定。

【译文】

一、旧传没有上、中、下三等分别。今据鄙人浅见，斗胆仿照孔子中行、狂、狷以及品士三等的做法，一一分列。其中有疏漏或是评定不妥者，有待于后来君子斟酌衡量。

一、传名《廉吏》，古来皇王之佐如伊、周[①]，道德之儒如孔、孟，凡历代名臣名贤，杰出千古而不以廉事纪者，全史具在，不概入。

【注释】

①伊、周：即伊尹和周公。

【译文】

一、本书名为《廉吏传》，自古以来帝王辅弼如伊尹和周公，道德之儒如孔子和孟子，以及历代名臣圣贤，彪炳千秋而不仅仅以清廉著称的，全史都在，本书不收入。

一、传中关廉者实事用○，善政奇功卓行异事用◟，文学言语光影用◥，各标置旁，用小点读句，览者详之。[①]

【注释】

①本条所说的三类标点符号，在原文整理时从略。

【译文】

一、各人传记中关乎清廉的史实用○，善于理政、建树奇功，有卓越品行、特别事迹的用◟，文学性语言用◥，分别标注在正文旁边，用小点标注，读者请留意。

一、每传尾总评数语，如一传之目，绝无高论。间有所阐发，以质闳览高识者。

【译文】

一、每篇传记的结尾有寥寥数语的总评，相当于这篇传记的点睛，绝无空洞的高论。间或有所阐发，以请教于见识高明之士。

一、传俱从“廿一史”[①]，考其行事，诸先世、子孙及立朝本末采择大段有关系者，余详本传，不复繁缀。其出《太平御览》诸书[②]，未敢漫入，恐正史不载，非实录耳。

【注释】

①“廿一史”：明朝时，总称《史记》至《元史》的二十一部纪传体正史。

②《太平御览》：类书名。北宋太平兴国二年(977)，宋太宗命李昉等十四人据北齐人所辑修《修文殿御览》、唐人所辑《文思博要》及其他类书编撰，历时七年成书。共一千卷，分五十五门。初称《太平编类》，后改今名。

【译文】

一、每篇传记均本自“廿一史”，考察其人行事，有关其先世、子孙，及在朝为官的情况等均加以选择抄录，其他请参考其正史本传，本书不再繁复录入。有些本自《太平御览》等书的文献记载，不敢随意收入，是担心正史没有记载，并非真实的历史记录。

一、是编仿旧增新，亦费岁年。其参订互校，则山人秦舜友、米云卿、吴之鹏[①]，门人马元调并营心目[②]；而翻阅锓梓[③]，则门人吴敬与有勋焉。

【注释】

①山人：山居者。多指隐士。

②门人：学生。

③锓(qǐn)梓：刻版付印。

【译文】

一、本书仿照旧传，增补新篇，也费了些年月。在本书编写过程中，关于校订编辑方面的事，隐士秦舜友、米云卿、吴之鹏，学生马元调都费心费力；而翻阅及刻版付印等事，则学生吴敬也有贡献。

论

【题解】

黄汝亨编述《廉吏传》人物，明确划分出“上”“中”“下”三个等级。在此“论”的部分，他言必称孔、孟，儒家的政治理念和道德观点是他评判人物的唯一标准。当然，我们可以看到，这里关于“上”“中”“下”的论述，已不仅仅局限于一个“廉”字，而是对历史人物其境界、格局、胸襟和气度的综合评价。

论上

孔子称：“孟公绰为赵、魏老则优，不可以为滕、薛大夫。”[①]谓士行己有耻矣。必使于四方，不辱君命，皇王之略非小廉曲士所克堪也。夫神龙兴云而润万物，骐骥追风而驾千里。魏无知有言[②]：“虽有尾生、孝己之行[③]，而无益于成败之数，陛下何暇用之？”固智巧取容当世之谈。然天实生材以为世用，洁己匡时，体用双擅[④]，不甚休乎？作廉吏论上，自列国讫宋元，得一百九人。

【注释】

①“孟公绰”二句：见《论语·宪问》。孟公绰，鲁国大夫。老，指大夫的家臣。

②魏无知：刘邦的谋士，向刘邦推荐了陈平。

③尾生：古时讲信义的人。曾与一女子相约于桥下，女子未来而洪水至，尾生守地不移，最后抱着桥柱被淹死。孝己：殷高宗武丁的儿子，被其后母所谗，孝己为不伤其父，终不言其冤，最后遭流放而死。

④体用：事物的本体与作用。

【译文】

孔子说：“孟公绰做赵、魏这样大国大夫的家臣，绰绰有余；却当不了滕、薛这样小国的大夫。”说的是读书人要对自己的行为保持羞耻意识。要能出使国外不辜负国君的使命，此等君王谋略不是普通的清官或乡曲之士所能胜任和达成的。神龙兴云而万物滋润，骐骥追风而一驾千里。魏无知曾说过：“陈平即使有尾生、孝己那样的品行，但如果对事情的成败没有什么好处，陛下哪有闲工夫用他？”这当然是巧言令色取媚当世的说法。但是，上天的确创造出杰出的人材以为当世所用，他们自身廉洁同时又匡扶时世，本质很好又有出色的才能，岂不很好吗？作廉吏论上，自春秋至宋元，共计一百零九人。

论中

盖清白贞素，有道者所贵重。然既已食人之食，乘人之马矣，而不足效一官，济一物，抱咫尺之义，而妻子有饥寒之色，乡里无缓急之谊，疏冷骨肉以为名高，仁者不为也。原思辞九百，孔子止之，曰：“以与尔邻里乡党乎！”[①]子贡问士之次，曰：“宗族称孝焉，乡党称弟焉。”[②]固知义不苟禄，仁不遗亲，贤者知所处矣。清泠之渊，输于江海，陵阜之峻，方于岱岳，斯亦德胜才者之所效乎。作廉吏论中，自列国讫宋元，得一百三十七人。

【注释】

①“原思”四句：见《论语·雍也》：“原思为之宰，与之粟九百，辞。子曰：‘毋，以与尔邻里乡党乎！’”

②“子贡问”四句：见《论语·子路》：“曰：‘敢问其次。’曰：‘宗族称孝焉，乡党称弟焉。’”弟，通“悌”，敬爱兄长。引申为尊敬长者。

【译文】

为人清清白白，是有道者所特别看重的。但既然已经端了人家的饭碗，享受了出行的待遇，却无法胜任官职，帮助他人，心怀狭小的道义，而妻子儿女挨饿受冻面有菜色，邻里乡亲之间也没有济危救急的情分，疏远骨肉亲情以此博取高名，仁者是不会这样做的。原思做地方官，辞却九百斗小米的官禄，孔子劝阻他这样做，说：“分给你的邻居和乡亲嘛！”子贡问次一等的士，孔子说：“宗族中都称赞他孝顺父母，乡里中都称赞他尊敬长者。”由此可知讲求道义而不苟贪禄位，心怀仁德而不遗弃亲属，贤人知道如何自处。清澈的潭水，最终要汇入江海，山岭的高峻，也可以和泰山一比，这也是品德胜过才能的人的作用。作廉吏论中，自春秋直到宋元，共计一百三十七人。

论下

孟氏有言[①]：“如其道，舜受尧之天下，不以为泰。”[②]有道者衷焉。然节凛于呼蹴，义形于箪豆，性有所受，不可得而强也。士侧身修行，踽踽官下[③]，上之不能开物成务，补益当世，次亦寡族里交游之谊，生无以赡，死无以敛，近苦矣。

要之井谷之鲋[④]，泉壤之蚓，于天地间少所取，与物无害，皭然孤行其意[⑤]。其视奔趋声利之场，浸润膏脂之泽，溪壑填欲，冠帻劫人[⑥]，不犹芳兰之于腐草，旃檀之于粪土乎哉[⑦]？孔子曰："硁硁然，小人哉[⑧]！抑亦可以为次矣。"作廉吏论下，自列国讫宋元，得六十三人。

【注释】

①孟氏：指孟子。

②"如其道"三句：见于《孟子·滕文公下》。

③踽（jǔ）踽：孤单独行的样子。

④鲋（fù）：鲫鱼。

⑤皭（jiào）然：洁白，洁净。

⑥冠帻（zé）劫人：衣冠楚楚公然抢人。帻，头巾。

⑦旃（zhān）檀：檀香。

⑧"硁（kēng）硁然"二句：见《论语·子路》。硁，敲打石头的声音。

【译文】

孟子说过："如果符合原则，那么舜接受尧的天下，也并不过分。"有道的圣贤真是中正不倚啊。但是节操凛然，舍生取义，缘于各人天性，不能随便勉强。士大夫谨慎修身，孤独为官，在上不能教化为政，补益时世，其次也与宗族乡亲少有交往之谊，活着不能养活自己，死后没有安葬之资，这近乎苦行了。就其本质而言，仿佛溪井的鲫鱼，地下的蚯蚓，在天地之间极少索取，对人无害，光明磊落，坚执己意。这和那些奔赴声色货利的场所、贪恋肥得流油的地方、欲壑难填、公然抢劫的人相比，不正像兰草和腐草，檀香和粪土的差别吗？孔子说："像嘣嘣响的石头子，像一般的老百姓啊，这也可以算作次一等的士了。"作廉吏论下，自春秋至宋元，共计六十三人。

列国

【题解】

东周列国诚然是所谓“礼崩乐坏”的时代，但同时也是士人这一特有的社会阶层开始形成并登上历史舞台的时代。正是先有了对自身存在和社会政治理想怀有明确意识的士人阶层，然后才有了所谓的“廉吏”。《廉吏传》的编者从史籍中选出九人作为此一时期廉吏的代表，此九人中多数都没有明确的贵族身份，他们辅助君王治国安邦，践行儒家“得君行道”的“仁政”理想。值得注意的是，编者所列九人皆出于春秋时代，而战国以及其后的秦朝无一人入选。这是因为战国时期列国间的战争日趋频繁和血腥残酷，在此历史大势下各国都不同程度地实施了以法家思想为指导的旨在富国强兵的变法运动。法家以权术制人，以实利诱人，完全背离了儒家的王道政治理想。秦国以及之后统一天下的秦朝更是将法家的治国理念发挥到了极致，儒家思想在此一历史时期被边缘化，在后世儒士看来，自然也就没有“廉吏”存身的空间了。

春秋列国，卿大夫功利相夸，宠赂滋章，乱臣贼子接迹于时，士饬簠簋敦名行者①，实罕其俦②。九人而已。

【注释】

①饬：整治。簠簋（fǔ guǐ）：古代祭祀时盛稻粱黍稷的两种礼器。

②俦（chóu）：同辈，俦侣。

【译文】

春秋列国时期，卿大夫竞相以功利夸耀，私宠与贿赂愈益繁多，乱臣贼子前后相续，士大夫为官清廉注重名声行为的，确实非常少见。所以这一时期的廉吏只有九人罢了。

上季孙行父

季孙行父，谥文子，鲁季友之孙也①。文公十八年②，莒太子仆以其宝玉来奔③，纳诸宣公④，公命与之邑。文子使司寇出诸境⑤。公问其故，文子曰："其人则盗贼也，其器则奸兆也⑥。保而利之则主藏也，以训则昏，是以去之。"

【注释】

①季友（？—前 644）：鲁桓公最小的儿子，鲁庄公之弟。

②文公：即鲁文公（？—前 609）。鲁僖公之子，鲁国第十九任君主。

③莒（jǔ）太子仆：本为莒国太子，后被废黜。《左传·文公十八年》："莒纪公生大子仆，又生季佗，爱季佗而黜仆，且多行无礼于国。仆因国人以弑纪公，以其宝玉来奔，纳诸宣公。"

④宣公：即鲁宣公（？—前 591）。鲁文公之子，鲁国第二十任君主。

⑤司寇：官名。主要负责刑法典狱之事。

⑥奸兆：行奸恶之事的证据。这里是赃物的意思。

【译文】

季孙行父，谥号文，后人称其文子，是鲁国季友的孙子。鲁文公十八年，莒国太子仆携带着宝玉逃到鲁国，将宝玉献给鲁宣公，宣公下令给仆城邑。文子却让司寇将其赶出国境。宣公询问缘故，文子说："此人是窃贼，他所献之物便是赃物。保护此人而且给他封赏，那便是窝赃，如果开此先例则会导致国家混乱，所以将他赶走。"

文子为相，无衣帛之妾，无食粟之马。仲孙佗曰[①]："子为鲁上卿[②]，相二君矣，妾不衣帛，马不食粟，人其以子为爱[③]，且不华国乎？"文子曰："吾亦愿之，然吾观国人，其父兄之食粗而衣恶者犹多矣，吾不敢以人之父兄食粗衣恶，而我美妾与马。且吾闻以德荣为国华，不闻以妾与马。"

【注释】

①仲孙佗：孟献子之子。又以子服为其氏。

②上卿：卿为古代高级官职，分上、中、下三等。上卿最尊贵。

③爱：吝啬。

【译文】

季文子担任鲁国的国相，家中没有穿丝绸的侍妾，没有吃粮食的马。仲孙佗说："您是鲁国的上卿，辅佐了两位国君，侍妾不穿丝绸，马不喂粮食，人们会认为您吝啬，况且这对于国家来说也不光彩吧！"季文子说："我也想讲究排场，但是我看国中百姓，他们的父兄很多还在吃着粗粮，穿着破衣，我不敢眼看着别人的父兄吃粗粮穿破衣，而让我的侍妾穿丝绸，让我的马吃粮食。况且我只听说过以出众的德行作为国家的光荣，没听过以侍妾和马的用度奢华为国家之光荣的。"

文子以告其父孟献子，献子囚之七日。自是，子服之妾衣不过七升之布[①]，马饩不过稂莠[②]。文子闻之，曰："过而能改者，民之上也。"使为上大夫[③]。

【注释】

①七升之布：一种粗布。古时布匹以八十缕为一升。朝服为十五升，七升之布缕数不及其半，故代指粗布。

②饩（xì）：喂养。稂莠（láng yǒu）：都是妨害禾苗生长的杂草。

③上大夫：古代官名。诸侯的卿即上大夫。《礼记·王制》："王者之制禄爵，公侯伯子男，凡五等。诸侯之上大夫卿、下大夫、上士、中士、下士，凡五等。"

【译文】

季文子将此事告知了仲孙佗的父亲孟献子，孟献子将仲孙佗囚禁了七天。自此，仲孙佗家的侍妾穿的是粗布之衣，马也仅仅是喂普通草料。季文子听到此事，说："犯了错误能够改正，是世人当中的优异者。"于是让他做了上大夫。

文子之卒也，大夫入敛，襄公在位[1]。宰庀家器为备葬[2]，无藏金玉，无重器备，君子是以知其忠也。相三君矣，而无私积，可不谓忠乎？

相三君无私积。

【注释】

①襄公：即鲁襄公（前574—前542）。鲁成公之子，鲁国第二十二任君主。在位：国君在大夫殓礼过程之中，需要根据礼制，站在不同的位置上，称之为"在其位"。

②庀（pǐ）：备办。

【译文】

季文子去世后，根据大夫入殓的礼仪，襄公亲自监临。家臣收集家里的器物作为葬具，家里没有收藏铜器玉器，一切用具没有两件相同的，人们由此知道季文子对于国家的忠诚。季文子辅佐了三代国君，而没有私人积蓄，难道不是忠诚吗？

辅佐三位国君，却没有私人积蓄。

斗谷於菟

斗谷於菟[①]，字子文，楚人也。为令尹四十年[②]，缯布之衣以朝[③]，鹿裘以处家[④]，无一日之积。王闻之，于是每朝设一束脯、一筐糗[⑤]，以益子文之禄。子文逃之。王止而后复。或谓："人生求富，子逃之，何也？"曰："从政所以庇民也，民方贫而我取富，是勤民以自封也[⑥]，死无日矣。我逃死，非逃富也。"

逃死。

【注释】

①斗谷於菟（wū tú）：芈（mǐ）姓，字子文，斗伯比之子。谷，喂养。於菟，意为虎。据说斗谷於菟曾受老虎哺乳，故有此名。

②令尹：官名。春秋战国时期楚国执掌朝政的最高官职，相当于别国的国相。

③缯（zēng）：杂而不纯的帛。

④鹿裘：指粗制的皮衣。

⑤脯（fǔ）：干肉。糗（qiǔ）：干粮。

⑥勤：使劳倦、辛苦。

【译文】

斗谷於菟，字子文，楚国人。他担任令尹四十年，上朝穿杂帛衣物，居家着粗制皮衣，家里没有隔日的存粮。楚王听说后，就在每次上朝时准备一束干肉、一筐干粮，以增加子文的俸禄。子文辞官逃避。楚王不再这样做,他才又恢复任职。有人对他说:“人生就为追求财富,您却逃避,为什么呢?”子文回答说:“执政为的是庇护民众,如今民众正处贫穷之中而我却追求富有,这是劳民而求富,离死也就不远了。我是在逃避死亡,而不是逃避富有啊。”

逃避死亡。

百里奚

百里奚,号五羖大夫[①],其初荆之鄙人也[②]。闻秦缪公之贤而愿望见[③],行而无资,自鬻于秦[④],被褐食牛[⑤]。期年,缪公知之,举之牛口之下[⑥],而加之百姓之上[⑦],秦国莫敢望焉[⑧]。相秦六七年,而东伐郑[⑨],三置晋国之君[⑩],一救荆国之祸[⑪]。发教封内而巴人致贡[⑫],施德诸侯而八戎来服[⑬]。由余闻之[⑭],款关请见[⑮]。其为相也,劳不坐乘,暑不张盖,行于中国[⑯],不从车乘,不操干戈。其功如此之大,而自将如此之啬,以故名藏于府库[⑰],德施于后世[⑱]。五羖大夫死,秦国男女流涕,童子不歌谣,舂者不相杵[⑲]。

食牛为相,坚忍立功名之士,岂后身谋。

【注释】

①五羖(gǔ)大夫:百里奚曾被秦穆公以五张羊皮的价格赎买,故而有此称号。羖,黑色的公羊。

②荆:楚国。

③秦缪公(?—前621):即秦穆公,春秋时期秦国国君。

④鬻(yù):卖。

⑤食(sì):饲养。

⑥牛口之下：指低贱的处境。

⑦百姓：百官。

⑧望：埋怨。

⑨东伐郑：此指秦穆公三十二年(前628)，秦穆公东伐袭郑之事。

⑩三置晋国之君：三次立晋国国君(两度立惠公夷吾，一度立文公重耳)。秦穆公九年(前651)，晋献公去世，国内政局动荡不安，夷吾请求秦国将他护送回晋国，秦国应之并助其登上了君位，是为惠公，此为一置。秦穆公十五年(前645)，晋国趁秦国国内发生饥荒之际，发兵攻打，结果惠公反被秦军所擒，后得周天子及穆公夫人(惠公的姐姐)多方劝解，方被释放回国，此为二置。秦穆公二十四年(前636)，秦国护送重耳回国即位，是为文公，此为三置。

⑪一救荆国之祸：在晋楚城濮之战中，秦、晋胜楚，阻挡了楚国势力的北进。

⑫封内：境内。

⑬八戎：泛称周边各部族。

⑭由余：春秋时期晋国人。担任秦国上卿期间，辅佐秦王攻伐西戎，辟地千里。

⑮款关：叩关，敲击关门。

⑯中国：指京师。

⑰府库：官府收藏文书及财物的地方。

⑱施(yì)：延续。

⑲舂者不相杵(chǔ)：出自《礼记·曲礼上》："邻有丧，舂不相。"杵，舂米的木棒。相，舂米时的号子声。

【译文】

百里奚，别号五羖大夫，早先生活在楚国的边远地区。他听说秦穆公贤能而想去求见，没有车旅之费，于是就把自己卖到了秦国，穿着粗布短衣为别人养牛。一年后，秦穆公知道了这件事情，把他从低贱的处境中提拔起来，位居百官之上，秦国无人敢埋怨。他任秦相的六七年间，往东讨伐了郑国，三次拥立晋国国君，制止了一次楚国北侵之祸。在国境内施行教化，连远方的巴国人都前来进贡；广施恩德于诸侯，周边各部族都前来归附。由余听闻此事，叩关求见。他担任秦相期间，即使再劳累也不乘车，天再热也不张伞，在国都中行走时没有随从车马，也不携带防卫武器。他的功劳是如此之大，但是自我奉养却如此节俭，因此他的声名能载入史册藏于府库，他的德行能够延续后世。百里奚去世，秦国男女百姓皆为之哭泣，儿童们都不唱歌谣，舂米的人们也停下了劳动号子。

以养牛起家，直至一国之相，是坚忍以立功名之士，并非刻意谋取身后名。

上 孙叔敖

孙叔敖，一名芳猎艾，楚人也。庄王九年[①]，芳贾见叔敖于王[②]。既而隐于民间，不仕。令尹虞丘子言于王曰："臣为令尹十年矣，民不加治，狱讼不息，处士不升[③]，淫祸不止[④]，久践高位，妨贤害能，臣知罪矣。闻有下里之士孙叔敖者[⑤]，秀羸多能，其性无欲，君能举而授之以政，则国可使理，民可使附也。"庄王以车迎之。既至，使为令尹，吏民皆贺。有老父衣粗衣、冠白冠最后来吊[⑥]。叔敖曰："王不以臣不肖，使相楚国，国人尽贺，子独吊之，岂有说乎？"老父曰："然。身已贵而骄人者，民去之；位已高而擅权者，君恶之；禄已厚而不知足者，患随之。是以来吊也。"叔敖曰："敬受命。"

【注释】

①庄王：即楚庄王熊旅（？—前591）。春秋时期楚国国君，为春秋

五霸之一。

②蔿（wěi）贾：春秋时楚国司马。

③处士：有才德而隐居不愿为官之人。

④淫祸：大祸。

⑤下里：乡野。

⑥吊：吊问，慰问。

【译文】

孙叔敖，又名蔿猎艾，楚国人。楚庄王九年，蔿贾向楚庄王举荐孙叔敖。不久孙叔敖又隐居于民间，不再做官。令尹虞丘子对楚庄王说："臣担任令尹十年了，百姓没有被管理得更好，刑狱诉讼之事不曾消停过，德才兼备的处士没有提拔，大灾大祸时常发生，长期占据高位，妨害贤能上升，臣知道自己的罪了。听说有位名叫孙叔敖的乡里之士，清秀瘦弱很有能力，本性没有私欲，君王您要是能提拔他并委以政务，那么国家就能得到治理，民众也会前来归附。"楚庄王就派车去迎接孙叔敖。孙叔敖到了之后，楚庄王授他令尹之职，官吏民众都前来拜贺。一位穿着粗衣、戴着白帽的老者却前来吊问。孙叔敖说："君王不认为我无才无德，命我辅佐楚国，都城里的人都来祝贺，唯独您来吊问，莫非有什么说法吗？"老者说："是的。身份已经显贵而对别人傲慢的人，民众会离开他；官位已经很高而独揽大权的人，国君会厌恶他；俸禄已很优厚却仍然不满足的人，灾祸也会随之而来。因此我前来吊问。"孙叔敖说："恭敬地接受您的教诲。"

叔敖相楚，期年而楚国大治，庄王以霸。叔敖妻不衣帛，马不食粟，尝乘栈车牝马[①]，披羖羊之裘。从者曰："车新则安，马肥则疾，狐裘则温，何不为也？"叔敖曰："吾闻君子服美益恭，小人服美益倨[②]，吾无德以堪之矣。"其在楚，三得相而不喜，三失相而不悔。曰："吾以为其来不可却，其去不可止也。吾为得失之非我也，无悔而已矣，何以过人哉！"

【注释】

①尝：通"常"。栈车：古代用竹木制成的车，不张皮革，为士所乘。牝（pìn）马：母马。这里指劣马。

②倨（jù）：傲慢。

【译文】

孙叔敖辅佐楚国，仅用一年就使楚国大治，楚庄王也因此而称霸于诸侯。孙叔敖的妻子不穿丝绸之衣，马匹不喂粮食，他自己也常乘坐简陋的车和劣等的马，穿着黑色羊皮袄。随从说："车新人就坐得安稳，马壮就跑得快，穿着狐皮袄就暖和，为什么不这样呢？"孙叔敖说："我听说君子衣着器用华美则愈发恭谨，小人衣着器用华美则愈发傲慢，我没有德行可以承受那些华美的器用。"他在楚国，几次居于相位却不因此而欣喜，几次失去相位也不心生懊恼。他说："我认为这些事情来的时候无法阻拦，去的时候也无法挽留。这其中的得失并不是我本人可以决定的，我只要做到不后悔就够了，又何必要怨恨他人呢！"

叔敖疾，将死，戒其子曰："王亟封我，吾不受也。我死，王必封汝，汝必无受利地。利地者，众之所欲也。楚越间有寝丘者，其地不利，其名甚恶，楚人鬼而越人机[①]，可长有者惟此。"叔敖死，王果以善地封其子，其子不受而请寝丘焉。王与之四百邑，其后祀十世不绝。

【注释】

①机（jī）：迷信鬼神。

【译文】

孙叔敖在病重将死之时，告诫他的儿子说："大王多次赏赐我土地，我都没有接受。我死以后，大王必定封赏你们，你们一定不要接受富庶之地。富庶之地是很多人都想得到的。楚越之间有个叫寝丘的地方，那个地方土地贫瘠，地名也不吉祥，楚人惧怕鬼神而越人也很迷信，唯有此地能长期保有。"孙叔敖死后，楚王果然以富庶之地赐封他的儿子，他的儿子没有接受，只请求赐予寝丘。楚王于是将寝丘地方四百座城邑赐给孙叔敖之子，后世子孙继承了十代也未断绝。

三得相不喜，三失相不悔，非止妻不衣帛，马不食粟也。有忍力者。其子不受利地，善后也。虞丘子真知己，曰："秀羸无欲。"

【译文】

几次得到相位而不喜，几次失去相位而不悔，不仅是妻子不穿丝绸之衣，马不吃粮食。孙叔敖是有坚忍毅力的人。他的儿子不接受富庶的封地，因此有个好结果。虞丘子是孙叔敖真正的知己，评论他说："清秀瘦弱，心无私欲。"

中乐喜

乐喜，字子罕，平公时为司城[①]。宋人或得玉，献诸子罕。子罕不受。献玉者曰："以示玉人，玉人以为宝也，故敢献之。"子罕曰："我以不贪为宝，尔以玉为宝，若以与我，皆丧宝也，不若人有其宝。"稽首而告曰[②]："小人怀璧，不敢以越乡，纳此以请死也[③]。"子罕置诸其里，使玉人为之攻之，富而后使复其所。

不贪为宝。

【注释】

①平公:即宋平公。司城:官名。春秋时宋国设置,掌管水土之事。原称司空,避宋武公讳改为司城。

②稽首:古代的一种跪拜礼,跪拜时头、手皆触碰于地。

③请死:请求免死。

【译文】

乐喜,字子罕,宋平公时担任司城一职。有位宋人得到了一块玉,献给子罕。子罕不接受。献玉的人说:"我把这块玉拿给玉匠看过,玉匠认为这是一块宝玉,因此我才敢献给您。"子罕说:"我把不贪财物视为宝物,你把玉视为宝物,如果你把玉给了我,我们俩都丧失了自己的宝物,不如我们各自保有自己的宝物。"献玉的人叩首说:"小人我怀揣着这块宝玉,畏惧招来杀身之祸,不敢过乡越里,把这块玉献给您是为了免除一死的。"子罕把这块玉放在自己的乡里,让玉匠雕琢加工,最后使献玉的人富有之后才让他回到家乡。

把不贪财当作宝物。

上羊舌肸

羊舌肸[①],字叔向。平公成虒祁宫[②],诸侯皆有二心[③]。及昭公立,叔向乃召会。治兵于邾南[④],羊舌鲋摄司马[⑤],遂合诸侯于平丘,次于卫地。叔鲋求货于卫,卫人使屠伯馈叔向羹,与一箧锦[⑥],曰:"诸侯事晋,未敢携贰[⑦],况卫在君之宇下,而敢有异志?"叔向受羹反锦,曰:"晋其有羊舌鲋者,渎货无厌,亦将及矣。"

受羹反锦。以善服人。

【注释】

①羊舌肸（xī）：春秋时期晋国大夫。

②平公：即晋平公（？—前532）。

③有二心：对于晋平公建成虒祁宫与诸侯生二心之间的关系，《左传·昭公十三年》载："晋成虒祁，诸侯朝而归者皆有贰心。"杜注："贱其奢也。"

④邾（zhū）：国名。故址在今山东邹城一带。

⑤羊舌鲋（fù，？—前528）：也称叔鲋。羊舌肸之弟，晋国大夫。摄：代理。司马：官名。西周始置，掌军政与军赋，为朝廷大臣，常统率六师或八师出征。

⑥箧（qiè）：箱子。

⑦携贰：有二心。

【译文】

羊舌肸，字叔向。晋平公建成虒祁宫，诸侯认为太奢华因而都对晋国怀有二心。等到晋昭公即位，叔向就召集诸侯共会。在邾国以南演练军队，羊舌鲋代理司马一职，随后在平丘会合诸侯，驻军于卫国境内。羊舌鲋向卫国索要财物，卫国派遣大夫屠伯向叔向赠送了羹汤和一小箱彩缎，说："诸侯事奉晋国，不敢怀有二心，况且卫国就在晋国的屋檐底下，哪里敢心存异志呢？"叔向接受了羹汤，退回了锦缎，说："晋国有羊舌鲋这样的人，贪得无厌，灾祸也快临头了。"

接受羹汤而返还锦缎。用善去悦服他人。

上 公孙侨

公孙侨，字子产。郑伯赏入陈之功[①]，享子展[②]，赐之先路、三命之服[③]，先八邑[④]。赐子产次路、再命之服，先六邑。子产辞邑，曰："自上以下，降杀以两[⑤]，礼也。臣之位在四[⑥]。且子展之功也，臣不敢及赏礼，请辞邑。"公固与之，乃受三邑。公孙挥曰："其将知政矣。让不失礼。"

惠人也而廉，辞邑而受其三，此谓有礼。

【注释】

①郑伯（？—前701）：即郑庄公，名寤生。入陈：前716年，郑国攻打陈国，大获全胜。

②子展：又称公孙舍之，谥桓子。郑国大臣。

③先路：亦作先辂。天子或诸侯使用的饰有象牙的正车。依据礼制，车分为三等，分别为大路、先路和次路。三命：周分官爵为九命，公士一命，大夫再命，卿三命。

④先：古人送礼，往往先送轻礼，后送重礼。

⑤降杀：递减。

⑥臣之位在四：《左传·襄公二十七年》："郑伯享赵孟于垂陇，子展、伯有、子西、子产、子大叔、二子石从。"子产之位居四，故称"位在四"。

【译文】

公孙侨，字子产。郑伯赏赐攻入陈国的功劳，宴请子展，赐予他先路、三命官服，先赏赐八座城邑。赐予子产次路、再命官服，先赏赐六座城邑。子产辞让城邑，说："封赏的数量从上而下，两个两个地递减以明确等级，这是礼制的规范。臣的位次在第四。并且这是子展的功劳，所以臣不敢领受这样的封赏，请允许我辞让城邑。"郑伯坚持要赏赐给他，他接受了三座城邑。公孙挥说："此人将要主持政务。他懂得辞让而又符合礼仪规范。"

惠及他人并且自身清廉，推辞六座城邑的封赏而只接受三座城邑，这就是有礼。

晏婴

晏平仲婴者，莱之夷维人也[①]。事齐灵公、庄公、景公[②]，以节俭力行重于齐。既为相，食不重肉，妾不衣帛。其在朝，君语及之，则危言[③]；语不及，则危行[④]。国有道，则顺命；无道，即衡命[⑤]。

【注释】

①莱：古国名。后被齐国所灭。夷维：地名。在今山东高密。

②齐灵公（？—前554）：春秋时齐国第二十四任君主。庄公（？—前548）：齐灵公之子。景公（？—前490）：齐灵公之子，庄公之弟。

③危言：直言。

④危行：慎行，小心地行动。

⑤衡命：违逆命令。

【译文】

晏婴，字平仲，是莱地夷维人。他辅佐齐灵公、庄公、景公三位国君，以生活节俭、办事尽力而被齐人所敬重。他担任齐相以后，一餐之中没有两道肉菜，妾不穿丝绸之衣。他在朝的时候，齐王问到某事，他直言不讳；没有提到的，他就小心而行。国家有道，则顺应君命；国家无道，则违逆命令。

崔杼弑庄公[①]，晏子伏庄公尸哭之，成礼然后去。既立景公而相之，庆封为左相[②]，盟国人于大宫曰[③]："所不与崔、庆者死！"晏子仰天叹曰："婴所不唯忠于君利社稷者是与，有如上帝。"乃歃[④]。

【注释】

①崔杼(?—前546):春秋时齐国大夫,因庄公与其妻私通而弑君。弑:臣杀君、子杀父的行为。

②庆封(?—前538):春秋时齐国大夫。

③大宫:帝王诸侯的祖庙。

④"晏子仰天叹曰"四句:《史记·齐太公世家》为:"晏子仰天曰:'婴所不获,唯忠于君利社稷者是从。'不肯盟。"歃(shà),古人将血涂于嘴唇之上,以表诚意。

【译文】

崔杼弑杀了庄公,晏子伏在庄公尸体上大哭,尽了礼节然后离开。景公当上了齐国国君,以晏婴为相,庆封担任左相,与国人在太公庙盟誓说:"不与崔氏、庆氏合作的人都要死!"晏子仰天叹息说:"如果我不亲附忠君利国之人,有天为证。"于是歃血。

庆氏已亡,公与晏子邶殿其鄙六十[①],弗受。子尾曰[②]:"富,人之所欲也,何独弗欲?"对曰:"庆氏之邑足欲,故亡。吾邑不足欲也,益之以邶殿乃足欲,足欲,亡无日矣。不受邶殿,非恶富也。且夫富如布帛之有幅焉,为之制度使无迁也[③]。夫民,生厚而用利,于是乎正德以幅之,使无黜嫚[④],谓之幅利,利过则为败。吾不敢贪多,所谓幅也。"

节俭力行,重于齐,以其君显。不受邑。

【注释】

①邶(bèi)殿:春秋时为齐国的别都,故址在今山东昌邑北部。

②子尾(?—前534):齐惠公之孙,齐国大夫。

③制度:制订规则。

④黜：这里是不足的意思。嫚（màn）：同“慢”。这里是过度的意思。

【译文】

后来庆氏出逃了，景公将邶殿边上六十座城邑封赐给晏子，晏子不接受。子尾说：“富有，是人们所想望的，你为什么不要呢？”晏子回答说：“庆氏的封地满足了他的欲望，因此他逃亡了。我的城邑还没有满足我的欲望，如果加上邶殿之地，那么我的欲望也就满足了，离逃亡也就不远了。不接受邶殿，并非厌恶富有。况且富有就像布帛有固定宽度那样，制定规则使它不随意改变。民众都想生活丰厚器用富饶，于是就得端正德行来规范他们，让他们的财富既不要太多也不要太少，这叫作限制私利，私利太多就会败坏。我不敢贪多，这就是所说的限制。”

生活节俭，办事尽心尽力，为齐国所重用，最终因辅佐齐景公而名扬天下。不接受赏赐的封邑。

公仪休

公仪休者，鲁博士也[①]。以高第为相[②]。奉法循理，无所变更，百官自正。使食禄者不得与下民争利，受大者不得取小。

【注释】

①博士：官名。负责掌管图书文献档案等。

②高第：指官吏的考绩优等。

【译文】

公仪休，是鲁国的博士。因其政绩优良而被提拔为相。他奉行法律，依理办事，没有什么变更，百官因此行为端正。他使拿俸禄的官员不得与百姓争利，收入优厚的人不得再贪谋小利。

客有遗相鱼者，相不受。客曰："闻君嗜鱼，遗君鱼，何故不受也？"相曰："以嗜鱼，故不受也。今为相，能自给鱼；今受鱼而免，谁复给我鱼者？吾故不受也。"

【译文】

有位客人送鱼给他，他不接受。客人说："我听说您喜欢吃鱼，因此送鱼给您，您为什么不接受呢？"公仪休说："因为我喜欢吃鱼，所以才不接受。现在我身居相职，自己买得起鱼吃；如果今天接受了你送的鱼而被罢免，那又有谁再给我鱼吃呢？所以我不接受你送的鱼。"

食茹而美[①]，拔其园葵而弃之。见其家织布好，而疾出其家妇，燔其机[②]，云："欲令农、士、工、女安所仇其货乎[③]？"

受大者不取小，拔葵燔机，百官自正，贤相也。

【注释】

①茹：蔬菜。

②燔（fán）：焚烧。

③仇（chóu）：出售。

【译文】

他吃蔬菜觉得非常美味，就将自己园中的葵菜全部拔起扔掉。他见自己家里布织得好，马上就把妻子赶走，烧掉织布机，说："难道要让农夫、士人、工匠、织妇无处卖他们的货吗？"

收入优厚的人不得贪取小利，拔掉葵菜，烧掉织布机，百官自然行为端正，这就是贤相。

西汉

【题解】

西汉王朝吸取秦朝二世而亡的教训，所以在继承了秦朝建立的中央集权专制体制的同时，也在意识形态方面进行了重要的探索和创制，特别经由汉武帝推行“罢黜百家，独尊儒术”，逐步形成了“儒表法里”或“王霸道杂之”（汉宣帝语）的统治模式，儒家思想在新的肌体上得以重生并有了新的发展。被编入《廉吏传》中的西汉十三人中，有十二人出于汉武帝及其后的时期，其中的不少人都有施惠于民的政绩，大都被司马迁和班固列入《循吏传》。饶有趣味的是，在《廉吏传》附录《廉蠹》中收录的十人当中，有五人出于西汉时期，这五人在司马迁和班固笔下被列入《酷吏传》中。在西汉一朝廉吏和“廉蠹”的对比中，我们更能理解《廉吏传》编者的用心所在——利国利民才是评价“廉吏”的首要标准。

汉兴，斫雕为朴①，风气椎直。高帝诱以尊显，重事功丰禄。人清修孤洁之行，略而不论。仅得十三人。

【注释】

①斫（zhuó）雕为朴：去除雕饰，崇尚质朴。

【译文】

汉朝建立，去除雕饰，崇尚质朴，风气朴实。汉高祖以尊名显位诱导，士大夫看重事功和丰厚的俸禄。那些淡泊清修孤傲高洁的人，不在论述之列。仅有十三人。

上田叔

田叔，陉城人[①]。廉直有节气。为赵王张敖郎中[②]，会赵午、贯高谋弑上事发觉[③]，下诏捕赵王及群臣反者。有敢随王，罪三族[④]。唯田叔、孟舒等十余人赭衣自髡钳[⑤]，随王至长安。赵王事白，乃进言叔等十人。高帝召见与语，汉廷臣无能出其右者。尽拜为郡守、相[⑥]，而叔为汉中守[⑦]。历十余年，文帝初立[⑧]，召见，以为长者。后失官。

【注释】

①陉（xíng）城：地名。在今山西曲沃东北。

②赵王张敖（？—前182）：赵王张耳之子，其妻为刘邦之女鲁元公主，其女张嫣为汉惠帝刘盈皇后。郎中：官名。主要负责守卫宫殿门户。

③赵午、贯高谋弑上事：指赵相贯高、赵午等图谋刺杀汉高祖刘邦事。事见《汉书·张耳陈馀传》。

④三族：通常指父、子、孙三族。

⑤赭（zhě）衣：古代囚衣，用赤土染成赭色。髡钳（kūn qián）：古代的一种刑罚，将头发剃去，颈部以铁圈束缚。

⑥郡守：官名。战国时期，各国设郡，并派官员前去驻守，驻守的官员就被称之为郡守，汉代改称为太守。相：这里的相，指汉朝分封

的诸侯国的国相,其职权相当于郡太守。

⑦汉中:郡名。战国时为楚地,秦惠文王时置汉中郡,汉代沿袭,治所在今陕西汉中南郑。

⑧文帝:即汉文帝刘恒(前202—前157)。汉高祖刘邦第四子。

【译文】

田叔,是陉城人。清廉正直,有气节。他在赵王张敖门下担任郎中一职时,正遇上赵午、贯高谋反弑君之事被察觉,汉高祖下诏逮捕赵王以及谋反的大臣。有敢追随赵王的,株连三族。只有田叔、孟舒等十多人,身着囚衣,自行剃去头发,以铁圈束颈,跟随赵王到长安。赵王在事件查明之后,就举荐了田叔等十人。高祖召见,与他们谈话,认为朝廷大臣没有能够超过他们的。于是全部拜为郡守、国相,而田叔被拜为汉中郡守。田叔任职汉中十多年,文帝即位,召见田叔,认为他是富有德行的长者。后来田叔因故失去官位。

梁孝王使人杀汉议臣袁盎[①],景帝召叔案梁,具得其事还报,请勿竟梁王[②]。上大贤之,以为鲁相。

【注释】

①梁孝王:即刘武(?—前144)。汉文帝次子,汉景帝同胞弟。袁盎:汉代文帝、景帝时名臣,因反对立梁王为储君,被刺客所杀。

②竟:追究。

【译文】

梁孝王派人刺杀汉议臣袁盎,汉景帝召见田叔让他审理此案,田叔将事情全部查清之后如实上报,并且请景帝不要再追究梁王。汉景帝认为他非常贤德,就让他担任鲁国国相。

叔初至官,民以王取其财物,自言者百余人。叔取其渠率二十人笞[①]，怒之曰："王非汝主邪？何敢自言主！"鲁王闻之，大惭，发中府钱使相偿之。相曰："王自使人偿之。不尔，是王为恶，而相为善也"。在位数年卒。鲁以百金祠[②]，少子仁不受，曰："义不伤先人名。"

【注释】

①渠率：同"渠帅"，首领。

②祠：祭礼。

【译文】

田叔刚刚到任时，有一百多民众因为鲁王夺取了他们的财物，就当面向田叔申诉。田叔抓来其中为首的二十人加以鞭笞，显出很愤怒的样子说："鲁王难道不是你们的君主吗？你们怎么敢这么说自己的君主呢！"鲁王听说了这件事，十分惭愧，从府库中拿出钱让田叔补偿他们。田叔说："大王还是亲自派人补偿吧。否则，就是大王做了坏事，而国相做了好事。"田叔在位几年然后去世了。鲁王赠送百金作为祭礼，他的小儿子田仁不接受，说："绝不敢辱没先人的名声。"

田叔烧梁狱[①]，善处人母子骨肉之间，又善则归主，非但廉直，有仁术矣。

【注释】

①烧梁狱：烧毁梁王的证词。《资治通鉴·汉纪八》："太后忧梁事不食，日夜泣不止，帝亦患之。会田叔等按梁事来还，至霸昌厩，取火悉烧梁之狱辞，空手来见帝。"

【译文】

田叔烧掉梁王的证词，善于处理母子骨肉之间的关系，又将仁善归于君主，不但廉直，而且还有推行仁政的措施。

中 赵禹

赵禹，斄人也[1]。以佐吏补中都官[2]，用廉为令史，事太尉周亚夫[3]。亚夫为丞相，禹为丞相史，府中皆称其廉平。然亚夫弗任，曰："极知禹无害[4]，然文深不可以居大府[5]。"

【注释】

①斄（tái）：古邑名。在今陕西武功南。

②中都官：京师的官员。

③太尉：官名。秦汉时置，掌管军事，与丞相、御史大夫并称三公。周亚夫（？—前143）：汉文帝、景帝时期名将，官至丞相。

④无害：无人能及。

⑤文深：执行法律条文时苛刻。

【译文】

赵禹，是斄县人。以佐吏的身份补任京官，因为廉洁而升任为令史，在太尉周亚夫手下任职。周亚夫担任丞相后，赵禹任丞相史，相府中的人都称赞他廉平。然而周亚夫却不赏识他，说："我非常了解他的才能无人可及，但是他执掌文法太苛刻，不适合在丞相府中为官。"

武帝时，禹以刀笔吏积劳，迁为御史[1]。上以为能。至中大夫，与张汤论定律令[2]，作《见知》。吏传相监司以法，尽自此始。

【注释】

①御史：官名。先秦时为史官。秦汉时御史掌监察、弹劾等职。

②张汤（？—前115）：汉武帝时酷吏。

【译文】

汉武帝时，赵禹以在处理文案方面积累的功绩而升任御史。皇帝认为他很有才能。后来赵禹升任中大夫，与张汤一起讨论制定律令，制作了《见知法》。以法律规定官吏相互监视告发，就是从这个时候开始的。

禹为人廉倨，为史以来，舍无食客，公卿相造请禹，终不行报谢，务在绝知友宾客之请，孤立行一意而已。尝中废[①]，已为廷尉[②]。后以老，徙为燕相，有罪免归。后十余岁，以寿终于家。

廉矣，又称文深，称倨，近申、韩家[③]。

【注释】

①中废：中途被罢免官职。

②廷尉：官名。掌刑狱。

③申、韩家：即申不害、韩非子的法家思想。主张以严刑酷法治理天下。

【译文】

赵禹为人廉洁而又傲慢，担任丞相史以来，家中没有食客，公卿前来拜访邀请赵禹，他也从不回礼答谢，务求断绝宾朋好友之间的往来，一意孤行不受干扰地去处理公务。他曾经被罢官，随后又被任命为廷尉。后来因为年老，改任为燕国相，因为犯罪而遭罢免归家。过了十多年，赵禹在家中去世。

廉洁，又以执法苛严、为人傲慢著称，赵禹接近申、韩一派的主张。

中李广

李广，陇西成纪人也[①]。其先曰李信[②]，为秦将。广世世受射，历七郡太守，前后四十余年。得赏赐辄分其戏下[③]，饮食与士卒共之。家无余财，终不言生产事。

多杀，故不侯。与士卒共，故保其身。

【注释】

①陇西：郡名。秦置，治狄道县（今甘肃临洮）。成纪：县名。汉代所置，在今甘肃天水秦安。

②李信：字有成，槐里（今陕西咸阳兴平东）人。战国末期秦国著名将领。

③戏下：即"麾下"，部下。

【译文】

李广，是陇西成纪人。他的先祖名李信，是秦国将领。李广的家族世代学习射箭，他先后担任过七个郡的太守，前后共计四十多年。得到赏赐就分给部下，与将士们同食同饮。家中没有多余的财物，一生也没有谈及家产之事。

他有滥杀的行为，因此没有封侯。与士卒同甘共苦，因此能够保全其身。

上 王吉

王吉，字子阳，琅邪皋虞人也[①]。少好学，明经[②]，以郡吏举孝廉为郎[③]，后举贤良[④]，为昌邑中尉[⑤]。

【注释】

①琅邪：郡名。秦置，兼置琅邪县为郡治，辖境为今山东半岛东南部，西汉时移治东武县（今山东诸城）。皋虞：汉武帝封胶东康王刘寄之子刘建为皋虞侯，置皋虞县。治所在今山东青岛即墨东北。

②明经：通晓经术。

③举孝廉：汉朝的一种选官制度，即推举孝廉之人做官。孝廉是孝顺父母、办事廉正的意思。

④举贤良：汉朝的一种选官制度，推举贤能正直者为官。

⑤昌邑：地名。西汉时昌邑国都城，在今山东巨野。中尉：官职名。主要负责京城治安，指挥禁卫部队。

【译文】

王吉，字子阳，琅邪皋虞人。年轻时好学，通晓经术，因郡中吏员举荐为孝廉，做了郎官，后来又被举荐贤良，任职昌邑国中尉。

始吉少时学问，居长安。东家有一大枣树，垂吉庭中，吉妇取枣啖吉。吉后知之，乃去妇。东家闻而欲伐其树，邻里共止之，因固请吉为还妇。里中为之语曰："东家有树，王阳妇去；东家枣完，去妇复还。"其厉志如此。

【译文】

当初王吉年少求学时，住在长安。东边邻居家有一颗大枣树，枣树枝垂到了王吉的庭院里，王吉的妻子摘了一些枣给王吉吃。王吉后来知道了，就把妻子休了。东邻听说了这件事，便要砍掉那棵枣树，左邻右舍一起劝阻了，又坚持让王吉把妻子接回来。里巷的人还编了几句话："东家有枣树，王阳妻休去；枣树得保全，王阳妻复还。"他便是这样磨砺心志的。

吉子骏，骏子崇，以父任，历位为大司空[①]。自吉至崇，世名清廉。然财器名称[②]，稍不能及父，而禄位弥隆，皆好车马衣服，其自奉养极为鲜明，而亡金银锦绣之物。及迁徙去处，所载不过囊衣，不畜积余财。去位家居，亦布衣疏食。天下服其廉，而怪其奢，故俗传王阳能作黄金[3]。

衣车鲜明，不畜余财，实廉而不饰名。今之敝车羸马以为名者，视此公可愧。取枣去妇。

【注释】

①大司空：官名。西汉末年由御史大夫改置，为三公之一。其职任在不同朝代各有不同。

②财器：才能、器局。

③王阳能作黄金：《汉书·王吉传》颜师古注："以其无所求取，不营产业而车服鲜明，故谓自作黄金以给用。"

【译文】

王吉的儿子名骏，王骏的儿子名崇，都以父荫入仕为官，并都做到了大司空。从王吉到王崇，几代人都以清廉闻名于世。但子孙的才能、器局以及名望，较其父辈而言略显逊色，他们官位却越来越高，都喜好车马服饰，日常用度也都极为华美，但是没有金银器锦绣之类的东西。等到迁徙别处的时候，车上所载的不过是一袋衣服而已，不积蓄多余的财物。离职在家期间，也穿布衣吃粗粮。天下之人都敬佩他们的清廉，却又对他们奢侈的器用感到奇怪，因而民间传说王阳能做黄金。

服饰、车驾华美，不储存多余的财物，真正的清廉而非以此装点名声。如今那些用破车瘦马来邀名的人，相比之下应该感到惭愧。因取枣而休妻。

上 尹翁归

尹翁归，字子兄[1]，河东平阳人也[2]，后徙杜陵[3]。翁归少孤，与季父居[4]。为狱小吏，晓习文法[5]。是时大将军霍光秉政[⑥]，诸霍在平阳，奴客持刀兵入市斗变，吏不能禁。及翁归为市吏，莫敢犯者。公廉不受馈，百贾畏之。

【注释】

①兄：在这里读“况”。

②河东：秦汉时郡名。在今山西境内黄河以东地区。平阳：地名。相传为古帝尧所都，在今山西临汾。

③杜陵：汉宣帝刘询的陵墓，在今陕西西安。西汉从高祖至宣帝，皆在帝陵附近设陵邑，迁移四方人口前来定居以守护陵园。此处杜陵即指杜陵邑。

④季父：古时弟兄的排行为伯、仲、叔、季。年龄最小的叔父称季父。

⑤文法：文案、法令。

⑥大将军：官名。执掌国家军事。霍光（？—前68）：字子孟，河东郡平阳县人。名将霍去病异母弟，汉宣帝皇后霍成君之父。

【译文】

尹翁归，字子兄，河东平阳人，后来迁徙到杜陵。尹翁归幼年丧父，与叔父住在一起。他担任主管诉讼的小吏，通晓法令条文。当时大将军霍光执掌朝政，霍家亲族住在平阳，他们的家奴门客手持刀枪在市场上打斗滋事，负责市场管理的吏卒不能制止。等到尹翁归担任市吏时，没人敢再犯法了。尹翁归为人清廉，不受馈赠，商贾都敬畏他。

后去吏居家。会田延年为河东守，行县至平阳，除补卒史，便从归府。案事发奸，穷竟事情[①]，延年大重之，自以能不及翁归，徙署督邮[②]。后举廉，为缑氏尉[③]，历守郡中，所居治理。迁补都内令[④]，举廉为弘农都尉[⑤]，征拜东海太守[⑥]。东海大治。以高第入守右扶风[⑦]，课常为三辅最[⑧]。

【注释】

①事情：事件的真相。

②署：暂时代理。督邮：官名。郡的重要属吏，负责传达教令，督察属吏，案验刑狱。

③缑（gōu）氏：地名。在今河南偃师。

④都内令：官名。主管国库货币、布帛等财物。

⑤弘农：郡名。治所在今河南灵宝。都尉：官名。汉初有郡尉，秩比二千石，辅助太守主管郡军事，汉景帝时改名为都尉。

⑥东海：郡名。秦薛郡地。汉初改为东海郡，郡治在郯（今山东郯城）。

⑦守：犹"摄"，暂时署理职务。右扶风：汉代京畿三辅（京兆尹、左冯翊、右扶风）之一。三辅初指三个负责治理京畿地区的官员，后成为他们各自辖区的名称。

⑧课：政绩考核。

【译文】

后来，尹翁归离职居家。恰逢田延年为河东郡太守，巡查下属各县到了平阳，尹翁归接受任命补为卒史，随田延年到郡府任职。他办理案件、揭露坏事，都能穷尽事情的真相，田延年非常器重他，认为自己的才能远不及尹翁归，于是调他暂任督邮。后又以其廉洁被推举，担任缑氏县尉，多次担任郡中各县长官，所到之处都治理得很好。后来升职补任为都内令，再次以廉洁被推举为弘农都尉，朝廷征调为东海太守。到任后把东海治理得清明繁荣。尹翁归以政绩优秀调入京畿地区代理右扶风这一要职，他的政绩在三辅中经常排名第一。

翁归为政，虽任刑，其在公卿之间，清洁自守，语不及私。然温良嗛退[①]，不以行能骄人。元康四年病卒[②]，家无余财。天子贤之，制诏："御史扶风翁归，廉平乡正，治民异等，早夭不遂，朕甚怜之。其赐翁归子黄金百斤，以奉其祭祠。”

有惠政，又温良谦退。

【注释】

①嗛（qiān）退：谦逊退让。嗛，通“谦”。

②元康：汉宣帝刘询年号（前65—前61）。

【译文】

尹翁归处理政务，虽然偏向使用刑罚，但他在公卿之中，能够坚守清廉，言谈之间从不涉及私事。同时他温和谦让，不因自己品行才能出众而自大。元康四年，尹翁归因病去世，家里没有多余的财物。天子认为他是贤才，下诏说：“御史扶风翁归，清廉公正，治理百姓政绩突出，不幸英年早逝，未能成就功名，朕十分怜悯惋惜。现赐予翁归之子黄金百斤，用以供奉祭祀。”

有出色的政绩，为人又温良谦让。

中盖宽饶

盖宽饶，字次公，魏郡人也[①]。以孝廉为郎，举方正，对策高第[②]，迁谏大夫[③]，行郎中户将事[④]。坐举奏大臣非是，左迁卫司马[⑤]。未出殿门，断其禅衣[⑥]，令短离地。冠大冠，带长剑，躬案行士卒庐室，视其饮食居处，有疾病者，身自抚循临问，加致医药。及岁尽交代[⑦]，上临飨罢卫卒。卫卒数千人皆叩头自请，愿复留共更一年，以报宽饶厚德。宣帝嘉之，以为太中大夫[⑧]，使行风俗，多所称举贬黜。奉使称意，擢为司隶校尉[⑨]，刺举无所回避，公卿贵戚，莫敢犯禁，京师为清。

【注释】

①魏郡：郡名。西汉置，治所在邺(今河北临漳西南)。

②对策：古时取士考试的一种形式，考官就政事、经义等问题设问，由应试者对答。

③谏大夫：官名。即谏议大夫，掌论议，属光禄勋，秩六百石。

④郎中户将：官名。为郎中令属官，负责宫禁门户的守卫。

⑤卫司马：即屯卫司马，官名。

⑥禅衣：无衬里的单层衣服。

⑦交代：接替，移交。

⑧太中大夫：官名。主掌论议。

⑨司隶校尉：官名。主要负责纠察京师百官及所辖附近地区。

【译文】

盖宽饶，字次公，魏郡人。因被推举为孝廉而做了郎官，又被推举为贤良方正，在对策中定为优等，升迁谏议大夫，行使郎中户将的职责。因举奏大臣之罪不实，被贬为卫司马。贬官命令传达后，还未走出殿门，他就割断了自己的禅衣，让衣服下摆变短离地。然后戴上大冠，佩上长剑，亲自前往士卒的房舍中巡视，察看他们的饮食、居所，有生病的人，他亲自前往探视慰问，并送去药物。等到年末接替移交的时候，皇帝前来犒赏慰问退役的士卒。有数千卫卒叩头请愿，希望能够再服役一年，以此报答盖宽饶的恩德。汉宣帝嘉奖了他，让他担任太中大夫，派他巡察各地的风俗民情，他任职勤勉，经常表彰举荐良善、贬抑罢黜奸恶。他因办事得力得到皇帝赏识，被提升为司隶校尉，任内批评检举无所顾忌，公卿贵戚都不敢触犯禁令，京师一片清平景象。

平恩侯许伯入第[①]，丞相、御史、将军、二千石皆贺[②]，宽饶不行。许伯请之，乃往，从西阶上，东乡特坐[③]。许伯自酌曰："盖君后至。"宽饶曰："无多酌我，我乃酒狂。"酒酣乐作，长信少府檀长卿起舞为沐猴与狗斗④，坐皆大笑。宽饶不说，仰视屋而叹曰："美哉！然富贵无常，忽则易人，此如传舍⑤，所阅多矣。唯谨慎为得久，君侯可不戒哉！"因起趋出，劾奏长信少府以列卿而沐猴舞，失礼不敬。上欲罪少府，许伯为谢，良久，上乃解。

【注释】

①许伯（？—前61）：即许广汉，昌邑（今山东巨野）人。汉宣帝刘询皇后许平君之父。入第：入新房而居。

②二千石（shí）：汉代对郡守等官的通称。又细分为中二千石、二千石、比二千石三等，所得俸禄各有多少。

③乡：通"向"，朝着。

④长信少府：汉代官名。总掌皇太后宫中之供给。

⑤传舍：旅店。

【译文】

平恩侯许伯乔迁新宅，丞相、御史、将军、二千石都前去道贺，盖宽饶没有去。许伯派人邀请他，他才去，从西阶上去，面向东坐。许伯亲自为他倒上酒，说："您晚到了。"盖宽饶说："不要给我倒多了，我是个酒狂。"饮酒正酣，音乐响起，长信少府檀长卿跳起了猴子与狗相互争斗的舞蹈，在座的无不大笑。盖宽饶很不高兴，抬头看着房屋叹息道："多么华美啊！然而富贵无常，转眼之间便换了主人，这华宅就如同旅店，住过的匆匆过客多了去了。只有谨慎行事才能长久，君侯不能不以此为戒啊！"于是起身快步离开，随即弹劾长信少府以列卿的身份表演沐猴之舞是失礼不敬的行为。皇帝想要治长信少府的罪，许伯为他谢罪求情，过了很久，皇帝才息怒不究。

宽饶为人刚直高节，志在奉公。家贫，奉钱月数千，半以给吏民为耳目言事者。身为司隶，子常徒步自戍北边，公廉如此。时上方任用刑法，信任中尚书宦官[①]，宽饶奏封事[②]，上以宽饶怨谤，遂下宽饶吏。宽饶引佩刀自刭北阙下，众莫不怜之。

读此棱棱有生气[③]，然以刚取祸。列卿而沐猴，舞者丑死。

【注释】

①中尚书：以宦官担任尚书者，称中尚书。

②封事：古代臣子奏事，以皂囊封板，防止泄露，称为封事。

③棱（léng）棱：威严的样子。

【译文】

盖宽饶为人刚正，有高风亮节，一心为朝廷办事。他家境贫困，每月几千钱的俸禄，有一半都给了那些为他充当耳目的官吏与百姓。他身为司隶校尉，儿子曾步行到北方戍守边境，他就是如此的廉洁奉公。当时皇帝倾向于以严刑峻法治国，信任宦官出身的中尚书，盖宽饶上书密奏表达异议，皇帝认为这是怨恨诽谤朝廷，于是就把他交给狱吏论罪。盖宽饶不堪受辱，在北阙下拔出佩刀自杀，众人无不怜惜。

读盖宽饶的事迹令人感到他威严而有生气，然而也因为他的威严刚正导致了灾祸。以列卿身份而作沐猴舞，跳舞的人真是丑陋至极。

上 黄霸

黄霸，字次公，淮阳阳夏人[①]。少学律令，喜为吏，以待诏入钱赏官。罪免，复入谷[②]，补左冯翊卒史[③]。冯翊以霸入财为官，不署右职，使领郡钱谷计。簿书正[④]，以廉称，补河东均输长[⑤]，复察廉为河南太守丞。是时俗吏尚严酷，而霸独用宽和为名。宣帝即位，召为廷尉正[⑥]，数决疑狱。守丞相长史[⑦]，坐不举劾长信少府夏侯胜非议诏书[⑧]，皆下狱，当死。霸因从胜受《尚书》[⑨]，积三岁乃出。累迁颍川太守[⑩]。

【注释】

①淮阳：郡国名。汉高祖时置淮阳国，都于陈（今河南淮阳）；东汉时改为陈国。阳夏（jiǎ）：县名。秦置，在今河南太康。

②入谷：向官府交纳粮食以买官或赎罪。

③左冯翊（píng yì）：治理京畿地区的行政长官，相当于郡守。汉时将京畿的京兆尹、左冯翊、右扶风合称为三辅。

④簿书：记录财物出纳的簿册。

⑤均输长：官名。为郡国属吏，掌均输事务。

⑥廷尉正：官名。秦汉时廷尉的副职，为高级审判官，掌审理判决疑难案件。

⑦丞相长史：官名。为丞相的辅佐，职任颇重。

⑧夏侯胜：宁阳侯国（今山东宁阳）人。今文《尚书》“大夏侯学”创始者。曾官长信少府。

⑨《尚书》：儒家经典之一。又名《书》或《书经》。是现存最早的关于上古典章文献的汇编。

⑩颍川：郡名。秦时置郡，地理范围为今河南中部及南部地区。汉代治所在阳翟（今河南禹州）。

【译文】

黄霸，字次公，淮阳阳夏人。少年时学习法律条令，喜好为官，以待诏的身份捐钱而得官。后因罪被免职，再次通过捐纳粮食获得官职，补任左冯翊卒史。左冯翊因为黄霸是通过捐纳财物而当的官，于是不委以要职，只让他负责郡里钱粮收入的会计工作。他不做假账，以清廉著称，补任为河东均输长，又因在察举时被评为清廉而担任河南太守丞。当时一般的官吏执法都讲求严酷，而黄霸独以宽厚平和著名。汉宣帝即位，召为廷尉正，多次判决疑难案件。后暂代丞相长史之职，因为没有举报长信少府夏侯胜非议诏书而被论罪，和夏侯胜一道入狱，按罪名当被处死。黄霸因此有机会跟从夏侯胜学习《尚书》，过了三年才被释放。后来累官至颍川太守。

时帝垂意于治，数下诏书，吏不奉宣。霸为选择良吏，分部宣布诏令，令民咸知上意。使邮亭乡官皆畜鸡豚[①]，以赡鳏寡贫穷者。米盐靡密，初若烦碎，然霸精力能推行之。尝欲有所司察，择长年廉吏遣行，吏出不敢舍邮亭。鳏寡孤独有死无以葬者，霸具为区处，某所大木可以为棺，某亭猪子可以祭，吏往，皆如其言。吏民不知所出，咸称神明。长吏许丞老，病聋，督邮白逐之，霸曰："许丞廉吏，虽老，尚能拜起送迎，重听何伤[②]？"或问其故，霸曰："数易长吏，送故迎新之费及奸吏缘绝簿书盗财物，公私费耗甚多，皆当出于民，所易新吏又未必贤。凡治道，去其泰甚耳。"

【注释】

①乡官：古代乡中官吏办公的馆舍。

②重（zhòng）听：听觉不灵敏。

【译文】

当时皇帝专心于治理天下，多次颁下诏书，但是官吏们却不奉命宣布。黄霸为此挑选了优秀的官吏，将他们派到各地去公布诏令，让百姓都知道天子的旨意。他让在驿站和乡官中都饲养鸡、猪，以此来赡养那些鳏寡贫穷的人。柴米油盐，公事繁琐，但黄霸都竭尽全力地去推行。他曾想调查某事，选择年长的廉吏前去调查，廉吏在外不敢入住驿站。郡中鳏寡孤独者有的死了无法安葬，黄霸都为他们一一处理，某处有大树能做棺木，某亭有小猪可以用作祭祀，官吏前去办理，果然都如他所说。官吏百姓不知道他如何得知这些的，都将他奉若神明。长吏许丞老了，耳朵也聋了，督邮告诉了黄霸，想要弃置不用，黄霸说："许丞是廉洁的官吏，虽然老了，但还能应付官场拜起送迎之类的例行公事，耳朵不灵有什么关系呢？"有人询问其中的缘故，黄霸说："多次更易长吏，送旧迎新的费用，以及狡猾的官吏乘机销毁账册、盗窃财物，公私消耗会很大，而都得由百姓支付，所更换的新吏又未必贤德。大凡治理百姓之道，只要做得不要太过头就行。"

霸以外宽内明，得吏民心。户口岁增，治为天下第一。征守京兆尹①，坐乏军兴②，连贬秩，有诏归颍川太守，官以八伯石居。治如其前，前后八年，神雀数集，天子以霸治行终长者，下诏称扬，赐爵关内侯，黄金百斤，秩中二千石③。数月，征为太子太傅④，迁御史大夫⑤。五凤三年⑥，代丙吉为丞相⑦，封建成侯。霸材长于治民，及为相，功名损于治郡时。为相五岁，薨，谥曰定侯。

宽和廉靖，霸本色也。为相讵一宽廉能办？用许丞廉，聋老不废，此法于末世剧地不宜效⑧。

【注释】

①京兆尹：官名。汉武帝太初元年（前104）始置，为京兆地方长官。与京畿左冯翊、右扶风合称三辅。

②乏军兴：古代违反军律的一种罪名。耽误军事行动或军用物资的

征集调拨，叫乏军兴。

③中二千石：汉代二千石官员里级别最高的一等。月俸为百八十斛。

④太子太傅：官名。太子的老师。

⑤御史大夫：官名。地位仅次于丞相，职掌监察、执法，管理重要文书、诏令和图籍等。

⑥五凤：汉宣帝刘询年号（前57—前54）。

⑦丙吉（？—前55）：字少卿，鲁地（今属山东）人。为麒麟阁十一功臣之一。

⑧剧地：繁杂难治之地。

【译文】

黄霸以对他人宽厚而内心明察，深得官吏百姓之心。郡内户口人数每年都在增加，治理情况为天下第一。他被征召代理京兆尹，因为违反军律而被论罪，连番贬职，有诏让他回到颍川担任太守，俸禄为八百石。他治理郡县一如从前尽心尽力，前后八年，祥瑞的神雀数次聚集，天子认为这是黄霸治理郡县带来的吉兆，下诏称赞表扬，赐予关内侯爵位，赏黄金百斤，俸禄中二千石。几个月后，又征召为太子太傅，升任御史大夫。五凤三年，代替丙吉担任丞相，封建成侯。黄霸擅长治理百姓，当丞相之后，名声不如当年治理郡县时。担任丞相五年后去世，谥号为定侯。

宽厚温和逊让谦恭，是黄霸的本性。不过当丞相岂是仅仅宽厚和廉洁就能胜任的？看重许丞的廉洁，不因其耳聋年老而弃置不用，这种做法在乱世和难以治理的地方是不宜效仿的。

中何并

何并，字子廉。祖父以吏二千石自平舆徙平陵[①]。并为郡吏，至大司空掾[②]，事何武[③]。武高其志节，举能治剧，为长陵令[④]，道不拾遗。后迁陇西太守，徙颍川太守，郡中清静。

表善好士，见纪颍川，名次黄霸。性清廉，妻子不至官舍。数年卒。疾病，召丞掾作先令书[5]，曰："告子恢，吾生素餐日久[6]，死虽当得法赙[7]，勿受。葬为小椁[8]，亶容下棺[9]"。恢如父言。

妻子不至官舍，不受赙，立名之士。

【注释】

①平舆：属汝南郡，在今河南驻马店。平陵：汉昭帝陵墓，后以为地名。属右扶风，在今陕西咸阳。

②掾（yuàn）：古代官署属员的通称。

③何武（？—3）：字君公，蜀郡郫县（今四川成都郫都区）人。历任县令、太守、御史大夫等职。

④长陵：地名。汉高祖十二年（前195）筑陵置县，死后葬此。治所在今陕西咸阳东北。

⑤先令书：遗书。

⑥素餐：无功而食。《诗经·魏风·伐檀》："彼君子兮，不素餐兮。"

⑦法赙（fù）：官吏去世之后，朝廷按照相应品级给予治丧财物。

⑧椁（guǒ）：套在棺材外面的大棺。

⑨亶（dàn）：通"但"，仅仅。

【译文】

何并，字子廉。他的祖父以二千石官位的身份从平舆迁至平陵。何并担任郡吏，升迁为大司空掾，成为何武的下属。何武看重他的志向节操，以能够治理乱局的名义推举他担任长陵令，任职期间辖区路不拾遗。后来升迁为陇西太守，又调任颍川太守，任内郡中平安稳定。他着力表彰善行，礼待贤士，在颍川的名声仅次于黄霸。他品行清廉，妻儿从来不到官署。任颍川太守数年后去世。病重之时，召来属吏写下遗嘱说："告诉儿子何恢，我这一生无功而受禄，死后虽然按规定当收到朝廷所赐治丧财物，但你不要接受。棺外用小椁，仅能容下棺就行。”何恢一一遵照父亲遗言办理。

妻子儿女不到官署，不接受朝廷治丧财物，是刻意立名的高士。

中严彭祖

严彭祖[①]，字公子，东海下邳人也[②]。与颜安乐俱事眭孟[③]。孟曰：“《春秋》之意，在二子矣。”由是公羊《春秋》有颜严之学[④]。彭祖为宣帝博士[⑤]，至河南、东郡太守[⑥]，以高第入为左冯翊。迁太子太傅。廉直不事权贵。或说曰：“天时不胜人事，君以不修小礼曲意，无贵人左右之助，经谊虽高[⑦]，不至宰相[⑧]。愿少自勉强。”彭祖曰：“凡通经术，固当修行先王之道，何可委曲从俗，苟求富贵乎？”竟以太傅官终。

明经修行，甘处卑位。

【注释】

①严彭祖：本姓为庄，班固因避汉明帝讳而改。

②下邳（pī）：县名。秦置。在今江苏邳州。

③颜安乐：字公孙。眭孟的外甥。眭（suī）孟：即眭弘，字孟，鲁国蕃县（今山东滕州）人。通晓《春秋》公羊之学，弟子达百余人。

④颜严之学：严彭祖与颜安乐同拜眭弘为师，共习《春秋公羊传》。眭弘去世之后，二人对《春秋公羊传》各有见解，各自传道授徒，《春秋》公羊学派中便分出严氏学派和颜氏学派。

⑤博士：学官名。秦及汉初所掌为古今史事待问以及书籍典守。汉

武帝时，设五经博士，专掌经学传授。

⑥东郡：郡名。治所在今河南濮阳。

⑦经谊：经义。

⑧宰相：本为泛称掌握政权的大官，后来用以指历代辅助皇帝、统领群僚、总揽政务的最高行政长官。如秦汉的丞相、相国、三公，唐宋的三省长官及同平章事，明清的大学士。

【译文】

严彭祖，字公子，东海下邳人。与颜安乐一起跟随眭孟学习。眭孟说："《春秋》一书的意旨，就在此二人身上了。"因此《春秋》公羊学就有了颜氏学派与严氏学派。严彭祖在汉宣帝时任博士，官至河南、东郡太守，以优秀的政绩被任命为左冯翊。再升任为太子太傅。他为人清廉正直，不亲附权贵。有人劝他说："天命不能对抗人事，您因为不讲究细小礼节和委婉表达，又没有贵人在旁相助，经学造诣虽高，但当不上宰相。希望您稍微委屈一下自己。"严彭祖说："大凡通晓经术的人，本来就应当修习先王的大道，怎么可以委屈自己随从流俗，苟且而求得富贵呢？"最终他只做到了太傅一职。

明晓经学，修行品德，甘愿处于卑位。

王朱邑

朱邑，字仲卿，庐江舒人也[①]。少时为舒桐乡啬夫[②]，廉平不苛，以爱利为行。后迁北海太守[③]，以治行第一，入为大司农[④]。贡荐贤士大夫，多得其助者。身为列卿，居处俭节，禄赐以共九族乡党[⑤]，家无余财。神爵元年卒[⑥]。天子悯惜，下诏称扬，曰："大司农邑，廉洁守节，退食自公[⑦]，亡疆外之交、束脩之馈[⑧]，可谓淑人君子。遭离凶灾，朕甚悯之。其赐邑子黄金百斤，以奉其祭祀。”

【注释】

①庐江：郡名。治所在舒县(在今安徽庐江西南)。

②啬夫：秦汉时管理诉讼和赋税的乡官。

③北海：郡名。西汉治所在营陵(今山东昌乐)。

④大司农：官名。掌管国家的租税钱谷盐铁以及财政开支，为九卿之一。

⑤九族：从高祖至玄孙的九代直系亲属。也泛指宗族。

⑥神爵：汉宣帝刘询年号(前61—前58)。

⑦退食自公：退食于家以示奉公。《诗经·召南·羔羊》：“退食自公，委蛇委蛇。”朱熹《集传》：“退食，退朝而食于家也。自公，从公门而出也。”

⑧疆外：界外。束脩(xiū)：十条肉脯扎成一束，称束脩。这是古时拜见老师最起码的礼物。

【译文】

朱邑，字仲卿，庐江郡舒县人。年轻时担任舒县桐乡啬夫，清廉平易而又宽厚，把爱护百姓、施惠他人作为行事准则。后来升任北海太守，以政绩第一被征召入朝担任大司农。他向朝廷推举了许多贤德的士大夫，很多人都得到了他的帮助。他身居九卿之位，但居家节俭，所得的俸禄和赏赐都分给了宗族、乡党，家里没有多余财物。神爵元年，朱邑去世。天子感到惋惜，下诏表彰，说：“大司农朱邑，为人廉洁，恪守节操，退食以示奉公，没有越界的交往，没有接受过很小的馈赠，可以说是正人君子。不幸遭遇了灾祸，朕非常怜惜。赏赐朱邑的儿子黄金百斤，用以供奉祭祀。”

初，邑病且死，属其子曰：“我故为桐乡吏，其民爱我，必葬我桐乡。后世子孙奉尝我[1],不如桐乡民。”及死,其子葬之桐乡西郭外。民果共为邑起冢立祠,岁时祠祭焉。

【注释】

①奉尝:祭祀。

【译文】

当初,朱邑病重将死的时候,嘱咐他的儿子说:“我以前担任桐乡吏,那里的百姓爱戴我,一定要将我埋葬在桐乡。后世子孙祭祀我,比不上桐乡的百姓。”等到他死后,他的儿子将他埋葬在桐乡西郭外。百姓果然共同为他起坟立祠,逢年过节都按时祭祀。

贡禹

贡禹,字少翁,琅邪人也。以明经洁行著闻。举贤良,为河南令[1]。岁余,以职事为府官所责,免冠谢。禹曰:“冠一免,安可复冠也?”遂去官。

【注释】

①河南:县名。属河南郡,在今河南洛阳。

【译文】

贡禹,字少翁,琅邪人。以通晓经义、品行高洁而著称。贡禹以贤良方正之名获举荐,被任命为河南令。过了一年多,因为公务问题被问责,被要求脱帽谢罪。贡禹说:“帽子一脱,岂能再戴上呢?”于是辞官而去。

元帝初即位[1],征为谏大夫。是时年岁不登,郡国多困。上用禹言,乃下诏,令太仆减食谷马[2],水衡减食肉兽[3],省宜春下苑以与贫民[4]，又罢角抵诸戏及齐三服官[5]。迁禹为光禄大夫[6]。顷之，上书乞骸骨[7]。天子报曰："朕以生有伯夷之廉[8]，史鱼之直[9]，守经据古，不阿当世，故亲近生。"词甚恳切。后月余，以禹为长信少府。会御史大夫陈万年卒[10]，禹代为御史大夫。自禹在位，数言得失，书数十上。禹以为武帝时犯法者赎罪，入谷者补吏，是以天下奢侈，官乱民贫。今欲兴至治，致太平，宜除赎罪之法，相、守选举不以实及有臧者[11]，辄行其诛，亡但免官[12]。则争尽力为善，贵孝弟[13]，贱贾人，进真贤，举实廉，而天下治矣。天子下其议，又令民产子七岁乃出口钱[14]，自此始。又罢上林宫馆希幸御者，及省建章、甘泉宫卫卒，减诸侯王庙卫卒，省其半。余虽未尽从，然嘉其质直之意，为御史大夫。数月卒。

去官身廉也。有赃者行诛。举实廉而天下治。以廉治世。

【注释】

①元帝：即汉元帝刘奭（前 76—前 33）。

②太仆：官名。始置于春秋。为九卿之一，掌管皇帝的车马。

③水衡：官名。水衡都尉、水衡丞的简称。主要负责管理上林苑，兼管税收、铸钱。

④宜春下苑：汉代都城长安苑囿名。唐代称曲江池。

⑤角抵诸戏：又称百戏。民俗娱乐表演艺术，其内容包括杂技、幻术、武打、舞蹈、歌舞戏等。齐三服官：官名。主要负责君主冠服，因旧在齐地，故称为齐三服官。

⑥光禄大夫：官名。掌管顾问应对。

⑦乞骸骨：请求骸骨得以归于乡土。这是古代大臣年老辞职的一种说法。

⑧伯夷：商末孤竹君之长子。孤竹君想让三子叔齐为继承人，叔齐却让位于伯夷；伯夷以父命为尊，逃之，而叔齐亦不肯立，亦逃之。后天下归于周，伯夷、叔齐耻食周粟，饿死于首阳山。

⑨史鱼：春秋时卫国大夫。他多次向卫灵公推荐蘧伯玉，但卫灵公不采纳，至其临死前，便让家人不要“治丧正室”，以劝诫卫灵公，史称“尸谏”。《论语·卫灵公》：“直哉史鱼！邦有道，如矢；邦无道，如矢。”

⑩陈万年（？—前44）：字幼公，汉代相（今安徽濉溪西北）人。

⑪臧：同“赃”，贪赃。

⑫亡：不止，不仅。

⑬孝弟：同“孝悌”。孝，指回报父母之爱。悌，指兄弟姊妹之情。

⑭口钱：亦称口赋，即人头税。

【译文】

汉元帝即位，贡禹被征召为谏大夫。当时年岁歉收，郡县与封国处境困苦。皇帝采纳了贡禹的建议，下诏命令太仆减少喂粮的马匹，水衡减少食肉的观赏动物，把宜春下苑的土地交给贫民耕种，又取消了角抵等娱乐活动以及齐三服官。贡禹升任光禄大夫，不久即上书乞求辞官归乡。天子批复说：“朕因为先生有伯夷的廉洁，史鱼的正直，奉守经义遵从古道，不阿谀当世，因此亲近先生。”言辞十分恳切。又过了一个多月，让贡禹出任长信少府。正碰上御史大夫陈万年去世，于是贡禹暂时代理御史大夫。贡禹上任以后，多次直言政务得失，上书达数十次。贡禹认为汉武帝时，犯法者可以用财物来赎罪，上贡谷物就可以补任为官吏，因此导致天下风俗奢侈，官场混乱，百姓贫困。如今想要天下大治，四海升平，就应当取消缴纳财物赎罪的制度，国相和郡守选拔举荐的人才如情况不属实，或有贪赃枉法的行为，就要严厉处罚，不能仅仅免官了事。这样人们就会争相为善，以孝敬父母、关爱兄弟为贵，看轻营求利益的商人，推举真正的贤德之士和廉洁之人，天下必然由此而大治。天子把他的建议下发给朝臣讨论，又下令百姓生下孩子之后，等孩子满七岁再缴纳人头税，这项规定就是从这时开始的。又减省上林苑离宫别馆中那些很少临幸的地方，裁撤建章、甘泉二宫卫士，诸侯王庙一半卫士也被裁撤。虽然贡禹其他的建议没有被全部采纳，但皇帝嘉许他的淳朴正直，让他担任御史大夫。几个月之后，贡禹去世。

辞官因为他廉洁。有贪赃枉法的行为就严惩。推举那些真正廉洁之人因此天下大治。以廉洁治理天下。

中郑崇

郑崇，字子游，高密人①。少为郡文学史②，至丞相大车属③。哀帝时④，大司马高武侯傅喜荐崇⑤，擢为尚书仆射⑥，数求见谏争。上初纳用之，每见曳革履，上笑曰："我识郑尚书履声。"

【注释】

①高密：地名。今属山东。

②郡文学史：官名。汉武帝时曾诏令"天下郡国皆立学校官"，全面办立官学，其教师被称郡国文学官。

③丞相大车属：官名。丞相的随从官员。

④哀帝：汉哀帝刘欣（前25—前1）。

⑤大司马：官名。汉武帝时改太尉为大司马，是兼掌政务及军权的高官。

⑥尚书仆射（yè）：官名。秦时尚书为少府属官，汉武帝时尚书在皇帝身边办事，掌管文书章奏。尚书仆射为尚书的副职。

【译文】

郑崇，字子游，高密人。年轻时担任郡里的文学史一职，后来官至丞相大车属。汉哀帝时，大司马高武侯傅喜向朝廷荐举郑崇，于是他被提拔为尚书仆射，多次面见皇帝，直言诤谏。皇帝开始采纳他的建议，每次他拖着皮制鞋履前来求见，皇帝都笑着说：“我能听出是郑尚书的脚步声。”

上欲封祖母傅太后从弟商[①]，崇为谏，傅太后大怒。又以董贤贵宠过度谏[②]，由是重得罪。上责崇曰：“君门如市人，何以欲禁切主上？”崇对曰：“臣门如市，臣心如水，愿得考覆。”上怒，下崇狱，穷治，死狱中。

臣心如水。

【注释】

①傅太后（？—前2）：汉元帝刘奭的妃嫔，汉哀帝刘欣的祖母。从弟：堂弟。同祖叔伯之子而年龄小于自己的人。

②董贤（前23—前1）：字圣卿，冯翊云阳（今陕西泾阳西北）人。御史董恭之子，汉哀帝刘欣宠臣。

【译文】

皇帝想要敕封祖母傅太后的堂弟傅商，郑崇上书谏阻，傅太后对此十分生气。郑崇又因为不满董贤受到皇帝过度宠幸而进谏，因此罪上加罪。皇帝责备郑崇说：“你家门庭若市，却为何想要禁止君主？”郑崇回答说：“臣的门庭有如集市，臣的内心有如清水，请皇上予以勘查。”皇帝很生气，将他下狱，穷究到底，最后郑崇死于狱中。

臣的内心有如清水。

下 羊茂《续汉书》

羊茂，字季宝，豫章人[①]。为东郡太守，冬坐白羊皮，夏处丹板榻[2],常食干饭,出界但具盐豉[3]。

【注释】

①豫章:郡名。汉高祖分九江郡置豫章郡,治南昌县(在今江西南昌)。

②板榻:木板所制狭长而较矮的坐卧之具。

③出界:进入他郡地界。

【译文】

羊茂,字季宝,豫章人。羊茂曾任东郡太守,其间冬天仅仅坐着一张白羊皮御寒,夏天则坐在一张红色的板榻上,平时只吃干饭,到别的郡去的时候也仅带着一些豆豉供路上食用。

东汉

【题解】

东汉自光武帝开国起，便以儒学之士治国，儒学在东汉迎来了发展的高峰，士人阶层的社会地位空前提高，呈现出满朝皆儒士的局面。同时，在西汉创立的选拔官吏的察举制到东汉得到进一步完善，这种选拔制度尤为重视对士人品行和社会声誉的考评，故而史家有“东汉尚名节”之说。在对士人的考察中，“孝”和“廉”是最为重要的两个方面。可以说在东汉入仕为官的士人，大多数都有“孝廉”的头衔，但得以名列《廉吏传》者，也只有三十五人。这再一次证明了《廉吏传》编者的选择标准不单是个人的清白廉洁。东汉廉吏中，被编者评为上等的达十五人之多，仔细考察这些人的事迹可以看出，他们中为将者能与士卒同甘共苦，为国家克定祸乱，如祭遵；在朝者能竭力匡扶朝政，不惜开罪于皇帝，如杨震；任职地方能造福一方，使百姓安居乐业，如张堪、廉范等。东汉中期以后，大权被外戚、宦官轮流把持，朝政日益混乱、腐败，而东汉政权还能维持一百多年，在很大程度上要归功于众多廉吏秉持济世安民的理想而做出的努力。

东汉嗣兴，惩莽之浊乱[①]，崇尚节义，严周之伦，首倡清标，标榜激射之风，相砺而成廉者，得三十五人。一倍西汉。

【注释】

①莽：指王莽（前45—23），魏郡元城（今河北大名）人。元帝皇后之侄。篡汉自立，国号新，在位十五年，法令烦苛，导致爆发了反对新莽政权的大起义，最后王莽兵败被杀。

【译文】

东汉中兴，有鉴于王莽新朝的污浊混乱，崇尚节操道义，严守周朝制定的伦理道德，首先倡导清正的风尚，以廉洁为标榜，相互砥砺的风气大盛，由此而成为廉吏的，共有三十五人。比西汉增加一倍还多。

上 祭遵

祭遵[①]，字弟孙，颍川颍阳人[②]。少好经书，丧母，负土起坟。光武破王寻等[③]，过颍阳，遵以县吏数进见，署为门下史[④]。从征河北，为军市令[⑤]。舍中儿犯法，遵格杀之。光武怒，命收遵。主簿陈副谏，贳以为刺奸将军[⑥]，寻拜偏将军，从平河北，以功封列侯[⑦]。建武二年[⑧]，拜征虏将军，定封颍阳侯，南击蛮中贼，破之。时涿郡太守张丰反[⑨]，与彭宠连兵[⑩]，遵与诸将引兵击之，遵兵先至，急攻丰，丰功曹孟厷执丰降遵[⑪]。受诏留屯良乡拒彭宠[⑫]，大破之。及宠死，遵进定其地。

【注释】

①祭：音zhài。

②颍阳：县名。秦置，在今河南襄城。

③光武：即汉光武帝刘秀（前6—57）。东汉王朝的建立者。王寻（？—23）：汉平帝时为副校尉、丕进侯，王莽篡汉之时辅佐有功，被封为大司徒、章新公，后于昆阳大战中兵败被杀。

④门下史：即门下掾，汉代由州郡长官自己选荐的属吏。

⑤军市令：指古代军中交易场所的主管。

⑥贳（shì）：赦免。

⑦列侯：爵位名。异姓功臣受封为侯者称彻侯，后避汉武帝讳改称列侯。

⑧建武：汉光武帝刘秀年号（25—56）。

⑨涿郡：西汉高帝置。治所在今河北涿州。张丰（？—28）：以涿郡为据反叛朝廷，自称无上大将军，后被祭遵斩杀。

⑩彭宠（？—29）：字伯通，南阳郡宛县（今河南南阳）人。曾在王莽朝中任大司空，后归汉。建武二年（26）起兵反汉，自称燕王，建武五年为家奴所杀。

⑪功曹：官名。为郡守、县令的佐吏，主管考察记录业绩。

⑫良乡：地名。在今北京房山东南。

【译文】

祭遵，字弟孙，颍川颍阳人。年轻时喜欢阅读经书，母亲去世，他背土垒坟。汉光武帝刘秀打败了王寻等，经过颍阳，祭遵以县吏的身份多次前去进见，光武帝让他暂任门下史一职。他跟从光武帝征战河北，担任军市令一职。光武帝的奴仆犯了法，祭遵将其诛杀。光武帝很生气，下令逮捕祭遵。由于主簿陈副的劝谏，祭遵得以赦免，并被任命为刺奸将军，不久又授予偏将军职位，跟随光武帝平定了河北，以其战功被封为列侯。建武二年，拜征虏将军，得到颍阳侯的爵位，又受命到南方攻打蛮贼，打败了他们。当时涿郡太守张丰反叛，与彭宠联合，祭遵与其他将领带兵攻打，祭遵先到，就遣兵火速攻打张丰，张丰的功曹孟厷抓了张丰向祭遵投降。随后接到诏书，受命留守良乡抵御彭宠，祭遵大败彭宠。等到彭宠死后，祭遵进军平定其地。

六年春，诏遵与耿弇等伐公孙述[①]，遵为前行，隗嚣使王元拒垅坻[②]，遵数破嚣。及公孙述遣兵救嚣，耿弇等悉奔还，遵独留不却。九年春，卒于军。

【注释】

①耿弇（yǎn，3—58）：字伯昭，扶风茂陵（今陕西兴平）人。东汉名将，名列云台二十八将第四位。公孙述（？—36）：字子阳，扶风茂陵（今陕西兴平）人。东汉建武元年（25）在蜀割据称帝，国号大成，历时十二年被灭。

②隗嚣（？—33）：字季孟，天水成纪（今甘肃秦安）人。23年，隗嚣占领平襄，被推为上将军，形成陇西割据势力。垅坻：也作陇坻。今甘肃天水一带。

【译文】

建武六年春，诏令祭遵与耿弇等人一起讨伐公孙述，祭遵担任前锋进军，隗嚣派遣王元在陇坻抵御祭遵，祭遵多次击败隗嚣。等到公孙述派兵救援隗嚣，耿弇等都逃奔而回，唯独祭遵坚守不退。建武九年春，祭遵在军中去世。

遵为人廉约小心，克己奉公，赏赐辄尽与士卒，家无私财。身衣韦裤[①]，布被，夫人裳不加缘。帝以是重焉。及卒，愍悼之尤甚[②]，丧至河南，车驾素服临之[③]，望哭哀恸。博士范升上疏曰[④]："窃见祭遵修行积善，竭忠于国，北平渔阳[⑤]，西拒垅蜀，制御士心，不越法度，所在吏人不知有军。清名闻于海内，廉白著于当世。同产兄午以遵无子，娶妾送之，遵逆而不受。自以身任于国，不敢图生虑继嗣之计。临死，遗诫牛车载丧，薄葬洛阳。问以家事，终无所言。遵为将军，取士皆用儒术，对酒设乐，必雅歌投壶[⑥]。虽在军旅，不忘俎豆[⑦]，可谓好礼悦乐，守死善道者也。”帝乃下升章以示公卿。

【注释】

①韦裤：皮套裤。

②愍（mǐn）悼：哀悼。愍，哀怜。

③车驾：天子出巡时乘坐的车马。这里代指天子。

④范升：字辩卿，代郡（今山西代县）人。东汉初年经学家。

⑤渔阳：郡名。战国燕置。秦汉治渔阳县（今北京密云）。

⑥雅歌投壶：吟诵雅诗，投壶娱乐。投壶，一种宴会时的娱乐活动，宾主依次投矢于壶中，以投中次数多少定胜负，然后罚酒。

⑦俎（zǔ）豆：两种祭祀用的器皿。引申为祭祀之意。

【译文】

祭遵为人廉洁清正，谨慎小心，克制私欲，以公事为重，所得赏赐都发给了士卒，家中没有个人的积蓄。他穿皮套裤，盖布被子，他夫人的衣服都没有边饰。光武帝因此非常器重他。他去世后，光武帝十分痛心，灵柩运到河南的时候，光武帝身着素服亲临，望着灵柩哭得十分伤心。博士范升上疏说：“臣认为祭遵修持品行，广为善事，对国家竭尽忠诚，往北平定了渔阳，往西抵御了陇、蜀，驾驭军心，不越法度，其驻地官员百姓都不知道有军队驻扎。他的清誉传播于海内，廉洁之名闻名于当世。他的同胞兄长祭午因为祭遵没有子嗣，就为他娶了一个妾送给他，祭遵拒不接受。他认为自己身负国家重任，不敢贪图生活考虑继嗣的私事。临死之时，遗嘱用牛车载灵柩，薄葬于洛阳。问他家事，始终没说什么。祭遵当将军时，以儒学选拔人才，对酒设乐，必唱雅诗、玩投壶之戏。虽然在军旅之中，也不忘进行祭祀，可以说是讲求礼仪，热爱礼乐，至死不渝地维护道义的人。”光武帝将范升的奏章公示给公卿大臣。

至葬，车驾复临，赠以将军、侯印绶，谥曰成侯。后会朝，帝每叹曰："安得忧国奉公之臣如祭征虏者乎？"其见思如此。

廉而功，武而文。

【译文】

在祭遵下葬的时候，光武帝再次亲临，赠以将军和侯爵的印绶，授予成侯的谥号。后来每逢朝会之时，光武帝常常感叹："怎能得到像祭征虏将军那样忧国奉公的大臣呢？"可见皇帝是何等怀念他。

清廉有功，能武能文。

中祭肜

祭肜，字次孙，遵从弟也。早孤，以孝见称。遇天下乱，野无烟火，而独在冢侧。贼过，见其尚幼，皆奇而哀之。

【译文】

祭肜，字次孙，是祭遵的堂弟。早年丧父，以孝为人称道。遭逢天下大乱，旷野之上都看不见炊烟，而他独自守在亲人墓侧。乱贼经过，看见他年纪幼小，都感到惊奇，也很同情他。

光武初，以遵故拜肜为黄门侍郎①。及遵卒无子，帝追伤之，以肜为偃师长②，令近遵坟墓。肜有权略，视事五岁，县无盗，玺书勉励③，增秩一等。

【注释】

①黄门侍郎：官名。皇帝近侍之臣，主要负责协助皇帝处理朝廷之

事。秦汉之时，官门多漆成黄色，故称黄门。

②偃师：地名。今属河南。

③玺书：诏书。

【译文】

光武帝初年，因为祭遵的缘故，授予祭肜黄门侍郎职位。祭遵死后没有子嗣，光武帝追念伤悼他，于是委任祭肜为偃师县县令，让他距祭遵墓近些以便祭祀。祭肜有权变谋略，任职五年，县中没有盗贼，光武帝下诏勉励，薪俸增加一级。

建武十七年，拜辽东太守[①]。肜有勇力，能贯三百斤弓。鲜卑万余骑寇辽东[②]，肜率数千人逆击之，自陷陈[③]，虏大奔[④]，投水死者过半。自是鲜卑不敢窥塞。肜以匈奴、鲜卑及赤山乌桓三虏连和[⑤]，卒为边害，乃使招鲜卑，示以财利。其后偏何邑落诸豪并归义[⑥]，愿自效。肜曰："审欲立功，当击匈奴，斩送头首，乃可信耳。"偏何等即击匈奴，斩首二千余，持头诣郡。其后岁岁相攻，自是匈奴衰弱，边无寇警。鲜卑、乌桓并入朝贡，乃悉罢缘边屯兵。

【注释】

①辽东：郡名。战国燕置。治所在襄平(今辽宁辽阳)。

②鲜卑：我国古代部族名。聚居在今东北、内蒙古一带。

③陈：同"阵"。

④虏：古代对北方外族的贬称。

⑤匈奴：我国秦汉时期北方游牧民族。乌桓：古代部族名，又分赤山乌桓和白山乌桓。

⑥偏何：鲜卑首领名。

【译文】

建武十七年，祭肜被任命为辽东太守。他力气很大，能够拉开三百斤的弓。鲜卑一万多骑兵入侵辽东，祭肜率领数千人迎头阻击，他身先士卒，冲锋陷阵，鲜卑军大败，落水而死者过半。自此以后鲜卑再也不敢侵犯边塞。祭肜认为如果匈奴、鲜卑及赤山乌桓三方联合，将成为边境大患，于是便派遣使者招降鲜卑，用财货之利收买他们。后来鲜卑偏何部落前来归附，希望能够效力。祭肜说："如果真的想立功，就得攻打匈奴，斩其首级送来，才能让人相信。"偏何等即刻攻打匈奴，斩首二千多人，将首级送到了辽东郡。此后年年都会攻打匈奴，匈奴也因此逐渐衰弱，边境再也没有紧急敌情。鲜卑、乌桓一起入朝进贡，于是便将边境的屯兵全部撤除。

十二年①，征为太仆。肜在辽东三十年，衣无兼副。显宗嘉其功②，又美肜清约，赐钱百万，马三匹，衣被刀剑下至居室什物，大小无不悉备。帝每叹息，以为可属以重任。后从东巡过鲁，坐孔子讲堂，顾指子路室谓左右曰③："此太仆之室。太仆，我之御侮也。"

【注释】

①十二年：此指汉明帝永平十二年（69）。

②显宗：汉明帝刘庄的庙号。

③子路：孔子的弟子，"孔门十哲"之一。

【译文】

明帝永平十二年，祭肜被征召入朝担任太仆。祭肜在辽东三十年，没有两套以上的衣服。汉明帝嘉奖他的功劳，又赞美他清廉简约，赐给他百万钱，三匹马，衣服、被子、刀剑以至居室所用的器物，无论大小全都齐备。汉明帝每每叹息，认为祭肜可委以重任。后来祭肜跟着汉明帝东巡经过鲁地，明帝坐在孔子讲学的地方，回头指着子路的屋子对周围的人说："这就是太仆的屋舍。太仆，是为我抵御侵侮的。"

十六年，使肜将万余骑与南单于左贤王信伐北匈奴[1]，期至涿邪山[2]。信初有嫌于肜，出高阙塞九百余里[3]，得小山，乃妄言以为涿邪山。肜到，不见虏而还。坐逗留畏懦，下狱。肜性沉毅内重，自恨见诈无功，出狱数日，欧血而死[4]。临终，谓其子曰："吾蒙国厚恩，奉使不称，微绩不立，义不可以无功受赏。死后，若悉簿上所得赐物，身自诣兵屯，效死前行，以副吾心。"既卒，其子逢具陈遗言。帝大惊，嗟叹良久焉。

祭氏何能？廉也。以无功欧血死，何忿也。

【注释】

①与南单（chán）于左贤王信伐北匈奴：东汉时期，匈奴分为南匈奴和北匈奴。单于，匈奴君主的称号。

②涿邪山：亦作涿涂山，山名。在今蒙古国境内满达勒戈壁附近。

③高阙塞：关塞名。在今内蒙古乌拉特后旗狼山南麓的达巴图沟口西侧。

④欧血：即呕血，吐血。

【译文】

永平十六年，祭肜受命率领一万多骑兵与南匈奴单于左贤王信一起讨伐北匈奴，约定在涿邪山会合。左贤王信早先与祭肜有嫌隙，走出高阙塞九百余里后，看到一座小山，便谎称到了涿邪山。祭肜到后，没见到匈奴，就回去了。以逗留不前、畏惧敌军的罪名被关入监狱。祭肜生性沉着刚毅，内心持重，对自己被欺骗而没有立功感到非常恼恨，出狱几天后便吐血而死。临终之时，祭肜对儿子说："我受国家的厚恩，接受使命却没能完成，也没有立下一点点功劳，按照道义不可无功受赏。我死之后，你把我所得赏赐全部登记在簿交给朝廷，你自己前去军营，为国赴死，这才符合我的心愿。"死后，他的儿子祭逢向汉明帝详细上奏了他的遗言。汉明帝大惊，慨叹了很久。

祭肜究竟有何能？根本在于一个廉字。因为没有立功，吐血而死，其内心又何其怨愤。

宋弘

宋弘，字仲子，京兆长安人①。哀平间作侍中②。赤眉入长安③，遣使征弘，逼迫不得已，行至渭桥，自投于水。家人救得出，佯死获免④。光武即位，征拜太中大夫。建武二年，为大司空，封栒邑侯⑤。所得租奉分赡九族⑥，家无资产，以清行致称。徙封宣平侯。

【注释】

①京兆长安：今陕西西安。

②哀平间：即汉哀帝（前6—前1年在位）、汉平帝（1—5年在位）年间。侍中：官名。汉代为上起列侯、下至郎中的加官，加此官者可出入宫廷，担任皇帝侍从。

③赤眉：王莽新朝末年，樊崇等率领农民起义军，号为赤眉。其因以赤色涂眉为标志，故有此名。

④佯死：装死。

⑤栒（xún）邑：在今陕西旬邑。

⑥租奉：作为奉禄的租谷收入。

【译文】

宋弘，字仲子，京兆长安人。汉哀帝、汉平帝年间担任侍中。赤眉军攻入长安，派遣使者征召宋弘，宋弘迫不得已奉召，走到渭桥的时候，投水自尽。家人把他救了起来，他装死避免了被赤眉军召去。光武帝即位后，征召宋弘并任命他为太中大夫。建武二年，任大司空，封为栒邑侯。他将所得的俸禄都分给亲族，家中不积蓄财产，以清廉的品行著称。后来被改封为宣平侯。

帝姊湖阳公主新寡[①]，帝与共论朝臣，微观其意。主曰："宋公威容德器，群臣莫及。"帝曰："方且图之。"后引见，帝令主坐屏风后，因谓弘曰："谚言：贵易交，富易妻，人情乎？"弘曰："臣闻贫贱之知不可忘，糟糠之妻不下堂。"帝顾谓主曰："事不谐矣。"弘在位五年，坐考上党太守无所据[②]，免，归第数年卒。

见危授命，富贵不能淫，此是真廉。

【注释】

①湖阳公主：汉光武帝刘秀的大姐，建武二年（26）封为湖阳公主。

②上党：郡名。秦置，治所在今山西长治。

【译文】

光武帝的姐姐湖阳公主刚刚丧夫，光武帝与她一起议论朝廷大臣，暗中揣摩她的想法。湖阳公主说："宋公的相貌品德，群臣之中无人能及。"光武帝说："姑且试试看。"于是光武帝召见宋弘，让公主坐在屏风后面。光武帝对宋弘说："谚语说：地位显贵就要换朋友，富有了就要换妻子，这是人之常情吗？"宋弘说："臣听说贫贱时的知己不能忘记，共患难的妻子不能抛弃。"光武帝回头对公主说："这事办不成了。"宋弘任职五年，因弹劾上党太守没有证据而获罪罢官，回家几年后便去世了。

在危急关头勇于献出自己的生命，富贵不能乱其心，这是真正的清廉。

中伏湛

伏湛，字惠公，琅邪东武人也[①]。成帝时[②]，以父任为博士弟子[③]。更始立[④]，以为平原太守[⑤]。时仓卒兵起，天下惊扰，而湛独晏然，教授不废。谓妻子曰："夫一谷不登，国君彻膳[⑥]，今民皆饥，奈何独饱？"乃共食粗粝，悉分奉禄以赈乡里，来客者百余家。时门下督谋欲为湛起兵[⑦]，湛恶其惑众，即收斩之，徇首城郭，以示百姓。于是吏人信向，郡内以安。平原一境，湛所全也。

【注释】

①东武：县名。今山东诸城。

②成帝：即汉成帝刘骜（前 51—前 7）。

③博士弟子：即博士教授的学生，学习至一定年限，经考核，一般可任郡国文学的职务，特别优秀的可授中央或地方行政官。

④更（gēng）始：23 年，绿林军首领王匡、王凤等人拥立刘玄为帝，年号更始；25 年，长安为赤眉军攻破，刘玄投降，更始政权宣告结束。

⑤平原：郡名。治所在今山东平原。

⑥彻膳：古代遇有灾患，帝王撤减膳食，以示自责。

⑦门下督：汉、魏、西晋时郡国守相的属吏。

【译文】

伏湛，字惠公，琅邪东武人。成帝时，因为他父亲的官位而被选为博士弟子。更始帝刘玄即位，伏湛被任命为平原太守。当时突然兴起兵乱，天下为之动乱，唯独伏湛安闲自得，一如既往教授学业。他对妻子说："一旦粮食歉收，国君都要撤减膳食，如今百姓都在挨饿，我怎么能独自饱食呢？"于是也同大家一起吃粗粮，将自己的俸禄全部用来赈济乡里百姓，前来他家依附的有一百多家。当时有位门下督谋划要以伏湛的名义起兵，伏湛厌恶他迷惑众人，就将他抓起来斩首，将首级在城郭上传递示众，昭告百姓。因此官吏百姓都信赖他，郡内因此太平安定。平原一郡，是伏湛所保全的。

光武即位，征拜尚书，使典定旧制。建武三年，代邓禹为大司徒①，封阳都侯②。后坐策免。南阳太守杜诗上疏荐湛③："公廉爱下，好恶分明，累世儒学，素持名信，经明行修，通达国政，尤宜近侍，纳言左右。"十三年夏，征敕尚书。择拜吏日，未及就位，因宴见中暑，病卒。

岁饥自甘粗粝，全活一境人。

【注释】

①邓禹（2—58）：字仲华，南阳新野（今属河南）人。东汉初年著名军事家，历任大司徒、右将军、太傅，位列云台二十八将之首。大司徒：官名。《周礼》以大司徒为地官之长，西汉末改丞相为大司徒，东汉初改称司徒。

②阳都：地名。在今山东沂南东南。

③南阳：郡名。战国秦置。治所在宛县（今河南南阳）。杜诗（？—38）：字君公，河内汲县（今河南卫辉）人。

【译文】

光武帝即位，征召伏湛拜为尚书，让他主持审定既有制度。建武三年，伏湛代替邓禹担任大司徒，封为阳都侯。后因事免职。南阳太守杜诗上疏举荐伏湛，认为："廉洁奉公，关爱下属，善恶分明，世代尊奉儒学，素有名望信誉，通晓经术修持品行，熟知国家大政，尤其适合作为近臣，在皇帝身边进言。"建武十三年夏，皇帝征召伏湛回朝任尚书。择日拜官那天，伏湛未来得及就职，因召见赐宴时中暑，生病去世。

年岁歉收时自愿食用粗粮，保全了一方百姓。

上 宣秉

宣秉，字巨公，冯翊云阳人也[①]。少修高节，显名三辅[②]。哀、平际，见王氏据权专政，有逆乱萌，遂隐深山，州郡连召，称疾不仕。王莽为宰衡[③]，辟命不应。更始即位，征为侍中。建武元年，拜御史中丞[④]。光武特诏御史中丞与司隶校尉、尚书令会同并专席而坐[⑤]，故京师号曰"三独坐"。

【注释】

①云阳：县名。在今陕西淳化西北。

②三辅：西汉治理京畿地区的三个职官的合称。亦指其所辖地区。

③宰衡：汉平帝时加给王莽的官名。王莽因为伊尹为阿衡，周公为太宰，所以合二人称号，以自尊大。

④御史中丞：官名。御史大夫的副佐。东汉以后不设御史大夫，中丞便成为御史之长。

⑤尚书令：官名。尚书台长官。负责管理章奏文书和传达命令，总揽事权。

【译文】

宣秉，字巨公，冯翊云阳人。年轻时修持节操，闻名于三辅之地。汉哀帝、平帝时期，他看到王莽篡夺大权，有叛逆作乱的迹象，于是就归隐深山，州郡接连征召他，他都称病不出仕。王莽任职宰衡时，征召他，他不肯听从。更始皇帝刘玄即位后，征召宣秉担任侍中。光武帝建武元年，被拜为御史中丞。光武帝特地下诏为御史中丞与司隶校尉、尚书令在朝会时设专门的坐席，故京师之人将他们称为“三独坐”。

迁司隶校尉，务举大纲，简略苛细，百僚敬之。秉性节约，常服布被，疏食瓦器。帝尝幸其府舍，见而叹曰：“楚国二龚[①]，不如云阳宣巨公。”即赐布帛、帷帐什物。四年，拜大司徒司直[②]。所得禄奉，辄以收养亲族。其孤弱者分与田地，自无儋石之储[③]。六年，卒于官。

大节凛凛，亦复有用。

【注释】

①二龚：两位高士龚舍和龚胜的并称。龚舍，武原（今江苏邳州西北）人。西汉经学家。哀帝时征为谏议大夫，拜光禄大夫，但他不以富贵为意，辞官还乡。龚胜（前68—11），字君宾，西汉彭城（今江苏徐州）人。哀帝时征召为谏议大夫，屡次上书抨击朝廷刑罚严酷、赋敛苛重之弊。王莽篡国后，欲拜其为上卿，龚胜以一身不事二姓，绝食而死。

②大司徒司直：官名。西汉武帝时置有丞相司直一职位，帮助丞相检举不法。东汉改属司徒。

③儋（dàn）石之储：指少量的财富。儋石，儋受一石，故称儋石。用来指少量的粮食。

【译文】

后来宣秉转任司隶校尉，处理政事务求纲举目张，简省繁杂苛细的项目，百官都敬重他。他生性节约，常穿普通衣服，盖布被，吃的是粗粮，用的是瓦器。光武帝曾幸临他的府第，触目所见，感叹道：“楚国二龚，不如云阳宣巨公。”于是赐给他布帛、帷帐等生活用品。建武四年，宣秉又被拜为大司徒司直。宣秉用所得俸禄收留赡养亲族。亲族中有孤寡弱小者，宣秉就分给他们田地，而自己什么积蓄都没有。建武六年，宣秉在任上去世。

大节凛然，也能有用。

中王良

王良，字仲子，东海兰陵人也①。少好学，习小夏侯《尚书》②。王莽时，称疾不仕，教授诸生千余人。建武三年，征拜谏议大夫。数有忠言，以礼进止，朝廷敬之。后代宣秉为司徒司直。在位恭俭，妻子不入官舍，布被瓦器。时司徒史鲍恢以事到东海③，过候其家④，而良妻布裙曳柴从田中归。恢告曰：“我司徒史也，故来受书，欲见夫人。”妻曰：“妾是也。苦掾，无书。”恢乃下拜，叹息而还。闻者嘉之。后以病卒于家。

以司直妻，布裙曳柴从田中归，此真难能。

【注释】

①东海兰陵：在今山东苍山。

②小夏侯《尚书》：西汉夏侯建所创立的学派。夏侯建，字长卿，宁阳侯国（今山东宁阳）人。经学家夏侯胜之从兄子。夏侯建拜夏侯胜和欧阳高为师，研习《尚书》，成一家学说，称之为小夏侯《尚书》。

③司徒史：司徒属官，分掌诸曹事务。鲍恢：扶风（今陕西兴平）人。与鲍永合称为“二鲍”，以“抗直”闻名。

④过候：拜访。

【译文】

王良，字仲子，东海兰陵人。年轻时勤奋好学，研习小夏侯《尚书》。王莽当政之时，他称病不做官，先后教授了一千多名学生。建武三年，王良被征拜为谏议大夫。他在任职期间多次进谏忠言，进退举止都符合礼节，朝廷上下都敬重他。后来他代替宣秉担任司徒司直。王良在官位上恭良勤俭，妻儿都不入官衙，家中用的是布被瓦器。当时司徒史鲍恢因事到东海，前往他家拜访，王良的妻子穿着布裙，拖着柴草从田中归家。鲍恢告诉她："我是司徒史，特地来看看有无书信需要带去，想要拜见夫人。"王良妻子说："我就是。辛苦您了，没有书信。"鲍恢于是下拜行礼，叹息着回去了。听说这件事的人都赞叹不已。后来王良因病在家中去世。

以司直之妻的身份，穿着布裙拖着柴草从田中归家，这真的很难做到。

上 郭伋

郭伋，字细侯，扶风茂陵人也[①]。王莽时，为并州牧[②]。更始新立，征拜左冯翊。世祖即位[③]，拜雍州牧[④]，再转为尚书令。数纳忠谏。建武四年，出为中山太守[⑤]。明年，彭宠灭，转渔阳太守。渔阳既离王莽之乱[⑥]，重以彭宠之败，民多猾恶，寇贼充斥。伋到，示以信赏，纠僇渠帅[⑦]，盗贼销散。时匈奴数抄郡界，伋整勒士马[⑧]，设攻守之略，匈奴畏惮远迹，不敢复入塞。后颍川盗起，征拜颍川太守。伋到郡，招怀山贼，阳夏赵宏、襄城召吴等数百人[⑨]，皆束手诣伋降，悉遣归农。后宏、吴等党与闻伋威信，远自江南，或从幽、冀[⑩]，不期俱降，骆驿不绝。

【注释】

①茂陵：汉武帝刘彻的陵墓。此处指陵园附近的茂陵邑，在今陕西兴平东北。

②并州牧：并州太守。并州，汉武帝置，为“十三刺史部”之一。其地为今山西、内蒙古及河北一部分地区。牧，州郡长官的别称。

③世祖：东汉光武帝刘秀的庙号。

④雍州：东汉光武帝定都洛阳，设雍州，后罢。献帝时分凉州、河西四郡为雍州。汉末建安年间，又省司隶校尉及凉州，以其郡国并入雍州，治长安。

⑤中山：郡名。治所在今河北定州。

⑥离：后多作“罹”，遭受。

⑦僇：通“戮”，斩杀。

⑧整勒：操练。

⑨襄城：县名。今属河南。

⑩幽、冀：幽州、冀州。其地为今河北、京津两市及辽宁南部。

【译文】

郭伋，字细侯，扶风茂陵人。王莽时担任并州牧。更始帝刘玄即位，征拜郭伋为左冯翊。汉光武帝即位后，又被拜为雍州牧，再转任尚书令。他多次直言进谏。建武四年，郭伋出任中山太守。第二年，在彭宠被剿灭后转任渔阳太守。渔阳先是遭受了王莽时的祸害，又加上彭宠作乱，百姓中很多狡猾奸恶之徒，贼寇到处都是。郭伋到郡之后，向百姓宣示有功必赏，诛杀了盗贼首领，群盗因此溃散。当时，匈奴军队多次侵扰郡县边界，郭伋整顿士卒兵马，设定了攻守的方略，匈奴心生畏惧，逃得远远的，不敢再侵入边塞。后来颍川盗贼兴起，朝廷又征拜郭伋为颍川太守。郭伋到了颍川以后，招抚山贼，阳夏的赵宏、襄城的召吴等数百人，都束手去见郭伋请求投降，郭伋将他们全部遣散回乡务农。后来赵宏、召吴等人的党羽听说郭伋非常有威信，远自江南，甚至幽州、冀州的贼寇，都不约而同来归降，络绎不绝。

十一年，调并州牧。伋前在并州，素结恩德，及后入界，老幼相携，逢迎道路。始至行部①，到西河美稷②，有童儿数百，各骑竹马道次迎拜③。伋问儿曹何自远来，对曰："闻使君到④，喜，故来奉迎。"伋辞谢之。及事讫，诸儿复送至郭外，问："使君何日当还？"伋谓别驾从事⑤，计日当告之。行部既还，先期一日，伋为违信于诸儿，遂止于野亭，须期乃入。

【注释】

①行部：巡行所属部域，考核政绩。

②西河美稷：在今内蒙古准格尔旗西北。

③竹马：儿童游戏时当马骑的竹竿。

④使君：汉代对太守的称呼。

⑤别驾从事：简称别驾，官名。为州刺史的佐官，因其地位较高，出巡时不与刺史同车，别乘一车，故称。

【译文】

建武十一年，郭伋调任并州牧。郭伋以前在并州时，平素就施恩行惠，这次一进入郡界，百姓扶老携幼，在路边迎接他。郭伋到任就巡行所属部域，考核政绩，到了西河美稷，有数百名儿童各自骑着竹马，在道旁拜迎。郭伋问孩子们为什么大老远地赶来，孩子们回答："听说使君到了，非常高兴，所以来迎接。"郭伋辞让拜谢。等到事情办完，那些孩子们又将他送到城郭外，问他："使君什么时候回来呢？"郭伋就叫别驾从事计算好时间告诉他们。巡视完各处回程，比预定时间早到了一天，郭伋为了不失信于那些孩子，就在郊外亭内歇息，等到预定的时间才进城。

二十二年，征为太中大夫，赐宅一区，及帷帐钱谷，以充其家。伋辄散与宗亲九族，无所遗余。明年卒，时年八十六。

纳谏尽忠，销盗遏虏，乃信孚童儿，德至矣。

【译文】

建武二十二年，郭伋被征召为太中大夫，皇帝赐给他一所住宅，又赏赐帷帐、钱谷以充作家用。郭伋将东西全部分发给了宗亲九族，自己毫无保留。第二年郭伋去世，时年八十六岁。

谏言规劝尽忠职守，剿灭强盗遏制外族入侵，乃至取信于儿童，这是道德的最高境界。

■郭丹

郭丹，字少卿，南阳穰人也[①]。七岁而孤，小心孝顺，后母哀怜之，为鬻衣装，买产业。后从师长安，买符入函谷关[②]，乃慨然叹曰："丹不乘使者车，终不出关。"

【注释】

①穰（ráng）：县名。今河南邓州。

②符：符节。古时出入关口，需持符节，作为过关之凭证。高官显贵由朝廷赐予"节"，而身份地位卑微者则需要自己购买"符"。

【译文】

郭丹，字少卿，南阳穰县人。郭丹七岁丧父，谨慎孝顺，继母怜爱他，卖掉了自己的衣装，为他购置了家产田业。后来郭丹到长安从师学习，通过买符才入了函谷关，于是他感慨地说："我如果不坐上使者车，决不再出关。"

既至京师，常为都讲[①]，诸儒咸敬重之。大司马严光请丹[②]，辞病不就。王莽又征之，遂与诸生逃于北地。更始二年，三公举丹为谏议大夫[③]，持节使归南阳[④]，安集受降。丹自去家十有二年，果乘高车出关，如其志焉。

【注释】

①都讲：古代学舍中协助博士讲经之人。

②严光：汉光武帝时隐逸高士，未尝出仕。此处当为“严尤”之误。严尤，字伯石，王莽时曾任大司马。后刘望起兵即位，任严尤为大司马。《资治通鉴》卷第三十九：“八月，望即皇帝位，以尤为大司马，茂为丞相。”

③三公：三公所指，不同时期各有不同，这里指丞相、大司马、御史大夫。

④节：符节。

【译文】

郭丹到了京师，经常在学舍中协助博士讲经，那些儒生都很敬重他。大司马严尤邀请郭丹，他称病不去。王莽又征召他，于是他便同一些儒生逃到北地。更始二年，三公推举郭丹为谏议大夫，他持着符节出使回到南阳，安抚聚集的民众，接受投降的人。郭丹离开家乡有十二年了，果然乘着高车出函谷关，实现了自己的志向。

更始败，诸将悉归光武，丹独为更始发丧，衰绖尽哀[①]。建武二年，遂潜逃去，敝衣间行，涉历险阻，求谒更始妻子，奉还节传[②]，因归乡里。十三年，大司马吴汉辟举高第[③]，再迁并州牧，有清平称。转使匈奴中郎将[④]，迁左冯翊。

【注释】

①衰绖(cuī dié)：丧服。衰，古人在丧服胸前当心处缀有长六寸、宽四寸的麻布，称之为衰，此衣也被称为衰衣。绖，一种散麻绳，围在头上称为首绖，缠在腰间则称为腰绖。衰、绖两者是丧服的主要部分。

②节传：玺节与传文。《周礼·地官·司关》："凡所达货贿者，则以节传出之。"郑玄注："商或取货于民间，无玺节者至关，关为之玺节及传出之；其有玺节，亦为之传。传，如今移过所文书。"

③吴汉(？—44)：字子颜，南阳宛县(今河南南阳)人。东汉开国名将、军事家，位列云台二十八将次席。历任宛县亭长、偏将军、大将军、大司马。

④使匈奴中郎将：官名。有持节出使、监护、卫护匈奴等职责。

【译文】

更始帝刘玄失败后，诸位将领都归顺了光武帝，只有郭丹一人为更始帝发丧，穿着丧服，极尽悲痛。建武二年，他悄悄地逃走了，穿着破衣服从小路潜行，经历了重重险阻，找到了刘玄的妻子儿女，将刘玄所赐的节传还给了他们，然后回到了南阳故里。建武十三年，大司马吴汉推举他为优等人才，于是他得以再次任职并州牧，在任上以清廉公平著称。又转任使匈奴中郎将，再后来又升迁左冯翊。

永平三年，代李䜣为司徒，在朝廉直公正。明年，坐考邓融事无所据，策免。五年，卒于家，年八十七。后显宗因朝会问群臣[①]："郭丹家今何如？"宗正刘匡对曰[②]："昔孙叔敖相楚，马不秣粟，妻不衣帛。丹出典州郡，入为三公，而家无遗产，子孙困匮。"帝乃访求其嗣。长子宇，官至常山太守[③]。

志高车出关，疑一世味人。而避莽征，为更始发丧，是有识人。

【注释】

①显宗：汉明帝刘庄的庙号。

②宗正：官名。主要负责掌管皇帝亲族或外戚勋贵等有关事务。

③常山：郡名。本名恒山郡，汉高祖分巨鹿郡置，治所在今河北元氏。后避汉文帝刘恒之讳，改名常山郡。

【译文】

汉明帝永平三年，郭丹代替李䜣出任司徒，在朝中廉洁正直，公正无私。第二年，因为弹劾邓融缺乏证据而罢官。永平五年，郭丹在家中去世，享年八十七岁。后来汉明帝在朝会上问群臣："郭丹家现在怎么样？"宗正刘匡回答说："过去孙叔敖辅佐楚庄王，不用粮食喂马，妻子不穿帛。郭丹出任州郡太守，入朝位列三公，而没有给家中留下遗产，子孙生活十分贫困。"汉明帝于是下令访求郭丹的后人。郭丹长子郭宇，官至常山太守。

立志乘高车出关，令人怀疑他是一个俗人。而逃避王莽的征召，为更始帝发丧，实在是有识之人。

中杜诗

杜诗[①]，字公君，河内汲人也[②]。少有才能，仕郡功曹，有公平称。更始时，辟大司马府。建武元年，岁中三迁，为侍御史[③]，历转汝南都尉[④]，所在称治。七年，迁南阳太守。性节俭，而政治清平，以诛暴立威。善于计略，省爱民役，造作水排[⑤]，铸为农器。又修治陂池[⑥]，广拓土田，郡内比室殷足，时人方于召信臣[⑦]。故南阳为之语曰："前有召父，后有杜母。"

【注释】

①杜诗:河内汲县(今河南卫辉)人。建武七年(31)任南阳太守,在任时造作水排,铸农器,修治陂池,广开田池,使郡内富庶起来,故而文中有“杜母”之谓,以与“召父”并举。

②河内:郡名。汉高祖二年(前205)置,在今河南北部、河北南部一带。

③侍御史:官名。受命御史中丞,接受公卿奏事,举劾非法;有时受命执行办案。

④汝南:郡名。汉初所置,治所在平舆(今属河南)。

⑤水排:用水推动鼓风设备来进行铸造的装置。我国早期的鼓风设备大都采用皮囊,称之为橐。一座炉子往往需要一排橐,故也称之为排囊或排橐。用水力推动这种排橐,就叫水排。《三国志·魏书·韩暨传》:“(韩暨)徙监冶谒者。旧时冶,作马排,每一熟石用马百匹;更作人排,又费功力。暨乃因长流为水排,计其利益,三倍于前。”

⑥陂(bēi)池:池塘。

⑦召(shào)信臣:即下文的“召父”,字翁卿,九江郡寿春(今安徽寿县)人。西汉人。为官清廉,视民如子,常亲自劝导农耕,兴修了六门堰和钳卢陂等水利工程。为官南阳期间,郡内大治,故百姓称其为召父。

【译文】

杜诗,字公君,河内汲县人。杜诗年轻时就有才干,在郡中任功曹时以办事公正平和为人所称道。更始年间,杜诗被征召到大司马府为官。建武元年,他一年之中升迁了三次,担任侍御史,几番转任后担任汝南都尉,他所任职之处都治理得很好。建武七年,杜诗升任南阳太守。他生性节俭,为政清廉公正,以诛灭豪强建立起威信。杜诗善于谋划,节省爱惜民力,他制造出水排,用来铸造农器。又修理整治了池塘,开拓了大片耕地，使郡内家家户户都殷实富足，当时人们把他比作召信臣。因此南阳人为他们编谚语说："前有召父，后有杜母。"

诗自以奉职无效，乃上书，愿退大郡，受小职。帝惜其能，遂不许。身虽在外，尽心朝廷。谠言善策[①]，随事献纳。视事七年，政化大行。十四年，坐遣客为弟报仇，被征，会病卒。司隶校尉鲍永上书[②]，言诗贫困，无田宅，丧无所归。诏使治丧郡邸[③]，赙绢千匹[④]。

杜母。

【注释】

①谠（dǎng）言：正直之言。

②鲍永（？—42）：字君长，上党屯留（今山西屯留）人。官至东海国国相。

③郡邸：诸郡设在京师的办事处。

④赙（fù）：用钱财帮助别人办理丧事。

【译文】

杜诗自认为在任期间无所作为，于是上书提出辞去太守职位而转任低级官员。光武帝爱惜他的才能，没有应允。杜诗虽在外为官，但对朝堂之事也尽心尽力。他直言上书的良策，往往和他奏事的奏本一同献上。杜诗在南阳任职七年，政绩教化效果显著。建武十四年，杜诗因派门客为弟弟报仇，被朝廷追究，恰逢他在此时生病去世。司隶校尉鲍永上书，说杜诗贫困，没有田地和住宅，死后没有地方安葬。光武帝于是下诏在郡邸为杜诗治丧，赏赐一千匹绢作为治丧费用。

杜母。

孔奋

孔奋，字君鱼，扶风茂陵人也。奋少从刘歆受《春秋传》[①]，歆称之，谓门人曰："吾已从君鱼受道矣。"建武五年，大将军窦融请奋署议曹掾[②]，守姑臧长[③]。八年，赐爵关内侯[④]。时天下扰乱，唯河西独安[⑤]，而姑臧称为富邑，通货羌胡[⑥]，市日四合[⑦]。每居县者，不盈数月，辄至丰积。奋在职四年，财产无所增。事母孝谨，虽为俭约，奉养极求珍膳，躬率妻子同甘菜茹。时天下未定，士多不修节操，而奋力行清洁，为众人所笑。或以为身处脂膏，不能以自润，徒益苦辛耳。奋既立节，治贵仁平，太守梁统深相敬[⑧]，待不以官属礼之，常迎于大门。

【注释】

①刘歆（？—23）：西汉学者，刘向之子。在儒学上深有造诣，整理六艺群书，编成《七略》，为我国目录学之始。《春秋传》：《春秋》"三传"分别为《公羊传》《穀梁传》《左氏传》，刘歆精研于《左传》。

②大将军：官名。多由贵戚担任，位高权重，在三公之上。窦融（前16—62）：字周公，扶风平陵（今陕西咸阳西北）人。新莽末至东汉时期名臣，云台三十二将之一。议曹掾：官名。汉丞相府及郡国设置议曹，分别有掾、史、祭酒等，议曹掾为主吏。

③姑臧（zāng）：县名。汉武帝时设置，在今甘肃武威凉州区。

④关内侯：爵位名。一般对立有军功将领的奖励。

⑤河西：指甘、青两黄河以西地区。

⑥羌胡：古代西部少数民族。

⑦市日四合：开市到闭市为一合。中原地区繁荣的大市一般按照"市

日三合”的规制经营，即市一日开放三次，有朝市、夕市和大市。一日四合，可见其繁荣程度。

⑧梁统（前5—62）：字仲宁，安定乌氏（今宁夏固原）人。历任宣德将军、太中大夫、九江太守，封为陵乡侯。

【译文】

孔奋，字君鱼，扶风茂陵人。孔奋少时跟从刘歆学习《春秋左氏传》，刘歆颇为称赏他，对门生说：“我已经从君鱼那里学到了大道。”建武五年，大将军窦融邀请孔奋暂时担任自己官署的议曹掾，又暂任姑臧县令。建武八年，孔奋被赐爵关内侯。当时天下纷扰动荡，唯独河西郡安定，而姑臧县被称为富邑，这里与羌胡往来贸易，一日之内开市四次。姑臧的每任县官，不到几个月就能积累很多财富。孔奋在任四年，财产却没有增加。孔奋侍奉母亲孝顺恭谨，虽然生活俭约，却力求让母亲吃到精美的膳食，自己则和妻子儿女一起吃粗食。当时天下还没有平定，士人们多不修持节行操守，孔奋因力行清正廉洁而被众人嘲笑。有人说他身处富庶之地，而不能让自己生活优裕些，简直是自讨苦吃。孔奋树立节操，施政以仁义平和为本，太守梁统非常敬重他，不以对下属的礼节相待，常在大门口迎接孔奋。

陇、蜀既平，河西守令咸被征召，财货连毂，弥竟川泽。唯奋无资，单车就路。姑臧吏民及羌胡更相谓曰：“孔君清廉仁贤，举县蒙恩，如何今去不共报德？”遂相赋敛牛马器物千万以上，追送数百里。奋谢之而已，一无所受。

【译文】

陇、蜀平定之后，河西的太守、县令都被征召回朝，他们运送财物的车一辆接着一辆，塞满川泽之间。唯独孔奋没有什么资财，坐着一辆车就上路了。姑臧县的官吏百姓以及羌胡之民都说：“孔君清廉仁贤，我们整个县都蒙受他的恩德，为何今天他走的时候我们不一起去报答他的恩德呢？”于是共同凑集了成千上万的牛马器物，追了数百里送给孔奋。孔奋仅是谢过他们的好意，没有收受任何东西。

既至京师，除武都郡丞[1]。时陇西贼夜攻府舍，执奋妻子，欲以为质。奋年已五十，唯有一子，终不顾望，穷力讨之，遂禽灭贼党，妻子亦为所杀。世祖下诏褒美，拜为武都太守。奋为政明断，甄善疾非，见有美德，爱之如亲，其无行者，忿之若仇，郡中称为清平。以病去官，守约乡闾，卒于家。奋晚有子嘉，官至城门校尉[2]。

致孝竭忠，处膏不润，皭然尘埃之表。

【注释】

①武都郡丞：武都郡守佐官。武都，郡名。汉武帝时置，治所在武都县（今甘肃西和南）。

②城门校尉：官名。汉武帝时初置，主要负责京师城门守卫。

【译文】

到了京师后，孔奋又被任命为武都郡丞。当时陇西的贼人在夜晚攻打官署，抓住了孔奋的妻子和儿女，想要以他们为人质。孔奋当时已经五十岁了，只有一个儿子，却始终不为所动，全力讨伐贼人，最终将贼人及其党羽全部擒获剿灭，但他的妻子儿女也被杀害了。光武帝因此而下诏褒扬赞赏孔奋，拜他为武都太守。孔奋为政清明果断，他甄别表扬善行，斥责错误行为，看见有美德的人，就像亲人一样爱护他，见到没有德行的人，就像仇人一样憎恶他，郡中之人都赞扬他清廉公正。后来孔奋因病辞去官职，在故乡过着俭朴的生活，最终在家里去世。孔奋晚年又得了一个儿子名叫孔嘉，官至城门校尉。

为人竭尽忠孝，处富庶之地而不自利，洁白地超脱尘世之外。

张堪

张堪，字君游，南阳宛人也[①]。堪早孤，让父余财数百万与兄子。年十六，受业长安，志美行厉，诸儒号曰“圣童”。

【注释】

①宛：县名。秦置，在今河南南阳。

【译文】

张堪，字君游，南阳宛县人。张堪早年丧父，他将父亲留下的数百万遗产都给了侄子。张堪十六岁时在长安学习，他志向高远，砥砺操行，诸位儒生都称他为“圣童”。

世祖微时[①]，见堪志操，常嘉焉。及即位，中郎将来歙荐堪[②]，召拜郎中[③]，三迁为谒者[④]，使送委输缣帛[⑤]，并领骑七千匹，诣大司马吴汉伐公孙述，在道追拜蜀郡太守。时汉军余七日粮，阴具船欲遁去。堪闻之，驰往见汉，说述必败，不宜退师，汉从之。及成都既拔，堪先入，据其城，捡阅库藏，收其珍宝，悉条列上言，秋毫无私。慰抚吏民，蜀人大悦。拜渔阳太守，击破匈奴，郡界以静。乃于狐奴开稻田八千顷[⑥]，劝民耕种以致殷富。百姓歌曰：“桑无附枝，麦穗两岐，张君为政，乐不可支。”

【注释】

①世祖：东汉光武帝刘秀的庙号。

②来歙(xī,？—35):字君叔,南阳新野(今河南新野南)人。光武帝时被任为太中大夫。35年,来歙与盖延、马成在河池、下辨进攻公孙述部将王元、环安,攻破城池,蜀人惧,便派遣刺客,来歙遇刺身亡。光武帝追赠来歙为中郎将,赐给征羌侯官印,谥号节侯。

③郎中:官名。秦汉时属郎中令。汉郎中俸禄为比二百石,为皇帝侍卫,管理车、骑、门户,有时也从军出战。

④谒者:官名。君主左右掌传达等事的近侍。

⑤缣(jiān)帛:一种光洁细薄的丝绢。

⑥狐奴:县名。西汉初年置,隶属渔阳郡。其故址在今北京顺义。

【译文】

光武帝刘秀声名不显的时候,见到张堪不同寻常的志向节操,经常表扬他。光武帝即位后,中郎将来歙举荐张堪,于是召拜张堪为郎中,多次升迁后任命他担任谒者,负责转运缣帛,并且命他率领七千骑兵,会同大司马吴汉一起讨伐公孙述,在征途中又追拜他为蜀郡太守。当时吴汉所率军队仅剩七天的粮草,于是暗中备船想要退却。张堪听说后,骑马飞奔去见吴汉,陈述公孙述必败,不应该退兵,吴汉听从了他的建议。等到成都被攻破后,张堪先行进入,他把守住城池,清点府库,保管珍宝,将府库中的财物一一登记上报,没有私占分毫。他安抚官吏百姓,使蜀地人心欣悦。后来张堪拜官渔阳太守,他出兵击破匈奴,使渔阳郡得以安宁。他进而在狐奴县开垦了八千顷稻田,鼓励百姓耕种以实现生活富足。百姓编唱歌谣说:“桑树没分枝,麦穗开两支,张君当太守,百姓乐悠悠。”

帝尝召见诸郡计吏[①],问其风土,及前后守令能否。蜀郡计掾樊显进曰:“渔阳太守张堪,昔在蜀郡,仁以惠下,威能讨奸。前公孙述破时,珍宝山积,卷握之物[②],足富十世。而堪去职之日,乘折辕车,布被囊而已。”帝闻良久叹息,方征堪,会病卒。帝深悼惜之,下诏褒扬,赐帛百匹。

让余财数百万，弃十世之富，静邦富民，而身乘折辕车。

【注释】

①计吏：古代州郡掌簿籍并负责上计的官员。下文“计掾”亦同。

②卷（quán）握：掌握。卷，通“拳”，拳头。

【译文】

光武帝曾召见各个郡的计吏，问及当地的风土民情，以及前任、现任的郡守和县令是否贤能。蜀郡计掾樊显进言说：“渔阳太守张堪，以前在蜀郡的时候，就以仁德惠及下属，他的声威能够讨伐奸恶。从前公孙述被打败时，被缴获的珍宝堆积如山，张堪手中掌握的东西，足够十代人享受富足生活。而张堪离职的时候，乘坐的是一辆断辕的车，车上只有布被包袱而已。”光武帝听后叹息良久，于是征召张堪，却遇上他生病去世了。皇帝为张堪深感痛惜，下诏褒扬他，并赏赐布帛一百匹。

让出了数百万家财，放弃了十代人的荣华富贵，让国家安定平静，百姓富足，而自己乘坐折辕车。

中董宣

董宣，字少平，陈留圉人也[①]。举高第，累迁北海相。到官，以大姓公孙丹为五官掾[②]。丹新造居宅，而卜工以为当有死者，丹乃令其子杀道行人，置尸舍内，以塞其咎。宣知，即收丹父子，杀之。丹宗族亲党三十余人，操兵诣府，称冤叫号。宣以丹前附王莽，虑交通海贼[③]，乃悉收系剧狱[④]，使门下书佐水丘岑尽杀之[⑤]。青州以其多滥[⑥]，奏宣考岑。宣坐征诣廷尉。在狱晨夜讽诵，无忧色。及当出刑，官属具馔送之。宣乃厉色曰：“董宣生平未曾食人之食，况死乎！”升车而去。时同刑九人,次应及宣。光武驰使驺骑特原宣刑[7],且令还狱,遣使者诘宣多杀无辜。宣具以状对,言水丘岑受臣意旨,罪不由之,愿杀臣活岑。使者以闻,有诏左转宣怀令,令青州勿案岑罪。

【注释】

①陈留:郡名。西汉置。治所在陈留县(今河南开封陈留镇)。圉(yǔ):县名。在今河南杞县。

②五官掾:官名。西汉置。汉代郡太守自署属吏之一,掌春秋祭祀,若功曹或其他各曹员缺失,则可署理或代行其事,无固定职务。

③交通:勾结串通。

④剧:县名。西汉时置。在今山东寿光。

⑤书佐:官名。主办文书的佐官。

⑥青州:汉武帝时,分全国为十三部州,各置部刺史一人。巡行郡县,以新进之低级官监察高官。青州刺史所巡为今山东半岛大部分地区。

⑦驺(zōu)骑:驾驭车马的骑士。

【译文】

董宣,字少平,陈留圉县人。他因在政绩考核中取得优等而多次升迁至北海相。董宣到任之后,任命出身当地大姓人家的公孙丹任五官掾一职。公孙丹新建住宅,而卜卦的人认为新宅会有死人的灾祸,于是公孙丹就让他儿子杀了一个过路的行人,将尸体放在房屋里,以此来阻止灾祸发生。董宣得知这件事后,立刻收押公孙丹父子,将他们诛杀。公孙丹的宗族亲党三十多人拿着兵器来到官府喊冤。董宣考虑到公孙丹曾依附过王莽,且与海盗有勾结,于是将他们全部收押到剧县大牢,让门下书佐水丘岑将他们全部杀掉。青州刺史认为董宣滥杀,于是向朝廷举报董宣,并且拷问水丘岑。董宣因此被移交给廷尉问罪。他在狱中早晚讽诵诗文，毫无忧虑之色。等到要行刑的时候，官属准备了美食送给他。董宣厉色说：“我董宣生平从未吃过别人的东西，更何况在死的时候！”于是董宣登上囚车前往刑场。当时一同被处刑的共九人，董宣是第二个。光武帝刘秀急派侍从骑士赶去，特赦了董宣的死刑，并命人将他带回监狱，派使者审问他为什么杀了那么多无辜之人。董宣将缘由一一说明，并说水丘岑是受他的命令办事，不该承担罪责，希望诛杀自己保全水丘岑。使者将这些话告诉了光武帝，光武帝下令将董宣贬职为宣怀县令，并命令青州刺史不要再追究水丘岑之罪。

后江夏有剧贼夏喜等寇乱郡境①，以宣为江夏太守。到界，移书曰：“朝廷以太守能禽奸贼，故辱斯任。今勒兵界首，檄到②，幸思自安之宜。”喜等闻惧，即时降散。外戚阴氏为郡都尉③，宣轻慢之，坐免。

【注释】

①江夏：郡名。汉高祖时所置。治所在今湖北武汉一带。剧贼：大盗。

②檄（xí）：用以晓喻或声讨的文书。

③外戚：古代帝王母、妻家的亲属。

【译文】

后来，江夏有大盗夏喜等祸乱郡县边境，于是光武帝任命董宣为江夏太守。董宣到了江夏郡边界，发布公告说：“朝廷认为我能够擒拿奸贼，因而将此任务委派给我。如今陈兵于江夏边界，檄文到达之时，希望你们好好考虑自己的下场。”夏喜等人听到后非常害怕，立刻就投降解散了。当时皇室的外戚阴氏担任郡都尉，董宣轻视怠慢他，因此获罪免官。

后特征为洛阳令①。时湖阳公主苍头白日杀人②，因匿主家，吏不能得。及主出行，而以奴骖乘[3]。宣于夏门亭候之[4]，乃驻车叩马[5]，以刀画地，大言数主之失，叱奴下车，因格杀之。主即还宫诉帝。帝大怒，召宣欲棰杀之[6]。宣叩头曰："愿乞一言而死。"帝曰："欲何言？"宣曰："陛下圣德中兴，而纵奴杀良人，将何以理天下乎？臣不须棰，请得自杀。"即以头击楹，流血被面。帝令小黄门持之[7]，使宣叩头谢主。宣不从，强使顿之。宣两手据地，终不肯俯。主曰："文叔为白衣时[8]，藏亡匿死，吏不敢至门。今为天子，威不能行一令乎？"帝笑曰："天子不与白衣同。"因敕强项令出。赐钱三十万，宣悉以班诸吏[9]。由是搏击豪强，莫不震栗，京师号为"卧虎"。歌曰："枹鼓不鸣董少平[10]。"

【注释】

①特征：特别征召。

②苍头：家奴。

③骖乘（cān shèng）：陪乘。古代乘车，尊者居左，驭者居中，陪乘者居右负责行车安全。

④夏门亭：指夏门外的万寿亭。夏门，洛阳城北门。

⑤叩：拉住。

⑥棰（chuí）：行刑的鞭子或棍子。

⑦小黄门：汉代低于黄门侍郎一级的宦官。

⑧文叔：光武帝刘秀字文叔。白衣：平民。

⑨班：赐予，分给。

⑩枹（fú）鼓：指报警之鼓。

【译文】

后来董宣被特别征召担任洛阳令。当时湖阳公主的家奴光天化日之下杀人，因为藏在公主家里，官吏不能捉拿他。等到公主出行的时候，让这个家奴作为陪乘。董宣在夏门亭等候，公主一行到达后，董宣拦住车马，用刀画地，大声数落公主的过失，叱令家奴下车，当场将他杀掉。公主随即回到宫中将此事告诉了光武帝。光武帝大怒，召董宣前来想要棰杀他。董宣叩头说："希望能让我说一句话后再死。"光武帝说："想要说什么？"董宣说："陛下有圣德，中兴汉朝，却纵使奴仆杀害平民，又将如何治理天下呢？臣不用您棰杀，请允许我自杀。"随即以头撞击柱子，血流满面。光武帝让小黄门摁着他，让他向公主叩头谢罪。董宣坚决不从，小黄门强迫他向公主叩头。董宣两手撑在地上，始终不肯低头。公主说："文叔您身为百姓时，藏匿逃犯和死罪之人，官吏也不敢上门捉拿。现在当了天子，权威却不能施加于一个县令吗？"光武帝笑着说："天子和百姓不一样。"于是下令让董宣这个强项令退下。并赏赐钱三十万，董宣将这些钱全部分发给了手下的官吏。此后他打击豪强，所有人都为之震惊颤栗，京师之人将他称为"卧虎"。歌谣唱道："枹鼓不鸣董少平。"

在县五年，年七十四，卒于官。诏遣使者临视，见布被覆尸，有大麦数斛、敝车一乘。帝伤之，曰："董宣廉洁，死乃知之。"以宣尝为二千石，赐艾绶[1]，葬以大夫礼，拜子并为郎中。

【注释】

①艾绶：系印纽的绿色丝带，二千石以上官员用。

【译文】

董宣担任洛阳县令五年，七十四岁时死在任上。皇帝下诏派遣使臣前往看视，只见用布被覆盖尸体，家中只有数斛大麦、一辆破车。光武帝很悲伤，说："董宣的廉洁，在他死后我才知道。"因为董宣曾做过二千石的郡太守，所以光武帝赐予他艾绶，用大夫之礼安葬他，还任命他的儿子董并为郎中。

强项不避权贵，此是正气；杀人如屠儿，可乎？然公孙丹令子杀行道人，三十人操兵呼号，苍头白日杀人，皆宜杀者也。

【译文】

强硬不回避权贵，这是刚正之气；杀人就像屠夫一样，这可以吗？然而公孙丹让儿子杀路人，三十多人拿着兵器在官府呼号，家奴大白天杀人，这些人都是该杀的。

■第五伦

第五伦①，字伯鱼，京兆长陵人也。其先齐诸田②，诸田徙园陵者多，故以次第为氏。伦少介然③，有义行。始以营长诣郡尹鲜于褒④，褒见而异之，署为吏。后为乡啬夫，平徭赋，理怨结，得人欢心。自以为久宦不达，遂将家属客河东，变姓名，自称王伯齐，载盐往来太原、上党⑤，所过辄为粪除而去，陌上号为道士。

【注释】

①第五：复姓。

②齐诸田：齐国的田氏。

③介然：专一，坚正不移。

④营长：汉代地方武装头领的称谓。郡尹：官名。即郡大尹，职如太守。鲜于：复姓。相传周武王封箕子于朝鲜，箕子的支子仲食采

于于邑，子孙遂以鲜于为氏。

⑤上党：郡名。秦置，治所在壶关县(今属山西)。

【译文】

第五伦，字伯鱼，京兆长陵县人。他的先祖是齐国的田氏，在西汉，田氏迁徙至皇帝陵园的很多，因此以迁徙的顺序为姓氏。第五伦少年时即坚正不移，行事仗义。起初，第五伦以营长的身份拜会郡尹鲜于褒，鲜于褒认为他很出众，就让他暂任属吏。第五伦后来担任乡啬夫，他均平徭役，调解怨忿，很得乡里人欢心。他因为长久为官而得不到升迁，于是就带着家人客居于河东，变更姓名，自称为王伯齐，往来太原、上党之间以运盐为业，所过之处，他都要打扫干净才离去，路人都称之为有道之士。

数年，鲜于褒荐之京兆尹阎兴，召为主簿①。时长安铸钱多奸巧，乃署伦为督铸钱掾，领长安市②。伦平铨衡③，正斗斛④，市无阿枉⑤。建武二十七年，举孝廉，补淮阳国医工长⑥。光武召见，甚异之。二十九年，从王朝京师。帝问以政事，大悦，明日复特召入与语。伦出，有诏以为扶夷长⑦。未到官，追拜会稽太守⑧。虽为二千石，躬自斩刍养马⑨，妻执爨⑩。受奉，裁留一月粮，余皆贱贸与民之贫羸者。会稽俗多淫祀⑪，好卜筮，民常以牛祭神，百姓财产以之困匮。其自食牛肉而不以荐祠者，发病且死，先为牛鸣，前后郡将莫敢禁。伦到官，独急案之，遂断绝不祀，百姓以安。永平五年，坐法征，吏民上书，守阙者千余人⑫。会帝幸廷尉，录囚徒，得免归。身自耕种，不交通人物。

【注释】

①主簿：官名。汉代设置。各级主官属下掌管文书的佐吏。

②领：汉代以后，以地位较高的官员兼理较低的职务，谓之领，也称录。

③铨衡：衡量轻重的器具。

④斗斛：斗与斛。两种量器，亦泛指量器。十斗曰斛。

⑤阿枉：偏私不公正。

⑥淮阳国：汉高帝时置。都陈县（今河南淮阳）。医工长：官名。汉朝诸侯王国主管王宫医药的官吏。

⑦扶夷：县名。即夫夷县。西汉置，在今湖南邵阳西。东汉改为侯国。

⑧会稽（kuài jī）：郡名。秦以吴越地置会稽郡，治吴县（今江苏苏州）。地当今江苏长江以南、浙江以西以及安徽东南一角。东汉时郡治徙于山阴县（今浙江绍兴）。

⑨刍：喂牲畜的草。

⑩爨（cuàn）：烧火做饭。

⑪淫祀：不合礼制的祭祀。

⑫阙：宫阙。

【译文】

过了几年，鲜于褒向京兆尹阎兴推举第五伦，于是他被征召为主簿。当时长安铸钱的官吏多耍奸弄巧，上司就让第五伦暂时担任督铸钱掾，兼理长安市场。第五伦统一了衡器，校正了斗斛，使市场上没有了不公正的事。建武二十七年，第五伦被举为孝廉，补任淮阳国的医工长。光武帝召见他，觉得他非常优异。建武二十九年，第五伦随淮阳王到京师。光武帝询问他国家政事，他的所答让皇帝非常高兴，第二天又特地召他入宫谈话。第五伦出宫后，随即就有诏令任命他为扶夷长。还没有到任，又被追拜为会稽太守。第五伦虽然身居二千石的要职，却亲自切草喂马，妻子也亲自下灶台做饭。做官得到的俸禄，第五伦只留下一个月的口粮，其他的都低价卖给那些贫弱的百姓。会稽地区有不按礼制祭祀、迷信占卜的风俗，百姓经常用牛来祭祀鬼神，百姓的财产因此而匮乏。那些自己吃牛肉而不将牛肉送去祭祀的人，发病将死的时候，都会先发出像牛叫一般的声音，因此前后几任郡守都不敢禁止祭祀。第五伦到任之后，以强硬手段加紧查办，于是这种祭祀的习俗被断绝，百姓也获得安定。汉明帝永平五年，第五伦因为犯法而被传唤，官吏、百姓纷纷上书为他求情，有一千多人守在宫阙外。恰逢汉明帝巡查廷尉监狱，审录囚犯，第五伦因此得以免罪，被放归田里。第五伦亲自下田耕种，不与官宦人物交往。

数岁，拜为宕渠令[①]，在职四年，迁蜀郡太守。蜀地肥饶，人吏富实，掾史家赀多至千万[②]，皆鲜车怒马[③]，以财货自达。伦悉简其丰赡者遣还之，更选孤贫志行之人以处曹任。于是争赇抑绝[④]，文职修理。所举吏多至九卿、二千石[⑤]，时以为知人。

【注释】

①宕渠：古县名。西汉置。在今四川渠县东北。

②赀（zī）：通“资”，财物。

③鲜车怒马：崭新的车子，肥壮的马。形容服用讲究，生活豪华。

④赇（qiú）：贿赂。

⑤九卿：古代中央部分行政长官的总称。汉代以太常、光禄勋、卫尉、太仆、廷尉、大鸿胪、宗正、大司农、少府为九卿。

【译文】

几年之后，第五伦拜官宕渠县县令，在职四年后迁任蜀郡太守。蜀郡田地肥沃，官吏百姓富裕，掾史家中的资财有多至千万者，这些人都乘坐崭新漂亮的车子，以高头大马拉车，以财物行贿而得到官位。第五伦把家境丰实的官吏全部遣送回家，另外选用那些孤弱贫寒有节操的人担任属吏。自此争相贿赂之风被禁绝，官场风气得到了整治。他所推举的人后来有很多当上了九卿或二千石的高官,当时舆论认为他善于识别人才。

肃宗立[①],代牟融为司空,数上疏,言外戚事。伦奉公尽节,无所依违,诸子或时谏止,辄叱遣之。吏人奏记及便宜者,亦并封上,其无私若此。性质悫[②],少文采,在位以贞白称,时人方之前朝贡禹。或问伦曰:“公有私乎?”曰:“昔人有与吾千里马者,吾虽不受,每三公有所选举,心不能忘,而亦终不用也。”伦以老病连上疏乞身。元和三年[③],赐策罢,以二千石奉终其身,加赐钱五十万、宅一区。后数年卒,时年八十余。诏赐秘器、衣衾、钱布焉。

两为令,俱清惠,至身自斩刍,妻执爨,异矣。多奇行。

【注释】

①肃宗:东汉章帝刘炟的庙号。

②悫(què):恭谨,诚实。

③元和:东汉章帝刘炟的年号(84—87)。

【译文】

汉章帝即位,第五伦代替牟融担任司空一职,他多次上疏进谏外戚之事。第五伦一心奉公,尽守节操,谈论政事心意坚定无所犹疑,几个儿子有时劝谏他,他总是将他们骂走。吏员们的奏记及对朝廷有利的意见,他都封好上报,他就是这样无私。第五伦本性恭谨诚实,缺少文采,在任时以忠贞清白为人称道,当时的人把他比作前朝的贡禹。有人问第五伦:“您有私心吗?”他回答说:“过去有人送我一匹千里马,我虽然没有接受,但后来每逢三公选拔举荐官员时,心中总是会想到他,只是最终没有用他罢了。”第五伦因为年老多病,接连上书请求辞官。元和三年,皇帝下诏准予第五伦辞官,以二千石的俸禄作为他退职后的待遇,另外赐钱五十万、住宅一座。几年之后，第五伦去世，时年八十多岁。皇帝下诏赐予丧葬用品、衣衾、钱布等物。

两度为县令，都清廉惠民，亲自去切草，妻子下厨，这是特别的事情。有很多特异举动。

上钟离意

锺离意，字子阿，会稽山阴人也[①]。少为郡督邮。时部县亭长有受人酒礼者[②]，府下记案考之[③]。意封还记，入言于太守曰："《春秋》先内后外[④]。《诗》云：'刑于寡妻，以御于家邦。'[⑤]明政化之本，由近及远。今宜先清府内，且阔略远县细微之愆[⑥]。"太守甚贤之，遂任以县事。

【注释】

①山阴：县名。秦置。在今浙江绍兴。

②部县：被统率管辖的县邑。亭长：官名。汉代十里一亭，城乡皆有，亭有亭长，负责治安警卫、捕捉盗贼等事。

③下记：古代上级给下级的文书。

④《春秋》先内后外：《公羊传》："春秋内其国而外诸夏，内诸夏而外夷狄。"即下文政化之本由近及远之意。

⑤"刑于寡妻"二句：出自《诗经·大雅·思齐》："刑于寡妻，至于兄弟，以御于家邦。"意思是先给妻子做表率，然后推及兄弟，从而推广到封邑国家。

⑥阔略：宽恕，宽容。愆（qiān）：过失。

【译文】

锺离意，字子阿，会稽山阴人。锺离意年轻时担任郡的督邮。他所辖之县有位亭长受人酒礼，郡府下文要查问追究。锺离意封还文书，向太守进言说："《春秋》先内后外。《诗经》云：'刑于寡妻，以御于家邦。'表明为政教化的根本，在于由近及远。如今应该先清理整顿府内，暂且宽恕边远属县官吏细微的过失。"太守认为他很贤能，于是让他负责县里事务。

建武十四年，举孝廉，再迁辟大司徒府。后除瑕丘令[①]。二十五年，迁堂邑令[②]，至多异政。显宗即位[③]，征为尚书。时交阯太守张恢坐臧千金[④]，征还伏法，以资物簿入大司农，诏班赐群臣。意得珠玑，悉以委地而不拜赐。帝怪而问其故。对曰："臣闻孔子忍渴于盗泉之水[⑤]，曾参回车于胜母之闾[⑥]，恶其名也。此臧秽之宝，诚不敢拜。"帝嗟叹曰："清乎，尚书之言。"乃更以库钱三十万赐意。转为尚书仆射，多所谏诤。出为鲁相，视事五年，以爱利为化，人多殷富。以久病卒官。下诏嗟叹，赐钱二十万。

先清内。不拜赐。

【注释】

①瑕丘：县名。在今山东兖州东北。

②堂邑：县名。在今江苏南京。

③显宗：汉明帝刘庄（28—75）。

④交阯：也作交趾，古地名。本指五岭以南一带，汉代置交趾郡，治所在今越南河内西北。

⑤孔子忍渴于盗泉之水：相传孔子因厌恶盗泉之名，故虽渴而不饮其水。盗泉，泉名。在今山东泗水东北。

⑥曾参回车于胜母之闾：据说当曾参外出经过胜母这个地方的时候，因为嫌这个名字不合孝道，便绕道而去。曾参，孔子的弟子，

以孝闻名。

【译文】

建武十四年，锺离意被推举为孝廉，转到大司徒府任职。后来被任命为瑕丘令。建武二十五年，锺离意转任堂邑令，到任之后，有很多不同寻常的措施。汉明帝即位，锺离意被征召为尚书。当时交阯太守张恢因贪赃千金，被征还朝廷受到制裁，他的所得登记在册归入大司农，皇帝下诏将这些财物分赐朝中大臣。锺离意把分得的珍珠宝玉全部放在地上，不肯拜谢赏赐。皇帝很奇怪，问他是什么缘故。他回答说："臣闻孔子再渴也不饮盗泉之水，曾参行至胜母这个地方而掉转车头，都因厌恶它的名称。这些宝物都是贪墨来的赃物，臣的确不敢领受。"明帝嗟叹道："尚书所说，真可称为清廉啊。"于是另外以三十万国库钱赐给锺离意。锺离意转任尚书仆射，任上多次直言谏诤。后来他又出任鲁国国相，在任五年，以仁爱百姓、施惠他人为教化之本，使鲁地百姓大多富足。后来锺离意因久病死在任上。皇帝下诏深表惋惜，赐钱二十万。

先清理整顿内部。不拜受所赐赃物。

中范迁

范迁，字子庐，沛国人①。初为渔阳太守，以智略安边，匈奴不敢入界。及在公辅，有宅数亩，田不过一顷，复推与兄子。其妻尝谓曰："君有公子而无立锥之地，可余奉禄以为后世业。"迁曰："吾备位大臣，而畜财求利，何以示后？"代郭丹为司徒。在位四年，薨②，家无儋石焉。

安边，智也。推田与兄子，义也。

【注释】

①沛国：郡国名。治所在今安徽濉溪。

②薨（hōng）：诸侯或有爵位的高官去世。

【译文】

范迁，字子庐，沛国人。范迁早先为渔阳太守，凭借智慧谋略安定边境，使匈奴不敢入侵。后来范迁位列三公、辅相的高位，家中只有几亩宅地，田产不到一顷，而他把这些都让给了兄长的儿子。他的妻子曾对他说："您自己有儿子却无立锥之地，可以余下一些俸禄作为后代的产业。"范迁回答说："我位列大臣，而积财求利，如何能为后人表率？"范迁后来代替郭丹做了司徒。任职四年后去世，家里没有一点储粮。

安定边境，是智慧。把田产推让兄长的儿子，是道义。

中吴良

吴良，字大仪，齐国临淄人也[①]。初为郡吏，岁旦与掾史入贺，门下掾王望举觞上寿，谄称太守功德[②]。良于下坐，勃然进曰："门下掾佞谄，明府勿受其觞[③]。盗贼未尽，人庶困乏，今良曹掾，尚无袴，望曰议曹惰窳自无袴[④]，宁足为不家给人足邪？"太守敛容而止曰："此生言是。"赐良鳆鱼百枚[⑤]，转良为功曹。耻以言受进，终不肯谒。

【注释】

①齐国：秦汉之际项羽封置。都临淄（今山东淄博临淄区）。

②谄（chǎn）称太守功德：据《东观记》，王望谄言说："齐郡败乱，遭离盗贼……不闻鸡鸣犬吠之音。明府视事五年，土地开辟，盗贼灭息，五谷丰熟，家给人足。今日岁首，请上雅寿。"当时其他掾史皆称万岁。

③明府：汉魏时期对太守牧尹的尊称。郡所居为府，明为贤明的意思。

④惰窳(yǔ):懒惰懈怠。

⑤鰒鱼:鲍鱼。

【译文】

吴良,字大仪,齐国临淄人。吴良早先为郡吏,某年初一和其他同事一同去向太守贺岁,太守门下掾吏王望举杯祝酒,谄媚地赞颂太守功德。坐在下座的吴良生气地对太守进言道:“门下掾吏奸佞谄媚,明府不要接受他的祝酒。乱贼未平,民众贫乏,如今我身为曹掾,尚且没有套裤穿,王望却说什么议曹因懒惰而没有套裤,这样论事又怎能做到家家富裕人人饱暖呢?”太守表情严肃郑重地说:“这位后生说的是对的。”于是太守赐给吴良鲍鱼一百枚,转任其为功曹。吴良耻于以言语获得奖掖,始终不肯进谒上司。

时骠骑将军东平王苍闻而辟之[①],署为西曹[②],上疏荐良曰:“臣府西曹掾齐国吴良,资质敦固,公方廉恪,躬俭安贫,白首一节。又治《尚书》,学通师法,经任博士,行中表仪。私慕公叔同升之义[③],惧于臧文窃位之罪[④],敢秉愚瞽[⑤],犯冒严禁。”显宗以良为议郎[⑥]。永平中,论信阳侯阴就干突禁卫[⑦],左转即丘长[⑧]。后迁司徒长史。每处大议辄据经典,不希旨偶俗[⑨],以徼时誉[⑩]。后坐事免,复拜议郎,卒于官。

气岸。不肯谒,方为无裤语生色。

【注释】

①骠骑将军:官名。汉武帝时置,秩禄与大将军同。

②西曹:官名。汉代丞相、太尉诸官之属吏分曹治事,有西曹,正员称掾,副员称属。

③公叔同升之义：公叔文子的家臣僎，由于文子的推荐，和文子一道做了国家的大臣。《论语·宪问》："公叔文子之臣大夫僎与文子同升诸公。子闻之，曰：'可以为"文"矣'。"

④臧文窃位之罪：鲁国大夫臧文仲明知柳下惠贤良，却不给他职位。《论语·卫灵公》："臧文仲其窃位者与！知柳下惠之贤而不与立也。"

⑤愚瞽：愚钝而昧于事理。多用于自谦。

⑥议郎：官名。属于光禄勋，负责顾问应对，充当守卫门户等职。

⑦论信阳侯阴就干突禁卫：《后汉书·吴良传》："永平中，车驾近出，而信阳侯阴就干突禁卫，车府令徐匡钩就车，收御者送狱。诏书谴匡，匡乃自系。"阴就，人名。阴氏外戚。干突，唐突，冲犯。

⑧左转即丘长：《后汉书·吴良传》："良上言曰：'信阳侯就倚恃外戚，干犯乘舆，无人臣礼，为大不敬。匡执法守正，反下于理，臣恐圣化由是而弛。'帝虽赦匡，犹左转良为即丘长。"左转，降职。

⑨希旨：迎合在上者的旨意。偶俗：迎合世俗。

⑩徼：求。

【译文】

骠骑将军东平王刘苍听说这件事以后征召吴良，命他暂任西曹，又向皇帝上疏荐举吴良说："微臣府内西曹掾齐国人吴良，资质敦厚为人忠实，公直方正清廉严谨，居处节俭安贫乐道，始终如一志节不移。又研治《尚书》，学有师承，身为经学博士，言行举止符合礼仪。微臣钦慕公叔文子举荐家臣的同升之义，畏惧臧文仲知贤不用的窃位之罪，斗胆秉持愚蠢盲目，冒犯皇上天威。"于是汉明帝任命吴良为议郎。永平年间，吴良因上奏议论信阳侯阴就冲撞皇帝卫士一事，被降职为即丘令。后来又升任司徒长史。吴良每逢议论大事都依据经典，绝不迎合皇帝旨意和逢迎世俗的看法以求得舆论的美誉。后来吴良因事被免官，又被拜为议郎，最后在任上去世。

骨气傲岸。不肯进谒，才使无裨一语有了光彩。

中 韦彪

韦彪，字孟达，扶风平陵人。孝行纯至，父母卒，哀毁三年，不出庐寝[①]。服竟，羸瘠，骨立异形，医疗数年乃起。好学洽闻，雅称儒宗。建武末，举孝廉，除郎中，以病免。复归教授，安贫乐道，恬于进趣，三辅诸儒莫不慕仰之。显宗闻彪名，召拜谒者，三迁魏郡太守[②]。肃宗即位，以病免。征为左中郎将、长乐卫尉[③]，陈政术每归宽厚。比上疏乞骸骨，拜为奉车都尉[④]，秩中二千石。

【注释】

①庐寝：古人服丧所用的墓旁小屋。

②魏郡：郡名。在今河北南部。

③左中郎将：官名。汉代中郎将分五官、左、右，分领三署之郎。长乐：宫殿名。卫尉：职官名。负责率领卫士守卫宫禁，汉代为九卿之一。

④奉车都尉：官名。汉武帝时置，秩比二千石，掌管御乘舆车。

【译文】

韦彪，字孟达，扶风平陵人。韦彪生性至孝，在父母去世后的三年时间里一直悲痛欲绝，不离开守墓的小屋。等到服丧期满，韦彪变得身体瘦弱，形销骨立，就医疗治了几年才好转。他好学博闻，被世人敬称为儒宗。建武末年，韦彪被举荐为孝廉，任郎中官职，后因病免官。免官后韦彪又回乡传授学业，他安贫乐道，进取之心很淡泊，三辅之地的各位大儒莫不仰慕他。汉明帝听闻韦彪的名声，征召他担任谒者，多次升迁后官至魏郡太守。汉章帝即位后，韦彪再次因病免官。又被征召为左中郎将、长乐卫尉,陈述政事总是以宽厚为本。韦彪上疏请求退休之时,皇帝又拜他为奉车都尉,俸禄中二千石。

建初七年①,车驾西巡狩②,以彪行太常③,还拜大鸿胪④。元和二年春,东巡狩,以彪行司徒事从行。还,以病乞身。策诏曰:"彪以将相之裔,勤身饬行,在位历载,中被笃疾,恐职事烦碎,重有损焉,其上大鸿胪印。遣太子舍人诣中臧府⑤,受赐钱二十万。"永元元年卒⑥。诏尚书:"故大鸿胪韦彪,在位无愆,方欲录用,奄忽而卒。其赐钱二十万、布百匹、谷三千斛。"彪清俭,好施禄赐分与宗族,家无余财。著书十二篇,号曰《韦卿子》。

乐道著书。陈政术依于宽厚。

【注释】

①建初:汉章帝刘炟年号(76—84)。

②巡狩:天子巡行各地。

③太常:官名。掌管宗庙礼仪等事。

④大鸿胪:官名。掌管诸侯及少数民族事务。为九卿之一。

⑤太子舍人:官名。秩二百石,选良家子孙任职,轮番宿卫太子府中,似郎中。中臧府:即中藏府,指国家内库。

⑥永元:汉和帝刘肇年号(89—105)。

【译文】

建初七年,汉章帝西巡,任命韦彪担任太常一职,皇帝回京后,又拜他为大鸿胪。元和二年春,皇帝东巡,以韦彪担任司徒随行。回京后韦彪因病情乞求退养。皇帝下诏说:"韦彪身为将相后裔,持身勤恳严谨,为官多年,期间罹患重疾,恐怕职事烦琐,会带给他更大的损伤,同意其上交大鸿胪印。派遣太子舍人前往中藏府，领取二十万赐钱。”永元元年，韦彪去世。皇帝给尚书下诏书说：“已故大鸿胪韦彪，任职期间毫无过失，朝廷正准备起用他，他忽然就去世了。特赐钱二十万、布一百匹、谷三千斛。”韦彪清廉俭朴，往往把俸禄和所得赏赐分给宗族之人，家无余财。韦彪有著作十二篇，编为《韦卿子》一书。

安贫乐道，著书不辍。陈述政事以宽厚为本。

下赵孝

赵孝，字长平，沛国蕲人①。父普，王莽时为田禾将军②，任孝为郎③。每告归，常白衣步担。尝从长安还，欲止邮亭④，亭长先时闻孝当过，以有长者客，洒扫待之。孝既至，不自名，长不肯内，因问曰：“闻田禾将军子当从长安来，何时至乎？”孝曰：“寻到矣。”于是遂去。及天下乱，人相食。孝弟礼为饿贼所得，孝闻之，即自缚诣贼曰：“礼久饿羸，不如孝肥。”贼大惊，并放之，谓曰：“可且归，更持米糒来⑤。”孝求，不能得，复往报贼，愿就烹。众异之，遂不害。

【注释】

①蕲（qí）：县名。在今安徽宿州南。

②田禾将军：官名。王莽时置，负责在北方屯田。

③郎：官名。本为君主侍从之官。具体名目则各代均有不同，非常复杂。

④邮亭：传递文书的人沿途休息的驿馆。

⑤糒（bèi）：干粮。

【译文】

赵孝，字长平，沛国蕲县人。赵孝之父赵普在王莽时期担任田禾将军,任命赵孝为郎官。赵孝每逢告假归家,经常身着平民服饰,担着行李徒步回去。他曾经从长安返家,预先计划在一处驿亭止宿,驿亭亭长先前就听说赵孝要从这里经过,因为要接待这位尊贵的客人,就洒扫庭院恭候赵孝到来。赵孝到了之后,不报姓名,于是亭长不肯接待他,并问他:"听说田禾将军的儿子要从长安来,你知道他何时能到呢?"赵孝说:"快到了。"随后就离开了。后来天下大乱,人吃人,赵孝的弟弟赵礼被饥饿的山贼捉住,赵孝听到消息,即刻将自己捆起来去见山贼说:"赵礼饿得太久瘦得很,不如我肥胖多肉。"山贼大惊,把兄弟俩一起放了,对他们说:"你们先回去,另外拿些米和干粮来就行。"赵孝寻求粮食,一无所得,又前去山贼那里回复,愿意被他们吃了。山贼非常惊异,于是没有加害他。

显宗闻其行,诏拜谏议大夫,迁长乐卫尉,又征弟礼为御史中丞。礼亦恭谦行己,类于孝。帝嘉其兄弟笃行,欲宠异之,诏礼十日一就卫尉府,大官送供具,令相对尽欢。数年,礼卒,帝令孝从官属送丧归葬。后岁余,复以卫尉赐。告归,卒于家。孝无子,拜礼两子为郎。

为郎矣,白衣步担。

【译文】

汉明帝听闻了赵孝的品行,下诏征拜他为谏议大夫,后迁任长乐卫尉,又征召他的弟弟赵礼为御史中丞。赵礼也以谦逊恭谨要求自己,和他兄长赵孝类似。汉明帝嘉许他们兄弟品德纯厚,想要特别优待他们,于是下诏让赵礼每隔十天进一次卫尉府,由公家送给酒食,让兄弟俩相对酌饮尽欢。几年后,赵礼去世,明帝让赵孝和官属一起料理丧事。过了一年多后,皇帝又赐赵孝卫尉一职。后来赵孝告老归乡,在家里去世。

赵孝没有儿子，于是朝廷任命赵礼的两个儿子为郎官。

身为郎官，竟然穿着平民服饰，担负行李徒步回家。

廉范

廉范，字叔度，京兆杜陵人[①]。范父遭丧乱，客死于蜀汉[②]，范遂流寓西州[③]。西州平，归乡里。年十五辞母，西迎父丧。蜀郡太守张穆，其祖父丹故吏，乃重资送范，范无所受。与客步负丧归葭萌[④]，载船触石破没，范抱持棺柩，遂俱沉溺。众伤其义，钩求得之，疗救，仅免于死。穆闻，复驰遣使持前资物追范，范又固辞。归葬，服竟，诣京师受业，事博士薛汉。京兆、陇西二郡更请召，皆不应。

【注释】

①杜陵：汉宣帝陵墓。后以为地名。在今陕西西安。

②蜀汉：蜀郡和汉中一带。

③西州：这里泛指蜀郡和汉中在内的西部地区。

④葭萌：县名。秦置，汉代属广汉郡。故城在今四川广元元坝区昭化镇。

【译文】

廉范，字叔度，京兆杜陵人。廉范的父亲遭遇丧乱，客死在蜀汉，廉范流落在西州地区。西州局势平定以后，廉范才回到家乡。十五岁时，他辞别母亲，西行去接其父灵柩返乡。蜀郡太守张穆，是廉范祖父廉丹旧日下属，他送给廉范很多的资财，廉范一无所受。廉范和行客徒步背负灵柩而行，回程途经葭萌县，渡河时船触礁破碎沉没，廉范抱着父亲的棺柩不肯放手，一起下沉。众人被他的孝义所感动，把他和父棺打捞上来，对他进行抢救，廉范得以免于一死。张穆听闻消息后，又派人快速赶到，把先前准备送他的资财再次送他，廉范又坚决推辞。廉范归乡安葬好父亲，等服丧期满后前往京城求学，拜博士薛汉为师。京兆、陇西两个郡接连礼请征召廉范，他都不应召。

永平初，陇西太守邓融备礼谒范，为功曹。会融为州所举案，范知事谴难解，欲以权相济，乃托病求去。融不达其意，大恨之。范于是东至洛阳，变名姓，求代廷尉狱卒。居无几，融果征下狱，范遂得卫侍左右，尽心勤劳。融怪其貌类范而殊不意，乃谓曰："卿何似我故功曹邪？"范诃之曰："君困厄瞀乱邪[1]？"语遂绝。融系出，困病，范随而养视，及死，竟不言，身自将车送丧至南阳，葬毕乃去。

【注释】

①困厄瞀（mào）乱：困苦昏乱。

【译文】

永平初年，陇西太守邓融备好礼物去拜谒廉范，请他担任功曹。恰逢邓融被凉州刺史举报纠察，廉范知道此事难以免于惩罚，想要换种方式帮助邓融，于是就称病请求离开。邓融没能理解他的意思，极为痛恨他。廉范于是往东到了洛阳，改变姓名，请求充当廷尉署的狱卒。过了不多久，邓融果然被召回京师下狱，廉范于是能够在他身边侍奉保护，尽心尽力。邓融看他相貌和廉范很像，但压根儿没想到他就是，于是对他说："您和我以前的功曹怎么那么像啊？"廉范怒斥他说："您是困苦昏乱了吗？"于是两人再不说话。邓融出狱以后，贫病交加，廉范不离左右地照顾他，一直到邓融去世，最终也没有说出真相。廉范亲自用车把邓融灵柩送至南阳，等到安葬完毕才离去。

后辟公府，会薛汉坐楚王事诛[①]，故人门生莫敢视，范独往收敛之。吏以闻，显宗大怒，召范入，诘责曰："薛汉与楚王同谋，交乱天下，范公府掾，不与朝廷同心，而反收敛罪人。何也？"范叩头曰："臣无状愚戆[②]，以为汉等皆已伏诛，不胜师资之情，罪当万坐。"帝怒稍解，问范曰："卿廉颇后邪？与右将军褒、大司马丹有亲属乎？"范对曰："褒，臣之曾祖；丹，臣之祖也。"帝曰："怪卿志胆敢尔。"因贳之。由是显名。

【注释】

①薛汉坐楚王事诛：薛汉，淮阳（今属河南）人。世习"韩诗"，少传父业，尤善灾异谶纬之说。汉明帝时，因楚王刘英谋反事受牵连，下狱而死。

②愚戆（gàng）：愚直。

【译文】

后来廉范被公府征辟，正好碰上薛汉因为楚王谋反的事受牵连而死，朋友和学生都不敢前往探视，唯独廉范前往收殓遗体。官吏上报此事，汉明帝大怒，召廉范入朝，责问他说："薛汉和楚王一起谋反，扰乱天下，廉范你身为公府掾吏，不和朝廷一条心，反而为罪人收殓尸体，这是为什么？"廉范叩头说："臣无礼愚直，想到薛汉等都已经伏法，而心里放不下师生情分，所以才这样做。臣实在是罪当万死。"汉明帝怒气稍小了些，问廉范："你是廉颇的后人吗？和右将军廉褒、大司马廉丹有亲属关系吗？"廉范回答说："廉褒，是臣的曾祖；廉丹，是臣的祖父。"明帝说："怪不得你有如此志量胆气。"于是赦免了他。廉范因此而扬名。

举茂才[①]。数月，再迁为云中太守[②]。会匈奴大入塞，烽火日通。故事，虏人过五千人，移书傍郡。吏欲传檄求救，范不听，自率士卒拒之。虏众盛而范兵不敌。会日暮，令军士各交缚两炬，三头爇火③，营中星列。虏遥望火多，谓汉兵救至，大惊，待旦将退。范乃令军中蓐食④，晨往赴之，斩首数百级，虏自相辚藉，死者千余人，由此不敢复向云中。后频历武威、武都二郡太守⑤，随俗化导，各得治宜。

【注释】

①茂才：即秀才，本是汉代举荐人才的一种科目。因为避汉光武帝刘秀的讳，称作茂才。

②云中：郡名。在今内蒙古呼和浩特一带。

③爇（ruò）：烧。

④蓐（rù）食：早晨未起身时在寝席上进餐。形容进餐时间很早。

⑤武威：郡名。治所在今甘肃武威。武都：郡名。治所在今甘肃陇南成县。

【译文】

廉范被举荐为秀才。几个月后，又被任命为云中太守。此时正遇到匈奴大举入塞，日日烽火连天。按旧例，外敌人数超过五千，就要通知邻近州郡。云中的吏员想要传送文书求救，但廉范不同意，他亲自率领士兵抵御入侵之敌。敌人众多，廉范的军队抵挡不过。到了傍晚时分，廉范命令士兵把两把火炬交叉捆扎起来，三头点火，军营中星星点点。匈奴远远地望见火把很多，以为汉朝的救兵到了，大惊，准备到天亮就撤退。而廉范则命令军中尽早吃饭，天一亮就出击，斩杀匈奴数百人，匈奴自相碾压踩踏而死者有一千多人，自此以后，匈奴再不敢进犯云中。廉范后来又任职武威、武都两郡太守，都能根据当地风俗教化引导，治理得井井有条。

建初中，迁蜀郡太守。其俗尚文辩，好相持短长。范每厉以淳厚，不受偷薄之说。成都民物丰盛，邑宇逼侧。旧制禁民夜作，以防火灾。而更相隐蔽，烧者日属。范乃毁削先令，但严使储水而已。百姓为便，乃歌之曰："廉叔度，来何暮。不禁火，民安作。平生无襦今五绔[①]。"在蜀数年，坐免，归乡里。

抱父棺几溺，敛师丧车，孝义之极。至行权脱邓融而终不言真，古节侠之士。又智勇，又德政，几乎完人矣。

【注释】

①襦（rú）：短衣。绔（kù）：同"裤"。

【译文】

建初年间，廉范迁任蜀郡太守。蜀地民风喜好争辩，论说长短是非。廉范时时砥砺淳厚之风，拒绝浇薄言论。成都人口众多，物产丰盛，而城邑房屋逼仄。以往的制度禁止民众夜间劳作，以防火灾。结果老百姓的做法更加隐蔽，导致火灾接连不断。廉范废除先前禁止夜作的命令，只严格要求民众储备灭火用水。百姓深感便利，于是歌颂他说："廉叔度，来何暮。不禁火，民安住。平生无衣今五裤。"廉范在蜀郡任职数年之后，因事罢免，回归乡里。

抱着父亲的棺材差点溺亡，收殓老师的尸体并亲自用车送葬，可谓孝义的极致。至于临时权变离开邓融而最后也不说出真相，真是古来侠义之士。既智勇双全，又施行德政，几乎就是完人。

中郑均

郑均，字仲虞，东平任城人[①]。少好黄老书[②]。兄为县吏，颇受礼遗，均数谏止，不听。即脱身为佣。岁余，得钱帛归，以与兄，曰："物尽可复得，为吏坐臧，终身捐弃。"兄感其言，遂为廉洁。均好义笃实，养寡嫂孤儿，恩礼敦至。常称疾不应州郡召。六年[③]，公车特征[④]，再迁尚书，数纳忠言。后以病乞骸骨，拜议郎告归。

【注释】

①东平：即东平国。西汉置，治所在无盐县（今山东东平）。王莽改名盐郡。东汉复为东平国。任城：县名。在今山东济宁任城区。

②黄老：黄帝与老子。后用作道家的代称。

③六年：此指建初六年（81）。

④公车：汉代官署名称。掌管司马门的警卫和臣民上书、征召等事。

【译文】

郑均，字仲虞，东平任城人。郑均年轻时喜好黄老之书。他的兄长在县里做吏员时经常接受馈赠，郑均多次劝阻，其兄长都不听。于是郑均就离家去当了雇工。一年多以后，郑均挣了些钱和布帛回来交给兄长，说："东西没了还可以再得到，若是身为吏员因贿赂得罪，一辈子就完了。"兄长被他的话所感动，于是廉洁奉公。郑均仁义忠厚，在兄长去世后赡养寡嫂孤儿，情深义重。郑均经常称病不应州郡的征召。建初六年，朝廷专车征召郑均为官，并升迁至尚书，郑均多次进献忠言。后来因病乞求告老还乡，朝廷授予郑均议郎官衔，准许他退归乡里。

元和元年，诏告庐江太守、东平相曰："议郎郑均，束脩安贫[①]，恭俭节整，前在机密，以病致仕，守善贞固，黄发不怠，其赐谷千斛。"常以八月长吏存问，赐羊酒，显兹异行。明年，帝东巡，幸均舍，敕赐尚书禄以终其身，时人号为"白衣尚书”。永元中卒于家。

廉化其兄，是称“弟悌”[②]。

【注释】

①束脩：指约束修养。

②弟悌：弟弟友爱兄长。

【译文】

元和元年，朝廷诏告庐江太守、东平相说：“议郎郑均，自我约束，安贫乐道，恭俭整肃，此前任职机密，因病还乡，他坚守善念，至老不懈，特赐予其谷物千斛。”朝廷常在八月派遣长吏慰问郑均，赐给羊、酒等物，表彰他的卓异品行。第二年，皇帝东巡，驾幸郑均府舍，赐给终身享受尚书俸禄的待遇，当时人称他为“白衣尚书”。永元年间，郑均在家中去世。

以廉洁感化兄长，这可以称为“弟悌”。

中李恂

李恂，字叔英，安定临泾人也[①]。少习“韩诗”[②]，教授诸生常数百人。初辟司徒桓虞府，后拜侍御史，持节使幽州[③]，所过皆图写山川、屯田、聚落百余卷，悉封奏上，肃宗嘉之。拜兖州刺史[④]。以清约率下，常席羊皮服布被。迁张掖太守[⑤]，有威重名。

【注释】

①安定：郡名。西汉置，属凉州刺史部，治所在高平县(今宁夏固原)。临泾：县名。汉置，在今甘肃庆阳镇原。

②“韩诗”：汉初燕人韩婴所传授的《诗经》。

③持节：拿着旄节，谓出使。幽州：西汉武帝置，为“十三刺史部”之一。东汉时治所在蓟县（今北京西南）。

④兖州：汉武帝置“十三刺史部”之一。东汉治所在昌邑县（今山东金乡）。刺史：自汉武帝时，分全国为十三部州，各置部刺史一人。巡行郡县，以新进之低级官监察太守等高官。

⑤张掖：郡名。治所在今甘肃张掖北。

【译文】

李恂，字叔英，安定临泾人。李恂年轻时曾研习“韩诗”，教授的学生多达数百人。起初，李恂被司徒桓虞的官署征召，后被任命为侍御史，持节出使幽州。凡是经过的地方，李恂都将山川、屯田、聚落的情形绘制成图册，共有一百多卷，全部密封上交朝廷，汉章帝大为嘉许。后任兖州刺史。李恂以清廉俭约统率下属，经常以羊皮为席，盖布被。后来李恂升任张掖太守，有威严持重的名声。

时大将军窦宪将兵屯武威①，天下州郡远近莫不修礼遗，恂奉公不阿，为宪所奏免。后复征拜谒者，使持节领西域副校尉②。西域殷富，多珍宝，诸国侍子及督使、贾胡③，数遗恂奴婢、宛马、金银、香、罽之属④，一无所受。北匈奴数断西域，车师、伊吾、陇沙以西⑤，使命不得通。恂设购赏，遂斩虏帅，县首军门，自是道路清夷，威恩并行。

【注释】

①窦宪（？—92）：扶风平陵（今陕西咸阳）人。东汉外戚，名将。

②西域校尉：亦称护西域校尉。掌管西域少数民族事务。西域，汉代指的是玉门关、阳关以西广大地区。

③侍子：诸侯或属国国君派遣其子入朝陪侍天子，是为侍子。督使：《后汉书》注：“主蕃国之使也。”贾胡：胡地的商人。

④宛(yuān)马:西域名马。宛,大宛,西域国名。罽(jì):羊毛织物。

⑤车师、伊吾、陇沙:皆西域地名。在玉门关以西今新疆东部地区。

【译文】

当时大将军窦宪屯兵武威,天下州郡不论远近,莫不送礼巴结,李恂奉守公义,绝不阿附,被窦宪上奏罢免。后来李恂又被征召为谒者,使持节兼任西域副校尉。西域富庶,多珍宝,各国侍子及督使、胡商,几次三番给李恂送来奴婢、大宛宝马、金银、香料、毛罽之类的礼物,他一概不接受。北匈奴几次截断西域通道,车师、伊吾、陇沙以西地区,不能通达朝廷政令。李恂设下悬赏,斩杀了敌人首领,将首级悬挂在军营大门示众,从此道路畅通,恩威并行。

迁武威太守。后坐事免,步归乡里,潜居山泽,结草为庐,独与诸生织席自给。会西羌反畔,恂到田舍,为所执获,羌素闻其名,放遣之。恂因诣洛阳谢。时岁荒,司空张敏、司徒鲁恭等,各遣子馈粮,悉无所受。徙居新安关下①,拾橡实以自资②。年九十六卒。

不附窦宪。织席拾橡。清尚可挹。

【注释】

①新安:县名。今属河南。关下:函谷关一带。《后汉书》注:"武帝元鼎三年徙函谷关于新安也。"

②橡实:栎树的果实。

【译文】

李恂升任武威太守。后来因事被免官,步行回到家乡,隐居在山里,用茅草搭建房屋,独自和学生一起编织草席自给自足。正逢西羌反叛,李恂到田里去时被西羌抓住,西羌人久闻他的大名,于是放了他。李恂因此事前往洛阳谢罪。当年收成不好，司空张敏、司徒鲁恭等人，各自派遣子弟给他送粮，他全都没有接受。李恂后来移居到新安关下，靠捡拾橡实来养活自己。李恂于九十六岁时去世。

不阿附窦宪。自己编织草席捡拾橡实。清廉高尚，实为可取。

上黄香

黄香，字文强，江夏安陆人也[①]。年九岁失母，思慕憔悴，殆不免丧，乡人称其至孝。年十二，太守刘护闻而召之，署门下孝子，甚见爱敬。遂博学经典，究精道术，能文章，京师号曰“天下无双江夏黄童”。

【注释】

①安陆：县名。今属湖北。

【译文】

黄香，字文强，江夏安陆人。黄香九岁时母亲去世，他思念母亲，憔悴不堪，几乎活不下去，乡里人都称赞他的大孝。黄香十二岁时，太守刘护听说了他的事情，召他到府，赠予门下孝子的头衔，很是爱重他。黄香博学经典，精研道术，擅长文学，京城里称他为“天下无双江夏黄童”。

初除郎中。元和元年，肃宗诏香诣东观读所未尝见书[①]，后召诣安福殿言政事，拜尚书郎[②]。数陈得失，赏赉增加。尝独止宿台上，昼夜不离省闼[③]，帝闻善之。永元四年，拜左丞[④]，功满当迁，和帝留增秩。六年，累迁尚书令。后以为东郡太守[⑤]，辞不拜。帝亦惜香干用，久习旧事，复留为尚书令，增秩二千石，赐钱三十万。是后遂管枢机，甚见敬重，而香亦祗勤物务[⑥]，忧公如家。

【注释】

①东观：东汉时宫廷贮藏档案、典籍和从事校书、著述的场所。

②尚书郎：官名。初入尚书台时称守尚书郎中，次年为尚书郎。在皇帝身边处理政务。

③省闼（tà）：宫禁，宫中。

④左丞：指尚书左丞，尚书令的属官，负责总领纲纪。

⑤东郡：郡名。治所在今河南濮阳。

⑥祗（zhī）勤：敬慎勤劳。

【译文】

黄香起先任职郎中。元和元年，汉章帝诏令黄香到东观阅读秘藏的书籍，后来又召他至安福殿谈论政事，并授予黄香尚书郎一职。黄香屡次陈述朝政得失，皇帝的赏赐也不断增加。黄香常独自留宿尚书台，昼夜不离宫禁，皇帝听说后很是赞许。永元四年，黄香被任命为尚书左丞，任满之后应当升迁，汉和帝留下他并提升其品秩。永元六年，黄香升迁至尚书令。后被任命为东郡太守，他辞职不受。皇帝也觉得黄香能干，熟悉事务，于是让黄香留任尚书令，增加品秩至二千石，赐钱三十万。此后黄香负责管理机要，很受皇帝敬重，而黄香也勤于公务，操心公事就如自家事。

延光元年[①]，迁魏郡太守[②]。郡旧有内外园田，常与人分种，岁收谷数千斛。香曰："《田令》'商者不农'，《王制》'仕者不耕'[③]。伐冰食禄之人[④]，不与百姓争利。"乃悉以赋人，课令耕种。时被水年饥，乃分奉禄及所得赏赐班赡贫者。于是丰富之家，各出义谷助官禀贷，荒民获全。后坐水潦事免，数月卒于家。所著赋、笺、奏、书、令凡五篇。

孝谨勤敏，有干用人。

【注释】

①延光：汉安帝刘祜年号（122—125）。

②魏郡：郡名。治所在今河北临漳。

③《王制》“仕者不耕”：《后汉书·黄香传》注：“《王制》曰：‘上农夫食九人，下士视上农夫，禄足以代耕也。’”

④伐冰：凿冰窖取冰。这里指代贵族豪门之家。古代只有卿大夫以上的贵族丧祭时才能用冰。

【译文】

延光元年，黄香升任魏郡太守。郡内先前有官府所有的田地，分给官吏们耕种，每年可收几千斛谷物。黄香说：“《田令》规定‘从商者不得务农’，《王制》规定‘做官者不耕种’。贵族仕宦之人，不和百姓争利。”于是把田地全部交给农人，让他们耕种。当时遭遇水灾年成歉收，他就把俸禄和所得赏赐分给那些贫穷的人。于是那些富有人家，也都各自拿出粮食帮助官府借贷给灾民，灾民由此得以保全。后来黄香因水灾之事被免职，几个月后在家里去世。黄香所著赋、笺、奏、书、令共有五篇。

孝顺谨慎勤奋聪敏，是个有才干的人。

杨震

杨震，字伯起，弘农华阴人也[①]。少好学，受欧阳《尚书》于太常桓郁[②]，明经博览，无不穷究。常客居于湖，不答州郡礼命数十年。众人谓之晚暮，而震志愈笃。年五十，乃始仕州郡，历位荆州刺史、东莱太守[③]。当之郡，道经昌邑[④]，故所举荆州茂才王密为昌邑令，谒见。至夜，怀金十斤以遗震。震曰："故人知君，君不知故人，何也？"密曰："暮夜无知者。"震曰："天知，神知，我知，子知，何谓无知？"密愧而出。

【注释】

①弘农：郡名。西汉置，治所在弘农县（今河南灵宝东北）。华阴：今属陕西。

②欧阳《尚书》：汉朝欧阳生所传的今文《尚书》。《后汉书·孙期传》："济南伏生传《尚书》，授济南张生及千乘欧阳生。欧阳生授同郡兒宽，宽授欧阳生之子，世世相传，至曾孙欧阳高，为'《尚书》欧阳氏学'。"

③荆州：西汉武帝置，为"十三刺史部"之一。东汉时期，治所在汉寿（今湖南常德东北）。东莱：指东莱郡。汉高帝置，治所在掖县（今山东莱州）。东汉移治黄县（今山东龙口）。

④昌邑：地名。在今山东金乡西。

【译文】

杨震，字伯起，弘农华阴人。杨震年轻时勤奋好学，师从太常桓郁研习欧阳氏《尚书》之学，明了经典博览群书，无所不知。杨震曾客居荆湖一带，几十年都不接受州郡征召。大家都说他已垂暮，而杨震心志愈发坚定。到了五十岁，杨震才开始在州郡做官，先后担任荆州刺史、东莱太守。杨震到东莱郡赴任时，路经昌邑县，他早先所荐举的荆州秀才，正担任昌邑令的王密前来拜见他。到晚上，王密怀揣着十斤金子送给杨震。杨震说："老朋友了解您，您却不了解老朋友，这是为什么？"王密说："天黑，没人会知道这件事。"杨震说："天知，神知，我知，您知，怎么说没人知道？"王密惭愧地离去了。

后转涿州太守[①]，性公廉，不受私谒。子孙常蔬食步行，故旧长者或欲令为开产业，震不肯，曰："使后世称为清白吏子孙，以此遗之，不亦厚乎？"元初四年[②]，征入为太仆[③]，迁太常。永宁元年[④]，代刘恺为司徒。

【注释】

①涿州：应为"涿郡"，郡名。治所在今河北涿州。

②元初：汉安帝刘祜年号（114—120）。

③太仆：官名。九卿之一。掌车马。

④永宁：汉安帝刘祜年号（120—121）。

【译文】

杨震后来转任涿郡太守，生性公正廉洁，不接受私下谒见。他的儿孙经常吃粗粮，徒步当车，老友和长辈劝他为子孙留下些产业，杨震不愿意，说："让后世称他们为清官的子孙，把这一称呼送给他们，这难道不是厚重的产业吗？"元初四年，杨震奉召入朝为太仆，又迁任太常。永宁元年，杨震替代刘恺担任司徒。

明年，邓太后崩[①]，内宠始横[②]，震上疏极谏。延光二年，代刘恺为太尉，数上书斥言嬖幸[③]。帝既不平之，而樊丰等皆侧目愤怨[④]。会太史奏星变逆行[⑤]，遂共谮震怨怼，且邓氏故吏，有恚恨之心。策收震太尉印绶，寻遣归本郡。震行至城西夕阳亭，乃慷慨谓其诸子门人曰："死者士之常分。吾蒙恩居上司，疾奸臣狡猾而不能诛，恶嬖女倾乱而不能禁，何面目复见日月？身死之日，以杂木为棺，布单被，裁足盖形，勿归冢，次勿设祭祠。"因饮酖而卒，时年七十余。

【注释】

①邓太后：东汉和帝的皇后，开国重臣邓禹的后代。在汉和帝驾崩之后，临朝称制，长期掌控朝政。

②内宠：受皇帝宠爱的人。

③嬖（bì）幸：即内宠。

④樊丰：汉安帝时宦官。时为中常侍，贪侈枉法，干乱朝政。

⑤太史：官名。汉代为太常属官，掌记载史事、起草文书，兼管国家典籍、天文历法等。

【译文】

第二年，邓太后崩逝，内宠开始胡作非为，杨震上疏极力谏争。延光二年，杨震代刘恺担任太尉，几次上书怒斥内宠。皇帝心里本对杨震有所不满，而宦官樊丰等人也对杨震侧目怨恨。恰好太史上奏天象有异，星宿轨迹逆行，于是这些人一起诬陷杨震对皇帝心怀怨恨，说他是邓太后昔日的亲信，所以有怨愤之心。于是皇帝下令收缴杨震的太尉印绶，不久遣送回本郡。杨震行至城西夕阳亭，慷慨激愤地对他的儿子和学生说："赴死是读书人的常事。我蒙受皇恩位居高官，痛恨奸臣狡猾而不能诛灭，厌恶内宠扰乱而不能禁绝，有何面目再活下去？我死之后，用杂木做棺材，单层布被能遮住尸体即可，不要垒坟，也不要设祭祠。"于是杨震饮下毒酒而亡，时年七十多岁。

岁余，顺帝即位[①]，震门生虞放、陈翼诣阙追讼震事。朝廷咸称其忠，乃下诏除二子为郎，赠钱百万，以礼改葬于华阴潼亭。先葬十余日，有大鸟高丈余，集震丧前，俯仰悲鸣，泪下沾地，葬毕乃飞去。郡以状上，帝感震枉，诏遣太守丞以中牢具祠[②]。于是时人立石鸟象于其墓所。

"四知"可质鬼神，足千古矣。饮酖而卒，是烈肠，未闻道也。

【注释】

①顺帝：汉顺帝刘保（115—144）。

②中牢：祭祀时所用猪、羊二牲。

【译文】

一年后，汉顺帝即位，杨震的学生虞放、陈翼来到皇宫前为杨震的事鸣冤。朝廷上下都称赞杨震的忠义，于是皇帝下诏任命杨震的两个儿子为郎，赠百万钱，按礼制将杨震改葬在华阴潼亭。杨震下葬之前的十多天，有只高一丈多的大鸟，来到灵前俯仰悲鸣，眼泪滴落在地上，葬礼完毕才飞走。郡守把这件事报告给朝廷，皇帝感念杨震的冤屈，下诏派遣太守丞以中牢的规格祭奠杨震。当时人们还在杨震的墓前立了一尊石鸟像。

“四知”可以对质鬼神，足以传颂千古。饮毒酒而死，刚烈衷肠，这种事情是很少听说的。

下 袁彭

袁彭，字伯楚，汝南汝阳人也[①]。少传父京孟氏《易》[②]，历广汉、南阳太守[③]。顺帝初，为光禄勋[④]。行至清，为吏粗袍粝食，终于议郎。尚书胡广等追表其有清洁之美，比前朝贡禹、第五伦。卒，蒙显赠，当时皆嗟叹之。

【注释】

①汝南：郡名。西汉置，治所在上蔡县（今河南上蔡）。东汉移治平舆县（今河南平舆）。汝阳：地名。在今河南商水。

②孟氏《易》：又称孟《易》。汉代孟喜所传的《易》学。

③广汉：郡名。治所在今四川广汉。

④光禄勋：官名。九卿之一。掌守卫宫殿门户。

【译文】

袁彭，字伯楚，汝南汝阳人。袁彭年少时得到其父袁京传授的孟氏《易》之学。他先后任过广汉、南阳两郡的太守。汉顺帝初，袁彭任光禄勋。他品行极为清廉，身为官吏，穿粗布袍，吃粗粮饭，最后官至议郎。尚书胡广等人追念表彰他有清廉高洁之美誉，把他和前代的贡禹、第五伦相比。袁彭死后，得到朝廷显耀的赙赠，当时人都感叹不已。

吴祐

吴祐，字季英，陈留长垣人也①。父恢，为南海太守②。祐年十二，随从到官。恢欲杀青简以写经书③，祐谏曰："今大人逾越五领④，远在海滨，其俗诚陋，然旧多珍怪，上为国家所疑，下为权戚所望。此书若成，则载之兼两⑤，昔马援以薏苡兴谤⑥，王阳以衣囊徼名⑦，嫌疑之间，诚先贤所慎也。"恢乃止，抚其首曰："吴氏世不乏季子矣⑧。"及年二十，丧父，居无儋石，而不受赡遗。常牧豕于长垣泽中，行吟经书，遇父故人，谓曰："卿二千石子，而自业贱事，纵子无耻，奈先君何？"祐辞谢而已，守志如初。

【注释】

①长垣：今属河南。

②南海：郡名。治所在今广东广州。

③杀青简：用火烤竹筒使其水分蒸发，便于书写，且不生蛀虫。

④五领：即五岭。指湘、赣两省与广东、广西交界处的大庾、骑田、都庞、萌渚、越城等五岭。

⑤兼两：不止一辆车。两，车辆。

⑥马援(前14—49):东汉开国功臣。薏苡(yì yǐ)兴谤:当年马援驻守交阯时,常食用薏苡实,以其能轻身省欲,驱除瘴气。大军还朝时,就载了一车。当时人以为这是南方的珍宝。在马援死后,就有人上书诬告马援当时所载者为明珠文犀之宝。

⑦王阳以衣囊徼(jiǎo)名:儒生王阳,本自寒微,但喜好车马,穿着鲜艳的服装,俗传他能铸造黄金,而迁移的时候车上所载不过布袋之类。

⑧季子:春秋时期吴国的季札,又称延陵季子,为人品德高尚,具有远见卓识。

【译文】

吴祐,字季英,陈留长垣人。其父吴恢曾任南海太守。吴祐十二岁时,随从父亲到了官府。吴恢想制作竹简抄写经书,吴祐劝阻说:“现在父亲大人翻越五岭,远处海滨,南海风俗鄙陋,但有很多奇珍异宝,在上被国家怀疑,在下被权贵虎视眈眈。这书要是写成了,则装载不止一辆车,往昔马援因为车载薏苡被诽谤贪财,王阳因为喜欢漂亮衣服被说成善铸黄金,这是容易招来嫌疑的事情,所以先贤们对此都十分谨慎。”吴恢就打消念头,抚摸着儿子的头说:“吴家世代不缺乏季札那样的人了。”吴祐二十岁时,父亲去世,家里没有一点存粮,却不接受抚恤和馈赠。他曾在长垣的湖畔一边养猪,一边吟诵典籍,正好碰见父亲的一位老朋友,此人对他说:“您是太守的儿子,却干着这种下贱的事情,纵然您自己不顾脸面,也得替您死去的父亲想想吧?”吴祐只是谢罪而已,并不改变初衷。

后举孝廉,将行,郡中为祖道[①],祐越坛共小史雍丘黄真欢语[②],移时与结友而别。真后亦举孝廉,有清节。时公沙穆来游太学[③],无资粮,乃变服客佣,为祐赁舂。祐与语,大惊,遂共定交于杵臼之间。祐以光禄四行迁胶东侯相[④],时济北戴宏父为县丞[⑤],宏年十六,从在丞舍。祐每行园,常闻讽诵之音，奇而厚之，亦与为友，卒成儒宗，知名东夏⑥，官至酒泉太守⑦。

【注释】

①祖道：为出行者祭祀路神，并设宴饯行。

②小史：一般的小吏。雍丘：地名。今河南杞县。

③太学：古代设在京城用以培养人才、传授儒家经典的最高学府。

④四行：四种优良的品行，即敦厚、质朴、逊让、节俭。胶东：地名。在今山东平度。

⑤济北：诸侯国名。治所在卢县(今山东济南长清区)。

⑥东夏：东方。

⑦酒泉：郡名。治所在今甘肃酒泉。

【译文】

后来，吴祐被举荐为孝廉去京城，临行之时，郡中为他设祭饯行，吴祐越过祭坛和做小史的雍丘黄真交谈甚欢，聊了很久，结为朋友后才互相拜别。后来黄真也被举荐孝廉，有清廉的节操。当时公沙穆来太学游学，他没有资费粮食，于是变换服饰充当雇工为吴祐舂米。吴祐和他谈话，感到非常惊异，立刻就在杵臼之间与公沙穆结为朋友。吴祐因符合光禄四行的标准升迁胶东侯相，当时济北戴宏的父亲任职县丞，戴宏时年十六岁，跟从父亲住在县丞官舍。吴祐每次行经园中，常听见吟诵经典的声音，十分好奇，很看重他，也和他结为朋友，最后戴宏终于成了一代儒宗，扬名东方，一直做到酒泉太守。

祐政唯仁简，以身率物。民有争诉者，辄闭阁自责，然后断其讼，以道譬之，或身到闾里，重相和解。自是之后，争隙省息，吏人怀而不欺。啬夫孙性私赋民钱，市衣以进其父，父得而怒曰："有君如是，何忍欺之？"促归伏罪。性惭惧，诣阁持衣自首。祐屏左右问其故，性具谈父言。祐曰："掾以亲故受污秽之名，所谓观过知仁矣。"使归谢其父，还，以衣遗之。又安丘男子毌丘长与母俱行市[1]，道遇醉客辱其母，长杀之而亡。安丘追踪于胶东，得之。祐呼长谓曰："子母见辱，人情所耻。然孝子忿必虑难[2]，动不累亲。今若背亲逞怒，白日杀人，赦若非义，刑若不忍，将如之何？"长以械自系，曰："国家制法，囚身犯之，明府虽加哀矜，恩无所施。"祐问长："有妻子乎？"对曰："有妻未有子也。"即移安丘逮长妻。妻到，解其桎梏，使同宿狱中，妻遂怀孕。至冬尽行刑，长泣谓母曰："负母应死，当何以报吴君乎？"乃啮指而吞之，含血言曰："妻若生子，名之吴生。"因投缳而死。

【注释】

①安丘：地名。今属山东。

②忿必虑难：生气的时候要考虑是否会引起麻烦。《论语·季氏》："君子有九思：视思明，听思聪……忿思难，见得思义。"

【译文】

吴祐施政唯求仁义简要，以身示范。老百姓之间产生诉讼，他就闭门自责，然后决断诉讼，给他们讲道理使其明白，或是亲自去到乡里，进行调解。自此以后，百姓之间的纷争越来越少，吏员和民众心怀感戴，诚实不欺。啬夫孙性私自搜刮老百姓的钱，买了衣服进献给他的父亲，他的父亲得到衣服生气地说："有位这样好的府君，怎么忍心欺骗他？"促使孙性自首认罪。孙性又惭愧又恐惧，带着衣服去官署自首。吴祐屏退左右，询问其中的缘故，孙性详细地陈述了父亲的话。吴祐说："掾吏以亲人的缘故受此污秽的名声，这就是所说的观察其人的过错而知道他的仁心了。"就让他回家向父亲谢罪，回去的时候把衣服也送给了他。安丘男子毋丘长和母亲在街市上同行，路上遇见一名醉酒者侮辱他母亲，毋丘长杀死醉者然后逃亡。安丘县官吏追踪到胶东，找到了他。吴祐唤来毋丘长对他说："母亲被侮辱，这是身为儿子的耻辱。但是孝子愤怒之时应该考虑是否会引起麻烦，举动不能连累亲人。如今你瞒着亲人逞使怒气，白日杀人，要赦免你吧不合道义，要施以刑法吧又于心不忍，怎么办呢？"毋丘长用械具自缚，说："我既已触犯国家制定的法律，明府虽然哀怜我，但是没有办法施恩于我。"吴祐问毋丘长："有妻子和儿子吗？"回答说："有妻子，还没有儿子。"吴祐随即传令安丘县逮捕毋丘长的妻子送来。毋丘长之妻到了以后，吴祐为她解开桎梏，让夫妻俩同宿监狱里，毋丘长之妻于是有了身孕。到了冬末行刑之时，毋丘长哭泣着对母亲说："我辜负了母亲应该赴死，但又该怎么报答吴君的恩义呢？"于是咬断手指吞下，用血写下："妻子若是生下儿子，就起名吴生。"然后上吊而死。

祐在胶东九年，迁齐相。大将军梁冀表为长史①。及冀诬奏太尉李固②，祐争之不听。时扶风马融为冀章草③，祐因谓融曰："李公之罪，成于卿手。李公即诛，卿何面目见天下之人乎？"冀怒，遂出祐为河间相④。因自免归家，不复仕，躬灌园蔬，以经书教授，年九十八卒。

少负远识，长立高节。处毋丘长是仁术，斥马融是义气。嗟乎！融愧死矣，为经术人师之玷。

【注释】

①梁冀（？—159）：安定郡乌氏（今宁夏固原）人。东汉外戚，权臣。为汉顺帝、汉桓帝皇后之兄。

②李固（94—147）：汉中城固（今属陕西）人。东汉中期名臣。

③马融（79—166）：扶风茂陵（陕西兴平）人。桓帝时为南郡太守。

才高博洽，为世通儒，学生常以千数。

④河间：诸侯国名。在今河北河间一带。

【译文】

吴祐在胶东任职九年，升迁为齐相。大将军梁冀表奏他担任长史。后来梁冀诬告太尉李固，吴祐力争，梁冀不听。当时扶风马融为梁冀起草诬陷李固的奏章，吴祐对马融说："李公之罪，在你手里罗织而成。李公被诛杀，你有何脸面见天下人呢？"梁冀很生气，就派吴祐外任河间相。吴祐于是弃官归家，不再出仕，亲自在园中种菜，以经书教授学生，九十八岁时去世。

年少时有远见卓识，成年后有高尚的节操。处理毋丘长的案件是仁术，斥责马融为恶是义气。唉！马融真该羞死啊，是以讲经术为人师者之耻。

中朱穆

朱穆，字公叔，南阳宛人也。年五岁便有孝称。父母有病，辄不饮食，差乃复常①。及壮耽学，锐意讲诵，或时思至不自知，亡失衣冠，颠坠坑岸。其父常以为专愚，几不知数马足。穆愈更精笃。

【注释】

①差（chài）：病愈。

【译文】

朱穆，字公叔，南阳宛人。朱穆五岁时便有孝子之名。父母一旦生病，他就不吃不喝；父母病愈，他也就正常了。长大以后，朱穆沉迷学问，锐意讲读，有时思考深入到了忘我之境，往往丢失衣冠，或是掉进坑里，跌倒在岸边。他父亲认为他太愚笨了，几乎连马脚都数不清，但朱穆更加精研笃学。

初举孝廉。顺帝末，江淮盗贼群起，州郡不能禁。大将军梁冀素闻穆名，乃辟之，使典兵事，甚见亲任。及桓帝即位①，顺烈太后临朝②，穆以冀势地亲重，望有以扶持王室，因推灾异，奏记以劝戒冀，又荐种暠、栾巴等③。而明年，严鲔谋立清河王蒜④，又黄龙二见沛国，冀以穆言为应，举高第为侍御史。穆常感时浇薄，慕尚敦笃，乃作《崇厚论》，又著《绝交论》，亦矫时之作。梁冀骄暴不悛⑤，穆以故吏，惧其衅积招祸⑥，连奏记谏。冀终不悟。

【注释】

①桓帝：汉桓帝刘志（132—167）。

②顺烈太后：汉顺帝刘保的皇后，在顺帝去世后临朝听政。其兄为大将军梁冀。

③种暠（chóng hào，103—163）：河南洛阳人。曾官益州刺史、汉阳太守、大司农、司徒等职。

④严鲔（wěi）谋立清河王蒜：汉桓帝建和元年（147），刘文与刘鲔谋立刘蒜为帝，事情败露被诛，刘蒜被贬自杀而死。严鲔，应为“刘鲔”。清河王刘蒜，汉章帝刘炟玄孙。

⑤悛（quān）：悔改。

⑥衅（xìn）：祸端。

【译文】

起先，朱穆被举为孝廉。顺帝末年，长江淮河一带到处有乱民暴动，州郡不能镇压。大将军梁冀平素听闻朱穆的大名，于是就征召他来主持用兵事宜，对他颇为亲近信任。等到汉桓帝即位，顺烈太后临朝听政，朱穆认为梁冀身为皇亲，位高权重，希望他能扶持汉室，于是推演灾异之说，上呈奏记来劝诫梁冀，又举荐种暠、栾巴等人。第二年，刘鲔图谋拥立清河王刘蒜，黄龙又两次出现在沛国，梁冀认为是朱穆的话应验了，以考绩优等的名义举荐朱穆做了侍御史。朱穆时常感到社会风气浮薄，钦慕崇尚敦厚的风俗，于是写了《崇厚论》，又写《绝交论》，也是矫正时弊的文章。梁冀骄横暴虐不思悔改，朱穆以旧属的身份，担心他积恶招祸，就连番上书劝谏。梁冀最终没有觉悟。

永兴元年①，冀州盗贼群起，擢穆为冀州刺史。州人有宦者三人为中常侍②，并以檄谒穆，穆疾之，辞不相见。冀部令长闻穆济河，解印绶去者四十余人。及到，奏劾诸郡，至有自杀者。以威略权宜尽诛贼渠帅，举劾权贵，或乃死狱中。有宦者赵忠丧父，归葬安平③，僭为玙璠、玉匣、偶人④。穆闻之，下郡案验，吏畏其严明，遂发墓剖棺，陈尸出之，而收其家属。帝闻大怒，征穆诣廷尉，输作左校⑤。太学书生刘陶等数千人诣阙上书，讼穆冤，愿黥首系趾⑥，代穆校作。帝览其奏，乃赦之。

【注释】

①永兴：汉桓帝刘志年号（153—154）。

②中常侍：官名。出入宫廷，侍从皇帝，传达诏命，东汉时以宦官充任。

③安平：县名。今属河北。

④玙璠（yú fán）：美玉。

⑤输作：因犯罪罚作劳役。左校：左校署的工徒，制作兵仗、丧葬仪物等木器。

⑥黥（qíng）：在脸上刺字并涂墨之刑。

【译文】

永兴元年，冀州盗贼蜂起，朱穆被提拔为冀州刺史。州人中有三位宦官为中常侍，都以文书知会朱穆，朱穆痛恨他们，推辞不见。冀州所属地方官听说朱穆渡过了黄河，解下印绶辞职离开的有四十多人。朱穆到冀州之后，上奏弹劾各郡官员，以至官员中有因此自杀的。他设下计谋诛杀乱贼首领，举报弹劾权贵，被举报者有的甚至死在了狱中。有宦官赵忠丧父，回到安平下葬时僭越礼制使用了玉器、玉匣、人偶等物。朱穆听说后，来到郡里查验，官吏畏惧他的严明，于是掘墓开棺，尸体示众，并且逮捕了家属。皇帝听到报告后大怒，征召朱穆到朝廷将他交给廷尉治罪，把他发配到左校署做工。太学生刘陶等几千人来到皇宫前上书，陈述朱穆的冤情，表示愿意面部刺字双脚戴镣代替朱穆做工。皇帝阅览奏报之后，赦免了朱穆。

穆家居数年，在朝诸公，多有相推荐者，于是征拜尚书。穆既深疾宦官，及在台阁，旦夕共事，志欲除之，乃上疏谏。帝怒，不应。自此中官数因事称诏诋毁之[①]。穆素刚，不得意，居无几，愤懑发疽，延熹六年卒[②]，时年六十四。禄仕数十年，蔬食布衣，家无余财。公卿共哀穆立节忠清，处恭机密，守死善道，宜蒙旌宠。策诏褒述，追赠益州太守[③]。所著论、策、奏、教、书、记、嘲凡二十篇[④]。

【注释】

①中官：宦官。

②延熹：汉桓帝刘志年号（158—167）。

③益州：州名。汉武帝时置，为“十三刺史部”之一。三国时蜀汉于益州分置梓潼等五郡。益州故地大部在今四川境内。

④嘲：这里指嘲弄讽咏一类的文章。

【译文】

朱穆在家闲居了几年，在朝大臣中有很多举荐他的，于是皇帝征拜他为尚书。朱穆早就痛恨宦官，等到位居台阁，与宦官朝夕共事，就下决心要除掉这些祸害，于是上疏谏言宦官的罪行。皇帝生气，没有回应。自此以后宦官们多次借故假传诏书诋毁朱穆。朱穆生性刚直，因为不得志，没过多少时间就因心怀忧愤而身长毒疮，在延熹六年去世，时年六十四岁。朱穆做官几十年，吃粗粮，穿布衣，家里没有多余的财物。公卿大臣都哀怜朱穆的忠诚清廉，认为他谨守朝廷机密，至死秉持善道，应该受到表扬和优待。于是朝廷下诏称赞他的事迹，追赠他为益州太守。朱穆所著论、策、奏、教、书、记、嘲等各体文章共二十篇。

清刚之人。崇厚论非，其本色。愤懑发疽，气胜者也。然深嫉宦官，卒以愤死。案[①]：赵忠罪至剖棺，陈尸虽似过激，今时安得此等人?！至辱驸马都尉[②]，曳中丞[③]，击御史[④]，而不能问。悲夫，祸有不可言者矣。

【注释】

①案：按语。

②驸马都尉：汉武帝始置，本为近侍之官，掌副车之马；魏晋以后，常以此官授帝婿，而非实职，简称驸马。

③曳中丞：史事未详。

④击御史：史事未详。

【译文】

清廉刚直的人。崇尚敦厚论说不公，是他的本色。心怀愤懑长毒疮，这是意气太甚的缘故。深恨宦官，最终忧愤而死。按语：赵忠一案罪至开棺，陈尸示众虽然好像过激了，但今天如何才能得到这等人?！至于侮辱驸马都尉，曳中丞，击御史，而不能过问。可悲啊，当今将会有难以言状的大祸临头了。

崔寔

崔寔，字子真，涿郡安平人。少沉静，好典籍。父卒，隐居墓侧。服竟，三公并辟[①]，皆不就。桓帝初，诏公卿郡国举至孝独行之士，寔以郡举征诣公车，病不对策[②]，除为郎。明于政体，吏才有余，论当世便事数十条，名曰《政论》。仲长统曰[③]："凡为人主，宜写一通，置之坐侧。"

【注释】

①三公：此指太尉、司徒、司空三位并称的执政大臣。

②策：策问。汉代开始的一种取士方式。

③仲长统（180—220）：字公理，山阳高平（今山东鱼台北）人。东汉末年政治家、散文家。

【译文】

崔寔，字子真，涿郡安平人。崔寔年少时性格沉静，喜欢读书。父亲去世后，崔寔住在墓侧隐居守孝。服丧期满后，三公同时征召崔寔，他都不去。桓帝即位初年，朝廷诏令公卿、郡国举荐极孝和有卓异品行的人，崔寔被郡守推荐，于是朝廷以公车征召他，后来因病未能参加面试策问，被任命为郎。崔寔处理政事明敏，很有做官的才干，他曾写下数十条议论当时政事的文字，题目叫《政论》。仲长统评价说："凡是身为君主的，都应抄写一遍《政论》，放在座位边。"

其后辟太尉袁汤、大将军梁冀府，并不应。大司农羊傅、少府何豹上书荐寔[1]，召拜议郎，迁大将军冀司马[2]，与边韶、延笃等著作东观。出为五原太守[3]。五原土宜麻枲[4]，而俗不知织绩，民冬月无衣，积细草而卧其中，见吏则衣草而出。寔至官，为作纺绩织纴练缊之具以教之[5]，民得以免寒苦。是时胡虏连入云中、朔方[6]，寔整厉士马，严烽候，虏不敢犯。以病征拜议郎，复与诸儒博士共杂定"五经"。会梁冀诛，寔以故吏免官，禁锢数年。时鲜卑数犯边，司空黄琼荐寔威武谋略，拜辽东太守。行道，母刘氏病卒，上疏求归葬行丧。服竟，召拜尚书。寔以世方阻乱，称疾不视事，数月免归。

【注释】

①少府：官名。九卿之一。掌山海池泽的收入及皇室手工业制造，为皇帝的私府；兼管皇帝衣食器用、医药、娱乐、丧葬等事宜。

②司马：此为大将军府高级幕僚，武职，地位仅次于长史。

③五原：郡名。治所在今内蒙古包头西。

④枲（xǐ）：麻类植物。

⑤练（shū）：纺粗丝。缊（yùn）：旧絮，乱麻。

⑥朔方：郡名。治所在今内蒙古磴口北。

【译文】

后来太尉袁汤和大将军梁冀府征召崔寔，他都不去。大司农羊傅、少府何豹上书朝廷举荐崔寔，于是崔寔被授予议郎之职，转任大将军梁冀府中司马，和边韶、延笃等人一起在东观著书。崔寔后来出任五原太守。五原的土质适宜生长麻类作物，而当地人不懂纺织技术，百姓寒冬没有衣服，堆积细草躺卧在里面避寒，见官吏则披着草出来。崔寔到任，为百姓制作纺织工具，教给他们纺织技术，百姓得以免受苦寒。当时北方外敌接连攻打云中、朔方，崔寔整顿军马，激扬士气，加强边境烽火警报，使外敌不敢入侵。后来崔寔因病被召回京城任职议郎，又和诸位大儒、博士一起审定“五经”。此时适逢梁冀被诛杀，崔寔因为是梁冀的旧属吏而被罢官，几年间遭到限制不得任职。当时鲜卑屡次侵犯边境，司空黄琼举荐崔寔有勇有谋，于是崔寔被任命为辽东太守。在赴任路上，崔寔的母亲刘氏病故，他上疏请求归家办理丧事。服丧期满后崔寔被任命为尚书。崔寔因时局混乱而称病不到任办公，几个月以后被免职回家。

初，寔父卒，剽卖田宅，起冢茔，立碑颂。葬讫，资产竭尽，因穷困，以酤酿、贩鬻为业[①]。时人多以此讥之，寔终不改。亦取足而已，不致盈余。及仕宦，历位边郡，而愈贫薄。建宁中病卒[②]，家徒四壁立，无以殡敛。光禄勋杨赐、太仆袁逢、少府段颎为备棺椁葬具，大鸿胪袁隗树碑颂德。所著碑、论、箴、铭、答、七言词文、表、记、书凡十五篇。

有至行，有略，又有经术文采，生死贫薄，是第一流。

【注释】

①酤酿：酿酒出售。

②建宁：汉灵帝刘宏年号（168—172）。

【译文】

当初，崔寔的父亲去世，崔寔卖掉田产，垒起坟茔，建立墓碑。丧事完毕后，家产全部花光，崔寔因贫困，便以酿酒和贩卖为生。当时人常拿这事讥笑他，他却始终不改。他经商所得只求够用，不求盈余。等到做官以后，他历任边郡太守，而家境越发贫寒。建宁年间崔寔病逝，家徒四壁，无钱办理丧事。光禄勋杨赐、太仆袁逢、少府段颎为他备办棺椁葬具，大鸿胪袁隗为他树碑歌颂功德。崔寔所著的碑、论、箴、铭、答、七言词文、表、记、书共有十五篇。

有极高的品德，有策略，又有经术文采，生前身后贫穷寒薄，是第一流人物。

张奂

张奂，字然明，敦煌酒泉人也①。奂少游三辅，师事太尉朱宠，学欧阳《尚书》。后辟大将军梁冀府，以疾去官。复举贤良，对策第一，擢拜议郎。永寿元年②，迁安定属国都尉③。初到职，而南匈奴寇美稷④，东羌复举种应之，而奂壁唯有二百许人。闻即勒兵而出，遂进屯长城，收集兵士，招诱东羌，因据龟兹⑤，使南匈奴不得交通东羌。诸豪遂相率与奂和亲⑥，共击匈奴，破之，郡界以宁。羌豪帅感奂恩德，上马二十匹，先零酋长又遗金镳八枚⑦。奂并受之，而召主簿于诸羌前，以酒酹地⑧，曰："使马如羊，不以入厩；使金如粟，不以入怀。"悉以金马还之。羌性贪而贵吏清，前有八都尉，率好财货，为所患苦，及奂正身洁己，威化大行。迁使匈奴中郎将。时休屠各及朔方乌桓并同反叛⑨，烧度辽将军门⑩，引屯赤坑，烟火相望。兵众大恐，各欲亡去。奂安坐帷中，与弟子讲诵自若，军士稍安。乃潜诱乌桓，阴与和通，遂使斩屠各渠帅，袭破其众，诸胡悉降。

【注释】

①敦煌：郡名。治所在今甘肃敦煌。

②永寿：汉桓帝刘志年号（155—158）。

③安定属国都尉：汉武帝时，降附的少数民族被安置在沿边的陇西、

北地、上郡、朔方、云中五郡，称为属国，并派将军治理，称属国都尉。后来北地郡析置安定郡，即有安定属国都尉。安定，郡名。西汉治所在高平县(今宁夏固原)，东汉移治临泾县(今甘肃庆阳镇原)。

④美稷：地名。在今内蒙古准格尔旗。

⑤龟兹(qiū cí)：古代西域国名。在今新疆库车一带。

⑥和亲：古代中原地区君主为了和平与边疆异族统治者通婚和好的一种民族政策。

⑦先零(lián)：汉代羌族的一支。鐻(jù)：古代一种像钟的乐器。

⑧主簿：官名。各级主官属下掌管文书的佐吏。

⑨休屠各：即匈奴屠各部。原为西汉匈奴休屠王属部降汉者。乌桓：古代少数民族之一，本属东胡，后来徙居内地，与汉民族融合。

⑩度辽将军：官名。汉昭帝元凤三年(前78)任中郎将范明友为度辽将军，因度辽水而得名，此为度辽将军之始。后渐成定制，屯扎在五原曼柏县(今内蒙古达特拉旗东南)。

【译文】

张奂，字然明，敦煌酒泉人。张奂年轻时游学京师地区，师从太尉朱宠研学欧阳氏《尚书》。后来张奂被征辟至大将军梁冀府任职，因病免官。张奂又被举为贤良，在对策考核中名列第一，被授予议郎官职。永寿元年，张奂迁任安定属国都尉。他刚到任就遇到南匈奴进犯美稷，东羌人全族响应，而张奂的军营里只有两百多名士兵。张奂得知军情，立即率兵进发，他驻守长城，召集士兵，招抚东羌，固守龟兹，使南匈奴不能与东羌往来。于是东羌各部落豪强相继与张奂和亲，共同攻打并击败了匈奴，郡界因此得以安宁。羌部豪强首领感念张奂的恩德，献上骏马二十匹，先零酋长又送上八枚金鐻。张奂全部接受，然后召来主簿，在羌人面前把酒洒在地上敬神，说道："让马如同羊一样，不把它关进马厩；让金鐻如同粟米一样，不把它收入怀中。"然后把金鐻和马匹全部还给了羌人。羌人生性贪财，所以处理羌人事务贵在官吏清廉，以前有八位都尉，都喜好财物，使羌人深以为苦，等到张奂主事，他持身端正，清廉不贪，威信很高，使教化得以推行。张奂又升任使匈奴中郎将。当时休屠各及朔方乌桓同时反叛，火烧度辽将军营门，引兵驻扎于赤坑，战火连天。士兵惊恐，纷纷想要逃离。张奂端端正正坐在帷帐中，像往常一样和弟子们讲诵经典，士兵们才渐渐安定下来。张奂于是暗地里引诱乌桓，悄悄地与其讲和通好，然后让他们斩杀屠各首领，于是叛军被击破，各处反叛胡族全部投降。

延熹元年，鲜卑寇边，奂率南单于击之。明年，梁冀被诛，奂以故吏，免官禁锢，皇甫规荐举前后七上①。在家四年，复拜武威太守，平均徭赋，率厉散败，常为诸郡最。迁度辽将军，幽、并清静。九年春，征拜大司农。鲜卑闻奂去，遂招结南匈奴、乌桓，寇掠缘边九郡。朝廷以为忧，复拜奂为护匈奴中郎将，以九卿秩督幽、并、凉三州②，及度辽、乌桓二营，兼察刺史、二千石能否，赏赐甚厚。匈奴、乌桓闻奂至，因相率还降，凡二十万口。奂但诛其首恶，余皆慰纳之，唯鲜卑出塞去。

【注释】

①皇甫规（104—174）：字威明，安定朝那（今宁夏固原东南）人。东汉军事家、文人。历任太山太守、中郎将、度辽将军等职。

②凉：凉州。西汉置，地当今甘肃、宁夏两省区以及青海、内蒙古部分地区，为汉武帝“十三刺史部”之一。东汉时治所在陇县（今甘肃张家川）。

【译文】

延熹元年，鲜卑进犯边境，张奂率领南单于攻打鲜卑。第二年，大将军梁冀被诛杀，张奂因为是其旧日下属的缘故，被免官并禁止此后担任官职，皇甫规前后七次向朝廷举荐张奂。张奂家居四年后，又被任命为武威太守，他公平摊派徭役赋税，激励溃散的兵卒，这些事务都是各郡里做得最好的。后来张奂升任度辽将军，任上幽州、并州清静无事。延熹九年春，张奂入朝任大司农。鲜卑听说张奂离开了，就勾结南匈奴、乌桓进犯抢掠边境的九个郡。朝廷深为忧虑，于是又任命张奂为护匈奴中郎将，让他以九卿的品秩督察幽州、并州、凉州，以及度辽、乌桓两大营，同时监察各部刺史、太守的履职情况，朝廷给他的赏赐很是丰厚。匈奴、乌桓听说张奂回来，相继投降归顺，前后投降的有二十万人之众。张奂只诛杀了其中为首的人，其余的都加以安抚收留，只有鲜卑部族出塞离去。

永康元年春[1]，东羌、先零寇关中；冬，羌岸尾、摩蟞复钞三辅。奂遣司马尹端、董卓并击[2]，大破之，斩其酋豪，首虏万余人。三州清定。论功当封，奂不事宦官，故赏遂不行，唯赐钱二十万，除家一人为郎。并辞不受，而愿徙属弘农华阴，始为弘农人焉。

【注释】

①永康：汉桓帝刘志年号（167）。

②董卓（？—192）：字仲颖，陇西临洮（今甘肃岷县）人。东汉末年军阀、权臣，官至太师，擅权专政，威震天下。后被司徒王允设反间计，利用其亲信吕布杀之。

【译文】

永康元年春，东羌、先零进犯关中；冬天，羌部岸尾、摩蟞部落又抄掠京师三辅地区。张奂派遣司马尹端、董卓共同出击，大败敌军，斩杀敌方头目，斩杀、俘虏一万多人。三辅地区得以恢复安定。张奂论功应当加封，但由于他不交结宦官,所以就没有得到大的赏赐,只被赐钱二十万,任命家里一人为郎。张奂对这些封赏都推辞不接受,只愿意迁徙到弘农郡华阴县安家,从此张奂就是弘农人了。

建宁元年①,振旅而还。时大将军窦武、太傅陈蕃谋诛宦官②,事泄,中常侍曹节以奂新征,不知本谋,矫制使奂率五营士围武,武自杀,蕃因见害。奂迁少府,又拜大司农,以功封侯。奂深病为节所卖,上书固让封,还印绶。明年,上疏讼窦武、陈蕃冤,黄门左右皆恶之③。帝不得自从,转奂太常,寻下诏切责之,遂陷以党罪,禁锢归田里。时禁锢者多不能守静,或死,或徙。奂闭门不出,养徒千人,著《尚书记难》三十余万言。奂少立志节,尝言大丈夫处世当为国家立功边境,及为将帅,果有勋名。董卓慕之,遗缣百匹。奂恶卓为人,绝而不受。光和四年卒④,年七十八,遗命薄葬。武威多为立祠,世世不绝。所著铭、颂、书、教、诫述、志、对策、章表二十四篇。

【注释】

①建宁:汉灵帝刘宏年号(168—172)。

②窦武(?—168):字游平,扶风平陵(今陕西咸阳)人。东汉外戚、学者。太傅:即太子太傅。陈蕃(?—168):字仲举,汝南平舆(今河南平舆)人。东汉名臣。

③黄门:宦官的别称。

④光和:汉灵帝刘宏年号(178—184)。

【译文】

建宁元年,张奂率领军队还朝。当时大将军窦武、太傅陈蕃谋划诛杀宦官，事情被宦官们发觉，中常侍曹节因为张奂刚外出作战归来，不知事情原委，就假传诏书让张奂率领五营士兵围困窦武，窦武自杀，陈蕃也被害。张奂升任少府，又被任命为大司农，因功劳而封侯。张奂对自己被曹节利用深感内疚，于是上书坚决辞让侯爵，并且交还印绶。第二年，张奂上疏陈述窦武、陈蕃的冤情，大小宦官都恨他。皇帝不能自主决断，便让张奂转任太常，不久后又下诏痛切责问他，构陷他犯朋党之罪，罚他不能再任职，将其遣返回家。当时被罚不能任职的人多数不能坚定意志，有的死亡，有的迁走。张奂闭门不出，培养弟子一千人，著有《尚书记难》三十多万字。张奂年轻时立下大志，曾经说大丈夫处世应当为国家在边境立功，等到做了将帅，果然有功勋美名。董卓很钦慕他，送给他一百匹缣。张奂厌恶董卓的为人，拒绝接受。光和四年，张奂去世，享年七十八岁，遗言要求薄葬。武威很多地方为他立祠，世代祭祀不绝。他所作的铭、颂、书、教、诫述、志、对策、章表有二十四篇。

然明靖边安民，勋名无两，皆生于廉。至匈奴烟火抢攘，与弟子讲诵自若，非大略素定，不能也。不事宦官，绝董卓，岂肯党梁冀者？明是左右陷之。微不慊者，害陈、窦一节，固为曹节所诱，或陈、窦气过激，奂胸中亦有所不满耶？

【译文】

张奂稳定边境安定民众，功勋美名举世无双，都是源自于清廉。至于匈奴侵犯抢掠，他还能和弟子讲诵自如，如果不是平素就有雄才大略，是不能做到的。不事奉宦官，拒绝董卓，又岂是愿意党附梁冀的人？明显是皇帝身边的人陷害他。略微不足的一点，是杀害陈蕃和窦武一事，固然是曹节所诱使，但可能也有陈、窦二人意气过盛，致使张奂心中也有所不满的因素吧？

刘宠

刘宠，字祖荣，东莱牟平人[①]。以明经举孝廉，除东平陵令[②]，仁惠为吏民所爱。母疾，弃官去，百姓将送，塞道，车不得进，乃轻服遁归。后四迁，为豫章太守[③]，又三迁，拜会稽太守。山民愿朴，乃有白首不入市井者，颇为官吏所扰。宠简除烦苛，禁察非法，郡中大化。征为将作大匠[④]。山阴县有五六老叟，龙眉皓发[⑤]，自若邪山谷间出[⑥]，人赍百钱以送宠。宠劳之曰："父老何自苦？"对曰："山谷鄙生，未尝识郡朝[⑦]。它守时吏发求民间，至夜不绝，或狗吠竟夕，民不得安。自明府下车以来，狗不夜吠，民不见吏。年老遭值圣明，今闻当见弃去，故自扶奉送。"宠曰："吾政何能及公言邪？勤苦父老。"为人选一大钱受之。转为宗正、大鸿胪。延熹四年，代黄琼为司空，以阴雾愆阳免[⑧]。顷之，拜将作大匠，复为宗正。

【注释】

①牟平：地名。今山东烟台牟平区。

②东平陵：地名。在今山东济南章丘区西北。

③豫章：郡名。治所在今江西南昌。

④将作大匠：官名。掌管宫室修建。秩二千石。

⑤龙（máng）眉：眉毛斑白。形容年迈。

⑥若邪山：山名。在今浙江绍兴南。

⑦郡朝：郡署的厅事，亦指郡守。

⑧阴雾愆阳：阴天大雾遮住阳光，天气反常。

【译文】

刘宠，字祖荣，东莱牟平人。刘宠因明习经学被举荐为孝廉，任官东平陵令，他施政仁惠，受到吏员和民众的爱戴。由于母亲生病，刘宠弃官离去，为他送行的百姓阻塞了道路，车辆不能前进，他就轻装简从悄悄回家了。刘宠后来四次迁官，任豫章太守，又三次迁官，任会稽太守。会稽山中的百姓心地淳朴，乃至有一辈子都不进城的，他们经常被官吏骚扰。刘宠简化烦苛的政令，查禁非法的行为，使郡中政治清明。朝廷征召刘宠担任将作大匠。刘宠离开会稽郡时，山阴县有五六位老者，白眉皓发，从若邪山谷间出来，每人带着一百钱送给刘宠。刘宠慰问他们说："父老为何这样苦自己？"老者们回答说："山谷中的小民，未曾认识郡守。其他太守在职时，官吏向民间索求，从白天一直到夜晚，有时甚至狗一直叫到天亮，百姓不得安生。自明府到任以来，晚上狗不叫了，老百姓也不用见官吏了。年老了终于遇上这圣明时代，如今听说您将离去，所以相互搀扶前来送行。"刘宠说："我的政绩哪能像您所说的那样呢？辛苦父老了。"于是刘宠从老者们送来的钱中选了一枚大钱收下了。后来刘宠又转任宗正、大鸿胪。延熹四年，刘宠接替黄琼任司空，因大雾蔽日天气反常而被免职。不久后，刘宠再被任命为将作大匠，又转任宗正。

建宁元年，代王畅为司空，频迁司徒、太尉。二年，以日食策免归[①]。宠前后历宰二郡，累登卿相，而准约省素，家无货积。尝出京师，欲息亭舍，亭吏止之曰："整顿洒扫，以待刘公，不可得也。"宠无言而去，时人称其长者。以老病卒于家。

清醇简妙人也。

【注释】

①日食策：解释日食原因的对策文字。

【译文】

建宁元年，刘宠接替王畅任司空，后升迁至司徒、太尉。建宁二年，刘宠因为关于日食的对策不合圣意而被免官归家。刘宠前后历任两郡太守，位登卿相，而朴素省俭，家里没有积财。刘宠曾经出京，想要在驿舍投宿，亭吏阻止他说："这里在整顿洒扫，等待刘公的到来，不能接待您了。"刘宠什么也没说就离去了，当时人称他是有德行的高人。后来刘宠因为老病在家里去世。

一位清廉、厚道、简约的高人。

杨秉

杨秉，字叔节，震之中子也。少传父业，兼明《京氏易》[①]，博通书传，常隐居教授。年四十余，乃应司空辟，拜侍御史。频出为豫、荆、徐、兖四州刺史[②]，迁任城相。自为刺史、二千石，计日受奉，余禄不入私门。故吏赍钱百万遗之，闭门不受，以廉洁称。秉性不饮酒，又蚤丧夫人，遂不复娶，所在以淳白称。常从容言曰："我有三不惑：酒、色、财也。"历位至太尉，延熹八年薨，时年七十四。赐茔陪陵[③]。

【注释】

①《京氏易》：西汉京房撰。也称《京氏易传》，今存三卷。

②豫：指豫州。西汉武帝置，为"十三州刺史部"之一。汉以后均置豫州，大体范围为今河南东部至安徽北部一带，东汉时治所为谯(今安徽亳州)。徐：指徐州。汉武帝时置，"十三州刺史部"之一。地理范围为今山东东南部、江苏长江以北地区及以安徽东北角。东汉时治所在郯县(今山东郯城)。

③陪陵：大臣陪葬帝陵。

【译文】

杨秉，字叔节，是杨震的次子。杨秉年少时传承父亲学业，兼通《京氏易传》，博览群书。他长期隐居不仕，教授弟子。四十多岁时，杨秉才应司空的征召，任职侍御史。杨秉多次出任豫州、荆州、徐州、兖州四地刺史，又升迁任城相。自从担任刺史、二千石之后，杨秉按每日用度领取俸禄，绝不接受多余的俸禄。他的旧属拿着百万钱送给他，他闭门不接受，以廉洁著称。杨秉生性不饮酒，他的夫人很早去世，他也不再娶，所到之处都以淳厚清白而知名。他曾经从容地说："我有三不惑：酒、色、财。"他做官一直做到太尉，于延熹八年逝世，享年七十四岁。皇帝赐杨秉陪葬帝陵的待遇。

三不惑固自秉性，可以学道，可以愧世。常言贤者名根比色根更难断。酒、财、色，色比酒、财为难，然名心能胜之。

【译文】

三不惑来自天性，可以学习其中的道理，可以令世人心生愧意。常说贤人的名根比色根更难断。酒、财、色三者，色比酒、财两者要难断，但功名之心又超过色。

下 孟尝

孟尝，字伯周，会稽上虞人[①]。少修操行，仕郡为户曹史[②]。后策孝廉，举茂材，拜徐令[③]。州郡表其能，迁合浦太守[④]。郡不产谷实，而海出珠宝，与交趾比境，常通商贩，贸籴粮食。先时宰守并多贪秽，诡人采求，不知纪极，珠遂渐徙于交趾郡界。于是行旅不至，人物无资，贫者死饿于道。尝到官，革易前敝，求民病利。曾未逾岁，去珠复还，百姓皆反其业。以病被征，当还，吏民攀车不得进，乃载乡民船夜遁去。隐处穷泽，身自耕佣。邻县士民慕其德，就居止者百余家。桓帝时，尚书杨乔上书力荐，前后七表，竟不见用。年七十，卒于家。

却珠宝，甘耕佣。

【注释】

①上虞：地名。在今浙江绍兴上虞区。

②户曹史：汉代诸郡有户曹，设掾及史，主民户。

③徐：县名。在今江苏泗洪南。

④合浦：郡名。东汉治所在今广西合浦。

【译文】

孟尝，字伯周，会稽上虞人。孟尝在年少时即修炼操行，在郡中曾任职户曹史。后来被举荐为孝廉、秀才，被任命为徐县令。州郡的上司上表称赞孟尝的才干，于是孟尝升迁合浦太守。合浦郡不产谷物，而沿海出产珍珠，此地毗邻交趾郡，于是商贩往来交易，用珠宝换取粮食。先前的太守多有贪污腐败者，偷偷地命人大肆捕捞采珠，不知限制，珍珠便逐渐移到交趾郡边界去了。这样一来，商旅不到合浦来了，民众换不到资粮，贫困的百姓饿死在道路上。孟尝到任以后，革除前任的弊政，关心百姓疾苦，为他们求取利益。不到一年，合浦又出现大量珍珠，百姓重操捕捞珍珠的旧业。孟尝因为生病被征召，应当还朝，当地官吏和百姓攀援车辆，他无法前行，于是他只好搭载乡民的船趁夜悄悄离开。孟尝辞官后隐居在贫瘠的湖泽边，亲自耕作。邻县的士人、百姓钦慕他的品德，搬来和他做邻居的有一百多家。汉桓帝时，尚书杨乔上书极力推荐孟尝，前后七次上表，但最终孟尝也未被起用。七十岁时，孟尝在家里去世。

不贪珠宝，亲自耕作。

下 范冉或作丹

范冉，字史云，陈留外黄人也[①]。少为县小吏，年十八奉檄迎督邮。冉耻之，乃遁去，到南阳，受业于樊英。又游三辅，就马融通经，历年乃还。冉好违时绝俗，为诡激之行，与李固、王奂善。奂为考城令[②]，境接外黄，屡遣书请冉，冉不至。及奂迁汉阳太守[③]，将行，冉乃与弟协步赍麦酒于道侧设坛以待之。冉见车徒骆驿，遂不自闻，惟与弟共辨论于路。奂识其声，即下车，与相揖，对奂曰："行路仓卒，非陈契阔之所，可共前亭宿息，以叙分隔。"冉曰："子前在考城，思欲相从，以贱质自绝豪友耳。今子远适千里，会面无期，故轻行相候，以展诀别。如其相追，将有慕贵之讥矣。"遂拂衣而去。

【注释】

①外黄：地名。在今河南民权。

②考城：地名。在今河南民权东。

③汉阳：郡名。东汉永平年间以天水郡改名，治所在今甘肃甘谷。

【译文】

范冉，字史云，陈留外黄人。范冉年轻时为县里的小吏，十八岁时奉命去迎接督邮。范冉以此为耻，就悄然离开，去南阳师从樊英做学问。后来又游学三辅地区，师从马融通晓经书，数年后才归家。范冉喜欢违背时俗，有怪异偏激的行为，和李固、王奂友善。王奂做考城令，考城和外黄接壤，王奂多次致信邀请范冉，范冉不去。等到王奂迁任汉阳太守，将要赴任时，范冉和弟弟范协步行带着麦酒在路边设下祭祀路神的祭坛等待。范冉见到车马人众络绎不绝，便不自我介绍，只和弟弟在路边讨论。王奂辨识出他的声音，立即下车，和他相对作揖，对他说："行路仓促，不是表达久别之情的地方，不妨一起去前方驿亭留宿，以叙别情。”范冉说：“您之前在考城，本欲相随，因为在下身份低贱而自绝于高贵的朋友罢了。如今您远行千里，再次见面遥遥无期，所以轻装在此等候，以表达诀别之情。如果追随您前行，将会有人讥讽我羡慕权贵。”于是拂衣离开。

桓帝时，以冉为莱芜长[①]。后辟太尉府，议者欲以为侍御史，因遁身逃命于梁、沛之间[②]，徒行敝服，卖卜于市。遭党人禁锢[③]，遂推鹿车[④]，载妻子，捃拾自资[⑤]。尝与儿拾麦得五斛，邻人尹台遗之一斛，嘱儿勿言。冉后知，即令并送六斛，言麦已杂矣，遂誓不受。或寓息客庐，或依宿树阴，如此十余年，乃结草室而居焉。所止单陋，有时绝粒，穷居自若，言貌无改。闾里歌之曰：“甑中生尘范史云，釜中生鱼范莱芜[⑥]。”及党禁解，又辟太尉府，以疾不行。中平二年[⑦]，卒于家，年七十四，遗令薄葬。于是三府各遣令史奔吊[⑧]，大将军何进移书陈留太守，累行论谥，佥曰：“宜为贞节先生。”会葬者二千余人。刺史、郡守各为立碑表墓焉。

苦节不可贞，丹之谓邪？贤贪夫远矣。自是其性溪刻[⑨]。

【注释】

①莱芜：地名。在今山东淄博南。

②梁：地名。在今河南商丘一带。沛：地名。在今安徽淮北一带。

③党人禁锢：东汉桓帝和灵帝期间，贵族士大夫等反对宦官专权乱政，反而被宦官集团以“党人”的罪名加以政治禁锢，遭受打击。史称“党锢之祸”。

④鹿车：古代的一种小车。

⑤捃（jùn）：拾取。

⑥鱼：壁鱼。又称白鱼。一种蠹虫。

⑦中平：汉灵帝刘宏年号（184—189）。

⑧三府：太尉、司徒、司空三府。

⑨溪刻：刻薄，苛刻。

【译文】

汉桓帝时，范冉被任命为莱芜长。后来范冉被征召至太尉府任职，有人商议想要让他担任侍御史，他恐惧藏身，逃身于梁、沛两地之间，身着旧衣步行，在集市上卖卜。后来遭遇党锢之祸，他就推着小车，载着妻儿，捡拾东西以自给。范冉曾经和儿子一起拾得五斛麦子，邻居尹台送给他一斛麦子，嘱咐他儿子不要说。范冉后来知道了，马上让人送还邻居六斛麦子，说是麦子已经混杂在一起了，就坚决不接受。范冉有时在客舍寓居，有时在树阴下留宿，这样过了十多年，才盖了草屋居住。他居住条件十分简陋，有时还缺乏粮食，但他贫居安然自如，言谈表情没有什么改变。乡里歌颂道："甑中生尘范史云，釜中生鱼范莱芜。"等到党锢解除，范冉又被太尉府征召，但因为疾病没有去。中平二年，范冉在家里去世，享年七十四岁，遗嘱要求薄葬。太尉、司徒、司空三府各自派遣令史前往吊丧，大将军何进给陈留太守发去文书，共同商讨范冉的谥号，大家都认为："应该谥为贞节先生。"参加范冉葬礼的有两千多人。刺史、郡守都为他刻石立碑以示表彰。

不可一意坚守苦节，说的就是范冉吧？但比贪婪的人要好很多啊。他的秉性的确是苛刻的。

中羊陟

羊陟，字嗣祖，太山梁父人[①]。少清直，有学行，举孝廉，辟太尉李固府。举高第，拜侍御史。会固被诛，陟以故吏禁锢历年。复举高第，再迁冀州刺史。奏案贪浊，所在肃然。

又再迁虎贲中郎将、城门校尉[②]，三迁尚书令。时太尉张颢、司徒樊陵、大鸿胪郭防、太仆曹陵、大司农冯方，并与宦竖相姻私，公行货赂，陟并奏罢黜之。以前太尉刘宠、司隶校尉许永、幽州刺史杨熙、凉州刺史刘恭、益州刺史庞艾，清亮在公，荐举升进。帝嘉之，拜陟河南尹[③]。计日受奉，常食干饭茹菜。禁制豪右，京师惮之。会党事起，免官禁锢，卒于家。

黜浊升清，以身为表。

【注释】

①太山：即"泰山"，郡名。楚汉之际刘邦改博阳郡置，治所在博县（今山东泰安）。梁父：县名。在今山东新泰。

②虎贲（bēn）中郎将：官名。虎贲，形容其如猛兽之奔。西汉末，改汉武帝所置宿卫"期门"为"虎贲郎"，以虎贲中郎将为主官，秩为比二千石。

③尹：此指都城行政长官。汉代有京兆尹、河南尹。

【译文】

羊陟，字嗣祖，太山梁父人。羊陟年少时就清白正直，有学问有品行，被举荐为孝廉，征召到太尉李固府中任职。后来又因绩能考核优等被举荐，任官侍御史。适逢李固被诛杀，羊陟因为是其旧属的缘故被禁止任官数年。羊陟又因绩能优异被举荐，升迁至冀州刺史。他奏报查处贪贿官吏，所到之处法纪严明。后来又升迁为虎贲中郎将、城门校尉，又多次升迁直至尚书令。当时太尉张颢、司徒樊陵、大鸿胪郭防、太仆曹陵、大司农冯方，都与宦官勾结联姻，公然行贿受贿，羊陟上奏弹劾，将这些人全部罢免。羊陟又认为前太尉刘宠、司隶校尉许永、幽州刺史杨熙、凉州刺史刘恭、益州刺史庞艾等人，清正坦直，秉持公心，对他们予以举荐升迁。皇帝嘉许羊陟，授予他河南尹之职。羊陟按每日所需用度接受俸禄，家中常食用干饭和蔬菜。他严厉压制豪强，京师的人都很怕他。后来党锢之祸发生时，羊陟被免官禁止任职，在家里去世。

黜降贪吏升荐清官，以自身为表率。

中贾琮

贾琮，字孟坚，东郡聊城人也①。举孝廉，历官为京兆令，有政理迹。旧交阯土多珍产，明玑、翠羽、犀象、瑇瑁、异香、美木之属②，莫不自出。前后刺史，率多无清行，上承权贵，下积私赂，财计盈给，辄复求见迁代，故吏民怨叛。中平元年，交阯屯兵反，执刺史及合浦太守，自称柱天将军。灵帝特敕三府精选能吏，有司举琮为交阯刺史。琮到部，讯其反状，咸言赋敛过重，百姓莫不空单，京师遥远，告冤无所，民不聊生自活，故聚为盗贼。琮即移书告示，各使安其资业，招抚荒散，蠲复徭役③，诛斩渠帅为大害者。简选良吏试守诸县，岁间荡定，百姓以安。巷路为之歌曰："贾父来晚，使我先反；今见清平，吏不敢饭。"在事三年，为十三州最。征拜议郎，寻以为冀州刺史。旧典，传车骖驾④，垂赤帷裳，迎于州界。及琮之部，升车言曰："刺史当远视广听，纠察美恶，何有反垂帷裳以自掩塞乎？"命御者褰之⑤。百城闻风，自然竦震，其诸臧过者望风解印绶去，于是州界翕然。灵帝崩，何进表琮为度辽将军，卒于官。

【注释】

①东郡：秦王政五年（前 242）置，治所在濮阳县（今河南濮阳）。聊

城：地名。今属山东。

②瑇瑁（dài mào）：热带海洋的一种海龟。其背甲呈黄褐色，有黑斑，光润美丽，可长达一公尺，前宽后尖，可作装饰品。

③蠲（juān）：免除。

④传（chuán）车：驿车。

⑤褰（qiān）：揭起。

【译文】

贾琮，字孟坚，东郡聊城人。他被举荐为孝廉，曾经任职京兆地区县令，有很好的政绩表现。旧时交阯郡多产珍宝，如明珠、翠羽、犀角、象牙、玳瑁、香料、名木之类，这里都有产出。历任刺史，大多没有清廉的品行，往上巴结权贵，在下贮积私财，蓄积财物够多了，就请求迁任，所以当地吏员百姓怨恨反叛。中平元年，交阯屯兵反叛，捉住刺史及合浦太守，自称柱天将军。汉灵帝特地敕令三公精选能干的官员，相关部门举荐贾琮为交阯刺史。贾琮到达任所，讯问反叛的具体情形，都说是赋税过重，百姓无不贫困，而京城遥远，告状无门，百姓没有办法活下去，所以才聚集反叛。贾琮随即发布安民告示，使百姓各自安于旧业，招抚四散的民众，免除徭役，斩杀犯下大罪的叛军首领。贾琮又选拔优良官吏，试用他们暂时管理各县，于是他在一年时间就平定了叛乱，百姓得以安居。街头路尾都唱着歌谣说："贾父来太晚，故我先造反；今见清平日，吏不敢吃饭。"贾琮任职三年，政绩为十三州第一。贾琮被朝廷征召为议郎，不久又任他为冀州刺史。依照旧例，刺史就任的时候，驾驶驿车的人要垂下车辆的红色帷帐，在州界迎接。等到贾琮到界，他登车时道："刺史应该看得远听得多，考察优劣，哪有反而垂下帷帐自我闭塞耳目的呢？"于是命驾车者把帷帐揭起来。冀州各城风闻刺史驾到，甚为震动，那些贪赃犯法的人纷纷解下印绶离职而去，于是州界清宁无事。汉灵帝崩逝后，何进上表推荐贾琮为度辽将军，贾琮在任上去世。

中羊续

羊续，字兴祖，太山平阳人也[1]。中平三年，江夏兵赵慈反，杀南阳守，攻没六县，拜续为南阳太守。当入郡界，乃羸服间行，侍童子一人。观历县邑，采问风谣，然后乃进。其令长贪洁，吏民良猾，悉知其状。郡内惊竦，莫不震慑。发兵击慈斩之。贼既清平，乃班宣政令，候民病利，百姓欢服。时权豪之家，多尚奢丽，续深疾之。常敝衣薄食，车马羸败。府丞献其生鱼[2]，续受而悬于庭。丞后又进之，续乃出前所悬者，以杜其意。续妻后与子秘俱往郡舍，续闭门不纳其妻，自将秘示其资藏，惟有布衾、敝祇裯、盐麦数斛而已[3]，顾敕秘曰："吾自奉若此，何以资尔母乎？"使与母俱归。

【注释】

①平阳：今山东新泰。

②丞：主官的辅佐官员。

③祇裯（dī dāo）：贴身的短衣。

【译文】

羊续，字兴祖，太山平阳人。中平三年，江夏兵赵慈率众反叛，杀死南阳太守，攻陷六县，朝廷任命羊续为南阳太守。羊续快入郡界时，换上破旧衣服抄小道行进，随身只带侍童一人。他考察各县，探问民情，然后才到任所。郡内县令贪污还是廉洁，吏员百姓良善还是狡猾，他全都知晓。于是郡内之人大为震惊，莫不慑服。羊续发兵攻打赵慈并予斩杀。等到叛贼清剿之后，羊续宣布政令，向百姓询问他们感到不利和有利之事，百姓无不欢欣悦服。当时的豪强人家，多数崇尚奢侈华丽，羊续对此风气深恶痛绝。他经常穿着旧衣，饮食很简单，所用的车马破败不堪。

曾有府丞向他进献活鱼，羊续接受了，但把鱼悬挂在庭中。后来府丞又进献，羊续就拿出前次悬挂的那条鱼，用来杜绝他的心意。后来，羊续的妻子和儿子羊秘一起前往郡府，羊续关上门不让他的妻子进去，自己带着羊秘把所藏之物出示给他看，只有布被、旧短衣、几斛盐麦而已，他回头对羊秘说："我就以这些东西度日，能拿什么供给你的母亲呢？"然后就让羊秘与其母一起回去了。

灵帝欲以续为太尉。时拜三公者，皆输东园礼钱千万①，令中使督之②，名曰左驺③。续乃坐使人于单席，举缊袍以示之曰："臣之所资，唯斯而已。"左驺白之，帝不悦，以此故不登公位。征为太常，未及行，会病卒，时年四十八。遗言薄敛，不受赗遗④。旧典，二千石卒官，赙百万，府丞焦俭遵续先意，一无所受。诏书褒美，敕太山太守以府赙钱赐续家云。

县鱼，苦节也。至却左驺之输，真是三公不易。

【注释】

①东园：负责造作帝陵内器物的机构，属少府。

②中使：内廷使者，宦官。

③驺（zōu）：骑马的侍从。

④赗（fèng）：助人办丧事的财物。

【译文】

汉灵帝曾想让羊续担任太尉。当时官拜三公的，都要向东园送去上千万的礼钱，皇帝让宦官督促这事，负责的宦官称作左驺。羊续就让中使坐在单席上，举起自己的旧袍拿给他看，说："臣所能送上的，只有这件东西了。"左驺把他的话告诉了皇帝，皇帝很不高兴，因此羊续就没有登上三公之位。后来羊续被征召为太常，还未及出发，他就因病去世了，享年四十八岁。羊续遗言要求薄葬，不接受丧葬礼赠。旧例，二千石在任内去世，朝廷赐予丧葬费用百万，府丞焦俭遵照羊续的遗愿，丝毫不受。皇帝下诏书表彰羊续，敕令太山太守把官府颁发的丧葬费用直接赐给羊续家。

把鱼悬挂在庭中，真是苦砺节操。至于推却左驺的要求，真是三公之位也不能改变他的节操。

魏

【题解】

三国这样的纷乱之世，整个社会都倾向于实用主义，正因为此，少数带有理想主义色彩的人物也越发显出其光辉。编者秉持惩恶扬善的“春秋大义”，在这短短数十年的时期抉出二十一人。其中魏有十三人，且六人被评为上等。限于时势，他们在功业方面并没有多么突出的表现，但能坚持操守，在力所能及的范围内惠及苍生，亦属难能可贵。其中如毛玠、和洽这样崇尚节俭并推行教化者，尤为编者所看重。就具体事迹而言，魏国廉吏中，郑浑讨平乱贼保境安民，还大力发展生产使百姓富足，可谓大有惠民之功，但却被列为中等，这令人殊不可解。

汉末为三国兵戈交敌之代，夷寇纷作。魏以权术驭人，非廉靖为本干，济以才略，何以抚民平乱而立功勋，消疑忌？余得十三人。

【译文】

东汉末年为魏、蜀、吴三方相互征战的时代，夷狄寇贼纷纷作乱。魏国以权术驾驭人才，并不以廉洁谦恭为本，辅以才干谋略，又怎么能安抚民众平定乱世而树立功勋，消除疑忌？魏国的廉吏我统计出十三个人。

一 袁涣

袁涣，字曜卿，陈郡扶乐人也[①]。父滂，为汉司徒。当时诸公子多越法度，而涣清静，举动必以礼。郡命为功曹[②]，郡中奸吏皆自引去。刘备为豫州[③]，举涣茂才。后避地江淮间，为袁术所命[④]，顷之，术破，遂为吕布所拘留[⑤]。布欲使涣作书詈辱备，涣不可。布大怒，以兵胁涣。涣笑曰："涣闻惟德可以辱人，不闻以骂。使彼固君子邪，且不耻将军之言；彼诚小人邪，将复将军之意。则辱在此不在彼。且涣他日之事刘将军，犹今日之事将军也，如一旦去此，复骂将军，可乎？"布惭而止。

【注释】

①陈郡：郡名。秦置，中心地区在今河南周口一带。扶乐：县名。东汉置，在今河南太康。

②功曹：官名。是郡守、县令的主要佐吏，主管选署功劳。

③刘备（161—223）：字玄德，东汉末年涿郡（今河北涿州）人。三国蜀汉政权的建立者。东汉末年参加镇压黄巾起义，先后任安喜尉、高唐令，后为徐州牧。得诸葛亮辅佐，联合孙权，在赤壁大败曹操，因取荆州，并得益州和汉中，与魏、吴成鼎立之势。曹丕建魏后，刘备在成都称帝，国号汉，史称蜀汉。次年，与吴决战，大败，病死于永安，谥号昭烈。

④袁术（？—199）：字公路，东汉末年汝南汝阳（今河南商水）人。地方军阀。汉献帝建安二年（197），僭称帝号于江淮地区。建安

四年(199),粮尽众散,呕血而亡。

⑤吕布(?—198):字奉先,东汉末年五原郡九原(今内蒙古包头)人。善骑射,骁勇有力。初随丁原,后投董卓,又杀董卓,依袁术,投袁绍。建安三年(198)曹操征吕布,城破被杀。

【译文】

袁涣,字曜卿,陈郡扶乐人。袁涣之父袁滂,曾任汉朝的司徒。当时豪门公子大多犯越法度,而袁涣清白沉静,举止有礼。郡里任命袁涣为功曹,那些奸滑的吏员都自行离去。刘备任豫州牧,举荐袁涣为秀才。后来袁涣避乱江淮一带,接受袁术任命,不久袁术兵败,袁涣被吕布扣留。吕布想让袁涣写信咒骂刘备,袁涣不答应。吕布大怒,举起兵器威胁他。袁涣笑着说:"我听说只有用德行可以真正地羞辱一个人,没听说用咒骂的。假使他本来就是一位君子,将不以将军的话为耻;如果他真的是个小人,就会回骂将军。这样一来羞辱在我方而不在另一方。况且我往日事奉刘将军,就像今日事奉将军一样,如果有一天离开这里,又骂将军,那能行吗?"吕布感到很惭愧,就此作罢。

布破,归曹操[①]。时操给众官车各数乘,使取布军中物,唯其所欲。众人皆重载,唯涣取书数百卷、资粮而已。拜为沛南部都尉,寻迁梁相。涣每敕诸县,务存鳏寡高年,表异孝子贞妇。以病去官,百姓思之。后征为谏议大夫、丞相军祭酒[②]。前后得赐,皆散之,家无所储,终不问产业,乏则取之于人,不为皦察之行[③],时人服其清。

【注释】

①曹操(155—220):字孟德,东汉末年沛国谯(今安徽亳州)人。年二十举孝廉,灵帝中平元年(184)参加镇压黄巾起义。后起

兵讨董卓。建安元年(196)迎献帝到许,挟天子以令诸侯,逐渐统一黄河流域。位至丞相、大将军、魏王,其子曹丕代汉称帝之后,追尊曹操为太祖武帝。曹操善用兵,又长于文学,今存乐府诗二十余首。

②谏议大夫:官名。掌论议,东汉时属光禄勋,秩六百石。祭酒:古礼,祭祀宴飨时,由最年长者举酒以祭于地,后来演化成为一种官职名称。有博士祭酒、郡掾祭酒、京兆祭酒等等。

③皦(jiǎo):洁白,清白。

【译文】

吕布兵败之后,袁涣归属于曹操。当时曹操给每个官员分了几辆车,让他们自行取用吕布军中物资,想拿多少就拿多少。众人都装载得满满的,只有袁涣装了几百卷书,还有一些粮食而已。袁涣被曹操任命为沛南部都尉,不久升迁为梁国相。袁涣经常敕令各县,务必存问鳏寡老人,表彰孝子节妇。袁涣因病离职,百姓们很想念他。后来他被征召为谏议大夫、丞相军祭酒。他把前后所得赏赐,都分散给众人,家里不蓄积财产,也始终不置办产业,缺乏物品就从别人那里取用,也不刻意做出清白的行为,当时人都佩服他清廉。

魏国初建,为郎中令[①]。时有传刘备死者,群臣皆贺。涣以尝为备举吏,独不贺。居官数年卒,魏王操为之流涕,赐谷二千斛,一教"以太仓谷千斛赐郎中令之家[②]",一教"以垣下谷千斛与曜卿家[③]"。外不解其意,教曰:"以太仓谷者,官法也;以垣下谷者,亲旧也。"子侃,亦清粹闲素,有父风,历位郡守、尚书。

涣不但有清操,有清识,其笃事玄德一意,生令布惭,死令操哀致,足尚也。

【注释】

①郎中令：官名。秦置，掌守卫宫殿门户。汉初沿置，为皇帝左右亲近的高级官职。

②太仓：官府积藏粮食的地方。

③垣：墙垣。这里指私家。

【译文】

魏国刚建立，袁涣任郎中令。当时有传闻说刘备死了，群臣都上表庆贺。袁涣因为自己曾被刘备举为秀才，因而没有表贺。袁涣任职几年后去世，魏王曹操为他落泪，赐谷二千斛。曹操先是下教令“将一千斛太仓谷赐给郎中令家”，然后又下教令“将一千斛垣下谷送给袁曜卿家”。外人不理解这样做的用意，教令说：“以太仓谷赐与，是官府的法度；以垣下谷赠送，是故旧的感情。”袁涣的儿子袁侃，也清廉淳朴，有其父的风范。袁侃先后担任过郡守、尚书。

袁涣不但有清廉的节操，有清醒的见识，他忠心刘备一事，活着让吕布羞愧，死了让曹操为之伤感，是足可推崇的。

中王修

王修，字叔治，北海营陵人也[①]。年七岁丧母。母以社日亡[②]，来岁邻里社会[③]，修感念哀甚，邻里为之罢社。年二十，游学南阳，止张奉舍。奉举家得病，无相视者，修亲隐恤之，病愈乃去。北海孔融召为主簿[④]，守高密令[⑤]。高密孙氏素豪侠，人客数犯法，民有相劫者，贼入孙氏，吏不敢执。修将吏民围之，孙氏惧，乃出贼。由是豪强慑服。举孝廉，修让邴原[⑥]，融不听，时天下乱，遂不行。顷之，郡中有反者，修夜往奔融。贼初发，融曰：“能冒难来，唯王修耳。”言终而修至，复署功曹。

【注释】

①北海：郡国名。在今山东潍坊一带。营陵：地名。在潍坊南。

②社日：古代祭祀土地神的日子。汉代以前只有春社。汉以后有春、秋二社，时间在春分和秋分前后。

③社会：社日集会。

④孔融（153—208）：字文举，东汉末年鲁国（今山东曲阜）人。孔子二十世孙。汉献帝时为北海相。后入朝，官至太中大夫。后为曹操所杀。孔融好士，善文章，为“建安七子”之一。

⑤高密：地名。今属山东。

⑥邴原：字根矩，东汉末年北海朱虚（今山东临朐东）人。名士。曹操为司空时，辟为司空掾。后又任五官将长史，从曹操征吴，途中去世。

【译文】

王修，字叔治，北海营陵人。他七岁丧母。母亲刚好在社日那天去世，第二年邻居们在社日集会，王修想念母亲，哀痛欲绝，邻里为此中止了集会。二十岁时，王修到南阳游学，住在张奉家里。张奉全家得病，没有人来探望，王修怜悯张奉，于是亲自照顾他们，直到他们病愈才离去。北海太守孔融召王修担任主簿，又让他代理高密县令。高密孙氏向来有豪侠之名，孙家的食客多次犯法，百姓有被打劫的，贼人进入孙氏家中，吏员不敢前去捉拿。王修率领吏员和百姓将孙家包围起来，孙氏害怕了，把窝藏的贼人交了出来。从此当地豪强都畏惧王修。王修曾被举荐为孝廉，但他推让给邴原，孔融没有同意，当时天下大乱，这事就没有办成。不久，郡里有造反的，王修连夜奔赴孔融那里。叛乱刚刚发生时，孔融说：“能够冒着危难前来的，只有王修。”话毕，王修就到了，孔融又命他暂任功曹。

袁谭在青州[①]，辟修为治中从事别驾[②]，袁绍又辟修除即墨令[③]，后复为谭别驾。绍死，谭、尚相攻[④]，修谏曰："夫弃兄弟而不亲，天下其谁亲之？若斩佞臣数人，复相亲睦，以御四方，可以横行天下。"谭不听。遂与尚相攻击，请救于曹操。操既破邺[⑤]，谭又叛，操遂引军攻谭于南皮[⑥]。修时运粮在乐安[⑦]，闻谭急赴之。至高密闻谭死，下马哭曰："无君焉归？"遂诣操，乞收谭尸。操嘉其义，听之。

【注释】

①袁谭(？—205)：袁绍长子。

②从事别驾：官名。州刺史的佐官。因其地位较高，出巡时不与刺史同车，别乘一车，故名。

③袁绍(？—202)：字本初，汝南汝阳(今河南商水)人。东汉末年割据群雄之一。建安五年(200)官渡之战，大败于曹操，两年之后去世。即墨：地名。在今山东平度东。

④尚：指袁尚(？—207)。袁绍第三子。袁绍去世后，袁尚继父位，袁谭嫉恨在心，兄弟兵戎相见。后二人为曹操分别击败。

⑤邺：县名。春秋时齐邑，桓公于此作邺城。汉代置县，属魏郡。汉末袁绍为冀州牧，袁绍败亡，又以邺封曹操。魏置邺都。晋代避司马邺之讳改名临漳。今河北临漳。

⑥南皮：县名。今属河北。

⑦乐安：县名。在今山东博兴北。

【译文】

袁谭在青州，召王修担任其从事别驾，袁绍又征召王修任即墨县令，后来又担任袁谭的别驾。袁绍死后，袁谭和袁尚兄弟相攻，王修劝阻说："放弃兄弟不亲近，天下还有谁能亲近呢？如果斩杀几个奸臣，兄弟之间又互相亲近和睦，这样统御四方，可以纵横天下。”袁谭不听。袁谭和袁尚互相攻打，并向曹操求救。曹操攻破邺城后，袁谭又反叛曹操，曹操就带领军队在南皮攻打袁谭。王修当时在乐安运粮，听到袁谭的消息就急忙赶去。到高密时听说袁谭已经死了，他下马哭道：“没有袁君，我将去向何方？”王修前去见曹操，请求收殓袁谭的尸体。曹操嘉许他的忠义，就听任他为袁谭料理后事。

袁氏政宽，在职势者，多蓄聚。及操破邺，籍没审配等家财物货以万数[①]。及破南皮，阅修家，谷不满十斛，有书数百卷，因叹曰：“士不妄有名。”乃礼辟为司空掾，行司金中郎将[②]，迁魏郡太守。为治抑强扶弱，严明赏罚，百姓称之。魏国既建，为大司农、郎中令，徙为奉常[③]。其后严才反，修闻变，召车马未至，步至宫门。魏王操在铜爵台望见之[④]，曰：“彼来者，必王叔治也。”顷之，病卒。初，修识高柔于弱冠[⑤]，异王基于童幼[⑥]，终皆远至，世称其知人。

哀母罢社，义赴急难，处乱不浊。

【注释】

①审配（？—204）：字正南，魏郡阴安（今河南清丰北）人。袁绍腹心将领，总幕府，统军事。袁绍死后，袁氏兄弟相争。后曹操围邺，审配死守数月，城破而死。

②司金中郎将：官名。汉末建安年间，曹操定冀州以后，设置冶铁机构，置司金中郎将掌管。蜀汉亦有此官，掌铸造武器和农具。

③奉常：即太常。九卿之一。

④铜爵台：即“铜雀台”。汉末建安年间，曹操建铜雀、金虎、冰井三台。故址在今河北临漳西南。铜雀台高十丈，周围殿屋一百二十

间，于楼顶置大铜雀，故名。

⑤高柔（174—263）：字文惠，陈留圉县（今河南杞县南）人。三国时曹魏大臣。

⑥王基（190—261）：字伯舆，青州东莱（今山东莱州）人。三国时曹魏将领。

【译文】

袁绍为政宽简，其手下任职有权势的人，多有积蓄。等到曹操攻破邺城，籍没审配等人家里财物数以万计。曹操攻破南皮后，去王修家里查看，发现只有不到十斛谷物，另有数百卷书，于是感叹道："王修不妄有士的美名。"于是以礼征召他为司空掾，担任司金中郎将，又转任魏郡太守。王修为政抑制豪强扶助孱弱，赏罚分明，百姓都称颂他。魏国建立以后，王修担任大司农、郎中令，转任奉常。后来严才反叛，王修听说后，因为一时没有车马，就步行赶到宫门。魏王曹操在铜雀台上望见了，说："那个赶来的人，必定是王叔治。"不久之后，王修因病去世。当初，王修在高柔二十岁时就看出他是人才，在王基幼童时期就看出他的与众不同，两人最终也从远处来归附，时人称赞王修善于识别人才。

袁思母亲使邻居中止社日集会，坚守忠义赶赴急难，身处乱世而不浊乱。

上毛玠

毛玠，字孝先，陈留平丘人也[①]。少为县吏，以清公称。曹操为司空丞相，玠常为东曹掾[②]，与崔琰并典选举[③]。其所举用，皆清正之士。虽于时有盛名，而行不由本者，终莫得进。务以俭率人，由是天下之士莫不以廉节自励，虽贵宠之臣，舆服不敢过度。至乃长吏还者，垢面羸衣，常乘柴车。

军吏入府，朝服徒行。吏洁于上，俗移于下，曹操叹曰："用人如此，使天下人自治，吾复何为哉！"

【注释】

①平丘：地名。在今河南封丘。

②东曹掾：丞相府属官，掌管选举。

③崔琰（？—216）：字季珪，三国魏人。初随袁绍，后归曹操，曾为曹丕师傅，后任丞相东、西曹掾，颇有容貌威仪，常代曹操接见使节。后被曹操以怨谤罪名杀害。

【译文】

毛玠，字孝先，陈留平丘人。毛玠年轻时担任县吏，以清廉公正著称。曹操做司空丞相时，毛玠曾为东曹掾，和崔琰一起掌管选择举用贤能。他所举荐任用的，都是清廉正直的人。而那些虽然在当时有大名，但所作所为不缘自本性的，最终也不能获得进用。毛玠务求以俭约为世人表率，因此天下士人，莫不以清廉的节操自我勉励，即使是显贵得宠的臣子，车马服饰也不敢逾越法度。甚至于那些去职还归的长吏，经常蓬头垢面，穿着破旧衣服，坐着柴车。军士吏员入府，穿着朝服徒步行走。官吏在上廉洁奉公，风气影响下层社会，曹操感叹说："用人到了这种境界，使天下人自我管理，我还需要做什么呢！"

初，曹操平柳城[1]，班所获器物，特以素屏风、素冯几赐玠[2]，曰："君有古人之风，故赐君古人之服。"玠居显位，常布衣蔬食，抚育兄孤子甚笃，赏赐以振施贫族，家无所余。迁右军师[3]。魏国初建，为尚书仆射，复典选举。被谗下狱，遂免黜，卒于家。魏王操赐棺器钱帛，拜子机郎中。

魏武所叹"使天下人自治"，孝先所以不可及。

【注释】

①柳城:地名。在今辽宁朝阳。

②冯(píng)几:用以凭靠的几案。

③军师:官名。主军事谋划。

【译文】

当初,曹操平定柳城,赏赐所缴获的器具财物,特地把没有装饰图案的屏风、凭几赐给毛玠,说:“您有古人的风范,所以赐给您古人的器物。”毛玠居处显要的位置,经常穿着布衣,食用粗食,他抚育兄长的孤儿甚为用心,所得赏赐用来帮助贫寒的族人,家里没有多余的财物。后来毛玠升任右军师。魏国刚建立时,毛玠任尚书仆射,再次掌管选拔贤能之事。后来毛玠因受到谗言中伤而下狱,被免官,后来在家里去世。魏王曹操赐给他棺材、钱财、布帛,任命他的儿子毛机为郎中。

魏武帝所感叹的“使天下人自治”,这是毛孝先为人不可企及的地方。

下 华歆

华歆,字子鱼,平原高唐人也[①]。为豫章太守。孙策略地江东[②],歆知策善用兵,乃幅巾奉迎[③]。策以其长者,礼为上宾。后策死,曹操在官渡[④],表天子征歆,孙权欲不遣[⑤],歆谓权曰:“将军奉王命,始交好曹公,分义未固,使仆得为将军效心,岂不有益乎?今空留仆,是养无用之物,非将军之良计也。”权悦,乃遣歆。宾客旧人送之者千余人,赠遗数百金。歆皆无所拒,密各题识,至临去,悉聚诸物,谓诸宾客曰:“本无拒诸君之心,而所受遂多,念单车远行,将以怀璧为罪[⑥],愿宾客为之计。”众乃各留所赠,而服其德。

【注释】

①平原：郡名。治所在平原县(今山东平原西南)。高唐：今属山东。

②孙策(175—200)：字伯符，汉末吴郡富春(今浙江杭州富阳区)人。父孙坚为刘表部将黄祖射杀，策依附袁术，后得其父部曲，在江东建立政权；建安五年(200)，为吴郡太守许贡门客击伤，创重而死。江东：自汉至隋唐，称自安徽芜湖以下的长江下游南岸地区为江东。

③幅巾：古代男子用一幅绢束发，称为幅巾。

④官渡：地名。在今河南中牟东北。建安五年(200)，曹操在此大破袁绍。

⑤孙权(182—252)：字仲谋，孙策之弟。建安十三年(208)，与刘备在赤壁大破曹操，奠定三分天下的局面。黄龙元年(229)称帝，国号吴。

⑥怀璧为罪：《左传·桓公十年》："周谚有之：匹夫无罪，怀璧其罪。"身藏璧玉，必定为盗贼所害，后来多用来比喻有才能而遭嫉害。

【译文】

华歆，字子鱼，平原高唐人。华歆曾任豫章太守。当时孙策在江东扩展地盘，华歆知道孙策善于用兵，于是束发主动迎接孙策。孙策因他是忠厚长者，礼待为上宾。后来孙策死了，曹操在官渡之时，表奏天子征召华歆，孙权想要留住华歆，他对孙权说："将军您遵奉王命，才与曹公交好，现双方关系尚未巩固，如果让我能够为了将军您而去效力，岂不是有益呢？如今空自把我留在这里，这是养了一个无用之人，并非将军的好计谋。"孙权很高兴，于是就派华歆去了。为他送行的宾客朋友有一千多人，赠送的礼金有数百金。华歆都没有拒绝，他悄悄地给礼物做上标记，到临走时，把接受的礼物全都聚集起来，对宾客们说："本来我没有拒绝诸君的心思，但接受的礼物太多了，考虑到单车远行，带着贵重物品将成怀璧之罪，希望各位替我想想。"众人于是各自留下所赠的礼物，对华歆的品德都很佩服。

歆至，拜议郎，参司空军事，入为尚书令，转侍中，代荀彧为尚书令①。丞相操征孙权，表歆为军师。魏国既建，为御史大夫。文帝即王位②，拜相国③，封安乐乡侯。及践祚④，改为司徒。歆素清贫，禄赐以振施亲戚故人，家无儋石之储。公卿尝并赐没入生口⑤，唯歆出而嫁之。帝叹息，下诏曰："司徒国之隽老⑥，所与和阴阳理庶事也⑦，今大官重膳而司徒蔬食，甚无谓也。"特赐御衣，及为其妻子男女皆作衣服。明帝即位⑧，进封博平侯，转拜太尉。歆称病乞退，不许。太和五年薨⑨，时年七十五，谥曰敬侯。

【注释】

①荀彧(yù,163—212)：字文若，东汉末颍川颍阴(今河南许昌)人。少负王佐之名。初依袁绍，后从曹操。曹操迎汉献帝至许，以荀彧为侍君，守尚书令，常参与军国大事。曹操的功业，多出自其所谋划。后来因为反对曹操进爵魏公，服毒自尽。

②文帝：指魏文帝曹丕(187—226)，字子桓。曹操次子。曹操死后，袭位为魏王，随后代汉称帝，为魏文帝。喜文学，著有《典论》及诗赋一百余篇，现存约四十余篇。所作《燕歌行》是现存最早的七言诗。

③相国：官名。战国时始置。秦以后为辅佐皇帝的最高官职。

④践祚(zuò)：皇帝即位。

⑤生口：被俘虏的人。

⑥隽老：才德杰出的年高之人。

⑦阴阳：古代以"阴阳"解释万物化生，凡天地、日月、昼夜、男女以

至脏腑、气血皆分属阴阳。

⑧明帝：即魏明帝曹睿（205—239）。曹丕之子。能诗。

⑨太和：魏明帝曹睿年号（227—233）。

【译文】

华歆到了朝廷，拜官议郎，参司空军事，又入宫廷任尚书令，转任侍中，后来又接替荀彧任尚书令。丞相曹操征伐孙权时，表奏华歆为军师。魏国建立之后，华歆任御史大夫。魏文帝曹丕即魏王王位后，拜他为相国，封安乐乡侯。等到曹丕登基称帝，华歆改任司徒。华歆平素清贫，俸禄赏赐都分给亲戚朋友，家里没有一点积蓄。当时公卿都曾获赏赐俘虏的人口做奴仆，只有华歆把他们都打发走了。魏文帝为之感叹，下诏说："司徒是国家的隽老，所作所为是调和阴阳管理众事，如今大官膳食丰盛而司徒饮食粗劣，这是很没有道理的。"于是特地赐给华歆御衣，为他的妻儿老小都制作衣服。魏明帝即位，华歆进封为博平侯，转任太尉。华歆称病乞求退职，皇帝不允许。太和五年，华歆逝世，时年七十五岁，谥号是敬侯。

华子鱼功名心甚秾，其辞馈遗以立名也。与魏武并列三公，又复为魏文、魏明三公。子鱼捉金复掷[①]，比幼安挥锄不顾[②]，其格已下矣。

【注释】

①捉金复掷：《世说新语》记载，管宁、华歆共园中锄菜，见地有片金，管宁挥锄与瓦石不异，华歆捉而掷去之。又尝同席读书，有乘轩冕过门者，华歆废书往观。管宁与之割席，说："子非吾友也。"

②幼安：即管宁（158—241），字幼安，三国魏北海朱虚（今山东安丘、临朐东南）人。

【译文】

华子鱼功名心非常重，他辞却馈赠为的是立名。他与魏武帝曹操并列为三公，又再任魏文帝、魏明帝的三公。华子鱼拾起金子又扔下，比起管宁的挥锄不看，他的品格很低下。

中郑浑

郑浑，字文公，河南开封人也①。曹操闻其笃行，召为掾，复迁下蔡长、邵陵令②。天下未定，民皆剽轻，不念产殖。浑所在，夺其渔猎之具，课使耕桑，后稍丰给。迁左冯翊。时梁兴等略吏民五千余家为寇钞，诸县不能御，皆恐惧寄治郡下。议者悉以为当移就险，浑曰："兴等破散，窜在山阻，虽有随者，率胁从耳。今当广开降路，宣谕恩信，而保险自守，此示弱也。"乃聚敛吏民，治城郭，为守御之备。遂发民逐贼，明赏罚，与要誓，其所得获，十以七赏。百姓大悦，皆愿捕贼。贼之失妻子者，皆还求降浑。责其得他妇女，然后还其妻子。于是转相寇盗，党与离散，浑率吏民斩兴及其支党。又贼靳富等胁将夏阳长、邵陵令并吏民入硙山③，浑复讨击破富等，获二县长吏，将其所略还。及赵青龙者杀左内史程休④，浑遣壮士就枭其首，前后归附四千余家。由是山贼皆平，民安产业。转为上党太守。

【注释】

①开封：县名。战国时魏国城邑。汉代置县。在今河南开封祥符区朱仙镇附近。

②下蔡：县名。春秋时为楚邑。汉代置县，属沛郡。在今安徽凤台北。邵陵：县名。在今河南漯河召陵区东。

③夏阳：县名。汉代属左冯翊。在今陕西韩城南。

④左内史：内史为秦朝官职，掌治理京师。汉景帝时，分置左右内史。

【译文】

郑浑，字文公，河南开封人。曹操听说郑浑忠厚的德行，召他为掾吏，后又迁任下蔡长、邵陵令。当时天下不安定，民众都强悍轻薄，不顾念生产养殖。郑浑所到之处，没收民众捕鱼打猎的工具，督使他们从事农耕和蚕桑，后来民众渐渐丰足起来。郑浑后来又迁任左冯翊。当时梁兴等人劫掠裹挟官吏民众五千多家为强盗，各县不能抵御，纷纷因恐惧而把县衙搬到了郡里。议论的人都认为应当移至险要之处防守，郑浑却说："梁兴等人破败散落，在险山中奔窜，虽然有跟随的，大多出于被迫。如今应该广开投降之路，向他们晓谕恩惠信用，而据险自守，这是示弱的表现。"于是郑浑召集吏员民众，修治城郭，制造防守武备。他又发动民众驱逐乱贼，严明赏罚，与民众定下誓约，将战利品的七成用来赏赐他们。百姓非常兴奋，都踊跃抓捕乱贼。乱贼中失去妻儿者，都回来向郑浑求降。郑浑要求他们去抓获其他乱贼的妻儿交来，然后就把他们自己的妻儿交还。于是乱贼相互攻击，党羽离散，郑浑率领吏员和民众一起消灭了梁兴及其残部。又有乱贼靳富等人胁持夏阳令、邵陵令还有其他吏员民众进入硙山，郑浑出兵击败靳富，救下两县的长吏，带着乱贼劫掠的东西归来。后来有个叫赵青龙的杀掉左内史程休，郑浑派遣壮士去砍下赵青龙的头颅，前后归附的有四千多家。从此山贼全部平定，民众安于产业。郑浑又转任上党太守。

魏王操征汉中[①]，以浑为京兆尹，民安于农，盗贼止息。及大军入汉中，运转军粮为最。魏王操益嘉之，复入为丞相掾。文帝即位，为侍御史，加驸马都尉。迁阳平、沛郡二太守[②]，兴陂遏，开稻田，租入倍常，民赖其利，号曰“郑陂”。转为山阳、魏郡太守[③]，其治放此，又以郡苦乏材木，乃课树榆为篱，益树五果[④]。入魏郡界，村落整齐如一，民得财足用饶。帝闻之，下诏称述，布告天，迁将作大匠。浑清素在公，妻子不免于饥寒。及卒，以子崇为郎中。

平贼殖民而躬清素，妻子饥寒。

【注释】

①汉中：郡名。秦惠文王时所置，治南郑县（今陕西汉中）。西汉移治西城县（今陕西安康），东汉复还旧治。

②阳平：郡名。属冀州。治所在今河北馆陶。

③山阳：郡名。汉景帝时分梁国置山阳国，治昌邑（今山东巨野昌邑集）。汉武帝时改为郡。

④五果：桃、李、杏、栗、枣。

【译文】

魏王曹操征伐汉中，任命郑浑为京兆尹，任内使得民众安于农耕，乱贼平息。后来大军进入汉中，京兆尹所运转的军粮最多。魏王曹操更为嘉许郑浑，于是他又入相府任丞相掾。魏文帝即位，郑浑任侍御史，加驸马都尉衔。再转任阳平、沛郡二郡太守，他兴修水利工程，开垦稻田，租税收入翻了一番，民众从中大为受益，称他为“郑陂”。郑浑转任山阳、魏郡太守后，治理郡政与此前相仿，因为郡中苦于缺乏木材，他就下令栽种榆树为篱笆，多种桃、李、杏、栗、枣等五种果树。当时一进入魏郡边界，就能看到村落整齐划一，民众财用充足富饶。皇帝听闻以后，下诏称赞郑浑，布告天下，升任他为将作大匠。郑浑清廉质朴一心为公，妻儿时常忍饥受寒。后来郑浑去世，朝廷任命他的儿子郑崇为郎中。

平定山贼，富裕百姓，而自身清贫朴素，妻儿忍饥受寒。

上和洽

和洽，字阳士，汝南西平人也①。举孝廉，大将军辟，皆不就。后避地武陵②，曹操定荆州，辟为丞相掾属。时毛玠、崔琰并以忠清干事，其选用先尚俭节。洽言曰："天下大器，在位与人，不可以一节俭也。俭素过中，自以处身则可，以此节格物③，所失或多。今朝廷之议吏，有着新衣乘好车者，谓之不清，长吏过营形容不饰衣裘弊坏者，谓之廉洁，至令士大夫故污辱其衣，藏其舆服，朝府大吏或自挈壶餐以入官寺④。夫立教观俗，贵处中庸，为可继也。今崇一概难堪之行，以检殊涂，勉而为之，必有疲瘁。古之大教，务在通人情而已，凡诡激之行，则容奸隐伪矣。"

【注释】

①西平：县名。汉代所置。今属河南。

②武陵：郡名。秦置。治所在今湖南溆浦南。

③格物：纠正别人的行为。

④壶餐：用壶盛的汤饭或其他熟食。

【译文】

和洽，字阳士，汝南西平人。他被举荐为孝廉，又被大将军征召，但他都没有接受。后来和洽去武陵避乱，曹操安定荆州后，征召他为丞相掾属。当时毛玠、崔琰都以忠诚清廉任事，他们选用人材时把俭朴的节操放在首位。和洽说："天下的杰出人物，要看他所处的位置和人本身，不能以节俭这一点来评定。过于节俭朴素，自己立身处事是可以的，用它来要求别人的行为，则有很多不妥之处。如今朝廷品评官吏，有那些穿着新衣乘坐好车的，就说他们不清廉，那些在广众之下形容不整衣服破旧的，就说他们很廉洁，以致士大夫故意弄脏他们的衣服，藏起好车好衣，朝廷官署的大吏有的甚至自己带着壶餐进去办公。建立教化观察风俗，贵在处于中庸，为的是可以持续。如今推崇一种难以坚持的品行，用来检验人材优劣，勉强这样去做，必定会使人疲惫不堪。古来大的教化，务必要通达人情，大凡那些偏激的要求，都会容纳奸佞隐藏虚伪的。”

魏国既建，为侍中，后出为郎中令。文帝立，为光禄勋，封安城亭侯。明帝即位，进封西陵乡侯，转为太常。清贫守约，至卖田宅以自给。明帝闻之，加赐谷帛。薨于位，谥简侯。

诈廉之病，甚于贪。洽所持论，中正以通。

【译文】

魏国建立以后，和洽任职侍中，后来出任郎中令。魏文帝登基后，和洽任光禄勋，封安城亭侯。魏明帝即位后，晋封和洽为西陵乡侯，转任太常。和洽清贫简约，以至要卖掉田产房宅来维持生计。魏明帝听说后，额外赐给他粮食布帛。和洽在任上逝世，谥号为简侯。

诈廉的危害，大过贪腐。和洽的观点，中正通达。

下 吉茂

吉茂，字叔畅，冯翊池阳人①。建安初②，举茂才，除临汾令③。居官清静，吏民不忍欺。转为武德侯庶子④。二十二年，坐其宗人吉本起兵被收⑤，赖相国锺繇证其枉⑥，得不坐。后拜武陵太守，不之官，转鄼相⑦，拜议郎。景初中病卒[⑧]。

【注释】

①池阳：县名。在今陕西泾阳西北。

②建安：汉献帝刘协年号（196—220）。

③临汾：县名。在今山西临汾尧都区。相传为尧都。

④庶子：官名。负责教戒诸侯卿大夫的庶子。

⑤宗人：同族的人。

⑥锺繇（151—230）：字元常，三国魏颍川长社（今河南许昌长葛东）人。汉末举孝廉，官至侍中、尚书仆射，入魏，进太傅。是当时著名的书法家，尤长于正、隶。

⑦酂（zàn）：县名。汉置，属南阳郡。汉光武帝封邓禹为酂侯，即此地。在今湖北老河口。

⑧景初：魏明帝曹睿年号（237—239）。

【译文】

吉茂，字叔畅，冯翊池阳人。建安初年，吉茂被举荐为秀才，授予临汾令之职。他为官清廉沉静，吏员百姓都不忍心欺诈他。后吉茂转任武德侯庶子。建安二十二年，吉茂因同族人吉本起兵叛乱而被逮捕，多亏相国锺繇证明其冤屈，才得以免罪。后来吉茂被任命为武陵太守，他不赴任，于是转任为酂相，授予议郎之职。景初年间，吉茂因病去世。

自茂修行，从少至长，冬则被裘，夏则裋褐[①]，行则步涉，食则菽藿[②]。臣役妻子，室如县磬[③]。其或馈遗，一不肯受。时国家始制九品[④]，各使州郡选置中正[⑤]，差叙自公卿以下至于郎吏功德材行所任。茂同郡护羌校尉王琰[⑥]，前数为郡守，不名为清白，而琰子嘉仕历诸县，时为散骑郎，冯翊郡移嘉为中正。嘉叙茂虽在上第而状甚下，云德优能少。茂愠曰："痛乎！我效汝父子冠帻劫人耶？"

自治。

【注释】

①裋（shù）褐：粗布短衣。

②茨（cí）藿：粗劣的菜食。

③县罄：形容空无所有，极贫。

④九品：三国魏文帝黄初元年（220），司空陈群始立九品之制，在郡县设中正官，评定郡内人才高下，按其才能分为九等，每十万人举一人，授予官职。

⑤中正：中正官，每个州郡由有声望的人担任，负责考察人才品德，分为九等，作为选任官吏的依据。

⑥护羌校尉：官名。汉武帝时置，掌管西羌事务。东汉沿置，晋惠帝时改凉州刺史。

【译文】

吉茂修身立行，自少年直到成年，冬天披着皮毛衣服，夏天则穿粗布短衣，出行都是徒步行走，吃的都是粗劣菜食。他严格约束妻儿，家里空空荡荡什么都没有。有时别人有所馈赠，吉茂丝毫不肯接受。当时国家开始制定九品制，让各州郡选置中正官，比较论列自公卿以下直至郎官吏员的功劳德行才能及其所任职位。吉茂同郡的护羌校尉王琰，此前多次任职郡太守，没有清白之名，而王琰的儿子王嘉在多个县任职过，当时任散骑郎，冯翊郡以王嘉为中正官。王嘉品评吉茂，虽把他列在上品，但评价甚低，说他德行优等而才能不足。吉茂发怒说："可痛啊！难道要我学你父子二人衣冠楚楚地抢掠吗？"

自我约束。

下 沐并

沐并,字德信,河间人也[①]。少为名吏,有志介。尝过姊,姊为杀鸡炊黍,而不留也。为人公果,不畏强御。黄初中[②],为成皋令[③]。校事刘肇出过县[④],遣人呼县吏求索槁谷,见未办,肇人从入并之阁下[⑤],呴呼骂吏[⑥]。并怒,因蹝履提刀而出[⑦],多从吏卒,欲收肇。肇觉知,驱走,具以状闻。有诏:"肇为牧司爪牙吏,而并欲收缚,无所忌惮,自恃清名邪?"遂收,欲杀之,得减死刑,竟复吏,由是放散十余年。

【注释】

①河间:郡国名。战国时为赵地。汉文帝二年(前178)为河间国,因地处黄河与永定河之间而名。治所在今河北献县。

②黄初:魏文帝曹丕年号(220—226)。

③成皋:地名。汉代置县,属河南郡。在今河南荥阳。

④校事:官名。是皇帝或执政者耳目,刺探臣民言行。

⑤人从:随从的人。

⑥呴(hǒu):吼叫。

⑦蹝(xǐ):趿拉着。

【译文】

沐并,字德信,河间人。沐并年轻时是出名的吏员,有志气,刚直。沐并曾经去探视姐姐,姐姐为他杀鸡做饭,他却不留下吃饭。他为人公义果敢,不惧强横。黄初年间,沐并任成皋令。校事刘肇出京经过县里,派人去叫县吏,向其索要谷草,见没有办理,刘肇的随从闯入沐并的阁下,大吼大叫地辱骂吏员。沐并大怒,于是趿拉着鞋子提着刀走出来,后面跟着很多吏员士卒,想要抓捕刘肇。刘肇觉察到了,驱马迅速逃走,随后把此事情形上奏朝廷。朝廷下诏书说："刘肇是朝廷的亲信官吏，而沐并想要抓捕他，如此肆无忌惮，是自己仗着有清廉的名声吗？"于是把沐并抓捕起来，准备杀了他，后来沐并得以减免死刑，最终又做了官吏，从此在县里任职十多年。

至正始中[①]，为三府长吏[②]。时吴使朱然、诸葛瑾攻围樊城[③]，遣船兵于岘山东斫材[④]，牂牁人兵作食[⑤]，有先熟者呼后熟者，言共食来，后熟者答言不也，呼者曰："汝欲作沐德信邪？"其名流布播于异域如此。为长吏八年，出为济阴太守[⑥]，召还，拜议郎。年六十余，自虑身无常，豫作终制，戒其子以俭葬。至嘉平中病甚[⑦]，临困，又敕豫掘坎，戒气绝令二人举尸即坎，绝哭泣之声，止妇女之送，禁祭吊之宾，无设粟米之奠。又戒后亡者不得入藏，不得封树[⑧]。妻子皆遵之。

清矜奇诡，亦佳。

【注释】

①正始：三国魏齐王曹芳年号（240—249）。

②三府：太尉、司徒、司空三府。

③樊城：地名。在今湖北襄阳。

④岘山：山名。在今湖北襄阳南，也叫岘首山。

⑤牂牁：即牂牁（zāng kē）。郡名。汉武帝元鼎六年（前111）置，治所在且兰（今贵州黄平西南）。

⑥济阴：郡国名。汉初属梁国。汉景帝时分置济阴国。后改为郡。治所在今山东定陶西北。

⑦嘉平：三国魏齐王曹芳年号（249—254）。

⑧封树：聚土为坟叫封，植树为标记叫树，是古代士以上人士的葬礼。

【译文】

到了正始年间，沐并担任三府长吏。当时吴国派遣朱然、诸葛瑾围攻樊城，派水军在岘山东砍伐木材。牂牁郡士兵做饭，有先做好的呼唤后熟的说，来一起吃，后熟的回答说不，先前的就说："你是想当沐德信吗？"沐并的大名流播他国的情形就是如此。沐并任长吏八年后，出京担任济阴太守，又被召回京城，任职议郎。到六十多岁时，沐并考虑到人生无常，预先安排自己的后事，他告诫儿子要薄葬。嘉平年间，沐并病重，最后的时间里又命预先掘好墓穴，叮嘱说等自己咽气后就让两个人抬着尸体直接放进穴里，不许有哭泣的声音，不许有妇女送葬，不许有祭吊的宾客，就连简单的祭奠物品也不要摆设。又告诫说后死者不得合葬，不要垒起坟堆，坟上也不要植树。沐并的妻子和儿子遵照他的意思办理了后事。

清廉威严奇异难测，也很不错。

下 时苗

时苗，字德胄，巨鹿人也[①]。少清白，为人疾恶。建安中，入丞相府，出为寿春令[②]。始之官，乘薄軬车黄牸牛[③]，布被囊。居官岁余，牛生一犊。及去，留其犊，谓主簿曰："令来时，本无此犊，犊是淮南时所生也[④]。"群吏曰："六畜不识父，自当随母。"苗不听。时人以为激，然由此名闻天下。还为大官令[⑤]，领其郡中正，迁典粟中郎将[⑥]。年七十余，以正始中病亡也。

沐、时俱史云一辈人。

【注释】

①巨鹿：县名。秦置。在今河北平乡。

②寿春：地名。战国时楚邑。在今安徽寿县。

③軬（fàn）：车篷。牸（zì）：母牛。

④淮南：泛指淮水以南之地，大致为今江苏、安徽长江以北、淮河以南的地方。

⑤大官令：即太官令，官名。秦置。为少府属官，掌宫廷膳食、酒果等。

⑥典粟中郎将：曹魏时有典农中郎将，实即屯田区太守，凡农业、田租、民政，无所不管。

【译文】

时苗，字德胄，巨鹿人。时苗年轻时清白处世，为人嫉恶如仇。建安年间，时苗进入丞相府，出任寿春令。赴任之时，他乘坐一辆黄母牛拉的薄篷车，随身带着布被包裹就上路了。时苗在任一年多时间后，黄母牛产下一头小牛犊。等到离任时，时苗留下牛犊，对主簿说："我来时，是没有这头牛犊的，这头牛犊是在淮南时产下的。"吏员们都说："六畜不知道父亲，自然应当随母。"时苗不答应。当时人都认为他偏激，然而时苗由此而名扬天下。时苗还朝后任太官令，兼任郡内中正官，转任典粟中郎将。七十多岁时，时苗在正始年间因病去世。

沐并、时苗都是范冉一类人。

满宠

满宠，字伯宁，山阳昌邑人也[①]。年十八，为郡督邮，守高平令[②]，多所纠察，旋弃官归。曹操领兖州，辟为从事。及为大将军，辟署西曹属，为许令[③]。时曹洪宗室亲贵[④]，有宾客在界数犯法，宠收治之。洪书报宠，宠不听。洪乃白操，操召许主者。宠知将欲原，乃速杀之。操喜曰："当事不当尔邪？"故太尉杨彪收付县狱，尚书令荀彧、少府孔融并属宠勿加考掠。宠一无所报，考讯如法[⑤]。数日，求见操，言之曰："杨彪考讯，无他辞语。"操即日赦出。初，彧、融闻考掠彪，皆怒，及因此得了，更善宠。

【注释】

①山阳：郡国名。汉景帝时分梁国置山阳国，汉武帝时改为郡，治昌邑县（在今山东巨野）。

②高平：县名。今属山西。

③许：郡名。周为许国。秦置许县，汉分置颍阴县，皆属颍川郡。东汉建安元年（196）曹操迎献帝都许，三国魏黄初二年（221），改许为许昌。

④曹洪（？—232）：字子廉，三国魏沛国谯（今安徽亳州）人。曹操堂弟，汉末屡从曹操征伐。魏文帝时，官至骠骑将军。

⑤考讯：拷打逼讯。

【译文】

满宠，字伯宁，山阳昌邑人。十八岁时，满宠担任郡内督邮，又暂任高平令，任上多次检举揭发不法行为，不久便弃官归家。曹操统领兖州时，征召满宠为从事。后来曹操任大将军，又让他暂任西曹掾属，担任许县令。当时曹洪身为宗室亲贵，有门客在境内多次犯法，满宠将其抓捕惩处。曹洪写信给满宠疏通，满宠不听。曹洪于是向曹操报告，曹操便召见许县主事的人。满宠知道犯人将得到宽免，于是很快杀了人犯。曹操高兴地说："主事不就应该如此吗？"原太尉杨彪被拘捕在县狱中，尚书令荀彧、少府孔融都嘱咐满宠不要加以拷打。满宠都不回复，依照规定进行拷打讯问。几天后，满宠求见曹操，汇报说："杨彪经过拷打讯问，没有供出什么。"曹操当日就把杨彪放出来。一开始，荀彧、孔融听说拷打杨彪，都很生气，等到满宠如此审讯而得以了结案件后，更加善待满宠。

时袁绍盛于河朔[①]，而汝南绍之本郡，门生、宾客布在，诸县拥兵拒守。操忧之，以宠为太守。宠以计募诱，攻下安定之，令就田业。建安十三年，从操征荆州，大军还，留宠行奋威将军屯当阳[②]。孙权数扰东陲，复召为汝南太守，赐爵关内侯。关羽兵急攻樊城[③]，征南将军曹仁欲弃城走[④]。宠曰："羽所以不敢遂进者，恐吾军掎其后耳[⑤]。今若遁去，洪河以南[⑥]，非复国家有也。"宠乃沉白马与军人盟誓，会救至，宠亦力战，羽遂退。以功进封安昌亭侯。

【注释】

①河朔：黄河以北地区。

②当阳：县名。汉置，属南郡。今属湖北。

③关羽（？—219）：字云长，河东解（今山西运城）人。东汉末年跟从刘备起兵，共与张飞桃园结义。建安五年（200）被曹操俘虏，颇受厚待，封汉寿亭侯，不久离开曹操复归刘备。建安十九年（214）镇守荆州，二十四年（219）围曹仁于樊，威震一时，后来东吴吕蒙袭破荆州，关羽被俘遇害。后世尊其为"关公""关帝"。

④曹仁（168—223）：字子孝，三国魏沛国谯（今安徽亳州）人。曹操堂弟。东汉末年随曹操起兵，官拜征南将军。魏文帝时任大将军，迁大司马。

⑤掎（jǐ）：拖住，牵制。

⑥洪河：大河。这里指黄河。

【译文】

当时袁绍在黄河以北势力强盛，而汝南郡是袁绍原籍所在，袁氏家族的门生、宾客遍布，汝南各县拥兵自守。曹操对此十分忧虑，于是任命满宠为汝南太守。满宠用计引诱，攻下并安定了各县，让百姓从事农耕。

建安十三年，满宠跟随曹操征伐荆州，大军退却时，曹操留下满宠以奋威将军的身份屯兵当阳。孙权屡次骚扰东部边境，满宠又被召为汝南太守，赐爵关内侯。关羽的军队急攻樊城，征南将军曹仁想要弃城逃走。满宠说："关羽之所以不敢贸然进攻，是怕我军攻打他的后方。如今要是就这么跑掉，黄河以南的土地，将不再为我所有了。"满宠于是沉白马祭河，与军人盟誓，恰好援兵赶到，满宠也顽强作战，关羽就退兵了。满宠因为军功晋封安昌亭侯。

文帝即王位，迁扬武将军。破吴有功，更拜伏波将军。屯新野[①]，击吴有功，进封南乡侯。黄初三年，假节钺[②]，五年，拜前将军[③]。明帝立，进封昌邑侯。太和二年，领豫州刺史。三年，代曹休为都督扬州诸军事[④]。四年，拜征东将军，屡破吴兵。景初二年，以年老征还，迁太尉。宠不治产业，家无余财。诏曰："君典兵在外，专心忧公，有行父、祭遵之风[⑤]。赐田十顷、谷五百斛、钱二十万，以明清忠俭约之节焉。"封子孙二人亭侯。正始三年薨，谥曰景侯。

当事有术略，清公比祭遵。

【注释】

①新野：县名。汉置，属南阳郡。今属河南。

②假节钺（yuè）：是东汉末年及三国时期魏、蜀帝王特赐权臣的一种待遇，受此待遇者可代行帝王旨意、掌握生杀之权。节，符节。钺，用于帝王仪仗的斧状兵器。二者均为象征帝王权威的信符。

③前将军：官名。周末置前、后、左、右将军。两汉魏晋南北朝沿置。职务或典京师兵卫，或屯兵边境。

④都督扬州诸军事：扬州地区军事长官。都督诸州军事一职，始见

魏曹丕时期。西晋初，都督知军事，刺史治民。后来晋惠帝时兼任，自此都督诸州军事常兼驻地的州刺史，总揽本地区的军民之政。

⑤行父：即季孙行父。见前。

【译文】

魏文帝曹丕即魏王王位后，满宠升任扬武将军。因击败吴国有功，满宠又被授予伏波将军。他屯兵新野，因抗击吴国之功晋封南乡侯。黄初三年，满宠被授予假节钺，黄初五年，又被任命为前将军。魏明帝即位，满宠晋封昌邑侯。太和二年，满宠兼任豫州刺史。太和三年，满宠接替曹休为都督扬州诸军事。太和四年，满宠被任命为征东将军，他屡次击败吴军。景初二年，满宠因为年老被征召还朝，升任太尉。满宠不治理产业，家里没有多余的财物。皇帝下诏书说："您领兵在外，专心考虑公事，有季孙行父、祭遵的遗风。赐田十顷、谷五百斛、钱二十万，借此彰明清忠俭约的节操。"满宠子孙二人被封为亭侯。正始三年，满宠逝世，谥号为景侯。

处理大事有手段有谋略，清廉公正堪比祭遵。

中 田豫

田豫，字国让，渔阳雍奴人也①。初从豫州刺史刘备，以母老求归。辽东太守公孙瓒使豫守东川令②。瓒败，鲜于辅行太守事③，素善豫，以为长史。豫因劝辅归命曹氏④。司空操召豫为丞相军谋掾，除颍阴、朗陵令⑤，历迁弋阳太守⑥，所在有治声。鄢陵侯彰征代郡⑦，以豫为相，军次易北⑧。虏伏骑击之，军人扰乱，莫知所为。豫因地形回车结圜，陈弓弩，持满于内⑨，胡不能进，散去，追击，大破之，遂平代。迁南阳太守。先时，郡人侯音反，众数千人。前太守捕系音党与五百余人。豫至，悉见诸囚慰谕，开其自新之路，一时破械遣之。诸囚皆叩头愿自效，即相告语群贼，一朝解散，郡内清静。

【注释】

①渔阳：郡名。地理范围为今北京及周边地区。雍奴：古地名。在今天津武清区一带。

②公孙瓒（？—199）：字伯珪，东汉末年辽西令支（今河北迁安）人。割据幽州，后为袁绍所败。

③鲜于辅：渔阳（今北京）人。先为刘虞从事，后归曹操。行太守事：官制用语，指以其他官职代行太守职权。

④归命：归顺。

⑤颍阴：县名。汉置，属颍川郡。在今河南许昌魏都区。朗陵：县名。汉置，属汝南郡。因朗陵山而得名。在今河南确山西南。

⑥弋阳：汉代县名。三国魏置郡，县为郡治。故城在今河南潢川西。

⑦鄢陵：县名。今属河南。彰：即曹彰（？—223），字子文。曹操之子，魏文帝之弟，曾封鄢陵侯、任城王。代郡：战国时赵国所置，三国魏时治所在代县（今河北蔚县西南）。

⑧易北：地名。

⑨持满：拉满弓弦。

【译文】

田豫，字国让，渔阳雍奴人。田豫起初跟从豫州刺史刘备，因为母亲年老而请求归家。辽东太守公孙瓒让田豫暂任东川令。公孙瓒兵败后，鲜于辅代行太守职权，他素来和田豫交好，任命他为长史。田豫于是劝鲜于辅归顺了曹操。司空曹操召田豫任丞相军谋掾，任命他为颍阴、朗陵县令，田豫数次升迁，官至弋阳太守，他所到之处有政绩显著的声誉。鄢陵侯曹彰征伐代郡时，以田豫为副手，军队驻扎在易北。敌人埋伏骑兵攻击，士兵大乱，不知该怎么办。田豫利用地形之便回车结成圆形阵势，手持弓弩，拉满弓弦，使敌人因不能进击而退却散去，田豫趁机追击，大败敌军，于是平定了代郡。田豫转任南阳太守。先前，南阳郡人侯音反叛，聚众数千人。前任太守抓捕侯音同党五百多人。田豫到官以后，和囚犯一一相见抚慰晓谕，给他们指示自新的道路，当时就除去械具释放了他们。囚犯们都叩头表示愿意效力，随即就把田豫的恩德告诉了乱贼们，乱贼很快就解散了，郡内得以平静。

文帝初，北狄强盛，乃使豫持节护乌桓校尉[①]。豫以戎、狄为一[②]，非中国之利，乃先构离之，使自为仇敌，互相攻伐，因而救善讨恶，以示恩信，胡人破胆，威振沙漠。凡逋亡奸宄为胡作计不利官者[③]，豫皆构刺搅离，使凶邪之谋不遂。而幽州刺史王雄支党毁豫乱边生事，遂转豫为汝南太守。

【注释】

①护乌桓校尉：官名。西汉初，乌桓为冒顿单于所破，自此受匈奴奴役。武帝时，霍去病击破匈奴左地，迁乌桓人于上谷、渔阳、右北平、辽东等郡塞外，置护乌桓校尉。东汉、魏、晋沿置。

②戎：我国西部少数民族。狄：我国北方少数民族。

③逋（bū）亡：逃亡。奸宄（guǐ）：奸邪。

【译文】

魏文帝初年，北方胡族强盛，于是派遣田豫持节任护乌桓校尉。田豫认为西戎和北狄结合，对中原政权不利，就先离间他们，使他们彼此为敌，互相攻打，从而救援良善讨伐邪恶，以彰显恩义信用，胡人闻风丧胆，田豫威振沙漠。凡是那些逃亡的奸狡之徒为胡人出主意不利于国家的，田豫都想办法离间他们，使种种邪恶的阴谋不能得逞。而幽州刺史王雄的手下却毁谤田豫搅乱边境惹出事情，于是田豫转任汝南太守。

太和末，公孙渊以辽东叛[①]。帝欲征之，难其人。乃使豫以本官督青州诸军、假节，往征之，破贼于成山[②]。时有谗豫放散金珠器仗者，由是功不见列。正始初，迁使持节护匈奴中郎将，加振威将军，领并州刺史。外胡闻其威名，相率来献，州界宁肃，百姓怀之。征为卫尉。屡乞逊位，太傅司马懿书喻[③]，未听。豫固称疾笃，拜太中大夫，食卿禄。年八十二，薨。

【注释】

①公孙渊（？—238）：字文懿。三国魏时辽东地方割据军阀，叛魏自立，后被魏所灭。

②成山：山名。又名荣成山。在今山东荣成东北，其角伸入黄海，称成山角。

③司马懿（179—251）：字仲达，三国魏温县（今河南温县）人。为曹操父子重用。曹丕时任大将军。曹芳即位，他以太傅身份与丞相曹爽共同辅政。后杀曹爽独揽国政。其孙司马炎代魏称帝，建立晋朝。

【译文】

太和末年，公孙渊占据辽东叛乱。明帝准备派兵征讨，因将领人选而犯难。后来决定派田豫以其本官督率青州各军、假节，前往征讨，田豫率军在成山击败叛军。当时有谗言说田豫随意分发金玉珠宝器仗，因此田豫的功劳未获表彰。正始初年，田豫转任使持节护匈奴中郎将，加振威将军头衔，兼任并州刺史。周边胡人听闻他的威名，相继前来献礼，州界得以宁静整肃，百姓很感念他。后来田豫又被征召担任卫尉。他多次请求退职，太傅司马懿写书信劝谕，他也不听。田豫坚称病得很重，最后被授予太中大夫之位，享受九卿的俸禄。田豫于八十二岁时去世。

豫清约俭素，赏赐皆散之将士。每胡狄私遗，悉簿藏官，不入家，家常贫匮，虽殊类，咸高豫节。初，豫罢官归，居魏县[①]，会汝南遣健步诣征北[②]，感豫宿恩，过拜之，见豫贫羸，还为故吏民说之。汝南为具资数千匹，遣人饷豫，豫一不受。鲜卑素利等数来客见[③]，多以牛马遗豫，豫转送官。胡以为前所与豫物显露，乃密怀金三十斤，谓豫曰："愿避左右，欲有所道。"豫从之。胡因跪曰："我见公贫，故前后遗公牛马，公辄送官。今密以此上公，可以为家资。"豫张袖受之，答其厚意。胡去后，皆悉付外，具以状闻。诏褒之，曰："昔魏绛开怀以内戎[④]，今卿举袖以受狄金，朕甚嘉焉。"赐绢五百匹。豫得赐，分以其半，藏小府后。胡复来，以半与之。

【注释】

①魏县：县名。汉代所置，属魏郡。今属河北。

②健步：健卒。

③鲜卑素利（？—228）：三国时期东部鲜卑首领之一。

④魏绛开怀以内戎：悼公时，山戎请和，魏绛上言和戎有五利，晋侯于是派遣魏绛与诸戎和盟，晋无戎患，国势日振，复兴霸业。魏绛，春秋时晋国大夫。内，同"纳"。

【译文】

田豫清约俭素，所得赏赐都散发给将士。经常有胡狄之人私下向他馈赠财物，他全部登记藏在官府，从不拿回家中，家里常常贫困匮乏，胡狄虽然是异族，也都敬重田豫的节操。当初，田豫罢官归家，居住在魏县，适逢汝南征发兵卒开赴北方，兵卒们感念田豫昔日的恩德，前去探望他，看到田豫贫困羸弱的情形，回去后就告诉了汝南的父老吏民。于是汝南为田豫备办了数千匹的资财，派人馈赠给他，田豫一件也没有接受。鲜卑素利等屡次来拜见田豫，带来很多牛、马送给他，田豫都转送给官府。胡人以为先前送给田豫的东西过于显露，于是悄悄地怀装三十斤金子，对田豫说："希望退避左右，有事想要私下里对您说。"田豫听从了。胡人于是跪下说："我看见您贫困，所以先后送给您牛马，您一收下就送官府。现在我悄悄地把这献给您，您可以留下作为家产。"田豫张开袖子接受，答谢他的厚意。胡人离开后，田豫把这些东西全都交给公家，详细陈奏了情形。皇帝下诏书褒奖田豫，说："往昔魏绛敞开胸怀接纳山戎，如今爱卿张开袖子接受狄金，朕很是嘉许。"皇帝赐予田豫绢五百匹。田豫得到赏赐后，分了一半藏在官署后面。胡人再来时，田豫就把这一半绢交给他。

初，豫病笃，戒其妻子曰："葬我必于西门豹侧①。"妻子难之②。豫曰："豹所履行，与我敌等。使死而有灵，必与我善。"妻子从之。汝南闻其死也，悲之，既为画像，又就立碑焉。

【注释】

①西门豹：战国魏人。魏文侯时任邺令。邺地三老和廷掾勾结女巫赋敛百姓财物，每年选择民家女子沉入漳河，说是为河伯娶妇。西门豹至，把女巫、三老投之河中，除此恶俗。又发民力开凿水渠十二道，引漳水灌田，百姓因此富饶。

②难（nàn）：诘问。

【译文】

起初，田豫病重时，告诫他妻子和儿子说："一定要把我安葬在西门豹的墓侧。"妻儿问他为什么。田豫说："西门豹所做的事，和我不相上下。假如死后有灵魂，必定和我关系很好。"妻儿听从了他。汝南人听说他的死讯后，深感悲痛，为他画像，又前去为他立碑以示纪念。

有杨伯起四知之风[①]。而诸所立功戎狄，及死愿葬西门豹侧，盖砥名立功人也。张袖受金，妙，妙！

【注释】

①杨伯起：即杨震。见前。

【译文】

有杨震四知的风范。而那在戎狄之地立下的功劳，以及死后希望安葬在西门豹的墓侧，表明他是砥砺名节立志建功的人。张开袖子接受礼金，妙，妙！

徐邈

徐邈，字景山，燕国蓟人也[①]。司空操平河朔，召为丞相军谋掾，试守奉高令[②]，入为东曹议令史[③]。魏国初建，为尚书郎，坐饮酒免官。后领陇西太守，转为南安[④]。文帝践祚，历谯相，平阳、安平太守[⑤]，颍川典农中郎将[⑥]，所在著称，赐爵关内侯。寻迁抚军大将军军师。

【注释】

①蓟（jì）：地名。在今北京西南。

②奉高：县名。汉武帝元封元年（前110）封禅泰山至此，置县奉祀泰山。在今山东泰安泰山区。

③议令史：官名。东汉末年置，曹操丞相府属吏。

④南安：郡名。东汉灵帝时置。地理范围为今甘肃陇西东部及定西安定区、天水武山地，治所在今陇西东南。

⑤平阳：三国魏正始八年（247），分河东郡的汾北十县，置平阳郡。

因其地在平水之阳，故得名。安平：郡名。三国魏置。治所在今河北冀州。

⑥典农中郎将：官名。即屯田区太守，凡农业、田租、民政，无所不管。

【译文】

徐邈，字景山，燕国蓟人。司空曹操平定黄河以北，召徐邈担任丞相军谋掾，让他暂时试任奉高令，后又让他进司空府任东曹议令史。魏国初建，徐邈任尚书郎，因为违规饮酒被免官。后来徐邈又担任陇西太守，转为南安太守。魏文帝即位后，徐邈先后任职谯相，平阳、安平太守，颍川典农中郎将，所到之处名声显扬，被赐予关内侯爵位。不久升迁为抚军大将军军师。

明帝以凉州绝远，南接蜀寇，以邈为凉州刺史，使持节领护羌校尉。至，值诸葛亮出祁山①，陇右三郡反②，邈辄遣参军击南安贼③，破之。河右少雨乏谷④，邈上修武威、酒泉盐池以收虏谷，又广开水田，募贫民佃之，家家丰足，仓库盈溢。西域流通，羌戎入贡。封都亭侯，邑三百户，加建威将军。邈所得赏赐，皆散与将士，无入家者，妻子衣食不充。天子闻而嘉之，随时供给其家。

【注释】

①诸葛亮出祁山：相传诸葛亮曾六出祁山伐魏，而据《三国志》记载，出祁山仅有二次，其余行军皆经由汉中一带。祁山，在今甘肃礼县东。

②陇右三郡：指南安、天水、安定三郡。

③参军：官名。即参谋军务之称。

④河右：即河西，黄河以西地区，今宁夏和甘肃一带。

【译文】

魏明帝因为凉州僻远，南接敌国蜀汉，就任命徐邈为凉州刺史，让他持节兼任护羌校尉。徐邈到任以后，正值诸葛亮率兵出祁山，陇右三郡反叛，徐邈派遣参军攻打并击败了南安叛贼。河西地区雨水很少，谷物匮乏，徐邈修整武威、酒泉等地的盐池，以盐来换取胡人的谷物，又广为开垦水田，招募贫民耕作，使得家家丰足，仓库充实。徐邈保障了与西域的往来流通，羌戎纷纷入朝进贡。徐邈受封为都亭侯，被赐予采邑三百户，加封建威将军头衔。徐邈把所得赏赐都散发给将士们，没有拿回家，他的妻子儿女时常衣食不继。天子听闻之后甚为嘉许，不时供给徐邈家钱物。

正始元年，还为大司农，迁司隶校尉，百寮敬惮之。公事去官，后为光禄大夫，数岁，即拜司空。邈叹曰："三公论道之官，无其人则缺，岂可以老病忝之哉！"遂固辞不受。年七十八，以大夫薨于家。用公礼葬，谥曰穆侯。

【译文】

正始元年，徐邈还朝任大司农，又转任司隶校尉，百官都敬畏他。徐邈曾因公事被免官，后来又任光禄大夫，几年后，被授予司空之职。徐邈叹道："三公是论说大道的高级官员，没有合适人选就暂缺，岂能以我这样的老病之身忝列其中呢！"于是坚决推辞不受。七十八岁时，徐邈以光禄大夫的职位在家里逝世。朝廷按照三公的礼节安葬他，谥号是穆侯。

嘉平六年，朝廷追思清节之士，诏曰："司空徐邈、征东将军胡质、卫尉田豫，皆服职前朝，历事四世，出统戎马，入赞庶政，忠清在公，忧国忘私，不营产业，身没之后，家无余财。朕甚嘉之，其赐邈等家谷二千斛、钱三十万。布告天下。”

【译文】

嘉平六年，朝廷追思清廉有节之士，下诏说：“司空徐邈、征东将军胡质、卫尉田豫，都在前朝做官，前后事奉四代君主，在外统领兵马，入朝参与政务，忠诚清廉一心为公，忧思国事不顾家庭，不经营产业，身死之后，家里没有多余的财产。朕甚为嘉许，赐与徐邈等人家属二千斛谷、三十万钱。特此布告天下。”

收虏谷，开水田，阜国通边，此功不细。而散赏赐，不能饱妻子，辞三公之位，知止不辱，廉哉，廉哉！

【译文】

换取胡人的谷物，开垦水田，富国通边，这一功劳实在不小。而散发赏赐，不能顾及妻子儿女的温饱，辞让三公的官位，懂得适可而止，不自取其辱，廉洁啊，廉洁啊！

上胡质

胡质，字文德，楚国寿春人也。曹操召为顿丘令[①]，从辟为丞相属。黄初中，徙吏部郎[②]，为常山太守[③]。每军功赏赐，皆散之于众，无入家者。在郡九年，吏民便安，将士用命。迁荆州刺史，加振威将军，赐爵关内侯。吴大将朱然围樊城，质轻军赴之，议者皆以为贼盛，不可迫。质曰：“樊城卑下兵少，故当进军，为之外援，不然危矣。”遂勒兵临围，城中乃安。迁征东将军、假节、都督青徐诸军事，广农积谷，有兼年之储。置东征台，且佃且守，又通渠诸郡，利舟楫，严设备以待敌。性沉实，不以其节检物，所在见思。嘉平二年薨。家无余财，惟有赐衣、书箧而已。军师以闻，追进封阳陵亭侯，邑百户，谥曰贞侯。六年，诏书褒述质清行，赐其家钱谷。

积贮备敌，家无余财。

【注释】

①顿丘：县名。汉置。在今河南清丰。

②吏部：官署名。汉成帝置尚书，其一为常侍曹，主公卿事。东汉改称吏部曹，亦作吏曹，东汉末又改称选部。曹魏时改为吏部。

③常山：郡名。汉高祖分巨鹿郡置恒山郡，治所在今河北元氏。后避汉文帝刘恒之讳，改常山郡。

【译文】

胡质，字文德，楚地寿春人。曹操征召他任顿丘令，又应曹操的征辟担任丞相掾属。黄初年间，胡质迁任吏部郎，又任常山太守。每有军功赏赐，胡质都发散给众人，没有自己拿回家的。他在常山郡九年，使官民安适，将士听命。后来胡质升任荆州刺史，加振威将军头衔，赐关内侯爵位。吴国大将军朱然围困樊城，胡质带领轻兵赶赴急难，众人都认为敌方军势正盛，不可急于进军。胡质说："樊城城墙低矮，驻兵很少，所以应当进军，作为他们的外援，不这样的话就危险了。"于是胡质率军对阵围城敌军，城中才安定下来。胡质升任征东将军、假节、都督青徐各州军事，他主持广开农田，蓄积谷物，有两年以上的储备。他又建起东征台，既耕种又守备，又和各郡用沟渠连通，方便舟船往来，整修各种防御设施以防备敌人。胡质生性沉稳质朴，不以自己的高尚节操去要求他人，所到之处都深受爱戴。嘉平二年，胡质逝世。家里没有多余的财物，只有朝廷赏赐的衣物、书箱罢了。军师把胡质的情况上奏朝廷，朝廷追封胡质为阳陵亭侯，赐予采邑百户，谥号是贞侯。嘉平六年，皇帝下诏书表彰胡质的清廉品行，赐给他家钱财和谷物。

积贮物资防备敌人，家里没有多余的财物。

吴、蜀

【题解】

吴、蜀两国各有四人列入《廉吏传》，其共同之处在于把国事置于个人得失之上，其中蜀汉丞相诸葛亮是国人所熟知的公而忘私的贤相之典范。他是《廉吏传》所收录的人物中地位最高者，同时也对中国文化影响极为深远，身为一国实际执政者，能如此清廉自守，纵览史籍，应该说是极为罕见了。

吴、蜀相攻，魏尤劲敌。是时所任皆谋智勇略，不拘细节，故以廉表见者少。吴仅得四人。蜀亦四人。然魏之毛玠、和洽，蜀之诸葛武侯，清公端荩①，三代王佐之亚②。

【注释】

①荩（jìn）：通“进”，进用。后引申为忠诚。

②三代：夏、商、周三代。王佐：王佐之才，辅佐君王成就帝业的人。

【译文】

吴国和蜀国相互攻打，魏国尤为劲敌。当时所任命的全都是智勇双全的谋略之士，而不拘泥于其他细节，所以在廉洁方面表现突出的人较少。吴国仅有四人。蜀国也仅有四人。但是魏国的毛玠、和洽，蜀国的诸葛亮，都清廉公正端直忠诚，是三代王佐之才一类的人物。

吕岱

吕岱，字定公，广陵海陵人也[①]。为孙权余姚长[②]，讨平会稽东冶五县贼[③]，有功，拜诏信中郎将[④]。建安二十年，从取长沙三郡[⑤]，迁庐陵太守[⑥]。延康元年[⑦]，代步骘为交州刺史。到州，高凉贼帅钱博乞降[⑧]，岱因承制以博为高凉西部都尉[⑨]，又郁林夷贼攻围郡县[⑩]，岱讨破之。是时桂阳湞阳贼王金为害[⑪]，权又诏岱讨之，生缚金，传送诣都斩首，获生凡万余人。迁安南将军、假节，封都乡侯。复以袭平交阯、讨九真功[⑫]，进封番禺侯，拜镇南将军。

【注释】

①广陵：郡国名。秦属九江郡，汉为广陵国，东汉改郡，治广陵（今江苏扬州），三国魏移郡治于淮阴，东晋以后复以广陵为郡治。海陵：县名。东汉置，在今江苏泰州海陵区。

②余姚：县名。秦置。今属浙江。

③东冶：地名。相传为越王勾践冶铸之所。汉武帝时平闽越，置县。在今福建福州鼓楼区。

④诏信中郎将：《三国志》作“昭信中郎将”。

⑤长沙：郡国名。秦置郡，因有“万里沙祠”，故名“长沙”，治所在临湘（今湖南长沙城区）。西汉为长沙国，东汉复为长沙郡。

⑥庐陵：郡名。东汉时分豫章郡置，治庐陵县（今江西吉安）。

⑦延康：汉献帝刘协年号（220）。

⑧高凉：郡名。汉末孙权所置，治所在恩平县（今广东恩平）。

⑨承制：秉承皇帝旨意便宜行事。

⑩郁林：郡名。秦置桂林郡。汉武帝更置郁林郡，治布山县（今广西桂平西南）。

⑪桂阳：郡名。汉置，治所在郴县（今湖南郴州北湖区）。

⑫九真：郡名。汉武帝时置，治所在胥浦县（今越南清化东山）。

【译文】

吕岱，字定公，广陵海陵人。吕岱担任孙权属下余姚长时，讨伐平定会稽郡东冶等五县的乱贼有功，被任命为昭信中郎将。建安二十年，吕岱跟随孙权攻取长沙等三郡，升任庐陵太守。延康元年，吕岱接替步骘担任交州刺史。吕岱到任后，高凉郡乱贼首领钱博乞求投降，吕岱于是秉承上意任命钱博为高凉西部都尉，又有郁林郡夷贼围攻郡县，吕岱讨伐击败了他们。当时桂阳郡滇阳的乱贼王金为害，孙权又下诏命令吕岱讨伐，吕岱活捉王金，用驿车将其押送至都城斩首，俘获的人口共有一万多。吕岱升任安南将军、假节，受封都乡侯。又因为攻打平定交阯、讨伐九真郡的功劳，晋封番禺侯，被授予镇南将军之职。

黄龙三年[①]，以南土清定，召岱还屯长沙沤口[②]。会武陵蛮夷蠢动，岱与太常潘浚共讨定之。嘉禾三年[③]，权令岱领潘璋士众[④]，屯陆口[⑤]，后徙蒲圻[⑥]。四年，潘濬卒[⑦]，岱代领荆州文书，与陆逊并在武昌[⑧]。顷之，廖式作乱，零陵、苍梧诸郡骚扰[⑨]。岱自表辄行，权遣使追拜岱交州牧。攻讨一年，平定之，复还武昌，时年已八十矣。及陆逊卒，诸葛恪代逊[⑩]，权乃分武昌为两部，岱督右部，自武昌上至蒲圻，迁上大将军。孙亮即位[⑪]，拜大司马。

【注释】

①黄龙：三国吴大帝孙权年号（229—231）。

②沤口：地名。古沤江入耒水处。大约在今湖南资兴东。

③嘉禾：三国吴大帝孙权年号（232—238）。

④潘璋（？—234）：字文珪，东郡发干（今山东冠县东）人。三国时期吴国将领。

⑤陆口：地名。即今湖北嘉鱼西南陆水入长江处之陆溪口。三国时为吴国军事重镇。

⑥蒲圻（qí）：县名。三国时吴国置。在今湖北嘉鱼。

⑦潘濬（？—239）：字承明，武陵郡汉寿县（今湖南汉寿）人。三国时期吴国重臣。

⑧陆逊（183—245）：字伯言。孙策婿，吕蒙荐其才堪负重，孙权使其代吕蒙屯陆口，辅佐吕蒙败关羽，占领荆州；蜀章武二年（222）刘备率兵攻吴，陆逊为大都督领兵抵拒，用火攻大败刘备；加拜辅国将军，领荆州牧，后官至丞相。武昌：郡名。汉江夏郡地，三国时，吴孙权析置武昌郡，治武昌县（今湖北鄂州）。

⑨零陵：郡名。西汉置，东汉时治所在泉陵（今湖南永州零陵区）。苍梧：郡名。治所在今广西梧州万秀区。

⑩诸葛恪（203—253）：字元逊，三国琅邪阳都（今山东沂南）人。诸葛瑾长子。东吴重臣。

⑪孙亮：字子明。孙权少子。

【译文】

黄龙三年，因为南方州郡安定，孙权召吕岱北还屯兵于长沙沤口。恰好武陵蛮夷蠢蠢欲动，吕岱和太常潘浚一起讨伐平定。嘉禾三年，孙权命令吕岱率领潘璋的人马，屯兵陆口，后来移至蒲圻。嘉禾四年，潘濬去世，吕岱代替他兼理荆州事务，和陆逊一起驻在武昌。不久，廖式谋反，零陵、苍梧各郡骚动。吕岱上表自荐前去平定，表文发出，吕岱随即就出发，孙权派遣使者追上吕岱任命他为交州牧。此次讨伐历时一年，吕岱平定了叛乱，再回到武昌，当时吕岱已经八十岁了。等到陆逊去世，诸葛恪代替陆逊，孙权就把武昌分为两部，吕岱负责右部，自武昌上至蒲圻，升迁他为上大将军。孙亮即位后，吕岱被授予大司马之职。

岱清身奉公，所在可述。初在交州，历年不饷家，妻子饥乏。权闻之，叹息以让群臣曰："吕岱出身万里，为国勤事，家门内困，而孤不早闻，股肱耳目，其责安在？"于是加赐钱米布绢，岁有常限。始岱亲近吴郡徐原，慷慨有大志，岱赐巾褠[①]，与共言论。后遂荐拔，官至侍御史。原性忠壮，好直言，岱时有得失，原辄谏诤，又公论之。人或以告岱，岱曰："是我所以贵德渊者也。"及原死，岱哭之甚哀，曰："德渊，吕岱之益友，今不幸，岱复于何闻过？"太平元年卒[②]，年九十六。遗令殡以素棺，疏巾布褠，葬送之制，务从约俭。子凯皆奉行之。

行年八十，为国勤事。身为公侯，妻子饥乏。哭徐原益友，有古风。

【注释】

①褠（gōu）：单衣。

②太平：吴会稽王孙亮年号（256—258）。

【译文】

吕岱清廉奉公，所到之处都有值得称述的事迹。最初吕岱在交州的时候，多年不养家，妻子儿女饥寒匮乏。孙权听说后，叹息着责备大臣们说："吕岱身在万里之外，为国家勤劳奉献，他的家庭困乏不堪，而我先前却未听说，各位是辅佐我的耳目之臣，你们应尽的职责在哪里？"于是加赐给吕岱钱米布绢，每年都有定额。起初，吕岱亲近吴郡的徐原，徐原意气风发，胸怀大志，吕岱赠给他巾帻和单衣，经常和他谈论。后来吕岱推荐并提拔徐原，徐原做官一直到侍御史。徐原生性忠诚豪壮，喜欢直言不讳，吕岱有时有过失，徐原就直言规劝，并公开地谈论。有人告诉了吕岱，吕岱说："这就是我之所以看重徐德渊的原因。"后来徐原去世，吕岱哭得很伤心，说："德渊，是我吕岱的益友，如今不幸去世，我能再从何处听闻自己的过失呢？"太平元年，吕岱去世，享年九十六岁。吕岱遗嘱用素棺入殓，遗体穿粗巾布单衣，安葬的礼节务必俭约。他的儿子吕凯都一一奉行。

经历八十年，为国家勤劳奉献。身为公侯，妻子儿女饥寒困乏。哭徐原益友，有古人之风。

上 是仪

是仪，字子羽，北海营陵人也①。避乱会稽，孙权征拜骑都尉②。吕蒙图袭关羽③，权以问仪，仪善其计，劝权听之。从讨羽，拜忠义校尉，既定荆州，拜裨将军④。后封都亭侯，守侍中。欲复授兵，仪自以非材，固辞不受。黄武中，遣仪之皖诱致曹休⑤，破之。迁偏将军，入阙省尚书事。大驾东迁，太子登留镇武昌⑥，使仪辅太子，进封都乡侯。后从太子还建业⑦，复拜侍中、中执法⑧。典校郎吕壹诬白故江夏太守刁嘉谤讪国政⑨，权怒，收嘉系狱，悉验问。时同坐人皆怖畏壹，并言闻之，仪独云无闻。诏旨转厉。仪曰："今刀锯已在臣颈，臣何敢为嘉隐讳，自取夷灭，为不忠之鬼？顾以闻知，当有本末，据实答问，辞不倾移。"权遂舍之，嘉亦得免。

【注释】

①营陵：地名。在今山东昌乐。

②骑都尉：官名。汉武帝时始置。

③吕蒙（178—219）：字子明，汉末汝南富陂（今安徽阜南）人。跟随周瑜破曹操于乌林，拜偏将军，又定计袭取南郡，定荆州，擒关羽，封孱陵侯。孙权劝他从事学问，成为东吴名将。

④裨（pí）：副，偏。

⑤皖：地名。春秋时有皖国。汉代置县，属庐江郡，在今安徽潜山北。今为安徽简称。

⑥太子登：即孙登（？—241），字子高。吴大帝孙权长子，黄龙元年（229）立为太子。

⑦建业：县名。东汉建安十七年（212）孙权所置，在今江苏南京。吴黄龙元年（229）自武昌迁都于此。

⑧中执法：官名。又叫御史中执法。即中丞。

⑨典校郎：官名。三国时吴国所置，负责审理诸官府及州郡文书，监察群臣过失，乃至掌控大臣案件刑讯审理。

【译文】

是仪，字子羽，北海营陵人。是仪在会稽避乱时，被孙权征召，任职骑都尉。当时吕蒙正谋划袭击关羽，孙权就这事咨询是仪，是仪认为这个计谋很好，劝孙权听从。是仪跟从大军讨伐关羽，任职忠义校尉，荆州平定以后，被授予裨将军之职。后来被封为都亭侯，暂行侍中职权。孙权想要再授兵权给是仪，他自认为没有带兵的才能，坚辞不受。黄武年间，孙权派遣是仪前去皖地对曹休实施诱敌之计，打败了曹休。是仪升任偏将军，入朝参与军国政务。孙权从武昌迁都建业，太子孙登留下镇守武昌，孙权让是仪辅佐太子，晋封他为都乡侯。后来是仪跟从太子回到建业，被授予侍中、中执法之职。典校郎吕壹诬告前江夏太守刁嘉诽谤朝政，孙权大怒，把刁嘉抓进监狱，对大臣们一一进行查验勘问。当时受到牵连的人都害怕吕壹，都回答说听说过刁嘉之事，唯独是仪回答不曾听说。诏书的意旨变得非常严厉。是仪说：“如今刀锯已经架在臣的脖颈，臣怎敢为刁嘉隐瞒讳言，自取灭亡，做个不忠诚于皇上的死鬼？但凭借听闻，应当有所根据，我只是据实回答问题，所答中正不偏。”孙权于是就不再过问他，刁嘉也得以免罪。

蜀相诸葛亮卒，权垂心西州，遣仪使蜀，申固盟好，奉使称意，后拜尚书仆射，领鲁王傅。仪事上勤，与人恭，不治产业，不受施惠，为屋舍财足自容[①]。邻家有起大宅者，权出望见，问起室者谁。左右对曰：“似是仪家也。”权曰：“仪俭，必非也。”问，果他家。其见知信如此。服不精细，食不重膳，拯赡贫困，家无储蓄。权闻之，幸仪舍，求视蔬饭，亲尝之，对之叹息，即增俸赐，益田宅。仪累辞让，以恩为戚。时时有进达，未尝言人之短。权叹曰：“使人尽如是仪，当安用科法为？”及寝疾，遗令素棺，敛以时服[②]，务从省约。年八十一卒。

是忠实人。彻底廉。

【注释】

①财：同“才”。

②时服：当时通行的服装。

【译文】

蜀汉丞相诸葛亮去世后，孙权特别留意西蜀，派遣是仪出使蜀汉，申明巩固两国友好盟约，是仪出使圆满完成使命，后被授予尚书仆射之职，兼任鲁王傅。是仪事奉上司勤谨，和人交往恭敬，不经营产业，不接受馈赠，建造房屋仅够自住。邻居家有修建大宅的，孙权出行时远远望见，问修建房屋的是谁。左右的人回答说：“好像是仪家的。”孙权说：“是仪俭约，一定不是他。”一问，果然是别人家。他受到孙权的知遇信任就是如此。是仪穿衣不讲求精细，饮食不讲求丰盛，他热心接济贫困之人，自家没有积蓄。孙权听说这种情况,驾临是仪家,要求看看他们吃的饭菜,孙权亲自品尝后,对着饭菜叹息,立即增加了是仪的俸禄赏赐,赐给他田地和房宅。是仪多次推辞,把受到恩赐当作忧心的事情。他时时有所进言,未尝谈及别人的短处。孙权叹息说:"假使都像是仪这样,那还要法令条律干什么呢?"后来是仪病重之际,留下遗嘱要求用素棺,穿着时服入殓,丧事务必从简。是仪于八十一岁时去世。

是仪是位忠诚老实的人。有彻底的廉洁精神。

中陈表

陈表,字文奥,庐江松滋人①。偏将军武庶子也②。少知名,与诸葛恪并侍东宫③,徙太子中庶子④,拜翼正都尉⑤。兄修亡后,表母不肯事修母。表谏以大义,二母感寤雍穆。表以父死敌场,求用为将,领兵五百人。欲得战士之力,倾意接待,士皆爱附,乐为用命。时有盗官物者,疑无难士施明⑥,明素壮悍,收考极毒,惟死无辞。廷尉以闻。权以表能得健儿之心,诏以明付表,使自以意求其情实。表便破械沐浴,易其衣服,厚设酒食,欢以诱之。明乃首服,具列支党。表以状闻,权奇之,欲全其名,特为赦明,诛戮其党。迁表右部督,封都亭侯,以继旧爵。表皆陈让,乞以传修子延。权不许。

【注释】

①松滋:县名。在今安徽宿松。

②庶子:妾所生之子。

③东宫：太子所居之宫。也代指太子。

④中庶子：官名。为太子侍从官。

⑤翼正都尉：三国吴东宫属官。

⑥无难士：卫士名。三国吴置，隶属无难督，职责是护卫皇帝。

【译文】

陈表，字文奥，庐江松滋人。他是偏将军陈武的庶子。陈表年少知名，和诸葛恪一起侍奉东宫太子，升任太子中庶子，被授予翼正都尉之职。兄长陈修去世后，陈表的生母不肯事奉陈修的生母。陈表用大义劝谏母亲，两位母亲感动醒悟，相处雍容庄穆。陈表因为父亲战死沙场，请求担任将领，率领五百兵士。他想要战士死力相效，就全心全意对待他们，兵士都很爱重依附陈表，乐于为他效命。当时有偷盗官府物品之事，无难士施明受到怀疑，施明素来强悍，即使对他极其酷毒地严刑拷打，他也宁死不说一句话。廷尉把这件事报告给孙权。孙权因为陈表能使健儿心服，下诏把施明交付给陈表，让陈表以攻心的办法求得案件的真实情况。陈表便解除械具让施明沐浴，给他换上好衣服，摆下丰盛的酒食，一同欢宴引诱他说出实情。施明于是自首服罪，详细地列出余党。陈表把情况上奏，孙权很惊奇，想要成全陈表的大名，特地为他赦免了施明，只诛杀了余党。孙权升迁陈表为右部督，封爵都亭侯，以继承其父的爵位。陈表都辞让，请求把爵位传给陈修的儿子陈延。孙权不同意。

嘉禾三年，诸葛恪领丹阳太守[①]，讨平山越[②]。以表领新安都尉[③]，与恪参势。初，表所受赐复人得二百家[④]，在会稽新安县。表简视其人，皆堪好兵，乃上疏陈让，乞以还官充足精锐。诏曰："先将军有功于国，国家以此报之，卿何得辞焉。"表曰："今除国贼，报父之仇，以人为本，空枉此劲锐以为僮仆，非表志也。"皆辄料取以充部伍，所在以闻，权甚嘉之，下郡县料正户羸民以补其处。拜偏将军，进封都乡侯。年三十四卒，家财尽于养士。死之日，妻子露立，太子登为起屋宅。

以父仇求为将，又重锐卒。

【注释】

①丹阳：郡名。秦置鄣郡，汉武帝时更名，治所在宛陵（今安徽宣城宣州区）。

②山越：秦汉以后，居于江淮的少数民族总称百越；其居于山区者称山越。

③新安：郡名。汉丹阳郡地。三国吴析置新都郡。晋太康中改名新安郡，治始新县（今浙江淳安西北）。

④赐复：以特恩免除徭役。

【译文】

嘉禾三年，诸葛恪任丹阳太守，平定山越。陈表兼任新安都尉，与诸葛恪形成呼应之势。当初，陈表所接受的作为僮仆的赐复人有二百家，在会稽新安县。陈表检视这些人，都称得上是好兵卒，于是上疏辞让，请求把这些人交还官府以充实精锐部队。皇帝下诏书说："你的父亲对国家有功，国家以此回报他，爱卿不要推辞。"陈表说："如今消灭国贼，为父报仇，正应以人为根本，空自让这些劲锐的健儿来当我的僮仆，这并不是我的志意。"于是陈表把精壮者都挑选出来充实部队，所在地方向朝廷报告，孙权甚为嘉许，下旨郡县选取正户羸弱百姓以补全被挑走的人。后来陈表被任命为偏将军，晋封都乡侯。陈表三十四岁时去世，他的家财全部花在蓄养士卒上面。陈表死的时候，妻子儿女连像样的居所都没有，于是太子孙登为他家修建房屋。

因为父仇而求为将领，又重视精锐士卒。

中陆胤

陆胤,字敬宗,吴郡吴人也①。始为御史尚书选曹郎,迁衡阳督军都尉②。赤乌十一年③,交阯、九真夷贼攻没城邑,交部骚动,以胤为交州刺史、安南校尉。胤入南界,喻以恩信,务崇招纳,渠帅支党三千余家皆出降。引军而南,重宣至诚,遗以财币。贼帅百余人,民五万余家,莫不稽颡④,交域清泰。就加安南将军,复讨苍梧、建陵贼⑤,破之。永安元年⑥,征为西陵督,封都亭侯,后转左虎林⑦。中书丞华核表荐胤曰⑧:"胤衔命在州,十有余年,宾带殊俗,宝玩所生,而内无粉黛附珠之妾,家无文甲犀象之珍,方之今臣,实难多得。宜在辇毂⑨,股肱王室。"竟不果召。寻卒。

荐表中见其人。

【注释】

①吴:县名。秦置。在今江苏苏州吴中区、相城区。

②衡阳:郡名。三国吴置,治所在湘南县(今湖南湘潭西南)。

③赤乌:吴大帝孙权年号(238—251)。

④稽颡(qǐ sǎng):以额触地的跪拜礼。

⑤建陵:汉侯国。北魏置县,后周废。在今江苏沭阳西北。

⑥永安:三国吴景帝孙休年号(258—264)。

⑦左虎林:古城名。即武林城。在今安徽池州贵池区西。

⑧中书丞:官名。三国吴置,为中书令属官。

⑨辇毂(niǎn gǔ):天子的车驾。借指天子。

【译文】

陆胤,字敬宗,吴郡吴县人。陆胤最初为御史尚书选曹郎,后转任衡阳督军都尉。赤乌十一年，交阯、九真部族叛贼攻陷城池，交州骚动，朝廷任命陆胤为交州刺史、安南校尉，前去平定叛乱。陆胤进入南部州界，用恩惠信用晓喻地方，他非常注重招抚，叛贼首领及余党三千多家都出来投降。陆胤率领大军向南，向叛乱者一再宣示极大的诚意，并送给他们财物。乱贼首领一百多人，民众五万多家，莫不叩头致敬表示降服，于是交州境内清静安泰。随后陆胤被加封为安南将军，又负责讨伐苍梧、建陵的乱贼，最后打败了他们。永安元年，陆胤被征召为西陵督，封爵都亭侯，后来又转任左虎林。中书丞华核上表举荐陆胤说："陆胤领受皇命任职州郡，十多年了，他所处的边远地区，是盛产宝物珍玩的地方，而他没有装扮华丽的侍妾，家里也没有文甲犀象之类的珍宝，和如今的众臣相比，实在是难以多得的清廉之人。此人应该侍奉天子左右，辅助王室。"但陆胤最终没有被征召入朝。不久后陆胤去世。

从举荐的表章中可以认识陆胤这个人。

上 诸葛亮

诸葛亮，字孔明，琅邪阳都人①。汉司隶校尉诸葛丰后也。早孤，从父玄与荆州牧刘表善②，往依之。玄卒，亮躬耕陇亩，好为《梁父吟》③。每自比管仲、乐毅④，时人莫之许也。惟崔州平、徐庶与亮友善⑤，谓为信然。

【注释】

①阳都：县名。秦置。在今山东临沂沂南。

②从父：伯父、叔父的通称。

③《梁父（fǔ）吟》：又作《梁甫吟》，乐府楚调曲名，相传为诸葛亮所作。

④管仲（？—前645）：名夷吾，字仲，春秋齐颍上（今安徽颍上）人。最初事奉公子纠，后相齐桓公，通货积财，富国强兵，九合诸侯，一

匡天下,使齐桓公成为春秋五霸之首。乐毅:魏乐羊之后,好研习兵书。燕昭王任为上将,联赵楚韩魏,总领五国兵伐齐,攻占七十余城,以功封于昌国,号昌国君。

⑤崔州平:即崔钧,字州平。东汉大臣。徐庶:字符直,三国时颍川长社(今河南长葛东)人。客于荆州,与诸葛亮友善,荐亮于刘备。后因母亲被曹操所掳,乃辞刘备归曹操,仕魏至右中郎将、御史中丞。

【译文】

诸葛亮,字孔明,琅邪阳都人。诸葛亮是汉朝司隶校尉诸葛丰的后人。早年诸葛亮父母去世,因叔父诸葛玄和荆州牧刘表关系很好,就同诸葛玄一起前往投靠刘表。诸葛玄去世后,诸葛亮以耕种为业,喜爱吟唱《梁父吟》。他常把自己比作管仲、乐毅,当时人都不以为然。只有崔州平、徐庶和诸葛亮关系甚好,说他的确如此。

时先主屯新野[①],徐庶谓先主曰:“诸葛孔明,卧龙也,将军岂愿见之乎?”先主曰:“君与俱来。”庶曰:“此人可就见,不可屈致。”由是先主遂诣亮,凡三往,乃见。因布腹心。亮曰:“自董卓已来,豪杰并起,跨州连郡者不可胜数。曹操拥百万之众,挟天子以令诸侯,此诚不可与争锋。孙权据有江东,已历三世,国险而民附,贤能为之用,此可以为援而不可图也。荆州北据汉、沔[②],利尽南海,东连吴、会,西通巴蜀,此用武之国,而其主不能守,此殆天所以资将军也。益州险塞,沃野千里,天府之土,高祖因之以成帝业[③]。刘璋暗弱[④],张鲁在北[⑤],民殷国富而不知存恤,智能之士思得明君。将军既帝室之胄,信义著于四海,总揽英雄,思贤如渴,若跨有荆、益,保其岩阻,西和诸戎,南抚夷越,外结好孙权,内修政理；天下有变，则命一上将将荆州之军以向宛、洛[6]，将军身率益州之众以出秦川。如是则霸业可成，汉室可兴矣。”先主称善，与亮情好日密。

【注释】

①先主：指刘备。新野：县名。汉置，属南阳郡，今属河南。

②汉：水名。汉江。沔（miǎn）：水名。今汉江上游（北源）。

③高祖：指汉高祖刘邦（前256—前195），沛郡丰邑（今江苏丰县）人。受义帝命，与项羽分兵入关破秦。项羽自据关中，封刘邦为汉王；刘邦以汉中为据统治巴蜀一带，后乃还定三秦，楚汉相争，最后取得天下。

④刘璋：字季玉，江夏竟陵（今湖北天门）人。东汉末年宗室，益州牧。

⑤张鲁：东汉末沛国丰县（今江苏丰县）人。他割据汉中三十年，是五斗米教第三代天师。后投降曹操，拜镇南将军，封阆中侯。

⑥洛：洛阳。

【译文】

当时先主刘备屯兵新野，徐庶对刘备说：“诸葛孔明，是人间卧龙，将军可愿意见他？”刘备说：“您和他一起来吧。”徐庶说：“这个人只能您去他那里拜访，不可以委屈他前来。”于是刘备就去拜访诸葛亮，总共去了三次，才见着人。他们推心置腹地交谈。诸葛亮说：“自董卓作乱以来，各地豪杰纷纷起兵，占领州郡的人数不胜数。曹操拥有百万大军，挟持皇帝来号令诸侯，这确实不能和他争强。孙权占据江东，已经过了三代人，江东地势险要而民众归附，贤能之人也乐于为其所用，这样看来只能把他视为外援而不能图谋他。荆州北靠汉水、沔水，能获得一直到南海的物资，东面和吴郡、会稽郡相连，西边和巴蜀相连，这是大家都会抢夺的战略要地，但是它的主人却没有能力守住它，这简直是上天拿来资助将军的。益州地势险要，有广阔肥沃的土地，自然条件优越，高祖凭借此地成就了帝王大业。刘璋昏庸懦弱，张鲁在北面占据汉中，那里民众殷实、疆土丰饶，而占据者却不知爱惜，有才能的人都渴望得到明君。将军您既是皇室的后裔，信义四海闻名，而且您延揽天下英雄，思贤若渴，如果能够占据荆州、益州，守住险要的地方，和西边的各族和好，并且安抚南边的少数民族，对外和孙权搞好关系，对内革新政治；一旦天下形势发生变化，就派遣一员上将率领荆州的军队直指南阳、洛阳，将军您亲自率领益州兵马出击秦川。如此即可成就霸业，汉室就可以复兴了。”刘备赞赏诸葛亮的分析，和他的关系日益亲密。

曹操败于赤壁，先主遂收江南，以亮为军师中郎将，使督零陵、桂阳、长沙三郡，调其赋税以充军实。建安十六年，益州牧刘璋遣法正迎先主[①]，使击张鲁，亮与关羽镇荆州。先主自葭萌还攻璋，亮与张飞、赵云等率众溯江[②]，分定郡县，与先主共围成都。成都平，以亮为军师将军，署左将军府事。先主外出，亮常镇守成都，足食足兵。二十六年，先主即帝位，策亮为丞相，录尚书事，假节，寻领司隶校尉。章武三年春[③]，先主于永安病笃[④]，召亮于成都，属以后事，谓亮曰：“君才十倍曹丕，必能安国，终定大事。若嗣子可辅，辅之，如其不才，君可自取。”亮涕泣曰：“臣愿竭股肱之力，尽忠贞之节，继之以死。”先主又诏敕后主曰：“汝与丞相从事，事之如父。”

【注释】

①法正（176—220）：字孝直，汉末右扶风郿县（今陕西眉县）人。入蜀依附刘璋，仕益州别驾。后劝刘璋迎刘备入成都。刘备取蜀之后，任蜀郡太守。

②张飞(?—221):字翼德,汉末涿郡(今河北涿州)人。与关羽同事刘备,雄壮威猛,魏军称之为万人敌。刘备定江南,任命张飞为宜都太守。蜀汉章武元年(221),升任车骑将军。后随刘备伐东吴,临行,为其部下所杀。赵云(?—229):字子龙,汉末常山真定(今河北正定)人。初从公孙瓒,后归刘备,取成都,定益州,皆有战功。

③章武:三国蜀汉昭烈帝刘备年号(221—223)。

④永安:县名。秦为鱼复县。汉公孙述改称白帝城。刘备征吴败还至此,改为永安。在今重庆奉节东。

【译文】

曹操在赤壁战败,刘备于是占据了江南,任命诸葛亮为军师中郎将,派他督察零陵、桂阳、长沙三郡,调运赋税物资以充实军需。建安十六年,益州牧刘璋派遣法正迎接刘备进入益州,让他帮助攻打张鲁,刘备留诸葛亮和关羽镇守荆州。后来刘备从葭萌反攻刘璋,诸葛亮和张飞、赵云等率领兵马溯江而上,一路平定各个郡县后,和刘备一起围困了成都。成都平定,刘备任命诸葛亮为军师将军,代理左将军府事务。刘备外出时,通常由诸葛亮镇守成都,他保障了粮食和兵源的充足。建安二十六年,刘备即皇帝位,策书任命诸葛亮为丞相,兼任尚书事,假节,不久又让他兼任司隶校尉。章武三年春,刘备在永安病重,从成都急召诸葛亮,向他托付后事。刘备对诸葛亮说:"您的才能超过曹丕十倍,必然能够安邦定国,最终成就大事。如果我的儿子值得辅佐,您就辅佐他,如果他不成器,您可以取而代之。"诸葛亮流着泪说:"臣愿意竭力辅佐,效尽忠贞,一直到死。"刘备又下诏敕令后主刘禅说:"你和丞相共事,要像事奉父亲那样事奉他。"

建兴元年[1],封亮武乡侯,开府治事。顷之,又领益州牧。政事无巨细,咸决于亮。南中诸郡[2],并皆叛乱。亮以新遭大丧，故未便加兵，且遣使聘吴，因结和亲，遂为与国[3]。三年春，率众南征，五月渡泸，其秋悉平，军资所出，国以富饶。乃治戎讲武，以俟大举。五年，率诸军北驻汉中，遂上表出师伐魏。六年春，扬声由斜谷道取郿[4]，使赵云、邓芝为疑军[5]，据箕谷[6]。亮身率诸军攻祁山，南安、天水、安定三郡叛魏应亮[7]，关中响震。魏曹睿西镇长安，命张郃拒亮[8]。亮使马谡督诸军在前[9]，与郃战于街亭[10]，谡违亮节度，举动失宜，大为郃所破。亮拔西县千余家还汉中[11]，戮谡以谢众，上疏请自贬三等。于是以亮为右将军，行丞相事，所总统如前。

【注释】

①建兴：三国蜀汉后主刘禅年号（223—237）。

②南中：泛指今四川南部和滇、黔一带。

③与国：盟国，友邦。

④斜谷：山谷名。陕西终南山有褒、斜二谷口，北口曰斜，南口曰褒，同为一谷，长百七十里，而山高峻，为古陕蜀的通道。郿（méi）：县名。今陕西眉县。

⑤邓芝（？—251）：字伯苗，官广汉太守。先主刘备死，奉使入吴，劝说孙权绝魏连蜀。邓芝担任大将军二十多年，赏罚明断，善恤卒伍，不治私产。

⑥箕谷：山谷名。在今陕西汉中北。

⑦天水：郡名。汉武帝时析陇西郡置，治平襄县（今甘肃通渭西北）。

⑧张郃（hé）：三国时曹魏名将。

⑨马谡（190—228）：汉末襄阳宜城（今湖北宜城南）人。随刘备入蜀，历任县令、太守。才气过人。好论军事，为诸葛亮所重。

⑩街亭：地名。故址在今甘肃张家川西北。

⑪西县：县名。秦置。在今甘肃礼县。

【译文】

建兴元年，刘禅封诸葛亮为武乡侯，让他开建府署办公。不久，诸葛亮又兼任益州牧。政事不论大小，都由诸葛亮来决定。当时南中各郡同时叛乱。诸葛亮考虑到国家新遭大丧，所以没有立即派兵平叛，他派遣使者出使东吴，与东吴缔结婚姻，成为盟国。建兴三年春，诸葛亮率领大军南征，五月渡过泸水，当年秋天，叛乱全部平定，南中各郡成为提供兵员和物资的重要基地，国家也得以充裕起来。于是诸葛亮整顿武备演练军事，等待时机大举北伐。建兴五年，诸葛亮率领各路大军北上驻扎汉中，然后上表出师讨伐魏国。建兴六年春天，诸葛亮扬言要由斜谷道攻取郿县，派赵云、邓芝为疑军，据守箕谷。诸葛亮亲自率领大部人马攻打祁山，南安、天水、安定等三郡叛变魏国投降蜀汉，关中地区震动。魏明帝曹睿亲自镇守长安，命张郃迎战诸葛亮。诸葛亮派马谡率诸军为前锋，与张郃在街亭决战，马谡违背诸葛亮的指示，战斗部署不当，被张郃大败。诸葛亮迁徙出西县千余家百姓返还汉中，诛杀马谡来向全军谢罪，随后又上表请求自贬三等。于是刘禅任命诸葛亮为右将军，代理丞相事务，所统领的事务一如从前。

冬，亮复出散关围陈仓①，曹真拒之，亮粮尽而还。魏将王双率骑追亮，亮与战，破之，斩双。七年，亮遣陈式攻武都、阴平②，魏雍州刺史郭淮率众欲击式③，亮自出至建威④，淮退还，遂平二郡。诏复亮丞相。九年，亮复出祁山，以木牛运，粮尽退军，与魏将张郃交战，射杀郃。十二年春，亮悉大众由斜谷出，以流马运，据武功五丈原⑤，与魏司马懿对于渭南，分兵屯田，为久住之基，耕者杂于渭滨居民之间，而百姓安堵，军无私焉。相持百余日。其年八月，亮疾病，卒于军，时年五十四。及军退，司马懿案行其营垒处所，曰："天下奇材也。"

【注释】

①散关：一名大散关，在陕西宝鸡渭滨区大散岭上，是秦蜀往来要道。陈仓：县名。秦置，在今陕西宝鸡陈仓区。

②陈式：三国时期蜀汉将领。武都：郡名。汉武帝时置，东汉时治所在下辨（今甘肃成县西北）。阴平：汉置阴平道，属广汉郡，三国魏时改阴平县。故城在今甘肃文县西北。

③郭淮（？—255）：字伯济，太原阳曲（今山西太原）人。三国时期魏名将。

④建威：城邑名。在今甘肃西和北。

⑤武功：县名。战国秦置。今属陕西。

【译文】

冬天，诸葛亮又率兵出大散关围困陈仓，曹真拒守，诸葛亮粮尽退军。魏将王双率领骑兵追击诸葛亮，诸葛亮派兵出战，击败并斩杀了王双。建兴七年，诸葛亮派遣陈式攻打武都、阴平，魏国雍州刺史郭淮率领兵马准备攻击陈式，诸葛亮亲率人马赶赴建威，郭淮退兵，于是平定了两郡。刘禅下诏恢复了诸葛亮丞相职位。建兴九年，诸葛亮再出祁山，用木牛运送军需，粮尽后退军，和魏将张郃交战，射杀了张郃。建兴十二年春，诸葛亮率领全军从斜谷出兵，用流马运送军需，据守武功五丈原，和魏国司马懿在渭水南岸对峙，诸葛亮分出兵力屯田以打好长久驻军的基础，耕作的士兵混杂在渭水河滨居民中间，而百姓安居乐业，军队没有扰民之事。蜀魏双方对峙了一百多天。当年八月，诸葛亮病重，在军中去世，享年五十四岁。等到蜀军退却，司马懿查看诸葛亮布置的营垒军阵，说："真是天下奇才啊。"

亮遗命葬汉中定军山[1]，冢足容棺，敛以时服，不须器物。诏策赠丞相武乡侯印绶，谥忠武。初，亮自表后主曰："成都有桑八百株，薄田十五顷，子孙衣食，自有余饶。随身衣食，悉仰于官，不别治生以长尺寸。臣死之日，不使内有余帛，外有赢财。"及卒，如其所言。亮性长于巧思，损益连弩，木牛流马，皆出其意；推演兵法，作八阵图[2]，咸得其要云。

读《出师表》，下英雄之泪，廉何足重公？读其自表，见公天性，死生不贰耳。

【注释】

①定军山：山名。在今陕西勉县南。

②八阵图：作战时的一种战斗队形及兵力部署。关于诸葛亮八阵图遗址，众说纷纭。一说在陕西勉县，一说在重庆奉节，一说在四川成都新都区。

【译文】

诸葛亮遗嘱安葬在汉中定军山，墓穴能容纳棺材即可，用时服入殓，不需要陪葬的器具。刘禅下诏以策书赠予诸葛亮丞相武乡侯印绶，谥号为忠武。当初，诸葛亮就自己的后事上表给后主刘禅说："臣在成都有八百棵桑树，十五顷薄田，子孙衣食，自有富余。臣平日的衣食，全部仰仗官府供给，没有另外的经营来增加细微的收入。臣死的那天，在内不能有多余的布帛，在外不能有多余的财物。"诸葛亮去世后，情况正如他所说的那样。诸葛亮生性长于巧思，改造连弩，制造木牛流马，都是他想出来的；他推算演练兵法，创造八阵图，都得其精要。

读《出师表》，洒下英雄之泪，仅一廉怎么能够见出武侯的重要地位？读他临死前上奏的表，见出武侯廉洁的天性，从生到死都没有改变。

上 董和

董和，字幼宰，南郡枝江人也[①]。益州牧刘璋以和为成都令。蜀土富贵，时俗奢侈，和躬率以俭，恶衣蔬食，防遏逾僭[②]，为之轨制。所在皆移风变善，畏而不犯。然县界豪强惮和严法，说璋转和为巴东属国都尉[③]。吏民老弱相携乞留者数千人，璋听留二年，迁益州太守，其清约如前。先主定蜀，征和为掌军中郎将，与诸葛亮并署左将军大司马府事。自和居官食禄，外牧殊域，内干机衡[④]，二十余年，死之日，家无儋石之财。

躬俭率物，至死益见。

【注释】

①南郡：郡名。秦时所置，汉代治所在江陵县(今湖北荆州江陵故城)。枝江：县名。汉代所置，即今湖北枝江。

②逾僭(yú jiàn)：僭越，超越本分。

③巴东：郡名。汉献帝时，刘璋分巴郡置永宁郡，后又改名为巴东郡，治鱼复县(今重庆奉节)。

④机衡：比喻政权的枢要机关。

【译文】

董和，字幼宰，南郡枝江人。益州牧刘璋任命董和为成都令。当时蜀郡富饶，风俗崇尚奢侈，董和亲自以节俭为表率，穿粗衣吃劣食，以此来遏制逾越本分的风气，为民众建立规范。董和所到之处都风气一变，转而为善，人们都畏惧规制而不敢侵犯。然而县内豪强害怕董和严厉的法度，就游说刘璋调董和任巴东属国都尉。吏员民众老弱相扶乞求董和留任的达数千人之多，于是刘璋听任董和又留任二年，董和后来升迁为益州太守，他的清廉简约一如从前。先主刘备平定蜀中，征召董和为掌军中郎将，和诸葛亮共同署理左将军大司马府事。自从董和出任官职以来，他在外管理地方，在内参预中枢事务，前后二十多年，死的时候，家里连些微的财物也没有。

自身节俭为人表率，到死更为明显。

邓芝

邓芝，字伯苗，义阳新野人[①]。汉司徒禹之后也。汉末入蜀，未知名。及先主定益州，芝为郫邸阁督[②]。先主与语，大奇之，擢为郫令，迁广汉太守。所在清严有治绩，入为尚书。先主殂[③]，丞相亮遣芝修好于孙权，说权绝魏，与蜀连和。及亮北驻汉中，以芝为中监军、扬武将军[④]，后迁军师、前将军，领兖州刺史，封扬武亭侯。顷之，为督江州[⑤]。延熙六年[⑥]，就迁为车骑将军[⑦]，后假节。十一年，涪陵国人反叛[⑧]，芝率军征讨，枭其帅。十四年卒。

芝为大将军二十余年，身之衣食资仰于官，不苟素俭。然终不治私产，妻子不免饥寒。死之日，家无余财。

【注释】

①义阳：郡名。三国魏黄初年间置义阳县，并立义阳郡，郡治安昌（今湖北枣阳）。

②郫：县名。今四川成都郫都区。邸阁：囤积军粮或物资的地方。

③殂：通"殂（cú）"，死亡。

④中监军：监军，君主派遣的监督将帅的人员。蜀汉监军有中、前、后、右诸号。

⑤江州：本为巴国国都，秦灭巴后置县，在今重庆渝中区。

⑥延熙：三国蜀汉后主刘禅年号（238—257）。

⑦车骑将军：官名。汉末至南北朝多为贵官。

⑧涪陵：郡名。三国蜀汉置，治所在今重庆彭水。

【译文】

邓芝，字伯苗，义阳新野人。他是汉朝司徒邓禹的后人。邓芝于汉末之时入蜀，并没有什么名气。在先主刘备平定益州之时，邓芝任郫县邸阁督。刘备和他谈话，对他非常惊奇，于是提拔他为郫县令，又升任广汉太守。邓芝所到之处都清廉严谨，颇有政绩，后入朝担任尚书。刘备驾崩后，丞相诸葛亮派遣邓芝去和孙权修好，邓芝说服孙权断绝和曹魏的关系，与蜀汉结为同盟。后来诸葛亮率军北上驻扎于汉中，任命邓芝为中监军、扬武将军，后来又升迁为军师、前将军，兼任兖州刺史，封爵扬武亭侯。不久，邓芝受命总督江州。延熙六年，邓芝就地升迁为车骑将军，后来又被授予假节之权。延熙十一年，涪陵城中之人反叛，邓芝率军征讨，消灭了叛军首领。延熙十四年，邓芝去世。

邓芝任大将军二十多年，自身衣食仰仗官府供给，他并不刻意俭朴。但是他始终不经营私产，妻子儿女不免忍饥受寒。他死的时候，家里没有多余的财物。

中刘巴

刘巴，字子初，零陵烝阳人也[1]。少知名，曹公征荆州，辟为掾，使招纳长沙、零陵、桂阳。会先主略有三郡，巴不得反使，遂远适交阯，先主深以为恨。巴复从交阯至蜀。俄而先主定益州，巴辞谢罪负，先主不责。而诸葛亮数称荐之，先主辟为左将军西曹掾。建安二十四年，先主为汉中王，巴为尚书，后代法正为尚书令。躬履清俭，不治产业。又自以归附非素，惧见猜嫌，恭默守静，退无私交，非公事不言。章武二年卒。卒后，魏尚书仆射陈群与丞相亮书，问巴消息，称曰“刘君子初”，甚敬重焉。

董、邓、刘三人即功伐不同而贞守清约，是武侯以下一辈人。

【注释】

①烝阳：县名。在今湖南邵东。

【译文】

刘巴，字子初，零陵烝阳人。刘巴年少即有名望，曹操讨伐荆州时，征召他为掾吏，派他去招降长沙、零陵、桂阳三郡。恰好先主刘备占据了三郡，刘巴不能返回复命，于是就远赴交阯，刘备对此深觉遗憾。后来刘巴又从交阯来到蜀中。不久刘备平定了益州，刘巴向刘备谢罪，刘备不加责罚。而诸葛亮则屡次称赞荐举他，刘备任命刘巴为左将军西曹掾。建安二十四年，刘备为汉中王，任命刘巴为尚书，后来刘巴接替法正任尚书令。刘巴身体力行清廉节俭，不经营产业。他又自认为不是一开始就归附刘备的，故而害怕受到猜忌，所以恭谨静默，和人没有私交，与公事无关的话不说。章武二年，刘巴去世。刘巴去世以后，魏国尚书仆射陈群写信给丞相诸葛亮，信中询问刘巴的消息，称其为“刘君子初”，对刘巴甚是敬重。

董和、邓芝、刘巴三人功劳不同而都忠诚、清廉、简约，是仅次于武侯的一等人。

晋

【题解】

西晋短期统一之后，又迅速在内乱中解体。永嘉南渡之后，东晋成为一个偏安王朝。频繁内乱和外敌虎视贯穿了晋朝的大部分历史。晋朝又是一个士族政治大兴的时代，从晋武帝开国伊始，世家大族奢靡享乐之风大盛。在这样的历史背景下，晋朝廉吏不与浑浊之世同流合污，以身为范匡救时弊的精神足以彪炳史册。他们的作为，令人不禁想起儒家“知其不可为而为之”的道德理想与勇气。中华文明在漫长的历史中屡遭变乱而终能一再重光，实有赖于这种精神的支撑。列为晋朝廉吏者，最为特殊的当属陶潜，陶潜本因家贫而求官出仕，且任职时间短暂，并无突出政绩，却被评为上等，或许编者看重的是他“不为五斗米折腰”的清高和他的旷达胸襟所产生的人格魅力吧。

晋代如王太保、羊太傅、山公辈①，硕德宏功，前代罕比。次亦卓卓群伦。然俗好清谈，镌琢奇行为名高，故以廉著闻独多，与东汉风尚相当，得三十三人。

【注释】

①王太保：即王祥。晋武帝即位，拜太保。详本传。羊太傅：羊祜

(221—278)。晋朝名臣。卒赠太傅。详本传。山公:山涛(205—283)。“竹林七贤”之一。详本传。

【译文】

晋代如王太保、羊太傅、山公等人,大德伟业,前代鲜有可比。其他次一等的人也都卓然不群。但是当时社会风俗好尚清谈,刻意做出奇异的行为博取高名,所以凭清廉闻名的人特别多,和东汉的风气相当,共有三十三人。

王祥

王祥,字休徵,琅邪临沂人[1]。性至孝。早丧母,继母朱氏不慈,每使扫除牛下[2],祥愈恭谨。父母有疾,衣不解带,汤药必亲尝。母尝欲生鱼,时天寒冰冻,祥解衣将剖冰求之,冰忽自解,双鲤跃出,持之而归。母又思黄雀炙,复有黄雀数十飞入其幕。乡里惊叹,以为孝感所致焉。有丹柰结实,母命守之,每风雨,祥辄抱树而泣。其笃孝纯至如此。

【注释】

①临沂:县名。汉置,属东海郡。以东临沂水而名。今属山东。

②牛下:牛的排泄物。

【译文】

王祥,字休徵,琅邪临沂人。王祥生性至孝。他早年丧母,继母朱氏不慈爱,经常让他打扫牛粪,王祥愈益恭谨。父母有病,他衣不解带,汤药必定亲自先尝过。继母曾经想要吃活鱼,当时天气寒冷,水面冰封,王祥脱掉衣服准备破冰求鱼,冰忽然自然开裂,一对鲤鱼从水里跃出,于是王祥带着鲤鱼回家。继母又想吃烤黄雀,又有几十只黄雀飞进王祥的幕帐之中。乡里人都很惊叹,认为这是他的孝心感动天地所致。有一株丹奈结了果实，继母命王祥守看果实，每遇刮风下雨，王祥就抱着树哭泣。他的笃厚纯孝就到这种程度。

汉末遭乱，扶母携弟览避地庐江，隐居三十余年，不应州郡之命。母终，居丧毁瘁，杖而后起。徐州刺史吕虔檄为别驾，祥年垂耳顺①，固辞不受。览劝之，为具车牛，乃应召。虔委以州事，于时寇盗充斥，祥率励兵士讨平之。州界清静，政化大行，时人歌之曰："海沂之康，实赖王祥；邦国不空，别驾之功。"高贵乡公即位②，与定策功，封关内侯，拜光禄勋，转司隶校尉，从讨毌丘俭③，增邑四百户。迁太常。天子幸太学，命祥为三老④，祥南面几杖以师道自居，天子北面乞言。祥陈明王圣帝君臣政化之要以训之，闻者莫不砥砺。

【注释】

①耳顺：六十岁。《论语·为政》："六十而耳顺。"

②高贵乡公：即曹髦（241—260），字彦士。曹丕孙，初封高贵乡公。司马师废曹芳，立曹髦为帝。司马师死后，司马昭专擅朝政。甘露五年（260），曹髦不甘心被废辱，谋诛司马昭，被杀。

③毌（guàn）丘俭（？—255）：字仲恭，三国河东闻喜（今山西闻喜）人。魏明帝时为幽州刺史。与扬州刺史文钦举兵反司马氏，兵败，被灭三族。

④三老：本为掌一乡之教化的官吏，这里指国之三老。

【译文】

汉末遭逢天下大乱，王祥扶侍继母带着弟弟王览到庐江避难，他隐居三十多年，不接受州郡的征召。继母去世后，他守丧哀毁憔悴，要拄着手杖才能站起。徐州刺史吕虔征召王祥为别驾，王祥此时年近六十，他坚决推辞不接受。王览劝说王祥，为他准备好了上路的车和牛，他这才应召。吕虔把州中事务委任给王祥，当时乱贼充斥，王祥率领并激励士卒平定了叛乱。州郡得以清静，政事教化得到很好地推行，当时人歌唱道："海沂安康，实因王祥；邦国不空，别驾之功。"高贵乡公曹髦即位，王祥因参与定谋决策的功劳，被封爵关内侯，授予光禄勋之位，又转任司隶校尉，随从征讨毌丘俭，又获增加食邑四百户。王祥后来升任太常。天子驾幸太学，任命王祥为三老，王祥在南面凭几拄杖居于老师之位，天子在北面向他请求谏言。王祥向天子陈述明君圣帝以及君臣政事教化的道理来进行训诲，听到的人都觉得精神振奋。

武帝为晋王[①]，祥与荀顗往谒[②]。顗谓祥曰："相王尊重，当拜。"祥曰："相国诚尊贵，然是魏之宰相，吾等魏之三公，公、王相去一阶而已，安有天子三司而辄拜人[③]？"及入，顗遂拜，祥独长揖。武帝践阼，拜太保[④]，进爵为公，加置七官之职。祥固乞骸骨，诏勉留再三，听以睢陵公就第，赐几杖，安车驷马[⑤]，第一区，钱百万，绢五百匹，床帐簟褥[⑥]。以舍人六人为睢陵公舍人[⑦]，置官骑二十人。以公子骑都尉肇为给事中[⑧]，使常优游定省[⑨]。又以太保高洁清素，家无宅宇，其权留本府，须所赐第成乃出。

【注释】

①武帝：即晋武帝司马炎（236—290），字安世。司马昭之子。在司马昭死后嗣为晋王，后废魏称帝，建都洛阳。

②荀顗（yǐ）：字景倩。三国魏太尉荀彧第六子，西晋重臣。

③三司：即三公，太尉、司徒、司空。

④太保：官名。监护与辅弼国君之官。

⑤安车驷马：高官告老或征召有重望的人，往往赐乘安车。安车多用一马，礼尊者则用四马。安车，可以坐乘的小车。驷马，拉一辆车的四匹马。

⑥簟（diàn）：竹席。

⑦舍人：官名。战国及汉初王公贵官属官。

⑧骑都尉：官名。汉武帝时始置。肇：王肇，王祥长子。给事中：官名。秦置，以在殿中给事（执事）得名。

⑨定省（xǐng）：昏定晨省。子女早晚向父母请安问好的礼节。

【译文】

晋武帝司马炎还是晋王的时候，王祥和荀𫖮前往谒见。荀𫖮对王祥说："相王位尊权重，应当下拜。"王祥说："相国固然尊贵，但他是魏的宰相，你我是魏的三公，公和王相差只不过一级罢了，哪有天子的三公随便拜人的？"等到入见，荀𫖮就下拜，唯独王祥长揖。武帝即位，任命王祥为太保，晋封为公爵，加封了他七个官职。王祥坚决乞求退休，武帝下诏再三勉留，最后让他以睢陵公的爵位免职回家，赐给他坐几和手杖，驷马安车，一所宅第，百万钱，五百匹绢，另有床帐席褥等。让六名舍人担任睢陵公舍人，为其设置二十名护卫骑兵。晋武帝还任命王祥的儿子骑都尉王肇为给事中，让他可以很方便地向其父早晚问安。又因为王祥高洁清廉，没有像样的宅第，于是晋武帝让他暂且留居太保府中，等到所赐的宅第建成之后才迁出。

及疾笃，遗令薄葬。泰始五年薨[①]。诏赐东园秘器[②]，朝服一具，衣一袭，钱三十万，布帛百匹。明年，策谥曰元。奔赴者非朝廷之贤，则亲亲故吏而已，门无杂吊之宾。族孙戎叹曰[③]："太保可谓清达矣。"

休徵至德醇备，福应大集，岂惟廉哉。南面天子，长揖晋王，真是国爵屏贵[④]。

【注释】

①泰始：晋武帝司马炎年号(265—274)。

②东园秘器：东园制作的棺木。汉代有官署称东园，掌管王公贵族墓内器物的制作。

③戎：即王戎(234—305)，字浚冲，晋琅邪临沂(今山东临沂)人。好清谈，为“竹林七贤”之一。

④国爵屏贵：语出《庄子·天运》：“至贵，国爵屏焉；至富，国财屏焉。”屏，除去，排除。

【译文】

后来王祥病重，他遗嘱要求薄葬。王祥于泰始五年逝世。皇帝下诏赐予东园所制棺木，一具朝服，一套衣服，三十万钱，百匹布帛。第二年，朝廷策命赐予王祥谥号为元。王祥下葬之时，前来吊丧的不是朝廷的贤能，就是亲朋和老部属，没有其他吊丧的宾客。他的族孙王戎感叹说：“太保可以说是清廉通达了。”

王祥大德醇厚，福报全集，岂止是廉洁。站在南向面对天子训诲，拒不下拜而仅是长揖晋王，真是有道德修养的人连国家的爵位都能屏弃。

羊祜

羊祜，字叔子，泰山南城人也[①]。世吏二千石，至祜九世，以清德闻。年十二，丧父，孝思过礼。及长，博学，能属文。与王沉俱被曹爽辟[②]。沉劝就征，祜曰：“委质事人，复何容易？”及爽败，沉以故吏免，因谓祜曰：“常识卿前语。”祜曰：“此非始虑所及。”文帝为大将军[③]，辟祜，未就公车。征拜中书侍郎[④]，俄迁给事中、黄门郎[⑤]。及高贵乡公被弑[⑥]，陈留王立[⑦]，赐爵关中侯。祜以帝少，不愿为侍臣，求出补吏，徙秘书监[8]。及五等建[9],封钜平子。寻拜相国从事中郎[10],与荀勖共掌机密[11],迁中领军[12]。

【注释】

①南城:县名。在今山东泰安新泰。

②曹爽(?—249):字昭伯,三国魏沛国谯(今安徽亳州)人。曹操族孙。魏明帝时为武卫将军。邵陵厉公曹芳继位,以大将军受遗诏与司马懿共同辅政。后谋夺司马懿大权,反被诛杀,夷三族。

③文帝:即司马昭(211—265),字子上,三国魏温县(今河南温县)人。司马懿次子。其子司马炎废魏建晋,追谥其为晋文帝。

④中书侍郎:官名。晋由通事郎改置。职掌诏命。

⑤黄门郎:即黄门侍郎。官名。掌侍从皇帝,传达诏命。因宫禁之门黄闼,故有此称。

⑥高贵乡公被弑:曹魏甘露五年(260),高贵乡公曹髦不甘心被废辱,谋诛司马昭,事不成,反被杀。

⑦陈留王:即曹奂(246—302),曹操孙。司马昭弑高贵乡公,立曹奂为帝,是为曹魏元帝。司马昭死,司马炎建立晋朝,乃废曹奂为陈留王。

⑧秘书监:官名。掌管艺文图籍。

⑨五等:爵位的五个等级(公、侯、伯、子、男)。

⑩相国从事中郎:官名。为相国的幕僚。

⑪荀勖(?—289):字公曾,颍川颍阴(今河南许昌)人。仕三国魏,入晋为侍中,受封济北郡侯。专管机事,为人慎密,而博学明识,通音律。

⑫中领军:官名。曹操所置。与中护军同为重要军职。

【译文】

羊祜,字叔子,泰山南城人。羊祜的家族世代都出二千石的高官,到羊祜是第九代，都以清廉有德而闻名。羊祜十二岁时，其父去世，他哀思超过了礼制的要求。羊祜成年后，博学，擅长写文章。他和王沉一起都被曹爽征召。王沉劝他应召，羊祜说："归附事奉他人，这不是能够轻易决定的。"后来曹爽失败，王沉因为是曹爽旧吏而被免职，于是对羊祜说："我经常记得您先前说的话。"羊祜说："这不是我一开始就能考虑到的。"晋文帝任大将军的时候，征召羊祜，羊祜没有应召。后来羊祜奉召任命为中书侍郎，很快又升任给事中、黄门郎。后来高贵乡公被杀，陈留王即位，羊祜被赐爵关中侯。羊祜因为皇帝年纪小，不愿意担任侍臣，于是请求外出充任吏员，于是转任秘书监。等到五等封爵制度建立，羊祜被封为钜平子。不久被任命为相国从事中郎，和荀勖一起掌管机密，又升任中领军。

武帝受禅①，以佐命之勋，进本爵为侯。泰始初，以祜为尚书右仆射、卫将军②，给本营兵。时帝有灭吴之志，乃以祜为都督荆州诸军事、假节。祜率营兵出镇南夏③，开设庠序④，绥怀远近，甚得江汉之心。与吴人开布大信，降者欲去，皆听之。减戍逻以垦屯田，大获其利。祜之始至也，军无百日之粮，及至季年⑤，有十年之积。祜在军，常轻裘缓带，身不被甲。铃阁之下⑥，侍卫者不过十数人。后加车骑将军，开府如三司仪⑦。祜上表固让，不听。后以遣将攻吴不克，为有司所奏，坐贬为平南将军。

【注释】

①受禅（shàn）：王朝更迭，新皇帝接受旧皇帝让出的帝位。

②卫将军：官名。魏晋南北朝时期，骠骑将军、车骑将军、卫将军列其他各号将军之前。

③南夏：泛指我国南方地区。

④庠（xiáng）序：泛指学校。

⑤季年：指第三年。

⑥铃阁之下：简称“铃下”，指侍从、卫卒。在铃阁之下，有警则掣铃以呼之，故名。

⑦开府如三司仪：开建府署，辟置僚属，享受三公的待遇。

【译文】

晋武帝受禅即位，羊祜因为辅佐创业的功劳，晋封为侯爵。泰始初年，皇帝任命羊祜为尚书右仆射、卫将军，统领本营军队。当时皇帝有灭吴的计划，于是任命羊祜为都督荆州诸军事、假节。羊祜率兵出镇南方，他开办学校，安抚怀柔远近民众，深得江汉一带百姓的爱戴。他和吴人开诚布公，投降的人中有想要离开的，羊祜都听任他离去。他减少戍边巡逻的士兵用来垦荒屯田，大获其利。羊祜刚到荆州的时候，军中没有百日的存粮，到第三年，有可供十年的粮草积蓄。羊祜在军队里，经常身着轻便的裘衣和宽缓的衣带，不穿铠甲。身边所带侍卫不过十余人。后来羊祜被加车骑将军头衔，开建府署比照三司的标准。羊祜上表坚决辞让，皇帝不允许。后来羊祜因派遣将领攻打吴国不成功，被有关部门奏告，被贬为平南将军。

祜以孟献营武牢而郑人惧[①]，晏弱城东阳而莱子服[②]，乃进据险要，开建五城，收膏腴之地，石城以西[③]，尽为晋有。自是降者不绝。乃增修德性，以怀柔初附。每与吴人交兵，克日方战，不为掩袭之计。将帅有欲进谲诈之策者，辄饮以醇酒，使不得言。祜出军行吴境，刈谷为粮，皆计所侵送绢偿之。每会众江沔游猎，常止晋地。若禽兽先为吴人所伤，而为晋兵所得者，皆封还之。于是吴人翕然悦服。

祜与陆抗对境[④]，使命交通，抗称祜之德量，虽乐毅、诸葛亮不能过也。抗尝病，祜馈之药，抗服之无疑心。人多谏抗，抗曰："岂有酖人羊叔子哉！"

【注释】

①孟献营武牢而郑人惧：据《左传·襄公二年》，孟献子建议在虎牢筑城以逼迫郑国，当年冬筑城，郑国人这才要求媾和。武牢，应为虎牢，古地名。

②晏弱城东阳而莱子服：据《左传·襄公二年》，夏，齐姜死，齐侯派遣人前来送葬，召见莱子，莱子不参加会见，所以晏弱在东阳筑城以逼迫他。

③石城：即石头城。战国楚威王灭越，于石头城筑金陵邑。孙权徙治于此，改秣陵为建业。在石头山金陵邑原址筑城，取名石头城。晋朝时加砖累石，因山为城，因江为池，地形险固，为攻守金陵必争之地。故城在今江苏南京西清凉山上。

④陆抗(226—274)：字幼节，三国吴吴郡吴县(今江苏苏州)人。陆逊之子。年二十拜建武校尉，孙皓即位，加镇军大将军，领益州牧，都督信陵、西陵、夷道、乐乡、公安诸军事。

【译文】

羊祜鉴于春秋时鲁国孟献子在虎牢筑城而郑国惧怕，齐国的晏弱在东阳筑城而莱子畏服，于是占据险要地势，建筑五座城池，控制了肥沃的土地，吴国石头城以西，全部为晋国所有。从此吴国人前来归降的络绎不绝。羊祜于是修德讲信，安抚初降的人。每次和吴国人交战，约定好日期再战，不搞突然袭击。将帅们有想要进献阴谋诡计的，羊祜就请他们喝酒，让他们最后喝醉了无法开口。羊祜行军每到吴国境内，军队收割当地谷物做军粮，都要算出所割谷物的价值送绢补偿。他每次在江沔一带聚众打猎，总是限定在晋国境内。如果禽兽先被吴人打伤而又被晋兵得到的，都原样送还吴人。于是吴国人全都心悦诚服。羊祜和陆抗在边境对峙，相互派使者交流往来，陆抗称赞羊祜的德望器量，即使乐毅、诸葛亮也不能超过。陆抗曾经生病，羊祜赠送药物给他，陆抗毫无疑心地服用。周围的人大多劝阻陆抗，陆抗说："哪有会下毒的羊叔子呢！"

咸宁初①，除征南大将军、开府仪同三司②，得专辟召。祜累上疏请伐吴，帝深纳之。诏以泰山郡之五县为南城郡，封祜为南城侯，祜复固让。祜历职二朝，任典枢要，政事损益皆咨访焉。势利之求，无所关与。其嘉谋谠议③，皆焚其草。凡所进达，人皆不知所由。或谓祜慎密太过。祜曰："是何言欤？夫入则造膝，出则诡辞，君臣不密之诫④，吾惟惧其不及。不能举贤取异，岂得不愧知人之难哉！且拜爵公朝，谢恩私门，吾所不取。"

【注释】

①咸宁：晋武帝司马炎年号（275—280）。

②开府仪同三司：官名。即上文的"开府如三司仪"。

③谠（dǎng）议：正直的议论。

④君臣不密之诫：《周易·系辞上》："君不密则失臣，臣不密则失身。"

【译文】

咸宁初年，羊祜被任命为征南大将军、开府仪同三司，有自行征辟官员之权。羊祜多次上疏请求伐吴，皇帝非常认可他的意见。皇帝下诏划泰山郡的五县设立南城郡，封羊祜为南城侯，羊祜又坚决推让。羊祜历事两朝，任职枢要机构，朝廷在政事方面的变动调整都会向他征求意见。羊祜对求取权势利益根本不关心。他向朝廷建言献策，都会把奏表的草稿烧掉。那些由羊祜推荐而受到提拔重用者，人们都不知道是由谁举荐的。有人说羊祜太过于谨慎保密。羊祜说："这是什么话呢？入朝则近膝密陈，出朝则言论奸猾，君臣之间因言行不密导致失去信任的诫言，我对此惧怕还来不及。如果不能举荐贤能选取奇才，哪能不愧于知人之难呢！况且在朝堂上公开地拜受官爵，在私第里接受被举荐者谢恩，这是我所不屑的。"

祜寝疾，求入朝面陈伐吴之计。帝欲使祜卧护诸将，祜曰："取吴不必须臣自行，但既平之后，当劳圣虑耳。功名之际，臣所不敢居。"疾渐笃，乃举杜预自代[①]。寻卒，时年五十八。帝素服哭之甚哀，是日大寒，帝涕泪沾须鬓，皆为冰焉。南州人征市日，闻祜丧，莫不号恸罢市，巷哭者声相接。吴守边将士亦为之泣。其仁德所感如此。赐以东园秘器，朝服一袭，钱三十万，布百匹，赠侍中、太傅。

【注释】

①杜预（222—284）：京兆杜陵（今陕西西安）人。官河南尹、度支尚书。继羊祜都督荆州诸军事，迁镇南大将军，镇襄阳。太康元年（280）率兵灭吴。

【译文】

羊祜身患重病，他请求入朝当面陈说讨伐吴国的谋划。晋武帝想要派羊祜带病监军，羊祜说："攻取吴国不必老臣亲自去，但是平定之后的事情，要烦劳皇上您费心了。臣不敢居功。"羊祜的病越来越重，于是举荐杜预代替自己。不久后羊祜就去世了，享年五十八岁。晋武帝身着素服哭得很伤心，当天大寒，武帝的眼泪沾在发须上，都结成了冰。南州人在赶集的日子里，听说羊祜去世，全都号哭罢市，街头巷尾哭声相接。吴国的守边将士也为他哭泣。他的仁德感人就是如此。皇帝赐给羊祜东园秘器，朝服一套，三十万钱，百匹布，追赠侍中、太傅。

祜立身清俭，被服率素，禄奉所资，皆以赡给九族，赏赐军士，家无余财。遗令不得以南城侯入柩。从弟琇等述祜素志，求葬于先人墓次。帝不许，赐近陵葬地一顷，谥曰成。祜丧既引①，帝于大司马门南临送②。祜甥齐王攸表祜妻不以侯敛之意。帝乃诏曰："祜固让历年，志不可夺，身没让存，遗操益厉，此夷、叔所以称贤③，季子所以全节也④。今听复本封，以彰高美。"襄阳百姓于岘山祜平生游憩之所，建碑立庙，岁时飨祭焉。望其碑者，莫不流涕，杜预因名为堕泪碑。

【注释】

①引：柩车的绳索。这里指出殡。

②大司马门：皇宫的外门。凡出入宫禁，至此都下车步行。

③夷、叔：伯夷和叔齐。

④季子：季札，春秋时期吴王寿梦之季子，寿梦欲传位给他，辞而不受。

【译文】

羊祜立身清廉俭约，他的被褥服装大都朴素，所得俸禄都用来接济宗族和赏赐士卒，家里没有多余的财物。羊祜遗嘱说不能以南城侯的身份入殓。他的堂弟羊琇等人陈述羊祜平生意愿，请求将羊祜安葬在祖先墓侧。晋武帝不允许，赐给靠近皇陵的一顷葬地，赐予羊祜谥号为成。羊祜出殡那天，晋武帝驾临大司马门之南送行。羊祜的外甥齐王司马攸奏明羊祜妻子不以侯爵之礼安葬的意愿。皇帝于是下诏说："羊祜多年以来坚决辞让南城侯，其志不可违背，虽已去世，但他辞让显爵的意志犹存，他的节操更加坚贞，这就是伯夷、叔齐之所以称贤，季札之所以全节的原因。而今听由恢复他原来的封爵,以表彰他的高风美德。”襄阳百姓在岘山羊祜平常游憩的地方,为他建碑立庙,每年按时祭祀。望见羊祜纪念碑的人,没有不流泪的,杜预因此把碑命名为堕泪碑。

祜卒二年而吴平,群臣上寿,帝执爵流涕曰:“此羊太傅之功也。”因以克定之功策告祜庙。先是,有善相墓者,言祜祖墓有帝王气,若凿之则无后。祜遂凿之。相者见曰:“犹出折臂三公。”而祜竟堕马折臂,位至公而无子。

以怀为威,以德为功,与诸葛武侯器量伯仲。而叔子浑浑自流[1],武侯謇謇必致[2]。九世以清德闻。

【注释】

①浑浑:浑厚质朴貌。

②謇(jiǎn)謇:忠贞,正直。

【译文】

羊祜死后二年吴国被灭,群臣举酒祝贺,武帝端着酒杯流泪说:“这都是羊太傅的功劳啊。”于是把平吴之功写成策书祭告羊祜庙。早先,有擅长相墓的人,说羊祜的祖先坟墓有帝王气,如果凿开的话就会绝后。羊祜于是就凿开祖先坟墓。相墓者看见又说:“还是能出折臂三公。”后来羊祜堕马折臂,位至三公却没有儿子。

以怀柔为威,以高德为功,与诸葛武侯器量不分上下。而羊叔子宽简任其自然,诸葛武侯则忠直事必躬亲。九代人都以清廉高德闻名。

中鲁芝

鲁芝,字世英,扶风郡人也。魏车骑将军郭淮为雍州刺史，举孝廉，除郎中，寻请为别驾。累迁天水太守，后转广平太守[①]。天水夷夏慕德，老幼赴阙献书乞留。魏明帝许焉，仍策书嘉叹。历并、荆、青三州刺史，累迁平东将军，封阴平伯。武帝践祚，转镇东将军，进爵为侯。帝以芝清忠履正，素无居宅，使军兵为作屋五十间。泰始九年卒，年八十四。赐茔田百亩，谥曰贞。

【注释】

①广平：郡名。本秦邯郸郡地。汉景帝时分置广平郡。治所在今河北鸡泽。

【译文】

鲁芝，字世英，扶风郡人。曹魏车骑将军郭淮任雍州刺史时，举荐鲁芝为孝廉，任命他为郎中，不久又请他担任别驾。鲁芝多次迁任，直到天水太守，后来转任广平太守。天水各族民众钦慕他的大德，不分老幼纷纷进京向朝廷上书请求让鲁芝留任。魏明帝准许了，多次颁发策书嘉奖表彰鲁芝。他先后担任并州、荆州、青州刺史，一直升迁至平东将军，封阴平伯。晋武帝即位，鲁芝转任镇东将军，晋封为侯爵。晋武帝因为鲁芝清廉忠诚行止正直，平素没有宅第居住，就派士兵为他修建了五十间房屋。泰始九年鲁芝去世，享年八十四岁。皇帝赐予墓田百亩，赐予谥号为贞。

卢钦附五世孙恒

卢钦，字子若，范阳涿人也[①]。世以儒业显。钦清澹有远识，笃志经史。举孝廉，不行，魏大将军曹爽辟为掾。爽弟尝有所属请，钦白爽子弟不宜干犯法度，爽深纳之。除尚书郎，后为侍御史，袭父爵大利亭侯。累迁琅邪、阳平太守，淮北都督[②]，甚有称绩。征拜散骑常侍、大司农[③]，迁吏部尚书，进封大梁侯。武帝受禅，以为都督沔北诸军事、平南将军、假节。在镇宽猛得中，疆场无虞。入为尚书仆射，加侍中、奉车都尉[④]，领吏部。以清贫，特赐绢百匹。

【注释】

①范阳：郡国名。汉置涿郡，三国魏时改范阳郡，晋武帝改范阳国，北朝魏为范阳郡。治所在今河北涿州。

②都督：领兵将帅的官号。

③散骑常侍：官名。汉有散骑，为皇帝侍从，又有中常侍，性质同。东汉省散骑，改以宦官任中常侍。魏文帝并散骑与中常侍为一官，如称散骑常侍，以士人任职。入则规谏过失，备皇帝顾问，出则骑马散从。魏、晋散骑常侍与侍中共平尚书奏事。多是显职。

④奉车都尉：官名。汉武帝时所置，掌御乘舆车。

【译文】

卢钦，字子若，范阳涿人。卢钦家族世代以儒业显扬。卢钦为人清静恬淡卓有远见，深研经史。他曾被举荐为孝廉，但没有应召，曹魏大将军曹爽征召卢钦担任掾吏。曹爽的弟弟曾有所请托，卢钦向曹爽报告说其亲属不应该违反制度，曹爽非常认可。卢钦被任命为尚书郎，后又任侍御史，承袭其父大利亭侯爵位。他多次升迁至琅邪、阳平太守，淮北都督，颇有可称道的政绩。后来卢钦又被征召担任散骑常侍、大司农，转任吏部尚书，晋封为大梁侯。晋武帝受禅登基，任命卢钦为都督沔北诸军事、平南将军、假节。任职军镇期间，卢钦宽柔威猛适得其中，疆场无事。他入朝担任尚书仆射，又加封侍中、奉车都尉，兼任吏部。因为清贫，皇帝特别赐给他一百匹绢。

钦举必以材，称为廉平。咸宁四年卒，谥曰元。诏赠卫将军、开府仪同三司，赐秘器、朝服、钱布甚厚。又以钦忠清高洁，不营产业，身没之后，家无所庇，特赐钱五十万，为立第舍。复下诏曰："故司空王基、卫将军卢钦、领典军将军杨嚣，并素清贫，身没之后，居无私积，顷者饥馑，闻其家大匮，其各赐谷三百斛。"钦历宰州郡，不尚功名，唯以平理为务。禄奉散之亲故，不营赀产。动循礼典，妻亡，制庐杖[①]，终丧居外。所著诗、赋、论、难数十篇。

【注释】

①庐杖：服丧住的草庐和用的丧杖。

【译文】

卢钦有所举荐必定以才能为准，被称颂为清廉公平。咸宁四年卢钦去世，谥号为元。皇帝下诏赠卢钦卫将军、开府仪同三司，赏赐东园秘器、朝服、钱布等甚为丰厚。又因为卢钦忠诚清廉高洁，不经营产业，身死之后，家里无所依庇，所以皇帝特别赐钱五十万，为其家修建房舍。皇帝又下诏说："故司空王基、卫将军卢钦、领典军将军杨嚣，素来都很清贫，身死之后，家无积蓄，近来饥荒，听闻几家十分贫乏，特分别赐谷三百斛。"卢钦历任州郡官职，不崇尚功名，只以理政为要务。他的俸禄分散给亲朋故旧，不经营资产。卢钦举动遵循礼仪典制，妻子去世后，他建草庐，制丧杖，一直到丧期结束都住外面。卢钦所著诗、赋、论、难有数十篇。

钦五世孙恒，字敬则，博学，尚武帝女荥阳长公主[①]，拜驸马都尉，历事愍帝、成帝[②]，官至左光禄大夫、开府[③]。性清恪俭素，虽居显列，常布衣蔬食，年老弥笃。死之日，家无余财，唯有书数百卷。时人以此贵之。

祖孙显列，五世同清。

【注释】

①尚：娶帝王之女为妻，称作“尚”。

②愍帝：即晋愍帝司马邺。西晋最后一位皇帝。成帝：即晋成帝司马衍。东晋第三位皇帝。

③左光禄大夫：官名。晋朝始于光禄大夫之外加置左、右光禄大夫。

【译文】

卢钦的五世孙卢恒，字敬则，博学，娶晋武帝女荥阳长公主为妻，拜驸马都尉，先后事奉愍帝、成帝，做官做到左光禄大夫、开府。卢恒生性清廉严谨俭朴，虽然位居显要，常常穿着布衣吃简单的饭食，越到老年越是如此。卢恒去世的时候，家里没有多余的财物，只有几百卷书。当时人因此很看重他。

祖孙都很显要，五代人同为清官。

中杜轸

杜轸，字超宗，蜀郡成都人也。轸师事谯周[①]，博涉经书。邓艾入成都[②]，察孝廉，除建宁令[③]。导以德政，风化大行，夷夏悦服。秩满，将归郡，群蛮追送，赂遗甚多，轸一无所受，去如初至。又除池阳令[④]，为雍州七郡最。累迁尚书郎。轸博闻广涉，奏议驳论多见施用。时涪人李骧亦为尚书郎，与轸齐名。每有论议，朝廷莫能逾之，号蜀有二郎。轸后拜犍为太守[⑤]，甚有声誉。当迁，会病卒，年五十一。

去“如初”至妙。博雅。

【注释】

①谯周(201—270):字允南,三国蜀巴西西充(今四川西充)人。精研“六经”。诸葛亮领益州牧,命为劝学从事,后官至光禄大夫。以劝蜀主刘禅降魏,魏封为阳城亭侯。入晋,屡诏征用,拜骑都尉,后以疾辞。

②邓艾(197—264):字士载,三国魏义阳棘阳(今河南新野)人。仕魏至城阳太守、镇西将军、都督陇右诸军事,进封邓侯。魏伐蜀,邓艾率军偷渡阴平,直抵成都,蜀主刘禅降。后钟会诬以谋反,为监军卫瓘所杀。

③建宁:汉益州郡地。蜀汉改置建宁郡,治味县(今云南曲靖麒麟区)。

④池阳:县名。秦泾阳县,汉惠帝时改置池阳县,故城在今陕西泾阳西北。

⑤犍为:郡名。西汉置,治所在鳖县(今贵州遵义红花岗区)。后移治僰道(今四川宜宾翠屏区),属益州。

【译文】

杜轸,字超宗,蜀郡成都人。杜轸师事谯周,博览经书。邓艾入据成都后,考察举荐杜轸为孝廉,任命他为建宁令。杜轸用德政引导民众,当地教化大行,各族民众心悦归服。杜轸任期届满,将回蜀郡的时候,当地民众追赶送行,赠送的东西很多,杜轸全都没有接受,他离开的情形就像刚到的时候一样。杜轸又被任命为池阳令,政绩是雍州七郡中最优的。后来杜轸一直升迁到尚书郎。杜轸见识广博涉猎颇多,奏议驳论多被采纳施行。当时涪人李骧也任尚书郎,和杜轸齐名。每逢有所议论,朝廷没有人能超过他们的,因此号称蜀有二郎。杜轸后来出任犍为太守,颇有声誉。应当升迁的时候,杜轸不巧因病去世,享年五十一岁。

去“如初”最妙。博雅之人。

山涛

山涛，字巨源，河内怀人也[①]。早孤，居贫，有器量，隐身自晦，与阮籍辈为竹林之游[②]。年四十，始为郡主簿功曹。举孝廉，州辟部河南从事。与石鉴共宿[③]，涛夜起蹴鉴曰："今为何等时而眠邪？知太傅卧何意[④]？"鉴曰："宰相三不朝，与尺一令归第，卿何虑也？"涛曰："咄！石生无事马蹄间邪！"投传而去[⑤]。未二年，果有曹爽之事[⑥]，遂隐身不交世务。与宣穆后有中表亲[⑦]，以见景帝[⑧]，帝曰："吕望欲仕邪[⑨]？"命司隶举秀才，除郎中，累迁尚书吏部郎。文帝与涛书曰[⑩]："足下在事清明，雅操迈时，念多所乏，今致钱二十万、谷二百斛。"咸熙初[⑪]，封新沓子。泰始初，加奉车都尉，进爵为伯。

【注释】

①怀：县名。秦置。为河内郡治。在今河南武陟西土城村附近。

②阮籍（210—263）：字嗣宗，三国魏陈留尉氏（今河南尉氏）人。曾为步兵校尉，世称"阮步兵"。擅长啸、弹琴，博览群书，尤好老庄。生活于魏晋易代之际，不满现实而畏祸自全，纵酒谈玄，不评论时事人物。每出行至穷途，则恸哭而返。曾与嵇康等七人作竹林之游，史称"竹林七贤"。

③石鉴：字林伯，乐陵厌次（今山东阳信）人。三国魏及西晋大臣。

④太傅：指司马懿。时与曹爽争权。

⑤投传（zhuàn）：弃官。传，任官的凭证。

⑥曹爽之事：指曹爽被司马懿诛杀夷三族之事。

⑦宣穆后：司马懿之妻，司马师和司马昭之母，其孙司马炎废魏建晋，追谥她为宣穆皇后。中表亲：父亲姊妹（姑母）的儿女叫外表，

母亲的兄弟（舅父）姊妹（姨母）的儿女叫内表，外为表，内为中，统称中表亲。

⑧景帝：司马师，字子元，河内温县（今河南温县西）人。司马懿长子。西晋建立后，被追尊为景皇帝。

⑨吕望：即太公望。这里代指山涛。太公望俗称姜太公，姜姓，吕氏，名尚，相传钓于渭水之滨，周文王出猎相遇，大悦，说："吾太公望子久矣。"故名太公望。辅佐周武王灭殷。周朝建立后，封于齐，为齐国始祖。

⑩文帝：晋文帝司马昭。

⑪咸熙：三国魏元帝曹奂年号（264—265）。

【译文】

山涛，字巨源，河内怀县人。山涛的父亲很早就去世了，他居家贫困，有器量，隐居自藏，和阮籍等人共作竹林之游。四十岁时，山涛才担任郡主簿功曹。后来山涛被举荐为孝廉，州里征召他为河南从事。山涛和石鉴同宿，他夜里起身用脚踢石鉴说："现在是什么时候，还在睡觉呢？知道太傅称病是什么意思吗？"石鉴说："宰相多次不上朝，给他一尺长的诏书让他回家就是了，你何必操心呢？"山涛说："嘿！石生可不要在马蹄间来往奔走啊！"于是山涛弃官而去。不到两年，果然发生了曹爽被司马懿诛杀的事，山涛就隐居起来不参与世务。山涛和宣穆皇后有中表亲，因此得以拜见晋景帝司马师，晋景帝说："太公望想要出山做官了吗？"于是命令司隶举荐山涛为秀才，任命他为郎中，多次升迁到尚书吏部郎。晋文帝给山涛书信说："足下任事清廉明白，长期坚持高雅的操守，顾念您物质匮乏，如今送钱二十万、谷物二百斛。"咸熙初年，山涛受封新沓子爵位。泰始初年，他被加官奉车都尉，晋封为伯爵。

及羊祜执政，时人欲危裴秀[①]，涛正色保持之，由是出为冀州刺史，加宁远将军。冀州俗薄，无相推毂[②]，涛甄拔隐屈，搜访贤才，旌命三十余人，皆显名当时。人怀慕尚，风俗颇革。转北中郎将，入官侍中，迁尚书，以母老辞职，除议郎。帝以涛清俭，无以供养，特给日契[3]，加赐床帐茵褥。后除太常卿，以疾不就。会遭母丧，归乡里。涛年逾耳顺，居丧过礼，负土成坟，手植松柏。诏起为吏部尚书。前后选举，周遍内外而并得其才。

【注释】

①裴秀(224—271)：字季彦，魏晋时河东闻喜(今山西闻喜)人。少时好学能文。仕魏为尚书仆射。司马昭为晋王，因秀言立司马炎为世子。司马炎称帝，裴秀入晋官至司空。

②推毂：推举人才。

③日契：每天供给膳食的凭证契券。

【译文】

等到羊祜执政，当时有人想要危害裴秀，山涛非常严正地保护裴秀，因此外放出任冀州刺史，加封宁远将军。冀州风俗浇薄，士人之间相互不推举人才，山涛甄别选拔隐逸之才，搜罗访求贤能之士，征召了三十多人，在当时都名声显扬。于是冀州人人心怀慕尚，浇薄的风俗得以革除。山涛转任北中郎将，又入朝担任侍中，升任尚书，因为母亲年老而辞职，被任命为议郎。晋武帝因为山涛清廉俭约，没有供养家庭的物资，特地赐给他日契，加赐床帐席褥。后来山涛被任命为太常卿，他因为生病没有就职。适逢母亲去世，山涛返回乡里。山涛当时已年过六十，但为母亲守丧超过常礼要求，他亲自背土垒坟，亲手植下松柏。皇帝下诏书起复山涛为吏部尚书。他前后选拔、举荐的人遍及朝廷内外而尽得其才。

咸宁初，转太子少傅[1]，加散骑常侍，除尚书仆射，加侍中，领吏部如故。以老疾上表陈情，章数十上，手诏慰留非一。后拜司徒，复固让。时涛有疾，使者乃卧加章绶，涛曰："垂没之人，岂可污官府乎？"舆疾归家。以太康四年薨[②]，年七十九。策赠司徒、蜜印紫绶、侍中貂蝉、新沓伯印绶[③]，祭以大牢[④]，谥曰康。诏赐东园秘器，及供丧事钱布甚厚。左长史范晷等上书言涛旧第屋十间，子孙不相容，帝为之立室。

【注释】

①太子少傅：官名。与太子少师、少保合称太子三少或东宫三少。

②太康：晋武帝司马炎年号（280—289）。

③貂蝉：貂尾和附蝉。王公显官冠上的饰物。

④大牢：即太牢。祭祀时并用牛、羊、猪三牲。

【译文】

咸宁初年，山涛转为太子少傅，加散骑常侍，又被任命为尚书仆射，加侍中，仍旧兼任吏部。山涛因为年老多病，上表陈情，上奏几十次，皇帝也多次手诏抚慰挽留。后来皇帝又任命山涛为司徒，他坚决辞让。当时山涛有病，使者就让他卧床接受加赐的章绶，山涛说："将死的人，怎能玷污官府呢？"于是抱病登车归家。太康四年，山涛逝世，享年七十九岁。皇帝下策书赠给山涛司徒头衔，授予蜜印紫绶、侍中貂尾和附蝉、新沓伯印绶，用太牢的规格祭祀山涛，赐予谥号为康。皇帝还下诏赐给山涛东园秘器，还赏赐了丰厚的丧事所用钱物布帛等。左长史范晷等人上书说山涛家里仅有旧屋十间，子孙不够住，晋武帝于是为他家增建了房屋。

初，涛为布衣，家贫，介然不群。及居荣贵，贞慎俭约，虽爵同千乘，而无嫔媵[①]，禄赐奉秩散之亲故。初，陈郡袁毅尝为鬲令[②]，贪浊而赂遗公卿以求虚誉，亦遗涛丝百斤。涛不欲异于时，受而藏于阁上。后毅事露，槛车送廷尉，凡所受赂皆见推检。涛乃取丝付吏，积年尘埃，印封如初。

清操雅量，推贤选才，人伦之衡鉴，国家之栋梁。悬丝封识，廉不立异。

【注释】

①嫔媵（yìng）：姬妾侍女。

②鬲（gé）：县名。西汉属平原郡，故城在今山东德州德城区。

【译文】

起初，山涛为平民，家里贫困，耿介傲岸卓尔不群。山涛后来居于荣华富贵之中，仍然保持操守谨慎俭约，虽然他的爵位几乎等同于诸侯，却没有姬妾侍女，俸禄赏赐都散发给亲朋故旧。早先，陈郡的袁毅曾经担任鬲县令，贪污腐化贿赂公卿来追求虚浮的名声，他也给山涛送过一百斤丝。山涛不愿意表现得异于时俗，于是接受下来藏在阁上。后来袁毅的事情败露了，被关进囚车送至廷尉受审，他所有的贿赂行为全都被一一追究。山涛于是取出丝交付官员，上面积满了多年的尘埃，印封还是原来那样。

清高的操守高雅的器量，推举贤能选拔人才，是人伦的衡量标准，是国家的栋梁之材。把所受的丝悬藏起来保存好印封，清廉却并不显得特立独行。

中李憙

李憙，字季和，上党铜鞮人也[①]。憙少有高行，博学研精，与北海管宁以贤郎征，不行。累辟三府，不就。宣帝复辟憙为太傅属[②]，固辞疾。后景帝辅政，命憙为大将军从事中郎，引见，谓憙曰："昔先公辟君而君不应，今孤命君而君至，何也？"对曰："先君以礼见辟，憙得以礼进退。明公以法见绳[3]，憙畏法而至。"帝甚重之。历迁司隶校尉。泰始初，封祁侯，寻为太子太傅。憙在位累年，训道尽规。迁尚书仆射，拜特进、光禄大夫[4]，以年老逊位。及齐王攸出镇[5]，憙上疏谏争，辞甚恳切。憙自历仕，虽清非异众，而家无储积。亲旧故人乃至分衣共食，未尝私以王官。及卒，追赠太保，谥曰成。

【注释】

①铜鞮（dī）：县名。汉置，属上党郡。今山西沁县有铜鞮故城。

②宣帝：即司马懿。其孙司马炎建立晋朝后，追谥其为宣帝。

③明公：对有名位者的敬称。

④特进：官名。西汉后期始置，本非正式官名。为引见之称，后行之既久，渐成加官。

⑤齐王攸：即司马攸（248—283）。晋文帝司马昭次子，封齐王。晋武帝晚年，司马攸被谗，排挤出朝。

【译文】

李憙，字季和，上党铜鞮人。李憙年少时即有高尚的品行，博学精研，曾和北海管宁一起以贤郎的名义被征召，他没有接受。后来李憙又多次被三公征召，他也不前往。晋宣帝司马懿又征召李憙为太傅掾属，他以生病为由坚决推辞。后来晋景帝司马师辅政，任命李憙为大将军从事郎，在引见时司马师对李憙说："往昔先父征召您而您不应召，今天我任命您您就来了，为什么呢？"李憙回答说："令尊以礼征召，我就能够以礼进退。明公您以法令约束，我畏惧法令所以就来了。"晋景帝颇为看重他。李憙后来升迁至司隶校尉。晋武帝泰始初年，李憙受封祁侯，不久又任太子太傅。李憙在任多年，训诲大道尽职尽责。后升任尚书仆射，被授予特进、光禄大夫，因为年老而退休。后来齐王司马攸被排挤出朝，李憙上疏谏争，言辞颇为恳切。李憙自从进入仕途，虽然在清廉方面并不特别出众，而家里没有什么积蓄。他对待亲朋故旧甚至到了分衣穿、共饭食的程度，但从不曾私下以公家财物来接济。李憙去世后，被追赠太保，谥号为成。

中李胤

李胤，字宣伯，辽东襄平人也[①]。祖敏，汉河内太守，去官，辽东太守公孙度欲强用之，敏乘轻舟浮沧海，不知所终。胤父信追求积年，浮海出塞，竟无所见，因行丧制服。既生胤，遂绝房室，恒如居丧，不堪其忧，数年而卒。胤既幼孤，有识之后，降食哀戚，亦以丧礼自居，又以祖不知存亡，设木主以事之[②]，由是以孝闻。

【注释】

①襄平：县名。汉置，为辽东郡治。故城在今辽宁辽阳城区。

②木主：为死者立的木制牌位，即神主。

【译文】

李胤，字宣伯，辽东襄平人。李胤的祖父李敏曾任汉朝的河内太守，后来辞官，辽东太守公孙度想要强行任用他，于是李敏乘着轻舟漂浮沧海，不知下落。李胤的父亲李信多年访求，航行海上出行塞外，最终也没找着，于是举行丧礼制作丧服。李信在生下李胤之后，就不再和妻子同居，长期过着居丧一样的生活，因忧戚过盛，几年后就去世了。李胤幼年丧父，等有了识见以后，减食致哀，也守制为父亲居丧，又因为不知祖父生死，所以设立祖父的神主牌位供奉，由此李胤因孝行而出名。

胤容貌质素，颓然若不足者，而知度沉邃，言必有则。举孝廉，参镇北军事，迁乐平侯相，政尚清简。入为尚书郎，迁中护军司马、吏部郎[1]，铨综廉平。赐爵关中侯，出补安丰太守[2]。文帝引为大将军从事中郎，迁御史中丞，恭恪直绳，百官惮之。后为河南尹，封广陆伯。泰始初，进爵为侯，迁吏部尚书仆射，寻转太子少傅，诏领司隶校尉。咸宁初，皇太子出居东宫，帝悯胤素羸，不宜久劳之，转拜侍中，加特进，俄迁尚书令。

【注释】

①中护军：官名。汉末曹操所置，魏晋南北朝时为重要军职。

②安丰：郡名。三国魏分庐江郡置安丰郡，治安风县（今安徽霍邱西南）。

【译文】

李胤容貌平常，精神萎靡好像是先天不足，但见识气度沉郁深邃，言谈必有准则。李胤被举荐为孝廉，参与镇北军事，升任乐平侯相，为政崇尚清廉简约。李胤又入朝任尚书郎，升任中护军司马、吏部郎，铨选考核清廉公平。被赐爵关中侯，又出京任安丰太守。晋文帝任命他为大将军从事中郎，升任御史中丞，他恭谨正直，百官都很畏惧他。后来李胤任河南尹，受封广陆伯爵位。泰始初年，李胤被晋封为侯爵，升任吏部尚书仆射，不久又转任太子少傅，皇帝诏令他兼任司隶校尉。咸宁初年，皇太子出居东宫，武帝怜悯李胤素来羸弱，不宜长久劳累，转任他为侍中，加特进，不久又升任尚书令。

胤虽历职内外，而家至贫俭，儿病无以市药。帝闻之，赐钱十万。其后帝以司徒旧丞相之职，诏以胤为司徒。在位五年，简亮持重。太康三年薨。诏遣御史持节，监丧致祠，谥曰成。帝后思胤清节，诏曰："故司徒李胤、太常彭濯，并履忠清，身没家无余积。赐胤家钱二百万、谷千斛，濯家半之。"

位历卿相，贫无药赀。浮海避世，清风从来远矣，谁谓醴泉无源？

【译文】

李胤虽然历任朝廷和地方官职，但家里特别贫困俭素，儿子生病了都没钱买药。晋武帝听说之后，赐钱十万给李胤。后来晋武帝因为司徒就是旧制中丞相之职，所以下诏任命李胤为司徒。李胤在位五年，简明持重。太康三年李胤逝世。晋武帝下诏派遣御史持节主持丧事并祭祀李胤，赐谥号为成。晋武帝后来怀念李胤清廉的节操，下诏说："故司徒李胤、太常彭濯，履职皆是忠贞清廉，身死之后家无余财。赐李胤家钱二百万、谷物千斛，彭濯家减半。"

位至卿相，贫困到没有买药的钱。浮海避世，清风从祖上就传下来了，谁说甘泉没有源头？

中郄诜

郄诜，字广基，济阴单父人也[①]。博学多才，瑰伟倜傥，不拘细行。泰始中，以对策上第，拜议郎。母忧去职[②]。初，母病，苦无车，及亡，不欲车载柩，家贫无以市马，乃于所住堂北壁外假葬[③]，开户朝夕拜哭。养鸡种蒜，竭其方术。丧过三年，得马八匹，舆柩至家，负土成坟。召为征东参军，徙尚书郎，转车骑从事中郎。吏部尚书崔洪荐诜为左丞[⑩]，及在职，尝以事劾洪，其不私如此。后迁雍州刺史，在任威严明断，卒于官。

苦节敦孝，不私所荐。

【注释】

①济阴：郡国名。汉景帝时分置定陶国，建元年间改为济阴郡，治所在今山东菏泽定陶区。单（shàn）父：县名。秦置，故城在今山东单县南。

②母忧：丁母忧。遭逢母亲的丧事。

③假葬：暂时安葬。

④左丞：官名。汉成帝时置尚书，汉光武帝时分左右丞。尚书左丞佐尚书令，总领纲纪，是尚书令及仆射的属官。

【译文】

郄诜，字广基，济阴单父人。郄诜博学多才，魁伟倜傥，不拘小节。泰始年间，郄诜因对策考察中评为上等而被授予议郎官职。因遭逢母亲的丧事而离职。起初，郄诜母亲生病，苦于没有车辆代步，后来她去世后，郄诜不愿意用车载灵柩，家里又贫穷买不起马，于是就在住所堂屋北壁外暂时安葬，打开门户早晚拜哭。郄诜养鸡种蒜，想尽办法。过了三年的丧期后得到八匹马，他用马拉着母亲灵柩到墓地，亲自背土垒成坟墓。郄诜后来被召为征东参军，升任尚书郎，转任车骑从事中郎。吏部尚书崔洪举荐郄诜为左丞，郄诜在任的时候，曾经因事弹劾过崔洪，他就是这样不徇私情。后来郄诜升任雍州刺史，在任时威严有决断，最后在任上去世。

守志不渝，孝道敦厚；不为曾经举荐过自己的人徇私。

上魏舒

魏舒，字阳元，任城樊人也[①]。少孤，为外家宁氏所养[②]。

宁氏起宅，相宅者云："当出贵甥[③]。"外祖母以魏氏甥小而慧，意谓应之。舒曰："当为外祖成此宅相。"舒姿望秀伟，饮酒石余，而迟钝质朴，不为乡亲所重，不修常人之节，不为皎厉之行。每欲容才长物，终不显人之短。

【注释】

①任城：东汉析东平国置任城国，治所在任城县（山东微山）。樊：在今山东兖州西南。

②外家：女子出嫁后，称其娘家为外家。

③甥：这里指外孙。

【译文】

魏舒，字阳元，任城樊人。魏舒年少丧父，被外祖家宁氏所收养。宁家修建宅第，相宅的人说："要出显贵的外孙。"外祖母因为这位魏氏外孙幼小而聪慧，猜想会应在他身上。魏舒说："我要为外祖成就这座宅第的富贵之相。"魏舒风姿秀美身形伟岸，每次可饮酒一石多，而为人迟钝质朴，不被乡亲们看重，不修持常人所重的节操，也不刻意表现出高洁清厉的行为。他经常想的是容纳别人的长处，始终不揭露别人的短处。

年四十余，郡上计掾察孝廉[①]。宗党以舒无学业，劝令不就，可以为高。舒曰："若试而不中，其负在我，安可虚窃不就之高以为己荣乎？"于是自课百日，习一经，因而对策升第，除渑池长[②]，迁浚仪令[③]，入为尚书郎，累迁后将军锺毓长史[④]。毓每与参佐射，舒常为画筹。后遇朋人不足，以舒满数，毓初不知其善射也。舒容范闲雅，发无不中，举坐愕然。毓谢而叹曰："吾之不足以尽卿才，有如此射矣。"转相国参军，封剧阳子。府朝碎务未尝见是非，至于废兴大事，众人莫能断者，舒徐为筹之，多出众议之表。文帝深器重之，每朝会坐罢，目送之曰："魏舒堂堂，人之领袖也。"迁宜阳、荥阳二郡太守⑤，甚有声称。征拜散骑常侍，出为冀州刺史。在州三年，以简惠称，入为侍中。武帝以舒清素，特赐绢百匹，迁尚书。太康初，拜右仆射，寻为左仆射，领吏部，加右光禄大夫、仪同三司⑥，代山涛为司徒，有威重德望。禄赐散之九族，家无余财。陈留周震累为诸府所辟，辟书既下，公辄丧亡，佥号震为"杀公掾"，莫有辟者。舒乃辟之，而竟无患，议者以此称其达命。以年老，每称疾逊位，不许。后因正旦朝罢⑦，还第，表送章绶。帝手诏敦勉，而舒执意弥固，乃听以剧阳子就第。舒为事必行而后言，逊位之际，莫有知者。司空卫瓘与舒书曰⑧："每与足下共论此事，日日未果，可谓瞻之在前，忽在后矣。"太熙元年薨⑨，时年八十二，谥曰康。

【注释】

①上计掾：官名。汉、三国皆置，为郡、县派赴上级机关或京师呈递计簿的属吏。

②渑池：县名。汉置县，属弘农郡。今属河南。

③浚仪：县名。汉武帝时所置，属陈留郡。治所在今河南开封鼓楼区。

④后将军：官名。职掌为典京师兵卫，或屯兵边境。

⑤宜阳：县名。汉代所置，属弘农郡。今属河南。

⑥仪同三司：即开府仪同三司，见前注。

⑦正旦：农历正月初一。

⑧卫瓘(220—291)：晋河东安邑(今山西夏县北)人。咸宁初年，

征拜尚书令。武帝以太子(惠帝)不慧,欲行废立,卫瓘参与其事,惠帝即位后乃被杀。

⑨太熙:晋武帝司马炎年号(290)。

【译文】

魏舒四十多岁时,郡里上计掾察举孝廉。宗族同人认为魏舒学业无成,劝他不要应举,可以获得不应察举的高名。魏舒说:"如果测试不通过,责任在我本人,怎可凭空剽窃不就的高名作为自己的荣耀呢?"于是自学一百天,研习一种经书,因而在对策中中第,被授予渑池长官职,又升迁为浚仪令,入朝担任尚书郎,一直做到后将军锺毓的长史。锺毓经常与部属一起射箭,魏舒为他们记录靶数。后来遇到比赛人数不足的情况,锺毓就让魏舒凑数,锺毓最初并不知道他擅长射箭。魏舒闲雅舒徐,每发必中,在场的人都非常吃惊。锺毓向他道歉,叹息说:"我没能让您尽展才华,就像这场射箭比赛啊。"魏舒转任相国参军,受封剧阳子爵位。公府朝廷的小事不曾见他论断是非,至于有关天下兴废的大事,众人不能做出决断的,魏舒慢条斯理地为其筹划,很多时候高出众人议论之上。晋文帝非常器重他,每次朝会解散,目送他离开,说:"魏舒仪表堂堂,堪称众人的领袖。"魏舒升任宜阳、荥阳两郡太守,很有声望。后来魏舒又被征召担任散骑常侍,出任冀州刺史。他在冀州三年,以简政惠民著称,又入朝任侍中。晋武帝因为魏舒清廉朴素,特别赐绢一百匹,升迁他为尚书。太康初年,魏舒被任命为右仆射,不久为左仆射,兼任吏部,加右光禄大夫、开府仪同三司,代替山涛任司徒,德高望重。魏舒把俸禄赏赐都散发给宗族,家里没有多余的财物。陈留的周震多次为各府所征辟,每次辟书一下,征辟周震的人就去世,时人都把周震叫做"杀公掾",无人敢征召他。魏舒于是就征召周震,而最终也没有祸患,议论的人因此称赞魏舒知命。因为年老,魏舒多次称病让位,朝廷不许。后来趁正月初一朝会结束的时候,魏舒回到府第,上表送还印绶。皇帝亲自书写诏书劝勉,而魏舒退意更为坚决,于是就听任他以剧阳子爵位归家。魏舒做事必定先做后说，让位之时，没有人事先知道。司空卫瓘给魏舒写信说："我经常和足下一起讨论引退的事，却一直没有结果，我可以说是'瞻之在前，忽焉在后'了。"太熙元年魏舒逝世，享年八十二岁，谥号为康。

人不必才姿博学。如魏公质朴而器量沉宏，在位能断大事，逊位勇于贲育[①]，不止以散财无贮见廉。

【注释】

①贲（bēn）育：指古时的孟贲、夏育两位勇士。

【译文】

人不必非得博学多才。比如魏公，质朴而器量沉郁宏大，在位能决断大事，退位的决心比孟贲、夏育还果敢，不仅仅以分散财物和没有积蓄表现清廉。

刘寔

刘寔，字子真，平原高唐人也。汉济北惠王寿之后。少贫苦，卖牛衣以自给[①]，然好学，手约绳，口诵书，博通古今，清身洁己。以计吏入洛[②]，为河南尹丞[③]，历吏部郎，参文帝相国军事，封循阳子。锺会、邓艾之伐蜀也[④]，有客问寔曰："二将其平蜀乎？"寔曰："破蜀必矣，而皆不还。"客问其故，笑而不答，竟如其言。以世多进趣，廉逊道阙，乃著《崇让论》以矫之。

【注释】

①牛衣：为牛御寒的物件，以麻或草编成，如蓑衣之类。

②计吏：古代州郡掌计簿并负责上计的官吏。或指考成的官员。

③丞：官名。丞意为承、辅佐，官名称丞者一般为佐官。

④锺会（225—264）：三国魏颍川长社（今河南许昌长葛）人。锺繇子。魏景元四年（260），与邓艾征蜀有功，官至司徒，进封县侯。后谋与蜀将姜维据蜀，为部将乱兵所杀。

【译文】

刘寔，字子真，平原高唐人。是汉代济北惠王刘寿的后裔。他年少时贫苦，靠卖牛衣来自我供给，然而喜好学习，手中编织麻绳，口里吟诵诗书，他博古通今，洁身自好。刘寔以计吏身份入洛阳，担任河南尹丞，曾任吏部郎，参晋文帝相国军事，受封循阳子爵位。锺会、邓艾伐蜀之际，有人问刘寔："两位将领真能平定蜀国吗？"刘寔回答说："灭掉蜀国是必然的，但两位将领都不会返还。"问他其中的缘故，他笑而不答，最终正如他所说的那样。因为当时社会风气急功近利，廉洁和谦让之道衰落，他就写了一篇《崇让论》来矫正它。

泰始初，进爵为伯，累迁少府。咸宁中，为太常，转尚书，坐子夏受赂，免官。还州里，乡人载酒肉以候之。寔难逆其意，辄共啖而返其余。或曰："君行高一世，而诸子不能遵，何不旦夕切磋，使知过而自改邪？"寔曰："吾之所行，是所闻见，不相祖习，岂复教诲之所得乎？"后起为国子祭酒、散骑常侍①。愍怀太子高选师友②，以寔为师。元康初③，进爵为侯，累迁太子太保④，加侍中、开府仪同三司。九年，策拜司空，迁太保⑤，转太傅。太安初⑥，寔以老病逊位，赐安车驷马、钱百万，以侯就第。怀帝立⑦，复授太尉，寔自陈年老，固辞，不许。三年⑧，诏听以侯就第，位居三司之上。岁余，薨，年九十一。谥曰元。

【注释】

①国子祭酒：官名。东汉于博士中选一人为祭酒，为博士之长。三国魏沿袭。晋立国子学，置祭酒为长官。

②愍(mǐn)怀太子(278—300)：即司马遹。晋惠帝司马衷长子。自幼聪慧，而长大后不修德业，奢侈残暴。被皇后贾南风设计谋害致死。追谥愍怀太子。

③元康：晋惠帝司马衷年号(291—299)。

④太子太保：官名。西晋始置。后以太子太师、太傅、太保为太子三师，掌师范训导，辅翊皇太子。

⑤太保：官名。西周始置，位次于太傅，为监护与辅弼国君之官。东汉以后，各代均置太保，但多为勋戚文武大臣加衔赠官。

⑥太安：晋惠帝司马衷年号(302—303)。

⑦怀帝：即晋怀帝司马炽(284—313)，字丰度。晋武帝司马炎第二十五子，晋惠帝司马衷异母弟。

⑧三年：此指永嘉三年(309)。

【译文】

泰始初年，刘寔被晋封为伯爵，多次升迁至少府。咸宁年间，刘寔任太常，转任尚书，因儿子刘夏受贿而被免官。刘寔回归乡里，乡亲准备好酒肉迎候他。刘寔难以拂逆别人的好意，就和他们一起吃喝一顿，然后让他们把剩下的酒肉都带回去。有人说："您的德行高于当世，而几个儿子不能遵守，为什么不让他们早晚切磋交流，知道过错而自己改正呢？"刘寔说："我的所作所为，是我自己据亲身见闻学来，无法相互传习，哪里是通过教诲能得到的呢？"后来刘寔被起复为国子祭酒、散骑常侍。愍怀太子遴选师友，请刘寔当老师。元康初年，刘寔晋封侯爵，一直升迁至太子太保，加封侍中、开府仪同三司。元康九年，皇帝以策书任命刘寔为司空，升任太保，转任太傅。太安初年，刘寔因为年老多病辞职，朝廷赐给他安车驷马、百万钱，以侯爵身份回府邸养老。晋怀帝即位，又授予刘寔太尉之职，刘寔陈说自己年龄太大，坚决推辞，晋怀帝不同意。永嘉三年，皇帝下诏听任他以侯爵身份归家，位居三司之上。过了一年多，刘寔去世了，享年九十一岁。谥号为元。

寔少贫窭，杖策徒行，每所憩止，不累主人。薪水之事，皆自营给。及位望通显，每崇俭素，不尚华丽。尝诣石崇家[①]，如厕，见有绛帐裀褥甚丽，两婢持香囊。寔便退，笑谓崇曰："误入卿内。"崇曰："是厕耳。"寔曰："贫士未尝得此。"乃更如他厕。虽处荣宠，居无第宅，所得奉禄，赡恤亲故。丧妻，为庐杖之制，终丧，不御内。轻薄者笑之，寔不以介意。自少至老，笃学不倦，尤精"三传"[②]，撰《春秋条例》二十卷，行于世。

【注释】

①石崇（249—300）：字季伦，晋南皮（今河北南皮东北）人。历任散骑常侍、荆州刺史等职，于河阳置金谷园，奢靡成风，与贵戚王恺等以豪侈相尚。

②"三传"：指《春秋》三传，即《公羊传》《穀梁传》《左氏传》。

【译文】

刘寔年少贫困，拄杖步行，每到止宿的处所，不拖累主人。柴薪、用水等事，都自己动手来供给。等到地位崇高名声显贵之后，他也一直崇尚朴素，不喜欢华丽。有一次刘寔去石崇家，上厕所时，看见里面有红帐、垫褥等甚为华丽，两位婢女手持香囊。刘寔便退出，笑着对石崇说："误入您的内室。"石崇说："是厕所罢了。"刘寔说："贫寒之士不能够如此。"于是换了另一处厕所。刘寔虽然身处荣华宠贵，但没有像样的宅第，所得的俸禄用来赡养抚恤亲朋故旧。刘寔妻子去世之后，他结庐杖丧，一直到丧期结束,都不进内室。轻薄的人取笑他,刘寔并不介意。自年少一直到老,刘寔都勤学不倦,尤其精通《春秋》三传,他撰写有《春秋条例》二十卷,通行于世。

毕进趣,崇廉让。"误入卿内"一语,非误也,当是微刺季伦,与王敦入厕啖枣不同[①]。

【注释】

①王敦入厕啖(dàn)枣:王敦如厕时,看见漆箱中盛有干枣(本来是用来塞鼻孔防臭的),以为厕所里也摆放果品,就把干枣全部吃光。王敦(266—324),字处仲,琅邪临沂(今山东临沂)人。娶晋武帝之女为妻。

【译文】

抑制急功趋利,崇尚清廉谦让。"误入卿内"一句话,并不是真的"误入",应该是不露声色地讽刺石崇,这和王敦上厕所吃干枣的情况不一样。

上 胡威

胡威,字伯武,一名貔,淮南寿春人也[①]。父质以忠清著称。威早励志尚。质之为荆州也,威自京都定省,家贫,无车马僮仆,自驱驴单行。每至客舍,躬放驴,取樵炊爨,食毕,复随侣进道。既至,见父,停厩中十余日。告归,父赐绢一匹为装。威曰:"大人清高,不审于何得此绢?"质曰:"是吾俸禄之余,以为汝粮耳。"威受之,辞归。质帐下都督先威未发,请假还家,阴资装于百余里,要威为伴,每事佐助。行数百里,威疑而诱问之,既知,乃取所赐绢与都督,谢而遣之。后因他信以白质，质杖都督一百，除吏名。其父子清慎如此。于是名誉著闻，拜侍御史，历南乡侯、安丰太守，迁徐州刺史，勤于政术，风化大行。

【注释】

①寿春：县名。秦置。在今安徽寿县。

【译文】

胡威，字伯武，又名胡貔，淮南寿春人。他的父亲胡质以忠诚清廉著称。胡威很早就磨砺自己的志节品德。胡质就任荆州，胡威从京城出发去省亲，家里贫穷，没有车马僮仆，他就自己骑着驴前往。每到客馆，胡威亲自放驴，取柴烧火做饭，吃完饭又和同伴一起出发。到了荆州，胡威见过父亲后，在马厩里住了十多天，辞别父亲归家。父亲赐给他一匹绢作为路费。胡威说："父亲清廉高尚，不明白您是从哪里得到这匹绢的？"胡质说："这是我俸禄的剩余，拿来做你的盘缠。"胡威接受了，辞别父亲回家。胡质帐下的都督在胡威还没有出发的时候，请假回家，悄悄地在一百多里之外准备下资助胡威的行装，邀请胡威结伴同行，遇事都给予帮助。同行几百里之后，胡威感到疑惑，便设法套问他，知道实情后，便取出父亲赐的绢交给都督，向其致谢，然后打发他走了。后来胡威在另一封信里将此事禀告了胡质，胡质将都督杖责一百，从吏员中除名。胡氏父子就是如此清廉谨慎。于是胡威名誉显扬，被授予侍御史之职，先后担任过南乡侯、安丰太守，升任徐州刺史，勤于理政，治下社会风气大为好转。

后入朝，武帝语及平生，因叹其父清，谓威曰："卿孰与父清？"对曰："臣不如也。"帝曰："卿父以何为胜邪？"对曰："臣父清恐人知，臣清恐人不知，是臣不及远也。"帝以威言直而婉，谦而慎。累迁监青州诸军事、青州刺史，以功封平春侯。太康元年，卒于位。追赠使持节、都督青州诸军事、镇东将军，谥曰烈。

清恐人知，此至德语。今世人浊，恐人知尚可救药。

【译文】

后来胡威入朝，晋武帝和他谈及生平经历，感慨于他父亲的清廉，问胡威道："您和您父亲谁更清廉？"胡威回答说："臣不如臣父清廉。"晋武帝又问："您父亲在哪方面胜过您呢？"胡威回答说："臣父的清廉唯恐别人知道，臣的清廉唯恐别人不知道，这一点是臣远远不及臣父的地方。"武帝认为胡威的话正直而又委婉，谦逊而又谨慎。胡威后来多次升迁至监青州诸军事、青州刺史，因为功劳受封平春侯。太康元年，胡威在任上去世。朝廷追赠他使持节、都督青州诸军事、镇东将军，谥号为烈。

清廉唯恐别人知道，这是有最高品德的说法。当今世人贪浊，如果也唯恐他人知道，或许还可救药。

下 崔洪

崔洪，字良伯，博陵安平人也[①]。少以清厉显名，骨鲠不同于物，人有过辄面折之，而退无后言。武帝世为御史，朝廷惮之，寻为尚书左丞[②]。时人为之语曰："丛生棘刺，来自博陵；在南为鹞[③]，在北为鹰。"迁吏部尚书，举用甄明，门无私谒。后为大司农，卒于官。洪口不言货财，手不执珠玉。汝南王亮常宴公卿[④]，以琉璃钟行酒，酒及洪，洪不执。亮问其故，曰："虑有执玉不趋之义[⑤]，故尔。"然实乖其常性，故为诡说也。

有异性。

【注释】

①博陵：本汉桓帝为其父所立陵墓，东汉时置郡，治所先在蠡吾（今河北蠡县），后徙安平县（今河北安平）。

②尚书左丞：简称“左丞”，见前注。

③鹞（yào）：似鹰而小的一种猛禽。

④汝南王亮：即司马亮（？—291），字子翼，河内温县（今河南温县）人。司马懿第四子。西晋建立后，先封扶风王，后封汝南王。

⑤执玉不趋：据《礼记》，执玉担心将玉摔坏而不必趋。趋，小步快走。

【译文】

崔洪，字良伯，博陵安平人。崔洪年少时以清厉而名声显扬，为人刚直与众不同，他人有过错就当面批评，过后就不再说什么。晋武帝在位期间，崔洪为御史，朝廷上下都惧怕他，不久崔洪任尚书左丞。当时人为他编造了一句谚语说：“丛生棘刺，来自博陵；在南为鹞，在北为鹰。”崔洪升任吏部尚书，他选举任用官吏甄辨明白，家中没有前来私下谒见的人。后来崔洪官至大司农，在任上去世。崔洪口中不提财物，手上不拿珠玉。汝南王司马亮曾经宴请公卿，用琉璃钟行酒，轮到崔洪时，他不举杯。司马亮问是什么缘故，他说：“担心有执玉不趋的意思，所以如此。”但实际上这与他的性情相违背，是故意作此奇语的。

有奇异的性情。

张华

张华，字茂先，范阳方城人也[①]。少孤贫，自牧羊，同郡卢钦见而器之。华学业优博，辞藻温丽，朗赡多通[②]，图纬、方伎之书莫不详览[③]。少自修谨，造次必以礼。初未知名，著《鷦鹩赋》以自寄[④]，由是声名始著。郡守鲜于嗣荐华为太常博士[⑤]，卢钦言之于文帝，转河南尹丞。未拜，除佐著作郎[⑥]。顷之，迁长史，兼中书郎[⑦]。晋受禅，拜黄门侍郎，封关内侯。华强记默识，四海之内若指诸掌。武帝问汉宫室制度，及建章千门万户[⑧]，华应对如流，听者忘倦，画地成图，左右属目。帝甚异之，时人比之子产[⑨]。数岁，拜中书令，后加散骑常侍。

【注释】

①方城：县名。在今河北固安。

②朗赡：颖悟赡详。

③图：河图，谶纬书。纬：纬书，和经书相对而言，汉人伪托孔子所作的书，以儒家经义附会人事吉凶祸福，预言治乱兴废，与方士所传的谶语，合称谶纬。方伎：即方技，医、卜、星、相之术。

④鹪鹩（jiāo liáo）：一种小鸟。《庄子·逍遥游》："鹪鹩巢于深林，不过一枝；偃鼠饮河，不过满腹。"

⑤太常博士：官名。秦置博士，参议朝政及礼仪制度，备咨询顾问，名义上隶太常。三国魏初置太常博士，历代沿置。

⑥佐著作郎：三国魏始置著作郎，属中书省，专掌编纂国史，属官有著作佐郎、校书郎等。

⑦中书郎：官名。即中书侍郎。三国魏时设中书监、令，通事郎，黄门郎，后改通事郎为中书侍郎，是中书监、令的副职。

⑧建章：汉代宫殿名。汉武帝时所建，故址在今陕西西安。后来也用以泛指宫阙。

⑨子产（？—前522）：名侨，字子产，春秋时期郑国人。自郑简公时始执国政，时晋、楚争霸，郑国处于两强之间，子产全力周旋，卑亢得宜，保持无事。

【译文】

张华，字茂先，范阳方城人。张华年少丧父，家庭贫困，牧羊为生，同郡的卢钦见到后很器重他。张华学问优异广博，文笔华美明丽，颖悟赡详而多通，谶纬、方技之书都细细读过。张华年轻时就修持谨慎，仓促之间也必然依礼行事。最初他没有名气，写了一篇《鹪鹩赋》来自我寄托，从此名声渐渐大起来。郡守鲜于嗣举荐张华为太常博士，卢钦向晋文帝说起他，张华被转任河南尹丞。还未正式授职，又任命他为著作佐郎。不久，张华升任长史，兼中书郎。晋武帝即位，授予张华黄门侍郎职位，封爵关内侯。张华记性特别好，四海之内的情况全在掌握之中。晋武帝向他询问汉代的宫室制度，以及建章宫千门万户的具体布局，张华对答如流，听讲的人都忘记了疲倦，张华在地上随手画成图，左右的人都注目而视。晋武帝非常吃惊，当时人把张华比作子产。几年后，张华被任命为中书令，后又加散骑常侍头衔。

初，帝与羊祜谋伐吴，而群臣多以为不可，唯华赞成其计。及吴灭，诏进封华为广武县侯，赐绢万匹。华名重一时，有台辅之望，荀勖深憎疾之。会华微有忤旨，间言遂行，乃出华为持节、都督幽州诸军事、领护乌桓校尉、安北将军。华抚纳新旧，戎夏怀之，东夷马韩等二十余国历世未附者①，并遣使朝献。于是远夷宾服，四境无虞。朝议欲征华入相，又欲进号仪同②，而为冯紞所谮③，不即召。顷之，以华为太常，寻免。

【注释】

①马韩：东方古国名。在今朝鲜半岛南部。

②仪同："开府仪同三司"的简称。

③冯紞（？—286）：冀州安平（今河北冀州）人。西晋初期奸臣。

【译文】

当初，晋武帝和羊祜商议讨伐东吴，群臣大多数认为不可行，只有张华赞同并促成这一大计。等到吴国灭亡，皇帝下诏晋封张华为广武县侯，赐绢一万匹。张华名重一时，有位登三公的声望，荀勖对张华深为嫉恨。适逢张华略有违忤圣旨，谗言就流行开来，于是张华被派遣出任持节、都督幽州诸军事、领护乌桓校尉、安北将军。张华抚慰纳降新旧百姓，各族民众怀附，东夷马韩等历代未曾归附的二十多个国家，都纷纷派遣使者朝贡。于是远方少数民族归顺臣服，国境安宁无事。朝廷决议准备征召张华入朝拜相，并要加封他开府仪同三司，却被冯紞诬陷中伤，所以没有立即征召。不久，张华被任命为太常，随后又被免职。

惠帝即位，以华为太子少傅。时楚王玮受密诏[①]，杀太宰汝南王亮、太保卫瓘等[②]，内外兵扰，朝廷大恐。华白帝可遣驺虞幡使外军解严[③]，理必风靡。上从之，玮兵果败，伏诛。华以首谋有功，拜右光禄大夫、开府仪同三司、侍中、中书监[④]。华遂尽忠匡辅，弥缝阙失，惧后族之盛[⑤]，作《女史箴》以为讽。贾后虽凶妒[⑥]，而知敬重华。久之，论前后忠勋，进封壮武郡公。华十余让，乃受。数年，为司空，领著作。及贾后谋废太子，而赵王伦适从关中还[⑦]，伦谄事贾后，因求录尚书事[⑧]，后又求尚书令。华与裴頠固执不可[⑨]，由是致怨，嫉华如仇。及伦将废贾后，诈称诏召华，遂与裴頠俱被收，遇害，夷三族。朝野莫不悲痛之。时年六十九。

【注释】

①楚王玮：即司马玮（271—291）。晋武帝第五子。元康元年（291），

汝南王司马亮、太保卫瓘建议让司马玮离开朝廷到封国去。司马玮心怀怨愤，伪造诏书召集军队准备除掉卫瓘等人。不久兵败被处死。

②太宰：晋代避司马师之讳，改太师为太宰（职掌不同于周代的太宰）。

③驺（zōu）虞幡（fān）：标有驺虞的旗帜。晋制有白虎幡、驺虞幡。白虎威猛主杀，用于督战；驺虞为仁兽，用以解兵。

④中书监：官名。三国魏文帝时始置，至明帝时，成为事实上的宰相。

⑤后族：皇后的亲族。

⑥贾后：晋惠帝司马衷皇后贾南风，平阳襄陵（今山西襄汾东北）人。貌丑而性妒，因惠帝懦弱而一度专权。后死于赵王司马伦之手。

⑦赵王伦：即司马伦（？—301）。司马懿第九子。西晋建立，封琅邪郡王，后改封赵王。永康元年（300），司马伦使用离间计，先后除掉太子司马遹和皇后贾南风，逼迫晋惠帝退位，擅自称帝。各地起兵讨伐，司马伦屡战屡败，宣布退位，后被赐死。

⑧录尚书事：官名。西汉昭帝时初设，始称“领尚书事”。东汉时，以“录”代“领”，意为总领。后来东汉各帝即位，常置太傅，录尚书事。魏、晋后，掌大权之大臣常带录尚书事名号。

⑨裴頠（wěi，267—300）：河东闻喜（今山西闻喜）人。司空裴秀之子。袭父爵，迁散骑常侍，转国子祭酒，拜侍中等职。

【译文】

晋惠帝即位，任命张华为太子少傅。当时楚王司马玮受密诏诛杀了太宰汝南王司马亮、太保卫瓘等人，内外兵乱扰动，朝廷极为恐慌。张华禀告晋惠帝可以派遣驺虞幡命令外军解除围困，按理必然望风披靡。皇帝听从了他的建议，司马玮果然兵败被诛。张华因为倡议谋略有功，被授予右光禄大夫、开府仪同三司、侍中、中书监。张华于是尽忠辅佐，裨补朝政缺失，他因为惧怕外戚势力强盛，就写了一篇《女史箴》当作讽谏。贾皇后虽然凶狠而嫉妒，却知道敬重张华。很久之后，朝廷论列张华前前后后的忠诚功勋，晋封他为壮武郡公。张华辞让了十多次，才接受。几年后，张华任司空，兼任著作郎。后来贾皇后阴谋废黜太子，而赵王司马伦刚好从关中回朝，司马伦巴结贾皇后，请求担任录尚书事，后来又求任尚书令。张华与裴頠都坚决不同意，因此与司马伦结怨，司马伦嫉恨张华有如仇敌。后来司马伦将要废黜贾皇后，诈称有诏书召见张华，张华因此和裴頠都被捕遇害，并被灭三族。朝野上下对此都深为悲痛。张华时年六十九岁。

华性好人物，诱进不倦，至于穷贱候门之士，有一介之善者，便咨嗟称咏，为之延誉。雅爱书籍，身死之日，家无余财，惟有文史溢于几箧。尝徙居，载书三十乘[①]。秘书监挚虞撰定官书[②]，皆资华之本以取正焉。后伦诛，齐王冏辅政[③]，多上书为华讼冤者。太安二年[④]，诏复华侍中、中书监、司空公、广武侯，及所没财物与印绶符策，遣使吊祭焉。华所著《博物志》十篇及文章[⑤]，并行于世。

茂先《博物》，是千古之事；决计伐吴，是晋代首功；而廉又其次。

【注释】

①乘（shèng）：四马一车为“乘”。

②挚虞：京兆长安（今陕西西安）人。西晋泰始年间举贤良，后历任秘书监、卫尉卿、光禄勋、太常卿等职。

③齐王冏：即司马冏（？—302）。晋文帝司马昭之孙，齐献王司马攸次子。其父司马攸死后，袭爵齐王，历任散骑常侍、左军将军等职，联合赵王司马伦废杀皇后贾南风。司马伦篡位后，他又联络河间王司马颙等讨灭司马伦，迎晋惠帝复位。

④太安:晋惠帝司马衷年号(302—303)。

⑤《博物志》:是仿《山海经》而演变的志怪小说,分类记载异物、奇境以及殊俗、琐闻等。多是神仙方术等故事。

【译文】

张华欣赏出色人才,对他们引导奖掖孜孜不倦,甚至那些前来求见的贫贱的士人,只要有一点优长之处,张华便感叹称颂,为他们求得赞誉。他非常喜欢书籍,死的时候,家里没有多余的财物,只有文史书籍堆满几案和箱子。有一次搬家,装载的书籍有三十车之多。秘书监挚虞编定官方书籍,都取资于张华的版本以求校正。后来司马伦被诛,齐王司马冏辅佐朝政,有很多人上书为张华鸣冤。太安二年,朝廷下诏恢复张华侍中、中书监、司空公、广武侯等名爵,发还被没收的财物和印绶符策,并派遣使者凭吊致祭张华。张华所著《博物志》十篇及其他文章,都在世间流行。

张华《博物志》,是千古文章事;共同定下伐吴的大计,是晋代第一大功;为官清廉又在其次。

下 李重

李重,字茂曾,江夏钟武人也[①]。初为始平王文学[②]。上疏陈九品之制,历吏部郎,后出为行讨虏护军、平阳太守[③]。崇德化,修学校,表笃行,拔贤能,清简无欲,正身率下。在职三年,去官。永康初[④],赵王伦用为相国左司马,忧逼成疾而卒,年四十八。家贫,宅宇狭小,无殡敛之地,诏于典客署营丧[⑤]。追赠散骑常侍,谥曰成。

【注释】

①钟武:县名。汉置,在今河南信阳平桥区。

②始平王：即司马玮。晋武帝司马炎第五子，后改封楚王。文学：官名。汉代州郡及王国皆置文学，如后世的教官，晋代诸王置师友、文学各一人。

③护军：官名。职掌派遣安排诸将等事。

④永康：晋惠帝司马衷年号（300—301）。

⑤典客署：官署名。秦代始置，掌管接待少数民族和诸侯来朝等事务。

【译文】

李重，字茂曾，江夏钟武人。李重起初担任始平王文学。他上疏陈述九品制度，曾任职吏部郎，后来又出任行讨虏护军、平阳太守。李重崇尚德化，他修建学校，表彰忠厚品行，选拔贤能之士，清廉简约没有贪欲，为官正直以身示范。李重任职三年后被免官。永康初年，赵王司马伦任用李重为相国左司马，他因为忧患侵迫成疾而去世，时年四十八岁。李重家里贫困，住宅狭小，没有殡殓的地方，朝廷诏令在典客署为李重办理丧事。追赠他为散骑常侍，谥号为成。

贺循

贺循，字彦先，会稽山阴人也。少婴家难，流放海隅。吴平，还本郡。操尚高厉。刺史嵇喜举秀才[①]，除阳羡令[②]，以宽惠为本，不求课最[③]。后为武康令[④]，政教大行，以无援于朝，久不进序。著作郎陆机上疏荐之[⑤]，召补太子舍人。赵王伦篡位[⑥]，转侍御史，辞疾去职。后除南中郎长史，不就。会逆贼李辰起兵江夏，征镇不能讨[⑦]，皆望尘奔走。辰别帅石冰略有扬州，逐会稽相张景。循与南平内史王矩及吴兴内史顾秘等[⑧]，檄众讨平之，迎景还郡，即谢遣兵士，杜门不出，论功报赏，一无与焉。及陈敏之乱[⑨]，诈称诏书，以循为丹阳内史，循辞以脚疾，手不制笔，又服寒食散[10]，露发袒身，示不可用。是时州内豪杰皆见维絷，惟循不豫焉。及敏破，征东将军周馥上循领会稽相，寻除吴国内史，公车征贤良，皆不就。

【注释】

①嵇喜：字公穆，谯国铚（今安徽濉溪）人。生卒年不详。名士嵇康之兄。

②阳羡：县名。秦置。属会稽郡。在今江苏宜兴南。

③课最：朝廷对官吏定期考核，检查政绩，政绩最好的称为课最。

④武康：县名。汉为乌程县地，三国吴分乌程、余杭置永安县，晋武帝太康元年（280）改为武康。今属浙江德清地。

⑤陆机（261—303）：字士衡，吴郡吴（今江苏苏州）人。西晋诗人、辞赋家、散文家。与其弟陆云并称“二陆”，又与潘岳并称“潘陆”，文名极大。

⑥赵王伦篡位：见前注。

⑦征镇：魏晋以来，将军、大将军的称号，有征东、镇东、征西、镇西之类，监临军事，守卫地方，总称征镇。

⑧南平：郡名。西晋灭吴后分南郡所置，治作唐县（今湖南安乡）。内史：官名。战国时秦置内史，掌全国的粮食和财务审计等事，秦汉时，内史为掌治京师的地方行政长官。在晋代，内史为王国的地方行政长官，重要的郡也有以内史代太守的情况。吴兴：郡名。三国吴所置，治乌程（今浙江湖州南浔区）。

⑨陈敏（？—307）：晋庐江（今属安徽）人。少有才干，补尚书仓部令史，历任合肥度支、广陵度支、广陵相等。后据吴越，自称都督江东军事、大司马，号楚公。兵败被杀。

⑩寒食散：道家药名。服用后身体发热，宜吃冷食，所以称作寒食散。

配剂中有紫石英、白石英等五石，故又称五石散。

【译文】

贺循，字彦先，会稽山阴人。贺循年少时家中遭遇祸难，被流放到海滨。吴国灭亡后，贺循归还本郡。贺循品行高尚。刺史嵇喜举荐他为秀才，被任命为阳羡令，他为政以宽惠为根本，不追求朝廷政绩考核等级最高。后来贺循又担任武康令，治理和教化都取得显著成就，但因为在朝廷之中没有援手，故而长期得不到升迁。著作郎陆机上疏举荐他，朝廷征召他任太子舍人。赵王司马伦篡位，贺循转任侍御史，他以生病为由离职。后来贺循被任命为南中郎长史，他不赴任。适逢逆贼李辰在江夏起兵，地方武力不能讨平，望风奔逃。李辰部帅石冰占领扬州，驱逐会稽相张景。贺循与南平内史王矩及吴兴内史顾秘等晓喻民众讨平乱贼，迎接张景还郡，随即解散兵士，闭门不出，对论功行赏之事全都不参与。后来陈敏作乱，假传诏书任命贺循为丹阳内史，贺循以脚有病，手不能握笔为由辞让，他又服用寒食散，披着头发袒露身体，以此表示不能被任用。当时州内的英雄豪杰都被迫就范，唯独贺循例外。等到陈敏兵败，征东将军周馥举荐贺循担任会稽相，不久又任命他为吴国内史，朝廷派公车以贤良的身份征召他，贺循都不应召。

元帝为安东将军[①]，复上循为内史。及帝迁镇东大将军，以为军司[②]，不起。及帝承制，复以为军咨祭酒，循称疾，敦逼不得已，乃舆疾。至帝亲幸其舟侧，咨以政道，赐车马、床帐、衣褥等物，循辞让，一无所受。后以讨华轶功[③]，将封乡侯，循自以卧病私门，固让不受。建武初[④]，为中书令，加散骑常侍，又以老疾固辞，于是改拜太常。朝廷疑滞，皆咨之于循。循辄依经礼而对，为当世儒宗。其后帝以循清贫，下令曰："循冰清玉洁，行为俗表，位处上卿，而居身服物盖周形而已，屋室财庇风雨。孤近造其庐，以为慨然。其赐六尺床荐褥，并钱二十万，以表至德，畅孤意焉。”循又让，不许，不得已留之，初不服用。疾渐笃，表乞骸骨，上还印绶，改授左光禄大夫、开府仪同三司。太兴二年卒⑤。帝素服举哀，哭之甚恸。赠司空，谥曰穆。

【注释】

①元帝：即晋元帝司马睿（276—322）。东晋开国皇帝。

②军司：官名。原名军师。晋避司马师之讳，改称。

③华轶（？—312）：平原高唐（今山东高唐）人。少有才气，初为博士，累迁散骑常侍。永嘉年间，官至振威将军、江州刺史。后因不服司马睿指挥，被诛。

④建武：晋元帝司马睿年号（317）。

⑤太兴：晋元帝司马睿年号（318—321）。

【译文】

晋元帝在担任安东将军时，又举荐贺循为内史。等到晋元帝升任镇东大将军，又任命贺循为军师，他拒不就职。后来晋元帝即位，任命贺循为军咨祭酒，贺循称病，在敦促逼迫之下，不得已才抱病就任。晋元帝亲自驾幸贺循船边，向他咨询为政之道，赐给他车马、床帐、衣褥等物品，贺循辞让，全都没有接受。后来因为讨平华轶的功劳，朝廷要封贺循为乡侯，贺循借口自己卧病在家，坚决辞让不受。建武初年，贺循被任命为中书令，加散骑常侍，他又以老病为由坚决辞官，于是改授贺循太常之职。朝廷遇到疑难不决之事，都向贺循咨询。贺循则依据经礼对答，堪称当代儒宗。后来晋元帝因为贺循清贫，下诏说：“贺循冰清玉洁，品行是世俗表率，身处上卿之位，而自身衣着仅够蔽体而已，房屋仅够躲避风雨。孤最近造访他家，深为感慨。赐给他六尺床和荐褥，二十万钱，以表彰他高尚的品德，略表孤的心意。”贺循又辞让，晋元帝不许，他才不得已留下所赐之物，但没有使用。贺循病势沉重，上表乞求退休，并向朝廷封还印绶，朝廷改授贺循左光禄大夫、开府仪同三司。太兴二年贺循去世。晋元帝身穿素服哀悼贺循，哭得很伤心。贺循被追赠司空，谥号为穆。

彦先不就危乱以洁身，不避危乱以靖邦，履蹈经礼，㧑谦功利[①]，澹然独尚，高而不厉。

【注释】

①㧑（huī）谦：举止谦逊。

【译文】

贺彦先不处于危乱以洁身自好，不躲避危乱而安定国家，践行经礼，谦让功利，淡泊独处，高尚而不严厉。

上应詹

应詹，字思远，汝南南顿人[①]。詹幼孤，为祖母所养。年十余岁，祖母又终。居丧毁顿，杖而后起，遂以孝闻。家富于财，年又稚弱，乃请族人共居，委以资产，情若至亲，世以此异焉。镇南大将军刘弘辟为长史，谓之曰：“君器识弘深，后当代老子于荆南矣。”仍委以军政。弘著绩汉南，詹之力也。迁南平太守，王澄为荆州，假詹督南平、天门、武陵三郡军事[②]。时诸蛮并反，詹悉讨降之。其后天下大乱，詹境独全。镇南将军山简复假詹督五郡军事，会蜀贼杜畴作乱，来攻詹郡，力战摧之。寻与陶侃破杜弢于长沙[③]，贼中金宝溢目，詹一无所取，唯收图书。元帝假詹建武将军，王敦又上詹监巴东五郡军事，赐爵颍阳乡侯。迁益州刺史，俄拜后军将军，累迁光禄勋。及王敦作逆，詹为都督前锋军事、假节，都督朱雀桥南，击斩贼率杜发。贼平，封观阳县侯，迁使持节、都督江州诸军事、平南将军、江州刺史。以咸和六年卒[④]，年五十三。赠镇南大将军、仪同三司，谥曰烈。

和众讨逆，见利不动。

【注释】

①南顿：县名。汉置。故城在今河南项城西。

②天门：郡名。三国吴分武陵郡置天门郡，治零阳县(今湖南慈利)，西晋移治澧阳县(今湖南澧县)。

③陶侃(259—334)：字士行，庐江浔阳(今江西九江)人。早年孤贫，为县吏。后迁至荆州、广州刺史。苏峻叛晋，建康失守，陶侃为盟主，击杀苏峻，封长沙郡公，都督八州军事。

④咸和：晋成帝司马衍年号(326—334)。

【译文】

应詹，字思远，汝南南顿人。应詹幼年丧父，受祖母抚养。十多岁时，祖母又去世。应詹居丧，精神委顿，拄着丧杖才能站起，于是以孝闻名。应詹家富于资财，而他年纪尚小，就请同族人共同居住，把资产委托给他们，感情就像最亲的人，同时人因此对他另眼相看。镇南大将军刘弘征召应詹为长史，对他说："您器量宽宏识见深邃，日后必当替代我在荆南的位置。"于是刘弘把军政大事委托给应詹。刘弘在汉南政绩显著，得力于应詹。刘弘迁任南平太守后，王澄镇守荆州，他委任应詹代理南平、天门、武陵三郡军事。当时各地蛮族纷纷反叛，应詹将叛乱一一平定。后来天下大乱，唯独应詹境内得以保全。镇南将军山简又委任应詹代理都督五郡军事，适逢蜀中叛贼杜畴作乱，来攻打应詹所在郡，应詹奋力作战击败了他。不久应詹和陶侃在长沙大破杜弢，贼巢中金银财宝放眼都是，应詹全都没有拿,只收取了图书。晋元帝任应詹为代理建武将军,王敦又举荐应詹监理巴东五郡军事,赐爵为颍阳乡侯。应詹升任益州刺史,不久被授予后军将军之职,连续升迁至光禄勋。后来王敦谋逆,应詹担任都督前锋军事、假节,都督朱雀桥南,率兵斩杀了逆贼首领杜发。叛贼被平定后,应詹被封为观阳县侯,升任使持节、都督江州诸军事、平南将军、江州刺史。应詹于咸和六年去世,享年五十三岁。朝廷追赠应詹为镇南大将军、开府仪同三司,谥号为烈。

率领民众讨伐叛逆,见到利益不为所动。

■孔愉

孔愉,字敬康,会稽山阴人也。愉年十三而孤,养祖母,以孝闻。吴平,愉迁于洛。惠帝末归乡里,行至江淮间,遇石冰、封云为乱。云逼愉为参军,不从,将杀之,赖云司马张统营救获免。东还会稽,入新安山中,改姓孙氏,以稼穑读书为务,信著乡里。后忽舍去,皆谓为神人而为之立祠。永嘉中[①],元帝节镇扬州,命愉为参军,寻求,莫知所在。建兴初[②],始出应召为丞相掾,因参军事,以讨华轶功,封余不亭侯。帝为晋王,使长兼中书郎,后出为吴兴太守,拜御史中丞,迁侍中、太常。及苏峻乱[③],愉朝服守宗庙[④]。后累迁尚书仆射。愉以年在悬车[⑤],累乞骸骨,不许。转护军将军,复徙领军将军[⑥],加金紫光禄大夫[⑦],领国子监祭酒[⑧]。顷之,出为镇军将军、会稽内史[⑨]。在郡三年,修复故堰,溉田二百余顷。乃营山阴湖南侯山下数亩地为宅,草屋数间,便弃官居之。送资数百万,悉无所取。病笃,遗令敛以时服,乡邑义赗一不得受。咸康八年卒，赠车骑将军、开府仪同三司，谥曰贞。

逊迹特妙。

【注释】

①永嘉：晋怀帝司马炽年号（307—313）。

②建兴：晋愍帝司马邺年号（313—316）。

③苏峻乱：东晋咸和二年（327），中书令庾亮忌历阳内史苏峻，征调为大司农，去其兵权。苏峻联结镇西将军祖约以讨伐庾亮为名进攻建康。次年攻陷建康后，勤王兵起，征西大将军陶侃被推为盟主，反击叛军，苏峻堕马被杀，余众也陆续被消灭。

④宗庙：天子或诸侯祭祀祖先的处所。

⑤悬车：古人年至七十辞官家居，废车不用，故称悬车。

⑥领军将军：官名。三国魏始置，统五校、中垒、武卫三营。西晋以中军将军任其职，末年重置领军。

⑦金紫光禄大夫：官名。晋代置左、右光禄大夫，假金印紫绶。南北朝承晋制，位重者金印紫绶，称金紫光禄大夫。

⑧国子监：汉代有太学，晋代立有国子学，隋炀帝时始改称为国子监。是国家最高学府和教育管理机构。

⑨镇军将军：官名。三国魏陈群为镇军大将军，为此官之始。

【译文】

孔愉，字敬康，会稽山阴人。孔愉在十三岁时父亲去世，他赡养祖母，以孝行闻名。吴国灭亡以后，孔愉迁居洛阳。晋惠帝末年，孔愉回归乡里，行至江淮一带的时候遇到石冰、封云作乱。封云逼迫孔愉担任参军，孔愉不答应，封云准备杀掉他，幸而得到封云的司马张统的营救才得以免死。孔愉一路东行回到会稽，进入新安郡山野之间，改姓为孙，以种田读书度日，信誉闻名于乡里。后来他忽然离去，乡里人都说他是神人而为他立祠。永嘉年间,晋元帝镇守扬州期间,任命孔愉为参军,派人到处寻找他,却没人知道他在何处。建兴初年,孔愉才出山应召为丞相掾,开始参与军事,他因为讨平华轶有功,被封为余不亭侯。晋元帝为晋王后,任命孔愉长期兼任中书郎,后来孔愉又出任吴兴太守,被任命为御史中丞,后来又升任侍中、太常。苏峻作乱之时,孔愉身着朝服守卫宗庙。后来孔愉连续升迁至尚书仆射。孔愉因已年届七十,多次乞求退休,朝廷不同意。他又先后转任护军将军和领军将军之职,被加封为金紫光禄大夫,兼任国子监祭酒。不久,孔愉出任镇军将军、会稽内史。他在会稽郡三年,整治原有的水堰,灌溉两百多顷田地。于是孔愉在山阴湖南侯山下的几亩地上营建居所,他建好几间草屋后,便辞官在此处居住下来。朝廷送给他数百万钱,他全都拒绝了。孔愉病重时,遗嘱用时服入殓,乡里人送来办丧事的财物都不得接受。孔愉于咸康八年去世,被朝廷追赠为车骑将军、开府仪同三司,谥号为贞。

隐退的方式很妙。

下 阮修

阮修,字宣子,陈留尉氏人[①]。好《易》、老,善清言。性简任,不修人事。绝不喜见俗人,遇便舍去。意有所思,率尔褰裳,不避晨夕,至或无言,但欣然相对。尝步行,以百钱挂杖头,至酒店便独酣畅,虽当世富贵而不肯顾。家无儋石之储,晏如也。修居贫年四十余,未有室,王敦等敛财为婚,皆名士也,时慕之者求入钱而不得。王敦时为鸿胪卿[②],谓修曰:“卿常无食,鸿胪丞差有禄,能作不?”修曰:“亦复可尔耳。”遂为之。转太傅行参军、太子洗马[③]。后避乱,为贼所害,年四十二。

清诡不情。

【注释】

①尉氏：县名。秦置。今属河南。

②鸿胪卿：官名。汉代九卿中的大鸿胪。东汉以后主管赞襄礼仪。

③行参军：官名。晋初制度，中央除拜者为参军，诸府自辟者为行参军。太子洗（xiǎn）马：官名。秦代始置，太子出行时为前导。晋代以后改为掌管图籍。

【译文】

阮修，字宣子，陈留尉氏人。阮修喜欢《周易》和老子学说，擅长清谈。他任性简易，不经营人际关系。他绝不喜欢见俗人，遇见就径直离去。而心里有了思念的人，不论清晨还是黄昏，急忙提起衣裳就去相见，等到见面有时又没有什么话，只是欣欣然互相对视。阮修时常将一百钱挂在杖头步行，一到酒店就独自酣饮，即使当世的大富大贵之人他也不愿看一眼。阮修家里没有一点点积蓄，却仍然悠闲安适。他处于贫困四十多年，没有结婚，王敦等凑钱为他娶亲，凑钱的都是名士，当时很多仰慕者请求为他凑钱而不能得。王敦当时为鸿胪卿，他对阮修说："您经常没有饭吃，担任鸿胪丞多少有点俸禄，愿意做吗？"阮修说："也可以做做吧。"于是阮修就做了鸿胪丞。又转任太傅行参军、太子洗马。后来避乱南行，被贼人所害，时年四十二岁。

清廉奇诡不合常情。

中 邓攸

邓攸，字伯道，平阳襄陵人也[1]。攸七岁丧父，寻丧母及祖母，居丧九年，以孝致称。清和平简，贞正寡欲，累官河东太守。永嘉末，没于石勒[2]，勒长史张宾称之于勒，勒与语，悦之,以为参军。后勒过泗水[3],乘间逃归新郑[4],投李矩[5]。寻舍矩去,投荀组于许昌[6]。攸与刁协、周颢善[7],遂至江东。元帝以攸为太子中庶子。时吴郡阙守,人多欲之,帝以授攸。攸载米之郡,奉禄无所受,唯饮吴水而已。攸在郡,刑政清明,百姓欢悦,为中兴良守[8]。后称疾去职,郡常有送迎钱数百万,攸去郡,不受一钱。百姓数千人留牵攸船,不得进,攸乃小停,夜中发去。吴人歌之曰:"纨如打五鼓[9],鸡鸣天欲曙。邓侯挽不留,谢令推不去。"百姓诣台,乞留一岁,不听,拜侍中。岁余,转吏部尚书。蔬食弊衣,周急振乏。性谦和,善与人交,无贵贱待之若一。攸每进退,无喜愠之色。历迁尚书左仆射。咸和元年卒,赠光禄大夫。

为吴郡守,饮吴水而已。

【注释】

①襄陵:县名。汉置。故城在今山西襄汾襄陵镇。

②石勒(274—333):字世龙,羯族,上党武乡(今山西榆社)人。东晋十六国之后赵的创建者。

③泗水:河流名。发源于今山东泗水陪尾山,因其四源合为一水,故得名。

④新郑:县名。汉置。今属河南。

⑤李矩(?—325):代郡平阳(今山西临汾)人。晋朝大臣。

⑥荀组(258—322):颍川颍阴(今河南许昌)人。晋朝大臣。

⑦刁协(?—322):渤海饶安(今河北盐山西南)人。永嘉之乱时南奔江东,进入司马睿幕府,被引为心腹。司马睿建立东晋,历任左仆射、尚书令等职。周颢(269—322):字伯仁,晋汝南安成

(今河南汝南)人。晋元帝时任尚书左仆射。王敦起兵,王敦堂兄王导赴阙待罪,周颉在元帝前多方申救,元帝纳其言而王导不知。及王敦兵至,问王导:“周颉何如?”王导不答,王敦遂杀害周颉。后来王导看到周颉申救之表,哭泣着说:“吾虽不杀伯仁,伯仁由我而死。幽冥之中,负此良友!”

⑧中兴:由衰落而重新兴盛。

⑨统(dǎn)如:形容击鼓的声音。

【译文】

邓攸,字伯道,平阳襄陵人。邓攸七岁丧父,不久母亲和祖母也去世了,他连着守丧九年,以孝闻名。邓攸清廉简易,正直寡欲,一直做官到河东太守。永嘉末年,邓攸陷于石勒之手,石勒的长史张宾在石勒面前称道他,石勒和邓攸交谈后很高兴,任命他为参军。后来石勒兵过泗水,邓攸趁机逃归新郑,投奔李矩。不久后邓攸离开李矩,去许昌投奔荀组。邓攸和刁协、周颉友善,于是他又到了江东。晋元帝任命邓攸为太子中庶子。当时吴郡缺太守,很多人都想去,元帝把这一职位授给邓攸。邓攸运载着米前去上任,他不接受任何俸禄,只饮用吴郡的水罢了。邓攸在吴郡太守任上,无论刑狱还是政务都清明,百姓都很欢欣,认为邓攸是中兴时期的好太守。后来邓攸称病离职,按惯例有几百万的送迎礼钱,邓攸离开吴郡,一枚钱都不接受。数千百姓牵留邓攸的船,使他无法前进,邓攸就暂作停留,等到半夜悄然离去。吴地人歌颂他说:“咚咚敲五鼓,鸡鸣天将曙。邓侯留不住,谢令推不去。”吴郡百姓上赴朝廷请愿,乞求再留邓攸一年,朝廷不同意,任命邓攸为侍中。过了一年多,邓攸转任吏部尚书。邓攸吃穿用度俭朴,周济有急难和贫乏之人。他性情谦和,喜欢和人交往,不分贵贱都一视同仁。邓攸每次升迁或降职,都没有露出高兴或恼怒的神色。多次升官后任尚书左仆射。咸和元年邓攸去世,朝廷追赠他为光禄大夫。

身为吴郡太守,只饮吴郡水而已。

中周顗

周顗，字伯仁，安东将军浚之子也。少有重名，弱冠袭父爵武城侯，累迁吏部尚书。太兴初，拜太子少傅，转尚书左仆射。及王敦构逆，王师败绩，顗奉诏诣敦。敦曰："伯仁，卿负我。"顗曰："公戎车犯顺，下官亲率六军，不能其事，使王旅奔败，以此负公。"敦惮其辞正，不知所答。护军长史郝嘏等劝顗避敦，顗曰："吾备位大臣，朝廷丧败，宁可复草间求活，外投胡越邪？"俄而与戴若思俱被收[①]，路经太庙[②]，顗大言曰："天地先帝之灵，贼臣王敦倾覆社稷，枉杀忠臣，陵虐天下，神祇有灵，当速杀敦，无令纵毒以倾王室！"语未终，收人以戟伤其口，血流至踵，颜色不变，容止自若。观者皆为流涕。遂于石头南门外石上害之[③]，时年五十四。敦使缪坦籍顗家，收得素簏数枚，盛故絮而已，酒五瓮，米数石，在位者服其清约。后追赠左光禄大夫、仪同三司，谥曰康，祀以少牢[④]。

义气凛凛，被收数语可见。然伯仁荒醉终日，处乱纵言，其能免乎？

【注释】

①戴若思（？—322）：即戴渊，字若思，广陵郡（今江苏扬州）人。东晋大臣、名士。

②太庙：天子为祭祀祖先而兴建的庙宇。

③石头：石头城。

④少牢：祭祀时只用羊、猪二牲，此二牲即称少牢。

【译文】

周顗，字伯仁，安东将军周浚之子。周顗年少时便有很大的名声，二十岁时他承袭父亲武城侯的爵位，接连升迁至吏部尚书。太兴初年，周顗被任命为太子少傅，转任尚书左仆射。后来王敦谋反，朝廷军队大败，周顗奉诏令去见王敦。王敦说："伯仁，你有负于我。"周顗说："您带领兵马谋逆，下官我亲率朝廷大军，没能平定叛乱，使王师溃败，因此有负于您。"王敦畏惧他的言辞光明正大，不知怎么回答。护军长史郝嘏等人劝周顗躲避王敦，周顗说："我身为大臣，朝廷丧亡溃败，岂可在山野间苟活，外投胡越异族呢？"随后周顗和戴若思都被抓捕，路过太庙的时候，周顗大声说："天地先帝之灵，反贼王敦灭亡国家，枉杀忠臣，欺凌天下，神祇如果在天有灵，应该立即杀掉王敦，不要让他放纵荼毒而倾覆王室！"话没说完，抓捕他的人用戟弄伤了他的嘴，鲜血一直流到脚跟，周顗面色不变，举动自如。围观的人都为他流下眼泪。最终周顗在石头城南门外大石上被杀害，时年五十四岁。王敦派缪坦去抄周顗的家，抄得几个大簏，装着旧絮而已，另有五瓮酒，几石米，朝廷中人都很佩服他的清廉简约。后来朝廷追赠周顗为左光禄大夫、开府仪同三司，谥号为康，并以少牢的规格祭奠他。

大义凛然，从被抓捕时的几句话可以看出。但是伯仁整天滥醉，身处乱中放纵言论，又怎能免去一死呢？

中刘超

刘超，字世瑜，琅邪临沂人。汉城阳景王章之后。超少有志尚，为县小吏，迁琅邪国记室掾[①]。以忠谨清慎为元帝所拔，恒亲侍左右，遂从渡江[②]，为相府舍人[③]，专掌文檄。超自以职在近密，而书迹与帝手笔相类，乃绝不与人交书。时出休沐[④]，闭门不通宾客。以左右勤劳，赐爵原乡亭侯，转行参军。中兴建，为中书舍人[5]，拜骑都尉、奉朝请[6]。

【注释】

①记室掾：官名。东汉置，诸王、三公及大将军都设有记室令史，掌章表书记文檄。

②渡江：永嘉之乱以后，西晋灭亡。晋朝统治集团南迁渡过长江，定都建康(今江苏南京)，东晋建立。史称晋室南渡。

③舍人：王公贵官的侍从宾客、亲近左右，通称舍人。

④休沐：官吏休息沐浴。指按例休假。

⑤中书舍人：官名。三国魏于中书省置中书通事舍人。掌宣传诏命。晋及南朝沿置，梁朝直称中书舍人。掌起草诏令，参预机密，权势日重。

⑥奉朝请：古代诸侯春季朝见天子叫朝，秋季朝见叫请，定期参加朝会称奉朝请。汉代对退职大臣、将军及皇室、外戚，多给以奉朝请名义，使得参加朝会。晋代以奉车、驸马、骑都尉奉朝请。

【译文】

刘超，字世瑜，琅邪临沂人。他是汉代城阳景王刘章的后裔。刘超年少时就有远大志向，他先担任县中小吏，后来升迁为琅邪国记室掾。他因为忠诚、谨慎和清廉受晋元帝赏识和提拔，长期在晋元帝身边任事，后来跟从晋元帝渡江，担任相府舍人，专门掌管文檄。刘超因为自己的职务亲近机密，同时笔迹和晋元帝的手迹相似，于是绝不和别人书信往来。有时例行休假，刘超便关闭府门不接待宾客。因为勤劳侍奉晋元帝左右，他被赐爵为原乡亭侯，转任行参军。晋元帝即位后，刘超任中书舍人，被授予骑都尉、奉朝请官衔。

时台阁初建，庶绩未康，超职典文翰，而畏慎静密，弥见亲待。处身清苦，衣不重帛，家无儋石之储。每帝所赐，皆固辞曰："凡陋小臣，横窃赏赐，无德而禄，殃咎是惧。"帝嘉之，不夺其志。寻出补句容令[①]，推诚于物，为百姓所怀。入为中书通事郎[②]，以父忧去官。属王敦称兵，诏超复职，又领安东上将军。寻六军败散，惟超案兵直卫，帝感之，遣归终丧。及钱凤构祸[③]，超招合义士，从明帝征凤[④]。事平，以功封零陵伯。超家贫，妻子不赡。帝手诏褒之，赐以鱼米，超辞不受。出为义兴太守[⑤]，未几，征拜中书侍郎，拜受往还，朝廷莫有知者。咸和初，遭母忧去官，衰服不离身[⑥]，朝夕号泣，朔望辄步至墓所[⑦]，哀感路人。

【注释】

①句容：县名。今属江苏。

②中书通事郎：官名。三国魏置，为中书令属官，位在黄门郎之下。西晋改为中书侍郎。

③钱凤：东晋初年王敦的部下。附从王敦谋逆，兵败被杀。

④明帝：即晋明帝司马绍（299—325）。东晋第二位皇帝。

⑤义兴：郡名。晋永兴元年（304）割吴兴之阳羡，并长城县之北乡分置义乡、国山、临津、阳羡四县，又分丹阳之永世，立义兴郡。

⑥衰（cuī）服：丧服。

⑦朔望：朔日和望日，即农历的每月初一和十五。

【译文】

当时朝廷初建，各类事务尚未就绪，刘超职掌政令文书，他对待职务敬畏慎密，越发受皇帝的亲近信赖。他立身清廉自苦，衣着朴素，家里没有一丁点儿储蓄。每逢皇帝赏赐，他都坚决推辞说："平庸凡陋的小臣，凭空获得赏赐，没有高尚品德而受禄，惧怕因此而生罪过。"晋元帝很嘉许他，不勉强他改变志愿。不久刘超出任句容县令，他和百姓推诚布公，为百姓所感怀。刘超入朝担任中书通事郎，因为父亲去世而离任。适逢王敦起兵谋反，晋元帝诏令刘超恢复职务，又任命他为安东上将军。不久朝廷大军溃败，只有刘超率兵护驾警卫，元帝非常感动，让他归家终丧。等到钱凤引发祸乱，刘超招募聚集义士，随从晋明帝征讨钱凤。祸乱平定之后，他因为功劳受封零陵伯爵位。刘超家里贫困，妻子儿女生计艰难。晋明帝亲笔写下诏书褒扬刘超，赐给他鱼和米，他推辞不接受。刘超出任义兴太守，没多久，又被朝廷征召任命为中书侍郎，他拜官受职在朝堂和任地之间来来往往，但朝廷中没有人知道。咸和初年，刘超因母亲去世而离任，他丧服从不离身，早晚号泣，每月初一和十五便步行去往墓地，他的哀戚使路人也为之感怀。

及苏峻谋逆，超为左卫将军[①]，时京邑大乱，朝士多遣家人入东避难，而超以妻孥入处宫内。及王师败绩，王导以超为右卫将军[②]，亲侍成帝[③]。及峻迁车驾石头，时天大雨，道路沉陷，超与侍中锺雅步侍左右，贼给马，不肯骑，而悲号慷慨。时饥馑米贵，峻等问遗，一无所受，缱绻朝夕，臣节愈恭。后王导出奔，超等密谋奉帝出，而事泄，遂遇害。追赠卫尉，谥曰忠。

忠孝笃挚，清谨独胜。

【注释】

①左卫将军：官名。三国魏时，分中卫将军为左、右卫将军。

②王导（276—339）：晋琅邪临沂（今山东临沂）人。少有识量，才智过人。元帝为琅邪王，居建康，王导知天下已乱，劝王招揽贤俊以结人心。及元帝即位，以王导为丞相。历事元帝、明帝、成帝三朝，出将入相，官至太傅。

③成帝：即晋成帝司马衍(321—342)。东晋第三位皇帝。

【译文】

苏峻谋逆之时，刘超担任左卫将军，当时京城大乱，朝廷大臣中很多都遣送家人到京城以东地区避难，而刘超却让妻子儿女进入宫中。后来朝廷军队溃败，王导任命刘超为右卫将军，亲自侍奉晋成帝。待到苏峻挟持皇帝到石头城之际，正逢天降大雨，道路泥泞不堪，刘超和侍中锺雅步行侍奉皇帝左右，叛贼送给刘超马匹，他不肯骑乘，悲愤号哭。当时遇到饥荒米价高昂，苏峻等人送来慰问的财物，刘超全都不接受，他朝夕侍奉皇帝不离不弃，为臣的礼节越来越恭顺。后来王导出逃，刘超等密谋侍奉皇帝出走，结果事情泄露，刘超于是被杀害。朝廷追赠刘超卫尉官衔，谥号为忠。

忠诚孝顺笃厚诚挚，清廉谨慎独标一格。

下 阮放

阮放，字思度，陈留尉氏人。少与咸子孚并知名[①]。中兴，除太学博士。成帝幼冲，庾氏执政[②]，放求为交州，乃除监交州军事、扬威将军、交州刺史。年四十四卒，追赠廷尉。放素知名，而性清约，不营产业，为吏部郎，不免饥寒。王导、庾亮以其名士[③]，常供给衣食。

【注释】

①咸：指阮咸，字仲容，晋陈留尉氏(今河南尉氏)人。阮籍之侄，并为“竹林七贤”。阮咸妙解音律，尤擅琵琶。

②庾氏执政：东晋太宁三年(325)，明帝司马绍去世，其子成帝司马衍即位，年五岁，庾太后临朝，司徒王导、中书令庾亮辅政。

③庾亮(289—340):东晋颍川鄢陵(今河南鄢陵北)人。历仕元帝、明帝、成帝三朝。成帝初,以帝舅身份为中书令,掌握朝政。

【译文】

阮放,字思度,陈留尉氏人。阮放年少时和阮咸的儿子阮孚都有盛名。晋室中兴后,阮放任职太学博士。当时晋成帝年幼,由庾太后执政,阮放请求出任交州,于是被任命为监交州军事、扬威将军、交州刺史。阮放于四十四岁时去世,朝廷追赠廷尉官衔。阮放一向知名,他生性清廉简约,不经营产业,身为吏部郎,而时时不免于饥寒。王导、庾亮因为他是名士,经常供给他衣食。

中庾冰

庾冰,字季坚。兄亮以名德流训[①],冰以雅素垂风,诸弟相率,莫不好礼,为世论所重,亮常以为庾氏之宝。司徒辟,不就,征秘书郎。预讨华轶功,封都乡侯。王导请为司徒右长史,历仕扬州刺史、都督三州军事、征虏将军、假节。

【注释】

①亮:指庾亮。见前注。

【译文】

庾冰,字季坚。庾冰的兄长庾亮以名望德行成为世人楷模,庾冰以风雅质朴垂示风范,庾氏众兄弟纷纷效法,都注重礼义,被当时舆论所推重,庾亮经常认为这是庾家的珍宝。司徒府征召庾冰,他没有前往,后来被征召担任秘书郎。因为参与征讨华轶有功,受封都乡侯爵位。王导请他担任司徒右长史,他先后担任过扬州刺史、都督三州军事、征虏将军、假节。

是时王导新丧，众望归冰。既当重任，经纶时务不舍昼夜，宾礼朝贤，升擢后进，由是朝野注心，咸曰贤相。康帝即位[①]，进车骑将军。冰惧权盛，求外出，乃以本号除都督江荆宁益梁交广七州豫州之四郡军事、领江州刺史、假节[②]，镇武昌。顷之，献皇后临朝[③]，征冰辅政，冰辞以疾笃，寻卒，时年四十九。册赠侍中、司空，谥曰忠成。冰天性清慎，常以俭约自居。中子袭，常贷官绢十匹，冰怒，捶之，市绢还官。及卒，无绢为衾。又室无妾媵，家无私积，世以此称之。

此真冰清。然官至将相，无绢为衾，过矣。

【注释】

①康帝：即晋康帝司马岳(322—344)。晋成帝同母弟。东晋第四位皇帝。

②宁：州名。汉朝本益州郡地，三国蜀为兴古郡地，南朝梁为南宁州。梁：州名。三国魏置，晋代因之。治所在今陕西汉中南郑区。

③献皇后：即康献皇后褚蒜子(324—384)，河南阳翟(今河南禹州)人。晋康帝司马岳的皇后。在晋康帝死后，三度临朝称制，总共约四十年。

【译文】

当时王导刚刚去世，庾冰众望所归。他既已担当重任，夜以继日地筹划治理国家大事，礼敬朝中贤德的官员，提拔年轻有为的人士，所以朝廷和民间倾心于他，都称他为贤相。晋康帝即位，庾冰被加封为车骑将军。庾冰惧怕权力太大，请求出京外任，于是以车骑将军出任都督江荆宁益梁交广七州豫州之四郡军事、领江州刺史、假节，镇守武昌。不久，献皇后临朝，征召庾冰辅政，庾冰以疾病沉重推辞，不久去世，享年四十九岁。朝廷颁发册书追赠庾冰侍中、司空，谥号为忠成。庾冰天性清廉谨慎，平常以俭约自居。二儿子庾袭曾经向官府借了十四绢，庾冰很生气，打了他一顿，并买来绢还给官府。庾冰去世之时，没有绢来做装殓的单被。他身边没有侍妾，家里没有积蓄，世人因此称赞他。

这是真正的冰雪般清廉。但是做官到了将相，竟然没有绢做装殓的单被，也太过头了。

下罗含

罗含，字君章，桂阳耒阳人[①]。幼孤，为叔母朱氏所养。少有志尚，尝昼卧，梦一鸟文彩异常，飞入口中，因起惊说之。朱氏曰："鸟有文彩，汝后必有文章。"自后藻思日新。含父常宰新淦[②]，新淦人杨羡为含州将，引含为主簿。及羡去职，含送之到县。新淦人以含旧宰之子，咸致赂遗，含难违而受之，及归，悉封置而去。后为湘州别驾，以廨舍喧扰，于城西池小洲上立茅屋，伐木为材，织苇为席而居。布衣蔬食，晏如也。征为尚书郎，累迁散骑常侍、廷尉、长沙相。年老致仕，加中散大夫[③]。年七十七卒。

即在官，是丘壑之寒俊。

【注释】

①耒阳：县名。秦置耒县，汉改耒阳县，以在耒水之阳而名，属桂阳郡。今属湖南。

②新淦（gàn）：县名。在今江西新干。因境内淦水为名。

③中散大夫：官名。西汉末王莽时始置，历代沿置，参与议论政事，没有固定员额。

【译文】

罗含，字君章，桂阳耒阳人。他幼年丧父，被叔母朱氏抚养。罗含年少时有很高的志向，有一次白天眠卧，他梦见一只鸟儿色彩非常艳丽，飞入口中，惊醒后说出这件事。朱氏说："鸟儿有美丽的色彩，你以后必定有出色的文才。"自此以后罗含的才华日益出众。罗含的父亲曾经担任新淦县令，新淦人杨羡是罗含所在州的州将，引荐罗含担任主簿。后来杨羡离职，罗含送他到新淦县。新淦人因为罗含是旧县令的儿子，都给他送来财物，罗含难以违逆好意而接受了，等到返回的时候，把这些礼物全都封置起来然后离去。后来罗含担任湘州别驾，因为官舍喧闹，于是在城西池小洲上建造茅屋，他伐木为材料，织芦苇为席然后住下来。平日衣食俭朴，恬淡安然。朝廷征召罗含为尚书郎，连续升迁至散骑常侍、廷尉、长沙相。罗含年老退休后，被加封中散大夫。罗含于七十七岁时去世。

即便在官任上，也是隐逸的出身贫寒而才能出众之人。

下 褚裒

褚裒，字季野，康献皇后父也[①]。少有简贵之风。桓彝见而目之曰[②]："季野有皮里春秋[③]。"谢安亦雅重之[④]，恒云："裒虽不言，四时之气亦备。"初辟西阳王掾，吴王文学苏峻之构逆也，车骑将军郗鉴以裒为参军，峻平，以功封都乡亭侯，除给事黄门侍郎[⑤]。康帝为琅邪王时，娉裒女为妃[⑥]，于是出为豫章太守。及帝即位，征拜侍中，迁尚书。以后父，苦求外出，除建威将军、江州刺史，镇半洲[⑦]。在官清约，虽居方伯[⑧]，恒使私童樵采。顷之，征为卫将军，领中书令，固让，诏以为左将军、兖州刺史、都督兖州徐州之琅邪诸军事、假节，镇金城[⑨]。累官征讨大都督青、扬、徐、兖、豫五州诸军事。永和五年卒[⑩]，年四十七，赠侍中、太傅，谥曰元。

【注释】

①康献皇后:见前注“献皇后”。

②桓彝(276—328):晋谯国龙亢(今安徽怀远)人。元帝时为吏部郎。明帝时,王敦专朝政,桓彝参与讨伐王敦谋议,以功封万宁县男。后任宣城内史。苏峻起兵反晋,桓彝固守泾县,城陷被杀。

③皮里春秋:口里不说好坏,而心中有所褒贬。《春秋》相传为孔子所修,意含褒贬,借指评论。

④谢安(320—385):晋陈郡阳夏(今河南太康)人。少有重名,屡有征辟,皆不起。年四十方有仕宦意,桓温请为司马。简文帝死,桓温欲篡晋,要挟谢安,谢安不为所动,桓温之谋终不成。后任尚书仆射等职,一心辅晋,威怀外著,时人比之王导。太元八年(383)苻秦攻晋,加谢安征讨大都督。谢安派遣侄儿谢玄等大破苻坚于淝水。卒赠太傅。

⑤给事黄门侍郎:官名。东汉合并黄门侍郎与给事黄门之职,设给事黄门侍郎,为侍从皇帝左右之官。

⑥娉:古代婚礼,男方遣媒向女方问名求婚谓之娉。引申为婚娶、婚配。

⑦半洲:亦作半州。在今江西九江。

⑧方伯:本指一方诸侯之长,后来泛称地方长官为方伯。

⑨金城:即金陵(今江苏南京)。

⑩永和:晋穆帝司马聃年号(345—356)。

【译文】

褚裒,字季野,是康献皇后的父亲。他年少时有简约清贵的风范。桓彝看见他品评说:“季野有皮里春秋。”谢安也很看重他,经常说:“褚裒虽然不说什么,四时气象兼备。”起初褚裒被征召为西阳王掾属,吴王文学苏峻谋反之时,车骑将军郗鉴任用褚裒为参军,苏峻之乱平定以后,褚裒凭功劳受封都乡亭侯，被任命为给事黄门侍郎。晋康帝在做琅邪王的时候，娶褚裒的女儿为妃子，于是褚裒出任豫章太守。后来晋康帝即位，褚裒被征召回朝担任侍中，又升任尚书。褚裒因为自己是皇后父亲的缘故，苦苦请求外任，于是被任命为建威将军、江州刺史，镇守半洲。褚裒在任清廉事务简约，虽然位居一方长官，却常常让自己的僮仆去打柴。不久，褚裒又被征召为卫将军，兼任中书令，他坚决辞让，皇帝下诏任命他为左将军、兖州刺史、都督兖州徐州之琅邪诸军事、假节，镇守金城。他后来官至征讨大都督青、扬、徐、兖、豫五州诸军事。褚裒于永和五年去世，享年四十七岁，朝廷追赠他侍中、太傅，谥号为元。

下 陆纳

陆纳，字祖言，吴郡吴人也。初辟镇军大将军武陵王掾，州举秀才，累迁尚书吏部郎，出为吴兴太守。至郡，不受奉禄。顷之，征拜左民尚书[①]，领州大中正[②]。将应召，外白宜装几船，纳曰："私奴装粮食来，无所复须也。"临发，止有被幞而已[③]，其余并封以还官。迁太常，徙吏部尚书，加奉车都尉、卫将军。谢安尝欲诣纳，而纳殊无供办，其兄子俶不敢问，乃密为之具。安既至，纳所设唯茶果而已。俶遂陈盛馔，珍羞毕具。客罢，纳大怒曰："汝不能光益父叔，乃复秽我素业邪？"于是杖之四十。寻迁尚书仆射，拜尚书令。恪勤贞固，终始不渝。时会稽王道子专政[④]，委任群小，纳望阙而叹曰："好家居，纤儿欲撞坏之邪[⑤]？"朝士服其忠谅。寻除光禄大夫、开府仪同三司，未拜而卒，即以为赠。

不受俸禄，是嗷嗷立名之士。杖兄子固好，亦是此意。

【注释】

①左民尚书：官名。汉置民曹，魏晋南北朝加置左民、右民二曹，长官称左民尚书、右民尚书，掌天下计账、户籍等事。

②州大中正：三国魏文帝时立九品用人之法，于州郡各置中正，任识别人才之责。魏曹芳时，司马懿执政，于州置大中正，故有大小中正之别。州的大中正，也称州都。

③幞（fú）：包东西的布。

④会稽王道子：即司马道子（364—402）。晋孝武帝之弟。初封琅邪王，后改封会稽王。太元十年（385），都督中外诸军事，控制朝政，任用奸佞，朝政日坏。

⑤纤儿：小儿。含有鄙视的意思。

【译文】

陆纳，字祖言，吴郡吴人。陆纳起初被征辟为镇军大将军武陵王掾属，州郡举荐他为秀才，他接连升迁至尚书吏部郎，出任吴兴太守。陆纳上任后，不领受俸禄。不久，陆纳奉召担任左民尚书，兼任州大中正。他准备启程应召时，外面有人来请示应该准备几只船装载行李，陆纳说："自家的奴仆携带粮食而已，此去没有什么需要的。"等到出发时，他所携带的只有衣被包袱而已，其余的全都封存交还公家。陆纳升任太常，转任吏部尚书，被加封官奉车都尉、卫将军。谢安曾经要去拜访陆纳，而陆纳根本没有备办招待客人的东西，他兄长的儿子陆俶不敢问他，就悄悄地替他做了准备。谢安到了，陆纳所摆上来的仅有茶与果子罢了。陆俶于是陈上丰盛的饭菜，山珍海味一应俱全。待客完毕之后，陆纳对侄子大怒说："你不能给父辈增光添彩，反倒污辱我清白的操守！"于是杖责陆俶四十。不久陆纳升任尚书仆射，又被任命为尚书令。他恭谨勤恳固守正道，始终不渝。当时会稽王司马道子专政，委任众多小人，陆纳遥望宫阙叹息说："这么好的家，小儿你想弄坏它吗？"朝中大臣佩服他的忠直。不久陆纳被任命为光禄大夫、开府仪同三司，还未及就任他就去世了，朝廷便追赠他此官衔。

不领受俸禄，是清白立名之士。杖责兄长的儿子当然可以，也是清白立名的意思。

中王恭

王恭，字孝伯，太原晋阳人[①]。少有美誉，清操过人。起家为佐著作郎，历建威将军。太元中[②]，为丹阳尹，迁中书令。后帝将擢时望以为藩屏，乃以恭为都督兖青冀幽并徐州晋陵诸军事、兖青二州刺史、假节[③]，镇京口[④]。后与会稽王道子有隙，举兵向阙，不克而死。死之日，家无余财，唯书籍而已。及桓玄执政[⑤]，诏赠侍中、太保，谥曰忠简。

【注释】

①晋阳：县名。秦置。在今山西太原城区。

②太元：晋孝武帝司马昌明年号（376—396）。

③晋陵：郡名。晋置毘陵郡，后改名为晋陵，治晋陵县（在今江苏常州）。

④京口：城名。三国吴时称为京城。汉末孙权迁首府至建业（今江苏南京），此地改称京口。在今江苏镇江京口区。

⑤桓玄（369—404）：谯国龙亢（今安徽怀远）人。大司马桓温之子。历任侍中、都督中外诸军事、丞相等职。大亨元年（402）威逼晋安帝禅位，在建康建立桓楚，改元永始，不久败亡。

【译文】

王恭，字孝伯，太原晋阳人。王恭年少时即享有美名，清高的操守超过常人。他从佐著作郎的职位做起，曾任建威将军。太元年间，王恭任丹阳尹，又升任中书令。后来晋孝武帝要提拔在当时享有名望的人作为辅翼，于是任命王恭为都督兖青冀幽并徐州晋陵诸军事、兖青二州刺史、假节，镇守京口。后来王恭与会稽王司马道子产生矛盾，举兵攻打京城，未能攻克而死。王恭死的时候，家里没有多余的财物，只有书籍罢了。等到桓玄执政之时，朝廷下诏追赠他侍中、太保，谥号为忠简。

初，恭自会稽还都，王忱看之[①]，见其坐一六尺簟，因语曰："卿东来，故应有此物，可以一领及我。"恭无言。忱去后，即举坐者送之。既无余席，便坐荐上。忱闻之，惊曰："吾本谓卿多，故求耳。"对曰："丈人不悉恭，恭作人无长物。"

清洒送簟一事甚佳。

【注释】

①王忱（？—392）：字元达，小字佛大，晋太原晋阳（今山西太原）人。王坦之第四子，嗜酒如命，与王恭、王珣均享誉一时。孝武帝太元年间为荆州刺史、建武将军。

【译文】

当初，王恭从会稽返回京城，王忱去看望他，见他坐在一领六尺的竹席上，就对他说："你从东边回来，自然会有这样的东西，可以送一领给我。"王恭默不作声。王忱离去之后，王恭就拿自己所坐的那领竹席送给他。他没有多余的竹席，便坐在草垫子上。后来王忱听说此事，吃惊地说："我本以为你有多余的，所以才向你要的。"王恭回答说："阿叔您不了解我，我为人处事从来没有多余的东西。"

潇洒赠送竹席一事，甚好。

中吴隐之

吴隐之，字处默，濮阳鄄城人也[①]。博涉文史，以儒雅标名。弱冠而介立，有清操。虽日晏歠菽[②]，不飨非其粟；儋石无储，不取非其道。年十余，丁父忧，每号泣，行人为之流涕。事母孝谨，及其执丧，哀毁过礼。家贫，无人鸣鼓，每至哭临之时，恒有双鹤警叫，及祥练之夕[③]，复有群雁俱集，时人咸以为孝感所致。

【注释】

①濮阳：郡国名。晋初析东郡、济阴郡之地置濮阳国，治濮阳县。后魏时为濮阳郡，移治鄄（juàn）城县（今山东鄄城）。

②歠（chuò）：饮，吃。

③祥练：练，本指父母丧后第十一个月，改素服为练服之祭；祥，指父母丧后满一周年之祭。后来用祥练指丧期或丧服。

【译文】

吴隐之，字处默，濮阳鄄城人。他广泛涉猎文史典籍，以儒雅的风度显名。二十岁左右就卓异独立，有高尚节操。即使每天傍晚只喝豆粥，也不食用不属于自己的谷米；即使家里没有一丁点的储蓄，也不取用不合道义的财物。吴隐之十多岁时，父亲去世，他经常哀号哭泣，路人也为他落泪。他侍奉母亲孝顺恭谨，后来办理母亲的丧礼时，因悲伤过度而损毁身体。吴隐之家里贫困，丧礼上没有人敲鼓，每到举哀哭泣的时候，总有一双鹤伴随着厉声鸣叫，到周年祭礼的晚上，又有雁群聚集，当时人都认为这是吴隐之的孝心感动上天所致。

韩康伯与之邻居[①]，康伯母，殷浩之姊[②]，贤明妇人也，每闻隐之哭声，辍餐投箸，为之悲泣。既而谓康伯曰："汝若居铨衡[③]，当举如辈人。"及康伯为吏部尚书，隐之遂阶清级，拜奉朝请、尚书郎，累迁晋陵太守。在郡清俭，妻自负薪。

后入为中书侍郎，历迁左卫将军。隐之虽居清显，禄赐皆班亲族，冬月无被，尝浣衣，乃披絮，勤苦同于贫庶。

【注释】

①韩康伯：即韩伯，字康伯，颍川长社（今河南长葛西）人。东晋玄学家、训诂学家。简文帝在藩镇时，引为谈客。后历任侍中、吏部尚书、领军将军等职。

②殷浩（？—356）：晋陈郡长平（今河南西华）人。简文帝时，为建武将军、扬州刺史，参综朝权，谋制桓温。永和九年（353）率师北伐，战败，为桓温奏劾，废为庶人。被废之后，终日书空，作"咄咄怪事"四字。

③铨衡：执掌铨选的职位。

【译文】

韩康伯和吴隐之是邻居，韩康伯的母亲是殷浩的姐姐，她是一位贤明的妇人，每每听到吴隐之的哭声，就停止进餐放下筷子，为他悲哭。后来她对韩康伯说："你以后如果主管选拔官吏，应当举荐像他这样的人。"等到韩康伯担任吏部尚书后，吴隐之就逐渐身居要职，被任命为奉朝请、尚书郎，屡次升迁至晋陵太守。他在任上清廉俭朴，妻子要亲自背负柴薪。后来吴隐之入朝任职中书侍郎，一直升迁到左卫将军。吴隐之虽然身居清要显达的官职，但俸禄和所得赏赐都分送给亲戚和族人，自己冬月里没有被子可用，曾经洗了衣服没有换的，就披上布絮，和贫苦百姓一样勤劳贫苦。

广州包带山海[①]，珍异所出，一箧之宝可资数世，然多瘴疫，人情惮焉。唯贫窭不能自立者，求补长史，故前后刺史，皆多黩货。朝廷欲革岭南之弊，隆安中[②]，以隐之为龙骧将军、广州刺史、假节，领平越中郎将。未至州二十里，地名石门，有水曰贪泉，饮者怀无厌之欲。隐之至泉所，酌而饮之，因赋诗曰："古人云此水，一歃怀千金。试使夷、齐饮[3]，终当不易心。"及在州，清操逾厉，常食不过菜及干鱼而已，帷帐器服皆付外库。时人颇谓其矫，然亦始终不易。帐下人进鱼，每剔去骨存肉，隐之觉其用意，罚而黜焉。元兴初[4]，诏书褒美，进号前将军，赐钱五十万、谷千斛。

【注释】

①广州：州名。秦南海郡地，三国吴时置广州。今属广东。

②隆安：晋安帝司马德宗年号（397—401）。

③夷、齐：伯夷、叔齐。

④元兴：晋安帝司马德宗年号（402—404）。

【译文】

广州环山靠海，是出产奇珍异宝的地方，一小箱宝物就足够几代人生活的，然而那里多瘴气瘟疫，人们都感到害怕。只有贫寒难以维持生计的人，才会请求补任那里的长史，所以先后在广州任职的刺史，全都贪污受贿。朝廷想要革除岭南的弊政，于是在隆安年间任命吴隐之为龙骧将军、广州刺史、假节，兼任平越中郎将。距州城不到二十里，有处地方叫石门，那里有眼泉水叫贪泉，据说饮用了这泉水的人就会心怀无法满足的贪欲。吴隐之到了泉边，舀水喝了，还作了一首诗说："古人说此水，一饮怀千金。试让夷、齐喝，终当不易心。"他在刺史任上，节操更加高尚，平常饮食不过是蔬菜和干鱼而已，帷帐、器物、衣服等都交付州府的仓库。当时人颇认为他的做法有些过头了，但他始终不改变。帐下人给他送鱼，常会剔去鱼骨鱼刺，吴隐之觉察到他的用意，处罚并辞退了这个人。元兴初年，朝廷下诏褒扬吴隐之，加封他为前将军，赐钱五十万、谷千斛。

及卢循寇岭南[①]，隐之率励将士，固守弥时，城陷，为循所得。后刘裕与循书[②]，令遣隐之还，久方得反。归舟之日，装无余资。及至，数亩小宅，篱垣仄陋，内外茅屋六间，不容妻子。刘裕赐车牛，更为起宅，固辞。寻拜度支尚书、太常[③]。以竹篷为屏风，坐无毡席。后迁中领军，清俭不革。每月初得禄，裁留身粮，其余悉分振亲族。家人绩纺以供朝夕，时有困绝，或并日而食。身恒布衣不完，妻子不沾寸禄。义熙八年[④]，请老，优诏许之[⑤]，授光禄大夫，赐钱十万、米三百斛。九年卒，追赠光禄大夫，加散骑常侍。隐之清操不渝，及于身没，常蒙优锡显赠，廉士以为荣。

【注释】

①卢循（？—411）：范阳涿县（今河北涿州）人。东晋末年群雄之一，趁桓玄作乱之际，攻占广州，设置百官，割据岭南地区。

②刘裕（363—422）：南朝宋武帝。初为东晋北府兵将领，参与镇压孙恩、卢循等农民起义，又击败桓玄，封晋公，清除巴蜀等地割据势力，统一江南，并两次北伐，灭南燕后秦。元熙二年（420）废晋恭帝，建立宋王朝，与北方崛起的北魏形成南北对峙局面。

③度支尚书：官名。三国魏置，掌财政收支。

④义熙：晋安帝司马德宗年号（405—418）。

⑤优诏：褒美嘉奖的诏书。

【译文】

等到卢循骚扰岭南时，吴隐之率领将士坚守了很长时间，城池被攻破，他被卢循抓住。后来刘裕给卢循去信，命令他释放吴隐之返京，过了很久吴隐之才得以返回。他回去的时候，行装里没有多余的财物。到了京城，居住的是几亩地的小宅院，篱笆围墙甚为简陋，里外共六间茅屋，住不下妻子儿女。刘裕赐给他车辆和牛,替他另外建造宅院,他都坚决推辞了。不久吴隐之被任命为度支尚书、太常。他用竹篷做成屏风,坐具连一块毡垫也没有。后来他升任中领军,清廉俭朴没有改变。每月月初得到俸禄后,他只留下自己的口粮,其余的全部用来分发接济亲族。他的家人靠绩麻纺纱度日,不时陷于困窘,有时甚至两天吃一天的饭。他自己常穿的布衣不够完整,妻儿不使用他的一丁点俸禄。义熙八年,吴隐之请求退休养老,朝廷下诏书褒美并准许了他,授予他光禄大夫,赐钱十万、米三百斛。义熙九年吴隐之去世,朝廷追赠他光禄大夫,加赠散骑常侍。吴隐之清廉的节操始终不渝,一直到去世,多次受到优厚的赏赐和显耀的追赠,廉洁的士人都以此为光荣。

初,隐之为奉朝请,谢石请为卫将军主簿[①]。隐之将嫁女,石知其贫素,遣女必当率薄,乃令移厨帐助其经营。使者至,方见婢牵犬卖之,此外萧然无办。后至自番禺[②],其妻刘氏赍沉香一斤,隐之见之,遂投于湖亭之水。子延之,复励清操,为鄱阳太守[③]。延之弟及子为郡县者,常以廉慎为门法,虽才学不逮隐之,而孝弟洁敬犹为不替。

隐之清厉正俗,至妻子不沾寸禄。卖犬投香,酌贪泉咏夷、齐,此风真可千古。

【注释】

①谢石(327—388):晋陈郡阳夏(今河南太康)人。谢安弟。初拜秘书郎,累迁尚书仆射。太元八年(383)苻秦东晋淝水之战,以将军假节征讨大都督,与兄子谢玄、谢琰等大败苻坚,以功迁中军将军、尚书令,更封南康郡公。

②番禺:县名。秦置,以境内有番山、禺山而得名。属南海郡。今属

广东。

③鄱阳：郡名。汉末建安年间孙权置鄱阳郡。治鄱阳县（今属江西）。

【译文】

当初，吴隐之做奉朝请，谢石请他担任卫将军主簿。吴隐之将要嫁女，谢石知道他清贫寒素，嫁女儿的用度必定很微薄，就让人移送厨帐帮助料理。使者到的时候，看见吴隐之家的奴婢牵着一只狗在卖，除此之外冷冷清清一点也没有操办。后来吴隐之从番禺返回的时候，他的妻子刘氏带了一斤沉香，吴隐之见了，便扔进湖亭水中。他的儿子吴延之，仍然砥砺高尚的节操，曾任鄱阳太守。吴延之的弟弟及儿子们在郡县做官的，都一直以廉洁谨慎为家法，虽然他们的才学不如吴隐之，然而孝顺父母、敬爱兄长、清白谨慎的品德依旧没有改变。

吴隐之清廉刚厉矫正时俗，以至妻子儿女不用他分毫俸禄。奴婢牵狗卖了嫁女，把妻子带的沉香扔进水里，饮用贪泉而歌咏伯夷、叔齐，这种高风亮节真可以流传千古。

上 陶潜

陶潜，字元亮，大司马侃之曾孙也。少怀高尚，博学善属文，常著《五柳先生传》以自况。以亲老家贫，起为州祭酒，不堪吏职，少日自解归。躬耕自资，遂抱羸疾。复为镇军、建威参军。谓亲朋曰："聊欲弦歌①，以为三径之资②，可乎？"执事者闻之，以为彭泽令③。潜素简贵，不私事上官。郡遣督邮至县，吏白："应束带见之。"潜叹曰："吾岂能为五斗米折腰，拳拳事乡里小儿邪？"义熙二年，解印去县，乃赋《归去来》。顷之，征著作郎，不就。既绝州郡觐谒，其乡亲张野，及周旋人羊松龄、宠遵等，或有酒要之，或要之共至酒坐，虽不识主人，亦欣然无忤，酣醉便反。未尝有所造诣，所之唯至田舍及庐山游观而已。

【注释】

①弦歌：孔子到鲁国武城，听到子游用弦歌之声教化人民。典出《论语·阳货》。比喻以礼乐教化民众。

②三径：汉蒋诩辞官不仕，隐于杜陵，闭门不出，舍中竹下三径，只有羊仲与求仲出入。后以三径比喻隐士居处。

③彭泽：县名。西汉高祖时置，故城在今江西湖口东。

【译文】

陶潜，字元亮，是曾任大司马的陶侃的曾孙。陶潜年少时就有高尚的情操，他学识广博，擅长作文章，曾经撰写一篇《五柳先生传》来自比。陶潜因亲人年老家庭贫困而入仕为官，任职州祭酒，他不能忍受吏职的烦琐，没几天就自行解职归家。他亲自耕种来养活自己，后来羸弱成疾。他又出来担任镇军、建威参军。他对亲朋说："我打算做个县令，挣点隐居住所的费用，行吗？"负责官员任免的人听说后，就任命他为彭泽令。陶潜一向简傲高贵，从不私下事奉上司。郡里派遣督邮到县，吏员告诉他说："应该束好衣带去见。"陶潜叹息道："我岂能为五斗米折腰，殷勤地事奉那些鄙陋之人呢？"义熙二年，陶潜自行解下印绶离开彭泽县，作了一篇《归去来兮辞》。不久，朝廷又征召他任著作郎，他不应召。他辞官之后，断绝了到州郡觐见请谒，他的乡亲张野，以及常交往的羊松龄、宠遵等人，有的拿酒邀请他，有的邀请他一起参加酒宴，即使不认识主人，他也非常高兴不觉得违忤，每次饮酒酣醉之后便返回。他从不去别处造访，仅仅去农家或是上庐山游览而已。

刺史王弘甚钦迟之①，后自造焉，潜称疾不见。弘每令人候之，密知当往庐山，乃遣其故人赍酒先于半道要之。潜既遇酒，便引酌野亭，欣然忘进。弘乃出与相闻，遂欢宴穷日。潜无履，弘顾左右为之造履，左右请履度，潜便于坐申脚令度焉。弘要之还州，问其所乘，曰："素有脚疾，向乘蓝舆[②]，亦足自反。"乃令一门生二儿共舆之至州。弘后欲见，辄于林泽间候之。至于酒米乏绝，亦时相赡。其亲朋好事，或载酒肴而往，潜亦无所辞焉。以宋元嘉中卒[③]，时年六十三。所有文集，行于世。

廉而仙。

【注释】

①王弘（379—432）：琅邪临沂（今山东临沂）人。东晋丞相王导曾孙。会稽王司马道子辟为主簿，迁江州刺史。刘裕即位，以佐命功，封华容县公，进号卫将军、开府仪同三司。钦迟：敬仰。

②蓝舆：竹轿。

③元嘉：南朝宋文帝刘义隆年号（424—453）。

【译文】

江州刺史王弘很敬重陶潜，后来自行前往拜访，陶潜称病不见。王弘经常派人探听陶潜行踪，暗中知道他要前往庐山，就派遣他的旧友带着酒提前在半道邀请他。陶潜见了酒，便在野亭引杯酣酌，高兴得忘了赶路。王弘这才出面和他打招呼，于是欢宴一整天。陶潜没有鞋履，王弘让属下为他做鞋，属下请问鞋的尺码，陶潜就在座席间伸脚让他们度量。王弘邀请他回州，问他乘坐的是什么，陶潜说："本来有脚病，一向乘坐竹轿，也可以自己返回。"于是王弘让他的一个门生和两个儿子一起抬着陶潜到州里。王弘后来想要再见陶潜，就在山林间候着他。至于陶潜生活中酒米匮乏，也不时给予接济。陶潜的亲朋和其他热心人带着酒菜前往，他也并不推辞。南朝宋元嘉年间，陶潜去世，享年六十三岁。他所著文集，流传于世。

清廉并且有仙气。

下何随

何随，字季业。除安汉令[①]，蜀亡去官。时巴土饥荒，所在无谷，送吏行乏，辄取道侧民羊，随以绵系其处，使足所取。民视羊，见绵，相语曰："闻何安汉清廉，行过从者无粮，必能尔耳。"持绵追还之，终不受。人为语曰："安汉吏取羊，令为之偿。"

【注释】

①安汉：县名。汉置。故城在今四川南充顺庆区。

【译文】

何随，字季业。何随曾任安汉令，蜀汉灭亡以后离职。当时巴地遭遇饥荒，何随任职之地缺乏粮食，为他送行的属吏旅途匮乏，就取去路边百姓的羊，何随拿绵系在那里，足够充抵羊的价值。百姓检视羊的时候，看见了绵，相互说："听说何安汉清廉，随从没有粮食，必定是他们这样做的。"拿着绵追上他们要返还，何随最终也没有接受。人们编造谚语说："安汉吏取羊，县令替他偿。"

中阳骛

阳骛，字士秋，右北平无中人也[①]。父耽，仕慕容廆[②]，官至东夷校尉。骛少清素好学，器识沉远。起家为平州别驾[③]，屡献安时强国之术，事多纳用，廆甚奇之。皝即王位[④]，迁左长史，东西征伐，参谋帷幄。皝临终，谓儁曰[⑤]："阳士秋忠干贞固，可托付大事，汝善待之。"暐既嗣位[⑥]，申以师傅之礼。及为太尉，慨然难曰："昔常林、徐邈[⑦]，先代名臣，犹以鼎足任重，而终辞三事[⑧]。以吾虚薄，何德以堪之？"固求罢职，言甚恳至。骛清贞谦谨，老而弥笃。性俭约，常乘弊车瘠马，及死，无敛财。

官至太尉，死无敛财。

【注释】

①右北平：郡名。秦治无终县(今天津蓟州)。东汉移治土垠县(今河北唐山丰润区)，北部辖境缩小，属幽州刺史部。西晋改名北平郡。

②慕容廆(269—333)：昌黎棘城(今辽宁义县)人。鲜卑族。初自称鲜卑大单于，晋愍帝时，拜镇军将军，昌黎辽东二国公。其子慕容皝为燕王，追谥武宣王。

③平州：州名。东汉末年，公孙度割据辽东，自号平州牧。三国魏分置平州，治所在襄平(今辽宁辽阳)。

④皝(huàng)：即慕容皝(297—348)。慕容廆之子。父死，袭位为辽东公。东晋咸康三年(337)自称燕王，后迁都龙城(今辽宁朝阳)。子慕容儁称帝，追尊为文明皇帝，庙号太祖。

⑤儁：即慕容儁(319—360)。慕容皝第二子。父死后继位为燕王。永和八年(352)称帝，都邺(今河北临漳)，庙号烈祖。旧史称前燕。

⑥暐(wěi)：即慕容暐(350—384)。前燕景昭帝慕容儁第三子，前燕政权末代皇帝。

⑦徐邈(171—249)：燕国蓟县(今北京附近)人。三国时期曹魏重臣。

⑧三事：三公。

【译文】

阳骛，字士秋，右北平无中人。阳骛的父亲阳耽在慕容廆属下任职，官至东夷校尉。阳骛年少时清高闲雅而好学，器量见识博大深沉。他从平州别驾的职位走上仕途，曾多次献上安时强国的方略，很多都被采纳，慕容廆惊异于他的才能。慕容皝即燕王位后，阳骛升任左长史，慕容皝四处征战，阳骛为他出谋划策。慕容皝临终时，对慕容儁说："阳士秋忠诚不二，可以托付大事，你要善待他。"后来慕容暐继位，以师傅之礼对待阳骛。被授予太尉之职时，阳骛感慨地说："昔日常林、徐邈，是一代名臣，尚且认为鼎足之任过重，而最终辞去三公之职。以我的虚浮浅薄，有什么崇高德行来担此重任呢？"于是阳骛坚决请求辞去太尉，言辞非常恳切。阳骛清廉坚贞谦逊谨慎，到老更为突出。他生性俭约，经常乘坐破车瘦马，去世之后连殓葬的费用都没有。

官至太尉，去世时没有殓葬的钱。

中 皇甫真

皇甫真，字楚季，安定朝那人也[①]。弱冠以高才，慕容廆拜为辽东国侍郎。皝嗣位，迁平州别驾。及儁僭位，入为典书令[②]。后从慕容评攻拔邺都[③]，珍货充溢，真一无所取，惟存恤人物，收图籍而已。累迁太尉、侍中。真性清俭寡欲，不营产业，饮酒至石余不乱。雅好属文，凡著诗赋四十余篇。燕亡[④]，入秦[⑤]，为奉车都尉，数年而死。

廉而好文，饮酒不乱，亦自佳。

【注释】

①朝那（nuó）：县名。汉置，属安定郡。在今宁夏固原。

②典书令：官名。原为吏部尚书之职。

③慕容评：昌黎棘城（今辽宁义县）人。鲜卑族。十六国时期前燕宗室重臣，前燕武宣帝慕容廆少子，前燕文明帝慕容皝之弟。

④燕：此指慕容儁建立的前燕（352—370）。后为前秦所灭。

⑤秦：东晋时，氐族苻氏据关中，国号秦，史称前秦（351—394）。

【译文】

皇甫真，字楚季，安定朝那人。皇甫真在二十岁时因才华出众被慕容廆任命为辽东国侍郎。慕容皝继任父爵后，皇甫真升任平州别驾。慕容儁僭号称帝，皇甫真入朝担任典书令。后来皇甫真随从慕容评攻克邺都，邺都积聚的珍宝财物很多，皇甫真一无所取，一心忙着抚慰百姓，收藏地图户籍。皇甫真后来升迁至太尉、侍中。他性情清廉俭朴没有嗜欲，不经营产业，饮酒至一石多都不醉乱。他为人风雅喜好文学，总共著有诗赋四十多篇。前燕灭亡之后，皇甫真在前秦政权为官，任奉车都尉，数年后去世。

清廉而又喜欢文学，饮酒却不醉乱，这很好。

南朝、北朝

【题解】

南北朝时期是中国历史的一个重要节点，在表面上的一片混乱中，正悄然发生着一场影响深远的蜕变。在这一时期，南方和北方政权更迭频繁，昏暴之君层出不穷，上层统治者内部为争夺权势而彼此攻伐杀戮不断。同时，士族政治盛极而衰，不少贫寒之士开始在政治舞台上发挥出越来越重要的作用。列名《廉吏传》的南北朝人物中，多数都是寒门出身，他们出仕为官之后，并没有仿效世家大族那种享受富贵崇尚奢靡的生活方式，而是慨然以天下苍生为己念。南北朝廉吏被评为上等者寥寥无几，多被列为中、下等，这主要还是因为时代环境没能给予他们更多的施展其政治抱负的空间，使得他们业绩不彰。但即使被列为下等者也能竭尽己力以周济亲族，而自身甘守清贫，他们可谓是一股浊世清流。正是因为有了他们的坚守，中国古代政治中最为健康的一种力量得以在乱世之中存续，并在不同历史时期得以发扬光大。

六朝当丧乱之际，递相兴废。节烈之行，难以苛绳。贪黩之习，未易除涤。惟是清玄流风，齐梁矜尚，士立功立名者，依廉自奋，枯寂相高，在官不替。南朝得四十二人，孔奂、江革为冠；北朝得二十三人，高允为冠。

【译文】

六朝正值战乱年代，王朝的建立和衰亡前后相续。高尚刚正的行为，难以苛求。贪污腐化的恶习，不易去除。只是清谈玄学的风尚，齐梁各朝相互矜夸，士大夫想要立功立名的，坚守廉洁自我奋发，甘于平淡相互标榜，担任官职也不懈怠。南朝有四十二人，孔奂、江革为表率；北朝有二十三人，高允为表率。

中王镇之

王镇之，字伯重，琅邪人。桓玄辅晋，以为大将军录事参军①。时三吴饥荒②，遣镇之衔命赈恤。求补安成太守③，以母忧去职。在官清洁，妻子无以自反，乃弃官致丧还庐。服阕④，为征西司马、南平太守。后为御史中丞，执政不挠，百僚惮之。出为广州刺史，加都督。宋武帝谓人曰⑤："镇之少著清绩，必将继美吴隐之。岭南弊俗，非此不康也。"在镇不受俸禄，萧然无营，去官之日，不异初至。武帝践阼⑥，卒于宣训卫尉⑦。

岭南贪地，故以廉著声者多。亦见武帝能用人。

【注释】

①录事参军：官名。晋置，也称录事参军事。为王、公、大将军的属员，掌总录众曹文簿，举弹善恶。

②三吴：地名。晋指吴兴、吴郡、会稽。

③安成：郡名。三国吴置，治所在平都县（今江西安福东南）。

④服阕：服丧期满除服，称服阕。阕，终了。

⑤宋武帝：指南朝宋开国皇帝刘裕。见前注。

⑥践阼（zuò）：天子新即位，升宗庙东阶以主祭。后来就称皇帝即位为践阼。

⑦宣训卫尉：官名。南朝宋置，为高祖皇太后三卿之一，掌宣训官禁卫。

【译文】

王镇之，字伯重，琅邪人。桓玄在晋朝任辅政大臣时，任命王镇之为大将军录事参军。当时三吴地区遭遇饥荒，朝廷派遣王镇之领命赈灾。他请求补任安成太守，因为母亲去世而离职。王镇之在任清廉，妻子儿女没有路费返家，他就弃官奔丧还家。丧期结束后，王镇之出任征西司马、南平太守。后来又担任御史中丞，他为官刚直，百官都惧怕他。后来王镇之又出任广州刺史，加封都督衔。宋武帝对人说："王镇之年轻时就清廉有政绩，必将延续吴隐之在岭南的美誉。岭南地区落后的社会风气，不如此不会好转。"他在任上不领受俸禄，不置办产业，离任那天和初到的时候没有什么不同。宋武帝登基称帝后，他在宣训卫尉任上去世。

岭南是贪腐之地，所以凭借清廉扬名的人较多。也可以见出宋武帝知人善任。

中刘秀之

刘秀之，字道宝，东莞莒人[①]。穆之从父兄子也[②]。宋景平二年[③]，除驸马都尉。元嘉中，再为建康令[④]，政绩有声。孝武镇襄阳[⑤]，以为抚军录事参军、襄阳令。后除西戎校尉、梁南秦二州刺史[⑥]，加都督。汉川饥馑[⑦]，秀之躬自俭约。先是，汉川悉以绢为货，秀之限令用钱，百姓便之。寻迁益州刺史，折留奉禄二百八十万，付梁州镇库，此外萧然。梁、益丰富，前后刺史莫不大营聚畜，多者致万金。所携宾僚并都下贫子，出为郡县，皆以苟得自资。秀之为政整肃，远近悦焉。南谯王义宣据荆州为逆[8]，遣征兵于秀之，秀之斩其使，以起义功，封康乐县侯，徙丹阳尹。迁尚书右仆射。后为宁蛮校尉、雍州刺史，加都督[9]。将征为左仆射，会卒。赠司空，谥忠成。上以其莅官清洁，家无余财，赐钱二十万、布三百匹。

留俸钱似过矫。至整肃郡县无苟得，不如此不能风励耳。

【注释】

①东莞：郡名。晋泰始元年(265)分琅邪国置郡。郡治即今山东莒(jǔ)县。

②穆之：即刘穆之(360—417)，东莞郡莒县(今山东莒县)人。东晋末年大臣，深受刘裕倚仗。刘裕受禅后，追封为南康郡公。

③景平：南朝宋少帝刘义符年号(423—424)。

④建康：县名。汉秣陵县。三国吴改建业。晋愍帝司马邺即位，避讳改为建康。东晋及南朝均建都于此。在今江苏南京城区。

⑤孝武：即南朝宋孝武帝刘骏(430—464)。

⑥西戎校尉：官名。三国魏置。西晋初治长治，掌雍州少数民族事务。东晋后改治汉中。南秦：州名。东晋南渡后，侨置秦州，治南郑。南朝宋、齐沿袭，兼置南秦州。即今陕西汉中南郑区。

⑦汉川：汉中一带。

⑧南谯王义宣：即刘义宣(？—454)。南朝宋武帝刘裕第六子。孝建元年(454)，刘义宣集荆州等四州兵力，起兵反叛，东攻建康，被朝廷军队击败，狼狈退回荆州。后被新任荆州刺史朱修之所杀。

⑨宁蛮校尉：东晋时始置，治襄阳，主管雍州少数民族事务，为南朝各代所延续。

【译文】

刘秀之，字道宝，东莞郡莒县人。是刘穆之的堂侄。宋景平二年，刘秀之被授予驸马都尉之职。元嘉年间，又出任建康令，因政绩而享有声誉。宋孝武帝镇守襄阳时，任命刘秀之为抚军录事参军、襄阳令。后来刘秀之被授予西戎校尉、梁州南秦二州刺史之职，加都督衔。当时汉中地区闹饥荒，刘秀之力行节俭。这以前，汉中一带全都以绢为交易物，刘秀之限令改用钱，百姓大为便利。不久刘秀之改任益州刺史，他将剩余的俸禄折算成钱有二百八十万，全部交付给梁州官库，此外一身萧然没有财物。梁州和益州富饶，先后担任刺史的人全都大肆聚敛，多的积累达万金。随从他们而来的宾客幕僚还有那些京城穷人，都出任辖区内郡县官吏，苟且贪腐自肥。刘秀之处理政事法纪严明，远近民众都心悦诚服。南谯王刘义宣占据荆州图谋造反，派人向刘秀之征兵，刘秀之斩杀使者，后因起义之功，受封康乐县侯，转任丹阳尹。后又升任尚书右仆射。后来刘秀之担任了宁蛮校尉、雍州刺史，加封都督衔。朝廷准备征召刘秀之担任左仆射，不巧刘秀之于此时去世。朝廷追赠他为司空，谥号忠成。皇帝因为刘秀之为官清廉，家无余财，特地赏赐他家钱二十万、布三百匹。

留下俸钱似乎有些过于矫情。至于整肃郡县没有苟且贪腐，不这样做不能激励世道人心。

中朱修之

朱修之，字恭祖，义阳平氏人也[①]。初为州主簿。宋元嘉中，累迁司徒从事中郎。随到彦之北伐[②]，留戍滑台[③]，遂陷于魏[④]。后泛海归，及至，以为黄门侍郎。孝武初，累迁宁蛮校尉、雍州刺史，转荆州刺史，加都督，以杀南郡王义宣功，封南昌县侯。修之立身清约，百城贶赠[⑤]，一无所受，唯以蛮人宜存抚纳，有饷皆受，得辄与佐史赌之，未尝入己。去镇之日，秋毫无犯。计在州以来然油及私牛马食官谷草，以私钱六十万偿之。后拜左户尚书、领军将军，徙太仆，加特进、金紫光禄大夫。卒，谥贞侯。

【注释】

①义阳：郡名。三国魏立义阳郡，最初郡治在安昌（今湖北枣阳），后屡有迁移。平氏：县名。汉置，在今河南桐柏西北平氏镇。

②到彦之（？—433）：彭城武原（今江苏沛县）人。刘裕部将。刘裕建宋以后，随刘义隆镇守荆楚。元嘉七年（430）率师北伐，攻取滑台、虎牢、洛阳，分兵防守黄河南岸各地，不久为魏军所败，丧师而还。

③滑台：地名。在今河南滑县。相传古有滑氏于此筑台，后人筑城，高峻坚固，汉末以来为军事要冲。

④魏：指北魏。

⑤贶（kuàng）赠：馈赠。

【译文】

朱修之，字恭祖，义阳平氏人。他起初担任州府主簿。宋元嘉年间，朱修之多次升迁至司徒从事中郎。他随从到彦之北伐北魏，受命留守滑台，于是陷没于北魏。后来漂泊海上归宋，回来以后，被任命为黄门侍郎。宋孝武帝初年，朱修之累次升迁至宁蛮校尉、雍州刺史，转任荆州刺史，加封都督衔，凭斩杀南郡王刘义宣的功劳，受封南昌县侯爵位。朱修之立身清廉俭约，辖下各地有所馈赠，他一律不接受，唯独考虑到对蛮人应该留心安抚，所以就接受蛮人馈赠，收下后给属下吏员作为赌博玩乐的花销，自己未曾用过分毫。直到离任的时候，对公私财物秋毫无犯。他计算出到任以来所用灯油以及私人牛马所食用的公家谷物、草料的花费，用自己的六十万钱偿还。后来朱修之被任命为左户尚书、领军将军，又升任太仆，加特进、金紫光禄大夫。后去世，谥号为贞侯。

百城贶赠，一无所受，独受蛮人饷遗，以行存抚，而与佐史赌，此廉能之妙用，与杜预饷洛中权贵一段作用[①]，俱非拘士所知。

【注释】

①杜预饷洛中权贵:《晋书·杜预传》:“预在镇，数饷遗洛中贵要。或问其故，预曰:‘吾但恐为害，不求益也。’”

【译文】

百城的馈赠，一律不受，唯独接受蛮人的馈赠，以表达存问抚慰之意，而又给属下吏员赌博花掉，这是廉洁而有才能的妙用，它和杜预馈赠洛阳权贵的作用，都不是拘泥小节之士所能明白的。

下 江秉之

江秉之，字玄叔，济阳考城人也[①]。宋少帝时为乌程令[②]，以善政著名东土。征为建康令，为政严察，部下肃然。后为山阴令。以在县有能，出补新安太守。元嘉十二年，转在临海[③]，并以简约见称。卒于官。所得秩悉散之亲故，妻子常饥寒。人有劝其营田，正色答曰:“食禄之家，岂可与农人竞利？”在郡作书案一枚，去官，留以付库。

三为令，两为太守，使妻子饥寒邪？故是难能。

【注释】

①济阳:郡名。晋惠帝时分陈留郡置济阳郡。治所在济阳(今河南兰考)。

②宋少帝:即刘义符(406—424)。刘宋第二位皇帝。乌程:县名。秦置,以其地有乌、程二氏皆善釀酒而名,在今浙江湖州南浔区。

③临海:郡名。秦属会稽郡。三国吴时以会稽东部为临海郡,治临海县(今浙江临海)。

【译文】

江秉之,字玄叔,济阳考城人。宋少帝时江秉之任乌程令,以优良的政绩闻名于东部地区。被征召到京城担任建康令,为政严厉明察,部属对他十分敬畏。后来江秉之又担任山阴令。因为在县令任上能干,升任新安太守。元嘉十二年,江秉之转任临海太守,都以为政简约著称。后来在任上去世。江秉之平日所得俸禄全都散给亲戚朋友,妻儿经常不免饥寒。有人劝他经营田产,他正色回答说:“食用朝廷俸禄之家,怎能和农夫争利?”他任太守时曾制作过一件书案,离任时留下交付官库。

三次担任县令,两次担任太守,这样还让妻儿忍饥受寒吗?因此难能可贵。

下 江湛

江湛,字徽深,济阳考城人也。为彭城王义康司徒主簿[①],司空檀道济为子求娶湛妹[②],不许,义康有命,又不从,时人重其立志。义康之盛,人竞求自昵,唯湛自疏,固求外出,乃以为武陵内史。元嘉二十五年,征为侍中,迁左卫将军,后领博士,转吏部尚书。家甚贫,不营财利,饷馈盈门,一无所受。无兼衣余食,尝为上所召,遇浣衣,称疾,经日衣成,然后起。牛饿，御人求草，湛良久曰："可与饮。"在选职，公平无私，不受请谒。元嘉末，为元凶劭所害[③]。孝武即位，追赠左光禄大夫、开府仪同三司，谥曰忠简公。

贫洗如画。然为吏部尚书，何至是？疑是史氏浮点。

【注释】

①义康：刘义康（409—451）。南朝宋武帝刘裕第四子。刘宋建立后，封为彭城王。

②檀道济（？—436）：高平金乡（今山东金乡）人。晋末参刘裕军事，屡有战功。刘宋建立，封永修县公。

③劭（shào）：即刘劭。宋文帝刘义隆太子。元嘉三十年（453），刘义隆决定废黜刘劭，江湛受命起草诏书，旋即与宋文帝先后被杀。

【译文】

江湛，字徽深，济阳考城人。他曾任彭城王刘义康的司徒主簿，司空檀道济为儿子求娶江湛的妹妹，江湛不答应，刘义康向他下命令，他也不听从，当时人很看重他的志节。当时刘义康权势正盛，人人竞相争求亲近，唯独江湛想要疏远刘义康，坚决要求外任，于是他被任命为武陵内史。元嘉二十五年，江湛被征召入朝担任侍中，升任左卫将军，后又兼任博士，转任吏部尚书。他家里甚为贫困，不经营求利，各方前来送礼的人堵塞门户，他一概不受。他居家没有多余的衣服和粮食，有一次被皇帝召见，正值他换洗衣服，只好称病，过了一天衣服能穿了，他才去见皇帝。他家拉车的牛饿了，驾车人请求提供草料，江湛过了很久才说："可以给它喝点水。"他身居负责考选官吏的职位，公平无私，不接受请托拜谒。元嘉末年，江湛被元凶刘劭杀害。宋孝武帝即位后，追赠江湛为左光禄大夫、开府仪同三司，谥号为忠简。

一贫如洗。然而身为吏部尚书，何至于此？怀疑是史官的浮夸。

中宗悫

宗悫，字元幹，南阳涅阳人[①]。悫少时，叔父少文问其所志，答曰："愿乘长风破万里浪。"元嘉二十二年，伐林邑[②]，悫自奋愿行。江夏王义恭举悫胆勇，乃除振武将军，攻拔区粟[③]，入象浦[④]，林邑王范阳迈倾国来逆，以具装被象，前后无际。悫以为外国有狮子威服百兽，乃制其形，与象相御，象果惊奔，众因此溃乱，遂克林邑。收其珍异，皆是未名之宝，其余杂物不可称计。悫一毫无犯，唯有被梳枕刷，此外萧然。文帝甚嘉之。累官左卫将军、宁蛮校尉、雍州刺史，加都督。大明六年卒[⑤]。赠征西将军，谥曰肃侯。配食孝武庙[⑥]。

今人论将，辄言使贪，何面目见宗元幹。遇乡人庾业一节有度[⑦]。

【注释】

①涅阳：本汉初侯国，后置县，属南阳郡。在今河南邓州。

②林邑：南海古国名。

③区粟：城名。在今越南境。

④象浦：汉象林县，属日南郡。南朝宋改象浦。在今越南境。

⑤大明：南朝宋孝武帝年号(457—464)。

⑥配食：也称配享，指功臣祔祀于帝王宗庙。

⑦遇乡人庾业一节有度：《宋书·宗悫传》："先是，乡人庾业，家甚富豪，方丈之膳，以待宾客。而悫至，设以菜菹粟饭，谓客曰：'宗军人，惯啖粗食。'悫致饱而去。至是，业为悫长史，带梁郡，悫待之甚厚，不以前事为嫌。"

【译文】

宗悫，字元幹，南阳涅阳人。宗悫年少时，叔父宗少文询问他的志向所在，他回答说："愿乘长风破万里浪。"元嘉二十二年，朝廷讨伐林邑国，宗悫踊跃要求出征。江夏王刘义恭举荐宗悫有胆气勇略，于是朝廷任命宗悫为振武将军，他攻下区粟，进而占据象浦，林邑国王范阳迈举全国兵力来抵抗，把铠甲披在大象身上，队伍前后绵延无边。宗悫知道外国有狮子可以威震百兽，就制造出狮子的塑像，和大象相对抗，大象果然惊慌奔逃，敌众因此溃败，于是宗悫攻克了林邑国。当时收缴了很多林邑国的奇珍异宝，都是人所未见的，还有其余各类物品多到无法统计。宗悫一无所取，只有布被枕头等生活用品在身边，此外什么都没有。宋文帝很是嘉许他。宗悫后来累次升迁至左卫将军、宁蛮校尉、雍州刺史，加封都督衔。宗悫于大明六年去世。朝廷追赠宗悫为征西将军，谥号为肃侯。他的灵位被送入宗庙和宋孝武帝一起接受祭祀。

今人谈论驾驭将领，竟然说该放纵其贪腐，这有何面目见宗元幹。在对待乡人庾业之事上很有风度。

中阮长之

阮长之，字景茂，陈留尉氏人也。闲居笃学，未尝有惰容。初为诸府参军，母老，求补襄垣令[①]。督邮无礼，鞭之，去职。后拜武昌太守，寻迁临海太守。在官常拥败絮至郡。少时母亡，葬毕不胜忧瘁。时郡田禄以芒种为断[②]，此前去官者，则一年秩禄皆入后人。长之去武昌郡，代人未至，以芒种前一日解印绶。初发都，亲故或以器物赠别，得便缄录，后归，悉以还之。为中书郎，直省[③]，夜往邻省，误着屐出阁[④]。依故事[⑤]，自列门下。以暗夜人不知，不受列，长之固遣送曰："长之一生不侮暗室⑥。"前后所莅官，皆有风政，为后人所思。宋世言善政者，咸称之。及卒，文帝深惜之曰："景茂方堪大用，岂直以清苦见惜？"

长之入《循吏传》，其根器见"不侮暗室"一语⑦。

【注释】

①襄垣：县名。秦置，今属山西。

②田禄：即俸禄。先秦卿大夫的俸禄出自封邑或公田，故称为田禄。

③省：官署名。尚书、中书、门下等官署均设于禁中，故称为省。

④屐（jī）：木底鞋。

⑤故事：旧例。

⑥不侮暗室：在没有人知道的地方也不做见不得人的事，形容立心端正，坦诚不欺。

⑦根器：佛教用语。指先天具有接受佛教之可能性。"根"比喻先天的品行，"器"比喻能接受佛教的容量。

【译文】

阮长之，字景茂，陈留尉氏人。阮长之在闲居之日专心于学习，不曾有过懈怠的神色。他起初在大臣府中任参军，因为母亲年老，请求补任襄垣县令。上级派来的督邮对他无礼，于是阮长之鞭打督邮，然后离职而去。后来阮长之被任命为武昌太守，不久又转任临海太守。他在任上，经常裹着破絮到太守官署办公。不久阮长之的母亲去世，他在丧事完毕后还不胜忧伤憔悴。当时太守每年领取俸禄以芒种为限期，在这一天之前离职的，那么一年的俸禄都留给接任者。阮长之离开武昌的时候，继任者还没到，于是他就在芒种前一天解下印绶离职。当初从京城出发时，有亲朋故旧赠送了一些器物给他，他将其一一封存登记，回京后全部归还。阮长之任职中书郎时，在省署值班，夜里前往邻近省署，错穿木屐出阁。依照旧例，应该自己到门下省报告过失。门下省以天黑没人知道为由，不予处理，阮长之坚决不答应，说："阮长之我一生都不会因为没人知道就苟且行事。"他在前后所任官职上，都有廉风政绩，被后人所怀念。宋朝一代说到善于为政的人时，都会称赞他。阮长之去世后，宋文帝深为悼惜说："阮景茂正该担当重任，哪里仅仅是因为清廉刻苦而令人痛惜呢？"

阮长之被列入《循吏传》，他的品质见于"不侮暗室"这句话。

中孔觊

孔觊，字思远。少骨鲠有风力，以是非为己任。口吃，好读书，早知名，历位御史中丞、江夏内史。性真素，不尚矫饰，遇得宝玩，服用不疑，而他物粗败，终不改易。时吴郡顾觊之亦尚俭素[①]，衣裘器物皆择其陋者。宋世清约，称此二人。

【注释】

①顾觊之（392—467）：吴郡吴县（今江苏苏州）人。南朝宋大臣。

【译文】

孔觊，字思远。他年少时就正直而有气节，以明辨是非为己任。孔觊说话口吃，喜欢读书，很早就有名气，先后担任过御史中丞、江夏内史。他秉性率真自然，不喜矫揉造作，遇有宝物珍玩，使用起来也没什么顾虑，而使用的其他物品即使粗劣破败，也从不更换。当时吴郡顾觊之也崇尚俭约朴素，衣服器物都刻意挑选那些简陋的。刘宋一朝论起清廉俭约，首先要数这二人。

觊弟道存，从弟徽，颇营产业，二弟请假东还，觊出渚迎之。辎重十余船，皆是绵绢纸席之属。觊见之，伪喜曰："我比乏，得此甚要。”因命置岸侧，既而正色谓曰：“汝辈忝预士流，何至还东作贾客邪？”命烧尽乃去。

【译文】

孔觊的弟弟孔道存，堂弟孔徽，都颇有产业经营，两位弟弟请假东归，孔觊出至江上迎接。两个弟弟带有十多船辎重货物，都是绵绢纸张坐席之类。孔觊看见了，假装高兴地说：“我近来贫乏，有这些东西很重要。”然后吩咐放在岸边，既而严肃地对两位弟弟说：“你们既已身为士大夫，为什么东还当起了商人呢？”命人把货物烧光然后离开。

觊后为司徒左长史，道存代觊为江夏内史。时东土大旱，都邑米贵，一斗将百钱。道存虑觊甚乏，遣吏载五百斛米饷之。觊呼吏，谓之曰：“我在彼三载，去官之日，不办有路粮。郎至彼未几，那能得此米邪？可载米还。”彼吏曰：“自古未有载米上水者。都下米贵，乞就货之。”不听，吏乃载还。

【译文】

孔觊后来担任司徒左长史，孔道存代孔觊为江夏内史。当时东部地区大旱，京城米贵，一斗米价值近百钱。孔道存担心孔觊缺米，就派遣吏员用船载着五百斛米送给他。孔觊唤来吏员，对他说：“我曾在那地方呆过三年，离任的时候，连旅途所用的粮食都没有安排。道存到那儿没多长时间，哪里能得到这么多米呢？还是把米运回去吧。”那位吏员说：“自古以来没有载着米上水行船的。如今京城米贵，还请就在这里卖了吧。”孔觊不答应，吏员只好载着米返还。

永光元年[①]，迁侍中，后为寻阳王右军长史[②]，行会稽郡事。泰始二年[③],上流反畔[④],用使者孔璪言,起兵渡江,不克而死。

【注释】

①永光:南朝宋前废帝刘子业年号(465)。

②寻阳王:指刘子房(456—466)。南朝宋孝武帝第六子。大明年间封寻阳王。

③泰始:南朝宋明帝刘彧年号(465—471)。

④上流反畔:宋明帝刘彧即位之后,晋安王刘子勋在寻阳称帝,进刘子房为车骑将军、开府仪同三司,三吴、晋陵并受命于长史孔觊。明帝派兵征讨,败之。

【译文】

永光元年,孔觊升任侍中,后来又担任寻阳王刘子房右军长史,行使会稽郡太守职权。泰始二年,晋安王刘子勋在长江上游叛乱,孔觊听信使者孔璪的话,起兵渡江,兵败而死。

遇宝玩服用不疑,比顾觊之器必择陋为通理。烧尽乃去,载米上水,则执见之害所费多矣。史称孔公一月二十九日醉,胜它人二十九日醒[①],此廉中旷士。

【注释】

①"史称"二句:《宋书·孔觊传》:"为人使酒仗气,每醉辄弥日不醒。……虽醉日居多,而明晓政事,醒时判决,未尝有壅。众咸云:'孔公一月二十九日醉,胜他人二十九日醒也。'"

【译文】

遇有宝物珍玩,使用起来没什么顾虑,比起顾觊之的一定要选用简陋器物来，更为通达情理。十几船货物烧光才离去，载着一船米上水，则固执己见使得浪费过多。正史称赞孔公一个月中二十九天酣醉，胜过其他人二十九天清醒，此乃廉吏中的旷达之士。

下 褚渊

褚渊，字彦回，幼有清誉。父湛之卒，彦回悉推财与弟澄，唯取书数千卷。袭爵都乡侯，历位尚书吏部郎。宋明帝即位，累迁吏部尚书，改封雩都伯，历侍中，领尚书、右卫将军。有人求官，密袖一饼金馈之，曰："人无知者。"彦回曰："卿自应得官，无假此物。若必见与，不得不相启。"其人惧而去。明帝崩，遗诏以为中书令、护军将军，受顾命①。遭所生丧，去位，葬毕，起为中军将军，本官如故。

【注释】

①顾命：即皇帝临终遗命，接受顾命的大臣有辅助新君的职权。

【译文】

褚渊，字彦回，年幼时便有美名。褚渊在父亲褚湛之去世后，把家里财物全部让给弟弟褚澄，自己仅拿了几千卷书籍。他承袭父爵都乡侯，曾任尚书吏部郎。宋明帝即位后，褚渊累次升迁至吏部尚书，改封雩都伯，后来又担任侍中，兼尚书、右卫将军。有人求取官职，暗中在袖子里藏了一块金饼送给褚渊，说："没有人知道。"褚渊说："您本该得到此官，不需要借助这块金饼。如果一定要送给我，我将不得不向上报告。"那人畏惧而去。宋明帝崩逝，遗诏任命褚渊为中书令、护军将军，成为顾命大臣。褚渊因遭逢生母去世而离职，安葬完毕后，被重新起用，加封中军将军，原有官职依旧。

齐高帝受命[①]，加尚书令、侍中，进爵为侯，改中书监、侍中。时淮北属，江南无鳆鱼[②]。或有间关得至者，一枚直数千钱。人有饷彦回鳆鱼三十枚，彦回时虽贵，而贫薄过甚，门生有献计卖之，云："可得十万钱。"彦回变色曰："我谓是食物，非曰财货，且不知堪卖钱，聊尔受之。虽复俭乏，宁可卖饷取钱也？"悉与亲游啖之。朝廷机事，彦回多与，议谋每见从纳，礼遇甚重。高帝崩，遗诏以为录尚书事。顷之，寝疾，表逊位，乃改授司空，侍中、录尚书事如故。寻薨，年四十八，家无余财。赠太宰，谥曰文简。

顾命元臣，历官宋、齐，大节何在——南北朝之际，此论不可持矣，其贵在能廉。与亲故啖鳆鱼一段，风味固自佳。

【注释】

①齐高帝：萧道成（427—482），东海兰陵（今江苏常州）人。仕宋为中领军，镇军淮阴，遥控朝政。后伺机杀后废帝刘昱，立顺帝刘准。后废宋称帝，建立齐王朝。

②鳆鱼：鲍鱼。

【译文】

齐高帝受天命即帝位后，褚渊被加封尚书令、侍中，晋封为侯爵，改任中书监、侍中。当时淮河地区属于北朝，江南没有鲍鱼。有费尽周折得到的，一枚鲍鱼价值达几千钱。有人赠送给褚渊三十枚鲍鱼，褚渊当时虽然地位显贵，而家境清寒，有位门生为他出主意卖掉鲍鱼，说："可以卖得十万钱。"褚渊变了脸色说："我认为这是食物，不是财货，并且不知道能够卖钱，姑且接受了。我虽然贫乏些，怎可卖掉礼物换取钱财呢？"于是将鲍鱼全部和亲人朋友一起吃掉。褚渊经常参与朝廷机密大事，提出的建议经常被采纳，受到很高的礼遇。齐高帝驾崩，遗诏任命褚渊为录尚书事。不久，褚渊病重，上表请求辞去职位，于是朝廷改授褚渊为司空，仍旧担任侍中、录尚书事。随后褚渊去世，享年四十八岁，死时家无余财。朝廷追赠他为太宰，谥号为文简。

身为顾命大臣，而出仕宋、齐两朝，君臣大节在哪里——南北朝之际世事混乱，不能持有如此观点，褚渊其人贵在清廉。和亲朋故旧吃鲍鱼这一事迹，意味甚佳。

上 刘善明

刘善明，平原人。仕齐，累官征虏将军、淮南宣城二郡太守[①]。建元二年[②]，年四十九卒，赠左将军、豫州刺史，谥曰烈。初为海陵太守[③]，魏克青州[④]，母陷焉。善明布衣蔬食，哀戚如持丧，卒赎母还。性质素，不好声色，所居茅斋斧木而已，床榻几案，不加刬削。少立节行，常云："在家当孝，为吏当清，子孙楷栻足矣。"及累为州郡，颇黩财货。崔祖思怪而问之[⑤]，答曰："管子云：'夷吾知我[⑥]。'"因流涕曰："方寸乱矣，岂暇为廉？所得金钱，皆以赎母。"及母至，清节方峻。所历之职，廉简不烦，奉禄散之亲友。及卒，家无遗储，唯有书八千卷。高帝闻其清贫，赐其子涤葛塘屯谷五百斛，曰："葛屯亦吾之垣下[⑦]。令后世知其见异。"

至处在黩货。史称诸刘立言立德[⑧]，斯门有之。

【注释】

①宣城：郡名。东汉时，在丹阳郡南部置宣城郡，以境内有宣城县而得名。其境在今安徽芜湖、铜陵、池州、宣城一带。

②建元：齐高帝萧道成年号（479—482）。

③海陵:郡名。东晋时置,治所在建陵县(今江苏泰州海陵区东北)。

④魏:这里指北魏(386—534)。

⑤崔祖思:清河东武城(今河北故城)人。

⑥夷吾知我:夷吾,春秋时齐相管仲的字。这里疑应为“叔牙”。此以管仲自比。典出《史记·管晏列传》:“管仲曰:‘吾始困时,尝与鲍叔贾,分财利多自与,鲍叔不以我为贪,知我贫也。吾尝为鲍叔谋事而更穷困,鲍叔不以我为愚,知时有利不利也。吾尝三仕三见逐于君,鲍叔不以我为不肖,知我不遭时也。吾尝三战三走,鲍叔不以我为怯,知我有老母也。公子纠败,召忽死之,吾幽囚受辱,鲍叔不以我为无耻,知我不羞小节而耻功名不显于天下也。生我者父母,知我者鲍子也。’”

⑦垣下:指私人所有。垣,墙垣。

⑧诸刘立言立德:《南史·刘怀珍传》附其子孙族人数人。故称“诸刘”。其传末云:“怀珍宗族文质斌斌,自宋至梁,时移三代,或以隐节取高,或以文雅见重。古人云立言立德,斯门其有之乎!”

【译文】

刘善明,平原人。刘善明出仕齐朝,多次升迁至征虏将军、淮南宣城二郡太守。建元二年,刘善明去世,享年四十九岁,被追赠为左将军、豫州刺史,谥号为烈。刘善明起初任海陵太守,北魏攻克青州,他的母亲陷入敌境。刘善明衣食俭素,悲哀如同服丧,最后把母亲赎了回来。他生性质朴,不喜好声色犬马,居住的不过是茅草粗木搭建的房屋而已,床榻几案,都没有经过加工打磨。刘善明年轻时就修行节操品行,他经常说:“在家应当孝顺,为官应当清廉,就足以为子孙楷模。”等到后来历任州郡长官,却颇为贪求财货。崔祖思觉得很奇怪,就问他,他回答说:“管仲曾说:‘鲍叔牙了解我。’”然后流着泪说:“我的心思已经全乱了,哪里还顾得上清廉?我所得到的金钱,都将用来赎回我的母亲。”等到母亲返回了,他清廉的操守才表现得非常突出。他在所担任的职务上,清廉简约不烦苛，所得俸禄都散发给亲友。去世时，家里没有积蓄，只留下八千卷书。齐高帝听闻他的清贫，赐给他儿子刘涤葛塘的屯谷五百斛，并说："葛屯也是我的私家粮仓。我这样做是让后世知道他的特别之处。"

最特别之处在于他身为清廉之士而又贪求财货。《南史》称刘氏诸人立言立德，这一门的确如此。

虞愿

虞愿，字士恭，会稽余姚人也。元嘉中，为湘东王国常侍[①]。明帝立，以愿儒吏学涉，兼蕃国旧恩，除太常丞、通直散骑侍郎[②]。时帝以故宅起湘宫寺，费极奢侈，顾新安太守巢尚之曰："我起此寺，是大功德。"愿在侧曰："陛下起此寺，皆是百姓卖儿贴妇钱，佛若有知，当悲哭哀愍，罪高浮图[③]。何功德之有？"帝大怒，使人曳下殿。帝又嗜围棋，愿曰："尧以此教丹朱[④]，非人主所宜好也。"虽数忤旨，犹见礼遇。转正员外郎，出为晋安太守[⑤]，在郡不事生业。前政与百姓交关，质录其儿妇，愿遣人追夺还之。郡旧出髯蛇胆，可为药，有遗愿蛇者，愿不忍杀，放逾数十里外，而复归者至再，时以为仁心所致。海边有越王石，常隐云雾，相传云清廉太守乃得见，愿往就观视，清彻无所隐蔽。后琅邪王秀之为郡，与朝士书曰："此郡承虞公之后，善政犹存，遗风易遵。差得无事。"褚彦回尝诣愿，愿不在，见其眠床，上积尘埃，有书数帙，彦回叹曰："虞君之清，一至于此！"令人扫地拂床而去。历官中书郎，领东观祭酒、骁骑将军、廷尉，建元元年卒。

谏起寺，谏弈，廉士所不敢言。

【注释】

①湘东王国：南朝宋蕃国名。宋明帝刘彧即位前为湘东王，故下文说“蕃国旧恩”。

②太常丞：官名。为太常之副佐，掌管宗庙祭祀礼仪的具体事务。通直散骑侍郎：官名。通直即通值，等值之意。晋武帝时置员外散骑侍郎。东晋元帝时使员外散骑侍郎二人与散骑侍郎通值，故称通直散骑侍郎。

③浮图：佛塔。

④丹朱：尧的儿子。尧因其不肖，所以把帝位禅让给舜。

⑤晋安：郡名。晋太康三年(282)分建安置，治所在侯官(在今福建福州鼓楼区)。

【译文】

虞愿，字士恭，会稽余姚人。元嘉年间，虞愿任湘东王国常侍。宋明帝即位，因为虞愿有儒吏的学识修养，又因为他是蕃国旧臣，任命他为太常丞、通直散骑侍郎。当时宋明帝在旧日府邸兴建湘宫寺，花费极其奢侈，并对新安太守巢尚之说：“我兴建这座寺院，是很大的功德。”虞愿在旁边说：“陛下起建这座寺，都是花的百姓卖儿女妻子的钱，佛祖如果有知，应当悲哭哀悯，罪过比佛塔还高。哪里有什么功德？”宋明帝大怒，让人把他拖下殿。宋明帝又嗜好围棋，虞愿说：“尧帝曾以此来教育丹朱，说这种技艺不是帝王所应该喜好的。”虽然多次违忤圣意，他仍然受到礼遇。后来虞愿转任正员外郎，出任晋安太守，他在郡中不从事产业经营。前任太守和百姓买卖交易，曾把人家的妻儿当作人质扣押，虞愿派人追夺回来还给百姓。郡里早先出产髯蛇胆，可以当作药物，有人送给虞愿几条蛇，虞愿不忍杀生，放归几十里外，而蛇又自己回来了，当时人认为这是虞愿仁心所致的结果。海边有一块越王石，经常隐藏在云雾之中，相传说清廉的太守才看得见，虞愿前往观看，那块石头清清楚楚没有一点遮蔽。后来琅邪王秀之到郡任职，给朝中人士写信说：“此郡自从虞公任太守之后，他施行的善政还在持续，他留下的好风气易于遵从。可以说是太平无事。”褚渊曾经去看望虞愿，虞愿不在，褚渊看见他睡的床积满尘埃，放着几卷书，褚渊感叹说：“虞君的清廉，竟然到了这种程度！”命人把地打扫了把床擦拭了然后才离开。虞愿后来曾任中书郎，兼任东观祭酒、骁骑将军、廷尉，于建元元年去世。

谏诤宋明帝兴建寺院，又谏诤皇帝下围棋，这是一般的清廉之士所不敢说的。

下王延之

王延之，字希季，琅邪人也。仕宋为司徒左长史。清贫，居宇穿漏，褚彦回以启宋明帝，即敕材官为起三间斋屋[①]。历吏部尚书、尚书左仆射。宋德既衰，齐高帝辅政[②]，朝野之情，人怀彼此。延之与尚书令王僧虔[③]，中立无所去就，时人语曰：“二王居平，不送不迎。”高帝以此善之。升平三年[④]，出为江州刺史，加都督。齐建元元年，进号镇南将军，后为尚书左仆射，寻领竟陵王师[⑤]。卒，谥简。延之居身简素，清静寡欲，凡所经历，务存不扰。前为江州刺史，禄奉外一无所纳。独处斋内，未尝出户，吏人罕得见焉，虽子弟亦不妄前。时时见亲旧，未尝及世事，从容谈咏而已。

不送不迎，不见吏人。不谈世事，此何意耶？用老氏之余。

【注释】

①材官：官名。魏晋以后，置材官校尉，领工匠土木等事。

②齐高帝：即萧道成（427—482）。南齐开国皇帝。

③王僧虔（426—485）：琅邪临沂（今山东临沂）人。王导五世孙。

宋时除秘书，官至尚书令。入齐，转侍中、湖州刺史。

④升平：当为“升明”之误。升明，刘宋顺帝刘准年号（477—479）。

⑤竟陵王：即萧子良，南兰陵（今江苏常州）人。齐武帝萧赜次子。武帝即位后，被封为竟陵郡王。

【译文】

王延之，字希季，琅邪人。他出仕刘宋任司徒左长史。王延之家境清贫，房屋破烂漏雨，褚渊上奏宋明帝，宋明帝于是命材官为他建起三间斋屋。他曾任吏部尚书、尚书左仆射。当时刘宋王朝日渐没落，齐高帝萧道成辅政，朝野之间，人们互相算计。只有王延之和尚书令王僧虔，立场中立无所偏倚，当时人说：“二王居平，不送不迎。”萧道成因此善遇他们。宋顺帝升明三年，王延之出任江州刺史，加封都督衔。齐高帝建元元年，王延之被加封镇南将军，后来担任尚书左仆射，不久兼任竟陵王的师傅。去世后谥号为简。王延之日常生活简约朴素，清静寡欲，无论在何处为官，一定做到不打扰百姓。在任江州刺史时，王延之除俸禄之外什么都不接受。他常一人独处屋内，极少出门，吏员也很少能见到他，即使自家子弟也不敢轻易去打扰他。在会见亲朋故旧时，王延之从不论及时事，只是从容闲谈罢了。

不送不迎，不见吏人。不谈时事，这是什么用意呢？有老子无为而治的余韵。

中王琨

王琨，琅邪临沂人也。琨少谨笃，历位宣城、义熙太守，皆以廉约称。孝建中[①]，为广州刺史，加都督。南土沃实，在任者常致巨富，世云广州刺史但经城门一过，便得三千万。琨无所取纳，表献禄奉之半。镇旧有鼓吹[②]，又启输还。及罢任，孝武知其清，问还资多少。琨曰：“臣买宅百三十万，余物称之。”帝悦其对。后为历阳内史，历度支尚书[3]，加光禄大夫。顺帝即位[4]，进右光禄大夫。及帝逊位，琨攀画轮獭尾，恸泣曰：“人以寿为欢，老臣以寿为戚，既不能先驱蝼蚁，频见此事。”呜噎不自胜。齐高帝即位，加侍中。卒年八十四，赠左光禄大夫。

臣买宅百三十万，余物称之——此今之廉吏，必不出口。

【注释】

①孝建：南朝宋孝武帝刘骏年号（454—456）。

②鼓吹：仪仗乐队。

③历阳：古县名。秦置，治今安徽和县，属九江郡。西汉为九江郡都尉治。东汉为扬州刺史治。东晋以后为历阳郡、南豫州及和州治。

④顺帝：南朝宋顺帝刘准。

【译文】

王琨，琅邪临沂人。王琨年少时谨慎笃厚，历任宣城、义熙太守，都以清廉简约著称。孝建年间，王琨任广州刺史，加封都督衔。南方土地肥沃物产丰盛，在任官员经常得以暴富，当世都说广州刺史只要从城门一过，便可得到三千万。王琨不但不聚敛财物，还上表献出一半俸禄。州府本有仪仗乐队，王琨又上奏将其遣还。等到离任时，宋孝武帝知道他清廉，就问他积累的财物是多少。王琨回答说：“臣买住宅的钱是一百三十万，其他物品大概也是此数。”宋孝武帝对他的回答感到很高兴。后来王琨任历阳内史、度支尚书，被加封光禄大夫衔。宋顺帝即位后，王琨升迁为右光禄大夫。后来宋顺帝禅位时，王琨攀着车驾，恸哭着说：“他人以长寿为喜事，老臣以长寿为伤心事，不能先效死于地下，反而频繁地经历此类事情。”呜咽不能自已。齐高帝即位，加封王琨为侍中。他于八十四岁时去世，被追赠为左光禄大夫。

臣买宅花钱一百三十万,其他物品大概也是此数——对于今天的清官来说,这话必定不会说出口。

中刘怀慰

刘怀慰,字彦泰,平原人。汉胶东康王寄之后。父乘人,冀州刺史,死于义嘉事[①]。怀慰持丧,不食醯酱,冬日不用絮衣。养孤弟妹,事寡叔母,皆有恩义。仕宋为尚书驾部郎[②]。齐国建,上欲置齐郡于都下,议者以江右土沃,流人所归,乃置于瓜步[③],以怀慰为辅国将军、齐郡太守。上谓怀慰曰:“齐邦是王业所基,吾方欲以为显任,经理之事,一以委卿。”有手敕曰:“有文事必有武备,今赐卿玉环刀一口。”怀慰至郡,修城郭,安集居人,垦废田二百顷,决沉湖灌溉。不受礼谒,人有饷其新米一斛者,怀慰出所食麦饭示之曰:“食有余,幸不烦此。”因著《廉吏论》以达其意。高帝闻之,手敕褒赏,进督秦、沛二郡,寻卒。明帝即位[④],谓仆射徐孝嗣曰:“刘怀慰若在朝廷,不忧无清吏也。”

开垦安集不是一味清。所著《廉吏论》,史不载。

【注释】

①义嘉事:刘宋明帝即位后,宋朝爆发了一场席卷全境的内乱,史称“义嘉之乱”。

②驾部郎:官名。魏晋以来,尚书有驾部,长官为郎。掌舆辇、传乘、邮驿、厩牧之事。

③瓜步:镇名。即今江苏南京六合区东南瓜埠镇。南临大江。南北

朝时为兵家必争之地。

④明帝：南朝齐明帝萧鸾（452—498）。南齐第五位皇帝。

【译文】

刘怀慰，字彦泰，平原人。是汉代胶东康王刘寄的后裔。他的父亲刘乘人曾任冀州刺史，死于义嘉之乱。刘怀慰为父亲服丧，不食用醋和酱，冬天不穿絮衣。他抚育弟弟和妹妹，奉养守寡的叔母，都有恩义。刘怀慰出仕刘宋任尚书驾部郎。南齐建立后，齐高帝想在京城设置齐郡，议事的人认为江右地区土地肥沃，是流人归附之地，于是把齐郡设置于瓜步，并任命刘怀慰为辅国将军、齐郡太守。高帝对刘怀慰说："齐郡是王业的根基，我以治理齐郡为重要的职任，齐郡的治理就全部委托给你了。"齐高帝另外又有手敕写道："有文事必有武备，今赐卿玉环刀一口。"刘怀慰到郡以后，修理城郭，安定聚合民众，开垦两百顷被废弃的田地，并且掘开沉湖来灌溉。他不接受馈赠和请谒，有人送给他一斛新米，刘怀慰拿出自己所吃的麦饭给他看，说："我的食物还有剩余，不必劳烦如此。"刘怀慰还撰写了一篇《廉吏论》来表达自己的意思。齐高帝听说后，亲下手敕褒奖刘怀慰，后来刘怀慰升任秦、沛两郡都督，不久去世。齐明帝即位后，对仆射徐孝嗣说："刘怀慰如果在朝廷，就不愁没有清官。"

开垦废田，安聚民众，这不仅仅是一味清廉。他所撰写的《廉吏论》，史书没有记载。

下 裴昭明

裴昭明，河东闻喜人[①]。少传儒史之业。宋元徽中[②]，为长沙郡丞，罢任。刺史王蕴之谓曰："卿清贫，必无还资。湘中人士有须一礼之命者，我不爱也。"昭明曰："下官忝为郡佐，不能光益上府，岂以鸿都之事仰累清风[③]？"齐永明二年[4]，为始安内史[5]，及还，甚贫。武帝曰："裴昭明当罢郡还，遂无宅。我不读书，不知古人中谁可比之？"昭明历郡皆清勤，常谓人曰："人生何事须聚畜，一身之外亦复何须？子孙若不才，我聚彼散；若能自立，则不如一经。"故终身不事产业。中兴二年卒[6]。

我不读书，不知古人中谁可比——为此语，何必读书。

【注释】

①闻喜：县名。今属山西。汉武帝经此，闻破南越，因置闻喜县。

②元徽：南朝宋后废帝刘昱年号（473—477）。

③鸿都之事：指卖官鬻爵以求财货。《后汉书·崔寔传》："灵帝时，开鸿都门榜卖官爵，公卿州郡下至黄绶各有差。"

④永明：南朝齐武帝萧赜年号（483—493）。

⑤始安：郡名。三国吴置，郡治始安县（今广西桂林秀峰区）。

⑥中兴：南朝齐和帝萧宝融年号（501—502）。

【译文】

裴昭明，河东闻喜人。年轻时传习儒学和史学方面的学问。刘宋元徽年间，裴昭明任长沙郡丞，后来解职离任。刺史王蕴之对他说："你一向清贫，肯定没有回去的路费。湘中人士有谁想通过你获得一官半职的话，我是不会吝惜的。"裴昭明说："下官忝列为郡丞，不能为上司增光添彩，又怎能以卖官鬻爵之事来连累您清廉的名声呢？"南齐永明二年，他任始安内史，离任时，甚为贫困。齐武帝说："裴昭明罢职归家，没有住宅。我不曾读书，不知古人当中有谁可以和他相比？"裴昭明历任各郡都清廉勤政，经常对他人说："人生为什么一定要积蓄财物，一身之外又还需要什么呢？子孙如果不成器，我积聚财物他们很快会散尽；如果他们能够自立，则不如通晓一部经书。"所以终身不经营产业。裴昭明于中兴二年去世。

我不读书，不知古人中有谁可以相比——能说这种话，又何必读书。

中孔琇之

孔琇之，会稽山阴人。仕齐，累迁左户尚书廷尉卿，出为临海太守。在任清约，罢郡还，献干姜二千斤。齐武帝嫌其少，及知琇之清，乃叹息。出监吴兴郡，寻拜太守，政称清严。隆昌元年[①]，迁晋熙王冠军长史、江夏内史[②]，行郢州事[③]。欲令杀晋熙，琇之辞，不许，遂不食而死。

献干姜，可能也。不杀晋熙不食而死，不可能也。末世人主往往好贡献，缙绅亦为此奄寺之行[④]。

【注释】

①隆昌：南朝齐郁林王萧昭业年号（494）。

②晋熙王：即萧銶。齐高帝萧道成第十八子。永明四年（486）封晋熙王。隆昌元年（494）齐郁陵王萧昭业继位后，出为持节、都督郢司二州军事、冠军将军。

③郢州：州名。三国时吴置，州治故地在今湖北武汉武昌区。

④奄寺：阉寺，指宦官。

【译文】

孔琇之，会稽山阴人。他出仕南齐，累次升迁至左户尚书廷尉卿，出任临海太守。孔琇之在任清廉俭约，离职还京后向皇帝进献了两千斤干姜。齐武帝嫌他进献的东西少，后来知道孔琇之清廉后，为之感慨。孔琇之出京监察吴兴郡，不久被任命为吴兴太守，施政号称清廉严明。隆昌元年，孔琇之升任晋熙王冠军长史、江夏内史，负责郢州事务。皇帝想要让他杀害晋熙王，孔琇之推辞不应，没有得到允许，于是他绝食而死。

献干姜，是可能的。不杀晋熙王以至绝食而死，是不可能的。末世的君主往往喜欢臣子贡献，于是士大夫也做这种宦官才干的事情。

中 褚炫

褚炫，字彦绪。少清简。从兄彦回谓人曰："从弟廉胜独立，乃十倍于我。"齐台建，为侍中。建元初，出补东阳太守①。前后三为侍中。永明元年，为吏部尚书。居身清立，非吊问不杂交游。及在选部②，门庭萧索，宾客罕至。出行，左右常捧一黄纸帽箱，风吹纸剥殆尽。罢江夏郡还，得钱十七万，于石头并分与亲族。病无以市药，以冠剑为质。卒，无以殡敛，年四十一。赠太常，谥贞子。

风节大胜彦回。

【注释】

①东阳：郡名。三国吴宝鼎元年（266）分会稽郡置，治所在长山县（今浙江金华城区）。

②选部：吏部。

【译文】

褚炫，字彦绪。年少时即清廉简约。他的堂兄褚渊对人说："我的这位堂弟清廉独立，超过我十倍。"南齐建立后，褚炫担任侍中。建元初年，褚炫出京担任东阳太守。他前后三次担任过侍中。永明元年，褚炫担任吏部尚书。褚炫处身清廉独立，除了吊丧慰问之外不与他人交游。等到他在吏部任职时，门庭冷落，很少有宾客前来。他出行时，左右随从经常捧着一个黄纸做的帽箱，风把纸吹得差不多都剥落完了。褚炫从江夏郡解职还京时，得到十七万钱，他在石头城将钱全部分给亲族。褚炫生病无钱买药，于是拿衣冠和宝剑去抵押。褚炫于四十一岁时去世，连办丧事的钱也没有。朝廷追赠他为太常，谥号贞子。

高风亮节远胜褚渊。

下 张绪

张绪，字思曼，吴郡吴人也。少知名，清简寡欲。孝武帝用为尚书仓部郎①，都令史咨详郡县米事②，绪萧然直视，不以经怀。宋明帝每见绪，辄叹其清淡。转太子中庶子，迁司徒左长史。吏部尚书袁粲言于帝曰："臣观张绪有正始遗风③，宜为宫职。"复转中庶子，后为侍中，迁吏部郎。建元元年，为中书令。及立国学，以为太常卿，领国子祭酒。武帝即位，转吏部尚书。永明二年，领南郡王师，加给事中，累迁散骑常侍、金紫光禄大夫，后复领国子祭酒。绪口不言利，有财物辄散之。清谈端坐，或竟日无食。门生见绪饥，为之办餐，然未尝求也。死之日，无宅以殡，遗命凶事不设柳翣④，上以芦葭，輀车引柩⑤，灵上置杯水香火，不设祭。追赠特进、光禄大夫，谥曰简子。

萧然直视，不以经怀。竟日无食，门生办餐。何其澹远。

【注释】

①仓部：官署名。掌管粮食收藏、发放之事。魏始设仓部，长官为郎。

②都令史：官名。即尚书都令史。西晋置，为尚书令、仆射、左右丞属员。

③正始：三国魏齐王曹芳年号（240—249）。

④柳翣（shà）：出殡时柩车上的棺饰。

⑤輀（ér）车：运灵柩的车。引：輀车上的绳索。

【译文】

张绪，字思曼，吴郡吴人。他年少知名，清淡寡欲。宋孝武帝任用他为尚书仓部郎，都令史询问郡县粮食方面的事，张绪淡然直视，不放在心上。宋明帝每次见到张绪，就感叹他的清净淡泊。张绪转任太子中庶子，又迁任为司徒左长史。吏部尚书袁粲对明帝说："臣细察张绪有正始遗风，应当在宫中任职。"于是张绪再次出任太子中庶子，后被任命为侍中，迁任吏部郎。南齐建元元年，张绪担任中书令。等到国学建立后，他被任命为太常卿，兼任国子祭酒。齐武帝即位，张绪转任吏部尚书。永明二年，他兼任南郡王师傅，被加封给事中，后来升迁至散骑常侍、金紫光禄大夫，后来又再次兼任国子祭酒。张绪绝口不言财利，有财物随即就散发给人。他时常端坐清谈，有时一整天也不吃饭。他的门生见他饥饿，就为他置办餐饭，但他不曾主动要求。张绪死时，没有房舍停放灵柩，他留下遗嘱要求办理丧事不设棺饰，棺材上用芦苇覆盖，灵车用绳索牵引，灵柩上放置杯水香火，不设祭品。朝廷追赠张绪为特进、光禄大夫，谥号为简子。

淡然直视，不放在心上。一整天没有吃的，门生为他置办餐饭。这是何等恬静。

中王秀之

王秀之，字伯奋，琅邪人。仕宋为太子舍人。褚彦回欲与结婚[①]，秀之不肯，以此频为两府外兵参军。后出为晋平太守[②]。期年求还。或问其故，答曰："此郡沃壤，珍阜日至。人所昧者财，财生则祸逐，智者不昧财，亦不逐祸。吾山资已足[③]，岂可久留以妨贤路？"乃上表请代。时人以为王晋平恐富求归。仕齐，历侍中、都官尚书、辅国将军、吴兴太守。隆昌元年卒，遗令薄葬。谥曰简。

谢褚婚，去沃郡，有品。

【注释】

①结婚：结成儿女亲家。

②晋平：本晋安郡，南朝宋泰始年间改晋平郡，治侯官县(今福建福州)，旋复名晋安郡。

③山资：过隐居生活所需的费用。

【译文】

王秀之，字伯奋，琅邪人。曾出仕刘宋担任太子舍人。褚渊想和他结成儿女亲家，王秀之不肯，因此他长期担任两府外兵参军。后来王秀之出任晋平太守，一年后请求归还。有人问他缘故，回答说："此郡是富庶之地，珍宝每天都有。人被财货所迷惑，有了财货祸事随之而来，明智的人不迷惑于财，也不招祸。我如今过隐居生活的费用已经足够，岂能久留此地妨碍贤者之路？"于是上表请求由别人接替自己。当时人认为是王太守怕富求归。后来他出仕南齐，先后担任侍中、都官尚书、辅国将军、吴兴太守。王秀之于隆昌元年去世，遗嘱要求薄葬。他的谥号为简。

谢绝褚渊的婚事，离开富庶之地，有品格。

中何敬叔

何敬叔，齐长城令[1]。有能名。在县清廉，不受礼遗。夏节至[2]，忽牓门受饷，数日中得米二千余斛，他物称是。悉以代贫人输租。

廉而奇。可偶一为之。

【注释】

①长城：县名。晋置，县治在今浙江长兴。

②夏节：夏季。

【译文】

何敬叔，曾任南齐长城令。有能干的名声。他做县令为官清廉，不接受馈赠。夏天到了，何敬叔忽然在大门上贴出一张告示说要接受馈赠，于是在几天内得到两千多斛米，其他物品的价值也大概与此相当。他把这些馈赠全部拿来代替穷人交纳租税。

清廉而奇特。可以偶尔这么做。

▣任昉

任昉，字彦升，乐安博昌人也[①]。父遥，齐中散大夫。母河东裴氏，高明有德行，尝昼卧梦，有五色采旗盖，四角悬铃，自天而坠，其一铃落入怀中，心悸，因而有娠。占者曰："必生才子。"及生昉，幼而聪敏，四岁诵诗数十篇，八岁能属文。褚彦回谓遥曰："闻卿有令子，相为喜之，所谓百不为多，一不为少。"由是知名。梁台建，禅让文诰，皆昉之笔。昉孝友纯至，每侍亲疾，衣不解带，言与泪并。

【注释】

①乐安：郡国名。东汉始置。南朝宋时治所在千乘县（今山东广饶北）。博昌：县名，在今山东博兴。

【译文】

任昉，字彦升，乐安博昌人。任昉的父亲任遥，担任过南齐的中散大夫。任昉的母亲出身河东裴氏，高贵有德行，有一次她白日眠卧做梦，梦见五色彩旗伞盖，四角悬铃，从天而降，其中一个铃铛落入怀中，心生悸动，因而怀有身孕。占卜的人说："必定生个才子。"任昉出生后，幼时就很聪敏，四岁时就能诵读诗歌几十篇，八岁就能写文章。褚渊曾对任遥说："听闻您有位佳公子，我为您感到高兴，正所谓一百个不嫌多，一个不嫌少。"任昉由此而知名。梁朝开国时，禅让的文书诏诰，都出自任昉的手笔。任昉孝顺友爱秉性纯厚，每逢侍奉双亲疾病，都衣不解带，说起父母之病就流泪。

武帝践祚[①]，历给事黄门侍郎、吏部郎，出为义兴太守。岁荒民散，以私奉米豆为粥，活三千余人。时产子者不举，昉严其制，罪同杀人。孕者供其资费，济者千室。在郡所得公田奉秩八百余石，昉五分督一，余者悉原，儿妾食麦而已。及被代登舟，止有绢七匹、米五石。至都无衣，镇军将军沈约遣裙衫迎之[②]。重除吏部郎，后出为新安太守。在郡不事边幅，率然曳杖徒行。邑郭人通辞讼者，就路决焉。为政清省，吏人便之。卒于官，唯有桃花米二十石[③]，无以为敛。遗言不许以新安一物还都。杂木为棺，浣衣为敛[④]，阖境痛惜。百姓共立祠堂于城南，岁时祀之。武帝闻问，哭之甚恸。追赠太常，谥曰敬。

孝友慈惠自其天性。去郡无衣，徒行决讼，古之太守风尚如此。

【注释】

①武帝：指梁武帝萧衍（464—549）。南朝梁建立者。

②沈约（441—513）：字休文，南朝吴兴武康（今浙江德清）人。博通典籍，善为文。历仕宋、齐、梁三朝，官至尚书令。沈约在诗歌

方面主张四声八病之说,和谢朓、王融等人友善,诸人所作,皆重声律对仗,史称“永明体”。

③桃花米:次等米,糙米。

④浣衣:这里指多次洗过的旧衣。

【译文】

梁武帝即位后,任昉先后担任给事黄门侍郎、吏部郎,又出任义兴太守。当时年成不好百姓四处逃荒,任昉用自己的俸禄购买米豆煮粥,救活了三千多人。当时民众生了孩子不报告官府,任昉严格其制度,规定这种做法的罪过等同于杀人。对有孕妇的人家则补贴相关费用,救济的有一千多家。任昉任太守应得公田俸禄八百余石,他只取其五分之一,其余的全部交还官府,他的儿子和侍妾只能吃麦饭。后来任昉离任,登船离去时所携带的仅有七匹绢、五石米。他回到京城没有像样的衣服,镇军将军沈约派人送来衣衫以迎接他。任昉重新担任吏部郎,后来又出任新安太守。他在任上不修边幅,率性而为,经常拖着手杖徒步而行。遇到有人发生争讼的,他在路边就作出决断。任昉为政清廉简省,吏员民众都感到便利。任昉在任上去世,只留下二十石次等米,没有钱用来装殓。任昉遗嘱不允许拿新安的任何一件东西回到京城。他的家人拿杂木做的棺材和旧衣为他入殓,全郡都痛惜不已。百姓共同在城南立起祠堂,逢年过节按时祭祀。梁武帝听到任昉去世的消息,哭得甚为悲恸。朝廷追赠任昉为太常,谥号为敬。

孝顺友爱慈善惠民,自是他的天性。离郡时没有像样的衣服,徒步行走判决诉讼,古代太守的高风就是这样的。

下 徐勉

徐勉,字修仁,东海郯人也①。射策甲科②,起家王国侍郎,补太学博士。后仕梁,累除给事黄门侍郎、尚书吏部郎,参掌大选，迁侍中。时师方侵魏，候驿填委[3]，勉参掌军书，劬劳夙夜，动经数旬乃一还家，群犬惊吠，勉叹曰："吾忧国忘家，乃至于此，若吾亡后，亦是传中一事。"天监六年[4]，除给事中、五兵尚书[5]，迁吏部尚书。尝与门人夜集，客有虞皓求詹事五官[6]，勉正色答云："今夕止可谈风月，不宜及公事。"时人服其无私。累官尚书右仆射，寻加中书令。后以脚疾求解内任。

【注释】

①郯（tán）：古地名。在今山东郯城境。

②射策甲科：汉代取士有对策、射策之制。射策由主试者出试题，写在简策上，分甲乙两科，列置案上，应试者随意取答，主试者按题目难易和应试者所答而定优劣。

③候驿：候坞和驿站。边境地区伺望敌情的土堡。

④天监：梁武帝萧衍年号（502—519）。

⑤五兵尚书：官名。三国魏始置，属尚书省，掌军事行政。置中兵、外兵、骑兵、别兵、都兵五郎曹。

⑥詹事：官名。即给事、执事。秦置。南北朝时以太子詹事为东宫官属之长。

【译文】

徐勉，字修仁，东海郯人。徐勉应试射策甲科，以王国侍郎之职开始做官，补任太学博士。后来出仕梁朝，累官至给事黄门侍郎、尚书吏部郎，参与掌管铨选官吏事务，又升任侍中。当时梁朝军队正攻打北魏，军报堆积如山，徐勉参与掌管军事文书，日夜劳累，常常几十天才回一次家，回家时群犬惊叫，徐勉叹息说："我忧国忘家，竟然到了这种程度，如果我死了，也是可入传记的一件事。"天监六年，徐勉担任给事中、五兵尚书，又转任吏部尚书。有一次徐勉和门人夜间聚宴，有位叫虞皓的门客请求担任詹事五官之职，徐勉严肃地回答说："今晚只可谈风月，不应谈及公事。"当时人都很佩服他的无私。他后来累官至尚书右仆射，不久又被加封为中书令。后来因为脚病请求解除内朝官职。

勉虽居显职，不营产业，家无畜积，奉禄分赡亲族之贫乏者。门人故旧或从容致言，勉乃答曰："人遗子孙以财，我遗之清白。子孙才也，则自致辎軿[①]；如不才，终为他有。"尝为书戒其子崧曰："吾家本清廉，故常居贫素。至于产业之事，所未尝言，非直不经营而已。薄躬遭逢，遂至今日，尊官厚禄，可谓备之。每念叨窃若斯，岂由才致，仰籍先门风范，及以福庆，故臻此尔。古人所谓以清白遗子孙，不亦厚乎？"又云："遗子黄金满籯[②]，不如一经。详求此言，信非徒语。吾虽不敏，实有本志。庶得遵奉斯义，不敢坠失。所以显贵以来将三十载，门人故旧，承荐便宜，或使创辟田园，或劝兴立邸店，又欲舳舻运致[③]，亦令货殖聚敛。若此众事，皆距而不纳。非谓拔葵去织[④]，且欲省息纷纭。"大通中[⑤]，又以疾自陈，移授特进、右光禄大夫，寻卒。帝闻流涕，赠右光禄大夫、开府仪同三司。谥曰简肃。

"今夕止可谈风月，不宜及公事"二语佳。然其言曰"吾亡后，亦是传中一事"，及为长书戒子，娓娓摊浪，不免啖名。

【注释】

①辎軿（zī píng）：辎车和軿车的并称。后泛指有屏蔽的车子。

②籯（yíng）：竹编的笼子。

③舳舻（zhú lú）：船头和船尾。泛指船只。

④拔葵去织：《汉书·董仲舒传》："故公仪子相鲁，之其家见织帛，怒而出其妻，食于舍而茹葵，愠而拔其葵，曰：'吾已食禄，又夺园夫红女利乎！'"后以拔葵去织为居官者不与民争利的典故。

⑤大通：梁武帝萧衍年号（527—529）。

【译文】

徐勉虽然身居显要官职，但是不经营产业，家里没有积蓄，他的俸禄都分发供养贫困的亲族。有门客或是老友向他进言的，徐勉就回答说："别人把财产留给子孙，我把清白留给他们。子孙如果有才能，他们自己就能挣得财物；如果没有才能，手中的财物终究会被他人所据有。"他曾经写了一封信告诫他的儿子徐崧说："我家本来清廉，所以日常居处贫素。至于产业一类的事，根本未曾提及，不仅是不经营而已。我逢着好时代，才有了今天，高官厚禄，可以说是齐备了。每每想到我所享有的富贵，岂是因为才能得到的，而是仰仗祖先风范福泽绵延，所以才有这一切。古人所说把清白留给子孙，不也很厚重吗？"又说："留给孙子满笼黄金，不如让其熟读一经。仔细琢磨，这的确不是空话。我虽然不够聪敏，实在是有此志向。我勉力遵奉这一道理，不敢有所闪失。所以显贵以来将近三十年，门人老友，蒙他们好意，有的让我开辟田园，有的让我开办旅店，有的让我用船运货，也都让我发财致富。像这些事情，我都拒绝而不采纳。这并非刻意标榜不与民争利，而是为了省些口舌争议。"大通年间，徐勉又因为疾病上表，被改授特进、右光禄大夫，不久去世。梁武帝听闻徐勉死讯为之泪下，追赠他为右光禄大夫、开府仪同三司。谥号为简肃。

"今晚只可谈风月，不应谈及公事"这两句话好。但是他说"如果我死了，也是可入传记的一件事"，以及写一封长长的书信告诫儿子，絮絮叨叨，不免有些嗜好名声。

下 庾荜

庾荜，字休野，新野人也[1]。仕齐为骠骑功曹史[2]。永明中，使魏和亲还[3]，拜散骑侍郎。后为荆州别驾，前后纪纲皆致富饶[4]，荜再为之，清身率下，杜绝请托，布被蔬食，妻子不免饥寒。齐明帝闻而嘉焉，手敕褒美，州里荣之。累迁会稽郡丞，行郡府事。时承雕弊之后，百姓凶荒，人多流散，荜抚循甚有理，唯守公禄，清节愈厉，至有经日不举火。太守襄阳王闻而馈之，荜谢不受。天监元年卒[5]，停尸无以敛柩，不能归。梁武帝闻之，诏赐绢百匹、谷五百斛。

为郡丞，至经日不举火，过矣。

【注释】

①新野：县名。汉置，今属河南。

②功曹史：官名。即功曹。

③和亲：封建君主为了免于战争而与边疆异族统治者通婚和好。

④纪纲：这里指别驾等佐官。

⑤天监：梁武帝萧衍年号（502—519）。

【译文】

庾荜，字休野，新野人。庾荜出仕南齐任骠骑功曹史。永明年间，庾荜出使北魏和亲归朝，被任命为散骑侍郎。后来庾荜出任荆州别驾，之前的别驾佐官都在任上变得很富有，庾荜担任此职，自身清廉为下属表率，杜绝私事请托，衣食俭素，妻儿忍饥受寒。齐明帝听闻后甚为嘉许，写下亲笔敕书褒扬他，州里人都以此为荣。庾荜后来升迁会稽郡丞，负责郡府事务。当时正是战乱凋敝之后，百姓生活无着，流离失所，庾荜安抚百姓甚有条理，他只靠公家俸禄维持生活，清廉的节操越发显明，以至有一整天不生火做饭的情况。太守襄阳王听说之后给予馈赠，庾荜谢绝了。天监元年，庾荜去世，没有收殓尸体的用具，不能归葬。梁武帝听说后，下诏赐给他家一百匹绢、五百斛谷。

身为郡丞，到了一整天不生火做饭的地步，太过了。

中傅昭

傅昭，字茂远，北地灵州人①。齐明帝时，为中书通事舍人②。居此职者，皆权倾天下，昭独廉静，无所干豫③。器服率陋，身安粗粝。常插烛板床，明帝闻之，赐漆合烛盘，敕曰："卿有古人之风，故赐卿古人之物。"梁台建，历位左户尚书、安成内史④。郡自宋来，兵乱相接，府舍称凶。每昏旦间，人鬼相触，在任者鲜以吉终。及昭至，有人夜见甲兵出曰："傅公善人，不可侵犯。"乃腾虚而去。有顷风雨忽至，飘郡听事入隍中⑤，自是郡遂无患，咸以昭贞正所致。郡溪无鱼，或有暑月荐昭鱼者，昭既不纳，又不欲拒，遂馁于门侧。迁临海太守，郡有蜜岩，前后太守皆自封固，专收其利。昭以周文之囿与百姓共之⑥，大可喻小，乃教勿封。县令尝饷栗，置绢于簿下，昭笑而还之。普通五年⑦，为散骑常侍、金紫光禄大夫，寻卒，谥曰贞。

【注释】

①灵州：州名。秦朝时属北地郡。其地在今宁夏灵武。

②中书通事舍人：即中书舍人。

③干豫：即干预。过问或参预其事。

④安成:郡名。三国吴始置。治平都县(在今江苏安福)。

⑤听事:也作厅事,官署大厅。隍:没有水的护城壕。

⑥周文之囿与百姓共之:《孟子·梁惠王下》:“文王之囿方七十里,刍荛者往焉,雉兔者往焉,与民同之。”周文,即周文王。

⑦普通:梁武帝萧衍年号(520—527)。

【译文】

傅昭,字茂远,北地灵州人。齐明帝时,傅昭任中书通事舍人。处于此官职的人,都权倾天下,唯独傅昭清廉沉静,无所干预。所用器物服饰大多简陋,自身安于粗劣的条件。他经常把蜡烛插在案板或床几上,齐明帝听说这件事,赐给他漆盒烛盘,下敕说:“卿有古人的风范,所以赐给卿古人的器物。”梁朝建立后,傅昭先后担任左户尚书、安成内史。安成郡自刘宋以来,屡遭兵乱,郡府署舍据说很凶邪。每至黄昏时分,人和鬼相互会触碰,在任的很少有善终的。等到傅昭到任,有人在夜晚看见甲兵出来说:“傅公是好人,不能侵犯。”随后腾空而去。不一会儿忽然来了阵风雨,飘过郡署大厅进了护城壕,从此以后本郡就没有鬼怪为患,大家都认为是傅昭的正直所导致的。郡内河溪没有鱼,有人在大暑天给傅昭送鱼,傅昭既不愿接纳,又不想生硬地拒绝,于是就任其腐烂在门边。后来傅昭升任临海太守,郡内有蜜岩,以前的太守都将其封闭起来,独享其利。傅昭认为周文王的苑囿尚且和百姓共同享有,大事可以晓喻小事,就让人不要封闭。县令曾经送来栗子,把绢放在帐簿下,傅昭笑着还给了他。普通五年,傅昭任散骑常侍、金紫光禄大夫,不久去世,谥号贞。

昭所莅官,常以清静为政,不尚严肃。居朝廷,无所请谒,不畜私,门生不交私利,终日端居以书记为乐。子妇尝得家饷牛肉,以进昭。昭召其子曰:“食之则犯法,告之则不可,取而埋之。”其居身行己不负暗室,类如此。昭少时于朱雀航卖历日[1]，雍州刺史袁颉见而奇之[2]。颉尝来昭所，昭读书自若，神色不改。颉叹曰："此儿神情不凡，必成佳器。"后为丹阳尹袁粲主簿[3]，粲每经昭户，辄叹曰："经其户，寂若无人。披其室，其人斯在。岂非名贤？"

是阒寂清异人[4]。埋肉，馁鱼，触鬼兵，飘听事，皆异。

【注释】

①朱雀航：桥名。在建康城东南四里，正对朱雀门，横跨秦淮河。王敦作乱时，温峤烧绝之。

②袁颉（420—466）：陈郡阳夏（今河南太康）人。南朝宋大臣。废帝刘子业即位，以为吏部尚书，出为雍州刺史。

③袁粲（420—477）：陈郡阳夏人。南朝宋大臣，累官尚书令，领丹阳尹，封兴平县子。

④阒（qù）寂：寂静无声。

【译文】

傅昭所任官职，都以清静为政，不崇尚严苛。在朝廷任职时，他拒绝私下的请求谒见，不积蓄私财，和门生之间没有私利往来，整天端坐着以读书为快乐。有一次傅昭儿媳得到娘家送的牛肉，进献给傅昭。傅昭召来他儿子说："如果食用牛肉就会犯法，要告发她则不可以，把牛肉拿去埋了。"他的自我约束不欺暗室，大都如此。傅昭年少时在朱雀航卖历书，雍州刺史袁颉一见就很赏识他。袁颉曾经到过傅昭的住处，傅昭旁若无人地读书，神色不变。袁颉感叹说："这小儿神情不同凡俗，必成大器。"后来傅昭担任丹阳尹袁粲的主簿，袁粲每次经过傅昭的门户，就感叹说："经过他的门户，寂静得仿佛无人。进入房屋一看，人就在那里。这难道不是名贤？"

是位喜好清静寂寞的异人。埋牛肉，任鱼腐烂，人和鬼兵相触碰，风雨飘过厅堂，这些都很怪异。

中范述曾

范述曾，字子玄，一字颖彦，吴郡钱唐人也[①]。齐明帝时，为永嘉太守[②]，为政清平，不尚威猛，氓俗便之[③]。所部横阳县山谷险峻[④]，为逋逃所聚[⑤]。前后二千石讨捕，莫能息。述曾下车，开示恩信，凡诸凶党，襁负而出，编户属籍者二百余家。自是商旅流通，居人安业。述曾励志清白，不爱馈遗。明帝下诏褒美，征为游击将军[⑥]。郡送故旧钱二十万余，一无所受，唯得白桐木、火龙朴十余枚而已。东昏侯时[⑦]，拜中散大夫，还乡里。梁武帝践祚，乃轻行诣阙，仍辞还。武帝下诏褒美，以为太中大夫。述曾生平所得奉禄，皆以分施，及老，遂壁立无资。以天监八年卒。后有吴兴丘师施亦廉洁，罢临安县还[⑧]，唯有二十笼簿书，并是仓库券帖。当时以比述曾。

【注释】

①钱唐：县名。秦置，属会稽郡。在今浙江杭州城区。

②永嘉：郡名。本汉会稽郡地。三国吴分置临海郡。东晋时复于临海郡分置永嘉郡。辖境在今浙江温州一带。

③氓俗：当地百姓。

④横阳县：县名。晋太康年间设置始阳县，属扬州临海郡。不久改名横阳县。在今浙江平阳、苍南一带。

⑤逋（bū）逃：逃亡的罪人。

⑥游击将军：官名。本为汉杂号将军。魏晋南北朝多沿置。

⑦东昏侯：指南齐东昏侯萧宝卷（483—501）。南齐第六位皇帝。

⑧临安县：秦余杭县地。东汉建安年间置临水县，晋太康元年（280）

改为临安。在今浙江杭州临安区。

【译文】

范述曾，字子玄，又字颖彦，吴郡钱唐人。齐明帝时，范述曾任永嘉太守，他为政清静平和，不崇尚威猛，当地百姓以为便利。永嘉郡下辖横阳县山谷险峻，是逃亡罪人聚集之地。之前的历任太守征讨抓捕，都不能平息。范述曾到任后，昭示恩惠信用，所有的凶徒都拖家带口走出山谷，编属户籍的有二百多家。从此商旅往来流通，民众安居乐业。范述曾立志清白，不喜接受馈赠。齐明帝下诏褒扬范述曾，征召他担任游击将军。郡里送给他礼钱二十万有余，他全都没有接受，只收取白桐木、火龙朴十多枚罢了。东昏侯在位时，范述曾被授予中散大夫，还归乡里。梁武帝即位后，他轻车简从前往京城拜见，然后仍辞别还乡。梁武帝下诏褒扬范述曾，任命他为太中大夫。范述曾生平所得俸禄，全都用来分发施舍，等到自己年老，家徒四壁没有资财。范述曾在天监八年去世。后来有一位吴兴的丘师施也很廉洁，罢任临安县还乡时，只有二十笼簿书，全是仓库券帖。当时人把他比作范述曾。

中孙谦

孙谦，字长逊，东莞莒人也。客居历阳，躬耕以养弟妹，乡里称其敦睦。仕宋为句容令，清慎强记，县人号为神明。宋明帝以为巴东、建平二郡太守[①]。郡居二峡，恒以威力镇之。谦将述职，敕募千人自随。谦曰：“蛮夷不宾，盖待之失节尔，何烦兵役以为国费？”固辞不受。至郡，布恩惠之化，蛮獠怀之，竞饷金宝。谦慰喻而遣，一无所纳。及掠得生口，皆放还家，奉秩出吏人者，悉原除之。郡境翕然，威恩大著，累迁左将军。齐初，为钱唐令，御烦以简，狱无系囚。及去官，百姓以谦在职不受饷遗，追载缣帛以送之，谦辞不受。后仕梁，累官零陵太守，征为光禄大夫。每去官，辄无私宅，借空车厩居焉。谦自少及老，历二县五郡，所在廉洁。居身俭素，床施籧篨屏风[②]，冬则布被莞席[③]。夏日无帱帐，而夜卧未尝有蚊蚋，人多异焉。天监十五年卒，年九十二。

孙之怀蛮獠，范之散山寇，皆清感也。蚊蚋不侵夜，异哉！

【注释】

①建平：郡名。三国吴置。治所在信陵县(今湖北秭归)。吴灭并入西晋建平郡，治所在今重庆巫山。

②籧篨(qú chú)：粗竹席。

③莞席：莞蒲之类水生植物编织成的席子。

【译文】

孙谦，字长逊，东莞莒人。孙谦客居历阳时，亲自耕种来抚养弟、妹，乡里称赞他敦厚和睦。孙谦出仕刘宋任句容县令，他清廉谨慎博闻强记，县里的人称他为神明。宋明帝任他为巴东、建平两郡太守。两郡处于两峡地带，以往都是靠武力镇守。孙谦将要赴任时，皇帝敕令他招募一千人的队伍带过去。孙谦说："蛮夷之所以不臣服，是因为对待他们失却礼节，哪里用得着烦劳兵役耗费国家的钱？"于是坚决推辞不接受。孙谦到任以后，致力于恩惠教化，当地蛮夷很感念他，争相赠送金银财宝。孙谦予以抚慰晓喻然后打发他们离开，送来的东西全都没有接受。他还将所捕获的蛮夷人口，都释放回家，把俸禄中本当出自吏员民众的部分全都予以免除。辖区得以清静平安，孙谦的恩惠和威望大为显扬，后来累次升迁官至左将军。南齐初年，孙谦任钱唐令，他以简明作风处理烦琐事务，监狱里没有在押囚犯。等到离任的时候，当地百姓因为孙谦在职时不接受馈赠，装载着绢帛赶去送给他，孙谦推辞不受。后来孙谦出仕梁朝，累次升迁官至零陵太守，被征召为光禄大夫。他每次离任后，没有私宅居住，只能借空车厩居住。孙谦自少至老，先后在两县五郡任职，所到之处廉洁奉公。他生活节俭朴素，床用粗竹席挡风，冬天用的是布被草席。夏天没有帷帐，而夜间卧睡不曾有蚊子叮咬，人们觉得这事很奇异。天监十五年，孙谦去世，享年九十二岁。

孙谦感化蛮獠，范述曾解散山寇，都是以清廉感化。蚊虫晚间不叮咬，奇怪啊！

中明山宾

明山宾，字孝若，平原鬲人。七岁能言玄理，十三博通经传。卫将军江祏上书荐山宾才堪理剧[①]。齐明帝不重学，谓祏曰："闻山宾谈书不辍，何堪官邪？"遂不用。梁台建，历中书侍郎、国子博士。天监十五年，出为持节、都督缘淮诸军事、北兖州刺史[②]。初，山宾在州，所部平陆县不稔[③]，启出仓米以赈百姓。后刺史检州曹，失簿，以山宾为耗损，有司追责，籍其宅入官。山宾不自理，更市地造宅。昭明太子闻筑室不就[④]，有令曰："明祭酒虽出抚大蕃，拥旌推毂，珥金拖紫，而恒事屡空。闻构宇未成，今送薄助。"山宾性笃实，家常乏困，货所乘牛，既售受钱，乃谓买主曰："此牛经患漏蹄，疗差已久[⑤]，恐后脱发，无容不相语。"买主闻，遽追钱而去。阮孝绪闻之叹曰[⑥]："此言足使还淳返朴，激薄停浇矣。"历官假节、摄北兖州事。普通五年卒官[⑦]，赠侍中，谥曰质。

明山宾，僧绍子也[⑧]。玄诣质心，自饶清上，与斤斤廉性不同。

【注释】

①理剧：治理繁难事务。

②北兖州：东晋时，侨置兖州于京口（今江苏镇江）。义熙六年（410），刘裕灭南燕，光复兖州旧地，因南方已有兖州，故改旧兖州为北兖州。

③平陆县：汉置东平陆县，属东平国。因西河郡另有平陆，故加东字。在今山东汶上北。

④昭明太子：萧统（501—531）。南朝梁武帝萧衍长子。天监元年（502）立为太子，中大通三年（531）卒，谥昭明。其人好文学，博览群书，曾招集文士编撰《文选》，辑录秦汉以来诗文，世称《昭明文选》，是我国现存最早的诗文总集。

⑤差：病愈。

⑥阮孝绪（479—536）：南朝梁陈留尉氏（今河南尉氏）人。普通年间，博采宋、齐以来公私图书记录，集为《七录》，以总结前人目录学成就。今仅存序文。

⑦普通五年卒官：《梁书》本传记载为大通元年（527）卒。

⑧僧绍：明僧绍，字承烈。南朝宋齐间文人。隐士。

【译文】

明山宾，字孝若，平原鬲县人。他七岁能谈玄理，十三岁博通经传。卫将军江祏上书推荐明山宾，说他的才能足可胜任繁剧的事务。齐明帝不重视学问，对江祏说："听说明山宾说到书就滔滔不绝，哪里能够做官呢？"于是没有任用他。梁朝建立后，明山宾先后任中书侍郎、国子博士。天监十五年，明山宾出任持节、都督缘淮诸事军、北兖州刺史。起初，明山宾在州府任职时，下辖的平陆县当年歉收，他就开启仓库调配储米赈灾。后来的刺史检察州曹，丢失簿册，把明山宾所为认定为损耗，有司追究责任，将他的住宅罚没入官府。明山宾没有为自己申诉，而是另外买地建造房屋。昭明太子听说他建筑房屋不成，下令说："明祭酒虽然出任大州，前呼后拥，仪阵堂堂，但是生活日常却往往没有着落。听说房屋还未建成，如今赠送微薄的资助。”明山宾生性笃厚忠实，家里常常缺钱，有一次他就把拉车的牛卖了，买卖完成收下钱以后，他就对买主说：“这头牛曾经患过漏蹄病，已经治愈很久了，恐怕以后复发，实在不能不告诉你。”买主一听，立即要回钱离去了。阮孝绪听说这事后感叹地说：“他的这番话足可使人心回归淳朴，改变浮薄的社会风气。”明山宾后来出任假节、摄北兖州事。普通五年，他在任上去世，被追赠为侍中，谥号为质。

明山宾是明僧绍的儿子。天性清幽质朴，自然清高，和拘谨琐细的廉洁不同。

中顾宪之

顾宪之，字士思，吴郡吴人也。宋元徽中[①]，为建康令，时号神明。至于权要请托，长吏贪残，据法直绳，无所阿纵。性清俭，强力为政，甚得人和。故都下饮酒者，醇旨辄号为顾建康，谓其清且美焉。后仕齐，历位给事黄门兼尚书吏部郎中。宋时，其祖凯之尝为吏部，于庭列植嘉树，谓人曰：“吾为宪之植耳。”至是宪之果为此职。宪之虽累经宰郡，资无儋石，及归环堵[②]，不免饥寒。卒于家。

饮酒醇旨，号顾建康。

【注释】

①元徽：南朝宋后废帝刘昱年号（473—477）。

②环堵：四面围绕土墙的狭小而简陋的居室。

【译文】

顾宪之，字士思，吴郡吴人。刘宋元徽年间，顾宪之担任建康令，被当时人称为英明之官。遇到有权贵要员请托私事，长官吏员贪污残暴，他都依据法令秉公处理，没有回护放纵之事。顾宪之清廉俭朴，勤劳理政，很得人心。所以京城里饮酒的人，喝到醇厚美味的酒就起名叫顾建康，意思是这种酒清冽而且美味。后来顾宪之出仕南齐，曾任给事黄门兼尚书吏部郎中。刘宋时，他的祖父顾凯之曾为吏部尚书，在庭院里并排种植佳树，对别人说："我是为宪之种植的。"至此顾宪之果然担任这一职务。顾宪之虽然多次出任郡县长官，却没有一点积蓄，等他回到简陋的家里，不免于忍饥受寒。顾宪之最后在家里去世。

饮酒醇厚美味，就起名顾建康。

下裴子野

裴子野，字几原，河东闻喜人也。少好学，善属文，仕齐为江夏王行参军①。后武帝以为著作郎，掌修国史及起居注②。顷之，兼中书通事舍人。又掌中书诏诰，迁中书侍郎、鸿胪卿。在禁省十余年，默静自守，未尝有所请谒。外家及中表贫乏③，所得奉悉给之。无宅，借官地二亩起茅屋数间。妻子恒苦饥寒。大通二年卒④。武帝悼惜，为之流涕。

寒俊。

【注释】

①江夏王：指萧锋（？—494）。齐高帝萧道成第十二子。

②起居注：中国古代帝王的言行录。

③外家：外祖父母家。

④大通二年卒：《梁书》本传记载为中大通二年（530）卒官。

【译文】

裴子野，字几原，河东闻喜人。裴子野年少好学，擅长作文，出仕南齐任江夏王行参军。后来梁武帝任命他为著作郎，掌管修撰国史及起居注。不久又兼任中书通事舍人。又掌管中书诏诰，后来升任中书侍郎、鸿胪卿。裴子野在禁省十多年，静默自守，不曾有什么私事请托谒见。母族和中表亲戚贫困，裴子野就把自己所得俸禄全给他们。他没有住宅，就借两亩官地建起数间茅屋。妻儿长期忍饥受寒。中大通二年，裴子野去世。梁武帝伤悼惋惜，为他流下眼泪。

清寒俊逸。

上 江革

江革，字休映，济阳考城人也。中兴元年[①]，梁武帝入石头，时吴兴太守袁昂据郡拒义不从[②]，革制书与昂，于坐立成，辞义典雅，帝深赏叹之，令与徐勉同掌书记[③]。历中书舍人、尚书左丞、晋安王长史、寻阳太守[④]，徙庐陵王长史[⑤]，太守行事如故[⑥]，以清严为属城所惮。后为豫章王长史、广陵太守[⑦]，被敕随府王镇彭城[⑧]。城既失守，泛舟而还，途经下邳[⑨]，为魏人所执。魏徐州刺史安丰王延明闻革才名[⑩]，厚加接待。革称脚疾，不拜。时祖暅同被拘絷[⑪]，延明使暅作《欹器漏刻铭》，革唾骂暅曰："卿荷国恩厚，乃为虏立铭，孤负朝廷！"延明闻之，乃令革作《丈八寺碑》，以及《祭彭祖文》[⑫]。革辞以囚执既久，无复心思。延明将加棰扑，革厉色曰："江革年六十，不能杀身报主，今日得死为幸，誓不为人执笔。"延明知不可屈，乃止。后放革还朝。上大宴，举酒劝革曰："卿那不畏延明害？"对曰："臣行年六十，死不为夭，岂畏延明？"帝曰："今日始见苏武之节[⑬]。"

【注释】

①中兴：南朝齐和帝萧宝融年号（501—502）。

②袁昂（461—540）：陈郡阳夏（今河南太康）人。南齐时，历任太子舍人、御史中丞、豫章内史、吴兴太守等职。

③书记：掌管书牍记录的官员。

④晋安王：即梁简文帝萧纲（503—551）。梁武帝萧衍第三子。三岁时封晋安王，长兄萧统死后被立为太子。侯景之乱时梁武帝被囚饿死，萧纲即位。

⑤庐陵王：南朝梁庐陵王萧续（504—547）。梁武帝萧衍第五子。

⑥行事：官制用语。也称行某州（府）事。指以其他官职代行某官职权。南朝时多以年幼皇子为将军、刺史出镇诸州，以其长史为行事，负责军府和州府的军政事务。

⑦豫章王：即萧欢。昭明太子萧统长子。萧统死后，进封豫章王。广陵：郡国名。秦属九江郡，汉为广陵国，东汉改郡，均治广陵（今江苏扬州城区东北）。

⑧彭城：郡国名。西汉宣帝时改楚国为彭城郡，东汉章帝时改彭城国。南朝宋初改郡。治所在今江苏徐州城区境。

⑨下邳：郡国名。东汉时改临淮郡为下邳国，治下邳县（在今江苏睢宁）。南朝宋改为郡。

⑩安丰：汉置安丰县。三国魏分庐江郡置安丰郡，治安风县（今安徽霍邱西南）。

⑪祖暅：范阳遒县（今河北涞水）人。著名数学家祖冲之之子。

⑫彭祖：传说中颛顼帝玄孙陆终氏的第三子。尧封之于彭城，因其道可祖，故谓之彭祖。在商为守藏史，在周为柱下史。年八百岁。

⑬苏武（？—前60）：汉京兆杜陵（今陕西西安）人。武帝天汉元年（前100），以中郎将出使匈奴，扣被留。匈奴单于胁迫其投降，苏武不屈，被徙至北海，使牧公羊，公羊产子乃释放。苏武啮雪食草

羝，持汉节牧羊十九年，节旄尽落。昭帝即位，与匈奴和亲，苏武得归，拜为典属国。宣帝时赐爵关内侯，图形于麒麟阁。

【译文】

江革，字休映，济阳考城人。南齐中兴元年，梁武帝萧衍进入石头城，当时吴兴太守袁昂据守郡城决不投降，江革奉命修书给袁昂，在座席间很快完成，辞义典雅，梁武帝深为叹赏，命令他和徐勉共同执掌书记。江革先后担任中书舍人、尚书左丞、晋安王长史、寻阳太守，又转任庐陵王长史，仍旧负责太守事务，因为清正严明被下属各城的官吏忌惮。后来江革任豫章王长史、广陵太守，奉敕令随豫章王镇守彭城。彭城失守之后，他乘船归还，途经下邳时被魏国人抓住了。魏国徐州刺史安丰王元延明听闻江革的才名，很宽厚地接待他。江革称说脚有病，不跪拜元延明。当时祖暅一同被拘捕，元延明让祖暅作《欹器漏刻铭》，江革唾骂祖暅说："您承荷国恩甚厚，竟然为胡虏作铭文，辜负朝廷！"元延明听说了，就命令江革作《丈八寺碑》，以及《祭彭祖文》。江革推辞说被囚禁得久了，没有心思。元延明准备对他加以拷打，江革厉声说："我江革年已六十，不能杀身报答君主，今日幸得一死，发誓不为他人执笔。"元延明知道他不会屈服，就罢了。后来江革被释放还朝。梁武帝大宴，举酒对江革说："您怎么不担心被元延明杀害？"回答说："臣年已六十，死了也不算夭折，又岂会畏惧元延明？"梁武帝说："今天才算见到了苏武一样的节操。"

时武陵王纪在东州[①]，颇骄纵。除革武陵王长史、会稽郡丞，行府州事。革门生故吏，家多在东，闻革应至，并赍持缘道迎候。革曰："我通不受饷，不容独当，故人筐篚至镇[②]，惟资公俸。"食不兼味，人安吏畏，百城震恐。琅邪王骞为山阴令，赃货狼籍，望风自解。府王惮之，每侍燕，言论必以诗书,王因此耽学好文。典签沈炽文以王所制诗呈武帝[3],帝谓仆射徐勉曰:"革果称职。"除都官尚书。将还,赠遗一无所受。送故依旧订舫,革并不纳,唯乘台所给一舸,舸艚偏欹,不得安卧。或请济江徙重物以迮轻艚,革既无物,乃于西陵岸取石十余片以实之。其清贫如此。武陵王出镇江州,乃曰:"我得江革,又得革清贫,岂能一日忘之,当与其同饱。"乃表革同行。后征入为度支尚书。革性强直,为权贵所疾,乃谢病还家,除光禄大夫,以文酒自娱。卒,谥曰强。子历官八府长史、四王行事,三为二千石,傍无姬侍,家徒壁立,时以此高之。

节似苏武,谊似韦孟[4]。清严强直,不似齐梁间人物。

【注释】

①武陵王纪:即萧纪(508—553)。梁武帝萧衍第八子。封武陵郡王。历任彭城太守,迁益州刺史。

②筐篚(fěi):盛物的竹器,方曰筐,圆曰篚。这里代指帝王厚赐的物品。

③典签:官名。本为掌管文书的小吏。南朝宋、齐朝廷常派以监视出任方镇的宗室诸王和各州刺史。

④韦孟:西汉初彭城(今江苏徐州)人。为楚元王傅,后又为其子楚夷王刘郢客及孙刘戊傅。刘戊荒淫无道,韦孟作诗以讽谏。

【译文】

当时武陵王萧纪在东部地区,颇为骄纵。朝廷任命江革为武陵王长史、会稽郡丞,负责府州事务。江革的门生旧吏,老家多在东部,听说江革将要来了,都带着礼物沿途迎候。江革说:"我一概不接受馈赠,不可以独开一面，老朋友我身荷皇恩到镇，只靠公家俸禄生活。”他饮食没有两种菜肴，生活俭朴，使得民心安定，吏员畏惧，下属各城官吏都震惊恐惧。琅邪人王骞做山阴令，贪得无厌，也望风解职而去。武陵王对江革也颇忌惮，每当侍宴时，江革必定谈论诗书，武陵王因此沉迷学问喜好文章。典签沈炽文把武陵王所作的诗呈给梁武帝，梁武帝对仆射徐勉说：“江革果然称职。”后来江革被任命为都官尚书。还朝时，不接受任何馈赠。为江革送行的属下依照旧例订制舫船供他使用，江革都不接受，只乘坐官府给的一条船，船艚倾斜，无法舒适地躺卧。有人请他过江运些重物来平衡船艚，江革没有东西可运，就在西陵岸边拿十多块石头装在船上。他的清贫就到了这种程度。武陵王出镇江州，就说：“我得到江革，又得到他的清贫，岂能有一天忘了他，应当和他同温饱。”于是上表请求让江革同行。后来江革被征召入朝任度支尚书。江革性情刚强正直，被权贵嫉恨，于是告病还家，被授予光禄大夫衔，以诗文饮酒自娱。去世后，谥号为强。他的儿子曾先后担任过八个府的长史、四位王的行事，三次担任太守，却没有姬妾侍奉，家徒四壁，当时人因此很景仰他。

大节有如苏武，与武陵王交谊有似韦孟。清廉严谨刚强正直，不像是齐梁时期的人物。

下 乐法才

乐法才，字元备，南阳淯阳人[①]。与弟法藏俱有美名。沈约见之曰：“法才实才子。”为建康令，不受奉秩，比去，将至百金，县曹启输台库。武帝嘉其清节，曰：“居职若斯，可以为百城表矣。”迁太舟卿[②]，寻除南康内史[③]。耻以让奉受名，辞不拜。历位少府卿、江夏太守[④]。表求便道还乡。至家，割宅为寺，栖心物外。寻卒。

【注释】

①淯阳:县名。汉置,属南阳郡。在今河南南阳宛城区。

②太舟卿:官名。南朝梁武帝时改都水使者置。居十二卿之末。掌船舶航运河堤修治等事务。

③南康:郡国名。三国吴属庐陵郡。晋太康年间改庐陵南部为南康郡,治雩都(今江西于都北)。

④少府卿:即少府。魏晋南北朝时期设少府,管辖范围缩小,仅掌管宫中服御之物。南朝梁天监七年(508)加置太府卿,与少府卿并列。

【译文】

乐法才,字元备,南阳淯阳人。他和弟弟乐法藏都有美好的名声。沈约见到他说:"法才的确是个才子。"乐法才任职建康令,他不接受俸禄,等到离任的时候,有将近一百金,县曹上报汇入官库。梁武帝嘉许他的清廉节操,说:"像这样任职为官,可以作为百城的表率了。"乐法才升任太舟卿,不久又被任命为南康内史。他以因辞让俸禄出名为耻,不接受任命。后来乐法才曾出任少府卿、江夏太守。他上表请求顺道还乡。到家以后,施舍宅院作为寺院,安心于世俗之外。不久后去世。

下 顾协

顾协,字正礼,吴郡吴人。少清介,有志操。举秀才,为廷尉正,累官鸿胪卿、员外散骑常侍。卒官,无衾以敛。赠散骑常侍,谥曰温。初为廷尉正,冬服单薄,寺卿蔡法度欲解襦与之,惮其清严,不敢发口,谓人曰:"我愿解身上襦与顾郎,顾郎难衣食者,竟不敢以遗之。"及为中书通事舍人,同官者皆润屋[1],协在省十六载,器服饮食不改于常。有门生始来事协,知其廉洁,不敢厚饷,止送钱二千。协发怒,杖二十。自丁艰忧，遂终身布衣蔬食。少时将聘舅息女[2]，未成婚而丧母，免丧后不复娶，卒无胤嗣。

矫矫立名之士。至怒杖门人，不娶绝胤，恐乖人伦。

【注释】

①润屋：富有。《礼记·大学》："富润屋，德润身。"

②息女：亲生女。

【译文】

顾协，字正礼，吴郡吴人。顾协年少便清廉耿介，有志向节操。他被举荐秀才，出任廷尉正，累官至鸿胪卿、员外散骑常侍。顾协在任上去世后，没有被衾入殓。被追赠为散骑常侍，谥号为温。顾协最初做廷尉正的时候，冬天衣服单薄，寺卿蔡法度想要解下短袄送给他，又畏惧他的清廉严肃，不敢开口，就对其他人说："我希望解下身上短袄送给顾郎，顾郎是衣食都有困难的，但最终还是不敢送给他。"等到担任中书通事舍人之时，同官的人都很富有，而顾协在中书省十六年，器用服饰饮食一直没什么变化。有门生刚开始来事奉顾协时，知道他廉洁，不敢赠送厚礼，于是只送了二千钱。顾协发怒，将其杖责二十。顾协自从为父母服丧起，就终身衣食俭素。他年轻时准备迎娶舅舅的亲生女为妻，尚未成婚他的母亲就去世了，服丧期满后他就不再娶妻，最终没有后代。

极为出众的立名之士。至于怒杖门人，不娶亲以致绝后，恐怕有违人伦。

中刘杳

刘杳，字士深，平原人。怀慰仲子。十三丁父忧，哀感行路。为宣惠豫章王参军。杳博综群书，沈约、任昉诸人每有遗忘，皆访问焉。为余姚令，在县清洁有惠政。大通元年，为步兵校尉①，兼东宫通事舍人。昭明太子赐以瓠食器，曰："卿有古人之风，故遗卿古人之器。"累迁尚书左丞，卒。杳清俭无所嗜好，自居母忧，便长断腥膻，持斋卒岁。遗命还葬旧墓，随得一地，容棺而已。著书文集有五十八卷，行于世。

博学高行，亦有政。

【注释】

①步兵校尉：官名。汉置。掌上林苑门屯兵。东汉掌宿卫兵。

【译文】

刘杳，字士深，平原人。他是刘怀慰次子。十三岁时刘杳为父亲守孝，他的悲痛感动了路人。刘杳曾任宣惠豫章王参军。刘杳博览群书，沈约、任昉等人每每有遗忘不清之处，都去问他。他担任余姚令时清廉而有惠民之政。大通元年，刘杳任步兵校尉，兼东宫通事舍人。昭明太子赐给他瓠食器，说："您有古人之风，所以赠送您古人之器物。"刘杳累官至尚书左丞，后来去世。刘杳清廉俭朴无所嗜好，自从为母亲服丧开始，就长期断绝肉食，一年到头持斋食素。他留下遗嘱要求还葬自家祖坟，随便找一处地方，容得下一口棺材就行。刘杳著有文集五十八卷，流传于世。

博学高行，也有惠政。

中庾黔娄

庾黔娄，字子贞，新野人也。仕齐为编令，治有异绩，县有猛虎，皆远去。徙孱陵令①，到县未旬，父易在家遘疾，黔娄忽心惊，举身流汗，即日弃官归家，父病二日矣。医云："须尝其粪甘苦。甘则弗瘳[②]。”黔娄尝粪甘，心愈忧，每夜悲泣，祷于北辰[③]。忽闻空中语曰：“征君数尽矣，以汝诚祷，得至月晦[④]。”父果于晦日亡。服除，邓元起表为府长史、巴西梓潼二郡太守[⑤]。及成都平，城中珍宝山积。元起悉分与僚佐，唯黔娄一无所取。元起恶其异众，厉声曰：“长史何独为高？”黔娄示不违之意，请书数箧。寻除蜀郡太守，在职清素，百姓便之。迁散骑侍郎，卒。

有至行。

【注释】

①孱陵：县名。汉置，属武陵郡。在今湖北公安西。

②瘳（chōu）：病愈。

③北辰：北极星。

④晦：农历每月的最末一天。

⑤邓元起（458—505）：南郡当阳（今湖北当阳）人。仕齐为武宁太守。中兴元年（501）随萧衍攻占夏口，萧衍对刘季连不放心，乃以邓元起为新除益州刺史。萧衍称帝后，封当阳县侯。巴西：郡名。汉末建安六年（201），刘璋分巴郡置巴西郡和巴东郡。巴西郡治所在阆中县（今四川阆中）。梓潼：郡名。汉末建安二十二年（217）刘备置，晋因之。治所在今四川梓潼。

【译文】

庾黔娄，字子贞，新野人。他出仕南齐任编令，治理地方政绩出众，县境内原有猛虎，庾黔娄到任后都远去了。他又转任孱陵令，到任还不满十天时，他的父亲庾易在家患病，庾黔娄忽然心悸，浑身流汗，当天就弃官回家，原来父亲已经病了两天了。医生说：“必须尝一下病人粪便是甜是苦。如果是甜这病就好不了。”庾黔娄尝粪便味甜，心里越发忧愁，每夜悲泣，向北极星祷告。一天晚上忽然听见空中传来话语："令尊命数尽了，因为你诚心祈祷，能够活到月底。"他父亲果然在月底那天去世。庾黔娄服丧期满，邓元起上表举荐他为府长史、巴西梓潼两郡太守。等到成都被攻克，城里珍宝堆积如山。邓元起全部分给左右僚属，只有庾黔娄一件都不取。邓元起厌恶他与众不同，厉声说："长史为什么独自如此清高？"庾黔娄为表示不违逆的意思，请求分得几筐书籍。不久庾黔娄被任命为蜀郡太守，在任时清廉朴素，百姓甚为便利。庾黔娄升任散骑侍郎，后来去世。

有高洁的品行。

中郭祖深

郭祖深，襄阳人也。梁武帝初起，以客从。后为后军行参军。时帝溺情内教[①]，驭下太宽，遂生贪秽。祖深舆榇诣阙[②]，上封事[③]。帝虽不能用，然嘉其正直，擢为豫章钟陵令、员外散骑常侍[④]。普通七年，改南州津为南津校尉，以祖深为之，加云骑将军，秩二千石，使募部曲二千。及至南州，公严清刻。由来王侯势家，出入路津，不忌宪纲，侠藏亡命。祖深搜检奸恶，不避强御，动致刑辟，奏江州刺史邵陵王、太子詹事周舍赃罪[⑤]，远近侧足，莫敢纵恣，淮南太守畏之如上府。常服故布襦，素木案，食不过一肉。有姥饷一蚕青瓜，祖深报以匹帛。后有富人效之以货，鞭而狥众。朝野惮之，绝于干请。

"公严清刻"四字，尽祖深为人。读其封事梁武之佞佛殃民，令人毛骨俱竖。

【注释】

①内教：指佛教。

②舆榇（chèn）：用车载着棺材。

③封事：密封的章奏。古代章奏皆开封。若上书奏机密事，为防泄露，用皂囊封缄呈进，故称封事。

④钟陵：县名。西晋太康初置，属豫章郡，治今江西进贤西北。

⑤邵陵王：即萧纶（？—551）。梁武帝萧衍第六子。封邵陵王。

【译文】

郭祖深，襄阳人。梁武帝刚发迹时，郭祖深以客宾身份相从。后来担任后军行参军。当时梁武帝沉溺于佛教，驾驭部下过于宽纵，于是产生种种贪赃不法之事。郭祖深载着棺材亲赴朝堂，上密奏论事。武帝虽然没有采纳他的谏言，但是嘉许他的正直，擢升他为豫章钟陵令、员外散骑常侍。普通七年，朝廷改南州津为南津校尉，让郭祖深担任此职，加封云骑将军衔，俸禄二千石，命他招募部伍两千人。郭祖深到南州后，公正严明清廉苛刻。此地历来的王侯权势之家，出入道路渡口，不顾忌法令规章，私藏亡命之徒。郭祖深搜捕奸恶之人，不畏权势，动用严刑，他上奏揭发江州刺史邵陵王、太子詹事周舍贪赃枉法，远近不法之徒纷纷收敛，不敢放纵妄为，淮南太守畏惧他就像上司一样。他经常穿着旧布短衣，使用没有花纹的木案，每餐不过一样肉食。有村姥送他一枚早青瓜，郭祖深回送她一匹布帛。后来有富人仿效送给他财物，他对之施以鞭刑示众。朝野都惧怕他，由此杜绝了各种干谒请托。

“公严清刻”四个字，说尽了郭祖深的为人。读到他上封言事论梁武帝沉溺佛教祸害黎民，让人毛骨悚然。

中何远

何远，字义方，东海郯人也。梁武帝践祚，为武昌太守。

远本倜傥，尚轻侠，至是乃折节为吏，杜绝交游，馈遗秋毫无所受。武昌俗皆汲江水，盛夏，远患水温[①]，每以钱买人井寒水，不取钱者则摙水还之[②]。其他事率多如此。车服尤弊素，器物无铜漆。江左水族甚贱，远每食不过干鱼数片而已。后为武康令，愈励廉节，正身率职，人甚称之。太守王彬巡属县，诸皆盛供帐以待，至武康，远独设糗水而已。彬去，远送至境，进斗酒只鹅而别，彬戏曰："卿礼有过陆纳，将不为古人所笑乎？"武帝闻其能，擢为宣城太守。远尽心绥理，复著名迹。期年，迁始兴内史。远在官，田秩奉钱并无所取，岁暮择人尤穷者，免其租调，以此为常。所至皆生为立祠，表言政状，帝每优诏答焉。其清公为天下第一。居数郡，见可欲，终不变其心。妻子饥寒如下贫者。始为东阳太守，豪右畏惮，遂坐谤免，去官归家。历年岁，口不言荣辱，士类以此多之。其轻财好义周人之急，言不虚妄，盖天性也。每戏语人云："卿能得我一妄语，则谢卿以一缣。"众共伺之，不能记也。官至征西咨议参军、中抚军司马，卒。

以侠骨为廉吏，又是一种。

【注释】

①温：古同"瘟"。

②摙（liǎn）：担，运。

【译文】

何远，字义方，东海郯县人。梁武帝即位后，何远出任武昌太守。何远本来风流倜傥，任侠尚义，自此就改变自己好好做官，杜绝朋友往来，丝毫馈赠都不接受。武昌当地风俗都汲饮江水，盛夏时节，何远患上水瘟，就经常花钱买别人井水，不收钱的他就把井水运还给人家。其他事情大多如此。他的车辆服饰尤其破败朴素，所用器物没有铜器、漆器。江东水产很便宜，何远每顿不过食用几片干鱼而已。后来何远担任武康县令，更加秉持清廉的节操，以自身为属下表率，人们都称赞他。太守王彬巡察属县，其他各县的供应接待都很丰盛，到了武康县，何远只准备了干粮和水而已。王彬离去，何远送到县境，进奉一斗酒、一只鹅然后作别，王彬开玩笑说："您的这份礼物超过了陆纳所送的，难道不会被古人笑话吗？"梁武帝听说他能干，擢升他为宣城太守。何远尽心安抚治理宣城，又彰显出名声和政绩。过了一年，何远升任始兴内史。何远在任内不接受田俸和俸钱，到年终时选择那些最穷困的人，用这些俸禄抵免他们的租调，并把这种做法作为一种常态。他所任职之处，人们都为他立生祠，并上表朝廷奏明他为政的情状，梁武帝经常下诏予以褒奖。他的清廉公正为天下第一。何远任职过几个郡，即使见到心中喜好之物，也始终不改变本心。他的妻儿忍饥受寒就如最贫穷的人一样。当初何远任东阳太守时，当地豪强十分畏惧他，于是就因被人诽谤而被免职离任回家。他为官多年，绝口不提荣辱，当时士人因此很赞许他。他轻财好义周济他人的急难，说话不虚妄，是本自天性的。他经常和人开玩笑说："您如果能听到我说一句假话，我就送您一匹细绢。"众人都随时观察他，始终不能记下一句来。何远官至征西咨议参军、中抚军司马，后来去世。

以侠义的风骨做清官，又是另一种廉。

中萧励

萧励，字文约，梁武帝从弟也。居父母之丧，哀毁过礼，袭封吴平侯，悲恸哽咽。除淮南太守，以善政称。迁宣城内史，郡多猛兽为患，及励在任，兽为息。又迁豫章内史，道不拾遗，男女异路。徙广州刺史，去郡之日，吏人悲泣。数百里中舟乘填塞，各赍粮食以送励，励人为纳受，随以钱帛与之。至新淦县岍山村[①]，有一老姥以盘擎鳅鱼[②]，自送舟侧奉上之，童儿数十人入水扳舟，或歌或泣。

【注释】

①新淦（gàn）县：秦置，在今江西新干。

②鳅鱼：鳅科鱼类的统称。这里指泥鳅。

【译文】

萧励，字文约，是梁武帝的堂弟。萧励为父母居丧期间，哀痛逾越常礼，在袭封父爵吴平侯时，也悲恸哽咽。萧励曾出任淮南太守，以善政著称。后来他转任宣城内史，宣城境内有很多猛兽为害，等到萧励在任期间，猛兽之患都平息了。萧励又转任豫章内史，治下道不拾遗，男女各走各的路。萧励升任广州刺史，离开豫章郡的那天，吏员和百姓都悲伤哭泣。送行的车船绵延堵塞了几百里，人们带着粮食来送给萧励，萧励让人收下，随即回赠给他们钱和布帛。到了新淦县岍山村，有一位老妇用盘子盛着鳅鱼，亲自送到船边敬奉给萧励，几十名儿童下水攀着船沿，有的歌唱有的哭泣。

广州边海，旧饶，外国舶至，多为刺史所侵，每年舶至不过三数。及励至，纤毫不犯，岁十余至。俚人不宾，多为海暴。励征讨所获生口宝物，军资之外，悉送还台。前后刺史，皆营私蓄，方物之贡，少登天府。自励在州，岁中数献军国所须，相继不绝。武帝叹曰："朝廷便是更有广州。"励性率俭，而器度宽裕，左右尝将羹至胸前翻之，颜色不异，徐呼更衣。聚书至三万卷，披玩不倦。征为太子左卫率[①]，卒于道。赠侍中，谥曰光侯。

怀来海舶,资助军需,能惠能义,俱从廉生。

【注释】

①太子左卫率:官名。汉有太子卫率一人。主门卫士。南朝时有左、右二率,各有丞,左领七营,右领四营。

【译文】

广州地处海滨,自古富庶,以往外国船舶前来贸易时常遭受刺史侵扰,以至每年外国船舶到来不过三次。等到萧励到任,没有丝毫的侵扰,这样每年外国船舶到来达十余次。当地土著不臣服,有很多人成为海盗。萧励将征讨海盗所捕获的人口以及珍宝等,除了所需的军用物资之外,全部送回官府。历任广州刺史,都经营私产,地方特产很少进贡朝廷。自从萧励任职广州,每年多次向朝廷贡献国家急需的各类物资,相继不绝。梁武帝感叹说:"朝廷这才算是拥有了广州。"萧励生性直率俭朴,而器量宽宏,有一次侍从把羹汤打翻在他的胸前,他脸色不变,缓缓唤人为他更衣。萧励所收藏的书籍多达三万卷,展读把玩不厌倦。后来朝廷征召萧励为太子左卫率,他在赴任途中去世。朝廷追赠他侍中衔,谥号是光侯。

怀柔招致海船,资助军需,能施恩惠能行正义,都是从廉生发出来的。

中萧藻

萧藻,字靖艺,长沙宣武王懿子也[①]。天监元年,封西昌县侯,为益州刺史。时邓元起在蜀,自以有克刘季连功[②],恃宿将,轻少藻,藻怒,乃杀之。州人焦僧护聚众数万,据郫樊作乱。藻年未弱冠,自将兵讨平之。九年,征为太子中庶子。初,邓元起之在蜀也,崇于聚敛,财货山积,金玉珍帛为一室，名曰内藏，绮縠锦罽为一室③，号曰外府。藻以外府赐将帅，内藏归王府，不有私焉。及是还朝，轻装就路。再迁侍中。藻性恬静，独处一室，常以爵禄太过，每思屏退，门庭闲寂，宾客罕通。侯景乱④，遣子彧入援，因感气疾，不食而薨。

杀贪散财，屏居谢客，此处乱之明哲。

【注释】

①长沙宣武王懿：即萧懿（？—500）。梁武帝萧衍胞兄。少有令誉，屡建战功。因功高震主为东昏侯所杀。萧衍称帝后，追赠其为丞相、长沙郡王，谥号宣武。

②刘季连（？—505）：彭城（今江苏徐州）人。南朝宋宗室。仕齐。永元元年（499），刘季连趁南齐内乱，欲割据蜀地，图谋光复宋室。梁武帝萧衍废齐建梁后，随即派兵讨伐，刘季连兵败投降。

③绮縠（hú）锦罽（jì）：绮罗绉纱和锦毡一类的东西。

④侯景（503—552）：南朝梁怀朔镇（今内蒙古固阳南）人。初为北朝魏将，后归高欢，高欢死后，附梁封为河南王。后来举兵叛变，攻破建康，梁武帝被困于台城饿死。侯景自立，称汉帝，到处烧杀抢掠，长江下游地区遭受极大破坏，史称侯景之乱。后来侯景为梁将陈霸先、王僧辩击败。

【译文】

萧藻，字靖艺，是长沙宣武王萧懿的儿子。梁武帝天监元年，萧藻受封西昌县侯，出任益州刺史。当时邓元起在蜀地，自认为有打败刘季连的功劳，又自恃身为老将，所以轻视萧藻，萧藻大怒，就杀了他。益州人焦僧护聚集数万民众，占据郫樊作乱。当时萧藻年龄不到二十岁，他亲自率兵平定了叛乱。天监九年，萧藻被征召入朝担任太子中庶子。当初，邓元起在蜀地大肆聚敛，各种财物堆积如山，金玉珍宝单独存放一屋，名叫内藏，绮罗锦毡另存一屋，名叫外府。萧藻把外府赐给将帅，内藏收归王府，自己没有一点私存。到还朝之时，他轻装上路。后来萧藻又升任侍中。萧藻生性恬静，独处一室之时经常觉得自己爵位俸禄太高，想着要退职闲居，他的门庭寂寥，很少有宾客往来。侯景之乱时，萧藻派遣儿子萧彧前去增援朝廷，后来因染上气疾，绝食而死。

杀死贪官散发财物，屏退独居辞谢宾客，这是身处乱世的明智之人。

上孔奂

孔奂，字休文，琇之曾孙也。仕梁为尚书仪曹侍郎[①]。侯景陷建业，朝士并被拘絷。或荐奂于贼将侯子鉴，乃脱桎梏厚遇之[②]，令掌书记。子鉴景之腹心，朝士莫不毕屈，奂独无所下。或谏奂曰："不宜高抗。"奂曰："吾性命有在，岂有取媚凶丑以求全乎？"时贼徒剥掠子女，拘逼士庶，奂保持得全者甚众。寻遭母忧，时天下丧乱，皆不能终三年丧，唯奂及张种守制[③]，并以孝闻。

【注释】

①尚书仪曹：官署名。三国曹魏尚书台有仪曹，以尚书郎主其事。晋、南北朝时，仪曹属祠部或殿中，所掌为吉凶礼制。

②桎梏（gù）：脚镣手铐。

③张种（504—573）：吴郡吴县（今江苏苏州）人。《陈书》有传。

【译文】

孔奂，字休文，是孔琇之的曾孙。孔奂出仕梁朝任尚书仪曹侍郎。侯景攻陷建业后，朝廷大臣全都被拘押起来。有人把孔奂推荐给敌将侯子鉴，于是侯子鉴释放孔奂并厚待他，命他担任掌书记。侯子鉴是侯景的心腹，朝廷大臣没有不屈身逢迎的，唯独孔奂是个例外。有人提醒孔奂说："不宜太高傲。"孔奂说："我一条命在这里，岂可谄媚贼人苟且求全呢？"当时乱贼侵掠男女百姓，拘押士人平民，因孔奂的保护得以活命的人很多。不久孔奂遭遇母丧，当时遭逢大乱，人们都不能守满三年的丧期，只有孔奂和张种遵照礼法服丧，两人都以孝行闻名。

陈武帝受禅[①]，迁太子中庶子。永定三年[②]，除晋陵太守。晋陵自宋、齐以来为大郡，虽经寇扰，犹为全实，前后二千石，多行侵暴。奂清白自守，妻子并不之官，唯以单船临郡。所得秩俸随即分赡孤寡，郡中号曰神君。曲阿富人殷绮见奂居处俭素[③]，乃饷以衣毡一具。奂曰："太守身居美禄，何为不能办此？但百姓未周，不容独享温饱，劳卿厚意，幸勿为烦。"陈文帝即位[④]，征为御史中丞。奂性刚直，多所纠劾，朝廷甚敬惮之。宣帝即位[⑤]，为始兴王长史。奂在职清俭，多所规正。太建六年[⑥]，为吏部尚书，加侍中。性耿介，绝诸请托。虽储副之尊，公侯之重，溺情相及，终不为屈。累官散骑常侍、金紫光禄大夫、领前军将军，寻改弘范宫卫尉。至德元年卒[⑦]，年七十余。有集十五卷，弹文四卷[⑧]。

抗身全众，居乱终丧，赡孤寡，正朝廷，非仅仅俭约之节。

【注释】

①陈武帝：即陈霸先（503—559），吴兴（今浙江长兴）人。南朝陈开国皇帝。初仕梁为始兴太守，与王僧辩讨平侯景之乱，以战功累迁至相国，封陈王。太平二年（557）受梁禅称帝。在位三年。卒谥武，庙号高祖。

②永定：陈武帝陈霸先年号（557—559）。

③曲阿：县名。秦置。在今江苏丹阳。

④陈文帝：即陈蒨（？—566）。陈霸先的侄子。南陈第二位皇帝。

⑤宣帝：即陈顼（530—582）。南陈第四位皇帝。

⑥太建：陈宣帝陈顼年号（569—582）。

⑦至德：陈后主陈叔宝年号（583—586）。

⑧弹文：弹劾官员过错的奏疏。

【译文】

陈武帝受禅让即位后，孔奂升任太子中庶子。永定三年，他出任晋陵太守。晋陵自宋、齐以来就是大郡，虽然经历寇盗抢掠，但还算得上富庶，历任太守很多都侵凌掠夺百姓。孔奂坚守清白，妻儿都不到官府，他单船到任。所得的俸禄随即分发赡养孤寡，郡中的人都称他为神君。曲阿县富人殷绮见孔奂居处节俭朴素，就送给他一套衣服和坐毡。孔奂说："太守自有丰厚的俸禄，怎么可能办不到这些东西？但是百姓尚未周全，不容许我独享温饱，有劳您的厚意，希望不要再麻烦了。"陈文帝即位后，征召孔奂担任御史中丞。孔奂性情刚直，有过很多纠察弹劾，朝廷上下很是敬畏他。陈宣帝即位后，孔奂担任始兴王长史。孔奂在职清廉俭朴，多次规劝纠正始兴王的过失。太建六年，孔奂任吏部尚书，被加封侍中衔。孔奂生性耿介，拒绝请托。即使是尊贵如储君，权重如公侯，或是有极深的交情，他都不会有所屈从。孔奂后来官至散骑常侍、金紫光禄大夫、领前军将军，不久又改任弘范宫卫尉。至德元年，孔奂去世，享年七十有余。他著有文集十五卷，另有弹劾奏疏合编为四卷。

挺身而出保全民众生命，身处乱世守满丧期，赡养孤寡，匡正朝廷，并非仅仅有俭约的品质。

下 姚察

姚察，字伯审，吴兴武康人。仕梁，起家南海王国左常侍,后兼尚书驾部郎[①]。至陈后主[②],历度支、吏部二尚书。察自居显要,一不交通。有门生不敢厚饷,送南布一端、花练一匹[③]。察谓曰:"吾所衣着,止是麻布蒲练,此物于吾无用。既欲相款接,幸不烦尔。"此人逊请,察厉色驱出,自是莫敢馈遗。陈亡入隋,累官秘书丞、太子内舍人[④]。大业二年[⑤],终于东都[⑥]。遗命薄葬,每日设清水,六斋日设斋食菜果[⑦]。尝读藏经[⑧],将终,西向坐,正念云:"一切空寂。"专志著书,白首不倦。

此冷禅。

【注释】

①驾部:官署名。三国魏始设,为尚书的一曹,有尚书郎。掌管车舆、牛马厩牧之事。晋、南北朝沿置。

②陈后主:即陈叔宝(553—604)。陈宣帝子。即位后,不理朝政,日与妃嫔佞臣宴饮赋诗行乐。在位八年,灭于隋。

③练(shū):古代一种像苎布的稀疏的织物。

④秘书丞:官名。汉末建安时期所置,辅佐秘书令典尚书奏事,职权甚重。两晋南北朝时期,多以士族高门担任。

⑤大业:隋炀帝杨广年号(605—618)。

⑥东都:隋朝建都长安,以洛阳为东都。

⑦六斋日:阴历每月的八日、十四日、十五日、二十三日、二十九日、三十日。佛教认为此六日是恶日,应持斋修福。

⑧藏经:佛经。

【译文】

姚察,字伯审,吴兴武康人。他出仕梁朝,最初担任南海王国左常侍,后来又兼任尚书驾部郎。陈后主时期,姚察先后担任度支、吏部二尚书。

姚察自从身居显要官职后，就不再与人结交。有门生不敢给他送厚礼，只送了一匹南布、一匹花练。姚察对他说："我所穿着的，仅仅是麻布蒲练，这些东西对我来说没有用处。既然你想和我来往，希望你不要这样做。"这个人又很客气地请求，姚察生气地把他赶了出去，从此没有人再敢给他送东西。陈朝灭亡以后，姚察在隋朝任职，官至秘书丞、太子内舍人。大业二年，姚察在东都洛阳去世。遗嘱要求薄葬，丧礼只需每天设清水供奉，在六斋日摆上斋饭和蔬菜果子。姚察曾读过佛经，将要去世时，他面向西坐，庄重念道："一切空寂。"姚察专心于著书，到老也不倦怠。

这是冷禅。

中褚玠

褚玠，字温理，炫之曾孙也。陈天嘉中[①]，兼通直散骑常侍。太建中，山阴县多豪猾，前后令皆以赃污免。宣帝谓蔡景历曰："稽阴大邑，久无良宰，卿文士之内，试思其人。"景历进玠，帝曰："甚善，卿言与朕意同。"乃除山阴令。时舍人曹义达为宣帝所宠，县人陈信家富，谄事义达，信父显文恃势横暴。玠乃遣使执显文鞭之一百。信后因义达谮玠，竟坐免官。玠在任岁余，守奉禄而已。去官之日，不堪自致，因留县境种蔬菜以自给。或以玠非百里才[②]，玠曰："吾委输课最，不后列城，除残去暴，奸吏局蹐[③]。若谓其不能自润脂膏，则如来命。以为不达从政，吾未服也。"皇太子知玠无还装，手书赐东米二百斛。于是还都，后累迁御史中丞。玠刚毅有胆决，有直绳之称。卒于官。皇太子亲制志铭，以表惟旧。

鞭显文去官，留县种蔬，可观。

【注释】

①天嘉：陈文帝陈蒨年号(560—566)。

②百里才：才能足以治理一县的人。

③局蹐(jí)：畏缩恐惧的样子。

【译文】

褚玠，字温理，是褚炫的曾孙。陈朝天嘉年间，褚玠兼任通直散骑常侍。太建年间，山阴县多土豪猾吏，前后县令都因为贪赃被免官。陈宣帝对祭景历说："会稽山阴是个大县，长期没有好的县令，您在文士之内，试着想想谁适合。"祭景历推荐褚玠，陈宣帝说："很好，您所说的和朕的意见相同。"于是褚玠被任命为山阴县令。当时舍人曹义达受陈宣帝宠信，山阴县人陈信很富有，他巴结攀附曹义达，陈信的父亲陈显文在县里仗势横行霸道。褚玠就派人抓住陈显文鞭打了一百下。陈信后来通过曹义达中伤褚玠，褚玠竟然因此被免官。褚玠在任一年多，生活全靠俸禄。离任的时候，没有路费，于是留在县内种蔬菜来供给自己。有人认为褚玠没有县令之才，褚玠说："我无论上缴租税还是政绩考核都不比其他地方差，铲除为祸地方的恶势力，奸吏为此畏缩恐惧。如果说我不能自己发财致富，那么这话是没错的。如果说我理政能力不够，我是不服的。"皇太子知道褚玠没有回家的盘缠，亲下手书赐给他东米二百斛。褚玠于是回到京城，后来累官至御史中丞。褚玠为人刚毅有胆识决断，素有正直如绳的名声。褚玠在任上去世。皇太子亲自为他写墓志铭，以表示不忘旧臣。

因鞭打陈显文而丢官，留在县境内种蔬菜，值得赞扬。

中阮卓

阮卓，陈留尉氏人也。父问道，梁岳阳王府记室参军[①]，随镇江州，卒。卓时年十五，自都奔赴，水浆不入口者累日。载柩还都，度彭蠡湖[②]，中流遇疾风，船几没者数四。卓仰天悲号，俄而风息，人以为孝感之致。陈天嘉元年，为新安王府记室参军，奉使招慰交阯，通日南、象郡[③]。多金翠珠贝珍怪之产，前后使者皆致之，唯卓挺身而还，时论咸服其廉。历官德教殿学士、通直散骑常侍、南海王府咨议参军。陈亡入隋，行至江州，追感其父所终，遘疾卒。

有至行。

【注释】

①记室：官名。东汉置。诸王、三公及大将军都设有记室令史，掌章表、书记、文檄。

②彭蠡（lǐ）湖：即今鄱阳湖。

③日南：郡名。秦属象郡。汉武帝时置日南郡，治朱吾县（今越南境内）。象郡：郡名。秦置，治所在临尘（今广西崇左境）。

【译文】

阮卓，陈留尉氏人。阮卓的父亲阮问道，是梁朝岳阳王府记室参军，随岳阳王镇守江州，在任上去世。阮卓时年十五岁，从都城赶赴江州奔丧，他一连几日滴水不进。阮卓载着父亲的灵柩返还都城，渡彭蠡湖时，在中流遇到暴风，有好几次船都差点沉没了。阮卓仰天悲痛哭号，不一会儿风就停了，人们都认为是他的孝心感动了上苍。陈朝天嘉元年，阮卓任新安王府记室参军，奉命出使招抚交阯，沟通日南、象郡。这些地方出产金翠珠贝等珍贵奇异的特产，前后出使者都获取了不少珍宝，只有阮卓一无所取独自还朝，当时舆论都佩服他的清廉。阮卓先后担任过德教殿学士、通直散骑常侍、南海王府咨议参军。陈朝灭亡后阮卓入隋，行至江州时，他追念感伤父亲死于此处，因而生病去世。

有高洁的品行。

下 崔宏

崔宏，字玄伯，清河东武城人也[1]。少有隽才，号曰冀州神童。初为秦阳平公融记室[2]。秦亡，避难齐鲁之间。慕容垂以为吏部郎、尚书左丞、高阳内史[3]，所历著称。立身雅正，虽在兵乱，犹励志笃学，不以资产为意，妻子不免饥寒。太祖征慕容宝[4]，次于中山，宏弃郡东走海滨，太祖素闻其名，遣骑追求，及至与语，悦之，以为黄门侍郎。与张衮对总机要，草创制度。历官吏部尚书，势倾朝野。而俭约自居，不营产业，家徒四壁；出无车乘，朝晡步上[5]；母年七十，供养无重肉。太祖常引问古今旧事、王者制度、治世之则。宏悉能言之，甚合上意。未尝謇谔忤旨[6]，亦不谄谀阿容[7]。后赐爵白马侯，历事太宗[8]，累官天部大人[9]，进爵为公。卒于位。下诏痛惜，赠司空，谥曰文贞。

俭约。不闻干略。

【注释】

①清河：郡名。西汉高帝置，治所在清阳县(今河北清河东南)；东汉桓帝时改为清河国，移治甘陵县(今山东临清东北)；三国魏复为清河郡，西晋为清河国，治所在清河县(今山东临清东)，其后辖境缩小；北魏仍改为郡。隋开皇初废。东武城：在今河北故城。

②秦：指前秦(351—394)。阳平公融：即苻融(？—383)，字博休。苻坚幼弟，历任征南大将军、录尚书事，封阳平公，后死于战场，赠大司马，谥曰哀公。

③慕容垂(326—396):字道明。前燕时封吴王,后投降苻秦,授冠军将军,封侯。晋孝武帝太元九年(384),自称燕王。太元十一年(386),称帝。史称后燕。先后平定西燕、翟氏魏及苻秦在关东的势力。后出兵伐拓跋氏,被拓跋氏击败,元气大伤。太元二十一年(396),又率军攻魏,途中病死,谥成武皇帝,庙号世祖。

④太祖:指北魏道武帝拓跋珪(371—409)。北魏开国皇帝。慕容宝(355—398):字道祐。慕容垂子。初仕苻秦为太子洗马,后任陵江将军。慕容垂建立后燕,立为太子。率军攻拓跋魏,遭惨败。晋孝武帝太元二十一年(396),继父位为帝。晋安帝隆安二年(398),被慕容兰汗所杀,谥惠愍皇帝,庙号烈宗。

⑤朝晡:指早上和下午。

⑥謇谔:正直敢言。

⑦阿容:偏袒宽容。

⑧太宗:指拓跋嗣(392—423)。北魏第二任皇帝。

⑨天部大人:官名。北魏明元帝置,为执掌国政的六部大人之一。崔宏首任此职。

【译文】

崔宏,字玄伯,清河东武城人。他年少时便有才智,被称为冀州神童。崔宏起初担任前秦阳平公苻融的记室。前秦灭亡后,崔宏到齐鲁之地避难。慕容垂任命他为吏部郎、尚书左丞、高阳内史,在历任职位上都为人所称道。他为人处世典雅纯正,虽然身处变乱之世,仍然专心致志于学习,不把财产生计放在心上,故而其妻儿免不了忍受饥寒。北魏太祖拓跋珪征伐慕容宝,军队进驻中山,崔宏弃城向东逃至海边,拓跋珪早就听过崔宏的名声,派遣骑兵去追崔宏,将他请回,崔宏到达后,拓跋珪与其交谈,对他十分欣赏,于是任命他为黄门侍郎。崔宏与张衮一起执掌机要,设立典章制度。崔宏在北魏官至吏部尚书,权势极大。但是他仍以勤俭节约自居,从不经营产业,故而家中空空如也;他出门没有车马可以乘坐，早晨、下午都是步行上下朝；母亲已经七十岁，他供养母亲也没有两样肉菜。拓跋珪经常向他询问古今典故、帝王之道以及治理天下的法则。崔宏都能一一作答，并且十分符合拓跋珪的心意。他从来不会犯颜直谏，忤逆圣旨，也不会阿谀奉承、偏袒宽容。后来崔宏被赐爵白马侯，在北魏太宗拓跋嗣在位期间，崔宏官至天部大人。被加封为公爵，在任上去世。皇帝下诏表示哀悼，追赠崔宏司空衔，谥号为文贞。

勤俭节约。不以谋略闻名。

中长孙道生

长孙道生，嵩从子，代人也。忠谨笃厚，魏太武征赫连昌[①]，道生为前驱，遂平其国。后除司空，加侍中，进封上党王。道生廉约，身为三司而衣不华饰，食不兼味。一熊皮鄣泥数十年不易[②]。时人比之晏婴[③]。第宅卑陋，出镇后，其子弟颇更修缮起堂庑[④]，道生还，叹曰："昔霍去病以匈奴未灭[⑤]，无用家为。今强寇尚游魂漠北，吾岂可安享华美也？"乃切责子弟，令毁其宅。太武世，所在著绩。每建大议，多合时机，为将有权略，善待士众。帝命歌工历颂群臣，曰："智如崔浩[⑥]，廉如道生。"道生薨，年八十二，谥曰靖。与从父嵩俱为三公，当世以为荣。

廉而有功。宅成亦何必毁。

【注释】

①魏太武：北魏太武帝拓跋焘（408—452）。北魏第三位皇帝。赫连昌：十六国时夏国国君，匈奴族铁弗部，赫连勃勃子，嗣位，改元承光。魏太武帝乘其新立，遣师攻之，赫连昌与战，大败，奔上邽，

被俘至魏都平城，封秦王。

②鄣泥：即马韂。因垫在马鞍下，垂于马背两旁以挡尘土，故称。

③晏婴（？—前500）：即晏子，字平仲。春秋时齐国人。历事灵公、庄公、景公三世，为卿。

④堂庑：堂及四周的廊屋。亦泛指屋宇。

⑤霍去病（前140—前117）：西汉河东平阳（今山西临汾西南）人。年十八为侍中。善骑射，初以票姚校尉从大将军卫青击匈奴贵族，有功，封冠军侯，官至骠骑将军。元狩二年（前121），两次大败匈奴，收复河西地区，打开了通西域的道路。元狩四年，又与卫青各率五万骑共同击败匈奴主力，元狩六年（前117）卒，年二十三岁。

⑥崔浩（？—450）：字伯渊，北魏清河东武城（今河北故城）人。明元帝初拜博士祭酒，累官至司徒，仕魏三世，军国大计，多所参赞，后来与统治集团发生矛盾，以修史暴露“国恶”的罪名被灭族。

【译文】

长孙道生，是长孙嵩的侄子，代郡人。长孙道生为人谨慎忠厚，魏太武帝征讨大夏皇帝赫连昌时，长孙道生担当前锋，灭掉了夏国。后来长孙道生被任命为司空，加封侍中衔，受封上党王爵位。长孙道生廉洁简约，身居三公高位却不穿华美衣服，吃饭不用两道菜肴。他有一件熊皮马韂用了数十年都不换。当时的人们把他比作晏婴。长孙道生的宅院十分简陋，在他出镇一方之后，家里年轻后辈另行修缮、建造房舍屋宇，长孙道生回来后，叹息道：“从前霍去病认为匈奴还未消灭，要家有什么用。现如今强寇依然游荡在漠北，我怎么能安心享受华美的生活呢？”于是严厉斥责家中子弟，命令毁弃房舍。太武帝时期，长孙道生政绩卓著。他所提出的重要建议，大多契合形势需要，他身为将领有权变谋略，善待士兵。太武帝曾命乐工作歌一一颂扬群臣，乐工唱道：“智慧当如崔浩，廉洁当如道生。”长孙道生于八十二岁时去世，谥号为靖。长孙道生与其叔叔长孙嵩都位列三公，当时人们都认为这是十分荣耀的事。

廉洁且立有大功。宅院既已建成,又何必毁弃。

高允

高允,字伯恭,渤海人也。少孤,夙成有奇度,崔宏见而异之曰:"高子黄中内润[1],文明外照,必为一代伟器。"年十余,奉祖父丧还本郡,推财与二弟,而为沙门。未久而罢。性好文学,担笈负书,千里就业。博通经史、天文、术数,尤好《春秋公羊》。神䴥三年[2],阳平王杜超镇邺[3],以允为从事中郎。年四十余矣。超表允与中郎吕熙等分诣诸州,共评狱事。熙等皆以贪秽得罪,唯允以清贫获赏。府解,还蒙教授学者千余人。四年,与卢玄等俱被征[4],拜中书博士,迁侍郎。乐平王丕西讨上邽[5],允参其军事,凉州平,赐爵汶阳子,加建武将军。后诏允与司徒崔浩述成《国记》,以本官领著作郎。又诏允与侍郎公孙质等共定律令[6]。及崔浩被收,允抗言:"臣与浩同罪。"几及祸,赖东宫营解得免。

【注释】

①黄中内润:指德才深藏不外露。

②神䴥(jiā):北魏太武帝拓跋焘年号(428—431)。

③杜超(?—444):字祖仁,魏郡邺(今河北临漳西南)人。初为相州别驾,太武帝时,令其娶公主,位大鸿胪卿。后为太宰,封王。被部属刺杀。谥威。

④卢玄:字子真,范阳涿(今河北涿州)人。太武帝召用为中书博士。与崔浩为表兄弟,曾劝浩不必辨别姓族门第,崔浩不听,终遭祸。玄位至散骑常侍,病卒。

⑤乐平王丕：指拓跋丕（？—444）。位车骑大将军，率军攻仇池，禁军队杀掠，太武帝欲攻高丽，因其劝谏而止，后刘洁言欲立丕为主，洁被杀，丕以忧惧死。上邽：县名。秦武公时置，属陇西郡，在今甘肃天水。

⑥公孙质（？—448）：字元直，北魏燕郡广阳（在今河北廊坊）人。北魏官员。

【译文】

高允，字伯恭，渤海人。高允年少丧父，少年老成气度非凡，崔宏见到他十分惊异，说道："高先生德才藏于内，文采显于外，必成大器。"高允十来岁时，为祖父奔丧还归本郡，将家中财产让给两个弟弟，自己则身入佛门。不久后还俗。高允喜好文学，他曾背着书箱千里求学。他博通经史、天文、术数，尤其喜好《春秋公羊传》。神䴥三年，阳平王杜超镇守邺城，任命高允为从事中郎。当时高允已经四十多岁。杜超上表让高允和中郎吕熙等人分别前往各州，共同审理刑狱案件。吕熙等人都因为贪污受贿获罪，只有高允因为清贫而得到嘉奖。杜超幕府解散后，高允回乡教授学生千余人。神䴥四年，高允与卢玄都被征召，被任命为中书博士，后升任侍郎。乐平王拓跋丕西征上邽，高允参与军事行动的谋划，平定凉州后，高允受封汶阳子爵位，被加封为建武将军。后来朝廷下诏让高允与司徒崔浩一起编成《国记》，以原来官职兼任著作郎。皇帝又下诏让高允与侍郎公孙质一起修订律令。崔浩被逮捕时，高允抗议道："我和崔浩同罪。"他险些也被降罪，幸而得到太子解救得以免罪。

高宗即位[①]，允与有谋朝臣皆受优赏。允既不蒙褒异，又终身不言，其忠而不伐[②]，皆此类也。允屡谏诤，或有触迕，帝所不忍闻者，命左右扶出。事有不便，允辄求见。高宗知允意逆，屏左右以待之，礼敬甚重。晨入暮出，或积日居中，朝臣莫知所论。后拜中书令。司徒陆丽曰："高允虽蒙宠待，而家贫，布衣，妻子不立。”高宗怒曰：“何不先言？今见朕用之，方言其贫。”是日幸允第，惟草屋数间，布被缊袍，厨中盐菜而已。高宗叹息曰：“古人之清贫，岂有此乎？”赐帛五百匹、粟千斛。允固让，不许。初与允同征者，多至通官封侯，而允为郎二十七年，不徙官。时百官无禄，允常使诸子樵采自给焉。

【注释】

①高宗：即拓跋濬(440—465)。

②伐：夸耀。

【译文】

北魏高宗拓跋濬即位，高允和其他参与谋划拥立拓跋濬的朝臣都受到优厚的赏赐。高允没有获得特殊的褒奖，又终身不言，他的忠厚而不自我夸耀就是如此。高允屡次诤谏，有时会忤逆皇帝，皇帝不想听的时候，就让左右侍从把他扶出去。只要遇到事情有不妥之处，高允就会求见皇帝。高宗知道他必会提出反对意见，就屏退左右侍从等待高允进来，对高允十分礼遇敬重。高允时常早上入宫傍晚出来，有时数日都在宫中，朝中大臣都不知道他们谈论的是什么。后来高允被任命为中书令。司徒陆丽说：“高允虽然蒙受皇上的信任礼遇，但是家中贫苦，穿着布衣，妻儿不能安身。”高宗愤怒地说：“为什么不早告诉我这件事？现在看我重用高允，才说他的贫困情况。”高宗当日就到高允的家中，发现只有草屋几间，布被絮袍，厨房中只有盐菜罢了。高宗叹息道：“古代的清贫之人，能有像这样的吗？”于是赐高允帛五百匹、粟千斛。高允坚持推辞，高宗不允许。当初和高允一同被征召为官的，大多官位显贵，或被封侯，但是高允担任侍郎二十七年，官职没有变动。当时百官都没有俸禄，高允时常让自己的儿子们亲自去砍柴来供家用。

高宗崩，显祖居谅暗[①]，文明太后引允入禁中[②]，参决大政。遂诏郡国立学。后允以年老，屡上表乞骸骨，诏不许。显祖时有不豫，以高祖冲幼[③]，欲立京兆王子推[④]。允涕泣谏，乃传位于高祖。迁中书监，加散骑常侍。寻进爵咸阳公，授使持节、征西将军、怀州刺史。太和二年[⑤]，又以老乞还乡里，章十余上，卒不听，遂以疾告归。其年诏以安车征，至都，拜镇军大将军，领中书监，诏允乘车入殿，朝贺不拜，又诏朝晡给膳，朔望致牛酒，衣服绵绢每月送给，允皆分之亲故。是时贵臣之门，皆罗列显官，而允子弟皆无官爵，其廉退若此。寻迁尚书、散骑常侍，加光禄大夫。

【注释】

①显祖：即拓跋弘（454—476）。北魏第六位皇帝。谅暗：借指居丧，多用于皇帝。

②文明太后：文成文明太后冯氏（441—490），出身北燕皇族。北魏文成帝拓跋濬皇后，献文帝拓跋弘嫡母，孝文帝拓跋宏嫡祖母。

③高祖：即拓跋宏（467—499）。北魏第七位皇帝。

④京兆王子推：即拓跋子推（？—477）。北魏宗室大臣。

⑤太和：北魏孝文帝拓跋宏年号（477—499）。

【译文】

后来高宗皇帝驾崩，显祖拓跋弘居丧期间，文明太后让高允进入禁中，参议讨论决断国家大事。在高允建议下，朝廷下诏让郡国设立学校。后来高允因为年老，多次上表乞求离职回乡，皇帝不允许。显祖拓跋弘当时病危，因为高祖拓跋宏年幼，想要传位于京兆王拓跋子推。高允哭着进谏，于是才传位于高祖。高允升任中书监，加封散骑常侍衔。不久又晋封咸阳公爵位，被授予使持节、征西将军、怀州刺史之职。太和二年，高允又以年老为由乞求还归乡里，他上了十余次奏章，都没获得允许，于是高允以生病为由告假归乡。其年皇帝又派安车将高允召回，到达都城后，高允被任命为镇军大将军，兼任中书监，皇帝下诏让高允可以乘车进入皇宫，朝贺不用跪拜，又下诏每日早晚赐膳食给高允，初一和十五赐牛肉和酒，并按月送给他衣服绵绢，高允都将这些赏赐分给亲戚朋友。当时豪门贵胄的子弟都位列显赫的官位，但高允的子弟都没有官爵，他的廉洁谦让就是如此。不久高允升任尚书、散骑常侍，加封光禄大夫衔。

允历事五帝，出入三省五十余年，初无谴咎。昼夜手常执书，吟咏寻览。虽处贵重，志同贫素。十一年卒，年九十八。诏给绢布绵锦以周丧用。魏初以来，存亡蒙赉者莫及焉。赠侍中、司空公、冀州刺史，谥曰文。

忠而不伐，谏不为名，五十余年，历显贵，诸子樵采，家无官爵，此北朝第一人。推财为沙门，自是上根。

【译文】

高允前后事奉过五位皇帝，在三省任官五十多年，从未有过失。他时常昼夜拿着书，诵读翻阅。虽然身处重位，但其志向却与贫困无官时一样。太和十一年，高允去世，享年九十八岁。皇帝下诏赐予绢布绵锦用来办丧事。自北魏初年以来，不论已故的还是健在的官员，在蒙受赏赐方面没有比得过高允的。朝廷追赠高允为侍中、司空公、冀州刺史，谥号为文。

忠厚而不自夸，谏言不为名利，为官五十多年，历经显贵，几个儿子樵采自给，家中子弟没有官爵，高允是北朝的第一人。不要财产而入佛门，自是上等的根器。

中胡叟

胡叟，字伦许，安定临泾人也[①]。少聪敏，学不师受，披读群籍，再阅于目皆诵于口。以姚政将衰[②]，遂入长安。后入汉中，随宋梁、秦二州刺史吉翰入蜀[③]，多为豪俊所尚。时蜀沙门鸠率僧旅几于千人[④]，铸丈六金像。宋帝恶其聚众[⑤]，将诛之。叟为赴丹阳启申其美[⑥]，得免焉。沙门感之，遗其珍物，价直千余匹。叟曰："吾为德请，财何为也？"一无所受。后西入沮渠[⑦]，遂归魏，拜虎威将军。家于密云[⑧]，蓬室草筵，不治产业。常苦饥贫，恒乘一牸牛[⑨]，敝韦裤褶而已。尚书李敷尝遗之以财，都无所受。高闾曾造其家[⑩]，值叟短褐曳薪从田间归，为闾设浊酒蔬食。见其二妾，并年衰跛眇[⑪]，衣布穿敝。密云左右皆祗仰其德，岁时奉以麻布谷麦，叟随分散之，家无余财。年八十而卒。

活千僧不受德，裋褐曳薪，侍妾跛眇，俱可观。

【注释】

①安定：郡名。汉置，治今甘肃泾川北。东汉废，十六国时复置。临泾：县名。西汉置，北魏时为泾州治所，在今甘肃镇原。

②姚政：即后秦政权（384—417），为羌族姚苌所建。

③宋：指南朝宋（420—479），刘裕所建，也称刘宋。梁州：三国时设，治所在今陕西汉中。秦州：在今甘肃天水。吉翰（371—430）：字休文，冯翊池阳（今陕西三原）人。南朝宋大臣。

④鸠率：聚集率领。

⑤宋帝：这里指南朝宋文帝刘义隆（407—453）。刘宋第三位皇帝。

⑥丹阳：县名。今属江苏。

⑦沮渠：即沮渠牧犍。北凉第三位国君。

⑧密云：县名。秦汉时为渔阳、右北平二郡地。北魏时置密云县。今属北京。

⑨牸（zì）牛：母牛。

⑩高闾（？—502）：字阎士，渔阳郡雍奴（今天津武清）人。北魏大臣，官至中书监。

⑪跛眇：足跛与眼盲。

【译文】

胡叟，字伦许，安定临泾人。胡叟年少时即聪敏，不经老师讲授，便可通读群书，书只要看过两遍便能背诵。因为后秦姚氏政权即将衰败，于是胡叟前往长安。后来胡叟进入汉中，跟随刘宋的梁、秦二州刺史吉翰进入蜀地，常被豪杰之士所尊尚。当时蜀地有和尚聚集率领僧徒近千人，铸造了一丈六尺高的金佛像。宋文帝厌恶他纠合民众，准备诛杀这个和尚。胡叟为此事赶赴丹阳，说明这件事的好处，于是宋文帝才作罢。和尚感激胡叟，赠送给他珍宝，价值千余匹。胡叟说："我为德行而请命，拿钱财干什么？"最后没有接受任何馈赠。后来胡叟西入北凉，后又归顺北魏，被任命为虎威将军。他居住在密云，住茅屋用草席，不经营产业。他常忍受饥贫，所骑乘的是一头母牛，身穿破烂衣裤。尚书李敷曾经赠送他财物，他什么都没接受。高闾曾经造访他家，正值胡叟穿着粗陋布衣，背着柴薪从田间归来，用浊酒粗食招待高闾。胡叟让两位侍妾出来拜见，侍妾都年老色衰，跛足盲眼，穿着破衣烂衫。密云附近的人都景仰胡叟的高尚品德，每年按时奉送粮谷麻布，胡叟总是随即分散给大家，始终家无余财。胡叟于八十岁时去世。

使上千僧人活下来却不接受他们的馈赠，穿着粗布衣服背负柴薪，侍妾又跛又盲，这些都是足以称道的。

下 沈文秀

沈文秀，字仲远，吴兴武康人[①]。初为郡主簿，稍迁青州刺史[②]。慕容白曜破青州[③]，文秀取所持节衣冠，俨然坐斋内。乱兵入，曰："文秀何在？"文秀厉声曰："身是！"执而裸送于白曜。左右令拜，文秀曰："各二国大臣，无相拜之礼。"遂锁送京师。宥死[④]，待为下客[⑤]。显祖重其节义[⑥]，稍亦加礼，拜为外都下大夫[⑦]。累迁持节、平南将军、怀州刺史。是时河南富饶，人好奉遗，文秀一无所纳，卒守清贫。在州数年卒，年六十一。

持节不拜。如不拜官，竟是苏武。

【注释】

①吴兴：郡名。三国吴置，治所在乌程县（在今浙江湖州）。

②青州：州府名。汉置，后世沿袭，今属山东。

③慕容白曜（？—470）：鲜卑族，昌黎棘城（今辽宁义县西北）人。慕容晃玄孙，后以功拜开府仪同三司、都督、青州刺史，进爵济南王，以谋反被诛，时称其冤。

④宥：宽容，饶恕。

⑤下客：北魏对降将的最低恩遇。

⑥显祖：指北魏献文帝拓跋弘。

⑦外都下大夫：官名。北魏置。外都坐大官的属官，佐其审理案件。

【译文】

沈文秀，字仲远，吴兴武康人。沈文秀起初任郡中主簿，不久升任青州刺史。慕容白曜攻破青州后，沈文秀穿好官服，拿着持节，端坐在房中。乱兵进入问："沈文秀在哪里？"沈文秀厉声说："我就是！"士兵抓住他并将他裸身送到慕容白曜那里。慕容白曜的左右侍从命令沈文秀行拜礼,沈文秀说:“各自是不同国家的大臣,没有互拜的礼节。”于是慕容白曜给他带上枷锁送往京师。北魏免去沈文秀的死罪,给他下客的待遇。显祖皇帝看重他的气节,逐渐提高他的待遇,任命他为外都下大夫。沈文秀后来升迁至持节、平南将军、怀州刺史。当时河南地区富饶,人们喜欢互赠财物,沈文秀从没有接受过任何东西,始终固守清贫。沈文秀在怀州任职几年后去世,享年六十一岁。

持节不拜很难得。如果不接受对方的官职,就堪比汉代的苏武了。

中元云

元云,魏任城王也[①]。年五岁,恭宗崩[②],号哭不绝声。世祖闻之[③],而呼抱之泣曰:“汝何知而有成人之意也?”显祖时,拜都督中外诸军事、中都坐大官[④],听理民讼,甚收时誉。延兴中[⑤],显祖集群臣欲禅位于京兆王子推,云力诤,于是传位高祖[⑥]。后仇池氐反[⑦],又命云讨平之。除都督徐兖二州缘淮诸军事、征东大将军、开府、徐州刺史。云以太妃盖氏薨,表求解任,不许。云悲号成疾,乃许之。云性善,抚绥得徐方之心,为百姓所追恋,送遗钱货一无所受。累迁使持节、都督陕西诸军事、征南大将军、雍州刺史。云廉谨自修,留心庶狱,州民颂之者千有余人。文明太后嘉之,赐帛千匹。太和五年薨。遗令薄葬,勿受赗襚[⑧]。丧至京师,车驾亲临哭之。谥曰康。

有至性,善抚绥。

【注释】

①任城：先秦为任国，秦改任城县，北魏置任城郡，即今山东济宁任城区。

②恭宗：即北魏太武帝拓跋焘的长子拓跋晃，文成帝拓跋濬之父。文成帝即位后，追尊其为景穆皇帝，庙号恭宗。

③世祖：即北魏太武帝拓跋焘。

④中都坐大官：北魏前期置，与内都坐大官、外都坐大官合称三都大官。掌刑狱。

⑤延兴：北魏孝文帝拓跋宏年号（471—476）。

⑥高祖：即北魏孝文帝拓跋宏。

⑦仇池氐（dī）：魏晋南北朝时期氐族杨氏建立仇池国。

⑧赗襚（fèng suì）：赠给丧家的车马衣物。

【译文】

元云，北魏任城王。元云五岁时，恭宗皇帝驾崩，元云号哭之声不绝。世祖皇帝听到他的哭声，呼唤元云抱着他哭泣说："你怎么会感知成年人的心意呢？"显祖皇帝在位期间，元云出任都督中外诸军事、中都坐大官，他处理民间诉讼，得到当时人们的赞誉。延兴年间，显祖皇帝召集群臣，想要禅位给京兆王拓跋子推，元云极力诤谏，于是皇位传给了高祖皇帝。后来仇池氐族人造反，元云奉命讨伐，平定了叛乱。元云被任命为都督徐兖二州缘淮诸军事、征东大将军、开府、徐州刺史。元云因为其母亲太妃盖氏薨逝，上表请求解除官职，朝廷不允许。元云悲伤号哭成疾，皇帝才准允此事。元云性情善良，安抚徐州民众，甚得民心，深受百姓爱戴感念，百姓所赠送的钱财货物，元云全都没有接受。元云后来官至使持节、都督陕西诸军事、征南大将军、雍州刺史。元云廉洁谨慎，重视自我修养，尽心处理刑狱诉讼事务，州民称颂他的有上千人之多。文明太后嘉许元云，赏赐他一千匹帛。元云于太和五年薨逝。遗嘱薄葬，不可接受他人赠送的车马衣物。元云灵柩到达京师时，皇帝亲临痛哭。他的谥号为康。

有至真的性情，善于安抚民众。

下韩麒麟

韩麒麟，昌黎棘城人也[①]。幼而好学。父亡，在丧有礼，乡邦称之。高祖时，拜给事黄门侍郎，乘传招慰徐、兖畔民[②]，归顺者四千余家。寻除冠军将军、齐州刺史。太和十一年，京都大饥，麒麟上表陈时务，言俱切中。十二年，卒于官，年五十六。敕其子殡以素棺，事从俭约。麒麟立性恭慎，恒置律令于坐傍。临终之日，唯有俸绢数十匹，其清贫如此。赠安东将军、燕国公，谥曰康。

置律令坐傍，真是君子怀刑[③]。

【注释】

①昌黎：郡名。三国魏置辽东属国，后改昌黎郡，治昌黎（今辽宁义县）。棘城：县名。属昌黎郡，在今辽宁义县西南。

②乘传：指奉命出使。徐：徐州。兖：兖州。畔：通“叛”。

③怀刑：这里的意思是敬畏律令而守法。《论语·里仁》：“君子怀刑，小人怀惠。”

【译文】

韩麒麟，昌黎棘城人。韩麒麟年少好学。父亲去世后，韩麒麟遵照礼制服丧，乡里对此十分称赞。高祖皇帝时，韩麒麟任给事黄门侍郎，奉命招抚徐州、兖州叛乱民众，归顺的有四千多家。不久韩麒麟被任命为冠军将军、齐州刺史。太和十一年，京都地区遭遇大饥荒，韩麒麟上表陈述当时要务，所说的都切中要害。太和十二年，韩麒麟在任上去世，享年五十六岁。韩麒麟留下遗令给儿子，要求出殡用素棺，俭约办理丧事。韩麒麟生性恭敬谨慎，经常把律令放在座位旁边。他临终之日，只有几十匹绢的俸禄，他就是这样的清贫。朝廷追赠韩麒麟为安东将军、燕国公，谥号为康。

把律令放在座位旁边，的确是君子敬畏刑律。

下 平恒

平恒，字继叔，燕国蓟人。恒耽勤读诵，研综经籍，钩深致远[①]，多所博闻。自周以降，暨于魏世，帝王传代之由，贵臣升降之绪，皆撰录品第，商略是非，号曰《略注》，合百余篇。安贫乐道，不以屡空改操。征为中书博士，久之，出为幽州别驾。廉贞寡欲，不营资产，衣食至常不足，妻子不免饥寒。后拜著作佐郎，迁秘书丞。太和十年卒，年七十六。赠幽州刺史、都昌侯，谥曰康。

著书。

【注释】

①钩深致远：钩取深处之物和招致远处之物。比喻探索深奥的道理或治学的广博精深。

【译文】

平恒，字继叔，燕国蓟人。平恒学习勤奋用功，研读融汇经典，治学精深，博闻广识。自周朝开始，一直到魏，帝王兴废的原因，王公贵臣升降的头绪，他都详细记录品评，探讨其中的是非，名为《略注》，合计有一百多篇。他安贫乐道，不因为时常衣食不继而改变节操。平恒被征召担任中书博士，过了很长时间，又出任幽州别驾。他廉洁正直，清心寡欲，不经营私产，衣食经常匮乏，妻儿不免忍饥挨冻。后来平恒被任命为著作佐郎，升迁为秘书丞。他于太和十年去世，享年七十六岁。朝廷追赠平恒幽州刺史，追封都昌侯爵位，谥号康。

著书。

上 崔挺

崔挺，字双根，博陵安平人也[①]。三世同居，门有礼让。后频值饥年，家始分析。挺与弟振推让田宅旧资，惟守墓田而已。家徒壁立，兄弟怡然，手不释卷。时谷粜踊贵，乡人或有赡者遗挺，辞让而受，仍亦散之贫困，不为畜积。举秀才，射策高第，拜中书博士，历迁光州刺史[②]。时以犯罪配边者多有逃越，遂立重制，一人逋亡，合门充役。挺上书谏得止。后遥授挺本州大中正[③]。掖县有人年逾九十[④]，板舆造州[⑤]，自称少曾充使林邑[⑥]，得一美玉，方尺四寸，藏之海岛垂六十年，忻逢明治，今愿奉之。挺曰："吾虽德谢古人，未能以玉为宝。"遣船随取，光润果然。竟不肯受，仍表送京都。

【注释】

①博陵：郡名。东汉置，治所在博陵县（今河北蠡县南）。安平：县名。今属河北。

②光州：北魏皇兴四年（470）分青州置，治所在掖县（今山东莱州）。

③遥授：授予官职，而不须到任。大中正：官名。东汉献帝延康元年（220）置中正，评定士族品第，三国魏齐王曹芳时，在郡中正之上设州大中正，核实郡中正所报的品、状，主管州内士族品第的评定，并有推举和罢免郡中正的权力（须经司徒府通过），两晋、南北

朝沿袭此制。

④掖县：西汉置，为东莱郡治，即今山东莱州。东汉改为掖侯国。后复为县。西晋为东莱国治。北魏皇兴四年（470）为光州治。

⑤板舆：古代一种用人抬的代步工具，多为老人乘坐。

⑥林邑：地名。即占城。在今越南中部一带。

【译文】

崔挺，字双根，博陵安平人。他家祖孙三代同居，家中人守礼谦让。后来因为经常遇到饥荒年景，才开始分家。崔挺与弟弟崔振推让田宅和家产给其他亲属，只守着祖传的墓田而已。虽然家徒四壁，崔挺兄弟怡然自得地读书，手不释卷。当时米价飞涨，同乡有富人给崔挺送来粮食等物，崔挺都辞让再三，不得已接受之后，仍然将所受之物散发给贫困民众，自己不积蓄。后来崔挺被推举为秀才，在射策中取得优等成绩，被授予中书博士职位，后升迁为光州刺史。当时因为发配边疆的罪犯时常有逃跑的，于是朝廷立下严格的制度，如有一人逃亡，则其全家都要服劳役。崔挺上书谏言，这项制度才得以终止。后来朝廷遥授崔挺任本州大中正。掖县有位年过九十岁的老人，乘坐板舆造访，自称年少时曾经出使林邑，得到一块美玉，一尺四寸见方，把它藏在海岛已经六十年，因为很高兴遇上了昌明的时代，现在愿意将它奉献出来。崔挺说："我虽然品德比不上古人，但也不能把此玉当作宝贝占为己有。"派遣船只跟随老人去取玉，果然光滑圆润。崔挺最终不肯接受这块美玉，于是上表奏明将此玉送往京城。

世宗即位[①]，累表乞还。景明初见代[②]，老幼泣涕追随，缣帛赠送，挺悉不纳。后北海王详为司徒、录尚书事[③]，以挺为司马。四年，卒于位，年五十九。赠辅国将军、幽州刺史，谥曰景。光州故吏闻凶问，莫不悲感，共铸八尺铜像于城东广因寺,起八关斋追奉冥福④,其遗爱如此。挺历官二十年余,家资不益,食不重味,室无绮罗。旧故多有赠赗,诸子推挺素心,一无所受。

友于兄弟,遗爱吏民,至诸子推其素心,赠赗都却,清风远矣。九十老人奇。

【注释】

①世宗:北魏宣武帝元恪(483—515)。北魏第八位皇帝。

②景明:北魏宣武帝元恪年号(500—503)。

③北海王详:即拓跋详(?—504)。北魏孝文帝拓跋宏异母弟。封北海王。

④八关斋:佛教徒所持斋名。始于南朝宋齐之时,谓持斋可以戒除八恶。

【译文】

世宗皇帝即位后,崔挺屡次上表乞求解职还乡。景明初年获准,光州男女老幼哭着为他送行,赠送给他缣帛,崔挺都不接受。后来北海王拓跋详任司徒、录尚书事,让崔挺担任司马。景明四年,崔挺在任上去世,享年五十九岁。朝廷追赠崔挺为辅国将军、幽州刺史,谥号为景。崔挺在光州时的下属听闻崔挺去世的噩耗,没有不悲伤的,他们共同出资铸造八尺铜像,安放在城东广因寺,设下八关斋为崔挺祈祷冥福,他的高尚德行就是这样被人们所追怀。崔挺为官二十多年,家中财产没有增加,吃饭没有两种以上菜肴,穿衣没有绮罗。他的不少旧交赠送车马衣物资助办理丧事,崔挺的儿子秉承父亲的本心,全不接受。

对兄弟友好,对吏民关爱,以至他的儿子秉承父亲的本心,不接受助丧礼物,他的清廉节操真是影响深远啊。九十岁老人很奇特。

中刘懋

刘懋，字仲华，彭城人也。聪敏好学，多识奇字。性沉厚，善与人交，器宇渊旷①，风流甚美。为考功郎中②，立考课之科，明黜陟之法③，甚有条贯。累官太尉司马。熙平二年卒④。家甚清贫，亡之日，徒四壁而已。赠持节、前将军、南秦州刺史⑤，谥曰宣简。懋诗、诔、赋、颂及诸文见称于时，又撰诸器物造作之始十五卷，名曰《物祖》。

立考功法，撰《物祖》。惜乎不见其书。

【注释】

①器宇渊旷：胸怀旷达。

②考功郎中：官名。三国魏曾置尚书考功郎，掌尚书考功曹，以考课官吏。其资历浅者为郎中，深者可转侍郎，皆称郎。晋及南朝不置，北魏复置。

③黜陟：指人才的进退、官吏的升降。

④熙平：北魏孝明帝元诩年号（516—518）。

⑤南秦州：州名。北魏置。州治上禄（在今甘肃西和）。

【译文】

刘懋，字仲华，彭城人。刘懋聪敏好学，能辨识很多奇怪的字。他性情沉稳忠厚，善于与人交往，胸怀旷达，风度翩翩。刘懋曾担任考功郎中，建立考核的项目，确立人才进退、官吏升降的法度，十分有条理。后来刘懋累官至太尉司马。他于熙平二年去世。刘懋十分清贫，去世之时，家徒四壁。朝廷追赠刘懋为持节、前将军、南秦州刺史，谥号为宣简。刘懋的诗、诔、赋、颂以及文章在当时为人所称道，他还撰写了关于各种器物造作源流之书共十五卷，书名叫作《物祖》。

确立人才进退、官吏升降之法度，撰写《物祖》。可惜已经看不到他的这本书了。

卢义僖

卢义僖，字远庆，范阳涿人也。早有学尚，识度沉雅。年九岁丧父，便有志性。少为仆射李冲所叹美①，起家秘书郎，历中散太中大夫，散秩多年②，澹然自得。李神儁劝其干谒当途③，义僖曰："既学先王之道，贵行先王之志，何能苟求富贵也？"孝昌中④，除散骑常侍。时灵太后临朝⑤，黄门侍郎李神轨势倾朝野⑥，求结婚姻，义僖拒而不许。王诵谓义僖曰⑦："昔人不以一女易五男⑧，卿岂易之也？"义僖曰："所以不从，正为此耳。"遂适他族。临婚之夕，太后遣中常侍就家敕停。内外惶怖，义僖夷然自若。历官卫尉卿、都官尚书、左光禄大夫。义僖性清俭，不营财利，虽居显位，每至困乏，麦饭蔬食，忻然甘之。兴和中卒⑨，年六十四，赠大将军、仪同三司、瀛州刺史⑩，谥孝简。

散秩多年，澹然自得。后敕停婚，夷然自居。非独性俭，真有雅尚。

【注释】

①李冲（450—498）：字思顺，北魏陇西狄道（今甘肃临洮）人。孝文帝初典禁中文事。以敏慧迁内秘书令、南部给事中。得冯太后信重，迁南部尚书，进爵陇西公。后迁尚书仆射。

②散秩：闲散而无一定职守的官位。

③李神儁(478—541):本名李挺,字神儁,陇西狄道(今甘肃临洮)人。历任中书侍郎、太常少卿、荆州刺史,迁大司农、镇军将军、散骑常侍、中书监、吏部尚书等,封千乘县开国侯,食邑千户。

④孝昌:北魏孝明帝元诩年号(525—527)。

⑤灵太后(?—528):亦称胡太后。北魏安定临泾(今甘肃镇原)人。北魏宣武帝妃,生孝明帝元诩。孝明帝即位后,尊为皇太妃,后尊为太后。临朝听政,决事果断。

⑥李神轨(?—528):北魏司州顿丘(今河南浚县)人。为胡太后所宠幸,势倾朝野。

⑦王诵(?—528):字国章,北魏琅邪临沂(今山东临沂)人。有文才,自员外郎累官至秘书监、黄门侍郎。孝庄帝初,遇害于河阴。

⑧昔人不以一女易五男:晋八王之乱时,成都王司马颖与长沙王司马乂对峙。朝廷重臣乐广的女儿嫁给了司马颖,为消除司马乂的猜忌,乐广对司马乂说:"岂以五男易一女?"意思是说他懂得权衡利弊,不会牺牲五个儿子的命去换一个女儿的命,即不会因为女儿的原因去帮司马颖。

⑨兴和:东魏孝静帝年号(539—542)。

⑩瀛州:州名。在今河北河间。

【译文】

卢义僖,字远庆,范阳涿人。卢义僖年轻时就学问高深,有见识气度,沉稳优雅。他九岁丧父,那时便表现出不一般的性情。卢义僖年少时受到仆射李冲的赏识,以秘书郎之职入仕为官,曾任中散太中大夫,闲散多年,淡然自得。李神儁劝他拜见当时有权势的官员谋得好职位,卢义僖说:"既然学了先王的大道,就应该以践行先王之志为贵,怎么可以苟且求得富贵呢?"孝昌年间,卢义僖官至散骑常侍。当时灵太后摄政,黄门侍郎李神轨权倾朝野,他请求与卢义僖结为姻亲,卢义僖拒绝了。王诵对卢义僖说:"前人不以一女换五男,你为什么反其道而行之?"卢义僖说："我之所以不答应，正是因为这个原因。"于是卢义僖将女儿嫁与别的家族。举行婚礼的前夕，灵太后派遣中常侍到他家中敕令停止。当时上上下下惊惶恐惧，卢义僖坦然自若。卢义僖先后担任过卫尉卿、都官尚书、左光禄大夫。他生性清廉俭约，不经营财利，虽然身居显官要职，却经常贫困匮乏，靠粗茶淡饭度日，他却怡然自得。兴和年间，卢义僖去世，享年六十四岁，被朝廷追赠为大将军、仪同三司、瀛州刺史，谥号为孝简。

闲散多年，恬淡自得。太后敕令停婚，仍坦然自若。不仅仅是性情清俭，是真有高雅的风尚。

下 鹿悆

鹿悆，字永吉，济阴乘氏人[①]。好兵书、阴阳、释氏之学。太师彭城王勰召为馆客[②]。尝诣徐州，马疲，附船而至大梁[③]。夜睡，从者上岸窃禾四束以饲其马。船行数里，悆觉，问得禾之处，悆大怒，即停舟上岸，至取禾处，以缣三丈置禾束下而还。后为御史中尉，累官左将军、给事黄门侍郎。悆虽任居通显，志在谦退，自无室宅，常假赁居止，布衣粝食，寒暑不变。

上岸偿禾，是"痴廉"。

【注释】

①乘（shèng）氏：县名。西汉置，后废。北魏复置，在今山东菏泽牡丹区。

②彭城王勰：即指元勰（？—508），字彦和。北魏献文帝子。孝文帝太和九年（485）封始平王。除侍中，长直禁内，参决军国大政。

转中书令，改彭城王。

③大梁：地名。在今河南开封。

【译文】

鹿悆，字永吉，济阴乘氏人。鹿悆喜好兵书、阴阳之学和佛学。太师彭城王元勰征召他做自己的门客。鹿悆曾经出使徐州，因途中马染上了病，只好乘船到大梁。晚上鹿悆睡后，随从人员上岸偷取四捆禾穗喂马。船行几里之后，鹿悆发觉了，问随从哪里来的禾穗，得知情况后大怒，立即停船上岸，来到随从偷取禾穗的地方，把三丈细绢放置在禾束之下，然后才回到船上。后来鹿悆担任御史中尉，累官至左将军、给事黄门侍郎。鹿悆虽然所担任的官职显要，但他本性谦抑退让，没有自己的住宅，经常租房居住，平日穿布衣食粗粮，一年到头都不改变。

上岸赔偿禾穗，这是"痴廉"。

中元顺

元顺，字子和，任城王澄子也[①]。时四方无事，豪贵子弟，率以朋游为乐，而顺惟下帷读书，笃志爱古。性謇谔[②]，澹于荣利。于时领军元义威势尤盛[③]，凡有迁授[④]，莫不造门谢谒。顺拜表而已，曾不诣义。累官征南将军、右光禄大夫，兼左仆射。尔朱荣之奉庄帝[⑤]，召百官悉至河阴，素闻顺数谏诤，惜其亮直，谓朱瑞曰[⑥]："可语元仆射，但在省，不须来。"顺不达其旨，闻害衣冠，遂便出走，为陵户鲜于康奴所害[⑦]。家徒四壁，无物敛尸，止有书数千卷而已。门下通事令史王才达裂裳覆之[⑧]。庄帝还宫，遣黄门侍郎山伟巡谕京邑[⑨]，伟临顺丧，悲恸无已。既还，庄帝怪而问曰："黄门何为声散？"伟以状对。帝敕侍中元祉曰："宗室丧亡非一，不可周赡。元仆射清苦之节，死乃益彰。”特赐绢百匹，赠骠骑大将军、尚书令、司徒公、定州刺史，谥曰文烈。

读书有直节。令史裂裳，黄门声散，亦足见仆射。

【注释】

①任城王澄：即元澄（467—519）。元云子，父卒，袭封任城王。

②謇（jiǎn）谔：正直敢言。

③元乂：字伯隽。初为散骑侍郎，迎娶灵太后之妹冯翊郡君，权势日盛，拜散骑常侍、光禄卿，累迁侍中、领军将军、卫将军。正光元年（520），联合刘腾软禁灵太后和孝明帝，囚杀太傅清河王元怿。把持朝政，胡作非为，迁骠骑大将军。正光五年（524），被灵太后赐死。

④迁授：迁升官职。

⑤尔朱荣（493—530）：字天宝，北秀容川（今山西忻州西北）人。契胡族。以功累官使持节、安北将军、都督桓朔讨虏诸军，封博陵郡公。武泰元年（528），灵太后毒死明帝。尔朱荣举兵向洛阳，拥立庄帝。于河阴杀太后、少主及宗室、大臣等二千余人。后又出兵滏口，击败葛荣军，擒葛荣送洛阳。屯兵晋阳，遥执朝政。遣军破元颢，自为大丞相、天柱大将军，封太原王。庄帝恶其逼迫，在朝会时诛杀。庄帝：即元子攸（507—531）。北魏第十二位皇帝。

⑥朱瑞（482—531）：字元龙，代郡桑干（治今山西山阴）人。明帝末，为尔朱荣府僚。庄帝时，为黄门侍郎、中书舍人。暗中为尔朱荣密报朝中事。

⑦陵户：守护帝王陵墓的人家。

⑧门下通事令史：官名。北魏置。掌纳奏文案。

⑨山伟：字仲才，北魏洛阳（今属河南）人。其先为代人。孝明帝初为侍御史，参修起居注。东魏初，位卫大将军、中书令，领著作郎。

【译文】

元顺，字子和，任城王元澄的儿子。当时四方安定无事，权贵人家的子弟大多以结交朋友游玩为乐，只有元顺安心在帷幕中读书，志节坚定爱慕古风。他性情正直敢言，淡泊名利。当时领军元义威势尤盛，凡有升迁官职的人，没有不登门拜谒感谢的。元顺只上表章而已，不曾拜谒元义。元顺累官至征南将军、右光禄大夫，兼左仆射。尔朱荣拥立魏庄帝，召集百官前来河阴欲加杀害，他听说过元顺多次谏诤之事，敬惜他的高风亮节，对朱瑞说："可以告诉元仆射，就在省中，不用来。"元顺不明白他的意思，听说尔朱荣大肆杀害士族，于是出逃，被看守帝陵的鲜于康奴杀害。元顺家徒四壁，连收殓遗体的用具都没有，只留下几千卷书而已。门下通事令史王才达撕破衣服覆盖他的尸体。魏庄帝还宫后，派遣黄门侍郎山伟巡视晓谕京畿地区，山伟为元顺哭丧，悲恸不已。山伟回去后，魏庄帝很奇怪就问他："黄门为什么声音嘶哑？"山伟就把当时情状告诉魏庄帝。魏庄帝敕令侍中元祉说："宗室丧亡不止一人，不能普遍周济。元仆射清苦的节操，死后愈得彰显。"于是特地赐绢百匹给元顺家人，并追赠他为骠骑大将军、尚书令、司徒公、定州刺史，谥号为文烈。

读书有正直节操。令史撕破衣服为他覆盖尸体，黄门临丧哭得声音嘶哑，也足以表现仆射的节操。

卢景裕

卢景裕，字仲儒，范阳涿人也。少聪敏，专经为学。居拒马河[①]，将一老婢作食，妻子不自随从。又避地大宁山，不营世事，居无所业，惟在注解。废帝初[②]，除国子博士。天平中[③]，河间邢摩纳与景裕从兄仲礼据乡作逆[④]，齐献武王命都督贺拔仁讨平之[⑤]。闻景裕经明行修，驿马特征，使教诸子。

齐文襄王入相[⑥]，于第开讲，招延时俊，令景裕解所注《易》，义理精微，吐发闲雅，从容往复，无际可寻。元颢入洛[⑦]，以为中书郎。普泰初[⑧]，复除国子博士。进退其间，未尝有得失之色。性清静，澹于荣利，敝衣粗食，恬然自安，终日端严，如对宾客。补齐王开府属。卒于晋阳[⑨]。

经明行修，进退恬澹。

【注释】

①拒马河：古称涞水、巨马河。在河北西部。源出太行山东侧，流经河北涞源、易县、涞水等地。

②废帝：北魏后废帝元朗（513—532）。北魏第十五位皇帝，后逊位被杀。

③天平：东魏孝静帝元善见年号（534—537）。

④河间：郡名。汉文帝时为河间国，因地处黄河与永定河之间而得名，治乐成县（今河北献县）。北魏置郡，移治武垣县（今河北河间）。

⑤齐献武王：即高欢（496—547）。东魏权臣，死后谥为献武，其子高洋建北齐后，追尊其为献武皇帝。贺拔仁（？—570）：字天惠，善无（今山西右玉南）人。从高欢历战有功，文宣帝天保初封安定郡王，历数州刺史，迁太保、太师、右丞相。

⑥齐文襄王：即高澄（521—549）。高欢长子，东魏孝静帝元象初年，摄吏部尚书，高欢死后，代为大丞相等职，武定七年（549）进位相国，封齐王，镇晋阳，翦除魏室旧臣，密谋受禅，为膳奴所杀，其弟高洋建北齐，追谥文襄帝。

⑦元颢（？—529）：北魏孝文帝拓跋宏之侄。袭封北海王。永安元年（528），投靠南梁，借助南梁兵力杀回北魏，在睢阳登基称帝。

永安二年(529),攻破洛阳,改元建武。三个月后,兵败被杀。

⑧普泰:北魏节闵帝元恭年号(531—532)。

⑨晋阳:县名。秦置,属太原郡,在今山西太原城区境。

【译文】

卢景裕,字仲儒,范阳涿人。卢景裕年少时即聪敏,潜心经典研究学问。他居住在拒马河,只留一位老婢做饭,妻儿没有跟随他。后来他又躲避到大宁山居住,不问世事,期间不经营产业,专心致志注释经典。废帝初年,卢景裕被授予国子博士之职。天平年间,河间邢摩纳与卢景裕的从兄卢仲礼一起占据乡里谋反叛乱,齐献武王命令都督贺拔仁讨伐平定他们。齐献武王听说卢景裕经学明达德行显著,用驿站的快马特别征召他,让他教授自己的儿子。齐文襄王出任丞相后,在府邸中开学讲课,招揽当时的优秀人才,让卢景裕讲解他所注的《周易》,卢景裕的讲解义理精微,谈吐闲雅,应对从容,论述没有纰漏。元颢攻入洛阳后,让卢景裕担任中书郎。普泰初年,卢景裕再次担任国子博士。卢景裕在复杂的环境中进退自如,未曾有过患得患失的神色。他生性好清静,淡泊名利,破衣粗食,恬然自安,终日端庄严肃,如同面对宾客一样。后来齐王开设府署,卢景裕担任属官。后来他在晋阳去世。

经学明达德行显著,无论进退都恬淡处之。

下 常景

常景,字永昌,河内人也。少聪敏,初授《论语》《毛诗》[①],一受便览。及长,有才思,雅好文章。廷尉公孙良举为律博士[②],后为门下录事、太常博士,累官幽安玄等四州行台、车骑将军、右光禄大夫、秘书监[③]。景自少至老,恒居事任,清俭自守,不营产业,至于衣食,取济而已。耽好经史,爱玩文词，若遇新异之书，殷勤求访，或复质买，不问价之贵贱，必以得为期。友人刁整每谓曰[4]："卿清德自居，不事家业，虽俭约可尚，将何以自济也？"乃率朋辈各出钱千文，为景买马。天平初，迁邺，景匹马从驾。齐献武王以景清贫，特给车牛四乘，妻孥方得达邺。武定六年[5]，以老疾去官。诏曰："景艺业该通，文史渊洽，历事三京，年弥五纪，朝章言归，禄奉无余，家徒壁立，宜从哀恤，以旌元老。可特给右光禄事，力终其身。"八年薨。

贪书。

【注释】

①《毛诗》：西汉初由毛亨和毛苌解说的《诗经》。即今天流行的《诗经》。

②公孙良：字遵伯。聪明好学，为尚书左丞，为魏孝文帝所知遇。推爵让其弟衡，以别功，赐爵昌平子。

③行台：官署名。三国魏置，最初为皇帝出征时随侍身边临时执行尚书台职权的机构。北魏孝明帝末年，因为战乱频仍，在各地陆续设立行台主管各地军务，成为常设的地方行政机构。后来也渐理民政。

④刁整（？—537）：字景智，北魏渤海饶安（今河北盐山）人。孝文帝时，除司空法曹参军，后屡迁郎中，拜右军将军。孝明帝正光初，被幽囚，后得免。

⑤武定：东魏孝静帝元善见年号（543—550）。

【译文】

常景，字永昌，河内人。常景年少时即聪敏，开始老师为他教授《论语》和《毛诗》，一教便会。常景长大以后，有才思，喜好文章。廷尉公孙良举荐他当了律博士，后来又任门下录事、太常博士，累官至幽安玄等四州行台、车骑将军、右光禄大夫、秘书监。常景从年少到老年，一直担任官职，他甘于清廉俭约，未曾经营产业，至于吃穿用度，够用就行。他沉溺于经史，喜好诗文，如果遇到新异的书，就殷勤求访，有时用物交换，不问价格的贵贱，一定要得到该书。友人刁整常对他说："你以清俭的高尚品德自居，不经营产业，虽然俭约值得尊崇，但是拿什么生活？"于是召集朋友各自出一千文钱，为常景买马。天平初年，朝廷迁都邺城，常景只骑着一匹马跟随大驾。齐献武王因为常景清贫，特别供给他四乘牛车，他的妻子和儿女才得以到达邺城。武定六年，常景因年老多病解职。皇帝下诏说："常景精研学问，文史知识精深渊博，前后在三个国都任职，历时五纪，上奏章要解官归乡，没有多余的俸禄，家徒四壁，应该给予体恤，以褒扬这位老臣。特地赐予右光禄大夫的俸禄，作为养老之资。"武定八年，常景逝世。

所贪的是书籍。

下羊敦

羊敦，字元礼，太山钜平人[①]。性尚闲素，学涉书史。以父灵引死王事，除给事中，出为本州别驾。公平正直，见有非法，终不判署。历迁广平太守[②]，治有能名，奸吏跼蹐[③]，秋毫无犯。雅性清俭，属岁饥馑，家馈未至，使人外寻陂泽，采藕根而食之。遇有疾苦家人，解衣质米以供。朝廷以其清白，赐谷一千斛、绢一百匹。兴和初卒[④]，年五十二。吏民奔哭，莫不悲恸。赠吏部尚书、兖州刺史，谥曰贞。

采藕根而食。

【注释】

①钜平：县名。汉高祖时置，属泰山郡。

②广平：郡名。秦邯郸郡地，汉景帝时分置广平郡。治所在广平县(今河北鸡泽)。

③跼蹐：戒慎、畏惧。

④兴和：东魏孝静帝元善见年号(539—542)。

【译文】

羊敦，字元礼，太山钜平人。羊敦生性崇尚闲雅素净，治学广泛涉猎经典。因为其父羊灵引为朝廷之事而殉职，羊敦被授予给事中，外任为本州别驾。他公平正直，遇有不合法度之事，无论如何也不会签字画押。羊敦曾任广平太守，因政绩被誉为能吏，他的治下奸吏畏惧缩手，对百姓秋毫无犯。羊敦生性清静节俭，当时正遇到灾荒，他家里的财物没有送到，他就派人到外面寻找湖泽，采摘莲藕来吃。遇到有疾苦的人家，就脱下衣服换米来周济。朝廷因为羊敦清白不贪，赏赐他一千斛谷、一百匹绢。兴和初年，羊敦去世，时年五十二岁。吏民听闻噩耗奔走哭泣，没有不悲伤的。朝廷追赠羊敦为吏部尚书、兖州刺史，谥号为贞。

采摘莲藕为食。

李元忠

李元忠，赵郡柏人人也[①]。少厉志操，居丧以孝闻。袭爵平棘子。永安初[②]，拜南赵郡太守[③]。值洛阳倾覆，庄帝幽崩[④]，元忠弃官还，潜图举义。会高祖率众东出[⑤]，便自往奉迎。乘露车，载素筝浊酒以见高祖，因进从横之策。时刺史尔朱羽生阻兵据州，遂擒斩羽生。历迁使持节、光州刺史。时州境灾俭，元忠表求赈贷，报听用万石。元忠以为万石给人，计一家不过升斗而已，遂出十五万石以赈之。事讫表陈，朝廷嘉而不责。

【注释】

①柏人：县名。汉置，属赵国。在今河北隆尧西北。

②永安：北魏孝庄帝元子攸年号（528—530）。

③南赵郡：北魏孝文帝太和年间，分定州巨鹿郡置定州南巨鹿郡，后改属相州，改称南赵郡。治平乡县（今河北平乡）。

④庄帝：即元子攸。幽崩：指帝王、皇后被囚禁而死。永安三年（530），孝庄帝被俘北上，被缢杀于晋阳三级佛寺。

⑤高祖：即高欢（496—547）。

【译文】

李元忠，赵郡柏人县人。他年少即有志向节操，为父母守丧因孝行而知名。李元忠承袭其父平棘子的爵位。永安初年，他被任命为南赵郡太守。当时正值洛阳倾覆，孝庄帝被囚禁而死，李元忠弃官还乡，秘密图谋义举。正好高欢率领兵马向东进发，李元忠便独自前往迎接。他乘着露车，载着素筝和浊酒来见高欢，趁机进献平定天下的策略。当时刺史尔朱羽生占据州郡阻挡大军，李元忠抓住尔朱羽生并杀了他。李元忠曾任使持节、光州刺史。当时正值光州境内发生灾荒，李元忠上表请求赈贷，朝廷准许使用一万石粮食。李元忠认为把一万石分给百姓，算来每家不过只得升斗而已，于是拿出十五万石来赈灾。赈灾事宜结束后，他上奏朝廷陈述事实，朝廷嘉奖而没有责罚他。

兴和末，拜侍中。武定元年，除骠骑大将军、仪同三司。曾贡世宗蒲桃一盘[①]，世宗报书曰："仪同位亚台铉[②]，识怀贞素，家无儋石，室若县罄，恒思标赏，有意无由。忽辱蒲桃，良深佩戴。聊用绢百匹，以酬清德也。”其见重如此。孙腾、司马子如尝共诣元忠③，见其坐树下，拥被对壶，庭室芜旷，谓二公曰：“不意今日披藜藿也。”因呼妻出，衣不曳地。二公相顾叹息而去，大饷米、绢、衣服，元忠受而散之。三年，领卫尉卿，寻卒于位，年六十。诏赠缣布五百匹，使持节、督定冀殷幽四州诸军事、大将军、司徒、定州刺史，谥曰敬惠。

举义讨乱，擅出十五万石赈贷，披藿出妻，俱豪杰之概，不是酸俭。

【注释】

①世宗：即高澄。蒲桃：即葡萄。

②仪同：即开府仪同三司。台铉：犹台鼎，喻宰辅重臣。

③孙腾（481—548）：字龙雀，咸阳石安（今陕西咸阳）人。北魏孝明帝正光年间归尔朱荣。后为高欢都督府长史，以恭谨见信，高欢置之朝中，寄以心腹。司马子如（487—551）：字遵业，河内温县（今属河南）人。初为怀朔镇省事，与高欢结托甚深。高欢入洛，以为大行台尚书，参知军国。东魏孝静帝天平初，除左仆射，与高岳、孙腾等共知朝政。

【译文】

兴和末年，李元忠担任侍中。武定元年，又被授予骠骑大将军、开府仪同三司之职。李元忠曾向高澄进贡葡萄一盘，高澄回赠他说：“您的地位仅次于宰相，学识胸怀正直朴素，家无担石之积，室内空空如也，总想着要给您奖赏，有此意向却没有理由。忽然收到您送来的葡萄，我深受感动。姑且用一百匹绢，报答您的清德。”可见他是如此被看重。孙腾、司马子如曾经一起去拜见李元忠，看到他坐在树下，披着被子对着酒壶，庭院荒芜，李元忠对他们说：“没有想到今天你们二位光临寒舍。”于是呼唤妻子出来，他的妻子穿的是平民的短裙。孙腾和司马子如相互叹息而去，给李元忠送来很多米、绢、衣服等物。李元忠接受了这些馈赠，随即就散发出去。武定三年，李元忠出任卫尉卿之职，不久在任上去世，时年六十岁。皇帝下诏给他家送去五百匹缣布，追赠他为使持节、督定冀殷幽四州诸军事、大将军、司徒、定州刺史，谥号为敬惠。

图谋义举讨伐叛乱，自作主张拿出十五万石粮食赈灾，居处荒僻，让妻子出来会见客人，这些都表现出豪杰的气概，而不是酸腐的俭约。

中郎基

郎基，字世业，中山人。泛涉坟典[①]，尤长吏事。起家奉朝请，累迁海西镇将。梁吴明彻率众攻围海西[②]，基悉力固守，军粮且罄，戎仗亦尽[③]，乃削木为箭，剪纸为羽。围解还朝，仆射杨愔迎劳之曰[④]："卿本文吏，遂有武略，削木剪纸，皆无故事，班墨之思[⑤]，何以过此？"后带颍川郡[⑥]，狱讼清息，官民庆悦。基性清慎，无所营求，曾语人云："任官之所，木枕亦不须作，况重于此事。"唯颇令写书。潘子义遗之书曰："在官写书，亦是风流罪过。"基答书曰："观过知仁[⑦]，斯亦可矣。"后卒官，柩还，远近将送，莫不攀辕悲泣。

聪明人风流罪过，亦自佳。

【注释】

①坟典："三坟五典"的简称。泛指古代典籍。

②吴明彻（？—约580）：字通昭。梁元帝时为安州刺史。

③戎仗：兵器，军械。

④杨愔（511—560）：字遵彦，弘农华阴（今属陕西）人。北齐宰相。

⑤班墨之思：有公输班和墨翟的巧思。

⑥颍川郡：郡名。秦置，辖今河南中部及南部地。

⑦观过知仁：观察一个人的错误，就知道他是什么样的人。《论语·里仁》："人之过也，各于其党。观过，斯知仁矣。"

【译文】

郎基，字世业，中山人。郎基广泛涉猎典籍，尤其擅长处理各种公务。他以奉朝请之职入仕，累官至海西镇将。梁朝吴明彻率兵围攻海西，郎基全力坚守，军粮匮乏，兵器也用尽了，于是就削木制箭支，剪纸做箭羽，继续战斗。解除包围后郎基还朝，仆射杨愔迎接慰劳他说："你本是文官，却有武将的谋略，削木剪纸，都没有旧例，即使以公输班与墨翟之巧思，也不能超过这件事。"后来郎基治理颍川郡，治下各类案件和诉讼都平息了，官吏和百姓都欢欣喜悦。郎基生性清俭谨慎，不求取私利，他曾经告诉别人说："为官者的住所，连木枕也不该有，何况比这更贵重的东西。"只是郎基喜欢令人写书，潘子义曾给他写信说："做官期间写书，也是风流罪过。"郎基回信说："观察一个人的错误，就知道他是什么样的人。这也是可以的。"后来郎基在任上去世，灵柩送还家中时，远近的人都来相送，没有不扶着车辕悲伤哭泣的。

聪明人的风流罪过，也自是好的。

上袁聿修

袁聿修，字叔德，陈郡阳夏人也。年十八，领本州中正，兼尚书度支郎①。齐天保初②，除太子庶子③，累迁司徒左长史、秘书监。天统中④，诏与赵郡王睿等议定三礼⑤。出为信州刺史⑥，为政清净，不言而化。自长史以下，爰逮鳏寡孤幼，皆得其欢心。武平初⑦，御史普出过诸州，悉有举劾，唯不到信州。寻除都官尚书。

【注释】

①度支郎：官名。也称度支郎中，三国两晋南北朝皆置，为尚书省度支曹长官。掌贡税租赋的统计、调拨、支出等。

②天保：北齐文宣帝高洋年号（550—559）。

③太子庶子：官名。秦汉置太子庶子，为太子的亲近侍从官，献纳规谏。

④天统：北齐后主高纬年号（565—569）。

⑤赵郡王睿：即高睿（533—568）。北齐宗室、大臣。三礼：祭祀天、地、宗庙之礼。

⑥信州：北齐时州名。治所在今河南周口淮阳。

⑦武平：北齐后主高纬年号（570—576）。

【译文】

袁聿修，字叔德，陈郡阳夏人。袁聿修在十八岁时就担任本州中正，兼任尚书度支郎。北齐天保初年，袁聿修担任太子庶子，累官至司徒左长史、秘书监。天统年间，朝廷下诏让袁聿修与赵郡王高睿等人议定三礼。他曾出任信州刺史，为政清静，不多事而教化大行。自长史以下，直到鳏寡孤幼无依无靠的人，袁聿修都能得到他们的欢心。武平初年，御史全都外出巡视诸州，一一检举揭发官员的不法行为，却唯独不到信州。不久袁聿修又任都官尚书。

魏、齐世，台郎多不免交通饷馈，聿修为尚书郎十年，未尝受升酒之遗。尚书邢邵与聿修旧欵[①]，每省中语戏，常呼聿修为“清郎”。大宁初[②]，聿修以太常少卿出使巡省，仍令考校官人得失。经兖州，时邢邵为刺史，别后送白䌷为信。聿修不受，与邵书云：“今日仰遇，有异常行，瓜田李下，古人所慎，愿得此心，不贻后责。”邵亦欣然领解，报书云：“老夫忽忽，意不及此，钦承来旨，吾无间然。弟昔为‘清郎’，今日复作‘清卿’矣。”后入周，位仪同大将军[③]。隋开皇初[④]，加上仪同[⑤]，累迁都官尚书。二年，出为熊州刺史[⑥]，卒。

昔为“清郎”，今作“清卿”。御史不到信州，如此高风，今亦难得。

【注释】

①邢卲：字子才，河间鄚（今河北任丘）人。魏、齐官员。有才思，文章典丽，富藏书，为北齐私家之冠。

②大宁：北齐武成帝高湛年号（561—562）。

③仪同大将军：官名。北周武帝时改仪同三司置，主要授予有军功的大臣以及北齐降官。无具体职掌。

④开皇：隋文帝杨坚年号（581—600）。

⑤上仪同：即上仪同三司。勋官号，北周置。隋大业中废。

⑥熊州：北周明帝二年（558），改阳州为熊州，治宜阳县（今河南宜阳）。隋大业三年（607）废。

【译文】

魏、齐时代，尚书郎之间大多免不了交往馈赠之事，袁聿修担任尚书郎十年，从未接受过任何馈赠。尚书邢卲与袁聿修是旧交，每每在尚书省中开玩笑，常常称呼袁聿修为“清郎”。大宁初年，袁聿修以太常少卿身份出使巡察，受命考察官员的得失。经过兖州时，邢卲正担任兖州刺史，分别后，邢卲派人送去白紬作为礼物。袁聿修不接受，他给邢卲写信说：“今日经过您处，与平日出行不同，瓜田李下必须避嫌，古人对此是十分慎重的，愿您能体会此心，以免给日后留下麻烦。”邢卲也欣然领会，回信说：“老夫粗心大意，没有想到这个问题，我恭敬地接受您的意见，没有什么不同的看法。老弟从前为‘清郎’，今日又该做‘清卿’啦。”后来北齐亡国，袁聿修身入周朝，受封仪同大将军。隋朝开皇初年，袁聿修被加封上仪同三司，后来累次升迁至都官尚书。开皇二年，袁聿修出任熊州刺史，不久去世。

昔日为“清郎”，今日作“清卿”。御史不到信州，袁聿修如此高风亮节，如今也很难得。

中石曜

石曜，字白曜，中山安喜人[①]。以儒学进，居官至清俭。武平中，为黎阳郡守[②]。时丞相咸阳王世子斛律武都出为兖州刺史[③]，性甚贪暴，先过卫县[④]，令丞以下聚敛绢数千匹以遗之。及至黎阳，曜手持一缣而谓武都曰：“此是老石机杼[⑤]，聊以奉赠，自此外并须出于吏民，一毫不敢辄犯。”武都亦知曜清素纯儒，笑而不责。后终谯州刺史[⑥]。著《石子》十卷。

廉有风节。

【注释】

①安喜：县名。三国魏改安憙县置，在今河北定州东南。

②黎阳郡：东晋永和年间置，治所在黎阳县(今河南浚县东)。

③斛律武都(？—572)：斛律光长子，位至特进、太子太保、开府仪同三司、梁兖二州刺史，为官以侵夺百姓为事，后在任所被杀。

④卫县：县名。东汉改观县置，属东郡，在今河南清丰东南。

⑤老石：石曜自称。

⑥谯州：东魏改西徐州置，治所在涡阳县(今安徽蒙城)。

【译文】

石曜，字白曜，中山安喜人。他凭借儒学入仕，为官十分清俭。武平年间，石曜任黎阳郡守。当时丞相咸阳王世子斛律武都出任兖州刺史，斛律武都的性情十分贪婪粗暴，他经过卫县时，县令、县丞及以下官员聚敛数千匹绢送给他。到了黎阳,石曜手持一匹缣对斛律武都说:“这是老石我自己织的,姑且以此奉赠,除此之外的全得出自于吏民,我丝毫也不敢触犯。”斛律武都也知道石曜清廉质朴,于是笑笑就罢了,没有责备石曜。后来石曜在谯州刺史任上去世。他著有《石子》一书十卷。

清廉而有风节。

■贺兰祥

贺兰祥,字盛乐,其先与魏俱起。祥年十一而孤,居丧合礼。长于舅氏,特为周太祖所爱①,虽在戎旅,常博延儒士,教以书传。祥少有胆气,志在立功。寻擢补都督,恒在帐下。从平侯莫陈悦②,又迎魏孝武③。以前后功封抚夷县伯,寻进爵为公。历官都督三荆南襄南雍平信江随二郢淅十二州诸军事、荆州刺史④,进爵博陵郡公。

【注释】

①周太祖:宇文泰(507—556),代郡武川(今内蒙古武川西)人。西魏权臣,专军国大政。其子宇文觉建北周,尊其为太祖文皇帝。

②侯莫陈悦:代郡武川人。北魏将领。

③魏孝武:北魏孝武帝元修(510—534)。北魏末代皇帝。

④三荆:北魏时所置荆州(治所在穰县,今河南邓州)、南荆州(治所在安昌城,今湖北枣阳南)、东荆州(治所在比阳,今河南泌阳西)的合称。二郢:北魏所置西郢州(治所在比阳,今河南泌阳西)和北郢州(治所在安贵,今湖北随州西北)的合称。

【译文】

贺兰祥,字盛乐,他的祖先曾参与北魏王朝的创立。贺兰祥十一岁时父亲去世，他遵照礼制服丧。贺兰祥由其舅舅北周太祖宇文泰抚养长大，宇文泰特别喜欢他，虽在军旅之中，也经常招揽儒士来教他读书。贺兰祥年少有胆气，志在立功。不久被擢升为都督，长期在宇文泰帐下听用。他曾参与平定侯莫陈悦，又迎奉北魏孝武帝。凭前后所立功勋受封为抚夷县伯，不久又晋封为公。贺兰祥先后担任过都督三荆南襄南雍平信江随二郢淅十二州诸军事、荆州刺史，后来晋封博陵郡公。

先是，祥尝行荆州事，颇有惠政，至是重莅，百姓安之，汉南流民襁负至者日有千数。祥虽太祖密戚，性甚清素。州境南接襄阳，西通岷蜀，物产所出多诸珍异，时既与梁通好，行李往来，公私馈遗，一无所受。梁雍州刺史、岳阳王萧詧钦其节俭①，乃以竹屏风、絺绤之属及经史赠之②。祥难违其意，取而付诸所司。征还拜大将军。魏孝闵践祚③，进位柱国④，迁大司马。武成初⑤，讨吐谷浑破之⑥，拔其洮阳、洪和二城，以为洮州⑦，进封凉国公。保定四年薨⑧，年四十八。赠使持节、太师、同岐等十三州诸军事、同州刺史⑨，谥曰景。

立功。

【注释】

①萧詧（519—562）：字理孙，南兰陵（今江苏常州西北）人。梁昭明太子萧统第三子。封岳阳王。

②絺绤（chī xì）：葛布的统称。葛之细者曰絺，粗者曰绤。

③魏孝闵："魏"疑为"周"之误。北周闵帝宇文觉，宇文泰之子。北周开国皇帝。

④柱国：官名。高级勋官。

⑤武成：北周明帝宇文毓年号（559—560）。

⑥吐谷（yù）浑：我国古代鲜卑族建立的政权名。本居辽东，西晋时在首领吐谷浑的率领下西徙至甘肃、青海间，至其孙叶延时，始号其国曰吐谷浑。

⑦洮州：州名。在今甘肃临潭。

⑧保定：北周武帝宇文邕年号（561—565）。

⑨同州：州名。在今陕西大荔。

【译文】

早先，贺兰祥曾负责管理荆州事务，颇有惠民之政，后来重新到荆州任职时，百姓十分安心，汉南的难民扶老携幼到达此地，每日有上千人之多。贺兰祥虽然是太祖的近亲，生性却很清净朴素。荆州边境南接襄阳，西通岷蜀，所出物产有很多珍异之物，当时北周与梁朝通好，使者往来，公私馈赠，贺兰祥都一无所受。梁朝的雍州刺史、岳阳王萧詧钦佩他的节俭，于是拿竹屏风、絺绤之类的东西以及经史书籍赠送给贺兰祥。贺兰祥不好拂违美意，收下后将这些东西都交给相关部门保管。贺兰祥被征召还朝后任命为大将军。北周孝闵帝宇文觉即位，贺兰祥进位柱国，升任大司马。武成初年，贺兰祥讨伐击败了吐谷浑，占领了洮阳、洪和两座城，在此设立洮州，以此功劳进封凉国公爵位。保定四年，贺兰祥逝世，时年四十八岁。朝廷追赠他使持节、太师、同岐等十三州诸军事、同州刺史，谥号为景。

立下功勋。

裴侠初名协

裴侠，字嵩和，河东解人也[①]。州辟主簿，举秀才。魏正光中[②]，解巾奉朝请。历官义阳郡守、左中郎将。从孝武西入关，赐爵清河县伯。后事周文帝[③]，以沙苑之捷[④]，进爵为侯，后除为河北郡守。侠躬履俭素，爱民如子，所食唯菽麦盐菜而已，吏民莫不怀之。此郡旧制，有渔猎夫三十人以供郡守。侠曰："以口腹役人，吾所不为也。"乃悉罢之。又有丁三十人供郡守役，侠亦不以入私，并收庸直为官市马⑤。岁时既积，马遂成群。去职之日，一无所取。人歌曰："肥鲜不食，丁庸不取⑥。裴公贞惠，为世规矩。"

【注释】

①解：县名。西汉置。在今山西临猗西南。

②正光：北魏孝明帝年号（520—525）。

③周文帝：即宇文泰。其子宇文觉建立北周以后，尊其为太祖文皇帝。

④沙苑之捷：东魏天平四年（537），东魏丞相高欢率二十万大军攻打西魏。西魏宇文泰率兵不足万人，轻骑急进，在沙苑一举击溃东魏军队。

⑤庸：劳动力。

⑥丁庸：指以赋税充抵力役的制度。

【译文】

裴侠，字嵩和，河东解人。裴侠曾接受州府的征召担任主簿，被举荐为秀才。北魏正光年间，裴侠正式出仕，出任奉朝请。历官义阳郡守、左中郎将。他跟随魏孝武帝西行入关，赐爵清河县伯。后来裴侠事奉北周文帝宇文泰，凭沙苑之捷的功劳，晋封为侯爵，后来出任河北郡守。裴侠生活俭朴，爱民如子，平日吃的食物只有豆麦咸菜而已，吏员民众没有不感怀他的。这个郡先前有安排三十个捕鱼打猎的人来事奉郡守的制度。裴侠说："因为口腹之欲而役使他人，这是我所不做的事。"于是将他们全都遣散。郡里还有三十个壮丁供郡守役使，裴侠从不以私事役使他们，而是全部收取充抵力役的钱为官府买马。年久日深，马匹成群。裴侠离任的那天，什么都没带走。百姓歌颂他说：“肥鲜不吃，丁庸不取。裴公坚贞仁惠，堪称世上楷模。”

侠尝与诸牧守俱谒周文，周文命侠别立，谓诸牧守曰：“裴侠清慎奉公，为天下之最。”令众中有如侠者，可与之俱，立众皆默然无敢应者，周文乃号为“独立使君”。撰九世伯祖贞侯潜传[1]，述裴氏清公，欲使后生奉而行之，宗室中知名者，咸付一通。从弟伯凤、世彦时并为丞相府佐，笑曰：“人生仕进，须身名并裕，清苦若此，竟欲何为？”侠曰：“夫清者莅职之本，俭者持身之基。况我大宗，世济其美，故能存见称于朝廷，没流芳于典策。今吾幸以凡庸滥蒙殊遇，固其穷困，非慕名也，志在自修，惧辱先也。翻被嗤笑，将复何言！”凤等惭而退。累迁大将军、拓州刺史[2]，征拜雍州别驾、开府仪同三司，进爵为公，迁工部中大夫。侠尝卧病，大司空宇文贵、小司空申徽并来候侠[3]，侠所居第屋不免霜露，贵等还，言之于帝，帝矜其贫苦，乃为起宅，赐田十顷。武成元年，卒于位。赠太子少师、蒲州刺史[4]，谥曰贞。

独立使君。清者莅职之本，俭者持身之基，是廉箴。

【注释】

①贞侯潜：即裴潜（？—244）。三国曹魏大臣。死后追封太常，谥号贞侯。

②拓州：西魏改宜州置拓州，治所在夷陵县（今湖北宜昌西北）。

③宇文贵（？—567）：字永贵。善骑射，以功除郢州刺史，从孝武帝西迁后，历夏、岐二州刺史，进位大将军。西魏废帝时，代尉迟迥

镇蜀。北周代魏，进柱国，拜御正中大夫，封许国公，官至太保，卒谥穆。申徽：字世仪，魏郡（郡治今河北临漳西南）人。以迎孝武入关功，封博平县子。西魏文帝大统初，进爵为侯，累迁给事黄门侍郎，又迁都官尚书。北周明帝时，历官大御史、荆州刺史、小司徒、小宗伯。

④蒲州：州名。治所在今山西永济。

【译文】

裴侠曾经与其他郡守一起拜见宇文泰，宇文泰让裴侠单独站在一旁，对其他郡守说："裴侠清廉奉公，是天下第一。"命令各位郡守如有自认品德像裴侠一样的，可以和他站在一起，站着的人都沉默不敢应对，于是宇文泰称裴侠为"独立使君"。裴侠为九世伯祖贞侯裴潜作传，描述裴氏宗族的清廉公正，希望后生晚辈尊奉和仿效，宗族中有名望的人物，都付与他们一份。他的堂弟裴伯凤、裴世彦当时都是丞相府属吏，嘲笑他说："人生当官进爵，应该名利双收，像你这样清苦，究竟是为了什么？"裴侠说："清廉是任职的本分，勤俭是立身的基础。况且我们裴氏这样的大宗族，好的传统代代有人继承，所以才能活着被朝廷所称颂，死了流芳于史籍典册之中。如今我侥幸以凡庸的资质蒙受特殊的恩遇，坚守清贫，不是为了名声，而是志在自我修养，害怕有辱先人。这样做反而被嘲笑，我又有什么好说的呢！"裴伯凤等人惭愧地退下。裴侠官至大将军、拓州刺史，被征召入朝担任雍州别驾、开府仪同三司，晋封爵位为公，转任工部中大夫。裴侠曾生病卧床，大司空宇文贵、小司空申徽都来探望，看到裴侠所居住的房屋破败无法御寒，宇文贵等人回去后，把这种情形告诉了皇帝，皇帝怜惜他的贫苦，便为裴侠盖起宅院，并赐田十顷。武成元年，裴侠在任上去世。朝廷追赠为太子少师、蒲州刺史，谥号为贞。

独立使君。清廉是任职的本分，勤俭是立身的基础，这是关于廉洁的箴言。

唐瑾

唐瑾，字附璘。性温恭，有器量，博涉经史，雅好属文。身长八尺二寸，容貌甚伟。年十七，周文帝闻其名，乃贻瑾父永书曰："闻公有二子：曰陵，从横多武略；瑾，雍容文雅。可并遣入朝，孤欲委以文武之任。"因召拜尚书员外郎、相府记室参军事。从破沙苑，战河桥[①]，并有功，封姑臧县子。累迁尚书右丞、吏部郎中。于是魏室播迁，庶务草创，朝章国典，瑾并参之。后为吏部尚书，铨综衡流[②]，雅有人伦之鉴。时六尚书皆一时之秀，周文帝自谓得人，号为六俊，然瑾尤见器重。

【注释】

①战河桥：河桥之战。此战是继沙苑之战以后，西魏大统四年（538）东、西魏之间的又一场大战。

②铨综衡流：谓选拔罗致人材。

【译文】

唐瑾，字附璘。他性情温良恭谨，有器度，广泛涉猎经史，喜好写文章。身高八尺二寸，形貌十分伟岸。唐瑾十七岁时，宇文泰听闻他的名声，就给他的父亲唐永写了一封信说："听说您有两个儿子：唐陵雄健奔放有武略，唐瑾雍容文雅。可以让他们都入朝，我想要委任他们文武官职。"唐瑾被征召任命为尚书员外郎、相府记室参军事。唐瑾随从宇文泰破沙苑，战河桥，立下战功，受封姑臧县子爵位。累官至尚书右丞、吏部郎中。当时北魏王室流离迁徙，各种政务的草创，国家典章制度的制定，唐瑾都参与其间。后来唐瑾担任吏部尚书，他选拔罗致人才，富有识人之明。当时六部尚书都是当世俊杰，宇文泰自认为得到了优秀人才的辅佐，称他们为六俊，其中唐瑾尤其受器重。

于谨南伐江陵[①]，以瑾为元帅府长史，军中谋略多出瑾焉。江陵既平，衣冠仕伍并没为仆隶。瑾察其才行有片善者，辄议免之，赖瑾获济者甚众。及军还，诸将多因虏掠，大获财物，瑾一无所取，唯得书两车，载之以归。或白文帝曰："唐瑾大有辎重[②]，悉是梁朝珍玩。"文帝初不信之，然欲明其虚实，密使检阅之，唯见坟籍而已[③]。论平江陵功，进爵为公。累官司宗中大夫兼内史，寻卒于位。赠小宗伯，谥曰方。

【注释】

①于谨（？—568）：字思敬，鲜卑族，河南洛阳人。历仕北魏、西魏、北周。

②辎重：行者携载的物资。常指军用物资。

③坟籍：古代典籍。

【译文】

于谨南伐江陵时，让唐瑾担任元帅府长史，军中的谋略大多出于唐瑾。江陵平定之后，当地衣冠士族全都沦为奴仆。唐瑾了解到其中才能行为略有优长的，就提议免其为奴，因唐瑾而得到赦免的人很多。等到大军还朝，各位将领大多因为掳掠而获得大量财富，唐瑾什么也没有拿，只得到两车书载着回去了。有人告诉宇文泰说："唐瑾携带了大量物资，都是梁朝的珍玩。"宇文泰最初不相信，但还是想要证明事情的真假，于是秘密派遣使者检查，只看到了书籍而已。后来因为平定江陵的功劳，唐瑾被晋封爵位为公。他累官至司宗中大夫兼内史，不久在任上去世。朝廷追赠他为小宗伯，谥号为方。

瑾性方重，有风格，退朝休假，恒着衣冠以对妻子。遇迅雷烈风，虽闲夜晏寝，必起冠带端笏危坐。又好施与，家无余财，所得禄赐常散之宗族。其尤贫乏者，又割膏腴田宅以赈之。所留遗子孙者，并垸埆之地①。朝野以此称之。

廉而方。

【注释】

①垸埆（qiāo què）：指土地瘠薄。

【译文】

唐瑾性格方正稳重，有气度，即使退朝休假，他也会衣着严正地面对妻儿。遇到有迅雷烈风，即使是夜间寝卧之时，唐瑾也必定会起来戴好冠带手执笏板端坐。唐瑾乐善好施，家无余财，所得的禄赐经常散发给宗族。其中有特别贫乏的，唐瑾就分割自家的良田来赈济他们。留给子孙的，都是贫瘠的田地。朝野都因此称赞他。

廉洁而方正。

隋

【题解】

隋炀帝好大喜功、滥用民力，致使隋朝二世而亡，在史家笔下成为一个与秦朝一样的反面典型。黄汝亨对隋朝吏治总体评价不高，认为当时存在普遍的贪贿现象。入选的八人之中，仅韦师一人被评为上等，对他们事迹的记述也都很简略。比对八人事迹，几乎看不出韦师为何被评为上等。可能的原因是八人之中，唯独韦师有好学的表现，曾对《孝经》中的名教之旨发过慨叹。就"修身齐家治国平天下"的儒家价值观而言，这是值得褒扬的。

隋统壹六朝，席富盛前代无比。平陈以后，淫侈亡度，皇纲不正，文武将吏赃秽之响相属[①]，纠检不胜[②]。以廉著者，寥寥八人而已。

【注释】

①相属：相接连，相继。

②纠检：检举。

【译文】

隋朝统一六朝以来分裂的天下，论富裕强盛，前代无可比拟。在平定南陈之后，骄奢淫逸无度，朝纲不正，文武官员贪赃枉法不断，纠察检举也无可奈何。以清廉著称的，仅寥寥八人而已。

韦师

韦师，字公颖，京兆杜陵人也[①]。少有至性，初读《孝经》[②]，叹曰："名教之极[③]，其在兹乎？"周大冢宰宇文护引为宾曹参军[④]。师雅知诸蕃风俗及山川险易，其有夷狄朝贡，师必接对，论其国俗，如视诸掌，夷人惊服。后为主簿[⑤]。及平高氏，诏师安抚山东，徙为宾部大夫[⑥]。高祖受禅[⑦]，拜吏部侍郎，赐爵井陉侯。平陈之役，领元帅掾，陈国府藏，悉委于师，秋毫无所犯，称为清白。后上为长宁王俨纳其女为妃。除汴州刺史，甚有治名，卒于官，谥曰定。

军旅中为廉士。能知蕃夷山川国俗。

【注释】

①京兆杜陵：今陕西西安东南。

②《孝经》：论述封建孝道和宣传宗法思想的儒家经典，为"十三经"之一。

③名教：指以正名分、定尊卑为主要内容的仪礼道德。

④大冢宰：官名。北周依《周礼》置六官，设天官府，以大冢宰卿为主官。宇文护（？—572）：字萨保。北周初期权臣，周文帝宇文泰的侄子。宾曹参军：官名。即兵曹参军，又称司兵参军。

⑤主簿：古代官名。是各级主官属下掌管文书的佐吏。

⑥宾部大夫：官名。即宾部中大夫，掌大宾客之仪（指北周与北齐等的往来通使）。

⑦高祖：指隋文帝杨坚（541—604）。隋朝开国皇帝。

【译文】

韦师，字公颖，京兆杜陵人。他年少时即有纯至的性情，初读《孝经》，感叹道："名教的极致，大概就在这里吧！"北周的大冢宰宇文护召引他任宾曹参军。韦师熟悉各地风俗和山川形胜，如有夷狄入朝进贡，韦师一定会接待他们，说起该国风俗，了如指掌，夷人惊叹佩服。韦师后来担任主簿。北周平定北齐高氏政权之后，朝廷下诏让韦师安抚崤山以东地区，升迁其为宾部大夫。隋文帝杨坚受北周禅让称帝，授予韦师吏部侍郎之职，赐爵位为井陉侯。在平定陈朝的战争中，韦师领元帅掾，陈朝国库中的储藏，全都委任韦师管理，韦师秋毫无犯，号称清白。后来皇帝为长宁王杨俨娶韦师的女儿为王妃。韦师又被任命为汴州刺史，任内很有政声，后来在任上去世，谥号定。

在军旅中被誉为廉洁之士。熟知各地风俗和山川形胜。

中侯莫陈颖

侯莫陈颖，字遵道，代武川人也[①]。魏大统末[②]，以父崇军功赐爵广平侯，累迁开府仪同三司。高祖受禅，累迁瀛州刺史[③]，甚有惠政。在职数年，坐与秦王俊交通，免官。百姓将送者莫不流涕，因相与立碑颂颖清德。俄拜邢州刺史[④]。仁寿中[⑤]，吏部尚书牛弘持节巡抚山东[⑥]，以颖治为第一。高祖嘉叹，优诏褒扬。时朝廷以岭南刺史、县令贪鄙，蛮夷怨叛，妙简清吏以镇抚之[⑦]，于是征颖入朝。及进见，上与颖言及平生以为欢笑。数日，进位大将军，拜桂州总管[⑧]。到官，大崇恩信，民夷悦服。炀帝即位[⑨]，征归京师。数年，岭南闽越多不附[⑩]，复拜颖为南海太守。后四岁，卒于官，谥曰定。

吏岭南闽越者多不廉,今尤比比,是以取颖。

【注释】

①武川:今内蒙古武川。

②大统:西魏文帝元宝炬年号(535—551)。

③瀛州:北魏太和十一年(487)分定、冀二州置,治赵都军城(今河北河间)。

④邢州:今河北邢台。

⑤仁寿:隋文帝杨坚年号(601—604)。

⑥持节:古代使臣奉命出行,必执符节以为凭证。

⑦妙简:精选。

⑧桂州:南朝梁置桂州,治武熙县(唐改名临桂县,在今广西柳州)。大同六年(540)治所移于始安县(今广西桂林)。

⑨炀帝:杨广(569—618)。隋朝第二位皇帝。

⑩闽越:古族名。古代越人的一支。秦汉时分布在今福建北部、浙江南部的部分地区。秦以其地为闽中郡,其首领无诸相传是越王勾践的后裔,汉初受封为闽越王,治东冶(今福建福州)。后分为繇和东越两部,因以闽越指福建北部和浙江南部一带。

【译文】

侯莫陈颖,字遵道,代郡武川人。西魏大统末年,因其父侯莫陈崇的军功而受赐广平侯的爵位,连续升迁至开府仪同三司。隋文帝受禅即位,侯莫陈颖又累次升迁至瀛州刺史,颇有惠民仁政。在任数年后,侯莫陈颖因同秦王杨俊私自交往而免官。当时来为他送行的百姓无不流下眼泪,于是共同立碑记颂侯莫陈颖的高洁品德。不久后侯莫陈颖又被任命为邢州刺史。仁寿年间,吏部尚书牛弘持节巡视山东,把侯莫陈颖的治理能力评为第一。隋文帝大加称赞,下诏褒扬他。当时朝廷因岭南地区的刺史、县令贪婪鄙陋,当地蛮夷怨怒叛乱,需要简选清廉官吏前去镇压抚慰,于是征召侯莫陈颖入朝。觐见时，隋文帝与他谈论平生往事，相谈甚欢。几天后，侯莫陈颖晋升为大将军，被任命为桂州总管。侯莫陈颖到任后，广施恩德，崇尚信义，当地汉民夷人都心悦诚服。隋炀帝即位，征召侯莫陈颖返回京师。过了几年，岭南和闽越有很多人不归附朝廷，于是又任命侯莫陈颖为南海太守。四年之后，侯莫陈颖在任上去世，谥号定。

任职岭南、闽越的官吏多不廉洁，至今贪官污吏仍比比皆是，所以取重侯莫陈颖。

中梁毗

梁毗，字景和，安定乌氏人也①。周武帝时②，封易阳县子③，累迁武藏大夫④。高祖受禅，进爵为侯，迁治书侍御史⑤，转雍州赞治⑥，出为西宁州刺史⑦，改封邯郸县侯。在州十一年。先是，蛮夷酋长皆服金冠，以金多者为豪俊，由此递相陵夺，每寻干戈，边境略无宁岁。毗患之。后因诸酋长相率以金遗毗，于是置金坐侧，对之恸哭而谓之曰："此物饥不可食，寒不可衣，汝等以此相灭，不可胜数。今将此来欲杀我邪？"一无所纳，悉以还之。于是蛮夷感悟，遂不相攻击。高祖闻而善之，征为散骑常侍、大理卿⑧。炀帝即位，迁刑部尚书，摄御史大夫事。奏劾宇文述私役部兵⑨，帝议免述罪，毗固诤，因忤旨，遂令张衡代之。毗忧愤，数月而卒。

对金恸哭，蛮夷感化。

【注释】

①安定乌氏：今宁夏固原东南。

②周武帝：宇文邕（543—578），小字祢罗突，生于同州武乡（今陕西

大荔）。是周文帝宇文泰第四子，周孝闵帝和周明帝异母弟，北周第三位皇帝。

③易阳县：在今河北邯郸永年区。

④武藏大夫：官名。北周依《周礼》置六官，武藏大夫为其一。

⑤治书侍御史：官名。亦称持书侍御史。汉宣帝斋居决事，命侍御史二人治书（办理文件），后专设此官。隋以治书侍御史为御史大夫之事，尽辖御史台中各事，秩从五品，炀帝时改正五品。

⑥赞治：官名。州府长官的行政助理。

⑦西宁州：北周天和五年（570）置西宁州，治越巂县（今四川西昌）。

⑧大理卿：官名。亦称大理寺卿。北齐改廷尉为大理而置，为大理寺长官，位列九卿。

⑨宇文述（？—616）：隋朝名将。

【译文】

梁毗，字景和，安定乌氏人。周武帝时，受封易阳县子，连续升迁为武藏大夫。隋文帝受禅登基时，进为侯爵，升任治书侍御史，转任雍州赞治，又出任西宁州刺史，改封为邯郸县侯。他在西宁州任职达十一年。此前，蛮夷的酋长都戴金冠，认为占有黄金多的人才是豪杰，因此互相抢夺，经常大动干戈，边境终年不得安宁，梁毗对此很忧虑。后来趁着各位酋长纷纷赠送黄金的机会，梁毗把这些黄金放在座位旁边，对着黄金痛哭道："这个东西饿了不能吃，冷了不能穿，而你们因为它而互相残杀，死人不可胜数。如今你们拿来这些黄金是想杀我吗？"于是一点不留，全都还给他们。蛮夷酋长们由此感悟，不再为黄金相互争斗。隋文帝得知此事后，嘉许他的作为，征调入京任散骑常侍、大理卿。隋炀帝即位后，梁毗升任刑部尚书，代理御史大夫职权。梁毗上奏弹劾宇文述私自役使兵卒的罪行，隋炀帝提出赦免宇文述之罪，梁毗坚持诤谏，因此忤逆圣旨，于是让张衡代替了梁毗的职务。梁毗深感忧愤，数月之后去世。

对着黄金恸哭，蛮夷受到感化。

中柳俭

柳俭，字道约，河东解人也。为人有局量[①]，立行清苦，为州里所敬。虽至亲昵，无敢狎侮。周代历宣纳上士、畿伯大夫[②]。及高祖受禅，擢拜水部侍郎。未几，出为广汉太守，甚有能名，后拜蓬州刺史[③]。狱讼者庭遣，不为文书约束，佐史从容而已。蜀王秀时镇益州，列上其事，迁邛州刺史[④]。在职十余年，萌夷悦服。及蜀王得罪，俭坐免。及还乡里，乘敝车羸马，妻子衣食不赡[⑤]，见者咸叹服焉。炀帝嗣位，征拜弘化太守，赐物一百段而遣之。俭清节逾励。

【注释】

①局量：格局，气量。

②宣纳上士：官名。北周置，宣纳下大夫属官，佐其延纳王言，出宣帝命，故须选用口齿清晰之人。畿伯大夫：官名。西魏恭帝时置，北周沿置，亦作畿伯下大夫。

③蓬州：北周天和四年（569）分巴、隆二州置，在今四川蓬安。

④邛州：今四川邛崃。

⑤不赡：不足。

【译文】

柳俭，字道约，河东解人。为人有格局度量，行为举动守贫刻苦，为同乡人所敬重。就算是关系非常亲近的人，也不敢轻慢戏弄他。在北周时先后担任宣纳上士、畿伯大夫等职。隋文帝受禅即位后，被擢升为水部侍郎。不久，出任广汉太守，以能力出众而得到很高名望，后来又被任命为蓬州刺史。柳俭处理刑狱诉讼事务能做到当堂审清结案，这是因为他不受文书教条的约束，让属吏能从容办事罢了。当时蜀王杨秀镇守益州,向朝廷上奏柳俭的情况,柳俭迁任邛州刺史。他在任十余年,当地各族民众心悦诚服。后来蜀王杨秀获罪,他受牵连免官。柳俭返回家乡的时候,乘坐破车瘦马,妻室儿女衣食不足,看到的人都为他的清苦叹服。隋炀帝即位后,征召任命他为弘化太守,赐布帛一百段然后派他上任。柳俭更加坚持清高的操守。

大业五年[①],入朝,郡国毕集,帝谓纳言苏威、吏部尚书牛弘曰[②]:"其中清名天下第一者为谁?"威等以俭对。因赐帛二百匹,令天下朝集使送至郡邸[③],以旌异焉。大业末,唐兵尊立恭帝[④],俭缟素南向恸哭[⑤]。既而归唐,拜上大将军。岁余卒于家,时年八十九。

讼狱庭遣,不为文书约束,今人罕见。与"独立使君"同品[⑥]。

【注释】

①大业:隋炀帝年号(605—618)。

②纳言:官名。以宣达帝命为职。

③朝集使:汉代,各郡每年遣使进京报告郡政及财经情况,称为上计吏。后世袭汉制,改称朝集使。

④恭帝:杨侑(605—619)。隋炀帝杨广之孙,隋朝第三位皇帝。

⑤缟素:白色。缟与素都是白色的生绢,引申为白色,指丧服,也比喻俭朴。

⑥独立使君:指廉洁奉公的北周河北太守裴侠。语出《北史·裴侠传》:"周文命侠别立,谓诸牧守曰:'裴侠清慎奉公,为天下之最。'令众中有如裴侠者可与之俱立,众皆默然……朝野号为'独立使君'。"

【译文】

大业五年,柳俭入朝觐见,当时各封疆大吏会集京城,隋炀帝对纳言苏威、吏部尚书牛弘说："这些官员中有天下第一清名的是谁？"苏威等都回答说是柳俭。于是隋炀帝赐予柳俭帛二百匹，下令让天下的朝集使送至他的郡邸，以此作为褒奖。大业末年，唐兵拥立隋恭帝，柳俭穿着丧服向南恸哭。后来柳俭归顺唐朝，被任命为上大将军。过了一年多在家中去世，享年八十九岁。

刑狱诉讼能当堂结案，不被文书教条所约束，在当今实属罕见。与廉洁奉公的北周河北太守裴侠同一品位。

中刘旷

刘旷，不知何许人也。性谨厚，每以诚恕应物。开皇初[①]，为平乡令[②]，单骑之官。人有诤讼者，辄丁宁晓以义理，不加绳劾，各自引咎而去。所得奉禄赈施穷乏。在职七年，风教大洽，狱无系囚，囹圄尽皆生草，庭可张罗。迁临颍令[③]，清名善政为天下第一。帝召见奖谕，擢拜莒州刺史[④]。

循吏。

【注释】

①开皇：隋文帝杨坚年号（581—600）。

②平乡：今河北平乡。

③临颍：今河南临颍。

④莒州：今山东莒县。

【译文】

刘旷，籍贯不清楚。他性格谨慎敦厚，待人接物诚恳宽厚。开皇初年，刘旷担任平乡县令，他单人独马前去赴任。遇有诉讼时，刘旷就反复晓谕以理服人，不直接进行惩处，来打官司的人常常各自心怀愧疚离开。

他把所得俸禄用来周济贫困的人。刘旷在职七年,当地风气正、教化广布,监狱里没有在押囚犯,牢舍里长满了荒草,庭院冷清可以张网捕雀。后来调任临颍县令,其清廉且善于治理的名声为天下第一。皇帝召见并予以表彰,提拔他为莒州刺史。

奉公守法的官吏。

中骨仪

骨仪,京兆长安人。性刚鲠[①],有不可夺之志。开皇初,为侍御史,处法平当,不为势利所回。炀帝嗣位,迁尚书右司郎。于时朝政渐乱,浊货公行[②],凡当枢要之职,无问贵贱,并家累金宝,天下士大夫莫不变节。而仪励志守常,介然独立[③]。帝嘉其清苦,超拜京兆郡丞,公方弥著[④]。

【注释】

①刚鲠:亦作刚梗,刚强正直。

②浊货:黩货。贪污纳贿。

③介然:专一,坚正不移,坚定不动摇。

④公方:公正方直。

【译文】

骨仪,京兆长安人。他性格刚强正直,有不可动摇的坚定意志。开皇初年,他担任侍御史,执法公正严明,不为权势和利益所屈服。隋炀帝即位后,骨仪升迁为尚书右司郎。当时朝政逐渐浊乱,贪污纳贿之风大行其道,凡是出任机要官职的,无论家庭出身如何,都蓄积了大量财宝,天下士大夫几乎没有不变节的。而骨仪磨砺意志坚守常道,坚定独立而不同流合污。皇帝嘉许他守贫刻苦,越级提拔他担任京兆郡丞,他的公正方直更加闻名于世。

中房彦谦

房彦谦，字孝冲，本清河人[①]。七世祖迁于齐，因家焉。彦谦天性颖悟，年七岁，诵数万言。丁所继母忧[②]，勺水不入口者五日。遇期功之丧[③]，必蔬食终礼。其后受学于博士尹琳，手不释卷，遂通涉"五经"。年十八，齐州刺史广宁王孝珩辟为主簿[④]，在职清简，州境肃然。开皇中，为监察御史，迁秦州总管录事参军[⑤]，后征拜司隶刺史。大业九年，从驾渡辽，监扶余道军[⑥]。其后隋政渐乱，朝廷靡然，彦谦直道守常，介然孤立。出为泾阳令，卒于官，年六十九。

【注释】

①清河：今河北清河。

②丁所继母忧：丁忧，指遭逢父母丧事。旧制，父母死后，子女要守丧，三年内不做官，不婚娶，不赴宴，不应考。

③期功：古代丧服的名称。期，服丧一年。功，按关系亲疏分大功和小功，大功服丧九月，小功服丧五月，亦用以指五服之内的宗亲。

④齐州：北魏改冀州置，治所在历城县(今山东济南)。

⑤录事参军：晋时始置，亦称录事参军事。为王、公、大将军的属员，掌总录众曹文簿，举弹善恶。

⑥扶余：今吉林四平。

【译文】

房彦谦，字孝冲，本来是清河人。他的七世祖迁居齐地，于是就在那里安家。房彦谦天资聪慧有悟性，七岁时，已能诵读数万字的文章。后来为继母守丧，他接连五天滴水不进。遇有亲族的丧事，房彦谦必定只食用简单的食物来尽到礼节。后来房彦谦师从于博士尹琳，他手不释卷，广泛涉猎了“五经”之学。十八岁时，齐州刺史广宁王高孝珩征辟他为主簿，他在任清廉简约，齐州境内安宁平静。隋文帝开皇年间，任监察御史，迁任秦州总管录事参军，后被征拜为司隶刺史。隋炀帝大业九年，随从御驾出征辽东，任扶余道监军。后来隋朝国政逐渐溃乱，朝廷风气败坏，房彦谦坚持正道遵守常法，坚定不移洁身自立。外放为泾阳县令，在任上去世，时年六十九岁。

彦谦家有旧业，资产素殷，又前后居官，所得奉禄周恤亲友，家无余财，车服器用务存素俭。自少至长，一言一行未尝涉私，虽致屡空，怡然自得。常从容独笑，顾谓其子玄龄曰：“人皆因禄富，我独以官贫，所遗子孙在于清白耳。”

富而贤者，往往以官贫。有子。

【译文】

房彦谦家有祖传产业，资产殷富，又前后多次担任官职，他所得的俸禄都用来周济亲朋好友，家里没有多余的钱财，日常衣食住行都保持朴素节俭。房彦谦自年轻到老年，一言一行，从没有涉及私利，虽然常常导致贫乏，但怡然自得。他曾悠然独自微笑，回头对他的儿子房玄龄说：“人家都因官俸而富有，只有我因做官而贫穷，留给子孙的财产就只有清白了。”

富裕而又贤达的人，往往因为做官而变得穷苦。有个好儿子。

中敬肃

敬肃，字弘俭，河东蒲坂人也[①]。少以贞介知名[②]。大业五年，以颍川郡丞朝东都。帝令司隶大夫薛道衡为天下郡官之状[③]，道衡状称肃曰："心如铁石，老而弥笃。"时左翊卫大将军宇文述当涂用事，其邑在颍川，每有书属肃，肃未尝开封，辄令使者持去。述宾客有放纵者，以法绳之，无所宽贷。由是述衔之。将擢为太守者数矣，辄为述所毁，不行。大业末，乞骸骨，优诏许之。去官之日，家无余财。岁余，终于家，时年八十。

心如铁石。

【注释】

①河东蒲坂：今山西永济。

②贞介：方正耿介。

③薛道衡（540—609）：字玄卿，河东汾阴（今山西万荣）人。隋朝大臣。

【译文】

敬肃，字弘俭，河东蒲坂人。他年少时即以方正耿介为世人所知。大业五年，敬肃以颍川郡丞的身份到东都洛阳朝见皇帝。隋炀帝命司隶大夫薛道衡陈述全国郡级官员的情状，薛道衡这样赞誉敬肃："心如铁石，老而弥坚。"当时左翊卫大将军宇文述正在朝中执掌大权，他的封邑在颍川，宇文述经常给敬肃写信，敬肃从未打开过，总是让送信者持信离开。宇文述的门客有放纵不守规矩的，敬肃都依法惩治，从不宽饶。因此宇文述对敬肃怀恨在心。好几次敬肃要被提拔为太守，都因宇文述诋毁中伤，最后没成。大业末年，敬肃自请退职回老家安度晚年，皇帝下诏褒奖敬肃并允许他还乡。敬肃辞官之时，家中没有多余的钱财。过了一年多，敬肃在家中去世，时年八十岁。

意志坚定有如铁石。

唐

【题解】

唐朝之所以能开创出一个空前盛世，与其高度发达的政治文明是分不开的。唐朝继承并发展了隋朝创立的科举制，为广大寒门士人出仕为官施展抱负提供了有利条件。唐朝士人的政治热情空前高涨，故而有唐一代，廉吏辈出，其中多数都经由科举考试而入仕，被收入《廉吏传》者达六十一人之多。在以他们为代表的优秀士人的努力下，先后出现了“贞观之治”和“开元盛世”。“安史之乱”以后，他们又在藩镇割据、宦官专权的局面下一次次努力挽救社稷危亡，其中如段秀实等不惜以身殉难，成为千古忠臣的典范。唐朝廉吏在整体上有一个特征，即他们大都有开拓进取、勇于任事的精神，如刘晏改革财政制度使国用充足，又如韩滉保障了江淮财力对中央的支持，都是使国家转危为安的大功绩。唐朝中期以后，还能出现“元和中兴”“大中之治”的局面，这些集廉洁品行与经世之才于一身的廉吏居功至伟。

唐三百年间之名臣将相多矣。贞观、开元而后[①]，祸乱迭作于时，忠公强干才略之杰，检其以廉著者传焉，如张玄素、陆贽、刘晏、李勉辈其尤也，合之得六十一人。僧孺失维州，构党祸，与卢杞险陋凶残，罪差减，然以列于廉吏，吾窃恨之。

【注释】

①贞观：唐太宗李世民年号（627—649）。开元：唐玄宗李隆基年号（713—741）。

【译文】

唐朝三百年间名臣将相很多。贞观、开元之后，祸乱频繁发生，出现很多忠诚奉公、精明干练有才略的杰出人物，检视其中以廉洁著称的为其作传，像张玄素、陆贽、刘晏、李勉等人是其中特别突出的，合计共六十一人。牛僧孺丢失维州，制造党争之祸，还有卢杞阴险粗陋凶狠残暴，因为廉洁而减轻罪名还说得过去，却也被列为廉吏，我本人心下是痛恨的。

中温彦博

温彦博，字大临，并州祁人[①]。开皇末，对策高第，授文林郎[②]。隋乱，幽州总管罗艺引为司马。艺以州降，彦博与有谋，授总管府长史，封西河郡公。召入为中书舍人。迁侍郎。突厥入寇[③]，彦博以并州道行军长史，战大谷[④]，王师败绩，被执。太宗立，突厥归款[⑤]，得还。贞观四年，累迁中书令，封虞国公。

【注释】

①祁：今山西祁县。

②文林郎：官名。隋文帝开皇六年（586）置为八郎之一，从九品上，

为文散官。

③突厥：我国古代北方阿尔泰山一带的边疆游牧民族。

④大谷：今山西晋中太谷区。

⑤归款：归顺。

【译文】

温彦博，字大临，并州祁县人。开皇末年，温彦博因对策考核取得优等而被授职文林郎。隋末大乱，幽州总管罗艺任用温彦博为司马。罗艺带领幽州归降唐朝，温彦博参与了谋划，被授职总管府长史，封爵西河郡公。不久被征召入京任职中书舍人。随即升任中书侍郎。突厥率兵进犯，温彦博以并州道行军长史身份与虏寇战于大谷，王师战败，温彦博被擒。唐太宗即位后，突厥归顺，彦博得以返回。贞观四年，升任中书令，封为虞国公。

彦博善词令，每问四方风俗，胪布诰命[①]，若成诵然。进止详雅，人皆拭目。高祖尝宴近臣[②]，遣秦王谕旨[③]，既而顾左右曰："何如温彦博？"十年[④]，迁尚书右仆射。明年卒，年六十三。彦博性周慎，既掌机务，谢宾客不通，进见必陈政事利害。卒后，帝叹曰："彦博以忧国故，耗思殚神，恨不许少闲，以究其寿。"家贫无正寝，殡别室，帝命有司为构寝。赠特进，谥曰恭。

【注释】

①胪布：宣布。

②高祖：唐高祖李渊（566—635）。唐朝开国皇帝。

③秦王：即李世民（599—649）。唐朝建立后，李世民被封为秦王。

④十年：此指贞观十年（636）。

【译文】

温彦博善于辞令，每逢问及四方风俗，宣布诰命，就像事先会背诵一样。他举动雍容不迫，人们都拭目以观。唐高祖曾宴飨近臣，派遣秦王宣谕旨意，秦王过后回顾左右说："我的表现比起温彦博如何？"贞观十年，温彦博升任尚书右仆射。第二年去世，时年六十三岁。温彦博性情周密谨慎，在执掌机要事务后便谢绝宾客，不与往来，进见皇帝时必定会陈说政事利害得失。温彦博去世之后，太宗感叹说："彦博因忧国的缘故，耗尽心力，我只恨没能让他稍有空闲以延长寿命。"温彦博家中清贫，房屋连正堂都没有，故而只能把灵柩停于别室，于是太宗下令为他营造正堂。朝廷赠予温彦博特进官衔，赐谥号为恭。

当彦博兵败被执，突厥知天子近臣，数问唐兵多少及国虚实，彦博宁死不对。忧囚阴山，自分为胡鬼矣，岂有虞国公之望哉！呜呼，此所以官登令仆①，而家无正寝也。

【注释】

①令仆：指尚书令与仆射。亦泛指股肱重臣。

【译文】

温彦博兵败被俘之时，突厥闻知他是唐帝近臣，于是多次审讯，要他供出唐军兵力及国家虚实情况，温彦博宁死也不告诉他们。温彦博被突厥囚禁于阴山苦寒之地时，自以为将成为胡地之鬼，哪会有被封为虞国公的指望呢？呜呼，这就是温彦博官至股肱重臣家里却没有正寝的原因啊。

中屈突通

屈突通，先仕隋，勋绩茂著，累官左骁卫大将军、关内讨捕大使。及高祖起兵，通守河东，战久不下。高祖留兵围之，遂率大军济河。通大惧，乃留郎将尧君素守蒲，自引兵至潼关阻刘文静兵[①]，不得进。后势蹙被擒，帝劳曰："何相见晚邪？"泣曰："通不能尽人臣之节，故至此，为本朝羞。"帝曰："忠臣也。"释之，授兵部尚书、蒋国公，为秦王行军元帅长史。从平薛仁杲[②]。时贼珍用山积，诸将争得之，通独无所取。帝闻，曰："清以奉国，名定不虚。特赉金银六百两、彩千段。"累官工部尚书、洛州都督，进左光禄大夫。卒年七十二，赠尚书左仆射，谥曰忠。后诏配飨太宗庙廷。永徽中[③]，赠司空。

【注释】

①潼关：关隘名。在陕西潼关境内，自古为兵家必争之地。

②薛仁杲（？—618）：河东汾阴（今山西万荣）人。隋末唐初陇西割据军阀。

③永徽：唐高宗李治年号（650—655）。

【译文】

屈突通，早先为隋朝官员，因功勋卓著而屡次升迁至左骁卫大将军、关内讨捕大使。在唐高祖起兵时，屈突通镇守河东地区，唐军久攻不克。于是唐高祖留下部分军队包围河东，率大军渡过黄河。屈突通心中大惧，于是让郎将尧君素留守蒲城，亲自领兵到潼关去阻击刘文静的部队，不能前进。后因兵败势穷被擒，唐高祖慰劳他说："我们相见怎么如此之晚呢？"屈突通哭道："屈突通不能竭尽为人臣的节义，到了这步田地，实在是本朝的羞辱呵。"皇帝说："你真是隋朝的忠臣。"于是下令释放了他，授职兵部尚书，封爵为蒋国公，让他担任秦王李世民的行军元帅长史。屈突通后来随军出战平定薛仁杲。当时薛仁杲积蓄的珍宝堆积如山，诸将都争相抢夺，只有屈突通什么也没拿。唐高祖闻知此事后，说："屈突通为国家供职如此清廉正直，真是名不虚传。特赏赐他金银六百两、彩绸一千段。”屈突通多次升迁至工部尚书、洛州都督，加左光禄大夫。屈突通七十二岁时过世，朝廷追赠他尚书左仆射，谥号忠。后来皇帝又下诏把屈突通的神位供奉在太宗的庙堂里。到了唐高宗永徽年间，又追赠屈突通司空官衔。

初，桂州都督李弘节亦以清慎显。既殁，其家卖珠。太宗疑弘节实贪，欲追坐举者。魏徵曰："陛下过矣。且今号清白死不变者，屈突通、张道源二人。通二子来调，共一马；道源子不能自存。审其清者不加恤，疑其浊者罪所举，亦好善不笃矣。"帝曰："朕未之思。"置不问。故通之清益显云。

武人耳，清白死不变，以此亦见魏徵知人匡主。

【译文】

起初，桂州都督李弘节也以清廉谨慎知名。李弘节去世后，他的家人变卖珍珠。唐太宗于是怀疑李弘节其实是贪官，想追究推举李弘节的人的罪过。魏徵说："陛下错了。当今号称清白至死不变者，唯有屈突通与张道源。屈突通二子应征调前来，二人共骑一马；张道源之子生计艰难。审查出清廉者而不予抚恤，怀疑是贪墨者而加罪于推举之人，这是爱美德但不宽厚啊。"太宗说："朕没想到这一点。"于是对此事置之不问。由于这个缘故，屈突通的清廉更为知名。

身为武人，一生清白至死不变，由此也可察见魏徵知人善任能匡助君主。

下 皇甫无逸

皇甫无逸，字仁俭，京兆万年人也[①]。仕隋，历官右武卫将军。炀帝遇害,乃与段达立越王侗[②]。及王世充篡[③],弃母妻,斩关自归。高祖以无逸本隋勋旧,尊遇之,拜刑部尚书,封滑国公,累迁御史大夫。时蜀新定,吏多横恣,人不聊生。诏无逸持节巡抚,得承制除吏。既至,黜贪暴,用廉善,法令严明,蜀人以安。后出为同州刺史,徙益州大都督府长史。所至辄闭阁,不通宾客,左右无敢出入者,所须皆市易他境。尝按部宿民家,灯炷尽,主人将续进,无逸抽佩刀断带为炷,其廉介类如此。然过自畏慎,每上表疏,读数十,犹惧未审。使者上道,追省再三,乃得遣。母是时在长安,疾笃,太宗命驰驿召还承问[④],忧悸不能食,道病卒。赠礼部尚书,谥曰孝。

小心人。

【注释】

①万年:县名。在今陕西西安。

②侗:即杨侗。隋炀帝杨广之孙,封越王。

③王世充(?—621):本姓支,西域胡人。隋朝将领,隋末废主自立,后降唐。

④驰驿:驾乘驿车疾行。

【译文】

皇甫无逸,字仁俭,京兆万年县人。皇甫无逸出仕隋朝,曾任右武卫将军。隋炀帝被杀后,他同段达一起拥立越王杨侗为帝。王世充篡位之时,皇甫无逸抛下老母和妻子,独自杀出关门归顺唐朝。唐高祖因皇甫无逸是隋朝功臣,对他非常尊敬,授予其刑部尚书之职,封爵滑国公,接连升迁为御史大夫。当时蜀地刚刚平定,官吏大都放肆横行,民不聊生。皇帝下诏让无逸拿着符节前去巡视抚慰,拥有承受诏命直接授任官吏职权。皇甫无逸到了蜀地以后,罢黜贪暴官员,任用廉洁良吏,法令严明,蜀地百姓得以安宁。皇甫无逸后来出任同州刺史,又迁为益州大都督府长史。他每到一地都闭门不交接宾客,身边的人也不敢随便出入,所需物品都从辖境以外买来。皇甫无逸曾经外出巡视部属,途中留宿于民家,灯芯燃尽,主人想要续上,皇甫无逸抽出佩刀斩断衣带作为灯芯,他廉洁正直的事迹大多像这样。但皇甫无逸过于小心谨慎,每次上奏疏,写完后反复读上十遍还不放心。送奏疏的使者已经上路了,还要追回来再三检查才派送。他的母亲在长安病重,太宗让人从驿道兼程前去召他回长安探视,他为之忧虑不安,吃不下饭,在路上生病逝世。皇帝追赠他为礼部尚书,谥号为孝。

谨慎行事的人啊。

皇甫无逸断带为炷,市必他境,果哉硁硁,君子陋之。及读《唐书》,乃得其故。当神尧时[1],屡为仇人所诬,几至族灭。赖天子明圣,连斩告者,亦危矣。呜呼,君子不幸而当此,以策数马之意[2],又安可少乎?

【注释】

①神尧:唐代对高祖李渊的尊称。

②以策数马:典出《史记·万石张叔列传》:"万石君少子庆为太仆,御出,上问车中几马,庆以策数马毕,举手曰:'六马。'庆于诸子中最为简易矣,然犹如此。"表示居官为人小心谨慎。

【译文】

皇甫无逸斩断衣带做灯芯,所需物品都从辖境以外买来,果然是固执,君子是瞧不起这种人的。后来我读到《唐书》时才知道其中的缘故。在唐高祖李渊时,他多次被仇人诬陷,差点导致灭族。幸好仗恃天子圣明,连续处斩了诬告之人,但他也因此处于危险之中。哎,君子不幸处于这样的境地,那么他在简单的事情上小心谨慎的作风,又怎么能被轻视呢?

中李袭誉

李袭誉，字茂实，其先本陇西狄道人[①]。五世祖避地，更为金州安康人[②]。仕隋，为冠军府司兵。高祖定长安，召授太府少卿，安康郡公，拜潞州总管。有功，累迁扬州大都督府长史、江南巡察大使，多所黜陟，尽地利，民多归本。召为太府卿。为人严悫[③]，以威肃闻。居家俭，厚于宗亲，禄禀随多少散之，以余资写书。罢扬州，书遂数车载。尝谓子孙曰："吾性不喜财，遂至窭乏[④]。然负京有赐田十顷，能耕之足以食；河内千树桑，事之可以衣；江都书，力读可进求宦。吾殁后，能勤此，无资于人矣。"迁凉州都督，改同州刺史，后坐事废为民，流泉州卒[⑤]。

平心人。语子孙不矫矫。

【注释】

①狄道：今甘肃临洮。

②金州安康：今陕西安康。

③严悫（què）：严肃而诚实。

④窭（jù）乏：穷困贫乏。

⑤泉州：唐时治所在今福建福州。

【译文】

李袭誉，字茂实，其祖先是陇西狄道人。他的五世祖为避灾祸而迁居，于是成为金州安康人。李袭誉出仕隋朝，任冠军府司兵。唐高祖定都长安后，把他召到京城，授予太府少卿职，封安康郡公，出任潞州总管。有功劳，多次升迁至扬州大都督府长史、江南巡察大使，任内对很多官吏进行提升、贬斥，使地尽其利，百姓乐于从事农业生产。李袭誉又被征召为太府卿。他为人严肃而诚实，以威严闻名于世。他居家生活节俭，对同宗亲属很亲厚，自己所得官俸不管多少都散济给他们，剩下的才供自己著书之用。李袭誉从扬州罢官归家时，运书数车。他曾教导子孙说："我生性不喜欢聚敛财产，致使家里穷困贫乏。但考虑到长安有皇帝所赐田地十顷，你们耕种足够食用；河内我植有桑树千株，你们养蚕可供穿衣；我在扬州做官时所写的书籍，你们好好读它，将来也可以立身做官。我死了以后，只要你们在这三方面勤奋用事，就不用求助于别人。"后来迁为凉州都督，改同州刺史，后又因事获罪被废黜为平民，流放泉州去世。

这就是心态平和的人啊。教育子孙时并不张扬。

上张玄素

张玄素，蒲州虞乡人①。仕隋为景城县户曹②。窦建德陷景城③，执将杀之，邑人千余号泣，请代，曰："此清吏，杀之是无天也。"建德命释缚，署治书侍御史，不拜。太宗即位，问以政，拜侍御史，迁给事中。贞观四年，诏发卒治洛阳宫，且东幸。玄素上书力谏，诏罢役，赐绿二百匹。魏徵名梗直，闻玄素言，叹曰："张公论事，有回天之力。"历太子少詹事，迁右庶子。时太子承乾事游畋，不悦学，玄素再上书极谏，太子怒，遣刺客伺之。会宫废，坐除名为民。顷之，召授潮州刺史④，徙邓州。高宗时⑤，以老致仕，麟德初⑥，卒。

被陷小吏，千余人号泣请代死。非小廉能得此。论事有回天之力。

【注释】

①虞乡：今山西永济东。

②景城县：县名。在今河北沧州。

③窦建德(573—621)：贝州漳南(今河北故城)人。隋末农民起义领袖。唐初兵败被杀。

④潮州：今属广东。

⑤高宗：李治(628—683)。唐朝第三位皇帝。

⑥麟德：唐高宗李治年号(664—665)。

【译文】

张玄素，蒲州虞乡县人。张玄素曾出仕隋朝，任景城县户曹。窦建德攻陷景城后，捉住他准备杀掉，城里一千多人哭喊着要求代替他死，他们说："这是位清官，杀他就没有天理了。"于是窦建德命令松绑，任命他为代理治书侍御史，他不接受。唐太宗即位后，向他问政，并授予他侍御史之职，后又升迁给事中。贞观四年，皇帝下诏令征调士卒修建洛阳行宫，准备游幸东都。张玄素上书极力劝谏，于是皇帝下诏停止了这项工程，并赏给张玄素彩绢两百匹。魏徵以刚直闻名，听到张玄素的话，赞叹说："张公评论朝政，有谏止皇帝的力量。"张玄素曾任太子詹事，又升任右庶子。当时太子李承乾老是出游打猎，不爱读书，张玄素两次上书尽力劝谏，太子发怒，派刺客伺机暗杀他。后来恰逢太子被废，张玄素受牵连罢官为民。过了不久，张玄素被召回担任潮州刺史，又转任到邓州。高宗李治时期，张玄素告老退休，于麟德初年去世。

被小吏设计陷害，一千多人哭喊着要求代替他死。并非小廉就能如此。他议论朝政有谏止皇帝的力量。

中李素立

李素立，赵州高邑人[①]。武德初[②]，为监察御史[③]。民犯法不及死，高祖欲杀之，素立谏曰："三尺法[④]，天下所共有，一动摇则人无以措手足。方大业经始，奈何辇毂下先弃刑书乎？”帝嘉纳，由是恩顾特异。以亲丧解官，起授七品清要，有司拟雍州司户参军，帝曰：“要而不清。”复拟秘书郎，帝曰：“清而不要。”乃授侍御史。贞观中，领瀚海都护⑤。夷人感其惠，率马牛以献，素立止受酒一杯，归其余。开屯田，立署次，虏益畏威。历太仆、鸿胪卿，累封高邑县侯。

永徽初，为蒲州刺史。将行，还所储粇并什器于州⑥，赍家书就道。会卒，高宗特废朝一日，谥曰平。

【注释】

①高邑：今属河北。

②武德：唐高祖李渊年号（618—628）。

③监察御史：官名。掌管监察百官、巡视郡县、纠正刑狱、肃整朝仪等事务。唐御史台分为三院，监察御史属察院，品秩不高而权限广。

④三尺法：指法律。古代以三尺竹简书法律，故称。

⑤瀚海都护：贞观年间设立，负责管理北方诸族，初名燕然都护府。

⑥粇（hé）：米麦的碎屑，多用指粗粮。

【译文】

李素立，赵州高邑人。唐高祖武德初年，李素立任监察御史。有一平民犯法但罪不至死，高祖欲处死这个平民，李素立进谏说：“法律是天下所共有的，如果动摇了，天下百姓将不知所措。帝业刚刚兴起，皇帝您怎么能够先抛弃刑法呢？”高祖深表赞许，采纳了他的谏言，由此李素立得到高祖特别的恩遇。李素立由于丧亲而辞去官职，后被重新起用，朝廷授予他七品的显贵机要之职，有关部门打算让李素立担任雍州司户参军，高祖说：“这个职位重要而不显贵。”又拟任命他为秘书郎，高祖说：“此官职显贵而不重要。”于是授予他侍御史一职。贞观年间，李素立任瀚海都护。夷人感念他的恩惠，牵着牛马来献给他，李素立只接受了一杯酒，其余的都归还给夷人。李素立主持开垦屯田，建立官署，胡人更加惧怕他的威严。李素立先后任太仆、鸿胪卿，累封为高邑县侯。

唐高宗永徽初年，李素立任蒲州刺史。赴任时，他将所储存的粗粮和生活器具归还州府，然后带着家小书籍上路。后来去世，唐高宗特地罢朝一日，赐谥号为平。

中岑文本

岑文本，字景仁，邓州棘阳人[①]。父之象，仕隋为邯郸令，坐为人讼，不得申。文本年十四，诣司隶理冤，辨对哀畅，众属目，命作《莲华赋》，文成，合台嗟赏，遂得直。性沉敏，善文词，多所贯综。萧铣僭号[②]，召为中书侍郎。河间王孝恭平荆州，其下欲掠寇，文本说止之。孝恭喜，署别驾。从击辅公祏[③]，典檄符。进署行台考功郎中。贞观元年，除秘书郎，兼直中书省。以李靖荐[④]，擢中书舍人。时颜师古为侍郎[⑤]，自武德以来，诏诰或大事皆所草定。及得文本，号善职，而敏速过之。或策令丛遽，敕吏六七人泚笔待[⑥]，分口占授，成无遗意。遂代师古为侍郎，专掌机要。封江陵县子。是时魏王泰有宠，第舍冠诸王，文本上疏谏帝，善之。逾年为令，从伐辽东，事一委倚，至粮漕最目、甲兵凡要、料配差叙，筹不废手，由是神明顿耗。帝曰："文本今与我同行，恐不与我同返矣。"至幽州，暴病卒，年五十一。赠侍中、广州都督，谥曰宪，陪葬昭陵[⑦]。

【注释】

①棘阳:县名。在今河南新野。

②萧铣(?—621):南兰陵(今江苏常州武进区)人。隋末南方割据群雄之一,称帝于岳阳,国号梁。

③辅公祏(?—624):齐州临济(今山东章丘西北)人。隋末唐初南方起义军领袖。降唐,复叛,被诛。

④李靖(571—649):雍州三原(今陕西三原)人。唐朝开国功臣。

⑤颜师古(581—645):雍州万年(今陕西西安)人。唐初名臣,经学家。

⑥泚(cǐ)笔:以笔蘸墨。

⑦昭陵:唐太宗李世民的陵墓。

【译文】

岑文本,字景仁,邓州棘阳人。岑文本之父岑之象在隋朝做官,曾任邯郸令,因事被人告状,无法申冤。岑文本十四岁那年,到司隶那里陈诉冤屈,他辩论和答对的言辞流畅而情感充沛,众人为之瞩目,让他作《莲华赋》,作成之后,整个官署的人都赞叹不已,他父亲的冤屈最终也得以洗雪。岑文本沉稳聪敏,擅长作文章,多所融会贯通。萧铣僭越称帝,召岑文本任中书侍郎。河间王李孝恭平定荆州后,其部下想要大肆抢掠,岑文本劝止了李孝恭。李孝恭为此事而高兴,任用岑文本为别驾。岑文本后来跟随李孝恭攻打辅公祏,主管文案印信。后升任行台考功郎中。贞观元年,岑文本被授任秘书郎,同时在中书省任职。因为李靖的推荐,岑文本又被任命为中书舍人。当时颜师古担任侍郎,自从武德年间以来,诏书文诰或重要政令都由颜师古起草制定。等到岑文本任职后,大家都评说他称职,而且反应敏捷超过了颜师古。有时诏令繁多时间紧急,他便叫属吏六七人蘸墨等待,分别进行口授,草成之后没有遗漏的内容。于是岑文本接替颜师古担任侍郎,专门掌管朝中的机密文件。受封江陵县子爵位。当时魏王李泰受宠,府邸豪华超过其他诸王,岑文本就此上疏进谏太宗,太宗很是赞许。第二年,岑文本任中书令,跟随太宗征伐辽东,太宗把军政大事全部交付给他,粮食运输的目次、兵器甲胄的总目、物资配给的次序等事都要办理,筹算不离手,因此而心力交瘁。太宗说:"岑文本和我一同出征,恐怕不能和我一同返回了!"到达幽州的时候,岑文本突发疾病而亡,时年五十一岁。太宗追赠他侍中、广州都督,赠谥号为宪,陪葬昭陵。

始,文本贵,常自以兴孤生,居处卑,室无茵褥帏帟。事母孝,抚弟侄笃恩义。生平故人,虽羁贱必钧礼。帝每称其忠谨。始为中书令,有忧色,母问之,答曰:"非勋非旧,责重位高,所以忧也。"有来庆者,辄曰:"今日受吊不受庆。"或劝其营产业,曰:"吾汉南一布衣,徒步入关,所望不过秘书郎、县令耳。今无汗马劳,以文墨位宰相,奉稍已重,尚何殖产业邪?"故口未尝言家事。

以身殉官,以廉谨殉身。

【译文】

早先,岑文本地位显贵,他常常随性独居,住所低矮简陋,室内连褥垫、帐幔之类的东西也没有。他侍奉母亲以孝著称,抚养弟侄很有恩义。平生的故人,即使是飘零贫贱之人也一定以礼相待。皇帝常常称赞他忠诚谨慎。刚被授予中书令的时候,岑文本面带忧色,他的母亲问他原因,岑文本回答说:"我既非元勋又非先王旧臣,责任重、官职高,因此忧惧。"亲戚朋友有来庆贺的,岑文本说:"今日只接受吊问,不接受庆贺。"又有人劝他置办产业,岑文本说:"我本是汉南的一个平民百姓,空手进京,当初的愿望,不过做个秘书郎、县令而已。如今没有什么功劳,仅仅凭着写文章而官至宰相,俸禄已经过于丰厚了,为什么还要再置产业呢?"因此岑文本从不曾言说家中之事。

以一己之身尽忠职守，为廉洁谨慎而坚守清贫。

中贾敦颐

贾敦颐，曹州冤句人[①]。贞观时，历数州刺史，资廉絜。入朝，常尽室行，车一乘，敝甚，羸马绳羁，道上不知其为刺史也。后为瀛州刺史，州濒滹沱、滱二水[②]，岁湓溢[③]，坏室庐，寖洳数百里[④]。敦颐为立堰，水不能暴，百姓利之。永徽中，迁洛州。洛多豪右，占田类逾制。敦颐举没者三千余顷，以赋贫民，发奸擿伏[⑤]，下无能欺。卒于官。弟敦实为洛州长史，亦清静宽惠，洛人怀之。始洛人为敦颐刻碑大市旁，及敦实入为太子右庶子，人复为立碑其侧，故号"棠棣碑"[⑥]。

【注释】

①曹州冤句：今山东菏泽牡丹区。

②滹沱（hū tuó）：即滹沱河，在河北西部。滱（kòu）：古河名。在今河北。

③湓（pén）溢：水汹涌泛滥。

④寖洳：淹没。

⑤发奸擿（tī）伏：揭发隐蔽的坏人坏事。

⑥棠棣：木名。因《诗经·棠棣》篇讲述兄弟应该友爱，故后世以棠棣比兄弟。

【译文】

贾敦颐，曹州冤句人。他在贞观年间，多次担任州刺史，品性廉洁。他入朝时，往往是全家出行，只有一辆车子，极为破烂，瘦马带着绳笼头，路上的人都不知道他是刺史。后来贾敦颐迁任瀛州刺史，州境靠近滹沱、滱两条河，每年河水泛滥，毁坏房屋，淹没土地数百里。贾敦颐筑立堤坝，使河水不能泛滥，百姓受益。永徽年间，贾敦颐迁任洛州。洛州有很多豪富大族，他们所占田地大都超过规定。贾敦颐查出后没收了三千多顷土地，他把这些地分给贫民耕种，他揭发隐蔽的坏人坏事，属下都不能欺瞒他。贾敦颐在任上过世。他的弟弟贾敦实担任洛州长史，为政也很宽厚仁惠，民心都归向他。当初，洛州人在大市旁边为贾敦颐立有石碑，等到贾敦实入京任太子右庶子后，人们又在旁边给贾敦实立碑，所以这两块碑被称为"棠棣碑"。

上阿史那社尒

阿史那社尒，突厥处罗可汗之次子[①]，处罗卒，哀毁如礼。治众十年，无课敛[②]。或劝厚赋以自奉，答曰："部落丰余，于我足矣。"故首领咸爱之。贞观十年，入朝，授左骁卫大将军，处其部于灵州。诏尚衡阳长公主，为驸马都尉，典卫屯兵。十四年，以交河道行军总管平高昌，诸将咸受赏，社尒以未奉诏，秋毫不敢取，见别诏，然后受。又所取皆老弱陈弊，太宗美其廉。常与郭孝恪等五将军讨龟兹，孝恪之在军，床帷器用多饰金玉，以遗社尒，社尒不受。帝闻之曰："二将优劣，不复问人矣。"累官右卫大将军，永徽六年卒，赠辅国大将军、并州都督，陪葬昭陵，谥曰元。

夷狄也，洁己丰下，何况中国衣冠。

【注释】

①处罗可汗（？—620）：阿史那氏。东突厥可汗。

②课敛：征收赋税。

【译文】

阿史那社尒，是突厥处罗可汗的次子，处罗可汗去世时，他悲痛伤身完全合乎礼仪。阿史那社尒治理部众十余年，没有征收赋税。有人劝他多征赋税来奉养自己，他回答说："部落丰裕富足，我就满足了。"所以各部落首领都爱戴他。贞观十年，阿史那社尒入朝，被授予左骁卫大将军职位，他的部落被安置在灵州。皇帝诏令他娶衡阳长公主为妻，授予他驸马都尉，让他执掌卫屯兵。贞观十四年，阿史那社尒任交河道行军总管，参与平定高昌之战，战后众将都接受赏赐，阿史那社尒因没有接到诏命，秋毫不敢收取，直到另有诏令才接受赏赐。而他所取都是老弱之人和陈破之物，唐太宗赞赏他为官廉洁。阿史那社尒曾与郭孝恪等五位将领一起征讨龟兹，郭孝恪在军中，床帐器用大多用金玉装饰，他赠送阿史那社尒，阿史那社尒没有接受。皇帝听后，说道："二将孰优孰劣，不用再向他人询问了。"阿史那社尒后来升迁至右卫大将军，于永徽六年去世，朝廷追赠他辅国大将军、并州都督，陪葬昭陵，谥号元。

身为夷狄，都能做到自身廉洁而使治下民众丰足，更何况我们这些中原士人呢？

中韩思彦

韩思彦，字英远，邓州南阳人。万年令李乾祐异其才[①]，举下笔成章、志烈秋霜科，擢第，授监察御史。巡察剑南[②]，益州高赀兄弟相讼[③]，累年不决，思彦敕厨宰饮以乳。二人寤，啮肩相泣，乃请辍讼。尝使并州，司农武惟良擅用并州赋二百万缗[④]，思彦劾处死，武后为请而免[⑤]。为诸武及宰相李义府所恶[⑥]，出为山阳丞。初，尉迟敬德子姓陷大逆[⑦]，思彦按释其冤，至是赠黄金良马，思彦不受。至官阅月，自免去,放迹江淮间。久之,召为御史,出为江都主簿,徙苏州录事参军。罢,客汴州[8]。张僧彻者,庐墓三十年,诏表其闾,请思彦为颂,饷缣二百匹,不受。时岁凶,家窭甚,僧彻固请,为受一匹,命其家曰:“此孝子缣,不可轻用。”

【注释】

①李乾祐:即李爽,字乾祐。唐代官员。

②剑南:唐方镇之一。治所在益州(今四川成都)。至德年间分置剑南西川节度使和剑南东川节度使。

③高赀:亦作高訾,资财雄厚。或指富户。

④武惟良:唐朝官员,武则天族兄。缗(mín):成串的铜钱,每串为一千文。

⑤武后:即武则天(624—705)。

⑥李义府(614—666):武则天心腹大臣。

⑦尉迟敬德:即尉迟恭(585—658),字敬德。唐朝名将。

⑧汴州:今河南开封。

【译文】

韩思彦,字英远,是邓州南阳人。万年令李乾祐认为他才能出众,推荐他应考下笔成章、志烈秋霜科,中第后被授予监察御史之职。韩思彦巡察剑南道,益州有富家兄弟互相诉讼,官府长年不能判决。韩思彦吩咐厨官备办乳汁让二人饮用。二人醒悟,咬着自己的肩膀相对哭泣,请求撤销诉讼。韩思彦曾出使并州,司农武惟良擅自动用并州赋税二百万缗,遭韩思彦弹劾后被判处死刑,因武则天求情而得以宽免。韩思彦被武氏诸人和宰相李义府嫌恶,外放出任山阳县丞。起初,尉迟敬德的子孙被牵连谋反案件,韩思彦查明其中冤情,他们赠送黄金良马致谢,韩思彦拒不接受。韩思彦到任一个月后辞官而去,在江淮一带游历。很久以后,韩思彦奉召入朝担任御史,又出任江都主簿,转任苏州录事参军。后来韩思彦罢官,客居汴州。有个叫张僧彻的人,在墓地建茅屋守孝三十年,朝廷下诏在他家乡予以旌表,他请韩思彦作颂文,赠缣二百匹作为酬谢,韩思彦推辞不受。时逢荒年,韩思彦家中极为贫困,张僧彻一定要给,他才接受了一匹,并吩咐家人说:"这是孝子缣,不可轻易使用。"

上元中[①],复召见。思彦久去朝,仪矩梗野[②],拜忘蹈舞[③],又诋外戚擅权,武后恶之。被劾,出为朱鸢丞[④]。迁贺州司马[⑤],卒。

劾武氏,释尉迟子姓冤,廉吏之有气谊者。

【注释】

①上元:唐高宗李治年号(674—676)。

②梗野:率直粗鲁。

③蹈舞:犹舞蹈。臣下朝贺时对皇帝表示敬意的一种仪节。

④朱鸢:县名。今属越南。

⑤贺州:今属广西。

【译文】

上元年间,韩思彦再次被皇帝召见。韩思彦离朝年久,礼仪生疏举止粗野,叩拜时忘记行蹈舞礼,又指责外戚专权,武后十分厌恶他。于是韩思彦遭到弹劾,贬谪为朱鸢县丞。后来又任为贺州司马,在任上去世。

弹劾武氏,为尉迟家的子孙申冤,真是个廉洁又重情义的人。

韩思复

韩思复,字绍复,京兆长安人。祖伦,贞观中历左卫率,封长山县男。思复少孤,母为语父亡状,感咽几绝。家富,有金玉、车马、玩好，未尝省。笃学，举秀才高第，袭祖封。永淳中[①]，家益窭，岁饥，京兆杜瑾者，以百绫饷思复，方并日食，而绫完封不发。调梁府仓曹参军，转汴州司户。仁恕，不行鞭罚。以亲丧去官，鬻薪自给。开元初，为谏议大夫。山东大蝗，宰相姚崇遣使分道捕瘗[②]。思复非之，出为德州刺史。拜黄门侍郎，迁御史大夫，徙太子宾客[③]，累迁吏部侍郎，为襄州刺史。治行名天下，复拜太子宾客。卒，年七十四，谥曰文。天子亲题其碑曰"有唐忠孝韩长山之墓"。

【注释】

①永淳：唐高宗李治年号(682—683)。

②姚崇(？—721)：陕州硖石(今河南三门峡陕州区)人。唐朝名相。

③太子宾客：东宫官名。掌调护侍从规谏等职。

【译文】

韩思复，字绍复，京兆长安人。韩思复的祖父韩伦在贞观年间曾任左卫率，受封长山县男爵位。韩思复年少丧父，他母亲对他讲起他父亲死时的情状，他听了伤心悲痛几乎昏厥。韩思复家境富裕，但他对于金玉、车马、游玩从不过问。韩思复学习刻苦，参加秀才考试取得优等，在祖父死后，韩思复承袭了祖父爵位。到了永淳年间，韩思复家中日益穷困，当时正逢饥荒年景，京兆人杜瑾送给韩思复一百段绫，那时他两天才能吃一餐饭，但杜瑾送来的绫却完好未开封。韩思复曾任梁州仓曹参军，后来调任汴州司户。他为政宽仁，不动用鞭笞来处罚人。后来韩思复因母亲去世而离任，他靠砍柴卖了谋生。开元初年，韩思复任谏议大夫。山东发生大蝗灾，宰相姚崇派使者分道督促捕杀并掩埋蝗虫。韩思复反对姚崇的举措，离朝出任德州刺史。后来，韩思复又入京任黄门侍郎，升任御史大夫，转任太子宾客，后来多次升迁至吏部侍郎，出任襄州刺史。韩思复为政的成就天下知名，又被任命为太子宾客。后来去世，享年七十四岁，谥号为文。天子为他的墓碑亲自题写了“有唐忠孝韩长山之墓”。

苏瓌

苏瓌，字昌容，雍州武功人。擢进士第，补恒州参军。居母丧，哀毁加人，举孝悌，历朗、歙二州刺史[①]。时来俊臣贬州参军[②]，人惧复用，多致书请瓌，瓌叱其使曰：“吾忝州牧，高下自有体，能过待小人乎？”遂不发书。俊臣未至追还，恨之。由是连外徙，不得入。久之，转扬州大都督府长史。州据都会，多名珍怪产，前长史率取巨万，瓌单身襆被自将[③]。徙同州刺史。奏宜却进献，罢营造不急者，不见省。时十道使括天下亡户[④]，人畏搜括，即流入比县旁州，更相廋蔽[⑤]。瓌请罢十道使，专责州县，实检租调，以免劳弊。

【注释】

①朗：即朗州。隋开皇年间置，治所在武陵县(今湖南常德)。歙(shè)：即歙州。隋开皇年间置，治所在海宁县(今安徽休宁)。大业年间改为新安郡，并移治歙县(今安徽歙县)。唐武德间复为歙州。

②来俊臣(651—697)：武则天时期酷吏。

③襆(fú)被：用袱子包扎衣被，准备行装。

④十道：唐初省并州县，将全国分为十道。在“安史之乱”前是监察机构。

⑤廋(sōu)蔽：隐匿。

【译文】

苏瓌，字昌容，雍州武功人。他科考得中进士，补任恒州参军。苏瓌在母丧期间极度悲哀，因孝悌而得到举荐，先后任朗、歙二州刺史。当时，来俊臣被贬为同州参军，人们担心来俊臣会再被起用，很多人写信给苏瓌，苏瓌将这些使者叱退说："不才我任职州官，对待高下自会得体，怎会优待一个小人呢？"于是没有回信。来俊臣还未到达所贬州就被召回，他对苏瓌怀恨在心。因此，苏瓌接连被贬官在外地，不得入京。很久以后，苏瓌转任扬州大都督府长史。扬州地理位置很重要，且多产各种珍宝和奇异特产，前任长史都收取巨额财富，而苏瓌只身一人以简单用具满足需要。苏瓌后来转任同州刺史。他上疏皇帝奏请省去地方进献物品，停止不急需的营造工程，没有被采纳。当时朝廷派遣十道使搜求逃亡户口，逃亡者害怕被查出，就流落到邻县旁州，并相互帮着隐匿。苏瓌请求朝廷罢去十道使，将搜罗逃户事交由州县办理，核实赋税，以避免徒劳无功。

神龙初[①]，入为尚书右丞[②]。瓌明晓法令，多识台省旧章，一朝格式皆所删正[③]。再迁户部尚书，拜侍中，留守京师。中宗复政，妖人秘书员外监郑普思，支党遍岐、陇，相煽为乱。瓌捕系普思穷讯，普思妻以左道得幸韦后[④]，出入禁中，有诏勿治。瓌廷争不可，帝不悦，司直范献忠进曰[⑤]："瓌为大臣，不能前诛逆竖而报天子，罪大矣，请先斩瓌。"于是仆射魏元忠等皆顿首谢。帝不得已，流普思于儋州[⑥]，余党论死。累拜尚书右仆射、同中书门下三品[⑦]，进封许国公。时大臣初拜官，献食天子，名曰"烧尾"，瓌独不进。及侍宴，宗晋卿嘲之，帝嘿然[⑧]。瓌曰："宰相燮和阴阳，今粒食踊贵，百姓不足，卫兵至三日不食，臣诚不称职，不敢进烧尾。"帝崩，遗诏相王以太尉辅政[⑨]。宰相宗楚客等附韦后，欲削去，瓌争不得，称疾不朝。是月韦后败，睿宗即位，进左仆射。

【注释】

①神龙:唐中宗李显年号(705—707)。

②尚书右丞:官名。为尚书令及仆射的属官。

③格式:官吏处事的规则法度。

④韦后(?—710):京兆府万年(今陕西西安)人。唐中宗李显的第二任皇后。

⑤司直:官名。奉旨巡察四方,复核各地的案件。如果大理寺有疑狱,则负责参议。

⑥儋州:今属海南。

⑦同中书门下三品:官名。唐初以尚书、中书、门下三省长官为宰相,因官高权重,不常设置,选任其他官员居此要职,加同中书门下三品名义。资历不及三品加同中书门下平章事。

⑧嘿:同"默"。

⑨相王:即唐睿宗李旦。武周建立后,降为皇嗣,封相王。

【译文】

神龙初年,苏瓌入京任尚书右丞。苏瓌明晓法令,十分了解台省的规章制度,满朝官吏处事的规则法度都得以修正。后苏瓌升任户部尚书,被授予侍中,负责留守京师。唐中宗复位后,以妖幻之术任秘书员外监的郑普思,其党羽分布在岐州与陇州一带,到处煽动作乱。苏瓌将郑普思逮捕入狱,穷追到底,郑普思的妻子以旁门左道为韦后所宠,能随意出入禁中,因此唐中宗特地下敕令要苏瓌不再追究。苏瓌在朝堂上力争郑普思不可赦,皇帝对此很不高兴,司直范献忠进言:"苏瓌身为大臣不能诛杀叛逆小人而报答天子,犯了大罪,请让臣先诛杀苏瓌。"于是仆射魏元忠等纷纷向皇帝叩头请罪。皇帝不得已,下令将郑普思流放到儋州,其余党徒都处死。苏瓌后来升任至尚书右仆射、同中书门下三品,晋封许国公。当时公卿大臣初次拜官,照例要向皇帝进献食物,称为"烧尾",唯独苏瓌不进献。到侍宴时,宗晋卿嘲讽苏瓌,皇帝听了默不作声。苏璟说:"宰相一职,主管调和阴阳,现在粮价暴涨,百姓穷困,宿卫兵中还有三天都没吃饭的,臣实在不称职,所以不敢进献烧尾。"皇帝驾崩,遗诏命相王任太尉辅政。宰相宗楚客等人都依附韦后,想要罢免相王辅政之职,苏瓌阻止不了,于是称病不上朝。当月韦后失败,唐睿宗即位,苏瓌升任左仆射。

景云元年[①],老病罢为太子少傅,卒,年七十二。赠司空、荆州大都督,谥曰文贞。遗令薄葬,布车一乘[②]。瓌治州考课常最,为宰相陈当世利病甚多。开元六年,诏与刘幽求配享睿宗庙。子三人,颋有父风。

苏氏父子为相,俱廉俭有干济,而文贞操更著。

【注释】

①景云:唐睿宗李旦年号(710—711)。

②布车:以布为帷幔的车。

【译文】

景云元年,苏瓌因年老有病免去左仆射之职,任太子少傅,同年逝世,享年七十二。朝廷追赠苏瓌司空、荆州大都督,谥号为文贞。苏瓌留下遗嘱要求薄葬,仅要布车一乘送葬。苏瓌治理州政时,考核政绩总能得优;任宰相时,上陈当世的很多利弊。开元六年,皇帝下诏让苏瓌与刘幽求一同配享唐睿宗陵庙。苏瓌有三个儿子,其中苏颋颇有父亲的风范。

苏氏父子做宰相,都廉洁俭朴有功绩,其中苏瓌的操守高洁更为卓著。

中张嘉贞

张嘉贞,字嘉贞,蒲州猗氏人[①]。以"五经"举,补平乡尉，坐事免。长安中②，御史张循宪使河东，事有未决，病之，问吏曰："若颇知有佳客乎？"吏以嘉贞对。循宪召见，咨以事，嘉贞条析理分，莫不洗然。循宪大惊，试命草奏，皆意所未及。它日，武后以为能，循宪对："皆嘉贞所为，请以官让。"后曰："朕宁无一官自进贤邪？"召见内殿。嘉贞仪止秀伟，奏对侃侃。后异之，拜监察御史，累迁兵部员外郎。时功状盈几，郎吏不能决，嘉贞为详处，不阅旬，廷无稽牒。进中书舍人。历梁秦二州都督、并州长史，政以严办，吏下畏之。时突厥九姓新内属，杂处太原北，嘉贞请置天兵军绥护其众③，即以为天兵使。

【注释】

①猗氏：今山西临猗。

②长安：武周皇帝武则天年号（701—704）。

③天兵军：唐代边军名。该军初隶于河东道，天宝后由河东节度使统辖。

【译文】

张嘉贞，字嘉贞，蒲州猗氏人。张嘉贞考中"五经"科后，被任命为平乡尉，因事获罪免官。长安年间，御史张循宪巡察河东，因有事不能决断而感到忧虑，他询问属下官吏说："你知道有谁是可用的人才吗？"官吏把张嘉贞推荐给了他。张循宪叫来张嘉贞，向他询问未能决断之事，张嘉贞的论述条理清楚，没有不明晰的。张循宪大惊，又让他起草奏章，结果发现有很多内容连自己都没有想到。过了些时日，武则天看过奏章认为张循宪很有才能，张循宪回答说："奏章都是张嘉贞写的，臣请求将官位让给他。"武则天说："朕难道没有一个官职用来安置贤才吗？"于是武则天在内殿召见张嘉贞。张嘉贞仪态举止得体，形貌俊秀奇伟，奏对从容流利。武则天颇为惊异,任命张嘉贞为监察御史,一直做到兵部员外郎。当时报告立功的文书放满桌案,兵部的郎官不能决断,张嘉贞为之审阅处理,不到十天,朝廷就没有了有待核查的文书。张嘉贞升任中书舍人。他先后任梁秦二州都督、并州长史,处理政事严格,属下都敬畏他。当时突厥九姓部族刚刚归附唐朝,混杂共处在太原北部,张嘉贞便上表请求朝廷设置天兵军来安抚保护他们,朝廷于是任命张嘉贞为天兵军使。

明年,入朝。或告其反,按无状,帝令坐告者。嘉贞辞曰:"国之重兵利器皆在边,今告者一不当即罪之,臣恐塞言路,无由闻天下事。"天子以为忠,且许以相。嘉贞因曰:"陛下不以臣不肖,必用臣,要及其时,后衰无能为也。"帝曰:"第往,行召卿。"及宋璟等罢①,即以为中书侍郎、同中书门下平章事②。居位三年,善傅奏,敏于裁遣。然强躁,论者恨其不裕。出为豳州刺史③。逾年,为户部尚书、益州长史,判都督事。明年,坐与王守一善④,贬台州刺史⑤。俄拜工部尚书,为定州刺史,知北平军事。以疾丐还东都,诏医驰驿护视。卒,年六十四,赠益州大都督,谥曰恭肃。

【注释】

①宋璟(663—737):邢州南和(今河北南和)人。唐朝名相。

②同中书门下平章事:官名。见前"同中书门下三品"。

③豳州:地名。在今陕西咸阳北部。

④王守一:唐玄宗王皇后胞兄。以旁门左道帮王皇后求子,事发被贬,后赐死。

⑤台州:今属浙江。

【译文】

第二年,张嘉贞入朝。有人诬告他谋反,审查发现没有证据,唐玄宗下令惩处告发者。张嘉贞为那人辩护说:"国家的重要军队都在边境,现在告发的人一有不对的地方就将他治罪,臣恐怕会阻塞言路,断了听闻天下大事的途径。"玄宗因此认为张嘉贞忠诚,并且要任用他做宰相。张嘉贞于是说:"陛下如果不认为我没有德才的话,就应该及时任用我,日后我衰老了,还能有什么作为呢。"玄宗说:"你只管去太原上任,朕很快会召你回来。"等到宋璟罢相后,唐玄宗立即任命张嘉贞为中书侍郎、同中书门下平章事。张嘉贞担任宰相三年,他擅长奏对,裁断处理事务非常机敏。但他脾性强硬急躁,论者遗憾他气量不够宽宏。后来张嘉贞被贬为豳州刺史。一年后,被任命为户部尚书、益州长史,判都督事。第二年,张嘉贞因为与王守一交情深厚,受牵连被贬为台州刺史。不久被授予工部尚书,担任定州刺史,掌管北平军。张嘉贞因病请求回到东都洛阳,皇帝令太医急速前往看视。张嘉贞去世,时年六十四岁,朝廷追赠他为益州大都督,谥号为恭肃。

嘉贞性简疏,与人不疑,内旷如也,或时以此失。嘉贞虽贵,不立田园,有劝之者,答曰:"吾尝相国矣,未死,岂有饥寒?若以谴去,虽富田产,犹不能有。近世士大夫务广田宅,为不肖子酒色费,我无是也。"子延赏,延赏子弘靖,皆至平章事。时号"三相张家"。

【译文】

张嘉贞性格简易粗犷,与人交往不起疑心,心胸旷达,有时会因此导致过失。张嘉贞虽然职位尊贵,但不置买田宅,有人规劝他,他回答说:"我曾担任相国,不到死亡,哪里会有饥寒?如果被贬谪,那么即使有再多的田产,也不能拥有了。近些年有些士大夫着意扩充田宅,死后这些东西是不肖子孙花天酒地的费用罢了,我是不会这样做的。"其子张延赏,延赏之子张弘靖,都官至平章事。在当时号称"三相张家"。

嘉贞对玄宗言:"必用臣,要及其时,后衰无能为也。"又曰:"近世士大夫务广田宅,为不肖子孙酒色费,我无是也。"皆格言。嘉贞之进与马周等[①]。玄宗时自请作相,壮哉言乎!至豳州召还赐宴中书府,以夙嫌慢骂张燕公[②],褊矣。何与请赦上变者之反也。

【注释】

①马周(601—648):清河茌平(今山东茌平)人。唐太宗时宰相。

②张燕公:即张说,河南洛阳人。盛唐名相,封燕国公。

【译文】

张嘉贞对唐玄宗说:"应该及时任用我,日后我衰老了,还能有什么作为呢。"又说:"近些年有些士大夫着意扩充田宅,死后这些东西是不肖子孙花天酒地的费用罢了,我是不会这样做的。"都是可以当成格言的。张嘉贞的仕途与马周相似。张嘉贞向唐玄宗自行请求做宰相,何等的壮志豪言啊!等到从豳州召还赐宴之时,在中书府席间因旧怨而谩骂张燕公,这就是心胸狭隘了。怎么和当初请求皇上赦免诬告者时的态度相反呢?

崔玄時

崔玄時,本名晔,博陵安平人也。举明经[①]。居父丧,尽礼。庐有燕,更巢共乳。母卢氏,有贤操,常戒玄時曰:"吾闻姨兄辛玄驭云:'子姓仕宦,有言其贫窭不自存,此善也;

若赀货盈衍，恶也。’吾尝以为确论。比见亲表仕者，务多财以奉亲，而亲不究其所从来。必出于禄禀则善，如其不然，何异盗乎？若今为吏，不能忠清，无以戴天履地。宜识吾意。”故玄暐所守以清白名。母亡，哀毁，甘露降庭树。长安元年，为天官侍郎，当公介然，不受私谒，执政忌之，改文昌左丞②。不逾月，武后曰：“卿向改职，乃闻令史设斋相庆，此欲肆其贪耳，卿为朕还旧官。”乃复拜天官侍郎。以诛二张③，为中书令。俄拜博陵郡王。罢政事，赐实封五百户，检校益州大都督府长史④，知都督事。会贬，又流古州，道病卒，年六十九，谥曰文献。

【注释】

①明经：唐宋科举科目之一，指通明经术。在唐朝，明经科的地位仅次于进士。

②文昌：今海南文昌。

③二张：指武则天的宠臣张昌宗、张易之。

④检校：职官名。晋始设。唐代为诏除的加官。

【译文】

崔玄暐，本名晔，博陵安平人。崔玄暐曾考中明经科。他为父亲守丧，严守礼制。崔玄暐所住的守墓小屋上有燕子，他为燕子更换新巢，并喂养雏燕。崔玄暐的母亲卢氏，有贤良品行，曾告诫崔玄暐说：“我听姨兄辛玄驭说：‘子孙做了官，却家境贫寒生计艰难，这是好事；倘若钱财充足，这是坏事。’我认为这说法是对的。近来看见亲表家中做官的人只求用许多财物侍奉父母，而父母并不追究财物是从哪里得来的。如果是出自俸禄便是好的，如果不是这样，那与盗贼有什么不同呢？你今天做了官吏，如果不忠诚清廉，就不能在世上立足。你应当懂得我的意思。”因此崔玄暐做官以操守清白著名。母亲去世后，崔玄暐因悲痛过度而身体大损，有甘露降在他家庭院的树上。长安元年，崔玄暐任天官侍郎，他对待公事讲原则，不接受私事谒见请托，主政大臣忌恨他，于是崔玄暐改任文昌左丞。不出一个月，武后对他说："你先前改任官职时，朕便听说你的属吏设宴相互庆贺，这是他们想要放纵贪心罢了，你为朕重任旧官。"于是又任命崔玄暐为天官侍郎。崔玄暐因诛杀二张有功升为中书令。不久受封博陵郡王。崔玄暐被罢免宰相，赐实封五百户，检校益州大都督府长史，掌管都督事务。后来崔玄暐遭到贬谪，被流放到古州，他在途中病死，终年六十九岁，谥号文献。

玄暐三世不异居，家人怡怡如也。贫寓郊墅，群从皆自远会食，无他爨，与弟昪尤友爱。族人贫孤者，抚养教励。后虽秉权，而子弟仕进不使逾常资焉，当时称重。

【译文】

崔玄暐三代人不分居，家人相处十分和睦。他们住在郊外草房里，过着清贫的生活，堂兄弟和子侄们都由远处会集到这里吃饭，不分灶做饭，崔玄暐同弟弟崔昪特别友爱。亲族中的贫穷孤儿，他都抚养、教导和勉励。后来崔玄暐虽然掌握了大权，他的子弟做官晋升也决不越级破格，当时的人都称赞敬重他。

玄暐终始一节，风贻子弟，贤母之教焉。不可诬也。武后还旧官，亦自解人。

【译文】

崔玄暐终始秉持气节，他的风范深刻影响后辈，这应当归功于贤母教导有方。这是不可抹杀的。武后重新恢复崔玄暐官职，也算得上知人善任。

五王提禁旅诛雄狐[1],唐社稷殒而复建,不愧平、勃矣。及为奸臣淫后所逐,一时贬死,桓彦范死最酷,为周利贞缚曳竹槎上,肉尽杖杀之。袁恕已饮野葛数升不死,死于击。敬晖亦利贞所害。独张柬之及玄昨道病先死,反若天幸。论者以为除恶不尽,卒受其乱,是也。以愚观之,天将以开隆基,而又何五人之恤哉。

【注释】

①五王提禁旅诛雄狐:神龙元年(705)由宰相张柬之等五人发动宫廷政变,诛杀张昌宗、张易之,逼武则天退位,拥立皇太子李显。雄狐,借指好色淫乱之徒。

【译文】

五王率领禁军发动政变,使唐朝毁败的社稷得以重建,这功劳与汉代的陈平和周勃相比也毫不逊色。等到被奸臣淫后所驱逐,一时间都因贬谪而死,其中桓彦范之死惨烈到了极点,被周利贞绑缚着在竹槎之上拖行,以至于皮肉都被刮掉,然后才被乱棍打死。袁恕己喝下野葛数升不死,被大杖活活打死。敬晖也被周利贞所害。只有张柬之及崔玄昨在被贬途中患病先死了,这不如说是天幸。论者以为除恶不斩草除根,最终反受祸乱,这是很对的。以我看来,上天将要开启唐玄宗的大业,又哪里会顾惜这五人呢?

上李尚隐

李尚隐,其先出赵郡,徙贯万年。举明经,神龙中擢左台监察御史。于时崔湜、郑愔典吏部选,附势倖,铨拟不平[1],至逆用三年员阙,材廉者轧不进,俄而相踵知政事。尚隐与御史李怀让显劾其罪，湜等皆斥去。睦州刺史冯昭泰性鸷刻[②]，人惮其强，尝诬系桐庐令李师旦二百余家为妖蛊[③]。有诏御史覆验，皆称病，不肯往。尚隐曰："善良方蒙枉，不为申明，可乎？"因请行，果推雪其冤。累迁御史中丞、兵部侍郎、蒲州刺史、河南尹，以失觉妖贼，左迁桂州都督，稍迁广州都督、五府经略使。及还，人或袖金以赠。尚隐曰："吾自性分不可易，非畏人知也。"代王丘为御史大夫，改太子詹事，进户部尚书。前后更扬益二州长史、东都留守，爵高邑伯。开元二十八年，以太子宾客卒，年七十五，谥曰贞。尚隐凡三入御史府，辄绳恶吏，不以残挚失名，所发当也，素议归重。仕官未尝以过谪，唯劾诋幸臣，及坐小法左迁，复见用。以循吏终始。

劾罪雪冤二事，俱有功行。

【注释】

①铨（quán）：量才授官，选拔官吏。

②睦州：州名。治今浙江淳安。

③桐庐：今浙江桐庐。

【译文】

李尚隐，其先祖籍贯赵郡，迁居改籍贯为万年县。李尚隐考中明经科，神龙年间任官左台监察御史。当时崔湜、郑愔主持吏部选，他们依附权贵，选拔人才拟定官职不公正，甚至违规动用了三年官员的缺额，有才能的廉洁官员受到排挤不得进用，不久二人相继主持政事。李尚隐和御史李怀让公开揭露他们的罪状，崔湜等人都被驱逐出朝堂。当时又有睦州刺史冯昭泰性情凶狠，人们畏惧他的强暴，他曾诬陷桐庐县令李师旦等二百多家施行妖蛊之术并把他们拘捕。有诏令让御史台复核查证，御史们都纷纷称病不肯前往。李尚隐说："善良的人正蒙受冤枉，不替他们查明真相，这能行吗？"他主动请求前往查案，果然查明昭雪了这一冤案。李尚隐多次升迁后担任御史中丞、兵部侍郎、蒲州刺史、河南府尹，后因没有察觉妖贼而被贬为桂州都督，不久又迁任广州都督、五府经略使。等到李尚隐返回京城时，有人把金子藏在袖中送给他。李尚隐说："我的本性不能改变，倒不是害怕别人知道啊。"李尚隐接替王丘担任御史大夫，又改任太子詹事，升任户部尚书。他前后又担任过扬、益二州长史和东都留守之职，受封高邑伯爵位。开元二十八年，李尚隐在太子宾客任上去世，终年七十五岁，谥号为贞。李尚隐先后三次进入御史台任职，总能惩治不法官吏，没有残暴的坏名声，这是因为他的揭发都是正确的，舆论对他十分推崇。李尚隐做官不曾因为过失而遭贬谪，只是由于弹劾指责宠臣以及有小过失而遭贬官，但又重新被任用。一生都是守法循理的官吏。

弹劾崔、郑二人罪状和昭雪李师旦冤情这两件事，都有功绩和德行。

下 裴宽

裴宽，绛州闻喜著姓[①]。性通敏，工骑射、弹棋、投壶，略通书记。景云中，为润州参军事。刺史韦诜有女，择所宜归，会休日登楼，见人于后圃有所瘗藏者，访诸吏，曰："参军裴宽居也。"与偕来，诜问状，答曰："宽义不以苞苴污家[②]，适有以鹿为饷，致而去，不敢自欺，故瘗之。"诜嗟异，乃引为按察判官，许妻以女。归语妻曰："常求佳婿，今得矣。"明日，帏其族使观之。宽时衣碧，瘠而长，既入，族人皆笑，呼为"碧鹳雀"。诜曰："爱其女，必以为贤公侯妻也，何可以貌求人？"卒妻宽。为刑部员外郎，万骑将军马崇白日杀人，而王毛仲方以贵倖，将鬻其狱，宽固执不肯。为蒲州刺史，州久旱，宽入境，辄雨。徙河南尹，不屈附权贵，河南大治。天宝初[③]，由陈留太守拜范阳节度使，夷夏感附。三年，入为户部尚书兼御史大夫。为李林甫所构[④]，连贬安陆别驾，稍迁东海太守，徙冯翊[⑤]，入为礼部尚书。卒年七十五，赠太子太傅。

【注释】

①著姓：有声望的族姓。

②苞苴（jū）：借指贿赂或馈赠。

③天宝：唐玄宗李隆基年号（742—756）。

④李林甫（？—752）：唐宗室。玄宗时奸相。

⑤冯翊（píng yì）：地名。三国魏改左冯翊，置冯翊郡，治临晋（今陕西大荔）。北周时废。隋唐时曾改同州为冯翊郡。

【译文】

裴宽，出身绛州闻喜县望族。他秉性通达聪慧，擅长骑射、弹棋、投壶，粗通文词。景云年间，裴宽任润州参军事。刺史韦诜有个女儿，准备挑选好女婿，适逢假日登楼，看见有人正在后院菜圃中埋藏什么，韦诜询问属吏，属吏答道："是参军裴宽住在那里。"韦诜让属吏去把裴宽叫来，问他在做什么，裴宽回答说："我绝不收受贿赂以免玷污家门，恰逢有人送来鹿肉，放下后就离开了，我不敢自欺，所以埋了它。"韦诜感叹惊异裴宽的行为，于是举荐他担任按察判官，并将女儿许配给他为妻。韦诜回家后对妻子说："一直在寻求佳婿，如今找到了。"第二天，韦诜叫族人在帷幕后看裴宽。裴宽当时身穿绿衣服，身体又瘦又长，他进屋后，韦诜族人都笑话他，叫他"碧鹳雀"。韦诜说："爱自己的女儿，一定要让她成为贤明公侯之妻，怎么可以以貌取人呢？"最终将女儿嫁给了裴宽。裴宽任刑部员外郎时，万骑将军马崇光天化日下杀人，而王毛仲当时正受宠，打算收贿为他开脱罪责，裴宽执意不从。裴宽出任蒲州刺史，州里久旱，裴宽一入州境，天就开始下雨。后来裴宽改任河南尹，他不阿附权贵，将河南治理得非常好。天宝初年，裴宽由陈留太守升任范阳节度使，当地民众无论夷夏都人心归附。三年，裴宽入朝任户部尚书兼御史大夫。裴宽因被李林甫构陷，连遭贬谪为安陆别驾，后逐步升迁为东海太守，转任冯翊，再入朝任礼部尚书。裴宽终年七十五岁，追赠太子太傅。

宽兄弟八人，皆擢明经，任台、省、刺史。雅性友爱，于东都治第，八院相对，甥姪亦有名称，常击鼓会饭。其为政务清简，所莅人爱之，世皆冀其得宰相。天宝间，称旧德，以宽为首。

【译文】

裴宽有兄弟八人，都考中明经科，分别在台、省任职或在地方担任刺史。裴氏兄弟性情友爱，他们在东都洛阳修建住宅，八个院落相对而立，裴家的子侄后辈也很有名声，他们常常击鼓聚餐。裴宽处理政务清廉简约，不论到哪里任职，人们都爱戴他，当时人们都希望裴宽可以担任宰辅。天宝年间，人们论说德高望重者，都以裴宽为首。

裴宽之瘗鹿，华子鱼之挥金，一也。君子不贵以矫世则可矣。史称宽强直，及为林甫所贬，罗希奭既杀李适之，亦过安陆将杀宽，宽叩头祈哀，乃去。惧终不免，丐为浮屠，乌睹所谓须眉丈夫哉。

【译文】

裴宽埋鹿,华子鱼挥金,这是同理。君子不以财物为贵以矫正世风这是可行的。史书称裴宽刚强正直,后来被李林甫所贬,罗希奭到南方杀了李适之后,经过安陆时打算也杀了裴宽,裴宽叩头哀求,罗希奭才放过裴宽。裴宽担心终究会被害,于是请求出家为僧,哪里能看出是堂堂的男子汉呢。

杨玚

杨玚,字瑶光,华州华阴人[①]。初为麟游令[②],时窦怀贞大营金仙、玉真二观[③],檄取畿内尝负逆人赀者[④],暴敛之以佐费,玚拒不应。怀贞怒曰:"县令拒大夫命乎?"玚曰:"所论者民冤抑也,位高下乎何取?"怀贞壮其对,为止。初,韦后表民二十二为丁限,及败,有司追趣其课,玚执不可,由是显名。擢累侍御史,京兆尹崔日知贪沓不法,玚与大夫李杰谋劾举之,反为所构。玚廷奏曰:"肃绳之司,一为恐胁所屈,开奸人谋,则御史府可废。"玄宗直之,为逐日知。玚进历御史中丞、户部侍郎。帝尝召宰相大臣议天下户版,玚言利病尤祥,帝咨赏。于是宇文融建检脱户余口,玚执不便,融方贵,公卿嗫默唯唯[⑤],独玚抗议,故出为本州刺史。后入为国子祭酒,再迁大理卿,以疾辞,改左散骑常侍。卒年六十八,赠户部尚书,谥曰贞。

【注释】

①华州华阴:今陕西华阴。

②麟游:今陕西麟游。

③窦怀贞：京兆始平（今陕西兴平）人。先附于韦皇后，后附于太平公主。唐玄宗继位后诛杀太平公主党羽，窦怀贞畏罪自杀。

④负逆：亏欠。

⑤噾（ān）：闭口不言。

【译文】

杨玚，字瑶光，华州华阴人。杨玚刚出任麟游县令之时，窦怀贞正大肆建造金仙、玉真两座道观，他发布文告征召京畿地区曾经亏欠别人钱财的人，横征暴敛充作修道观的费用，杨玚拒不执行。窦怀贞非常生气地说："县令敢抗拒大夫的命令吗？"杨玚说："事关百姓的冤屈，这和职位高低没关系。"窦怀贞赞赏杨玚的回答，停止了原先的做法。当初，韦后上表请求把二十二岁作为百姓成丁纳税服役的最低年龄，等到韦后败亡，有关部门要追讨赋税，杨玚坚持认为不可以，由此扬名于世。杨玚多次升迁后官至侍御史，京兆尹崔日知贪婪不法，杨玚与大夫李杰商量要弹劾检举他，反而被崔日知陷害。杨玚上奏说："执法部门一旦被恐吓威胁就屈服，使奸人阴谋得逞，那么御史府就可以废弃掉了。"唐玄宗认为杨玚很正直，流放了崔日知。杨玚升任御史中丞、户部侍郎。皇帝曾召集宰相和大臣们讨论天下户籍问题，杨玚把其中的利弊论说得非常清楚，皇帝赞叹不已。当时宇文融建议搜检逃户，杨玚坚持认为不合适，此时宇文融正受重用，公卿们都缄默不语不置可否，只有杨玚反对宇文融，所以被贬为本州刺史。后来杨玚入朝任国子祭酒，再升任大理卿，他因病请辞，改任左散骑常侍。杨玚享年六十八岁，被朝廷追赠户部尚书，谥号贞。

玚常叹士大夫不能用古礼，因其家冠、婚、丧、祭乃据旧典为之节文，揖让威仪，哭踊衰杀，无有违者。在官清白，吏请立石纪德，玚曰："若有益于人，书名史氏足矣。若碑颂者，徒遗后人作矴石耳[①]。”

不肯立碑足以愧今人。

【注释】

①矴（dìng）石：亦作碇石。稳定船身的石块或系船的石礅。

【译文】

杨玚常慨叹士大夫不能沿用古礼，因而他家举行加冠、结婚、发丧、祭祀等仪式时便遵照典籍制定规则，揖让威仪，哭踊衰杀，各种礼仪都没有人违背。杨玚为官清廉，曾有官吏请求立碑纪念他的功德，杨玚说：“如果真的做过对人有益的事，那么名字被写入史书就足够了。那用来歌功颂德的石碑，只会被后人当作稳定船身的碇石罢了。”

不肯立碑之事足以让现在的人羞愧。

中苏颋

苏颋，字廷硕，雍州武功人。弱敏悟，一览至千言，辄覆诵。第进士，再举贤良方正异等，为监察御史。诏覆来俊臣等冤狱，颋验发其诬，多从洗宥。拜中书舍人。时父瓌，同中书门下三品，同在禁筦[①]，朝廷荣之。玄宗平内乱，书诏填委，独颋在太极后阁，口所占授，功状百绪，轻重无所差。书史白曰：“丐公徐之，不然，手腕脱矣。”后李乂对掌书命。帝曰：“前世李峤、苏味道文擅当时[②]，号‘苏李’。今朕得颋及乂，何愧前人哉。”开元四年，进同紫微黄门平章事[③]，修国史，与宋璟同当国。八年，罢为礼部尚书，俄检校益州大都督长史，按察节度剑南诸州。卒年五十八。帝哭之于洛城南门，赠右丞相，谥曰文宪。颋性廉俭，奉禀悉推散诸弟亲族，储无长赀。

千言覆诵，百绪无差，翰苑中称才。

【注释】

①禁筦（guǎn）：官门管钥。喻指宫廷中的机要部门。

②李峤：赵郡赞皇（今河北赞皇）人。唐朝宰相，以文著称，与苏味道并称“苏李”。苏味道（648—705）：赵州栾城（今河北石家庄栾城区）人。唐代诗人。两度为相。处事模棱两可，故有“苏模棱”之称。

③同紫微黄门平章事：官名。即“同中书门下平章事”。开元元年（713）改中书省为紫微省，门下省为黄门省，故名。开元五年复旧。

【译文】

苏颋，字廷硕，雍州武功人。他年轻时就很聪明，一千多字的文章看一遍，很快就能背诵下来。苏颋考中进士后，又应考贤良方正科，成绩优等，被任命做监察御史。当时皇帝下诏复查来俊臣等人制造的冤狱，苏颋检查出其中诬陷不实之处，昭雪宽宥了很多人。后来苏颋被授予中书舍人之职。他父亲苏瓌当时任同中书门下三品，父子同在朝中掌管枢密，朝廷内外都以为荣。唐玄宗平定内乱后，文件堆积如山，苏颋独自在太极后阁处理，他口头述说处理意见，情况千头万绪而处理得恰当，毫无差错。书史禀告他说：“请您慢慢说，不然我的手腕就会累断了。”苏颋与李乂共同担任中书侍郎，主掌文诰。一次，唐玄宗对苏颋道：“前代有李峤、苏味道，并称‘苏李’，才冠当时。如今朕有苏颋和李乂，也不比他们逊色。”开元四年，苏颋升任同紫微黄门平章事，负责编修国史，并与宋璟一同主持国政。开元八年，苏颋罢免宰相任礼部尚书，不久又出任检校益州大都督长史，按察节度剑南各州。苏颋死时，年五十八岁。唐玄宗为苏颋在洛阳南门举哀，追赠他尚书右丞相，赐谥号文宪。苏颋生性廉洁有节制，所得薪俸全都分给兄弟和亲戚，家中毫无积蓄。

千字文章能够很快背诵,头绪纷乱而能做到丝毫不差,在文苑以才气闻名。

中卢怀慎

卢怀慎,滑州人[①]。第进士,历官黄门侍郎。开元元年,进同紫微黄门平章事。三年,改黄门监,又兼吏部尚书,以疾乞骸骨。卒,赠荆州大都督,谥曰文成。

【注释】

①滑州:今河南滑县。

【译文】

卢怀慎,滑州人。他考中进士后,曾任黄门侍郎。开元元年,卢怀慎升任同紫微黄门平章事。开元三年,改任黄门监,又兼任吏部尚书,因疾病恳请退休。去世后,朝廷追赠荆州大都督,谥号文成。

怀慎清俭,不营产业,器玩服饰,无金玉文绮之丽。所得禄赐,皆随时分散,而家无余蓄,妻子犹寒饥。赴东都领选,奉身之具止一布囊。既属疾,宋璟、卢从愿候之,见敝箦单席,门不施箔,会风雨至,举席自障。日晏设食,蒸豆两器、菜数杯而已。临别,执二人手曰:"上求治切,然享国久,稍倦于勤,将有憸人乘间而进矣[①]。公第志之。"及治丧,家无留储,惟一老苍头请自鬻以办丧事。四门博士张星上言[②]:"怀慎忠清,以直道始终,不加优锡,无以劝善。"乃下制赐其家物百段、米粟二百斛。后帝校猎鄠、杜间[③],望怀慎家,环堵庳陋,家人若有所营者,驰使问焉,还白:"怀慎大祥④。”帝即以缣帛赐之，为罢猎。经其墓，碑表未立，停跸临视⑤，泫然流涕，诏官为立碑，令中书侍郎苏颋为之文，帝自书。子奂、奕。

【注释】

①憸（xiān）：奸邪。

②四门博士：学官名。

③鄠、杜：指鄠县（在今陕西西安）和杜陵（汉宣帝陵墓，在陕西西安）。

④大祥：丧祭名。父母死后，二十五个月而祭称大祥。

⑤跸（bì）：泛指帝王出行的车驾。

【译文】

卢怀慎清廉俭朴，不经营产业，衣服、器物上没有用金玉做的豪华装饰。所得的俸禄赐物，都随给随散，家中没有多余的积蓄，妻子儿女忍受饥寒。卢怀慎到东都去掌管官吏选拔事务之时，随身用具只有一个布袋。他生病时，宋璟、卢从愿前去看望，见到铺的席子单薄而破旧，门上没挂帘子，正好风雨刮来，卢怀慎举起席子遮挡。天晚了，卢怀慎摆饭招待客人，只有两盆蒸豆、数碗蔬菜而已。临别时，卢怀慎握着二人的手说：“皇上急于求得天下大治，然而在位年久，对政务渐有厌倦，恐怕会有险恶之人乘机获得任用了。二位一定要留心！”到治丧时，由于卢怀慎家里没有什么储蓄，只有一位老仆人请求自卖其身来办理丧事。四门博士张星上书说：“卢怀慎忠诚清廉，始终以正直之道处世，对他不给予优厚的赏赐，不能劝人从善。”于是皇帝下诏赐他家织物百段、米粟二百斛。后来唐玄宗在鄠、杜间打猎，望见卢怀慎家围墙简陋低矮，家人像在办什么事，就派人驰往询问。那人回来报告说：“在给卢怀慎举办大祥祭祀。”唐玄宗于是赏赐细绢帛，并因此中止了打猎。经过卢怀慎的墓，石碑尚未树立，唐玄宗停马注视，泫然流泪，下诏命官府为他立碑，并令中书侍郎苏颋草拟碑文，玄宗亲自书写。卢怀慎有儿子卢奂、卢奕。

怀慎生不能饱妻子，死不能办丧事，可谓非真清乎？其与姚崇同相玄宗，自以才不逮，每事推而不专，可谓有休休之风矣。世儒不见全史，沿闻“伴食”一语[①]，多羞称之，不知“模棱”“伴食”皆当时轻薄子所构[②]，不可信。赵璟、陆贽同列，以贽才高，每事不让，卒去之，以行其志，此可为“不伴食”也哉。

【注释】

①伴食：卢怀慎与姚崇同相玄宗，自以能力不及，每有大事都推与姚崇，时人讽之为“伴食宰相”。

②模棱：即“苏模棱”。见前“苏味道”注。

【译文】

卢怀慎生前不能使妻子儿女饱腹，死后不能够办理丧事，难道不是真正的清廉吗？他与姚崇共同辅佐唐玄宗，自认才能不如姚崇，遇到事情总是会退让一番而不专擅，可以说有宽宏的风范啊。当世读书人不见完整的历史原貌，听来“伴食宰相”一词，大多讥讽卢怀慎，殊不知“模棱”“伴食”这类话都是当时轻佻浮薄的人编造的，不可信。赵璟和陆贽共事，因陆贽才能较高，遇事总是不退让，最后离开，顺遂自己的心志，这可视为“不伴食”吧。

王丘

王丘，字仲山。十一擢童子科[①]，他童皆专经，而丘独属文，繇是知名。及冠，举制科中第[②]。开元初，为考功员外郎。考功异时多请托，进者滥冒[③]，岁数百人。丘务核实材，登科才满百。议者谓自武后至是数十年来，采录精明无与丘比。

【注释】

①童子科：唐代科举考试特设科目，十岁以下能通经者，皆可应试。

②制科：科举时代临时设置的考试科目，由皇帝下诏然后举行，目的在于选拔各种特殊人才。

③滥冒：胡乱冒充。

【译文】

王丘，字仲山。王丘十一岁时应童子科考试登第，当时其他童子都是以专攻经文应试，只有王丘独以文章考中，他因此知名。二十岁时，王丘又应试制科中举。开元初年，王丘担任考功员外郎。原先，官吏课考之时请托之风盛行，进者胡乱冒充，每年达数百人之多。王丘致力于选拔真正的人才，登科的仅有一百人。评议的人认为，从武则天以后数十年间，选拔人才精细明察没有能比得上王丘的。

久之，为黄门侍郎。会山东旱饥，议以中朝臣为刺史，重其选，以革颓弊。乃以丘与中书侍郎崔沔等并为山东刺史。而丘守怀州尤清严[1]，为下畏慕。开元十三年，帝东巡，丘饩牵之外[2]，一无他献，帝嘉之。入知吏部选，改尚书左丞，以父丧解。服除，为右散骑常侍，知制诰。历御史大夫，以疾徙礼部尚书，致仕。丘更履华剧而所守清约[3]，未尝通馈遗，室宅童骑敝陋，既老，药饵不能自给。帝叹之，以为有古人节，下制给全禄以旌洁吏。天宝二年卒，谥曰文。

帝所过无他献，老不能给药饵。

【注释】

①怀州：治今河南沁阳。

②饩牵：泛指粮、肉等食品。

③更履:经历。华剧:指显要的职位。

【译文】

很久之后,王丘任黄门侍郎。那一年恰逢山东大旱歉收,朝廷讨论从朝臣中选任刺史到山东地区,朝廷十分重视这次的选任官员,想要借此革除弊端。于是朝廷就派王丘和中书侍郎崔沔等人都去任山东诸州的刺史。王丘署理怀州期间,尤其清廉严明,下属对他又敬又畏。开元十三年,皇帝东巡,王丘除了敬献粮、肉等食品外,其他什么也没有献,皇帝嘉奖了他。王丘入朝负责吏部选拔事务,又改任尚书左丞,因父亲去世而离职。守孝期满后,王丘被任命为右散骑常侍,知制诰。王丘还担任过御史大夫,因病而改任礼部尚书,后告老还乡。王丘虽然历任要职,却固守清廉,从不受人馈送,住宅车马童仆都是很敝陋的,年老后,连药都买不起。皇帝赞叹他,认为他有古代贤人的节操,于是下令发给王丘全额俸禄,以表彰廉洁官吏。天宝二年,王丘去世,谥号为文。

皇帝驾临,除食物以外不进献其他东西,老了不能负担自己的药费。

杜暹

杜暹,濮州濮阳人[①]。自高祖至暹,五世同居,暹尤恭谨,事继母孝。擢明经第,补婺州参军[②]。秩满归,吏以纸万番赆之[③],暹为受百番,众叹曰:“昔清吏受一大钱,何异哉!”为郑尉,复以清节显。华州司马杨孚,公挺人也,每咨重暹。会孚迁大理正,暹适以累当坐,孚曰:“使若人得罪,众安劝乎?”以状言执政,繇是擢为大理评事。开元四年,以监察御史覆屯碛西[④]。会安西副都护郭虔瓘,与西突厥可汗阿史那献、镇守使刘遐庆更相讼,诏暹即按。入突骑施帐[⑤],究索左验。虏以金遗暹,暹固辞,左右曰:“公使绝域，不可失戎心。”乃受焉，阴埋幕下。已出境，乃移文畀取之[⑥]。突厥大惊，度碛追，不及，去。迁给事中，以母丧解。会安西都护张孝嵩迁太原尹，或言暹往使安西，虏伏其清，今犹慕思，乃夺服[⑦]，拜黄门侍郎，兼安西副大都护。明年，于阗王尉迟眺约突厥诸国叛，暹觉其谋，发兵计斩之，支党悉诛，于阗遂安。十四年，召同中书门下平章事，寻罢为荆州都督。历魏州刺史、太原尹、礼部尚书[⑧]，封魏县侯。二十八年卒，赠尚书右丞相、太常，谥曰贞肃。帝敕有司改谥贞孝。

【注释】

①濮州：州名。治今河南濮阳。

②婺（wù）州：今浙江金华。

③赆（jìn）：临别时赠与的财物。

④碛（qì）西：唐朝对西域的称呼。

⑤突骑施：唐朝时一支边远部落，属西突厥。

⑥畀（bì）：给与。

⑦夺服：丧期未满，官员应诏除去丧服，出任官职。

⑧魏州：州名。北周置，治所在贵乡县（今河北大名）。

【译文】

杜暹，濮州濮阳人。自杜暹的高祖到杜暹，一家五代同居，杜暹特别恭敬谨慎，侍奉继母很孝顺。他参加明经科考试及第，补任婺州参军。任满将还乡之时，州吏赠送他一万张纸，杜暹只接受了一百张，大家都说：“从前清廉的官吏接受一枚大钱，杜暹之举又有什么不同！”杜暹被任命为郑县县尉，又因清廉节俭而知名。华州司马杨孚，是个公平正直的人，常常向杜暹咨询并推重他。恰逢杨孚升任大理正，杜暹因事获罪受罚，杨孚说："如果这个县尉获罪，那么大众靠什么来勉励呢？"杨孚向执政大臣讲述了杜暹的情况，由此杜暹被任命为大理评事。开元四年，杜暹以监察御史的身份前往西域检查驻军屯田情况。适逢安西副都护郭虔瓘与西突厥可汗阿史那献、镇守使刘遐庆互相上奏指责，朝廷诏令杜暹查明事实。杜暹到突骑施营帐查究事由。突厥人以金子相赠，杜暹坚决推辞不受，左右的人说："您远道出使这边远的地方，不可辜负异族人的心意。"杜暹才接受了金子，他将金子悄悄地埋在幕帐之下。等离境以后，他才传书让突厥人去收取。突厥人大惊，越过沙漠追赶他，追赶不上，方才作罢。杜暹升任给事中，因继母去世而辞官回家守丧。恰逢安西都护张孝嵩调任太原尹，有人推荐由杜暹出使安西，因胡人都钦佩其清正廉洁，一直很仰慕思念他，于是朝廷下令杜暹除去丧服，出任黄门侍郎，兼安西副大都护。第二年，于阗王尉迟朓勾结突厥一些番国图谋叛乱，杜暹探知了他的阴谋，便发兵斩杀尉迟朓，并诛杀他的党羽，于阗才安定下来。开元十四年，朝廷任命杜暹为同中书门下平章事，不久被免职，出任荆州都督。后来杜暹先后任魏州刺史、太原尹、礼部尚书，受封魏县侯爵位。开元二十八年，杜暹去世，朝廷追赠他为尚书右丞相、太常，谥号为贞肃。皇帝下令将杜暹的谥号改为贞孝。

暹友爱，抚异母弟昱甚厚。其为人少学术，故当朝议论时时失浅薄。然能以公清勤约自将，亹亹为之[①]，自弱冠誓不通亲友献遗，以终身。既卒，尚书省及故吏致赙其子孝友，一不受，以行暹素志云。

阳受而阴埋之，出境移文，此等作用，非拘拘廉守。

【注释】

①亹（wěi）亹：勤勉不倦貌。

【译文】

杜暹在家友爱，照顾异母弟弟杜昱十分尽心。杜暹学问不佳，在朝堂上发言时常常显得肤浅。但是杜暹能以公正清廉勤劳节俭为己任，勤勉不倦地践行，他年轻时就立誓不接受亲友馈赠，坚守了一生。杜暹死后，尚书省及过去与他共事的官吏赠给的丧葬财物，他的儿子杜孝友一概不受，以此来践行杜暹平生志愿。

当面接受了黄金，然后悄悄地埋在幕帐之下，出境之后才写信告知，这样的做法，并非拘泥于廉洁操守。

中陆景倩

陆景倩，苏州吴人。为扶沟丞，河南按察使毕构覆州县殿最[①]，欲必得实，有吏言状，曰某强清某诈清，惟景倩曰真清。终监察御史。

吏何许人？“真清”一语，使景倩传。

【注释】

①殿最：考课，评比。

【译文】

陆景倩，苏州吴人。他担任扶沟丞，河南按察使毕构考评州县官员，想要知道实际的状况，有个吏员向毕构讲述官员们的情状说：有人强使自己清廉，有人假装清廉，只有陆景倩是真的清廉。陆景倩最终担任了监察御史。

这个官吏是什么人呢？“真清”这一句话，使陆景倩得以传名。

上卢奂

卢奂，怀慎之子。蚤修整，为吏，有清白称。历御史中丞，出为陕州刺史[1]。开元二十四年，帝西还，次陕，嘉其美政，题赞于厅事曰："专城之重，分陕之雄，亦既利物，内存匪躬，斯为国宝，不坠家风。"召为兵部侍郎。天宝初，为南海太守。南海兼水陆都会，物产瑰怪，前守刘巨鳞、彭杲皆以赃败，故以奂代之。污吏敛手，中人之市舶者亦不敢干其法，远俗为安。时谓自开元后四十年，治广有清节者，宋璟、李朝隐、卢奂三人而已。终尚书右丞。

【注释】

①陕州：今河南三门峡陕州区。

【译文】

卢奂，是卢怀慎的儿子。卢奂早年就言行端正谨慎，为官有清廉的名声。卢奂曾任御史中丞，出任陕州刺史。开元二十四年，皇帝返回西京长安，途经陕州时，嘉奖了卢奂施政良好，在官署厅堂题写赞语说："身负刺史重任，分掌陕地大州，也已利沾万物，心怀忠君忘身，真是国家珍宝，不失卢公家风。"于是召卢奂入朝任兵部侍郎。天宝初年，卢奂任南海太守。南海处水陆交通要道，有很多瑰丽珍奇的物产，前太守刘巨鳞、彭杲都因贪赃获罪，因此朝廷以卢奂替换他们。卢奂使贪墨官吏不敢再贪污，前来采买货物的宦官也不敢干扰卢奂的法令，于是远方民情安定。当时人认为从开元以后四十年，治理广州而有清廉节操的，只有宋璟、李朝隐、卢奂三人而已。最终卢奂官至尚书右丞。

卢奂父子清白，为时名臣。弟奕以忠死。与二颜、段太尉比节，呜呼，盛矣。及奕子杞，奸邪误国，为唐大憝[1]。有性善有性不善，亶其然乎[2]。然杞亦清介，为时所称，此其贪残甚于贪污，不可不论。

【注释】

①大憝（duì）：大恶人。

②亶（dǎn）：信，确实。

【译文】

卢奂父子清直，是当时的名臣。他的弟弟卢奕因尽忠而死。气节可与颜杲卿、颜真卿兄弟及太尉段秀实相比，卢氏家族真是兴盛啊。到了卢奕的儿子卢杞，他奸诈邪恶，贻误国事，成为唐朝大恶之人。有的人本性善良，有的人本性不善，果然如此。但是卢杞也因为清廉耿介为当时人们所称赞，他是凶残之恶超过贪污之罪，不能不辨析明白。

上 元德秀

元德秀，字紫芝，河南人。质厚少缘饰。少孤，事母孝，举进士，不忍去左右，自负母入京师。既擢第，母亡，庐墓侧，食不盐酪，藉无茵席。服除，以窭困调南和尉[①]，有惠政。黜陟使以闻[②]，擢补龙武军录事参军。德秀以不及亲在而娶，不肯婚。人以为不可绝嗣，答曰："兄有子，先人得祀，吾何娶为？"初，兄子褓褓丧亲，无资得乳媪，德秀自乳之，数日湩流[③]，能食乃止。既长，将为娶，家苦贫，乃求为鲁山令[④]。前此，堕车足伤，不能趋拜，太守待以客礼。有盗系狱，会虎为暴，盗请格虎自赎，许之。吏白："彼诡计，且亡去，无乃为累乎？"德秀曰："许之矣，不可负约。即有累，吾当坐，不及余人。"明日盗尸虎还，举县嗟叹。

【注释】

①南和：今河北南和。

②黜陟（chù zhì）使：官名。负责巡察各地，考查官吏，进行奖惩。

③湩（dòng）：乳汁。

④鲁山：今河南鲁山。

【译文】

元德秀，字紫芝，河南人。性情忠厚直率。元德秀幼年丧父，对母亲十分孝顺，他参加进士考试，因不忍心离开母亲左右，就亲自背着母亲进京。考上进士后，母亲去世，他在母亲的坟墓旁搭建小屋守墓，饭食中没有盐和乳酪，坐卧不用褥垫草席。服丧期满，元德秀因贫困而调任南和县尉，任内实行惠民举措。黜陟使把他的政绩上报，于是被提拔为龙武军录事参军。元德秀没有来得及在母亲健在时娶妻，就不肯结婚。有人认为他不可以绝后，他回答说："我哥哥有儿子，我的先祖可以得到祭祀，我干吗还要娶妻呢？"当年，他哥哥的儿子在襁褓中就死了双亲，又没有钱请乳母，元德秀就亲自哺乳，数日后双乳有乳汁流出，等到侄子能吃饭了才停止。侄子长大后，元德秀将要为他娶媳妇，因家里十分贫穷，才请求任鲁山县令。在此之前，他因为从车上摔下伤了脚，不能快步行走拜见，但是太守却以贵客的礼节对待他。有个盗贼被关押在牢里，当地正碰上老虎作恶，盗贼请求打虎赎身，元德秀答应了他。有个吏员对他说："那是盗贼的诡计，将来他逃走了，你不是要受到牵累吗？"元德秀说："我已经答应他了，不可以背弃约定。如果有所牵累，我应当领罪，不牵连别人。"第二天，盗贼带着老虎的尸体回来了，全县的人都为此而感叹。

玄宗在东都，酺五凤楼下[①]，命三百里内县令、刺史，各以声乐集。是时颇言帝且第胜负，加赏黜。河内太守辇优伎数百，被锦绣，或作犀象，瑰谲光丽。德秀惟乐工数十人，联袂歌《于蒍于》。《于蒍于》者，德秀所为歌也。帝闻异之，叹曰："贤人之言哉！"谓宰相曰："河内人其涂炭乎？"乃黜太守，德秀益知名。所得奉禄，悉衣食人之孤遗者。岁满，笥余一缣[②]，驾柴车去。爱陆浑佳山水，乃定居。不为墙垣扃钥，家无仆妾。岁饥，日或不爨。嗜酒，陶然弹琴自娱。人以酒殽从之，不问贤鄙，为酣饫[③]。天宝十三载卒，家惟枕履箪瓢而已。

【注释】

①酺（pú）：聚会饮宴。

②笥（sì）：盛衣物的竹器。

③饫（yù）：饱。

【译文】

唐玄宗在东都时，在五凤楼下设宴，命令方圆三百里内的县令、刺史，都要前来献上声乐。当时人们都传言皇帝将要排出优劣，施加赏罚。河内太守用车装着几百名优伎，披挂着锦绣，有的装扮成犀牛、大象，十分新奇而美丽。只有元德秀带了几十个乐工，集体唱一首叫《于蒍于》的歌，是元德秀创作的。皇帝听到后，十分惊奇，赞叹说："唱的都是贤人说的话呀！"对宰相说："河内府的百姓恐怕都生活在苦难中吧？"于是罢免了太守，元德秀更加出名了。元德秀所得到的俸禄都供给那些孤儿吃饭穿衣。元德秀任职期满，竹筐里带着一匹绢，赶着一辆柴车离任。他喜爱陆浑那秀丽的山水，于是在那里定居。他家里不造围墙，不用钥匙，也没有仆人侍妾。碰上荒年，有时揭不开锅。他喜欢喝酒，悠然地弹琴自娱。有人带着酒菜来拜访他，他不管来的是什么人都一起畅饮尽兴。元德秀在天宝十三载去世，死时，家里只有枕头、鞋子和舀水的瓢一类东西。

门弟子乔潭，时为陆浑尉，庀其葬[①]。族弟结[②]，哭之恸。或谓过礼，结曰："若知礼之过，而不知情之至。吾兄弱无固，性无专，老无在，死无余，人情所耽溺喜爱可恶者，吾兄无之。生六十年，未尝识女色、视锦绣，未尝求足、苟辞、佚色，未尝有十亩之地、十尺之舍、十岁之僮，未尝完布帛而衣，具五味而餐。吾哀之，以戒荒淫贪佞绮纨粱肉之徒耳。”李华兄事德秀，及卒，谥曰文行先生。天下高其人，不名，谓之元鲁山。

文行先生。自乳兄子，念母不娶。歌《于苈于》天子之前，特异。“河内人其涂炭乎？”此圣主语。

【注释】

①庀（pǐ）：治理。

②族弟：同高祖兄弟的弟辈。结：元结（719—772）。字次山。天宝间进士及第。安史乱后历仕道州刺史等职。

【译文】

元德秀门下的弟子乔潭，当时担任陆浑尉，办理他的丧事。元德秀的族弟元结，哭得十分伤心。有的人说元结已经超越了礼数，元结说：“你们知道越过礼数了，却不知感情到了这种程度。我的兄长年轻时不鄙陋，性情不专断，年老没有居所，死后没有遗产，一般人所沉溺喜爱或厌恶的东西，我的兄长都没有。他活了六十年，不曾见识过女色和华美的绸缎，不曾谋求富足，不曾言辞苟且，不曾贪恋女色，不曾有十亩的田地、十尺的房屋、十岁的童仆，不曾穿过完整布帛做的衣服，不曾吃过五味俱全的食物。我哀悼他，是用来告诫那些荒淫贪佞之徒和纨绔子弟呀！”李华以兄长的礼节事奉元德秀，等到元德秀去世，给他拟定的谥号是文行先生。天下人认为元德秀品性高洁，不直呼他的名字，称他元鲁山。

文行先生。自己哺乳兄长的儿子，因为思念母亲而没有娶亲。在天子面前歌唱《于蒍于》，很奇特。“河内府的百姓恐怕都生活在苦难中吧？”这是圣明君王的话。

■刘晏

刘晏，字士安，曹州南华人[①]。玄宗封泰山，晏始八岁，献颂行在，帝奇其幼，命宰相张说试之。说曰：“国瑞也。”即授太子正字[②]。累调夏令，未尝督赋而输无后期。举贤良方正，补温令。所至有惠利可纪。禄山乱，避地襄阳。永王璘反，乃与采访使李希言谋拒之。希言假晏守余杭。璘败，欲转略州县，闻晏有备，遂自晋陵西走。终不言功。代宗朝，领东都、河南、江淮转运租庸盐铁常平使。时大兵后，京师米斗千钱，禁膳不兼时，甸农挼穗以输。晏乃自按行淮泗至河阴、巩洛，尽得其病利。然畏人牵制，乃遗书于宰相元载，备陈利害。载方内擅朝权，得书，即尽以漕事委晏，故晏得尽其才。岁输始至，天子大悦，曰：“卿，朕之酂侯也[③]。”凡岁致四十万斛，自是关中虽水旱，物不翔贵矣。再迁吏部尚书，又兼益湖南、荆南、山南东道转运、常平、铸钱使，与第五琦分领天下金谷[④]。又知吏部三铨事[⑤]，推处殿最分明，下皆慑伏。

【注释】

①南华：今山东菏泽东明。

②正字：官名。北齐始置于秘书省，隋、唐、宋沿置。与校书郎同掌校雠典籍，订正讹误。隋、唐并有太子正字，其地位略次于校书郎，

亦掌管校勘典籍之事。

③酂（cuó）侯：汉初的萧何。汉高祖因其在镇国家、抚百姓、供军需、给粮饷方面功勋卓著，封他为酂侯。

④第五琦：中唐名臣，长于经济理财。

⑤三铨：官员选授考课，由吏部和兵部的尚书、侍郎分掌其事。尚书为尚书铨，掌五品至七品选；侍郎二人分为中铨、东铨，掌八品、九品选，合称三铨。

【译文】

刘晏，字士安，曹州南华县人。唐玄宗在泰山封禅时，刘晏才八岁，他进献颂文到皇帝驻处，皇帝对他年幼能文感到惊奇，命令宰相张说测试他。张说说："这是国家的祥瑞呀。"唐玄宗随即授予刘晏太子正字之职。多次升迁后刘晏调任夏县县令，他没有督缴过百姓赋税，但缴纳没有违期的。他又被举荐为贤良方正，出任温县县令。他所任职之处都有利民善政留下。安禄山叛乱，刘晏在襄阳避乱。永王李璘反叛时，刘晏与采访使李希言合谋抵御。李希言任用刘晏镇守余杭地区。李璘兵败，想要转而攻占州县，听闻刘晏有准备，于是从晋陵往西逃跑了。事后刘晏也没有陈述自己的功绩。唐代宗在位期间，刘晏任东都、河南、江淮转运租庸盐铁常平使。当时大战之后，京城米价高达每斗一千钱，皇帝的御膳供应不兼时，靠郊区农民搓谷穗来供应。刘晏亲自考察从淮泗到河阴、巩洛一带，充分了解了情况。他担心遭到干涉，就写信给宰相元载，全面陈述利害。当时元载正在朝中专权，接函后，就将漕运事务全部交给刘晏，刘晏得以充分施展才干。各地运送京城的粮食这才运到，皇帝很高兴，说："你真是朕的萧何啊。"每年总计运粮四十万斛到京城，从此关中即使遭遇旱涝灾害，物价也不会飞涨了。刘晏又升任吏部尚书，兼任湖南、荆南、山南东道转运、常平、铸钱使，和第五琦一道分掌全国钱粮。他还负责吏部官吏选拔，考核评级分明，下属都敬畏他。

晏在位佐军，兴实国用，敛不及民，而用度足，自言如见钱流地上。每朝谒，马上以鞭算。质明视事，至夜分止，虽休浣不废[①]。事无闲剧，即日剖决无留。所居修行里，粗朴庳陋，饮食俭狭，室无媵婢。德宗朝，杨炎执政[②]，以宿怨，与荆南节度使庾准诬晏谋作乱，与朱泚书，语言怨望，贬忠州刺史[③]。建中元年[④]，诏中人赐晏死，年六十五。天下以为冤。时簿录其家，唯杂书两乘，米麦数斛，人服其廉。兴元初[⑤]，帝寖痟[⑥]，乃许归葬。后赠郑州刺史，加司徒。

【注释】

①休浣：唐代定制，官吏十天一次休息沐浴，每月分为上、中、下浣，后借作上旬、中旬、下旬的别称。

②杨炎（727—781）：凤翔府天兴县（今陕西凤翔）人。中唐宰相。

③忠州：今重庆忠县。

④建中：唐德宗李适年号（780—783）。

⑤兴元：唐德宗李适年号（784）。

⑥寖（jìn）：逐渐。

【译文】

刘晏在位时保证了军粮供给，充实了国家财政，不聚敛百姓而用度充足，他自称如同看见钱在地上流动一样。每次上朝，刘晏骑在马上都在用马鞭计算。他天一亮就开始办公，到半夜才休息，即使休假日也不停止。公事不论紧急与否，他都当天处理完毕没有遗留。刘晏住在修行里，居室粗糙简陋，饭食俭朴，家中没有侍妾婢女。唐德宗在位时，杨炎执掌朝政，因为旧日仇怨，与荆南节度使庾准一起诬陷刘晏图谋作乱，他们说刘晏曾与朱泚通信，信中有很多对皇帝不满的话，刘晏被贬为忠州刺史。建中元年，皇帝下诏派宦官赐死刘晏，时年六十五岁。天下人都认为他是被冤枉的。当时清点刘晏的家产，只有各种书两车和几斛米麦，人们都敬服刘晏的清廉。兴元初年，皇帝渐渐醒悟，于是准许刘晏归葬故里。后来朝廷追赠刘晏为郑州刺史，又加封他为司徒。

晏理财清忠，古今绝称，而以诬死，岂曰有天。其得用事展才，妙在遗书元载，而卒以此致炎怨。甚矣，权门之不可濡足。亡论私润，即为公家事，亦宜戒也。论至此，孟子"枉尺直寻"之不可①，不得目之为拘腐。天下金谷皆在掌握，而录其家仅杂书两乘，米麦数斛，此非小小廉介。

【注释】

①枉尺直寻：比喻在小处委屈一些，以求得较大的好处。《孟子·滕文公下》："枉尺而直寻，宜若可为也。"

【译文】

刘晏负责财政清廉忠心，是从古至今仅见的，然而却被诬陷致死，这真是没有天理啊。他之所以得到施展才能的机会，妙处就在于寄信给元载，但是最终又因此而导致与杨炎结怨。太可怕了，权势之家是不能轻易结交的。且不论私人利益，即便是为了公事，也应当有戒备之心。说到这里，孟子所说的不能"枉尺直寻"，不能被视为固执迂腐。天下的财富都在刘晏的掌握之中，然而查抄他的家产时仅仅只有杂书两车，米和麦子几斛，这不是寻常的清廉耿介啊。

晏之功，新旧史皆言之，有陈谏者著论以为管、萧之亚，信矣，故不论。论其轶事，杨炎之杀晏也，虽为元载报仇，尤以同官吏部，时已为侍郎，晏为尚书，而盛气不相下，一旦作宰相，遂杀之耳。及后炎自门下迁中书，而卢杞代居门下同执政，以杞无文学，貌陋，不与会食。杞亦恨，诬以异志，俄贬崖州，亦死于缢。炎之所以杀晏，杞之所以杀炎，何其符欤？然杞所杀最多，罪过于炎，虽贬而卒以良死，何哉？

【译文】

刘晏的功绩，新、旧《唐书》都有记载。有个叫陈谏的人写文章认为刘晏仅在管仲、萧何之下，这是可信的，所以不评论。提到刘晏那些轶事，杨炎杀刘晏，虽然是因为元载而报仇，但更重要的是杨炎和刘晏同在吏部当官，当时杨炎是侍郎，而刘晏为尚书，但是杨炎气势不在刘晏之下，有朝一日杨炎做了宰相，就杀掉刘晏。后来杨炎从门下省转任中书省，卢杞接替他门下省官职一同执政，因为卢杞没有学识文采，相貌丑陋，杨炎就不和他相聚进食。卢杞也怨恨杨炎，诬陷他有叛离之心，杨炎不久就被贬到了崖州，也被勒死。杨炎杀害刘晏的原因和卢杞杀杨炎的原因，是多么的相合啊。但是卢杞杀人很多，罪过大于杨炎，他虽被贬谪却最终得个好死，这是为什么呢？

郑虔

郑虔，郑州荥阳人[①]。天宝初，为协律郎，集缀当世事，著书八十余篇。有上书告虔私撰国史者，虔苍黄焚之，坐谪十年。还京师，玄宗爱其才，欲置左右，以不事事，更为置广文馆，以为博士。虔闻命，不知广文曹司何在，诉宰相，宰相曰：“上增国学，置广文馆以居贤者，令后世言广文博士自君始，不亦美乎？”虔乃就职。久之，雨坏庑舍，有司不复修完，寓治国子馆，自是遂废。

【注释】

①荥阳：今河南荥阳。

【译文】

郑虔，郑州荥阳人。天宝初年，郑虔任协律郎，他搜集编撰当代史事，写成书稿八十多篇。有人上书告发郑虔私修国史，郑虔急忙焚烧书稿，因此获罪被贬十年。回到京城以后，唐玄宗欣赏他的才能，想把他安排在自己身边，因为没有具体事务可干，便专门为他设置了广文馆，任命他为广文馆博士。郑虔得到任命，不知道广文馆这个机构职司所在，便去找宰相，宰相说："皇上下令扩充国学，增设广文馆，用来收纳有贤德的人，使后世人说广文博士这一官职是从你开始的，这不是很好的事吗？"郑虔于是走马上任。过了很久，大雨毁坏了广文馆的房屋，有关部门也不加修复，他就借住在国子监内，从此广文馆被废弃。

初，虔追绌故书可志者[①]，得四十余篇，国子司业苏源明名其书为《会粹》[②]。虔善图山水，好书，常苦无纸，于是慈恩寺贮柿叶数屋，遂往日取叶肄书，岁久殆遍。尝自写其诗并画以献，帝大署其尾曰"郑虔三绝"。迁著作郎。安禄山反，遣使劫百官置东都，伪授虔水部郎中。虔称风缓[③]，求摄市令，潜以密章达灵武[④]。贼平，为台州司户参军事。数年卒。

【注释】

①绌（chōu）：缀集。

②国子司业：官名。为国子监内副长官，协助祭酒，掌儒学训导。

③风缓：即风瘫。

④灵武：今宁夏灵武。当时为唐肃宗行在所。

【译文】

当初，郑虔从旧书中选出有流传价值的缀集文章四十多篇，国子监司业苏源明为这部书起名叫《会稡》。郑虔擅长画山水画，爱好书法，常常苦于没有纸张，正好慈恩寺里贮存着好几屋柿叶，于是他每天去拿柿叶练习书法，时间久了，几屋子柿叶几乎被他写遍。他曾经把自己的诗作和绘画献给唐玄宗，玄宗在他的诗画下边用大字书写“郑虔三绝”。郑虔升任为著作郎。安禄山反叛，派人劫持百官安置在东都洛阳，任郑虔为水部郎中。郑虔声称自己患有风瘫，请求做掌管市场的市令，他秘密把奏章送到唐肃宗所在的灵武。叛贼被平定以后，郑虔担任台州司户参军事。数年后去世。

虔学长于地里，山川险易、方隅物产、兵戍众寡无不详，时号“郑广文”。在官贫约，澹如也。杜甫尝赠以诗曰：“才名四十年，坐客寒无毡。”云有郑相如者，自沧州来，师事虔，虔未之礼，间问何所业，相如曰：“闻孔子称‘继周者百世可知’，仆亦能知之。”虔骇然，即曰：“开元尽三十年当改元，尽十五年天下乱，贼臣窃位，公当污伪官，愿守节，可以免。”虔又问：“自谓云何？”答曰：“相如有官三年，死衢州①。”是年及进士第，调信安尉②。既三年，虔询吏部，则相如果死矣。故虔念其言，终不附贼。

【注释】

①衢州：今浙江衢州。

②信安：旧县名。今属衢州。

【译文】

郑虔的学问长于地理，各地山川的险易、地方特产、驻兵的多少，他都说得准确详细，当时称他为“郑广文”。他为官贫困俭约，而恬淡自安。杜甫曾经赠给郑虔一首诗，写道：“才名四十年，坐客寒无毡。”据说有个叫郑相如的人从沧州来，对郑虔以师礼相待，郑虔并不怎么尊重他。郑虔偶然询问他所学的是哪门学问，郑相如说：“听说孔子称‘继承周朝大业的人能预知百代之后的事’，我也能知道这类事情。”郑虔很吃惊，郑相如就说：“大唐到开元三十年就会改变年号，再往后十五年天下会有大乱，贼臣篡夺皇位，您将被迫为伪朝官员，希望您恪守为臣的节操，可以免罪。”郑虔又问：“你自身的命运如何？”郑相如回答说：“我有三年官任，将要死在衢州。”这年，郑相如考中进士，调任信安县尉。三年以后，郑虔询问吏部，郑相如果然已经去世。因此，郑虔想到郑相如当初的话，始终不依附叛贼。

郑虔受知明皇帝，书法、诗、画称三绝。使少念脂膏，不寒馁死矣。世多訾其为禄山市令，嗟乎！人各有能有不能，何必杀身成仁乃君子乎？且当时死节之臣，无如颜太守①，而禄山过常山时，亦尝谒道左，赐紫袍，时未可以死也。虔之密章灵武，何可量哉。

【注释】

①颜太守：即颜真卿。唐代名臣，大书法家，时为平原太守，属安禄山管辖。

【译文】

郑虔受到唐玄宗的知遇，被认为拥有书法、诗歌、绘画三种卓越的才能。假使他稍稍考虑财富，不致贫寒而死。很多人非议他曾任安禄山的市令，唉！每个人都有他能做的和不能做的事情，为什么一定要杀身成仁才能成为君子呢？并且当时为保全节操而死的臣子，没有人比得上颜太守的，但是安禄山经过常山时，颜太守也曾在道路旁拜谒，接受安禄山所赐紫袍，那是因为还没有到可以死的时候。郑虔将秘密奏章送往灵武，有什么短长可论呢？

中归崇敬

归崇敬，字正礼，苏州吴人。治礼家学，多识容典[①]。天宝中，举博通坟典科，对策第一，迁四门博士。有诏举才可宰百里者，复策高等，为主客员外郎。代宗幸陕[②]，召问得失，崇敬极陈生人疲敝，当以俭化天下，则国富而兵可用。大历初[③]，授仓部郎中，充吊祭册立新罗使[④]。海道风涛，舟几坏，众惊，谋以单舸载而免，崇敬曰："今共舟数十百人，我何忍独济哉！"少选风息。先是，使外国多赍金帛，贸举所无，崇敬囊橐唯衾衣，东夷传其清德。还授国子司业、集贤学士，累官工部尚书。后年老，以兵部尚书致仕。卒，年八十八，赠尚书左仆射，谥曰宣。所论撰数十篇。

欲以俭化天下，东夷传其清德。

【注释】

①容典：礼容法则。

②代宗幸陕：广德元年（763）十月，吐蕃兵临长安城下，代宗出奔陕州。

③大历：唐代宗李豫年号（766—779）。

④新罗：国名。在今朝鲜半岛。

【译文】

归崇敬，字正礼，苏州吴县人。归崇敬研究家传礼学，精通多种礼容法则。天宝年间，他考中博通坟典科，对策名列第一，升任四门博士。皇帝下诏让举荐有才能管理方圆百里的人，他再次在对策中获得优等，担任主客员外郎。唐代宗出幸陕州，召他询问得失，归崇敬极力陈说民生凋敝的情状，提出应当用节俭教化天下，国家会富强而且军队可用。大历初年，归崇敬被任命为仓部郎中，充任赴新罗吊祭旧王册立新王的使者。海上风大浪高，船几乎被毁坏，众人惊骇，商量用一只小船载他先走以免身死，归崇敬说："如今同船的有几十上百人，我怎么忍心独自逃生呢？"过了一会儿，风就停了。此前，出使外国的人都携带很多金帛，用来购买所缺的东西，归崇敬的行囊里只有衣被，东夷人都传颂他清廉的德行。出使归来，归崇敬被任命为国子司业、集贤学士，多次升官至工部尚书。年老之时，以兵部尚书的官衔退休。归崇敬八十八岁去世，朝廷追赠为尚书左仆射，谥号为宣。他撰写有论著几十篇。

想要用节俭教化天下，东夷人传颂他的美德。

中班宏

班宏，卫州汲人[①]。天宝中，擢进士第，高适镇剑南[②]，表为观察判官。有以左道谋作乱者，事泄，诬引屯将，众汹惧，宏验治，即杀之，人心大安。大历中，累迁给事中。李宝臣死[③]，其子惟岳匿丧，求节度使，帝遣宏使成德喻其军，惟岳厚献遗宏，不纳，还报称旨，擢刑部侍郎。旋进吏部。

【注释】

①卫州：州名。在今河南北部。汲：县名。卫州州治，今河南卫辉。

②高适（？—765）：渤海蓨（今河北景县）人。盛唐大诗人，名臣。

③李宝臣（718—781）：范阳密云（今北京密云）人。中唐割据军阀。

【译文】

班宏，卫州汲县人。天宝年间，班宏考中进士，高适镇守剑南时向朝廷举荐班宏担任观察判官。当时有人用旁门左道密谋作乱，事情泄露后，诬陷驻军将领，大家都惶恐不安，班宏查得实情，随即把这人处死，安定了人心。大历年间，班宏升迁至给事中。当时李宝臣死后，他的儿子李惟岳隐瞒消息并求取节度使之职，皇帝派班宏到成德去视察军队，李惟岳送很多财物贿赂班宏，班宏拒不接受，回京后的汇报使皇帝很满意，班宏升任刑部侍郎。不又转任吏部。

贞元初[①]，旱蝗，赋调益急，以户部侍郎副度支使韩滉[②]。俄又以尚书副宰相、领度支窦参[③]，与参不合，参让使，宏判度支，以争职领，为户部侍郎、盐铁转运使张滂所谗，于是移病归第。宰相因奏班宏、张滂分掌财赋，如刘晏、韩滉故事。寻卒，年七十三。赠尚书右仆射，谥曰敬。宏清洁勤力，晨入官署，夕而出，吏不堪其劳而己益恭。

【注释】

①贞元：唐德宗李适年号（785—805）。

②度支使：官名。唐制，户部度支案掌国家财政收支。韩滉（？—787）：字太冲。唐朝中期宰相。

③窦参（734—793）：字时中，唐扶风平陵（今陕西咸阳秦都区）人。唐德宗时宰相。

【译文】

贞元初年，发生了旱灾和蝗灾，赋税收入吃紧，于是朝廷任命班宏为户部侍郎协助度支使韩滉。不久又任命他为户部尚书协助宰相、领度支窦参，班宏与窦参不和，于是窦参让出度支使职位，由班宏担任度支，因争夺职权，班宏被户部侍郎、盐铁转运使张滂进谗言中伤，于是他上书称病回家。宰相于是上奏建议由班宏和张滂分别职掌财政事务，就像刘晏和韩滉的先例一样。不久班宏去世，享年七十三岁。朝廷追赠他尚书右仆射，赐谥号为敬。班宏清廉高洁，勤勉尽职，早晨进入官署，晚上才出来，属下都难以忍受劳累而他却越发尽心。

刘晏、韩滉、班宏相继领度支，河渭以东，江浙以西，财赋倍万，尽出掌握，而三人者又非儒雅道德之士，如是而不染愈难矣。张滂言宏为度支使不一岁，家辄巨万，岂其谗人之言乎？史官称宏清洁，吾从史。

【译文】

刘晏、韩滉、班宏三人相继担任度支职务，黄河、渭水以东，江浙以西，国家巨量的赋税收入都在他们掌握之中，但是这三人又不是儒雅有修养的人，像这样而不沾染贪婪恶习就更显难得了。张滂说班宏担任度支使不到一年，家中就有大量财产，难道这是谗言中伤吗？史官认为班宏清廉高洁，我认同史官的看法。

段秀实

段秀实，字成公，陇州汧阳人[①]。六岁，母疾病，不勺饮者七日，病间乃肯食，时号孝童。及长，沉厚能断，慨然有济世意。举明经，其友易之，秀实曰："搜章摘句，不足以立功。"乃弃去。天宝四载，为安西府别将[②]，常从大将高仙芝、封常清与虏战，功多。后为安西节度使李嗣业判官。嗣业卒，众推荔非元礼为帅。奏擢秀实试光禄少卿。俄而元礼为麾下所杀，将佐多死，唯秀实以恩信为士卒所服，皆罗拜。遂更推白孝德为节度使。秀实凡佐三府，益知名。时吐蕃袭京师，代宗幸陕，劝孝德即日鼓行入援，孝德徙邠宁[3]，署度支营田副使。于是邠宁乏食，屯奉天[4]，仰给畿内。时公廪竭，县吏不知所出，皆逃去，军辄散剽掠。秀实曰："使我为军候，岂至是乎？"遂知行营事。军中畏戢。兵还，孝德荐为泾州刺史。

【注释】

①陇州：西魏废帝年间以东秦州改名，治所在汧阳县（今陕西陇县）。唐天宝年间改名汧阳郡，乾元年间复为陇州。汧（qiān）阳：古县名。治今陕西千阳。

②安西府：安西都护府，唐贞观年间始置，是管理西域地区的军政机构之一。

③邠宁：唐方镇名。乾元二年（759）置。治所在邠州（今陕西彬州）。

④奉天：唐睿宗文明元年（684），分好畤、醴泉、始平、武功、永寿五县地设立奉天县，以奉乾陵。治今陕西乾县。

【译文】

段秀实，字成公，陇州汧阳人。段秀实六岁时，母亲病重，他急得七天不吃不喝，等母亲病情好转才肯吃饭，当时人们称他为孝童。他长大后，深沉忠厚，能做决断，慷慨激昂有拯救天下的志向。段秀实曾参加明经科考试，他的朋友对此轻视，段秀实说："凭寻章摘句的本事不能为国立功。"于是放弃了考试。唐玄宗天宝四载，段秀实任安西府别将，跟随大将高仙芝、封常清与外寇作战，立功很多。后来他又担任安西节度使李嗣业的判官。李嗣业死后，众人推举荔非元礼为主帅。荔非元礼奏请朝廷提升段秀实为光禄少卿。不久荔非元礼为部下所杀，下属将领也被杀多人，只有段秀实因为为人恩义诚信，士卒敬服，都在他的周围跪拜，不敢加害。将士们又推举白孝德任节度使。段秀实前后辅佐三任节度使，更加知名。当时吐蕃偷袭京城，唐代宗逃到陕州，段秀实劝白孝德立即进军救援，白孝德率军移驻邠宁，命段秀实代理度支营田副使。这时邠宁缺粮，白孝德于是在奉天驻军，想靠京城郊县来供应粮草。当时国家粮仓空虚，县府官吏不知道从哪里可以弄到粮草供应军队，于是都逃走了，军队就四散抢掠。段秀实说："如果任用我做军候，哪能乱到这地步呢？"于是白孝德命段秀实掌管奉天行营的军务。军中畏惧。回师邠宁后，白孝德推荐段秀实任泾州刺史。

时郭子仪为副元帅[1]，居蒲，子晞以尚书领节度使，屯邠州。士放纵不法，孝德不敢劾，秀实乃自请为都虞候[2]。俄而晞士入市，刺酒翁，秀实立取断首，置槊上，植市门外，一营大噪。秀实选老躄一人[3]，持马至晞门下。甲者出，秀实笑曰："杀一老兵，何甲也？吾戴头来矣。"甲者愕。晞出，因喻晞以郭氏功名所系，晞再拜谢，乃曰："敢谨者死！"邠由是安。后马璘代孝德，每事咨问，璘处决不当，固争之，不从不止，以故赴难征伐数有功。久之，璘有疾，请秀实摄节度副使。璘卒，一军宴然，即拜四镇北庭行军、泾原郑颍节度使。数年，吐蕃不敢犯塞。秀实在镇，按格令，官使二料取其一[4]，非公会不举乐饮酒。室无妓媵，无赢财，宾佐至议军政，不及私。大历十三年，来朝，代宗问所以安边者，画地以对，帝悦，慰赉还镇。德宗立，加检校礼部尚书。建中初，宰相杨炎欲城原州[5]，恨秀实异议，召为司农卿。朱泚反[6]，以秀实素有人望，使骑往迎。秀实与子弟诀而入，泚见大喜。秀实因说泚迎乘舆，泚不应。秀实乃与将军刘海宾等谋诛泚。事泄，因泚召计事，遂戎服往，语至僭位，夺贼相象笏，奋击泚，中颡流血[7]，遂遇害，年六十五。

【注释】

①郭子仪（697—781）：华州郑县（今陕西渭南华州区）人。唐朝名将。

②都虞候：军事职官名。掌管军府法纪。

③躄（bì）：跛脚。

④二料：古代指官俸以外的两项津贴。

⑤原州：唐武德元年（618）改平凉郡为原州。州治历代屡有变迁。

⑥朱泚（742—784）：幽州昌平（今北京昌平）人。先后为陇右、凤翔节度使。建中四年（783）泾原兵变，叛唐称帝，建国号秦。

⑦颡（sǎng）：额。

【译文】

当时，郭子仪担任副元帅，驻扎在蒲州，他的儿子郭晞以检校尚书任行营节度使，驻扎邠州。郭晞放纵士兵，不守法纪，白孝德不敢治他们的罪，段秀实于是自请担任都虞候。不久，郭晞手下士兵到街上买酒，刺伤卖酒的老头，段秀实立即将他们逮捕斩首，并将头挂在长矛上，竖在街口示众，郭晞军中鼓噪不已。段秀实选了一名跛脚老卒牵马，亲去郭晞营中。士兵们披甲执锐涌出，段秀实笑着说："杀一老卒，何需甲兵？我带着我的头来了。"士兵们都很惊讶。郭晞出来后，段秀实劝说他勿因自己的失误而毁了郭家历来的功劳荣誉，郭晞向段秀实郑重行礼，随后下令说："敢喧哗者死！"于是邠州自此安定。后来马璘接替白孝德之职，遇事常同段秀实商量，马璘决断处理事务不恰当之处，段秀实都据理力争，不答应不罢休，因此在奔赴国难的征战中多次立功。后来马璘生病，请段秀实代行节度副使职权。马璘死后，军中安定如常，段秀实随即被任命为四镇北庭行军、泾原郑颍节度使。段秀实在任的数年间，吐蕃不敢侵犯边境。段秀实在节度使任上，依照朝廷规定可以领取的两份津贴，他只领一份，不是因公聚会不奏乐、不饮酒。他房内没有歌女、侍妾，家无余财，宾客和部下来了，只谈论军政事务，不谈私事。大历十三年，段秀实回京觐见皇帝，唐代宗问及安定边防的谋略，他在地上画出地形图，分门别类、井井有条地回答，唐代宗很高兴，给了他丰厚的犒赏，让他带回任所。唐德宗即位后，段秀实加封检校礼部尚书。建中初年，宰相杨炎想要修筑原州城，他恨段秀实有异议，于是召段秀实回京任司农卿，夺去他的兵权。后来朱泚叛乱，他认为段秀实素有威望，于是便派人马去迎接他。段秀实与子侄诀别后到朱泚处，朱泚非常高兴。段秀实劝说朱泚去迎回皇帝车驾，朱泚不回应。于是段秀实便与左骁卫将军刘海宾谋划诛杀朱泚。事情泄露后，朱泚召集段秀实议事，段秀实穿上甲衣前往，等提到拥立朱泚为帝时，段秀实夺取贼相的象笏，奋力击打朱泚，击中额头，朱泚血流满面，段秀实因此遇害，时年六十五岁。

初，秀实自泾州被召，戒其家曰："若过岐，朱泚必致赠遗，慎毋纳已。"而泚固致大绫三百。秀实怒曰："吾终不以污吾第。"以置司农治堂之梁间。吏后以告泚，泚取视，其封帕完新。秀实尝以禁兵寡弱，不足备非常，为言于帝。及泾卒乱，皆如其言。兴元元年，诏赠太尉，谥曰忠烈。帝还京，又诏致祭，旌其门闾，亲铭其碑云。

【译文】

当初，段秀实从泾州任上奉召入朝时，告诫家里人说："经过岐山时，朱泚必会赠送财物，千万不要收下。"家人到岐山时，朱泚硬是送了三百匹大绫。段秀实发怒说："我终归不让这些东西脏了我的家。"便把它挂在司农府大堂的屋梁上。司农府的属官后来把此事告诉了朱泚，朱泚将屋梁上的绫取下来一看，上面封记完好如新。段秀实曾认为禁卫军又少又弱，不足以应付非常的事变，于是向皇帝谏言。到发生泾原兵变时，果然如段秀实所言。兴元元年，皇帝下令追赠段秀实为太尉，谥号忠烈。皇帝回到京城后，又下令祭祀段秀实，在其乡里立碑表彰，并亲自题写碑文。

世儒不读全史，偶见太尉奋击贼泚，以为忠勇人也。柳宗元所状逸事，亦不具论，盖以佐史官之不及耳。当徙泾州时，别将王章之谋乘夜作乱①，而太尉阳怒鼓人，迁延数刻，以误其节，遂四鼓而曙。及马璘死，令家人、宗族、宾将、吏卒各哭其所，不得居丧侧，离立者皆捕治。谋追贼将韩旻时，盗用司农印，皆古名将所未有。其他奇谋大略，俱不在李、郭下②。呜呼，廉与不廉，何足以论太尉，要之全德，更难矣。

【注释】

①王章之：《新唐书·段秀实传》为“王童之”。

②李：指李光弼（708—764），营州柳城（今辽宁朝阳）人。中唐名将。

【译文】

读书人读史不全面，偶然读到段太尉奋勇击打贼人朱泚，便认为他仅为忠勇之人。柳宗元所写的《段太尉逸事状》，也不能详细论述，大概只为了补充史官的不足之处罢了。当段太尉到泾州时，别将王童之乘夜发动叛乱，随后段太尉假装对打鼓人发怒，让更鼓声拖延数刻时间，以此来耽误作乱者的时间，于是四更的打鼓声打完天就亮了。等到马璘死后，段秀实命令其家属、宗族、将领、官员、士兵在各自之处哭泣，不得聚集停留在灵柩旁边，否则都逮捕关押。谋划追击贼人将领韩旻时，盗用司农印，这是自古以来的名将也从未有过的做法。其他的奇谋策略，都不在李光弼与郭子仪之下。呜呼，廉洁与不廉洁，哪里能够用来议论太尉，要求他道德上完美无缺，更难了。

杨绾

杨绾，字公权，华州华阴人。少孤，家素贫，事母甚谨。性沉静，独处一室，左右图史，凝尘满席，澹如也。不好立名，有所论著，未始示人。第进士，补太子正字。举词藻宏丽科，玄宗已试，又加诗、赋各一篇，绾为冠，由是擢右拾遗①。制举加诗赋②，自绾始。

【注释】

①拾遗：官名。掌供奉讽谏，以补救君主言行的缺失。

②制举：即制科。

【译文】

杨绾，字公权，华州华阴人。他少年丧父，家境贫寒，侍奉母亲非常谨慎恭敬。杨绾性格沉静，独处一室，身边都是图书史籍，坐席上积满灰尘，而他却恬静淡泊。杨绾不喜扬名，有所著述却始终不拿出来给人看。杨绾考中进士，任官太子正字。后来杨绾又参加词藻宏丽科考试，唐玄宗在正试之外又加试诗、赋各一篇，杨绾名列第一，因此提升为右拾遗。制举加试诗赋，便是从杨绾开始的。

天宝乱，肃宗即位灵武，绾脱身见行朝①，拜起居舍人、知制诰②。累迁中书舍人，兼修国史。故事，舍人年久者，为阁老，其公廨杂料，独取五之四，至绾悉均给之。历礼部侍郎，建议复孝廉、力田等科。俄迁吏部侍郎，品裁清允。是时元载秉政，疏忌绾，授国子祭酒。帝知之，以为太常卿，充礼仪使。及载诛，拜中书侍郎、同中书门下平章事，修国史。绾固让，不许。绾因以天下为己任，奏罢诸州团练使官号，又减诸道观察判官员之半。又言刺史不称职及赃罪，本道使具条以闻，不得擅追及停，而刺史亦不得辄去州诣使所。如其故阙，使司无署摄，听上佐代领③。帝善其谋，于是高选州上佐，定上中下州，差置兵员。又定府、州官月廪，使优狭相均。及增京官俸。又荐湖州刺史颜真卿④，即日召拜刑部尚书。绾素痼疾⑤，居旬日寖剧，有诏就中书疗治，每对延英殿，许挟扶。于时厘补穿敝⑥，唯绾是恃。未几，薨。帝惊悼曰："天不欲朕致太平，何夺绾之速邪？"即日诏赠司徒，遣使者册授，诏百官如第吊哭，赙襚优渥，谥文简。

【注释】

①行朝：犹行在，皇帝出行暂住之地。

②知制诰：官名。唐翰林学士加知制诰者起草诏令，余仅备顾问。

③上佐：部下属官的通称。

④湖州：今浙江湖州。

⑤痼疾：指经久难愈的病。

⑥厘补：改革和补救。

【译文】

天宝年间天下动乱，唐肃宗在灵武即位，杨绾逃出险境，奔赴行在，被任命为起居舍人、知制诰。后来又升任中书舍人，兼修国史。按例，担任舍人时间长的人被尊称为阁老，其官署中的杂料，五分之四归于阁老，但杨绾将杂料平均分配。杨绾任礼部侍郎期间，建议恢复孝廉、力田等科举内容。不久杨绾被改授吏部侍郎之职，他在对官吏的评定考核中清正公允。当时，元载执掌政事，他忌妒杨绾威望高，因此疏远他，上奏提出升迁杨绾为国子祭酒。皇帝了解事情的由来，于是任命杨绾为太常卿，充当礼仪使。等到元载被诛杀后，杨绾升任中书侍郎、同中书门下平章事，兼修国史。杨绾坚决推让，皇帝不允许。杨绾以天下为己任，他上奏裁撤诸州的团练使官号，并裁减各道观察判官一半员额。还建议如果刺史不称职或有贪赃罪行，由其所属节度使向朝廷陈奏，节度使不得擅自处置和更换，而刺史也不得擅自离开任地去拜见节度使。如果刺史职位因故空缺，节度使不得兼任刺史，而由州中上佐来代理。皇帝赞成他的谋略，于是严格选拔州的上佐，将各州定为上中下三个等级，以此为依据来确定各州士兵的员额。又明确了各府、州官员每月禄米的数额，使充足与匮乏得到均衡。并增加了京城官员的俸禄。杨绾又向朝廷推荐湖州刺史颜真卿，皇帝当即下诏令颜真卿入朝担任刑部尚书。杨绾本来身患痼疾，没过多久病情恶化，皇帝下诏让他就在中书省内治疗，每次在延英殿议政时，特许有人搀扶着他。当时改革补救朝政的弊病，全都倚仗杨绾。不久，杨绾去世。皇帝大为震惊，悲痛地说："上天难道不愿让朕达致太平吗，为什么将杨绾这么快夺走？"皇帝当日就下诏追赠杨绾为司徒，并派使者到府中册封，还令百官到杨府吊唁，治丧财物赏赐丰厚，赐谥号为文简。

绾清俭简约，未尝问生事，禄廪分亲旧，随多寡辄尽。造之者，清谈终晷而未尝一及荣利[①]。初拜相，制下之日，朝野相贺。御史中丞崔宽本豪侈，城南别墅池观堂皇，为当时第一，即日遣人毁之；京兆尹黎幹，出入驺从驭百数，省损才留十余骑；中书令郭子仪在邠州行营，方大会，除书至[②]，音乐散五之四；它闻风靡然自化者，不可胜纪。世以比杨震、山涛、谢安云。

绝清澹人。不但廉也，其作用俱从廉生，故务减不务增。

子仪撤座中声乐至清感人，亦子仪盛德事。

【注释】

①终晷：犹终日，整天。

②除书：拜官授职的文书。

【译文】

杨绾清廉节俭，不曾问过生活上的事情，所得俸禄都分给了亲朋故旧，不论多少都随手散尽。有前来拜访的人，杨绾与其闲谈终日，没有一句话涉及名利。杨绾开始当宰相时，任命下达那天，朝野上下都来祝贺。御史中丞崔宽本来很奢华，他在城南的别墅园林富丽堂皇，为当时第一，崔宽在当天就暗中派人将其拆毁；京兆尹黎幹，平日出入有上百人骑马跟随，也减少了人马，只留十余骑；中书令郭子仪在邠州行营，恰逢盛大宴会，任命杨绾为宰相的公文到了，郭子仪便将助兴的乐舞队减去五分之四；其他人听说杨绾为相后也都如此，改变奢侈作派的不计其数。世人把杨绾比作杨震、山涛、谢安一类人。

极其恬静寡欲之人。不但廉洁，而且各种功绩都是伴随廉洁而来的，因而他致力于简省而非增多。郭子仪撤去席间声乐固然是因杨绾的清廉能感化人，也是郭子仪品德高尚的一件事。

中常衮

常衮，京兆人。天宝末，及进士第。性狷洁，不妄交游。文采赡蔚，长于应用，誉重一时。累迁中书舍人。鱼朝恩赖宠兼判国子监[①]，衮奏成均之任[②]，当用名儒，不宜以宦官领。时回纥有战功，得留京师，益骄悍，数与军人格斗，至夺含光门鱼契走城外[③]。衮建言宜早防遏，恐其变不细。又诸道争以侈丽奉献者，衮以为汉文帝还千里马[④]，晋武帝焚雉头裘[⑤]，宋高祖碎琥珀枕[⑥]，今节度使非能男耕女织，类出于民，是敛怨媚上，宜斥还之。代宗嘉纳，迁礼部侍郎。时宦官刘忠翼等权震中外，有所干请，衮皆拒却。元载死，拜门下侍郎、同中书门下平章事，与杨绾同执政。绾长厚通可，而衮苛细，以清俭自贤。会绾卒，衮始当国。故事，日出内厨食赐宰相家，可十人具，衮奏罢之。又将让堂封[⑦]，它宰相不从，乃止。衮为相，散官才朝议，而无封爵，郭子仪言于帝，遂加银青光禄大夫，封河内郡公。

【注释】

①鱼朝恩(722—770)：泸州泸川(今四川泸县)人。肃宗、代宗时宦官。

②成均：传说中尧舜时期的学校，后指国家最高学府。

③鱼契：鱼形符信。唐、宋制度，宫殿殿门和城门开启要核对鱼契。

④汉文帝还千里马：汉文帝时，有献千里马者，文帝以其无实用，下诏退还。

⑤晋武帝焚雉头裘：晋武帝时，太医献雉头裘，武帝以其异服奢侈，焚之于殿前。

⑥宋高祖碎琥珀枕：南朝宋武帝刘裕北征时，得琥珀枕，听说琥珀可以治疗金疮，乃碎之以分众将士。

⑦堂封：宰相的封邑。

【译文】

常衮，京兆人。天宝末年考中进士。他洁身自好，不随意与人交往。常衮文辞丰美，擅长写作公文，在当时很有名望。常衮累次升迁至中书舍人。鱼朝恩倚仗皇帝宠信兼判国子监，常衮上奏说掌管国家最高学府的职位，应任命有名望的学者，不应由宦官来充当。当时助唐立有战功的回纥人，可以留住京城，他们日益骄横，多次与军人发生冲突，甚至夺取含光门的鱼符跑到城外去。常衮上奏建议应尽早防备他们，以免酿成大祸。天下诸道的节度使争相向皇帝进献奢华之物，常衮认为汉文帝归还千里马，晋武帝焚烧雉头裘，刘宋武帝打碎琥珀枕，今日的节度使不从事耕作、纺织，因此这些物品都取自百姓，这是以百姓的怨恨来讨好皇帝的行为，应该将这些物品斥还。唐代宗赞许并采纳常衮的建议，并把他升迁为礼部侍郎。当时宦官刘忠翼等权倾朝野，对常衮有所请托，常衮都拒绝了。元载死后，常衮担任门下侍郎、同中书门下平章事，与杨绾一同执掌朝政。杨绾宽宏通达，而常衮苛刻繁琐，追求清正节俭的名声。杨绾去世后，由常衮独掌国政。按旧例，每天有御膳赏赐给宰相家，可供十多人食用，常衮上奏废除这个规定。常衮又准备让出宰相的封邑，因其他宰相不愿意才作罢。常衮当宰相后，他的散官官衔还在朝堂上讨论，并且也没有受封爵位，郭子仪对皇帝上奏了此事，于是常衮被授予银青光禄大夫，加封河内郡公爵位。

德宗即位，衮奏贬崔祐甫为河南少尹。帝怒，使与祐甫换秩，再贬潮州刺史。建中初，起为福建观察使。始闽人未知学，衮至为设乡校，使作为文章，亲加讲导，与为客主钧礼，观游燕飨与焉。由是俗一变，岁贡士与内州等。卒于官，年五十五。赠尚书左仆射。

【译文】

唐德宗即位后，常衮上奏请求将崔祐甫贬为河南少尹。唐德宗大怒，让常衮与崔祐甫互换官阶，又将其贬为潮州刺史。建中初年，常衮被起用为福建观察使。闽地之人素来不知道学习，常衮到任后设立乡校，使当地人学习文化,他亲自讲授引导,对当地人待以平等之礼,和他们一起游玩欢宴。因此闽地风俗为之大变,每年考取贡士的人数赶上了内地各州。常衮在任上去世,终年五十五岁。朝廷追赠尚书左仆射。

却进献与拒却宦官,皆今时所难得。又以文采兴闽学校。而以清俭自贤,务苛细,非宰相之器也。

【译文】

常衮拒绝进献和宦官的请托,都是今日难得的品行。又利用自己的文采在闽地兴办学校。而以清廉节俭自居,处事严苛琐碎,则并非宰相器量。

颜泉明

颜泉明,太子太保忠节公杲卿子也[①]。有孝节。初杲卿谋以常山起兵讨安禄山,使泉明阴结太原尹王承业为应,及还,未至而常山已陷,故客寿阳[②]。史思明围李光弼,获泉明,裹以革,送幽州,间关得免。及泉明归国,而族父真卿方为蒲州刺史,令泉明到河北求宗属。始一女及姑女,并流离贼中,及是并得之。悉钱三万先赎姑女,还取赀复往,则已女复失之。袁履谦及父故将妻子奴隶,尚三百余人,转徙不自存,泉明悉力赡给,分多匀薄,相扶挟度河,托真卿,真卿随所归资送之。泉明之殡父与履谦也,分柩还长安。履谦妻疑敛具俭狭,发视之,与杲卿等,乃号踊,待泉明如父。肃宗拜泉明郫令,政化清明,诛宿盗,人情翕然。成都尹奏课第一[3]。迁彭州司马[4]。家贫,居官廉而孤藐,相从百口,饘粥不给[5],无愠叹。居母丧,哀毁骨立,其行义当世以为难。

【注释】

①杲卿:即颜杲卿(692—756)。唐朝名臣。安史乱时,守常山,城破被杀。

②寿阳:今山西寿阳。

③奏课:把对官吏的考绩上报朝廷。

④彭州:今四川彭州。

⑤饘(zhān):稠粥。

【译文】

颜泉明,是被追赠为太子太保,谥号忠节的颜杲卿的儿子。颜泉明有孝行节操。当初颜杲卿谋划在常山起兵讨伐安禄山,派颜泉明暗中联络太原尹王承业做内应,他还没来得及返回,常山便已沦陷,因此客居于寿阳。史思明包围李光弼,捕获颜泉明,将他用马革包裹着送往幽州,他辗转得以逃脱。等到颜泉明回到都城,他的叔父颜真卿正担任蒲州刺史,命颜泉明到河北寻找失散的亲人。当初颜泉明的一个女儿和他姑姑的女儿,都落入贼人手中,这时一并获知了她们的下落。颜泉明筹集三万钱先赎回姑姑的女儿后,又去筹款赎人,等返回之时自己的女儿已不知去向。此时袁履谦和颜杲卿部下的妻子儿女奴仆共三百余人,辗转流徙于贼境中,穷困窘迫,颜泉明尽力予以周济救助,与他们均匀分配物资,相互扶持着渡过黄河,把他们托付于颜真卿,颜真卿随他们的意愿发给路费遣送。颜泉明殡殓父亲与袁履谦,分别装殓入灵柩送回长安。袁履谦的妻子疑心丈夫的装殓用具简陋狭小,等到打开棺材一看,与颜杲卿的完全一样,于是顿足痛哭,待颜泉明如同自己的父亲。唐肃宗任命颜泉明为郫县令,他任内治理、教化十分清明,诛杀惯匪大盗,使人心安定。成都尹上报官吏考绩颜泉明为第一。后颜泉明升任彭州司马。颜泉明家境贫寒,为官廉洁且孤傲,百口人跟随着他,连稠粥都供给不足,也没有人口出怨言。在为母亲守丧时,颜泉明因为过于悲伤而形销骨立,他的品行、道义,世人都认为难能可贵。

李勉

李勉,字玄卿,郑惠王元懿曾孙①,少喜学。调开封尉,治有名。从肃宗于灵武,擢监察御史。时武臣崛兴,无法度,大将管崇嗣背阙坐,笑语哗纵。勉劾不恭,帝叹曰:"吾有勉,乃知朝廷之尊。"迁司膳员外郎②。历汾州刺史、河南尹、江西观察使,入为京兆尹,寻拜岭南节度使。先是,西南夷舶岁至才四百,勉既廉洁,又不暴征,明年至者乃四千柁。居官久,未尝饰器用车服。后召归,至石门,尽搜家人所畜犀珍投江中。部人叩阙,请立碑颂德,代宗许之。进工部尚书,封汧国公。滑亳节度使令狐彰且死③,表勉为代,从之。

【注释】

①元懿:李元懿(?—673)。唐高祖李渊第十三子,封郑王,谥曰惠。

②司膳员外郎:官名。司膳,唐官署名。属礼部。

③滑亳:唐方镇名。治所在滑州(今河南滑县)。

【译文】

李勉,字玄卿,是郑惠王李元懿的曾孙,年少时便十分好学。李勉曾调任开封尉,以治理得当而知名。后来李勉跟随唐肃宗到灵武,被提拔为监察御史。那时,武将势力兴起,不守法度,大将管崇嗣曾背对宫阙而坐,且笑语喧哗。李勉弹劾他不恭,皇帝叹息说:"我有了李勉,才知道朝廷的尊严。”李勉升任司膳员外郎。他先后担任汾州刺史、河南尹、江西观察使,又进京出任京兆尹,不久被任命为岭南节度使。在此之前,西南夷人的船舶每年前来贸易的才有四百艘,由于李勉廉洁,又不横征暴敛,因此第二年前来的船舶便增至四千艘。李勉在任数年,连车马和生活用具都没有装饰过。后来李勉被召回京城,行至石门时,将家人贮藏的犀角等珍宝尽数搜出,投进江中。辖境内的民众进京请愿,请求为李勉立碑以歌颂他的功德,唐代宗允准了。李勉升任工部尚书,受封汧国公。后来滑亳节度使令狐彰将死时,上表举荐李勉接替自己,皇帝同意了。

德宗立,加同中书门下平章事,俄为汴宋、河阳等道都统[①]。兴元元年,勉固让都统,以检校司徒平章事召。贞元初,帝起卢杞为刺史,袁高还诏不得下。帝问勉曰:“众谓卢杞奸邪,朕顾不知谓何?”勉曰:“天下皆知而陛下独不知,此所以为奸邪也。”时韪其对,然自是益见疏。居相二年,辞位,以太子太师罢。卒年七十二,谥曰贞简。

【注释】

①汴宋:方镇名。天宝十四载(755)初置称河南,广德后又称汴宋,大历后专称汴宋。治汴州(今河南开封)。都统:官名。唐朝中后期,都统或总管五道,或总管三道兵马。

【译文】

唐德宗继位,加封李勉同中书门下平章事,不久又出任汴宋、河阳等道都统。兴元元年,李勉坚决辞让都统职位,以检校司徒平章事受召入朝。贞元初年,皇帝起用卢杞为刺史,袁高封还诏书,不能下发。唐德宗问李勉说:“众人都说卢杞奸邪,朕却不知道,这是为何?”李勉回答:“天下都知道卢杞奸邪，唯独陛下不知道，这正是他的奸邪之处。”当时皇帝认同李勉的回答，但从此却渐渐疏远了他。李勉任宰相两年后辞去相位，以太子太师去职。李勉死时七十二岁，谥号为贞简。

勉少贫狭，客梁、宋，与诸生共逆旅。诸生疾且死，出白金曰：“左右无知者，幸君以此为我葬，余则君自取之。”勉许诺。既葬，密置余金棺下。后其家谒勉，共启墓，出金付之。及历将相，所得奉赐，悉遗亲党，身没，无赢藏。其在朝廷，鲠亮廉介①，为宗臣表。礼贤下士有终始，尝引李巡、张参在幕府，后二人卒，至宴饮，仍设虚位沃馈之。

此忠肝义胆人。

【注释】

①鲠亮：刚直诚实。

【译文】

李勉年轻时贫穷窘困，客居在梁州、宋州，与其他儒生同住客栈。有个儒生病危将死，拿出银两交给他道：“旁人不知道这件事，希望你能用这钱将我安葬，多余的钱就送给你。”李勉答应了。办理完丧事后，李勉秘密地把剩下的钱放置在棺材下面。后来，那人的家属来拜见李勉，李勉和他们一同开启坟墓，拿出剩下的钱交给他们。李勉出将入相，所得的俸禄和赏赐，都送给亲族朋友，死后没有留下积蓄。在朝廷任职期间，李勉刚直清廉，是宗室大臣的表率。他礼贤下士，待人有始有终。他曾经延揽李巡与张参做幕僚，后来二人去世，每逢宴请宾客，李勉仍旧为他们留下空位以示缅怀。

这是一位忠肝义胆之人。

中 赵憬

赵憬,字退翁,渭州陇西人也[①]。憬志行峻洁,不屑炫贾。宝应中[②],方营泰、建二陵[③],用度广。又吐蕃盗边,天下荐饥[④]。憬褐衣上疏,请杀礼从俭,士林叹美。试江夏尉,累迁湖南观察使,召还,阖门不与人交。李泌荐之[⑤],对殿中,占奏明辨,通古今,德宗悦,拜给事中。贞元中,咸安公主降回纥[⑥],诏关播为使,而憬以御史中丞副之。异时使者多私赍,以市马规利入,独憬不然。使未还,尚书左丞缺,帝曰:"赵憬堪此。"遂以命之。窦参罢,进中书侍郎、同中书门下平章事,与陆贽同辅政。贽于裁决少所让,又徙憬门下侍郎,繇是不平,数称疾。及罢贽,乃始当国。憬精治道,常以国本在选贤、节用、薄敛、宽刑,恳恳为天子言之。又陈前世损益、当时之变,献《审官六议》。帝皆然之。辅政五年,卒,年六十一。赠太子太傅,谥曰贞宪。

【注释】

①渭州:隋开皇三年(583)置,治所在襄武县(今甘肃陇西)。大业三年(607)改置陇西郡。唐武德元年(618)废郡改置渭州。天宝元年(742)改又渭州为陇西郡。乾元元年(758),复改陇西郡为渭州。中和四年(884)复置,移治平凉县(今甘肃平凉)。

②宝应:唐代宗李豫年号(762—763)。

③泰:泰陵,唐玄宗李隆基陵墓。建:建陵,唐肃宗李亨陵墓。

④荐饥:连年灾荒。

⑤李泌(722—789):字长源,祖籍辽东郡襄平县(今辽宁辽阳),生于京兆府。中唐名臣。

⑥降：下嫁。

【译文】

赵憬，字退翁，渭州陇西人。赵憬志行高洁，不屑于炫沽自己。宝应年间，朝廷营造泰、建二陵，耗费巨大。此时又有吐蕃侵犯边境，天下连年发生饥荒。赵憬以平民身份上书，请求简化礼仪节俭行事，士人们都称赞他。赵憬试任江夏尉，多次升迁为湖南观察使，后来被召回京城，他闭门不与人交往。李泌推荐他，在殿上口头奏对，明了清楚，通晓古今，德宗很高兴，授予给事中一职。贞元年间，咸安公主下嫁回纥，皇帝下诏令关播为使臣，并命赵憬以御史中丞的身份做副使。从前使者多携带私物，用来买马谋求利润收入，只有赵憬不这样。出使还没有回来，尚书左丞职位空缺，皇帝说："赵憬可以担任。"于是就任命了他。窦参被罢免后，赵憬被提升为中书侍郎、同中书门下平章事，与陆贽一同辅政。陆贽在裁决政事时很少谦让，又将赵憬改为门下侍郎，赵憬因此内心不平，多次称病。直到陆贽被罢免，才开始执掌政权。赵憬精通治国之道，常认为治理国家的根本在于选用贤才、节约开支、减轻赋税、宽缓刑罚，恳切地向天子陈说这些。又陈述前朝的得失、今朝的变化，进献《审官六议》。皇帝都同意了。赵憬辅佐朝政五年后去世，终年六十一岁。赠太子太傅，谥号为贞宪。

憬性清约，位台宰，而第室童获犹儒先生家。得禀入，先建家庙，而竟不营产。

立身、正家、匡时，俱以廉约。

【译文】

赵憬生性清廉节俭，位至宰相，而府第童仆还如同儒学先生之家的。得到俸禄，先修建家庙，而始终不置办家产。

赵憬在立身、正家、匡时方面都以清廉、俭约为准则。

韩滉

韩滉，字太冲，京兆长安人。父休，玄宗时为宰相，方直峭鲠，寻见罢。滉以荫补官[①]，为人强力严毅，明吏事，簿最详致，累迁给事中、尚书右丞，连知兵部、吏部选，以户部侍郎判度支。自至德军兴[②]，所在赋税无艺[③]，帑司给输乾隐[④]。滉检制严密，储积丰实。

【注释】

①荫：庇荫。因祖先有勋劳或官职而循例受封、得官。

②至德军兴：指安史之乱。至德，唐肃宗李亨年号（756—758）。

③无艺：没有定法，没有常道。

④乾隐：侵吞财物。

【译文】

韩滉，字太冲，京兆长安人。他的父亲韩休曾在唐玄宗时期任宰相，为人方正刚直，不久被罢免。韩滉以门荫入仕，他为人严厉刚毅，善于处理政事，案卷详尽细致，连续升任为给事中、尚书右丞，接连主管兵部和吏部铨选事务，后以户部侍郎管理财政事务。自从至德年间开始用兵，各处赋税没有准则，国库供给转运常常被隐瞒侵吞。韩滉予以严格检查制约，使国家钱粮积蓄逐渐充实起来。

德宗立，有言滉掊克者[①]，出为晋州刺史[②]。未几，迁浙江东、西观察使，寻为镇海军节度使[③]。绥辑百姓[④]，均租调，境内称治。帝在奉天，滉分兵戍河南。及狩梁州[⑤]，献缣十万匹。时李希烈反淮西而漕路无梗，东南完靖，滉之功居多。屡发粮帛以济朝廷，其所遣米馈，防援皆有法，盗不敢近。贞元元年，诏加检校右仆射、同中书门下平章事、江淮转运使，封郑国公。议者言滉修石头城，阴蓄异志，帝疑之。李泌曰："滉公忠清俭，自车驾在外，贡献不绝，且镇江东十五州，盗贼不起，皆滉力也。所以修石头城者，恐有永嘉之行⑥，为迎扈备耳。"帝乃解。因遣其子考功员外郎皋归省，滉感悦流涕。明年，入朝过汴，与汴帅刘玄佐约为兄弟，遗其装钱二十万缗，劝令入朝。及见天子，荐玄佐可任边事。时两河罢兵⑦，滉上言："吐蕃盗河湟久，近岁寖弱，而西迫大食，北抗回鹘，东拒南诏，分军外战，兵在河陇者不过五六万⑧，若朝廷命将以十万众城凉、鄯、洮、渭，臣请以本道财赋给军士三年费，然后营田积粟，且耕且战，河陇可复。"帝善其言，以问玄佐，玄佐请行。会滉病，乃止。寻卒，年六十五，赠太傅，谥曰忠肃。

【注释】

①掊克：亦作掊刻。聚敛，搜括。

②晋州：唐武德年间以平阳郡改置，治所在临汾县（今山西临汾）。

③镇海军：唐藩镇军名。初治润州（今江苏镇江），后治杭州。

④绥辑：安抚集聚。

⑤狩梁州：兴元元年（784）二月，朔方节度使联合朱泚反叛，唐德宗避乱出奔梁州（今陕西汉中）。

⑥永嘉之行：晋怀帝永嘉（307—312）年间，匈奴多次南下，最后攻破洛阳，晋室南渡，定都建康（今江苏南京），建立东晋。

⑦两河：河南道和河北道的合称。

⑧河陇：指河西与陇右，今甘肃西部地区。

【译文】

唐德宗即位，有人说韩滉搜刮民财，因此出京任晋州刺史。不久改任浙江东、西观察使，不久又任镇海军节度使。他安抚百姓，平均租税，辖境之内清平安定。唐德宗因泾原兵变出逃至奉天，韩滉派兵驻防河南。德宗出奔梁州，他又向朝廷进献十万匹缣。这时李希烈在淮西造反，然而运输粮食的水路没有受到阻碍，东南地区得以平定，韩滉的功劳居多。他多次输送粮食、衣帛救济朝廷，在押送物资时，严密安排以防止劫掠，并互相援救，以至盗贼不敢靠近。贞元元年，皇帝下诏加封韩滉为检校右仆射、同中书门下平章事、江淮转运使，封爵郑国公。有人向唐德宗进言，称韩滉修备石头城，暗怀异志，唐德宗对韩滉有所怀疑。李泌说："韩滉忠诚清廉，自从皇上离京在外，韩滉不断贡献钱粮，而且镇抚江东十五州，盗贼完全绝迹，都是韩滉的功劳。至于整修石头城，是因为担心会出现永嘉之行那样的情况，为迎接护卫圣驾做准备而已。"唐德宗这才明白。于是让韩滉之子考功员外郎韩皋回家探亲，韩滉为此感动落泪。第二年，韩滉入京朝见经过汴州，与镇守汴州的节度使刘玄佐结为兄弟，他向刘玄佐赠送二十万缗衣装钱，劝服刘玄佐进京朝见皇帝。等见到天子时，韩滉举荐刘玄佐可以负责镇守边疆。当时河南、河北两道停战，韩滉向德宗进谏："吐蕃窃据河湟地区太久了，近年来其势力逐渐衰减，西面受大食逼迫，北面要抵抗回鹘，东面要抵挡南诏，军队分散对外，留在河陇的兵力不过五六万，如果这时朝廷能派将领率十万大军在凉、鄯、洮、渭各地修筑城防，臣请求用本道的财货赋税充作军士三年的费用，然后再屯田积蓄粮食，一边耕作一边作战，这样河陇之地便可收复。"皇帝赞许他的提议，以此询问刘玄佐，刘玄佐请求前往。恰逢韩滉病重，事情就被搁置了。不久韩滉去世，享年六十五岁，朝廷追赠为太傅，谥号忠肃。

滉虽宰相子，性节俭，衣裘茵衽，十年一易，甚暑不执扇。居处陋薄，门当列戟，以父时第门，不忍坏。久居重位，清俭疾恶，不为家人资产。夫人常衣绢裙，破然后易。滉幼时已有美名，所与游皆天下豪俊。晚节稍苛惨强肆，故论者疑其饰情。

公忠清俭。衣茵十年一易，绢裙破然后易，有晏子之风。

【译文】

韩滉虽为宰相之子，但生性节俭，他的衣裘被褥，十年才更换一次，甚至夏季很热时也不用扇子。他家居室简陋，家门前按制度应当列戟作仪仗，但因为是父亲在世时的宅门，不忍心毁坏，便不列戟。韩滉长期身居高位，而清廉节俭，疾恶如仇，不为家人经营私产。他夫人所穿都是平常的绢裙，一直要穿破了才换新的。韩滉年少时已有美名，与他交游之人都是天下才智杰出之士。晚年略显苛刻强横，因此有人怀疑他是掩饰自己的真心实意。

公正忠诚清廉节俭。衣裘被褥十年一换，绢裙穿破了才换新的，有晏子的风范。

中王纬

王纬，字文卿，并州太原人。举明经，以书判入等[1]，历长安尉。大历中，与李泌俱为江西观察使路嗣恭判官。嗣恭欲杀泌，纬护解，得免。泌执政，奏于己有私恩，德宗许为泌报，故进纬给事中。会浙西观察使缺，泌拟纬。帝曰："是朕为君报德者？黄门要地[2]，独不可留议事邪？"对曰："浙西赋入尤剧，纬清而忠，能惠养民，故请遣之。"制可。奏蠲韩滉时罚钱未入者十八万缗以纾民[3]，诏听之。贞元十年，加御史大夫，兼诸道盐铁转运使。裴延龄以诸道负钱四百万缗献为羡钱[④]，以图宠。纬奏“此诸州经费”，不可，大忤延龄意，改检校工部尚书。卒，年七十一，赠太子少保[⑤]。纬居官以清白称，然好用深刻吏督察其下。

清惠。刻。

【注释】

①书判：指书法和文理。

②黄门：黄色的宫门。代指宫禁。

③蠲（juān）：减缩。纾（shū）：缓和，解除。

④裴延龄（？—796）：唐河东（今山西永济西）人。德宗时权臣。羡钱：多余的钱。常指赋税的盈余。

⑤太子少保：官名。东宫老师。太子三少（少傅、少师、少保）之一。

【译文】

王纬，字文卿，并州太原人。王纬参加明经科考试，以文理、书法合格，曾任长安尉。大历年间，王纬和李泌都担任江西观察使路嗣恭的判官。路嗣恭想要杀李泌，王纬维护他并且替其辩解，李泌才得以解脱。李泌执政时，向皇帝上奏王纬对他有私恩，唐德宗答应替李泌回报王纬，于是擢升王纬为给事中。适逢浙西观察使的职位空缺，李泌想要让王纬去。皇帝说：“是我为你报答恩德的那个人吗？黄门要地，难道就不可以留下他议事吗？”李泌回答说：“浙西的赋税负担尤为沉重，王纬清廉忠诚，能用仁爱施恩抚养百姓，所以请求派他去任职。”皇帝同意了。王纬到任后，上奏请求免除韩滉在任时十八万缗还没征收的罚款来减轻百姓负担，皇帝同意了。贞元十年，王纬被加封为御史大夫，兼任各道盐铁转运使。裴延龄将各道积欠的四百万缗钱以盈余款项的名义进献朝廷，以此来谋求皇帝宠信。王纬上奏说“这笔钱是各州的经费”，不能如此处理，大为违逆裴延龄的心意，改任检校工部尚书。王纬七十一岁时去世，朝廷追赠为太子少保。王纬做官以清白称世，然而喜好任用严峻苛刻的官吏来监督下属。

清廉能施恩惠。苛刻。

中李巘

李巘，嗣封吴王[①]，累至宗正卿、检校刑部尚书[②]。薨，赠太子少保。性介直，面刺人短，历官清白，居室不能庇风雨。收恤甥侄，慈爱过人。家无留储，公卿合赙，乃克葬。

【注释】

①嗣封吴王：指李巘承袭父亲李祇为嗣吴王。

②宗正卿：官名。掌皇族外戚属籍，由宗室充任。

【译文】

李巘，嗣封吴王爵位，累官至宗正卿、检校刑部尚书。去世后，追赠太子少保。他耿介正直，能当面指出别人的短处，做官清白，所住的居室不能遮蔽风雨。收留抚恤外甥、侄子，慈爱之心过于常人。家中没有积蓄，他死后由公卿大臣们凑钱帮助办理丧事，才得以安葬。

中薛珏

薛珏，字温如，河中宝鼎人[①]。以荫为懿德太子庙令[②]，累迁乾陵台令[③]。岁中以清白闻，课第一，改昭应令[④]。人请立石纪德，珏固逊避。迁楚州刺史[⑤]。初，州有营田，宰相遥领使，而刺史得专达，俸及他给百余万，田官数百，岁以优得迁，别户三千，备刺史厮役。珏至，悉条去之，租入赢异时。观察使恶其洁，诬以罪，左授峡州刺史⑥。建中初，德宗命使者分诸道察官吏，而李承状珏之简，赵赞言其廉，卢翰言其肃，书参闻，于是拜中散大夫，赐金紫⑦。历汴州刺史、河南尹，入为司农卿，迁京兆尹。后坐善窦参，改太子宾客，出为岭南观察使。卒，年七十四，赠工部尚书。

简廉肃参闻。

【注释】

①河中宝鼎：在今山西万荣。

②懿德太子：李重润（682—701），原名李重照（因避武则天讳，改名李重润）。唐高宗李治与武则天之孙，唐中宗李显嫡长子，母韦皇后。

③乾陵：唐高宗李治和武则天的合葬陵墓。

④昭应：县名。在今陕西西安临潼区。

⑤楚州：州名。治所在山阳县（今江苏淮安）。

⑥峡州：州名。治所在夷陵（今湖北宜昌）。

⑦金紫：唐代三品以上官员穿紫袍，佩金鱼袋。

【译文】

薛珏，字温如，河中宝鼎人。薛珏以门荫入仕，担任懿德太子庙令，后累次迁升至乾陵台令。任内因廉洁清白而闻名，在政绩考核中被评为第一，改任昭应县令。百姓请求为他立碑纪念功德，他坚决推辞避让。后来薛珏升任楚州刺史。起初，楚州设有屯田，名义上由宰相负责，而刺史得以擅权专治，俸禄和其他收入达到百余万，掌管屯田的官吏有数百人，每年都有以考核优异而得到升迁的，并且还专门安排了三千家农户供刺史役使。薛钰到任后，把先前规定全部废除，从而田租收入超过了以往。观察使厌恶薛钰的廉洁，捏造罪名诬陷薛钰，于是薛珏被贬为峡州刺史。建中初年，唐德宗派遣使者分赴各道考察官吏。这些使者中，李承报告说薛珏为政简约不扰民，赵赞说薛珏清廉，卢翰说薛珏严正。皇帝收到汇报后，授予薛钰中散大夫之职，并赐予紫袍和金鱼袋。薛珏先后担任过汴州刺史、河南尹，后来入朝任司农卿，又转任京兆尹。后来因与窦参交好而被贬为太子宾客，出任岭南观察使。薛珏于七十四岁时去世，追赠工部尚书。

以简约、清廉、严正而被皇帝知闻。

陆贽

陆贽，字敬舆，苏州嘉兴人[①]。十八第进士，中博学宏词科[②]。寿州刺史张镒有重名[③]，贽往见，语三日，奇之，请为忘年交。既行，饷钱百万，曰："请为母夫人一日费。"贽不纳，止受茶一串，曰："敢不承公之赐。"以书判拔萃，补渭南尉[④]。德宗立，遣黜陟使庾何等十一人行天下，贽说使者，请以五术省风俗[⑤]，八计听吏治[⑥]，三科登隽乂[⑦]，四赋经财实[⑧]，六德保罢瘵[⑨]，五要简官事[⑩]。时皆韪其言。迁监察御史，召为翰林学士。从狩奉天，机务填总，远近调发，奏请报下，书诏日数百，贽初若不经思，逮成，皆周尽事情。帝宠遇甚渥，而贽孤立一意，为左右权倖沮短，又言事无所回讳，阴失帝意，久之不得宰相，但为中书舍人。

【注释】

①嘉兴：今浙江嘉兴。

②博学宏词科：简称词科，也称宏词或宏博。是科举考试制科之一种。

③寿州：州名。治所在寿春（今安徽寿县）。

④渭南：县名。在今陕西渭南。

⑤五术：听民谣考查民间哀乐，接纳商人观察他们的好恶，审察官署文卷来考查判别民间诉讼当与不当，看座车服饰来衡量他们的俭朴、奢侈，省察从事的业务、工作来考察其所取舍。

⑥八计：看户口的增减来考查抚养爱护，看开垦土地的增减来察看农业和商业的比重，看徭役赋税的轻重来考查是廉洁奉公或是侵害百姓，看案卷繁简来考查听讼断狱的才能，看监狱关押囚犯的多少来考查断案的快慢，看有没有恶人强盗考查防范的松紧，看推选贤才的多少来考查风俗教化，看学校的兴办或废弛来考查教诲开导。

⑦三科：茂材异等科、贤良方正科、干练有才科。

⑧四赋：查看庄稼的好坏来定税，估量土地财产的多少来征税，统计壮丁的数量来计算赋庸，测算商业来协调税利。

⑨六德：尊敬老人，慈爱幼童，医治病人，抚养孤儿，赈济贫穷，安排就业。罢瘵（zhài）：疲病痛苦之人。

⑩五要：裁减吃闲饭的士兵，免除枉害百姓的法规，精简闲散官吏，去掉没有用的器物，停止不紧急的事务。

【译文】

陆贽，字敬舆，苏州嘉兴人。陆贽于十八岁时考中进士，又考中博学宏词科。当时寿州刺史张镒名望很高，陆贽前去拜见，张镒与他交谈了几天，认为他是奇才，请求与他结为忘年交。临行时，张镒赠钱百万，说："请以此作为你母亲大人一日的费用。"陆贽不肯接受，只收了一串茶，说："岂敢不收您赠送的厚礼。"他因为文牍判词出类拔萃，补任渭南县尉。唐德宗即位后，派遣黜陟使庾何等十一人巡视天下，陆贽游说使者，请求用五术了解风俗民情，用八计考察地方官的政绩，用三科选拔才智出众的人才，用四赋管理财政，用六德安定疲困的人，用五要精减官事。

当世的人都称好。后来陆贽升任监察御史，奉召入朝担任翰林学士。他追随唐德宗逃亡到奉天时，当时机要事务的汇总，远近的调度征发，臣子的奏章和皇帝对下的命令，每天所写诏书有数百道，而陆贽动笔之初好像不假思索，等到写成，全都叙事详尽，情理周全。皇帝对他十分宠信，但是陆贽却一意孤行，遭到皇帝左右的权贵亲信的诋毁，又因为他直言不讳，失去了皇帝的欢心，很久都不能做宰相，只是做了中书舍人。

俄以母丧解官，客东都，诸方赗遗一不取，惟韦皋以布衣交[①]，先以闻，故所致辄称诏受之。服除，以权知兵部侍郎复召为学士，眷遇弥渥。天下属以为相，而窦参素不平，忌之，贽亦数言参罪失。贞元七年，罢学士，以兵部侍郎知贡举[②]。明年参黜，乃以中书侍郎同中书门下平章事。后帝用裴延龄，而贽上书苦谏，帝不怿，竟以太子宾客罢。寻贬忠州别驾。

【注释】

①韦皋（745—805）：京兆府万年县（今陕西西安）人。中唐名臣。

②知贡举：官名。科举考试时总摄场务的官员，皆临时选派他官担任，不常设。

【译文】

不久陆贽因母亲去世解职服丧，客居在东都，各处送来资助丧事的财物他一概不受，只有韦皋与他是布衣之交，很早就了解他的为人，所以送东西来的时候假托是奉了皇帝诏命，陆贽才接受下来。服丧完毕后，陆贽以权知兵部侍郎再次被征召入朝任翰林学士，皇帝对待他更为优厚。天下人希望陆贽出任宰相，但窦参对他素来心中不平，对他十分憎恨，陆贽也数次弹劾窦参的罪过。贞元七年，陆贽被免去翰林学士之职，以兵部侍郎知贡举。第二年窦参被罢官，于是陆贽以中书侍郎掌管朝政。后来皇帝要任用裴延陵，陆贽上书苦苦劝谏，皇帝十分不满，于是陆贽被罢免宰相职务，贬为太子宾客。不久再被贬谪为忠州别驾。

贽既放荒远，常阖户，人不识其面。又避谤不著书，地苦瘴疠，只为《今古集验方》五十篇示乡人云。顺宗立，召还，诏未至，卒，年五十二。赠兵部尚书，谥曰宣。议者谓兴元戡难功，虽牙爪宣力，盖贽有助焉。贽在位，言事皆剀[①]，拂帝短，恳到深切。或规其太过，贽曰："吾上不负天子，下不负所学，遑他恤乎？"

【注释】

①剀（kǎi）：中肯，切合事理。

【译文】

陆贽被贬谪到荒凉远僻之地后，常常闭门不出，人们都看不见他。他为了避免诽谤不著书，当地人苦于瘴气致病，于是陆贽收集整理了《今古集验方》五十篇传给当地百姓。唐顺宗即位，召陆贽回京，诏书还没送到，他就去世了，享年五十二岁。朝廷追赠陆贽为兵部尚书，谥号为宣。当时人们议论唐德宗兴元年间能平定祸乱，固然是因为将领们效力，也有陆贽辅助之功。陆贽做官的时候，论事都很中肯，敢于揭皇帝的短处，言辞恳切深刻。有人劝说陆贽不能太过，陆贽说："我对上不辜负天子，对下不辜负自己的学识，为什么要顾虑其他呢？"

宣公忠谠，戡难匡王，贤愚皆知之，其被放，阖户，人不识其面，避谤不著书，可为贤者明哲之法。尝记高欢死，侯景畔，诸将非慕容绍宗无可遣者[①]，而举朝疑之。独陈元康以屡受馈遗[②]，料其必至。尝叹服元康，以为有宰相之略。杜预通经学古，为晋儒宗，亦馈遗洛中权贵，经营天下者，其妙用固如此乎？及读陆宣公《翰苑集》，德宗见贽清慎太过，谕受鞭靴[③]，而贽上疏极论，以为鞭靴不已，必及金玉。因见可欲，何能自窒于心？已与交通，何能中绝其意？不觉喟然而叹也。呜呼，吾于贽见圣贤之学矣。

【注释】

①慕容绍宗：字绍宗，昌黎棘城（今辽宁义县）人。鲜卑族，南北朝时期北魏、东魏名将。

②陈元康（507—549）：字长猷，冀州广宗（今河北广宗）人。北魏、东魏大臣，镇南将军陈终德之子，高欢家族的重要幕僚。

③鞭靴：鞭子和靴子。借指寻常轻贱之物。

【译文】

陆宣公忠诚正直，平定叛乱匡扶君王，贤者愚者都知道他，被流放到边远荒州后，关闭门户，人们都看不见他，又避免诽谤不著书，可以作为贤人明哲保身之法。曾记得高欢死后，侯景反叛，将领之中除了慕容绍宗外没有可以派遣的人，然而满朝官员都怀疑他。只有陈元康因为多次接受慕容绍宗的馈赠，料定他必然能领命平叛。我曾经叹服陈元康，认为他有宰相之才。杜预精通典籍效法古人，是晋朝的儒宗，也曾馈赠洛阳城中的权贵，对经营天下的人来说，馈赠的妙用就是如此吗？我读陆宣公的《翰苑集》，看到唐德宗见陆贽清高慎独太过，谕令他收受鞭、靴这样的微薄物品，而陆贽上疏极力辩说，认为从收受鞭靴开始，必然发展到收受金玉。因为人一旦见到想要之物，如何能自己隐藏在内心？一旦开始与人交往，何以能中途断绝关系？我不觉为之而叹息。呜呼，我在陆贽身上见到了真正的圣贤之学。

上阳城

阳城，字亢宗，定州北平人[①]，徙陕州夏县[②]。资好学，贫不能得书，求为吏，隶集贤院[③]，窃院书读之，昼夜不出户，六年，无所不通。及进士第，乃去隐中条山[④]，与弟堦、域常易衣而出。年长不肯娶，谓弟曰："吾与若孤茕相育，既娶则间外姓，虽同处而益疏，我不忍为。"弟义之，亦不娶，遂终身。远近慕其行，来学者迹接于道。有争讼者，不诣官而诣城。岁饥，屏迹，不过邻里，屑榆为粥，讲论不辍。有奴都儿化其德，亦方介自约，或哀其馁，与之食，不纳，后致糠核数杯[⑤]，乃受。山东节度府闻城义，发使遗五百缣，戒使者不令返，城固辞，使者委而去，城置之未尝发。会里人郑俶欲葬亲，贷于人，无得，城乃举缣与之。

【注释】

①定州北平：今河北顺平。

②夏县：今山西夏县。

③集贤院：官署名。唐开元五年（717），于乾元殿写经、史、子、集四部书，置乾元院使。十三年，改名集贤殿书院，通称集贤院。

④中条山：位于山西南部，黄河、涑水河间。横跨临汾、运城、晋城三市，居太行山及华山之间，山势狭长，故名中条。

⑤糠核：亦作糠籺。指粗劣的食物。

【译文】

阳城，字亢宗，定州北平人，后来迁徙到陕西夏县。他天资聪颖十分好学，家贫没书可读，于是请求当吏员，他先是在集贤院当差，偷偷地读集贤院里的藏书，无论白天黑夜都不出门，六年后，没有他不通晓的。后来阳城考中进士，就到中条山中隐居，和弟弟阳堦、阳域出门时常常要互相更换衣服。他年纪大了也不肯娶妻，对弟弟们说："我与你们从小相互扶持长大，娶妻后就会因外姓人而生出嫌隙，虽然同为一家却会更加疏远，我不忍心这样。"弟弟们为他的兄弟之义感动，也不娶妻，终身如此。远近的人都仰慕他的品行，前来求学的人接连不断。当地的人有了争执，不去官府而是到阳城处让他裁决。有一年闹饥荒，阳城隐藏行迹，连邻里也不走动，用榆树皮磨成碎屑煮粥果腹，照旧讲学。阳城有个奴仆叫都儿的受阳城品德的感化，也正直耿介自我约束，有人同情都儿忍受饥饿，给他食物，他不接受，后来给了他几杯糠核他才接受了。山东节度府听说阳城的德义，派使者送给阳城五百匹细绢，告诫使者不允许再拿回来，阳城坚决推辞，使者把绢留下就走了，阳城就把绢放在一边从未开封。正逢他的同乡郑俶要给亲人下葬，向别人借钱没有借到，于是阳城就把绢送给了他。

李泌为宰相，言之德宗，召拜右谏议大夫。城褐衣到阙下辞让，帝遣中人持绯衣衣之。初，城未起，缙绅想见风采，既兴草茅，处谏诤官，士以为且死职。及受命，它谏官论事苛细纷纷，而城寝闻得失且熟，犹未肯言。韩愈作《争臣论》讥切之，城不屑。居位八年，人不能窥其际。及裴延龄诬逐陆贽等，帝怒甚，无敢言，城乃守延英阁上疏极论[①]，累日不止。帝大怒，欲抵城罪，皇太子为开救，得免。然帝欲遂相延龄，城显语曰："延龄作相，吾当取白麻坏之，哭于廷。"帝不相延龄，城力也。坐是，下迁国子司业，寻出为道州刺史[②]。至州，治民如治家，不以簿书介意，月俸取足则已，官收其余。日炊米二斛，鱼一大鬵，置瓯杓道上[③]，人共食之。州产侏儒，岁贡诸朝，城哀其生离，无所进。帝使求之，城奏曰："州民尽短，若以贡，不知何者可供。"自是罢。赋税不时，观察使数诮责，州当上考功第，城自署曰："抚字心劳，追科政拙，考下下。"府遣判官督赋至州，城自囚于狱，判官惊，驰入谒城曰："使君何罪？我奉命来候安否耳。"遽辞去。府复遣官来按举，义不欲行，乃载妻子中道遁去。顺宗立，召还城，而城已卒，年七十。赠左散骑常侍，赐其家钱二十万，官护丧归葬。

【注释】

①延英阁：即延英殿，唐代长安大明宫殿，建于开元中。殿院外设有中书省、殿中内省等中枢机构。自代宗起，皇帝欲有咨度，或宰臣欲有奏对，即于此殿召对。因旁无侍卫、礼仪从简，人得尽言。后渐定期开延英殿，成为皇帝日常接见宰臣百官、听政议事之处。

②道州：今湖南道县。

③瓯杓：瓦盆和木瓢。

【译文】

当时李泌任宰相，把这件事告诉了唐德宗，于是唐德宗征召阳城入朝任右谏议大夫。阳城穿着褐衣到京城推辞官职，唐德宗派遣宦官将官服给阳城穿上。当初阳城未出任官职时，士大夫们都仰慕他的风采，等到他担任谏官之后，士大夫们都认为他定会为忠于职守而不惜死。等到他受命之后，其他的谏官频频进谏，苛求细枝末节，而阳城逐渐听闻政事得失，了解得清清楚楚了，却不肯进言。韩愈为此写了一篇叫《争臣论》讽刺他，阳城却不屑一顾。阳城任谏官八年，人们觉得他莫测高深。等到裴延龄诬陷驱逐陆贽等官员的时候，皇帝非常生气，没有人敢进言，阳城于是连日守在延英阁上书极力抗辩。皇帝大怒，想要治阳城的罪，幸亏太子相救才得以免罪。然而皇帝想要任命裴延龄为宰相，阳城说："裴延龄若当上宰相，我就身穿白麻孝服到朝堂上大哭来阻止。”皇帝最终没有任用裴延龄做宰相，正是阳城的功劳。阳城也因此事而受到处分，被贬为国子司业，不久又出京任道州刺史。阳城到了道州，管理百姓就像治家一样，不在意文书簿册，每月俸禄只留够自己所需，剩余的都交给官府。每日煮二斛米，烹制一大甑鱼，盛放在瓦盆和木瓢里放置在路边供人食用。道州出产侏儒，每年都要向朝廷进贡，阳城同情他们与亲人骨肉分离，于是不再进贡。皇帝派人去索要，阳城上奏说：“道州的百姓个头都矮小，如果要进贡，不知道哪些是可以进贡的。”这项进贡自此就废止了。州里赋税没有按时缴纳，遭到观察使多次指责，道州本应在政绩考核中获得上等，阳城自评说：“安抚百姓心力交瘁，追缴赋税不力，考核应为下下等。”上级派判官来道州催缴纳赋税，阳城把自己囚禁在牢中，判官非常震惊，奔入牢中对阳城说：“您有什么罪啊？我只是奉命前来向您问安罢了。”于是判官匆匆离开了。府衙又派官员来审查阳城，所派官员也因道义而不想前往，于是带着妻儿半路逃走了。唐顺宗即位，召阳城回京，而阳城已经去世，享年七十岁。皇帝追赠阳城为左散骑常侍，赏赐他家人二十万钱，官府护送他的灵柩回乡安葬。

阳城力谏，后世所知。至八年不言，人莫能窥其际，其默不可及也。《新唐书》载城卓行甚多，至揣客欲言谏诤事，辄饮以酒，或先醉卧客怀中，此嵇、阮之襟与[①]？关龙逢之肝膈与[②]？异矣哉。第其兄弟皆不娶，不若元德秀有兄嗣，非义之正也。然不可谓非第一流人。

【注释】

①嵇：指嵇康（224—263）。魏晋名士，“竹林七贤”之一。

②关龙逢：夏朝名相，因进谏忠言，为夏桀所杀。

【译文】

阳城极力进谏之事后世的人都知道。至于他身为谏官八年不进言，高深莫测，他的沉默是难以企及的。《新唐书》里记载阳城卓异的品行很多，当揣测到客人想要和他谈进言规谏之事，就拉客人喝酒，有时还先醉倒在客人怀中，这是嵇康、阮籍般的胸怀呢，还是关龙逢一样的忠心呢？真是奇异啊。只是他和兄弟都不娶亲，不像元德秀那样有兄长之子，这不合乎大义。但是不能说他不是第一流的人物。

上范希朝

范希朝，字致君，河中虞乡人[①]。德宗在奉天，以战守功，累迁振武节度使[②]。部有党项、室韦杂居[③]，暴掠放肆，日入慝作[④]，谓之“刮城门”。希朝度要害，置屯保，斥逻严密，鄙民以安。至小窃取亦杀无赦，虏人惮伏，相谓曰：“是必张光晟绐姓名来也[⑤]。”边州每长帅至，必效橐它、骏马[⑥]，虽甚廉者犹受之以结其欢。希朝一不纳。积十四年，虏保塞不敢横。贞元末，诸镇率不修职，自述职者希朝一人而已。历官朔方灵盐节度使、左龙武统军[⑦]，以太子太保致仕。卒，赠太子太师，谥忠武，改曰宣武。希朝号当世善将，或比之赵充国[⑧]。在朔方时，招突厥别部沙陀千落众万余有之[⑨]。其后用沙陀战者，所至有功。

不纳长帅驼马。廉而无干者，不能用沙陀战，有功干者可。能自述职者，希朝一人。真称空谷足音。

【注释】

①河中虞乡：今山西永济。古称“虞舜之乡”，故名虞乡。

②振武：唐方镇名。乾元元年（758）置。治所在单于都护府（今内蒙古和林格尔西北）。

③党项：党项族。古代北方少数民族，属西羌族的一支。室韦：古代东北少数民族。

④慝（tè）：邪恶，恶念。

⑤张光晟（？—784）：盩厔（今陕西周至）人。振武军节度使，曾滥杀回纥使团。

⑥橐（tuó）它：骆驼。

⑦朔方灵盐节度使：又称灵州节度使、灵武节度使、灵盐节度使，是唐朝在今西北地区为防御后突厥汗国设置的节度使。

⑧赵充国（前137—前52）：本陇西上邽（今甘肃天水）人，后移居湟中（今青海西宁地区）。西汉名将。

⑨沙陀：西突厥十姓部落以外的一部，游牧于今新疆准噶尔盆地西南一带，因其地有大沙丘，故而得名。

【译文】

范希朝，字致君，河中虞乡人。唐德宗在奉天避难时，范希朝因为战守有功，累官至振武节度使。他的治下党项、室韦等部族杂居，他们残暴杀掠，极其放肆，常常在天黑时乘机作恶，被称为“刮城门”。范希朝细查要害之地，设置堡垒营栅，巡逻警戒严密，使境内百姓得到了安宁。即使小的盗窃案件范希朝也杀无赦，戎虏非常忌惮他，他们说：“那个叫张光晟的人改名换姓又来了。”边地州郡每逢有上级长官来到，一定向其奉献骆驼、骏马，即使很清廉的官员也会接受以结好。范希朝却一无所受。他任职的十四年间，胡人安守边塞不敢横行妄为。贞元末年，各藩镇都不向朝廷述职，主动述职的只有范希朝一人而已。范希朝还先后担任过朔方灵盐节度使、左龙武统军，以太子太保退休。他去世后，朝廷追赠他为太子太师，谥号为忠武，后又改为宣武。范希朝被称为当世的优秀将领，有人把他比作西汉名将赵充国。在朔方的时候，范希朝曾招降突厥别支沙陀千落一万多人。此后唐朝用沙陀部的人打仗，所到之处立有不少战功。

不接受送给长帅的骆驼、骏马。清廉却没有才干的人，是不能用沙陀部的人来作战的，而有才干的人则能。能够主动述职的，只有范希朝一人。真的可以称为空谷足音了。

中冯伉

冯伉，魏州元城人①，徙贯京兆。第五经、宏词，三迁膳部员外郎②。李抱真卒③，持节临吊，归之帛，不受。又致京师，伉上表固拒。醴泉令缺④，宰相高选，德宗曰："前使泽潞⑤，不受币者，其人清，可用也。"遂以授伉。县多嚚滑，数犯法，伉为著《谕蒙书》十四篇，大抵劝之务农进学，而教以忠孝，乡乡授之，使转相教督。累官兵部侍郎，出为同州刺史。召领国子祭酒。卒，年六十六，赠礼部尚书。

只不受帛一事受主知。

【注释】

①元城：县名。在今河北大名一带。

②膳部员外郎：官名。礼部膳部司次官。

③李抱真（？—794）：河西人。唐朝中期名将。

④醴泉：今陕西礼泉。

⑤泽潞：古称潞州，在今山西长治。

【译文】

冯伉，魏州元城人，后来籍贯迁到京兆。他先后考中五经科和博学宏词科，经三次升迁官至膳部员外郎。李抱真去世时，冯伉持着符节去凭吊，回去的时候李家送布帛给他，他不接受。布帛又被送到了京城，冯伉上书坚决拒绝。当时醴泉县令职位空缺，宰相选拔了一些人，德宗说："上次出使泽潞不收受布帛的一定是清廉之人，可以任用。"于是冯伉被任命为醴泉县令。醴泉县中有很多奸诈狡猾之徒，多次犯法，冯伉因此写下了《谕蒙书》十四篇，大意是劝勉人们务农求学，教授他们忠孝的道理，冯伉将《谕蒙书》分发到每个乡，让人们相互教授和监督。冯伉后来累官至兵部侍郎，出任同州刺史。朝廷又征召冯伉回朝任国子祭酒。冯伉去世时六十六岁，被追赠为礼部尚书。

只因不接受布帛一事受到皇帝赏识。

孔戣

孔戣，字君严，孔子三十八世孙。擢进士，官至殿中侍御史。慷慨好论，事有不便者，无所不言。改给事中，言京兆尹阿纵罪人，夺尹三月俸。知尚书左丞。明年，拜右丞，中人疾之，改华州刺史。明州岁贡淡菜、蚶蛤之属[①]，戣以为自海抵京师，道路役凡四十三万人，奏罢之。历大理卿、国子祭酒，拜御史大夫，领岭南节度等使。诸州负钱至二百万，悉放不收。蕃舶泊步有下碇税[②]，始至有阅货宴，犀珠磊落贿及仆隶，戣皆罢之。旧制，海商死者官籍其赀，满三月无妻子诣府，则没入。戣以为海道岁一往复，苟有验者不为限，悉推与。岭南以口为货，其荒阻处，父子相缚为奴，戣一禁之。

【注释】

①明州：州名。在今浙江宁波。

②下碇税：亦称舶脚。唐代政府向外洋商船靠岸停泊征收的税。因征于洋商船舶靠岸下碇之时，故得此名。唐时采取开放政策，对外贸易十分发达，政府在广州等通商口岸设置市舶使，专门负责检查出入船舶，并征收关税。

【译文】

孔戣，字君严，是孔子的第三十八世孙。他考中进士，官至殿中侍御史。孔戣为人慷慨，喜好议论，即使事情有不便之处，也无所讳言。后来他改任给事中，上书揭发京兆尹包庇纵容罪犯，京兆尹被罚去三个月的俸禄。孔戣又被任命为知尚书左丞。第二年，任尚书右丞，因宦官憎恨他，改任华州刺史。当时明州每年都要进贡淡菜、蚶蛤等海产品，孔戣认为把东西从海边运到京城，一路上有四十三万人被役使，于是奏请免除了明州的进贡。后来他又任大理卿、国子祭酒，被授予御史大夫之职，出任岭南节度使。辖境内各州拖欠的租税达二百万，他将其全部免除。海外入境的船舶停靠码头时有下碇税，初到时有阅货宴，犀角、明珠之类珍贵物品的贿赂连奴仆都有份，孔戣将这些一概废除。按照以前的制度，从事海外贸易的商人如果死在岭南，由官府登记其财货，满三个月没有妻子儿女来认领就全部没收充公。孔戣认为海路一年只能往返一次，如果有凭证，应该全部归还给他们，不设置期限。岭南人口买卖盛行，在一些偏远地方，甚至有父子相互捆绑对方卖为奴隶的，孔戣全面禁止这一陋习。

先是，贞元中黄洞诸蛮叛，久不平，容、桂二管利虏掠[①]，请合力讨之。时天子方以武定淮西、河南北，用事者以破诸黄为类，向意助之。戣固言不可，帝不听，大发江、湖兵，会二管入讨。士被瘴毒死者不可胜计，安南乘之[②]，杀都护李象古[③]，而桂管裴行立、容管阳旻皆无功，忧死。独戣不邀一旦功，交、广晏然大治[④]。迁吏部侍郎。戣之北归，不载南方一物，奴婢之籍，不增一人。长庆元年改右散骑常侍[5]，二年为尚书左丞。乞骸骨，以礼部尚书致仕。卒，年七十三，赠兵部尚书，谥曰贞。

【注释】

①容：容州。治普宁县（今广西容县）。

②安南：安南都护府，治所在宋平县（今属越南）。

③李象古（？—819）：唐宗室。元和年间自衡州刺史为安南都护。

④交、广：交州、广州。泛指岭南地区。

⑤长庆：唐穆宗李恒年号（821—824）。

【译文】

此前，贞元年间黄洞各蛮夷部落反叛，久久不能平息，容、桂两州的总管意图掳掠，于是请求合力讨伐。当时天子正用武力平定淮西和河南、河北，当权者认为也应该像对淮西用兵一样用武力平定黄洞蛮夷，于是一心帮助容、桂两州总管讨伐黄洞。孔戣坚持说不能如此，皇帝不接受，于是大举征调江、湖地区的军队，会同两位总管讨伐黄洞。士兵被瘴气毒死的不计其数，安南也乘这个机会，杀死了都护李象古，然而桂州总管裴行立、容州总管阳旻都没有讨伐成功，忧虑而死。唯独孔戣不贪求朝夕之功，使岭南地区安定大治。孔戣后来升任吏部侍郎。他回到北方的时候，没有携带南方的任何东西，他家奴婢也没有增加一人。长庆元年孔戣改任右散骑常侍，长庆二年又任尚书左丞。孔戣请求退职还乡，于是以礼部尚书退休。孔戣于七十三岁时去世，朝廷追赠他为兵部尚书，谥号为贞。

历览古来廉士，大抵隘狭自贤，或污人以著其洁，为矫激行者多矣。孔戣何不然也？韩愈称其守节清苦，议论正平，忧国忘家，用意至到。呜呼，愈岂轻许人者哉！

【译文】

遍览自古以来廉洁之士，大多偏激狭隘自我标榜，或污蔑别人来衬托自己的清白，偏激怪异的行为很多。孔戣为什么不这样呢？韩愈称他坚守节操清苦，论事正直公平，心忧国事而忘了家庭，用心达于极至。呜呼，韩愈岂是会轻易赞许人的！

上郗士美

郗士美，字和夫，兖州金乡人[①]。士美年十二，通“五经”《史记》《汉书》，皆能成诵。父友萧颖士、颜真卿、柳芳与相论绎[②]，尝曰：“吾曹异日当交二郗之间矣。”未冠，为阳翟丞[③]，后历河南尹、检校工部尚书，充昭义节度使[④]。昭义自李抱真以来皆武臣，私厨月费米六千石、羊千首、酒数千斛，潞人困甚。士美至，悉去之，出禀钱市物自给。又卢从史时[⑤]，日具三百人膳以饷牙兵，士美曰：“卒卫于牙，固职也，安得广费为私恩？”亦罢之。及讨王承宗[⑥]，诸镇兵十余万，多玩寇犯法，独士美兵锐整，最先有功。会诏班师，然威震两河。以疾召拜工部尚书，后检校刑部尚书，为忠武节度使。卒，年六十四，赠尚书左仆射，谥曰景。

除费罢饷，有略有功，不愧父执。

【注释】

①金乡：今山东金乡。

②萧颖士(717—768)：字茂挺，号文元先生，颍州汝阴(今安徽阜阳)人。唐朝文学家、名士。柳芳：字仲敷，蒲州(今山西永济)人。唐代史学家。

③阳翟：县名。今河南禹州。

④昭义：唐方镇名。又名泽潞。治所在潞州(今山西长治)。

⑤卢从史(？—810)：昭义节度使。后贬死。

⑥王承宗(？—820)：成德军节度使。唐宪宗元和十一年(816)，勾结吴元济反叛朝廷。

【译文】

郗士美，字和夫，兖州金乡人。郗士美十二岁时就已精通"五经"《史记》和《汉书》，都能诵读。他父亲的友人萧颖士、颜真卿、柳芳与他谈论，曾经说："我们以后应当交往于二郗之间了。"郗士美不满二十岁就担任阳翟丞，后来先后担任过河南尹、检校工部尚书，又出任昭义节度使。昭义自从李抱真以来，都是由武将担任节度使，节度使私厨每月要耗费米六千石、羊一千头、酒几千斛，潞州百姓难以承受这一负担。郗士美到任以后，将旧例全都废除，用俸禄购买物品自给。卢从史任节度使时，每天要准备三百人的饭菜来专供自己的亲兵，郗士美说："亲兵护卫官署本来就是应尽的职责，怎么能大肆花费作为私恩？"将这也废除了。讨伐王承宗时，诸镇兵力合计十余万，但大多作战消极不遵法令，唯独郗士美所率部队精锐整肃，最先立下战功。后来适逢皇帝下诏班师，然而他的声威震慑河南河北。后来郗士美因病受召入朝任工部尚书，又任检校刑部尚书，出任忠武节度使。郗士美于六十四岁时去世，朝廷追赠他为尚书左仆射，谥号为景。

简省私厨花费，免去亲兵膳食，有谋略有功劳，不愧父辈的期许。

中杨於陵

杨於陵，字达夫，汉太尉震之裔[①]。父太清，倦宦，客河朔[②]，死禄山之乱。於陵始六岁，间关至江左，逮长，有奇志。十八擢进士，调句容主簿。节度使韩滉刚严少许可，独奇於陵，以女妻之。辟鄂岳、江西使府[3]。滉居宰相，於陵以亲嫌，退庐建昌[4]，以文书自娱。

【注释】

①汉太尉震：即杨震（？—124）。见前注。

②河朔：泛指黄河以北地区。

③鄂岳：唐方镇名。治所在鄂州（今湖北武汉武昌）。

④建昌：今江西永修。

【译文】

杨於陵，字达夫，是汉朝太尉杨震的后裔。杨於陵的父亲杨太清，厌倦仕宦生活，客居河朔，死于安史之乱。杨於陵六岁时，辗转到了江左，长大之后有远大志向。杨於陵于十八岁时考中进士，调任句容主簿。当时的节度使韩滉刚强严正，很少赞许人，唯独认为杨於陵非凡，因此将女儿嫁给了他。后来杨於陵被征辟到鄂岳、江西节度使幕府任职。韩滉任宰相时，杨於陵为了避嫌，在建昌筑庐隐居，以写文章练书法自娱自乐。

滉卒，乃入为膳部员外郎。忤宰相意，以南曹郎出使吊宣武军[1]。还，迁吏部郎中，出为绛州刺史。德宗闻其名，留拜中书舍人。时京兆李实恃恩暴横，於陵与所善许孟容不离附[2]，为所谮短，徙秘书少监[3]。帝崩，宣遗诏于太原、幽州节府，献遗无所纳。拜华州刺史，迁浙东观察使[4]。越人饥，请出米三十万石，拚赡贫民[5]。入为京兆尹。元和初[6]，出为岭南节度使，教民陶瓦易蒲屋，以绝火患。监军许遂振者，悍戾贪肆，惮於陵，以飞语闻京师，有诏罢归。遂振领留事，笞吏，剔抉其赃。吏呼曰："杨公尚拒他方赂遗，肯私官钱邪？”宰相裴垍为帝别白言之[⑦]，乃授吏部侍郎，俄以兵部兼御史大夫判度支。王师讨淮、蔡，高霞寓战败，委罪於陵，帝怒，贬郴州刺史[⑧]。寻复以户部侍郎知吏部选。穆宗立[⑨]，迁尚书，为东都留守。数上疏乞身，不许。授太子少傅，封弘农郡公。俄以尚书左仆射致仕，诏赐实俸，让不受。

【注释】

①南曹郎：官名。唐朝尚书省吏部兵部南曹官，掌核选人解状、簿书、资历、考课。

②许孟容（？—818）：字公范，京兆长安（今陕西西安）人。

③秘书少监：官名。唐制，掌经籍图书的秘书省设秘书监一人，从三品。秘书少监二人，从四品上。

④观察使：官名。唐代后期置，全称为观察处置使。

⑤抍（zhěng）：救助。

⑥元和：唐宪宗李纯年号（806—820）。

⑦裴垍（jì，？—811）：字弘中，绛州闻喜（今山西闻喜）人。唐朝中后期名相。

⑧郴州：隋开皇年间置州。治郴县（今湖南郴州）。

⑨穆宗：李恒（795—824）。唐宪宗第三子。

【译文】

韩滉去世后，杨於陵才入朝担任膳部员外郎。因为违逆了宰相，以南曹郎的身份出使慰问宣武军。回朝后改任吏部郎中，又出任绛州刺史。唐德宗听闻他的名声，将他留下任中书舍人。当时京兆尹李实倚仗恩宠残暴横行，杨於陵和友人许孟容不肯依附，因而遭到李实诋毁，改任秘书少监。唐德宗驾崩后，杨於陵奉命到太原、幽州节度使那里去宣布遗诏，对于他们的进献馈赠一概不接受。杨於陵任华州刺史，后来又任浙东观察使。越州百姓遭遇饥荒，他上表请求朝廷拨出三十万石粮食来赈济贫民。后来杨於陵被召入京担任京兆尹。元和初年，杨於陵出任岭南节度使，他教百姓用陶瓦建房替代草屋，以杜绝火灾隐患。监军许遂振凶悍暴戾贪婪放肆，他畏惧杨於陵，于是在京城中散布流言中伤他，唐宪宗下诏让杨於陵免职归家。杨於陵走后，许遂振主持留后事务，他鞭打官吏，搜求杨於陵贪污的赃物。这官吏大喊："杨公连别人送他的财物都尚且要拒绝，又怎么肯贪墨公家的钱财呢？"宰相裴垍也在皇帝面前为杨於陵申辩，于是杨於陵被任命为吏部侍郎，不久以兵部侍郎兼御史大夫主管财政。朝廷军队讨伐淮西、蔡州时，高霞寓打了败仗，把罪责推脱给杨於陵，皇帝大怒，贬杨於陵为郴州刺史。不久杨於陵又以户部侍郎的身份主持吏部铨选事务。唐穆宗即位，杨於陵升任户部尚书，出任东都留守。他多次上疏请求退休，没有得到允许。朝廷授予杨於陵太子少傅，封为弘农郡公。不久杨於陵以尚书左仆射退休，皇帝下诏赏赐他享受原来的俸禄，他辞让不受。

於陵器量方峻，进止有常度，节操坚明，始终不失其正，时人尊仰之。太和四年卒[①]，年七十八。册赠司空，谥曰贞孝。

廉而正。

【注释】

①太和：唐文宗李昂年号（827—835）。

【译文】

杨於陵为人方正严峻，进退有度，节操坚定明确，始终没有失去正直的品质，当时的人都很尊敬他。杨於陵于太和四年去世，享年七十八岁。皇帝颁发册书追赠他司空衔，谥号为贞孝。

廉洁而正直。

中程异

程异，字师举，京兆长安人。居乡以孝称。第明经，再补郑尉。精吏治，为王叔文所引[①]，由监察御史为盐铁扬子院留后[②]。叔文败，贬郴州司马。李异领盐铁，荐异心计可任，请拔擢用之，乃授侍御史，复为扬子留后，稍迁淮南等道两税使[③]。异起痕废[④]，能厉己竭节，悉矫革征利旧弊。入迁累卫尉卿、盐铁转运副使。时方讨蔡，异使江表调财用[⑤]，因行谕诸帅府以羡赢贡，故异所至不剥下，不加敛，经用以饶。遂兼御史大夫，为盐铁使。元和十三年，以工部侍郎同中书门下平章事，犹领盐铁。异以钱谷奋至宰相，自以非人望，久不敢当印秉笔。明年卒，赠尚书左仆射，谥曰恭。身殁，官第无留赀，世重其廉云。

【注释】

①王叔文（？—806）：越州山阴（今浙江绍兴）人。唐朝中期政治家、改革家。推行"永贞革新"。

②盐铁扬子院：盐铁转运使扬子巡院的简称，设在扬州之南。盐铁，即盐铁使，主管盐、铁、茶专卖及征税的使职。

③两税使：唐代掌管夏、秋两税事务的官员，为临时派遣，多以盐铁转运使兼任。

④痕废：因事牵连而罢免。

⑤江表：长江以南地区。

【译文】

程异，字师举，京兆长安人。他在当地因孝行而知名。程异考中明经科后，任郑县县尉。程异因擅长吏治得到王叔文的引荐，以监察御史任盐铁扬子院留后。王叔文失败后，程异受到牵连，被贬为郴州司马。当时李异主管盐铁转运事务，他举荐程异富有干略，可以任用，请求朝廷擢升程异，于是程异被授予侍御史之职，再次担任扬子院留后，不久又升任淮南等道两税使。程异罢官之后再获起用，能竭力尽心地纠正改革钱粮征收的弊端。后来程异入朝，累官至卫尉卿、盐铁转运副使。当时朝廷正在讨伐盘踞蔡州的吴元济，程异负责从江南调集钱粮，他劝谕各地节度使将赋税的盈余进献给朝廷，所以程异所到之处不盘剥百姓，不加征赋税，而费用充足。于是程异兼任御史大夫，担任盐铁使。元和十三年，程异以工部侍郎掌管朝政，仍然负责盐铁事务。程异由管钱粮的职位被擢升为宰相，他自以为不孚人望，很长时间都不敢就任理事。第二年，程异去世，朝廷追赠他为左仆射，谥号为恭。程异去世后，其官邸里没有剩余的财物，当时人都称赞他的廉洁。

程异为二王所引[①]，又以钱谷终其身，世儒弗深考，多訾之。嗟乎，知其廉若此也。八司马皆俊伟豪杰[②]，扼腕大历之政，欲速其功，所谓年少气锐之过，而无自湔洗冤矣[③]。史称王伾通天下赇谢，日月不阙，为巨椟，裁窍以受，使不可出，则夫妇寝其上。呜呼，异岂斯人之徒欤？

【注释】

①二王：王叔文及王伾。均为“永贞革新”的关键人物。

②八司马：“永贞革新”失败后，参与其事者皆被贬谪：贬韦执谊为崖州司马，韩泰为虔州司马，陈谏为台州司马，柳宗元为永州司马，刘禹锡为朗州司马，韩晔为饶州司马，凌准为连州司马，程异为郴州司马。时称“八司马”。

③湔（jiān）：洗涤。

【译文】

程异受王叔文、王伾引荐，又终身负责钱粮事务，读书人都没有进行深入的考究，对他有很多非议。唉，知道他廉洁如此吗？八司马都是俊伟豪杰之人，对大历年间的政事衰败感到激愤，想要尽快建立功勋，这就是所说的年少气锐的过错，但没有自己洗刷冤情罢了。史书称王伾每日每月无休止地收受天下贿赂，他造了一个大木柜，在上面开了洞来装财物，使其不出来，他们夫妻就睡在大木柜上面。呜呼，程异岂会跟他是同一类人？

上 韦丹

韦丹，字文明，京兆万年人。蚤孤，从外祖颜真卿学。擢明经，调安远令[①]，以让庶兄，入紫阁山[②]。复举五经高第，累官驾部员外郎。新罗国君死，诏拜司封郎中兼御史中丞[③]，往吊。故事，使外国，赐州县官十员，卖以取赀，号“私觌官”。丹曰：“使外国不足于资，宜上请，安有贸官受钱？”即具疏所以，帝以为贤，命有司与其费，因著令。未行而新罗告所当立君死，还拜容州刺史。教民耕织，种茶、麦，兴学校，仁化大行。

【注释】

①安远：今江西安远。

②紫阁山：原名紫盖山，古时为终南名山之首。

③司封郎中：官名。为吏部司封司长官，掌封爵、命妇、朝会及赐予等事。

【译文】

韦丹，字文明，京兆万年人。他幼年丧父，跟从外祖父颜真卿学习。

后来考中明经科，调任安远县县令，他把官职推让给庶兄，自己进入紫阁山中。后来韦丹参加五经科考试取得优等，累官至驾部员外郎。新罗国国王去世，皇帝任命韦丹为司封郎中兼御史中丞前往吊唁。按照惯例，使臣出使外国，朝廷赐给他十个州县的官职，让他卖官来筹集出使的费用，称作“私觌官”。韦丹说：“出使外国，对于资费上的不足，应该向朝廷请求，怎么能够卖官得钱呢？”于是韦丹上奏说明缘由，皇帝认为韦丹是贤德之人，命令有关部门拨给他出使的费用，以后这种做法就被定为制度。韦丹还未出行，新罗国告知应该继位的国君又去世了，于是韦丹还朝，出任容州刺史。他教导百姓耕种纺织，种植茶树、麦子，兴办学校，仁政教化广泛施行。

顺宗立，迁河南少尹，拜谏议大夫，言事謇谔，号为“才臣”。刘辟反[①]，围梓州[②]，乃授丹剑南东川节度使，代李康。至汉中，上言康守方尽力，不可易。召还。乃拜晋、慈、隰州观察使[③]。阅岁，自陈所治三州，非要害地，不足张职，为国家费，不如属之河东。帝从之。徙为江南西道观察使。丹计口受俸，委余于官，罢八州冗食者，收其财。教人为瓦屋，民无火忧。置南北市，营以舍军，又为长衢，南北夹两营，东西七里。人始去污渫。以废仓为新厩，马息不死。筑堤捍江，长十二里，窦以疏涨，凡为陂塘五百九十八，所灌田万二千顷。居三年，于江西八州无遗便。有卒违令，当死，释不诛，去，上书告丹不法，诏罢官待辨。以疾卒，年五十八。家无剩财，后使者按验所告，皆不实，诏笞卒，流岭南。宣宗时，诏江南西道观察使纥干㮚上丹功状，命刻于石。

廉吏务洁其身，易耳。若丹者，可谓以天下为己任矣。

韩愈称其为民兴利,如嗜欲,至矣哉!

【注释】

①刘辟(?—806):字太初。进士出身。剑南西川节度使(治今四川成都)韦皋辟为从事。韦皋死后,为西川节度副使,知节度事。刘辟向朝廷要求兼领剑南东川和山南西道,朝廷不许,刘辟遂发兵围东川。后兵败,槛送京师处斩。

②梓州:隋开皇末以新州改名,治所在昌城县(今四川三台)。

③慈:慈州。唐贞观年间以南汾州改名,治所在吉昌县(今山西吉县)。隰(xí)州:隋开皇年间以西汾州改名,治所在长寿县(今山西隰县)。

【译文】

唐顺宗即位后,韦丹升任河南少尹,又被授予谏议大夫之职,韦丹议论政事直言不讳,当时人称他为"才臣"。刘辟反叛,围攻梓州,朝廷于是任命韦丹为剑南东川节度使,接替李康。韦丹到达汉中后,向朝廷上疏陈述李康守城尽心尽力,不应轻易更换。于是召回韦丹。后来任命他为晋、慈、隰三州观察使。过了一年,韦丹向朝廷陈奏自己管辖的晋、慈、隰三州不是重要地区,不值得专门设立观察使,白白给国家增加开支,不如把这三州划归河东管辖。皇帝听从了韦丹的建议。后来韦丹迁任江南西道观察使。韦丹计算自己家中人口数来接受朝廷俸禄,多余的都交还给官府,又裁减了所辖八个州的冗余官吏,没收了他们的财产。他教导当地人建造瓦房,从此百姓免去了火灾隐患。他设置南北两个集市,同时还兴建营房来驻扎军队,又在南北两个军营之间修筑大道,东西长七里。又教化当地百姓正确排泄污水秽物。韦丹用废弃的仓库翻新作马厩,马驹得以存活不死。他又主持修筑堤坝抵御江水泛滥,堤坝有十二里长,上面开有水渠来疏导上涨的江水,还一共修造蓄水池塘五百九十八处,可以灌溉田地一万二千顷。韦丹任职三年,江西八州没有遗漏未用的利益。有一个兵卒违反了法令，应被处以死刑，韦丹将他释放了，他离去后，告发韦丹违法，皇帝下诏罢免韦丹官职，让他等候调查。就在此时，韦丹因病去世，终年五十八岁。他家无余财，来调查的使者查明兵卒所告发的罪名，都不符实，于是皇帝下令鞭笞那个兵卒，将他流放岭南。唐宣宗在位时，下诏命江南西道观察使纥干臮上奏韦丹的政绩，并刻于石碑上。

廉吏洁身自好，是很容易做到的。但是像韦丹这样的人，可以说是把国家兴衰治乱当作自己的责任了。韩愈称这样的人为民众谋福利，就好像沉溺于个人嗜好和欲望一样，真是崇高到了极致啊！

中李夷简

李夷简，字易之，以宗室子补郑丞[①]，寻弃去。擢进士第，中拔萃科[②]。元和时，至御史中丞。京兆尹杨冯冒没于财，发其贪，贬临贺尉[③]。夷简赐金紫，以户部侍郎判度支。俄检校礼部尚书、山南东道节度使[④]。

【注释】

①郑：郑县，今陕西渭南华州区。

②拔萃科：又名书判拔萃科、拔萃出类科，科举考试科目之一，属制科。

③临贺：县名。在今广西贺州。

④山南东道：唐方镇名。治所在襄州（今湖北襄阳）。

【译文】

李夷简，字易之，以宗室子弟身份出任郑县丞，不久弃官而去。他先考中进士，又考中拔萃科。元和年间，李夷简官至御史中丞。京兆尹杨冯贪图钱财，李夷简揭发了他的贪赃之罪，杨冯被贬为临贺县尉。李夷简被赐予金鱼袋及紫袍，以户部侍郎身份掌管财政事务。不久又任检校礼部尚书、山南东道节度使。

初，贞元时，取江西兵五百戍襄阳，制蔡右胁，仰给度支，后死亡略尽，而岁取赀不置。夷简曰：“迹空文，苟军兴，可乎？”奏罢之。三年，徙剑南西川[①]。十三年，召为御史大夫，进门下侍郎、同中书门下平章事。时裴度当国[②]，夷简自谓才能不及度，乃求外迁，以检校尚书左仆射平章事为淮南节度使[③]。穆宗立，请老，朝廷谓夷简齿力可任，不听。以右仆射召，辞不拜。复以兼太子少师，分司东都[④]。明年卒，年六十七，赠太子太保。

【注释】

①剑南西川：唐方镇名。治所在今四川成都。

②裴度（765—839）：河东闻喜（今山西闻喜）人。中唐名相。

③淮南：唐方镇名。治所在今江苏扬州。

④分司东都：唐宋之制，中央官员在陪都任职者，称为分司。东都，今洛阳。

【译文】

早先，在贞元年间，朝廷曾征调江西士兵五百人戍守襄阳，以便遏制蔡州叛贼的右翼，这笔军费靠朝廷财政来供给，后来士兵死亡殆尽，但相关部门每年依旧领取经费。李夷简说：“此事已是空文，假如真的发生战事，这样能行吗？”于是奏请废止这笔军费支出。元和三年，李夷简转任剑南西川节度使。元和十三年，李夷简被召入朝任御史大夫，又升任门下侍郎、同中书门下平章事。当时正值裴度执政，李夷简自认为才能不如裴度，请求外任，于是他以检校尚书左仆射平章事出任淮南节度使。

唐穆宗即位，李夷简请求退休，朝廷认为他年纪、能力尚可胜任，于是没有同意。征召他任右仆射，李夷简辞谢不肯就任。朝廷于是又命他以兼太子少师到东都洛阳任职。第二年李夷简去世，终年六十七岁，追赠太子太保。

夷简致位显处，以直自闲，未尝苟辞气悦人。历三镇，家无产赀，病不迎医。将终，戒毋厚葬，毋事浮屠[1]，毋碑神道[2]，世谓行己能有终始焉。

求外迁，辞仆射。

【注释】

①浮屠：佛教语。有佛陀、佛教、佛塔、和尚的意思。这里指奉佛祈福。

②神道：墓道。

【译文】

李夷简官居显要，以正直自守，不曾随便用言辞气色取悦他人。他先后担任过三个方镇的节度使，而家中没有资产，有病也不求医。李夷简临终时告诫家人不要厚葬，不要举办佛事，不立神道碑，世人评价他能坚守操行善始善终。

请求外任，推辞仆射官职。

中裴玢

裴玢，五世祖纠，本王疏勒[1]，武德中来朝，遂籍京兆。历官鄜坊节度使[2]。元和三年，改授山南西道节度使[3]。玢为政严棱，远权势，不务贡奉，蔬食敝衣，居处取避风雨而已。寻以疾辞位。七年卒，赠尚书左仆射，谥曰节。

【注释】

①疏勒:西域国名。在今新疆喀什一带。

②鄜(fū)坊:唐方镇名。治所在坊州(今陕西黄陵东南)。

③山南西道:唐方镇名。治所在兴元(今陕西汉中)。

【译文】

裴玢,他的五世祖裴纠,本是疏勒王,在武德年间来朝,于是就成了京兆人。裴玢曾任鄜坊节度使。元和三年,裴玢被改授为山南西道节度使。他为政严正而有锋芒,疏远权贵,不致力于向朝廷进贡财物,平时吃粗粝的饭食,穿简陋的衣服,居住的房子只求能遮风挡雨。不久裴玢因病辞官。七年后逝世,朝廷追赠尚书左仆射,谥号为节。

今之为公卿大臣,皆捐俸助工,甚且开税珰之祸[1],即裴公不务贡奉已卓然。

【注释】

①税珰之祸:宦官掌税的祸乱。

【译文】

如今身为公卿大臣的,都是捐出自己的官俸来帮助营建宫室,甚至于开了宦官掌管征税的祸患,像裴公这样不致力于进贡已经是出众的表现了。

下 韦夏卿

韦夏卿,字云客,京兆万年人。少邃于学,与弟正卿同举贤良方正[1],皆策高第。历官吏部侍郎。时从弟执谊在翰林,尝受人金,有所干请,密以金内夏卿怀中,夏卿毁怀不受，曰："吾与尔赖先人遗德，致位及此，顾当是哉？"执谊大惭。官至工部尚书、太子少保。卒，年六十四，赠尚书左仆射，谥曰献。

【注释】

①贤良方正：也称贤良文学，简称贤良。唐宋时为科举科目之一，属非常设科目。

【译文】

韦夏卿，字云客，京兆万年人。韦夏卿幼年就钻心于学习，后来与弟弟韦正卿一同参加贤良方正科考试，在对策考核中都获得优等。韦夏卿曾任礼部侍郎。当时他的从弟韦执谊在翰林院任职，曾收受别人钱财，对韦夏卿有所请托，于是悄悄把金子放入韦夏卿的怀中，韦夏卿拒不接受，说："我和你都是靠着先辈留下的德泽，才有今天这样的官位，哪能做这等事呢？"于是韦执谊大为羞惭。韦夏卿做官至工部尚书、太子少师。韦夏卿于六十四岁时去世，朝廷追赠尚书左仆射，谥号为献。

夏卿性通简，好古，有远韵，谈说多闻。晚岁将罢归，署其居曰"大隐洞"。与齐映、穆赞、赞弟员友善，虽同游，终年不见喜愠。抚孤侄，恩逾己子。为政务通理，不甚作条教。所辟士多至宰相达官，故世称知人。

不受干请金，人能之，终年不见喜愠，称知人，此真廉。

【译文】

韦夏卿性情通脱简朴，颇好上古，有高情远致，经常与人交谈以增长见闻。韦夏卿晚年将要辞官的时候，把他住的地方题名为"大隐洞"。他与齐映、穆赞及穆赞的弟弟穆员交好，虽然长期交往，但终年都看不到韦夏卿有喜怒的表现。韦夏卿抚养侄子，恩情超过自己的儿子。他处理政务通达明理，不怎么制定死板规矩。他征辟选拔的人很多都做到了公卿宰相，所以世人都称赞他有知人之明。

不接受别人为请托而送来的钱财，是人人都能做到的，但是终年都不显露喜怒，有知人之明，这是真正廉洁的表现。

崔戎

崔戎，字可大，玄暐从孙也。举明经，后为殿中侍御史，擢累谏议大夫。云南蛮乱成都[①]，诏戎持节剑南为宣抚使。奏罢税外姜、芋钱。当赋者率三之[②]，其一以准缯布[③]，优其估以与民[④]。绥招流亡。凡废若置，公私莫不便之。还拜给事中。出为华州刺史。吏以故事，置钱万缗为刺史私用，戎不取。及去，召吏曰："籍所置钱享军，吾重矫激以夸后人也[⑤]。"徙兖海沂密观察使，民拥留于道，不得行，乃休传舍[⑥]，民至抱持取其靴。时诏使尚在，民泣诣使，请白天子，丐戎还，使许诺。戎恚责其下，众曰："留公而天子怒，不过斩吾二三老人，则公不去矣。"戎夜单骑亡去，民追不及，乃止。至兖州，锄灭奸吏十余辈，民大喜。岁余卒，年五十五，赠礼部尚书。

【注释】

①云南蛮乱成都：唐文宗大和三年(829)，南诏攻占邛(今四川邛崃)、戎(今四川宜宾)诸州，兵临成都，大掠而去。

②率(lǜ)三之：税率为三分之一。

③准缯(zēng)布：折价为缯帛布匹。准，抵押，折价。

④估：估价。

⑤矫激：违逆常情。

⑥传舍：古代设于驿站的房舍。

【译文】

崔戎，字可大，是崔晞的从孙。他考中明经科，后任职殿中侍御史，逐步擢升为谏议大夫。南诏攻打成都时，朝廷诏令崔戎带着符节到剑南地区任宣抚使。崔戎上奏罢免正规税收之外的姜、芋税钱。应当上缴的赋税税率固定为三分之一，其中一部分可以以缯帛布匹折价上缴，并在折价时给予民众较高的估值。崔戎安抚招徕流亡百姓。但凡有废弃的产业要重新置办的，公家和私人都予以便利。崔戎回京后，被任命为给事中。又出任华州刺史。华州官吏按照惯例给崔戎安排了一万缗钱供刺史私用，但崔戎从不取用。等到离任之时，崔戎召集官吏说："登记好为我置办的那笔钱，把它用来犒劳军队，我看重违逆常情以向后世人夸耀。"崔戎迁任兖海沂密观察使时，百姓簇拥在路上挽留他，崔戎不能上路，于是停留在驿站，百姓们前来抱住崔戎，脱下他的靴子。当时宣诏的使者还在，百姓哭着拜见使者，请他向皇帝代为乞求让崔戎回来继续留任，使者答应了百姓的请求。崔戎怒斥属下，众人说："留下崔公您而让天子发怒，也不过斩我等两三个老人，但这样崔公您就不会离开了。"崔戎连夜一个人骑马逃离，百姓没有追上，这才作罢。崔戎到了兖州上任，铲除了奸恶官吏十多人，百姓大为欢喜。过了一年多崔戎逝世，享年五十五，追赠礼部尚书。

廉而惠，不矫激。吏民抱持取其靴，自戎始而末世遂以脱靴为旧规。上愧心，下愧足，可发一噱[①]。

【注释】

①噱（jué）：大笑。

【译文】

廉洁而有惠于百姓，不违逆常情。吏员和百姓抱住他，拿走他的靴子，这样的事从崔戎开始，后世脱掉离任官员的靴子就成了惯例。这些官吏在上有愧于心，在下有愧于双足，真是引人发笑。

韦贯之

韦贯之，名纯，避宪宗讳，以字行。及进士第，为校书郎。擢贤良方正异等。河中郑元、泽潞郗士美以厚币召[①]，皆不应。居贫，啖豆糜自给。再迁长安丞。或荐之京兆尹李实，实举笏示所记曰："此其姓名也，与我同里，素闻其贤，愿识之而进于上。"或者喜以告，曰："子今日诣实，而明日贺者至矣。"贯之唯唯，不往，官亦不迁。历位尚书右丞、同中书门下平章事。皇甫镈、张宿皆以幸进。宿使淄青[②]，裴度欲为请银绯[③]，贯之曰："宿奸佞，吾等纵不能斥，奈何复假以宠乎？"由是宿等恐，阴构之，以吏部侍郎罢政事，出为湖南观察使。不三日，韦颛、李正辞、薛公幹、李宣、韦处厚辈皆清正，坐与贯之厚善，悉贬为州刺史。穆宗立，即拜河南尹，以工部尚书召。未行，卒，年六十二，赠尚书右仆射，谥曰文。

【注释】

①河中郑元：河中节度使郑元。河中，唐方镇名。至德元载(756)置河中防御使，次年升为节度使，治蒲州(今山西永济)。

②淄青：唐方镇名。辖境在今山东一带。

③银绯：银印红绶。

【译文】

韦贯之，名纯，避宪宗李纯名讳，以字行于世。韦贯之考中进士后任职校书郎。后来他又在贤良方正科中考得优等。河中的郑元、泽潞的郗士美用丰厚的钱财招募他做幕僚，他都没有答应。韦贯之居家清贫，常靠喝豆粥自给度日。韦贯之后来升任长安丞。有人把他推荐给京兆尹李实，李实举起笏板给人看他所记下来的名字，说："这是他的姓名，和我是同乡，一向就听说他贤能，我希望能认识他，然后举荐给皇上。"推荐的人很高兴地告诉韦贯之，说："你今天去拜谒李实，明天庆贺你升官的人就到了。"韦贯之口中答应，却没有前往，他的官位也没有升迁。韦贯之官至尚书右丞、同中书门下平章事。皇甫镈、张宿因受皇帝宠信而升官。张宿将要出使淄青，裴度想替他请求银绯的待遇，韦贯之说："张宿是奸佞小人，我们即使不能斥骂他，为何还要再给他优厚的待遇呢？"张宿等人因此感到惶恐，暗中构陷韦贯之，使韦贯之被罢为吏部侍郎，免除宰相职事，又出任湖南观察使。不到三天，韦颉、李正辞、薛公幹、李宣、韦处厚等清廉正直的人，由于与韦贯之交好而受到牵连，全部被贬谪到外地出任州刺史。唐穆宗即位，随即任命韦贯之为河南尹，又召他入朝任工部尚书。韦贯之还未赴任，就去世了，终年六十二岁，追赠尚书右仆射，谥号为文。

贯之沉厚寡言，与人交，终岁无款曲[①]，不为伪辞以悦人。居辅相，严身律下，以正议裁物，室居无所改易。裴均子持万缣请撰先铭，答曰："吾宁饿死，岂能为是哉。"生平未尝通馈遗，故家无羡财。

不见李实，不许张宿银绯，不受缣铭墓。此三事，今之时流易坐可以为法。

【注释】

①款曲:殷勤应酬。

【译文】

韦贯之朴实稳重,沉默寡言,他和人交往,全年都没有殷勤应酬,不说假话来取悦别人。身居宰辅高位,韦贯之严格要求自己,约束属下,以公道来裁决事务,他的房屋从来没有整修过。裴均的儿子曾拿着万匹上好的绢布请韦贯之撰写先人的墓志铭,韦贯之拒绝道:"我宁愿饿死,岂能做这种事。"韦贯之生平没有接受过别人馈赠,所以家里没有多余的钱财。

韦贯之不去拜见李实,不同意授予张宿银印红绶,不接受别人用缣请他撰写墓志铭。这三件事,今天的人换个角度可以效法。

上 钱徽

钱徽,字蔚章,吴兴人。中进士第,居谷城[①]。城令王郢善接侨士游客,以财货贷馈,坐是得罪。观察使樊泽视其簿,独徽无有,乃表署掌书记[②]。入为左补阙[③],累迁翰林学士、中书舍人,加承旨[④]。宪宗尝独召徽,徽从容言:"他学士皆高选,宜广参决。"帝称其长者。是时内积财,图复河湟,虽禁无名贡献,而至者不甚却。徽谏罢之。帝密戒后献者毋入右银台门,以避学士。后为礼部侍郎。宰相段文昌以所善杨冯子浑之、学士李绅以周汉宾并诿徽求致第籍[⑤]。浑之多纳古帖秘画于文昌,皆世所宝。徽不能如二人请,自取杨殷士、苏巢,皆与徽善。文昌怒,奏徽取士有私。有诏白居易复试,而黜者过半,遂贬江州刺史。友人劝徽出文昌、绅私书自直,徽曰:"苟无愧于心,安事辨证邪?"敕子弟焚之。

【注释】

①谷城：今湖北谷城。

②掌书记：官名。行军主帅或节度使的幕职。

③左补阙：官名。唐代门下省所属的谏官。掌规谏、举荐人才等。

④承旨：官名。翰林学士承旨的简称，承宣旨命之意。

⑤段文昌（773—835）：字墨卿，西河（今山西汾阳）人。唐朝宰相。李绅（？—846）：字公垂。唐朝宰相、诗人。

【译文】

钱徽，字蔚章，吴兴人。他考中进士后，居住在谷城。谷城县县令王郢喜欢结交寓居的士人和经过的游客，把钱财送给他们，因此而获罪。朝廷派遣观察使樊泽查阅王郢的账簿，发现只有钱徽没有接受过馈赠，于是上表举荐他担任掌书记。后来钱徽入朝廷担任左补阙，又累次升迁为翰林学士、中书舍人，加承旨。唐宪宗曾经单独召见钱徽，钱徽从容镇定地说："其他学士都经过严格选拔，陛下您应该广开言路，让他们参与政事的裁决。"皇帝称赞他为忠厚长者。此时内廷正积累钱财，谋划收复河湟地区，虽然禁止没有名目的进献，但事实上送来的钱财很少被拒绝。钱徽向皇帝进谏停止这种做法。皇帝于是暗中告诫后来的贡献者不要从右银台门进入皇宫，以避开钱徽。后来钱徽担任礼部侍郎。宰相段文昌为自己朋友杨冯的儿子杨浑之、翰林学士李绅为周汉宾，都来找钱徽说情，让他们考中进士科。杨浑之给段文昌送了许多古代的法帖字画，都是世间珍宝。钱徽没有使二人如愿以偿，自行录取了杨殷士、苏巢，此二人都和钱徽关系密切。段文昌很生气，就上奏说钱徽在选拔中徇私。皇帝下诏命白居易主持复试，结果落选的人数超过一半，于是钱徽被贬为江州刺史。钱徽的朋友劝他拿出段文昌、李绅写给他的私信来为自己辩白，钱徽说："如果心中无愧，哪里用得上辩解证明呢？"命令子弟烧掉了那些书信。

初，州有盗劫贡船，捕吏取滨江恶少年二百余人系讯，徽按其枉，悉纵去。数日，舒州获真盗。有牛田钱百万[①]，刺史以给宴饮馈饷者，徽曰："此农耕之备，可他用哉？"命代贫民租。转湖州，迁工部侍郎。出为华州刺史。文宗立[②]，召拜尚书左丞。会宣麻[③]，群臣在廷，方大寒，稍稍引避，徽素恭谨，不去位，久而仆。因上疏告老，不许。太和初，复为华州，俄以吏部尚书致仕。卒年七十五，赠尚书右仆射。徽性廉介，时韩公武以赂结公卿，遗徽钱二十万，不纳。或言非当路可无让，徽曰："取之在义不在官。"

【注释】

①牛田钱：用来蓄养官家耕牛的钱财。牛田，授予养官牛者的田地。

②文宗：李昂（809—840）。唐穆宗次子。

③宣麻：唐宋时在朝廷宣读任免将相的诏书。这种诏书用黄麻或白麻纸书写，因而称宣读此种诏书为宣麻。

【译文】

当初，江州有强盗抢劫进贡的船只，负责捕捉的官吏抓住江边的二百名恶少拘禁审讯，钱徽查知他们冤枉，将他们全部释放。几天后，在舒州抓住了真正的强盗。州里有一百万牛田钱，刺史拿来作宴饮馈赠之用，钱徽说："这是农耕的备用资金，能够挪作他用吗？"命令用这些钱替贫民上缴租税。后来钱徽转任到湖州，升任工部侍郎。又出京任华州刺史。唐文宗即位后，召钱徽入朝任尚书左丞。一次恰逢宣读诏书，群臣都在朝堂上，当时特别寒冷，大家渐渐退却避寒，钱徽一向恭敬谨慎，没有离开自己的位置，时间一长跌倒在地。于是钱徽上疏请求告老还乡，没有获得批准。太和初年，钱徽再次出任华州刺史，不久以吏部尚书退休。钱徽去世时七十五岁，追赠尚书右仆射。钱徽性格廉洁耿介，当时韩公武用贿赂的手段结交公卿大臣，赠送钱徽二十万钱，钱徽拒不接受。有人说他不是当权的人可不必谦让，钱徽说："收取与否取决于道义而非官职。"

尝考徽所取士，苏巢者，李宗闵婿也[1]。时元稹与宗闵隙[2]，而稹方用事，故力排之以快文昌，牛李之党从此寖成[3]。而科场之祸延至今日，究其源，则古帖秘画为可爱耳。至若士黜身贬而不出私书以自白，徽有休休之风矣。

【注释】

①李宗闵(？—846)：字损之，陇西成纪(今甘肃秦安)人。唐朝宰相，牛李党争的牛党领袖。

②元稹(779—831)：字微之，河南洛阳人。唐朝大臣、文学家。

③牛李之党：以牛僧孺为领袖的牛党，与李德裕为领袖的李党。两党互相斗争，从唐宪宗时期开始，到唐宣宗时期才结束，持续时间将近四十年。唐文宗有"去河北贼易，去朝中朋党难"之叹。

【译文】

我曾考证过，钱徽所录取的进士，其中苏巢是李宗闵的女婿。当时元稹与李宗闵有嫌隙，而元稹刚刚当权执政，因此极力排挤钱徽来取悦段文昌，牛李党争的局面从此渐渐形成。而科场的祸乱延续至今天，探究其源头，那就是贪爱古代的法帖字画罢了。至于被罢黜贬谪而没有出具私人信件来为自己辨白，钱徽真是有宽宏大量的风范。

下 何易于

何易于，不详何所人及所以进。为益昌令[1]。县距州四十里，刺史崔朴常乘春舆宾属泛舟益昌旁，索民挽繂[②]，易于身引舟。朴惊问状，易于曰："方春，百姓耕且蚕，惟令不事，可任其劳。"朴愧，疾驱去。盐官榷取茶利[③]，诏下，所在毋敢隐。易于视诏书曰："益昌人不征茶且不可活，矧厚赋毒之乎[④]？"命吏阁诏[⑤]，吏曰："天子诏，何敢拒？吏坐死，公得免窜邪？"易于曰："吾不敢爱一身，移暴于民，亦不使罪尔曹。"即自焚之。观察使素贤之，不劾也。民有死丧，不能具葬者，以俸敕吏为办。召高年坐，以问政得失。民有斗者，易于丁宁指晓枉直，杖楚遣之，不以付吏，狱三年无囚。督赋役，不忍迫下户，或以俸代输。馈给往来，传符外一无所进[⑥]，故无异称。以上中考，迁罗江令[⑦]。刺史裴休尝至其邑，导从不过三人。廉约盖天性云。

【注释】

①益昌：县名。在今四川广元西南昭化镇。

②繂（lǜ）：粗绳索。

③榷取：征收。

④矧（shěn）：况且，何况。

⑤阁：搁置，放置。

⑥传符：通行的凭证或者符信。

⑦罗江：今四川德阳罗江区。

【译文】

何易于，不知是什么地方人和通过什么途径做官的。他担任益昌县令。益昌离州城有四十里远，刺史崔朴经常在春天带着宾客乘船在益昌附近游玩，强征百姓为他们拉纤，于是何易于亲自前去拉船。崔朴见了很是惊讶，问何易于是怎么回事，他回答说："现在是春天，百姓都忙着耕种养蚕,唯独我这县令没事做,可以担负劳役。”崔朴十分惭愧,于是和宾客们急速离去。盐官征收茶业税,征税的诏书一旦下达,没有哪个地方敢不照办的。何易于看过诏书说道:“益昌的百姓不缴茶业税尚且难以活命,何况再加重赋税来荼毒他们呢?”他命下属把诏书先搁下不要理睬,下属说:“天子的诏书谁敢拒绝?我们这些下属会因此获死罪,而您难道能逃脱处罚吗?”何易于说:“我怎敢独爱我一己之身,将祸害转嫁给老百姓呢?也不会让你们承担罪责。”说罢亲手把诏书烧掉。观察使向来赞赏何易于的贤德,所以没有上奏弹劾他。遇到治下百姓死了,家属无力安葬的,何易于就拿出自己的官俸,叫属下帮助料理。何易于常邀请年高德劭的人座谈,向他们询问治理得失。百姓有互相争斗的,何易于对他们喻之以理,指出对错,杖打一顿就都当场打发回去,不把他们交给狱吏,牢狱里三年没有关押一个囚犯。在督促百姓缴赋税服劳役时,何易于不忍心逼迫贫苦人家,常常用自己的俸禄替他们缴税。在接待经过的权贵时,何易于除了给具通行的凭证,什么也没有进献,所以他没得到特别的好评。何易于得到中上的考评,调任罗江县令。刺史裴休曾经到罗江,何易于派来做向导和随从的,只有三个人。廉洁简约大概是他固有的秉性吧。

易于爱民如子,贤矣。夫吏有体,臣有道,未之闻也。《礼》不齿路马与蹙其刍[1],而乃焚天子诏邪?身引刺史舟,嘻,其甚矣!

【注释】

①齿路马与蹙其刍(chú):《礼记·曲礼》:“以足蹙路马刍,有诛;齿路马,有诛。”意思就是用脚踩踢路马的食草的人,随意估量路马年龄的人,都要受到责罚。这里的言外之意就是皇帝和朝廷不要脱离实际情况对益昌百姓赖以生存的茶胡乱收税。

【译文】

何易于爱民如子，真是贤德啊！做官、为臣有其规矩和道理，像何易于这样的真是没有听说过。《礼记》中说不要随意估量路马的年龄和踩踏它们的食草，于是何易于就把皇帝的诏令给烧了，是这样吗？亲自替刺史拉船，呵，何易于真是做到了极致啊！

上 李景让

李景让，字后已，赠太尉憕孙也[①]。性方毅，有守。宝历初[②]，迁右拾遗。淮南节度使王播以钱十万市朝廷欢，求领盐铁，景让诣延英，极论不可，遂知名。历中书舍人、礼部侍郎、商华虢三州刺史。母郑治家严，身训敕诸子。始贫乏时，治墙得积钱，僮婢奔告，母曰："士不勤而禄，犹灾其身，况无妄而得，我何取？"亟使闭坎。景让自右散骑常侍出为浙西观察使，母问行日，景让率然对："有日。"郑曰："如是，吾方有事，未及行。"盖怒其不尝告也，且曰："已贵，何庸母行。"景让重请罪，乃赦。故虽老犹加棰敕[③]，已起，欣欣如初。尝怒牙将，杖杀之，军且谋变，母欲息众讙，召景让廷责曰："尔镇抚方面而轻用刑，一夫不宁，岂特上负天子，亦使百岁母衔羞，泉下何面目见先大夫乎？"将鞭其背，吏大将再拜请，不许，皆泣谢，乃罢，一军遂定。累官西川节度使。以病丐致仕，或谏："公廉洁亡素储，不为诸子谋邪？"景让笑曰："儿曹讵饿死乎？"书闻，辄还东都，以太子少保分司。卒，年七十二，赠太子太保，谥曰孝。

【注释】

①憕：李憕，唐并州文水（今山西文水）人。

②宝历：唐敬宗李湛年号（825—827）。

③棰（chuí）敕：鞭打训诫。

【译文】

李景让，字后己，是赠太尉李憕的孙子。他生性正直刚毅，有操守。宝历初年，李景让升任右拾遗。淮南节度使王播花了十万贯钱收买朝廷中人，请求兼任盐铁使，李景让到延英殿向皇帝极力陈奏反对意见，由此而知名。李景让先后担任中书舍人、礼部侍郎、商华虢三州刺史。他的母亲郑氏治家严厉，以身作则教诲几个儿子。当初，李景让家中穷困，修墙时得到埋藏的钱，家僮奴婢奔走相告，母亲说："士人四体不勤而获得俸禄，还会身遭灾祸，更何况意外得财，我怎能取用？"随后让人将钱掩埋起来。李景让从右散骑常侍出任浙西观察使，母亲询问动身日期，李景让随口回答："已经定了。"郑氏说："如果这样，我正有事，不能同你一起走。"原来郑氏是气愤他不曾告诉自己，并且说："你已经显贵了，哪里用得上母亲同行？"李景让一再请罪，母亲才原谅他。正因如此，虽然李景让年纪大了，但是母亲还会鞭打训诫他。李景让母子启程后，欢欢喜喜一如既往。李景让曾经怒恨牙将，将他用杖打死，军中有人策划哗变，母亲为了平息众人的喧哗，召来李景让在庭院里斥责说："你镇抚一方而轻率用刑，使人不得安宁，不但辜负天子，也使百岁老母羞愧难当，有朝一日在黄泉之下，我有何面目去见你父亲呢？"郑氏准备鞭打李景让脊背，官吏和将领们一再叩头请求郑氏原谅李景让，郑氏不答应，众人都流泪谢罪，她才作罢，全军于是安定。李景让累次升迁至西川节度使。后来因病请求退休，有人劝他说："李公您廉洁而没有积蓄，就不为几个儿子考虑吗？"李景让笑着说："儿子们难道能饿死吗？"李景让递上辞呈，就回到东都，以太子少保在东都任职。后来去世，终年七十二岁，朝廷追赠他为太子太保，谥号为孝。

景让清素寡欲，门无杂宾。李琢罢浙西，以同里访之，避不见，及去，命斫其骗石[①]。元和后，大臣有德望者，以居里显，景让宅东都乐和里，世称清德者，号“乐和李公”云。

有廉母乃成廉子。至鞭背定乱，岂妇德能及。

【注释】

①骗石：上马时的踏脚石。

【译文】

李景让清心寡欲，没有乱七八糟的宾客上门拜访。李琢被免去浙西节度使，因与李景让住同一里坊而前去拜访他，李景让回避不见，等李琢离去后，李景让命人砍断他上马时踩过的踏脚石。元和年间以后，德高望重的大臣，以居住的里坊而扬名，李景让的宅第在东都乐和里，故而世人称颂有清廉德行的人时，都称其为“乐和李公”。

有奉行廉洁的母亲才能教养出廉洁的儿子。至于郑氏鞭打李景让脊背，平定了军中祸乱，岂是只依靠妇德就能做到的？

中韦表微

韦表微，字子明。羁丱能属文[①]。擢进士第，数辟诸使府。久之，入授监察御史里行[②]，不乐曰：“爵禄譬滋味也，人皆欲之。吾年五十，拭镜揃白[③]，冒游少年间，取一班一级[④]，不见其味也，将为松菊主人耳[⑤]。”俄迁翰林学士。是时，李绅忤宰相，贬端州[⑥]，与善者皆谪去。学士缺，人人争荐丞相所善者。表微独荐韦处厚，人服其公。久之，迁中书舍人。文宗立，进户部侍郎，寻以病罢学士。卒，年六十，赠礼部尚书。始被病，医药不能具，所居堂寝隘陋。既没，吊客咨嗟。

笃故旧，虽庸下，与携手笑语无间然。尤好《春秋》，著《三传总例》。又以学者薄师道，不如声乐贱工能尊其师，著《九经师授谱》诋其违。

【注释】

①羁丱（guàn）：犹羁角。丱，儿童发髻的样式。因以指童年。

②里行：官名。唐置。有监察御史里行、殿中里行等，皆非正官，也不规定员额。

③揃（jiǎn）白：剪下白发。

④一班一级：犹言一官半职。

⑤松菊主人：晋代陶潜《归去来兮辞》有"三径就荒，松菊犹存"语，后来以"松菊主人"比喻隐者。

⑥端州：州名。治所在高要县(今广东肇庆)。

【译文】

韦表微，字子明。他幼年时就能写文章。韦表微考中进士后，曾数次被征辟到各藩镇担任幕僚。很久以后，韦表微入朝，被授予监察御史里行职位，他闷闷不乐地说："官爵俸禄就好比是美味，人人都想得到。我已经五十岁了，擦亮镜子剪去白发，冒充少年和他们交游，今天才得到这样一个小官职，尝不到其中的滋味了，我要去做松菊的主人。"不久韦表微升任翰林学士。这时，李绅因违逆宰相被贬到端州，与他交往密切者都被贬官。由于翰林学士职位空缺，大家都争着推荐与宰相关系好的人。唯独韦表微推荐的是韦处厚，人们都佩服他的公正。过了一段时间，韦表微升任中书舍人。唐文宗即位后，韦表微又升任户部侍郎，不久因病被免去翰林学士之职。韦表微六十岁去世，追赠礼部尚书。韦表微患病时，不能备办医药，居住的房舍狭窄简陋。他去世后，吊唁的宾客都为之感慨叹息。韦表微待朋友忠厚真诚，即使平庸低贱的人，也与他们拉手谈笑没有隔阂。韦表微尤其喜好《春秋》,撰写有《三传总例》一书。他又认为求学的人轻视尊师之道,还不如从事声乐等地位低下者那样能尊敬他们的师傅,于是又撰写了《九经师授谱》来批评这种不良现象。

中宋申锡

宋申锡,字庆臣。擢进士第,文宗时,转中书舍人。为翰林学士。帝恶宦官权宠震主,而王守澄典禁兵,偃蹇放肆[①]。帝察申锡忠厚,因召对,俾与朝臣谋去守澄等,且倚以执政。未几,拜尚书右丞,进同中书门下平章事。乃除王璠京兆尹,密谕帝旨。璠漏言,而守澄党郑注得其谋,遣军候豆卢著诬告申锡与漳王谋反。初,议抵死,朝臣力请,乃贬申锡开州司马[②],从而流死者数十百人,天下以为冤。初,申锡以清节进,嫉要位者纳赇饷,败风俗,故自为近臣,凡四方赗谢一不受。既被罪,有司验劾,悉得所还问遗书,朝野为咨悯。竟卒于贬所,有诏归葬。后李石因召对,白其冤,仍追复旧官,录其子。会昌二年[③],赐谥曰贞。

不密害成[④]。清而贾祸,王璠可恨。

【注释】

①偃蹇:骄横,傲慢,盛气凌人。

②开州:今重庆开州区。

③会昌:唐武宗李炎年号(841—846)。

④不密害成:没有保守秘密就会酿成祸害。《周易·系辞上》:“子曰:‘乱之所生也,则言语以为阶。君不密,则失臣;臣不密,则失身;几事不密,则害成;是以君子慎密而不出也。’”

【译文】

宋申锡，字庆臣。宋申锡考中进士，于唐文宗时转任中书舍人。又担任翰林学士。唐文宗十分憎恨宦官的权势威胁到皇帝，而当时宦官王守澄掌管禁军，骄横放肆。唐文宗了解到宋申锡为人忠厚，于是召见他讨论政事，让他和其他朝臣一起谋划除去王守澄等人，并且依靠他来掌管国事。不久，宋申锡被任命为尚书右丞，又擢升为同中书门下平章事。宋申锡于是推荐王璠任京兆尹，并秘密向王璠传达皇帝的旨意。王璠泄密，王守澄的党羽郑注知道了他们的密谋，指使军候豆卢著诬陷宋申锡和漳王谋反。最初，论罪的结果是死刑，朝臣们竭力为他求情，于是宋申锡被贬为开州司马，因受牵连而被流放、处死的有几十上百人，天下人都认为这是冤案。当初，宋申锡凭借清廉的节操得到擢升，他憎恶身居高位者收纳贿赂，败坏风气，所以自从他开始担任近臣，各方赠送或酬谢的礼物一概不接受。宋申锡获罪后，查案官员审核查证，全部获知了他退还贿赂的书信，朝野之人皆为之叹息。宋申锡最后在贬谪的地方去世，皇帝下诏送他回家安葬。后来李石在召对时向皇帝申诉宋申锡的冤屈，仍旧恢复了他原来的官职，并录用他儿子为官。会昌二年，朝廷又赐谥号为贞。

不能保守秘密而酿成祸害。清廉却招致祸害，王璠实在可恨。

中萧倣

萧倣，字思道，后梁明帝之后。太和中，擢进士第，除给事中，劾奏无所回，时推其直。后自集贤学士拜岭南节度使[①]。南方珍贿丛伙，不以入门。家人病，取槁梅于厨以和药[②]，倣知，趣市还之。咸通初[③]，为左散骑常侍。时懿宗喜佛道，引桑门入禁中[④]，倣力谏。累官义成军节度使，有治绩。以兵部尚书，再判度支，进中书侍郎、同中书门下平章事。再迁司空，封兰陵县侯。年八十卒。子廪，字富侯。第进士，迁尚书郎。倣领南海，解官往侍。为人退约少合。南海多谷纸[⑤]，倣敕诸子缮补残书，廪谏曰："州距京师且万里，书成不可露赍，必贮以囊笥[⑥]，贪者伺望，得无薏苡嫌乎[⑦]？"倣乃止。

【注释】

①集贤学士：官名统称。即集贤院学士、集贤殿学士、集贤殿大学士。唐玄宗开元十三年（725）始置集贤殿书院学士，以授宰相及其他侍从官。

②槁梅：乌梅。

③咸通：唐懿宗李漼年号（860—874）。

④桑门：指僧侣。沙门的异译。

⑤谷纸：古代的一种名纸。

⑥囊笥（sì）：袋子与箱笼。古代读书人多用以装书籍文稿。

⑦薏苡：指薏苡之谤。汉代伏波将军马援从南方带回薏米，在其死后被人诬蔑说成是明珠，结果令妻儿蒙冤。

【译文】

萧倣，字思道，是后梁明帝萧岿的后裔。太和年间，萧倣考中进士，被任命为给事中，他弹劾官员的奏章从未被驳回过，当时人们都推崇他的正直。后来萧倣从集贤学士升为岭南节度使。岭南珍宝财物很多，但萧倣从未往家中拿过。一次萧倣的家人患病，从官府厨房拿了些乌梅来做药，萧倣察觉后，命家人买来乌梅归还。咸通初年，萧倣任左散骑常侍。当时唐懿宗热衷于佛教，将僧侣带入皇宫内，萧倣竭力劝止。后来萧倣又担任义成军节度使，政绩优良。他被召回出任兵部尚书，同时执掌度支，升任中书侍郎、同中书门下平章事。后又升迁为司空，受封兰陵侯爵位。于八十岁那年去世。萧倣的儿子叫萧廪，字富侯。萧廪考中进士，被任命为尚书郎。萧倣任岭南节度使时，他辞官前往服侍。萧廪为人谦让俭约少算计。南海有很多谷纸，萧倣令他的儿子们修补残书，萧廪规劝说："这里距离京城有万里之遥，书修补好后不可暴露持有，必定贮存在箱笼中，贪婪的人会去窥探，这难道不会引来他人污蔑毁谤？"于是萧倣停止了这种做法。

还厨槁梅似过，不欲开取端也。其子亦狷有识。唐君臣皆喜奉佛，起而非之者，傅奕、韩愈、杜牧及倣数人耳。然倣出于瑀[①]，而瑀之先君舍身佛寺，故论者谓倣为尤难。

【注释】

①瑀：即萧瑀，唐初宰相。

【译文】

还乌梅这件事看似过头了，其实是不想开取用民财的先例。他的儿子也是洁身自好、性情耿直且有见识的人。唐朝的君臣都喜爱供奉佛事，起而不认同这件事的人也只有傅奕、韩愈、杜牧和萧倣这几个罢了。然而萧倣是萧瑀的后裔，萧瑀的父亲出家入了寺庙，所以舆论认为这些人中萧倣尤为难得。

下 韦正贯

韦正贯，字公理，京兆万年人。以荫为单父尉，不得志，弃官去。举贤良方正异等。后又中详闲吏治科，累擢司农卿。坐尚食乏供，贬均州刺史[①]。宣宗立，以治最拜京兆尹、同州刺史。俄擢岭南节度使。南海舶贾始至，大帅必取象犀明珠上珍而售以下直。正贯至,无所取,吏咨其清。南方风俗右鬼,正贯毁淫祠,教民毋妄祈。会海水溢,人争咎撤祠事,正贯登城沃酒誓曰:“不当神意,长人任其咎,无逮下民。”俄而水去,民乃信之。居镇三年,既病,遗令无厚葬,无用鼓吹,无请谥。卒,年六十八,赠工部尚书。

居岭南多以廉著,水清见鱼。

【注释】

①均州:隋开皇年间改丰州置。治所在今湖北丹江口。

【译文】

韦正贯,字公理,京兆万年人。韦正贯由于门荫被任命为单父县尉,因不得志而辞官。韦正贯应考贤良方正科获得优等。后来又考中详闲吏治科,连续被拔擢官至司农卿。因供应皇帝膳食有匮乏而被贬谪为均州刺史。唐宣宗即位,韦正贯因政绩突出而升任京兆尹、同州刺史。不久又升迁为岭南节度使。原先,南海的商人一到,节度使都会索要象牙、犀角、明珠这些上等珍宝而只给很低的价钱。韦正贯到任后,一文不取,属吏都赞叹他的清廉。南方风俗尊崇鬼神,韦正贯捣毁那些滥建的祠庙,教育百姓不要胡乱祈祷。有一次海潮泛滥成灾,百姓都归咎于韦正贯捣毁祠庙,韦正贯登上城楼洒酒立誓说:“不合神的心意,由我当官的承担罪责,不要祸及百姓。”不久海潮退去,百姓才相信他的教化。韦正贯在岭南任职三年,病重,遗嘱不要厚葬,不用奏乐,不向朝廷请求赐谥号。韦正贯病故,享年六十八岁,朝廷追赠工部尚书。

在岭南为官者很多以廉洁著称,正如水清能见鱼一样。

中刘瞻

刘瞻,字几之,桂阳人①。举进士、博学宏词,皆中。累迁翰林学士,出为河东节度使。咸通十一年,以中书侍郎同中书门下平章事。同昌公主薨,懿宗捕太医韩宗绍等送诏狱[②],逮系宗族数百人。瞻喻谏官,皆依违无敢言,即上疏固争,言宗绍穷其术,不能效,情有可矜。帝大怒,即日赐罢,累贬驩州司户参军[③]。僖宗立[④],徙康、虢二州刺史[⑤],以刑部尚书召。瞻之贬,人无贤愚,莫不痛惜。及其还也,长安两市人率钱雇百戏迎之。瞻闻,改期由它道而入。复为中书侍郎平章事。居位三月,卒。

【注释】

①桂阳:今湖南桂阳。

②懿宗:李漼(833—873)。唐宣宗长子。

③驩州:隋开皇年间改德州置。治所在今越南境内。

④僖宗:李儇(862—888)。唐懿宗第五子。

⑤康:即康州,唐武德年间置。治所在今广东德庆。

【译文】

刘瞻,字几之,桂阳人。刘瞻应考进士科和博学宏词科,都考中了。后来累次升迁至翰林学士,出任河东节度使。咸通十一年,刘瞻以中书侍郎掌管朝政。同昌公主病故,唐懿宗将太医韩宗绍等抓捕入诏狱,又把他们的亲属数百多人一并收押。刘瞻将此事告知谏官,但谏官们都畏缩犹豫,不敢说话,刘瞻便亲自上疏极力劝谏,说韩宗绍等已经用尽了他们的医术而不能见效,情有可原。唐懿宗大怒,当天就把刘瞻罢官,后来贬为驩州司户参军。唐僖宗即位后,刘瞻先后任康州、虢州刺史,后被征召回朝任刑部尚书。刘瞻被贬官,听说的人无论贤愚,都深感痛惜。刘瞻回朝之时,长安东西两市的百姓凑钱雇来各类表演戏班迎接他。刘瞻听说后立即改变了回京城的日期和路线。后来刘瞻又重新担任中书侍郎执掌朝政。他任职三个月后就去世了。

瞻为人廉约，所得奉以余济亲旧之窭困者，家不留储。无第舍，四方献馈不及门。行己始终完絜。

谏官不言，而独言之，亦贤。

【译文】

刘瞻做人清廉简约，所得的俸禄有宽余的都用来接济亲朋中穷困的人，家里没有积蓄。他没有宅第，各地来馈赠的都无处可送。刘瞻立身行事始终清正廉洁。

谏官不敢说话，而他挺身站出来进言，也是很贤德的。

司空图

司空图，字表圣，河中虞乡人。咸通末，擢进士，历迁礼部郎中。黄巢陷长安①，将奔，不得前。图弟有奴段章者，陷贼，执图手曰："我所主张将军喜下士，可往见之，无虚死沟中。"图不应，遂奔咸阳。僖宗次凤翔，即行在，拜知制诰，迁中书舍人。后狩宝鸡，不获从。后昭宗在华②，召拜兵部侍郎，以足疾，因自乞。会迁洛阳，柳璨希贼臣意，诛天下才望，诏图入朝，图阳堕笏③，趣意野耄。璨知无意于世，乃听还。

【注释】

①黄巢（？—884）：曹州冤句（今山东菏泽西南）人。唐末农民起义领袖。

②昭宗：李晔（867—904）。唐懿宗第七子，唐僖宗的弟弟。

③阳：假装。

【译文】

司空图，字表圣，河中虞乡人。司空图于咸通末年考中进士，多次升迁后任礼部郎中。黄巢攻陷长安，司空图要离开避难，但未能成行。司空图的弟弟有个仆人叫段章的在黄巢军中，他拉着司空图的手说："我的首领张将军喜欢结交读书人，可以去见他，不要枉自送命。"司空图不肯去，于是逃到咸阳。此时唐僖宗在凤翔，司空图奔赴行在被委任为知制诰，又升任为中书舍人。后来皇帝巡狩宝鸡，司空图没能跟从。后来唐昭宗在华州，召司空图担任兵部侍郎，他以腿有病为理由请辞。那时正迁都洛阳，柳璨迎合贼人之意，陷害有才能有声望的人，于是假借诏令命司空图入朝，司空图假装失态掉笏，表现出丑陋龙钟的意态。柳璨明白司空图无意于仕途，于是听任他回去。

图本居中条山王官谷，有先人田，遂隐不出。豫为冢棺，遇胜日，引客坐圹中赋诗[①]，酌酒裴回[②]。客或难之，图曰："君何不广邪？生死一致，我宁暂游此中哉。"王重荣父子雅重之[③]，数馈遗，弗受。尝为作碑，赠绢数千，图置虞乡，市人得取之，一日尽。时寇盗所过残暴，独不入王官谷。朱全忠已篡[④]，召为礼部尚书，不起。哀帝弑[⑤]，图闻，不食而卒，年七十二。

有王蠋之节[⑥]。又任达。

【注释】

①圹：墓穴。

②裴回：徐行的样子。

③王重荣(?—887):太原祁(今山西祁县)人。唐末藩镇将领,河中节度使。

④朱全忠(852—912):宋州砀山(今安徽砀山)人。天祐四年(907)代唐称帝,国号梁,史称"后梁"。

⑤哀帝:李柷(892—908)。唐朝末代皇帝,唐昭宗第九子。

⑥王蠋(zhú):战国时齐国退隐的大夫。公元前284年,燕将乐毅伐齐,攻破齐都临淄,齐愍王出逃莒地。乐毅重金礼聘王蠋为自己效力,王蠋不肯屈从,自缢而死以激励国人抗敌。齐国民众在王蠋感召下纷纷前往莒地共谋复国。

【译文】

司空图原本住在中条山王官谷,那里有祖上留下的田产,于是司空图隐居不出。他预先准备了棺材坟地,遇到好天气就领客人们坐在墓穴里赋诗,饮酒徘徊。客人不解何意,司空图说:"你为什么看不开呀?生与死本是一回事,我哪里只是在此暂游呢?"王重荣父子非常看重他,多次送礼给他,他都不收。司空图曾为王重荣撰写碑文,王重荣赠给他几千匹绢,司空图把绢放在虞乡市上,任人拾取,一天就拿光了。当时寇盗所过之处都抢掠烧杀,独不去王官谷。朱全忠篡位后,征召司空图出任礼部尚书,他不去。唐哀帝被弑,司空图听说后,绝食而死,时年七十二岁。

司空图有王蠋那样的忠义气节。且放任旷达。

宋

【题解】

宋朝被视为中国传统文化发展的顶峰。科举制在宋朝得到进一步的完善和发展，这为士人阶层参与政治开辟了宽广的路径，他们拥有空前政治自觉意识，成为了社会的主导力量。名列《廉吏传》中的宋人，除了开国之初的曹彬等武将之外，几乎全是进士出身，宋朝皇帝“与士大夫共治天下”是时代共识，宋朝给予官员的待遇也是历史上最为优厚的，故而在宋朝廉吏中，那种因廉洁而自苦者比起其他朝代大为减少，他们中更多的是以范仲淹为代表的集“立德、立功、立言”三不朽于一身，把追求个人成圣成贤与国家长治久安相结合的理想型士大夫，其中朱熹更是影响极大的一代儒宗。还值得一提的是北宋廉吏与南宋廉吏的对比：北宋廉吏中多人身居宰辅，取得了安邦定国的大功业；南宋则权奸辈出，在他们的倒行逆施之下，南宋廉吏更多以个人操守名世。由此也可看出，廉吏的际遇实与国家的命运紧密相连。

赵宋仁厚开基，诸儒辈出，学术人品粹然[①]，一轨于正[②]。所称廉者，有刚直孤介而无奇诡溪刻之行[③]，如吕正惠、范文正、赵清献，表表人伦。合之得四十九人。

【注释】

①粹然：纯正的样子。

②一轨于正：始终坚守正道，不曾改易。

③奇诡溪刻：诡异苛刻。

【译文】

赵宋王朝以仁厚为本开创基业，大儒辈出，他们的学术、人品都非常纯正，始终坚守正道。以清廉著称者，刚强正直，不随流俗，没有诡异刻薄的行为，例如吕正惠、范文正、赵清献等，都是非常卓越而有才学的人。这样的人合计有四十九位。

中范质

范质，字文素，大名宗城人[①]。仕周进位左仆射兼门下侍郎平章事。宋初，加兼侍中。乾德初[②]，进封鲁国公。二年，罢为太子太傅，寻卒，年五十四。将终，戒其子勿请谥，勿刻墓碑。太祖闻之[③]，为悲惋罢朝，赠中书令。质以廉介自持，未尝受四方馈遗，前后所得禄赐，多给孤遗。闺门之中，食不异品，身没，家无余赀。太祖因论辅相，谓侍臣曰："朕闻范质止有居第，不事生产，真宰相也。"太宗亦尝称之[④]，曰："宰辅中能循规矩，慎名器，持廉节，无出质右者。"

【注释】

①大名宗城：今河北邢台威县。

②乾德：宋太祖赵匡胤年号（963—968）。

③太祖：赵匡胤（927—976）。宋朝开国皇帝。

④太宗：赵光义（939—997）。赵匡胤之弟，宋朝第二位皇帝。

【译文】

范质，字文素，大名宗城人。范质出仕后周官至左仆射兼门下侍郎平章事。宋初，兼任侍中。乾德初年，范质进封鲁国公。乾德二年，罢任为太子太傅，不久去世，终年五十四岁。范质临终前，告诫他的儿子不要向朝廷请赐谥号，不要刻墓碑。宋太祖闻讯后，为他感到悲痛而罢朝，追赠为中书令。范质立身处世清廉耿介，不曾接受过各地的馈赠，前后所得的俸禄和赏赐，大多用来周济孤儿。居家度日，食用的都是平常饭菜，死后，家里没有多余的钱财。宋太祖在谈论宰辅时，对侍臣说："朕听说范质只有宅第，不置产业，是真正的宰相啊！"宋太宗也曾经称赞他，说："宰相中能够遵循规矩，慎重对待名号和礼仪，坚守清廉节操的，没有人比范质做得更好。"

遗戒勿请谥，勿刻墓碑，此范文素不可及，与妄冀身后名者，霄壤矣。然质所以不请，或自反移禅时与陶谷共事邪？此政不可及。今之子孙不量，动为祖、父乞谥而招訾议者①，当以此公为法。

【注释】

①訾（zǐ）：评论人的短处。

【译文】

临终时告诫不可以请谥，不要刻墓碑，这是范质的过人之处，与那些妄求身后之名的人相比，真是天壤之别啊。然而范质之所以不为自己请谥，或许是因为他对和陶谷一起在宋太祖夺取皇位时起草禅位诏书这件事怀着悔恨吧？这正是他不可及之处。现今为人子孙者不加审度，就为他们的祖父、父亲请求谥号而招来非议的，应当效法范质所为。

上 曹彬

曹彬,字国华,真定灵寿人[①]。彬始生周岁,父母以百玩之具罗于席,观其所取。彬左手持干戈,右手持俎豆[②],斯须取一印,他无所视,人皆异之。及长,气质淳厚。乾祐中[③],为成德军牙将。周祖受禅[④],召归京师,累擢河中都监[⑤]。蒲帅王仁镐以彬帝戚,尤加礼遇,彬执礼益恭。仁镐谓从事曰:"老夫自谓夙夜匪懈,及见监军矜严,始觉己之散率也。"显德五年[⑥],使吴越,致命讫,即还,私觌之礼一无所受。吴越人以轻舟追遗之,至于数四,彬犹不受。既而曰:"吾终拒之,是近名也。"遂受而籍之以归,悉上送官。世宗强还之[⑦],彬始拜赐,悉以分遗亲旧而不留一钱。出为晋州兵马都监,迁引进使[⑧]。

【注释】

①真定:即真定府。治所在真定县(今河北正定)。灵寿:今河北灵寿。

②俎豆:古代祭祀用的器具。

③乾祐:后汉隐帝刘承祐年号(948—950)。

④周祖:郭威(904—954)。后周开国君主。

⑤都监:官名。兵马都监的简称。

⑥显德:后周世宗柴荣年号(954—960)。

⑦世宗:柴荣(921—959)。郭威养子,后周第二位皇帝。

⑧引进使:宋始置。掌臣僚及外国与少数名族进奉礼物诸事。

【译文】

曹彬,字国华,真定灵寿人。曹彬出生周岁时,他的父母把各种玩具摆放在席子上,看他取什么。曹彬左手拿干戈,右手抓俎豆,过一会儿又拿一方印，其他的不屑一顾，人们都感到惊异。曹彬成年后，禀性淳厚。后汉乾祐年间，任成德军牙将。后周太祖受禅即位，召曹彬回京城，连续提拔为河中都监。蒲州节度使王仁镐因为曹彬是皇帝的亲戚，对他特别礼遇，而曹彬执礼越发恭敬。王仁镐对属吏说："我自认为时时不懈怠，等到看到监军庄重严肃，才感觉自己的散漫轻率啊。"后周显德五年，曹彬出使吴越，传达完使命就立即回朝，对方私下所送礼物一概不受。吴越人乘轻舟追上曹彬馈赠礼品，一连数次，曹彬还是不接受。随后曹彬说："我这样始终拒绝他们，是近于邀名啊。"于是接受礼物并做好登记带回，全部上交官府。周世宗坚持要将这些礼物还给曹彬，他才拜受赐赠，全部分给亲朋故旧而自己不留一钱。出任晋州兵马都监，迁任引进使。

建隆二年[①]，自平阳归，太祖召谓曰："我畴昔常欲亲汝，汝何敢疏我？"彬顿首谢曰："臣为周室近亲，复忝内职，靖恭守位，犹惧获过，安敢妄有交结？"乾德初，为左神武将军，俄兼枢密承旨[②]。二年冬，伐蜀[③]，彬为都监，申令戢下，所至悦服。西川平，王全斌等昼夜宴饮，不恤军士，部下渔夺无已。蜀人构乱，彬复破平之。时诸将多取子女玉帛，彬橐中唯图书衣衾而已。及还，上尽得其状，以全斌等属吏，谓彬廉谨清介，授宣徽南院使、义成军节度使[④]。彬辞曰："西征将士俱得罪，臣独受赏，恐无以示劝。"六年[⑤]，进检校太傅。七年，伐江南，诏彬为昇州西南路行营马步军战棹都部署[⑥]，自荆南顺流而东，克池州[⑦]。八年，进克润州，遂下金陵。与诸将约，誓不妄僇一人。及班师入见，刺称"奉敕江南干事回"，其谦恭不伐如此。寻拜枢密使[⑧]。

【注释】

①建隆：宋太祖赵匡胤年号(960—963)。

②枢密承旨：五代枢密院置，主管承旨司之事。北宋沿置。

③蜀：指后蜀(934—966)。

④宣徽南院使：官名。唐后期宣徽院分南北两院，各置使一人。宋朝南院与北院通掌总领内诸司使及三班内侍名籍，掌其迁补、郊祀、朝会、宴享供帐，检视内外进奉名物。

⑤六年：指开宝六年(973)。开宝，宋太祖赵匡胤年号(968—976)。

⑥昇州：唐乾元年间置。治上元县(今江苏南京)。都部署：官名。五代后唐时设立，原为战时指挥一部分军队的总指挥官。宋初沿置。稍后置于邻接辽夏的地方，掌管屯戍、守卫事务，为地方军事长官。

⑦池州：唐武德年间置。治秋浦县(今安徽池州)。

⑧枢密使：官名。宋以枢密使为与宰相共同负责军国要政。实则以宰相主政，枢密主兵。

【译文】

建隆二年，曹彬从平阳回朝，宋太祖召见，对他说："从前我常想亲近你，你为什么总是疏远我呢？"曹彬叩头谢罪说："臣是周室的近亲，又忝任宫内职务，恭敬地供职还担心会有过失，哪里敢妄自交结呢？"乾德初年，曹彬被任命为左神武将军，不久兼任枢密承旨。乾德二年冬，宋朝攻伐后蜀，曹彬为都监，下令严格管束部下，所到之处民众心悦诚服。平定西川后，王全斌等人昼夜宴饮，不体恤军士，部下抢掠不止。蜀人起兵作乱，曹彬又率军平定乱局。当时诸将大肆占有财货美女，而曹彬行装中只有图书、衣服而已。回朝后，宋太祖详细知晓这些情况，把王全斌等人交付官吏治罪，认为曹彬廉洁谨慎清正耿直，授官宣徽南院使、义成军节度使。曹彬辞谢说："征西将士都被治罪，只有我受到赏赐，恐怕不能以此来表示对将士们的劝勉。"开宝六年，曹彬升任检校太傅。开宝七年，朝廷讨伐南唐，下诏任命曹彬为昇州西南路行营马步军战擢都部署，曹彬率军从荆南地区顺流东下，攻克池州。开宝八年，进兵攻克润州，于是攻下金陵。他和各位将领约定，立誓不乱杀一人。等到军队凯旋入朝觐见时，曹彬的名帖上自称“奉旨到江南办事回来”，他的谦逊不夸耀功劳就是如此。不久被任命为枢密使。

太宗即位，加同平章事。三年①，进检校太师，从征太原，加侍中，寻封鲁国公。雍熙三年②，与潘美等北伐，失律军败，责授右骁卫上将军。四年，仍为侍中、武宁军节度使，徙平卢。真宗立③，复检校太师、同平章事，召拜枢密使。咸平二年④，被疾，上临问，手为和药，赐白金万两。薨，年六十九。上临哭之恸，言及彬必流涕。赠中书令，追封济阳郡王，谥武惠，与赵普配飨太祖庙庭⑤。

廉仁之将，其居功退让，识量在寇莱公上⑥。

【注释】

①三年：此指太平兴国三年(978)。太平兴国，宋太宗赵光义年号(976—984)。

②雍熙：宋太宗赵光义年号(984—987)。

③真宗：赵恒(968—1022)。赵光义第三子，宋朝第三位皇帝。

④咸平：宋真宗赵恒年号(998—1003)。

⑤赵普(922—992)：字则平，幽州蓟州(今属天津)人。北宋开国功臣。

⑥寇莱公：寇准(961—1023)，字平仲，华州下邽(今陕西渭南)人。北宋前期名臣，封莱国公。

【译文】

宋太宗即位，加封曹彬同平章事。太平兴国三年，进位检校太师，跟从宋太宗征讨北汉，加官侍中，不久封鲁国公。雍熙三年，曹彬与潘美等人北伐，军纪涣散导致失败，曹彬被贬为右骁卫上将军。雍熙四年，曹彬复任侍中、武宁军节度使，转任平卢军节度使。宋真宗即位，复任检校太师、同平章事，召他回朝担任枢密使。咸平二年，曹彬生病，宋真宗亲自前去探望，亲手替他和药，又赐他白银万两。曹彬去世，终年六十九岁。宋真宗痛哭致祭，每说起曹彬必定流泪。追赠曹彬中书令，并追封济阳郡王，谥号为武惠，与赵普配享太祖庙。

曹彬是廉洁仁厚的将领，立下大功而谦退辞让，见识和度量在寇准之上。

中郭守文

郭守文，并州太原人[①]。以内职总兵讨平代州之叛[②]，后护定州军，大破辽人于蒲城[③]。复破夏州[④]，降银、麟，宁定西鄙[⑤]。功多，拜南院使、镇州路都部署，又为北面行营都部署，卒于官。既丧月余，中使自北边来，言守文死，军士皆流涕。帝问何以得此，对曰："守文得奉禄赐赉[⑥]，悉犒劳士卒，死之日，家无余财。"帝嗟叹久之，赐其家钱五百万，谥忠武。

【注释】

①并州太原：今山西太原。

②代州：隋开皇年间置。治所在广武县（今山西代县）。

③蒲城：今陕西蒲城。

④夏州：北魏太和年间置。治所在今陕西靖边。

⑤鄙：边邑，边境。

⑥赉：赠送。

【译文】

郭守文，并州太原人。郭守文在内职总兵任上讨伐平定了代州的叛乱，之后屯兵护卫定州，在蒲城大败辽军。他又攻取夏州，迫降银州、麟州，安定了西部边陲。因为功劳卓著，郭守文升任南院使、镇州路都部署，又升任为北面行营都部署，于任上去世。郭守文死后一个多月，中使从北方回朝报告了郭守文去世时，军中士卒都痛哭流涕的情形。宋太宗询问为何会这样，中使回答说："郭守文得到俸禄赏赐，全部用来犒劳士卒，到他去世之时，家无余财。"宋太宗为之叹息良久，赐给郭守文家五百万钱，谥号忠武。

中袁继忠

袁继忠，其先振武人，后徙并州。开宝中平广南，继忠为先锋。后奉命击梅山洞贼，破之。契丹犯代境，继忠击走之。前后赐赉巨万，悉以犒士。身死之日，家无余财。累官引进使，护镇定、高阳关两路屯兵①。淳化三年②，被命召还，卒，年五十五。

郭、袁俱得赏赐犒士。

【注释】

①高阳关：故址在今河北高阳东，古淤口、益津、瓦桥三关之南。宋初本名关南，太平兴国七年(982)改置高阳关。地接辽境，为军事重镇。

②淳化：宋太宗赵光义年号(990—994)。

【译文】

袁继忠，他的祖先是振武人，后来迁徙到并州。开宝年间宋军平定广南时，袁继忠任先锋。广南被攻克后，袁继忠又奉命征讨梅山洞贼寇，大获全胜。契丹兵进犯代州，袁继忠将其击退。袁继忠前后受到的赏赐极多，他都拿来犒赏士卒。去世之时，家无余财。袁继忠升任引进使，统率镇定、高阳关两路屯兵。淳化三年，袁继忠奉召还京，随后去世，终年五十五岁。

郭守文和袁继忠都能用得到的赏赐来犒劳士卒。

张铸

张铸，字司化，河南洛阳人。性清介，不事生产。举进士，历起居郎、金部员外郎①。明宗初②，转金部郎中，赐金紫，累迁太常少卿及光禄卿，皆避祖讳，不拜。改秘书监、判光禄寺。宋初，加检校刑部尚书。建隆四年卒，年七十三。身无兼衣，家人鬻其服马、园圃③，得钱十万以葬。

【注释】

①金部员外郎：为金部郎中之辅，与郎中共掌金部事务。金部掌库藏钱帛金宝、内纳账籍审核及度量衡的政令等。

②明宗：指后唐明宗李嗣源（？—933）。

③服马：泛指驾车之马。

【译文】

张铸，字司化，河南洛阳人。张铸清正耿直，不经营产业。他考中进士，曾任起居郎、金部员外郎。后唐明宗初年，转任金部郎中，受赐金鱼袋紫衣，后来他又升任太常少卿和光禄卿，因官名犯了祖讳而没有接受。于是改任秘书监、判光禄寺。宋初，加封张铸为检校刑部尚书。建隆四年去世，享年七十三岁。张铸身无多重衣服，他的家人只好将拉车的马和园圃卖了，得到十万钱才将他安葬。

下 沈伦

沈伦，字顺宜，开封太康人[①]。少习“三礼”于嵩洛间[②]，以讲学自给。太祖领滑、许、宋三镇，皆署伦从事掌留后财货，以廉闻。及王师伐蜀，用为随军水陆转运使[③]。先是王全斌、崔彦进之入成都也[④]，竞取民家玉帛子女，伦独居佛寺，饭蔬食，有以珍异奇巧物为献者，伦皆拒之。东归，箧中所有才图书数卷而已。居第庳陋[⑤]，处之晏如。累官工部尚书，以左仆射致仕。年七十九卒，赠侍中，谥曰文。

独居佛寺，饭蔬食。

【注释】

①太康：今河南太康。

②嵩洛：嵩山和洛水的并称。两者均近洛阳。

③转运使：官职名。宋代时，除掌握一路或数路财赋外，还兼领考察地方官吏、维持治安、清点刑狱、举贤荐能等职责。

④王全斌（908—976）：宋并州太原（今山西太原）人。历仕后唐、后晋、后周，累官相州留后。崔彦进（922—988）：大名（今属河北）人。五代末年至宋初将领。

⑤庳陋：矮小简陋。

【译文】

沈伦，字顺宜，是开封太康县人。他从小便在嵩洛间学习“三礼”，靠教授学生来养活自己。宋太祖接管滑、许、宋三镇后，都安排沈伦掌管钱库，以廉洁著称。朝廷大军征伐蜀地之时，沈伦被任命为随军水陆转运使。起初王全斌、崔彦进占领成都后，争相抢掠民间的财物、妇女，只有沈伦居住在佛寺，吃粗食，有人拿珍奇的物品献给他，沈伦一概拒绝。回京城时，他行李箱中只有几卷图书而已。沈伦的宅第简陋，他却安然自若。沈伦累次升迁为工部尚书，以左仆射的官衔退休。沈伦于七十九岁时去世，朝廷追赠侍中，谥号为文。

独居佛寺，吃粗食。

中刘温叟

刘温叟，字永龄，河南洛阳人。建隆间，拜御史中丞，兼判吏部铨。宪府旧例，月赏公用茶，中丞受钱一万，公用不足，则以赃罚物充。温叟恶其名，不取。太宗在晋邸，知其清介，遣吏遗钱五百千，温叟受之，贮厅西舍中，令府吏封署而去[①]。明年重午，又送角黍、纨扇，所遣吏即送钱者，视西舍封识宛然，还以白太宗。太宗曰："我钱尚不用，况他人乎？昔日纳之，是不欲拒我也。今周岁不启封，其苦节愈见。"命吏辇归邸[②]。是秋，太宗侍宴后苑，因论当世名节士，具道温叟前事，太祖再三赏叹。任台丞十二年，屡求代。太祖难其人，不允。开宝四年，被疾，太祖知其贫，就赐器币。数月卒，年六十三。雍熙初，子炤罢徐州观察推官待选，以贫诣登闻求注官[③]。及引对，太宗问谁氏子，炤以温叟对。太宗愀然，召宰相语其事，且言当今大臣罕有其比。因问炤当得何官，宰相言免选以为厚恩。帝曰："其父有清操，录其子登朝，庶足示劝。"遂擢炤太子右赞善大夫。

名节士。太宗信重录其子，亦自难得。

【注释】

①封署：谓封缄后复加印记。

②辇：拉车载运，运送。

③注官：铨叙官职，即按资历和劳绩核定官职的授予或升迁。

【译文】

刘温叟，字永龄，河南洛阳人。建隆年间，刘温叟任御史中丞，兼任判吏部铨。御史府旧例，每月赏给公用茶，御史中丞得钱一万，公用不足就以罚没赃款来补充。刘温叟厌恶赃款之名而不取用。宋太宗赵光义还是晋王之时，听说刘温叟清正耿直，就派人送给他五百千钱，刘温叟收下来存放在厅西屋中，命令府吏加封条后离去。第二年端午节，宋太宗又派人送来角黍、执扇，所派的人正好是去年送钱的人，看见西舍封记还在，回去将这情形告知宋太宗。宋太宗说："我给的钱他尚且不用，何况是他人的钱？从前接受下来，是不想拒绝我。现在过了一年还不启封，更显出他的清白操守。"于是命官吏把所送物品载回。这年秋天，宋太宗在后苑侍奉宋太祖用宴，在谈论当世有名望操守之士时，详细讲述了刘温叟以前的事情，宋太祖为之再三叹赏。刘温叟任御史中丞十二年，多次请求让人接替自己的职务。宋太祖难以找到合适人选，就没有允许。开宝四年刘温叟染病，太祖知道他贫寒，就赏赐给他钱物。数月后刘温叟去世，终年六十三岁。雍熙初年，他的儿子刘炤被免去徐州观察推官待选，因为家贫入朝请求铨叙官职。在召见之时，宋太宗问他是谁的儿子，刘炤回答是刘温叟。宋太宗闻言非常感伤，召宰相来谈刘炤之事，并且说当今大臣很少有能与刘家相比的。他询问刘炤应任什么官职，宰相建议免除刘炤的选拔程序以显示朝廷厚恩。宋太宗说："他的父亲操守清白，录用他的儿子入朝做官，来表示劝勉。"于是擢升刘炤为太子右赞善大夫。

刘温叟是名节之士。宋太宗因对他的信任而录用他的儿子，也是可贵。

下 贾黄中

贾黄中，字娲民，沧州南皮人[①]，唐相耽四世孙。六岁举童子科，七岁能属文，触类赋咏。父常令蔬食，曰："俟业成，乃得食肉。"十五举进士。后克江表，选知宣州。岁饥，民多为盗，黄中出己奉造糜粥，赖全活者以千数。后知昇州。一日，案行府署中，见一室扃钥甚固[②]，命发视之，得金宝数十柜，计直数百万，乃李氏宫阁中遗物也，即表上之。上览表谓侍臣曰："非黄中廉恪，则亡国之宝，将污法而害人矣。"赐钱三十万。淳化二年秋，与李沆并拜给事中、参知政事。太宗召见其母王氏，命坐，谓曰："教子如是，真孟母矣。"作诗以赐之。黄中畏慎过甚，上谓侍臣曰："朕尝念黄中母有贤德，七十余年未觉老，每与之言，甚明敏。黄中终日忧畏，必先其母老矣。"至道初[③]，构疾，诏自澶州召还[④]，特拜礼部侍郎兼秘书监。卒，年五十六，其母尚无恙，卒如帝言。赠礼部尚书。上闻其素贫，别赐钱三十万。既葬，其母入谢，又赐白金三百两。上谓之曰："勿以诸孙为念，朕当不忘也。"

廉生于畏慎，太宗知遇，亦令人感叹。

【注释】

①沧州南皮：今河北南皮。

②扃(jiōng)：从外面关门的闩、钩等。

③至道：宋太宗赵光义年号(995—997)。

④澶(chán)州：唐武德年间置，治所在顿丘县(今河南清丰)。五代晋移治濮阳县(今河南濮阳)。

【译文】

贾黄中，字娲民，沧州南皮人，是唐朝宰相贾耽的四世孙。贾黄中六岁考中童子科，七岁能写文章，能赋诗吟咏。贾黄中的父亲经常让他吃素食，对他说："等你事业有所成就后，才能食肉。"贾黄中十五岁进士及第。后来宋军攻克江南，贾黄中被选拔出任宣州知州。当地遭遇饥荒，百姓有很多人沦为盗贼，贾黄中拿出自己的俸禄熬粥给饥民吃，靠这个办法保全活下来的人数以千计。之后贾黄中又出任昇州知州。一天，他在巡视官署时发现有一间屋子锁闭得很牢固，他就命人打开屋子查看，从里面取出了几十柜金银珠宝，价值达几百万钱，是南唐李氏宫中的遗物，他立即写好表章把这些财宝上缴朝廷。皇帝看了表章后对侍臣说："如果不是贾黄中廉洁恭谨，那么南唐的这些亡国之宝，就将玷污法律并诱人犯罪了。"于是皇帝赐钱三十万给贾黄中。淳化二年秋天，贾黄中与李沆一起担任给事中、参知政事。宋太宗召见他的母亲王氏，让她坐下，对她说："把孩子教育成这样，您真可以和孟子的母亲相比了。"并且作了诗赐给她。只是贾黄中小心谨慎太过，皇帝曾对身边的侍臣说："我常常想念黄中母亲善良的德行，她年过七十而没有老迈之态，每次与她交谈，她都显得贤德明敏。黄中日夜忧惧，必定在他母亲之前去世。"至道初年，贾黄中患病，皇帝下诏令他从澶州回朝，特授他为礼部侍郎兼任秘书监。贾黄中因病去世，时年五十六岁，此时他的母亲尚无疾病，正如皇帝所说的那样。朝廷追赠贾黄中礼部尚书。皇帝听说他一生贫困，特地赐钱三十万。贾黄中下葬后，他母亲入朝拜谢，皇帝又赐给她白银三百两。皇帝对她说："不要担心你的孙子们的前途，朕不会忘记他们的。"

贾黄中廉洁的品行是源于敬畏谨慎之心，太宗对他的赏识也令人感叹。

上 吕端

吕端，字易直，幽州安次人[①]。少敏悟好学。以荫补千牛备身[②]，历官知成都府，为政清简。召拜考功员外郎，充开封府判官。坐事贬商州[③]，累迁兼侍御史，知杂事。使高丽，暴风折樯，舟人怖恐，端读书若在斋阁。迁谏议大夫，仍为开封判官。时许王元僖尹开封，王薨，有发其阴事者，坐裨赞无状[4]，遣御史武元颖、内侍王继恩就鞫于府[5]。端方决事，徐起候之，二使曰："有诏推君。"端神色自若，顾从者曰："取帽来。"二使曰："何遽至此？"端曰："天子有制问，即罪人矣。"遂下堂，随问而答。左迁卫尉少卿。无何，复旧官，为枢密直学士，逾月，拜参知政事。时赵普在中书，尝曰："吾观吕公奏事，得嘉赏未尝喜，遇抑挫未尝惧，亦不形于言，真台辅器也。"寻擢户部侍郎、平章事。

【注释】

①幽州安次：今河北廊坊安次区。

②千牛备身：官名。一种高级禁卫武官。

③商州：北周改洛州置。治所在上洛县（今陕西商洛）。

④裨（bì）：辅助。

⑤鞫（jū）：审问。

【译文】

吕端，字易直，是幽州安次人。吕端年少时敏捷聪悟爱好学习。最初他以父荫补千牛备身之职，曾任成都府知府，处理政务清正简约。被召入朝任考功员外郎，并充任开封府判官。因事受到处分，被贬商州，后又升迁为兼侍御史，知杂事。吕端曾出使高丽，途中暴风吹折桅杆，船员们惊惧害怕，吕端就像在斋阁中一样照常读书。吕端升任右谏议大夫，继续兼任开封府判官。当时许王赵元僖任开封府尹，赵元僖去世后，有人告发他有不法之事，吕端因辅助有失受到牵连，朝廷派御史武元颖、内侍王继恩到开封府审查吕端。吕端正在处理公事，他不慌不忙地起来迎接他们，两位使者说："奉诏令前来审查你。"吕端神情自若，回视随从说：

"把我的帽子取来。"两位使者说:"何必如此迅速呢?"吕端说:"皇上下令调查,那就是有罪在身了。"于是吕端走下大堂,配合调查询问。吕端被贬为卫尉少卿。不久恢复旧职,又任枢密直学士,一个月后,被任命为参知政事。当时赵普任中书令,曾称赞吕端说:"我见吕公奏事,得到皇上的嘉许看不见他显出得意;受到别人的挫抑也看不见他显出忧惧,他喜怒不形于言色,真是做宰相的人才啊!"之后,吕端升任户部侍郎、平章事。

初,太宗欲相端,或曰:"端为人糊涂。"太宗曰:"端小事糊涂,大事不糊涂。"遂决意相之,犹恨任用之晚。端为相持重,识大体,以与寇准同列,己先居相位,恐准不平,乃请参知政事,与宰相分日押班知印①,同升政事堂,从之。太宗崩,李后与内侍王继恩等谋立楚王元佐,召端,端知有变,锁继恩于阁内,使人守之而入。乃奉太子至福宁庭中。真宗既立,垂帘引见群臣。端平立殿下,不拜,请卷帘,升殿审视,然后降阶率群臣拜呼万岁。真宗每见辅臣入对,惟于端肃然拱揖,不名。又以端体洪大,庭阶稍峻,特令梓人为纳陛②。加右仆射。明年,被疾求免,不许。车驾临问,抚慰甚至。卒,年六十六,赠司空,谥正惠。端久居相位,不蓄赀产。卒后子藩等贫匮,又迫婚嫁,因质其居第。真宗时,出内府钱五百万赎还之,又别赐金帛,俾偿宿负。

吕正惠神气凝重,遇事识体,卷帘引视,担荷大事,真大臣也。

【注释】

①押班:百官朝会时领班,管理百官朝会位次。唐制以监察御史二

人任其事。宋制由参知政事、宰相分日掌事。

②梓（zǐ）人：泛指木工、建筑工匠。

【译文】

此前，宋太宗就有任用吕端为宰相的想法，有人反对说："吕端为人糊涂。"宋太宗说："吕端小事糊涂，大事不糊涂。"于是宋太宗决意任用吕端为相，并因任用太晚而感到遗憾。吕端任宰相后，办事持重，识大体，他与寇准同时为官，因自己先当上宰相而担心寇准会心中不平，于是请求让时任参知政事的寇准与宰相轮流在朝会时充当领班和执掌朝政事务，在政事堂议事时则并列而坐，宋太宗接受了他的建议。宋太宗驾崩后，李皇后与宦官王继恩一起谋划立楚王赵元佐为帝，李皇后让王继恩去召吕端入宫，吕端知道有变，将王继恩锁在阁中，并派人看守。吕端则同大臣们一起尊奉太子赵恒来到福宁宫庭中。宋真宗即位，垂帘召见群臣。吕端肃立殿阶之下，不拜，请求侍臣卷起帘子，他登殿审视，确认是赵恒后才走下殿阶，率群臣叩拜呼万岁。宋真宗每次接见辅政大臣，唯独对吕端很恭敬，郑重行礼，不直呼其名。因为吕端身体肥胖，朝堂台阶较高使他吃力，宋真宗特地命工匠为吕端制作木阶梯。宋真宗还加封吕端为右仆射。第二年，吕端因病请求免职，宋真宗不许。宋真宗亲自到吕端家中探望，对他倍加抚慰。吕端于六十六岁时去世，朝廷追赠他为司空，谥号为正惠。吕端做了多年宰相，从不积聚资产。他死后，其子吕藩等贫穷匮乏，又临近婚嫁之期，于是把家中的住宅抵押出去。宋真宗知道此事后从皇家库藏中拿出五百万钱赎回住宅来还给吕家，又另外赐给了一些钱物，使他们得以偿还债务。

吕正惠神态端庄，遇事识大体，在拥立宋真宗之时，担负起重任，真不愧为安邦定国的大臣。

中雷有终

雷有终，字道成，同州郃县人①。德骧子也，以荫补汉州司户参军[②]。太宗即位，召为大理寺丞，迁殿中丞、太常博士、少府少监，累官宣徽北院使、检校太保[③]。景德二年卒[④]，年五十九，赠侍中。有终倜傥自任，不拘小节，有干局，沉敏善断，不畏强御，轻财好施。历典蕃阃[⑤]，能抚士卒，丰于宴犒，官用不足则倾私帑[⑥]。家无余财，奉身甚薄，常所御者，铜鞍勒马而已。第在崇仁里者[⑦]，德骧所创。有终在蜀尝贷备用库钱数百万，奏纳其第偿之，优诏蠲免。为宣徽使，特给廉镇公用钱[⑧]，岁二千贯。

好施寡取。

【注释】

①同州郃县：今陕西合阳。

②汉州：唐垂拱年间分益州置。治所在今四川广汉。司户参军：官职名。宋承唐制，诸州置司户参军，掌户籍、赋税、仓库之事。

③检校太保：官名。宋设此加官，散官无职事；而地位高于正职。

④景德：宋真宗赵恒年号（1004—1007）。

⑤蕃阃（kǔn）：指藩镇长官。

⑥帑（tǎng）：指收藏钱财的府库，或指钱财。

⑦崇仁里：十六国后赵置，在今河北邢台。

⑧廉镇：观察使的别称。

【译文】

雷有终，字道成，同州郃县人。他是雷德骧的儿子，因为家族恩荫补任汉州司户参军。宋太宗即位，征召雷有终入朝担任大理寺丞，后又迁升至殿中丞、太常博士、少府少监，后又不断升迁至宣徽北院使、检校太保。雷有终死于景德二年，享年五十九岁，朝廷追赠他为侍中。雷有终潇洒自信，不拘小节，有办事的才能，沉着敏捷善于决断，不畏强暴，不重钱财乐善好施。雷有终曾出任藩镇长官，他善于安抚士卒，对他们犒赏丰厚，官费不足就竭尽自己的财物来供给他们。雷有终家中没有多余的财物，自己生活非常清苦，他骑乘的马只有铜鞍马勒而已。他在崇仁里的宅院，还是他父亲雷德骧置办的。雷有终在蜀地任职时，曾借贷了数百万府库备用金，他请求用其宅院来抵偿，皇帝下诏免除了这笔债务。雷有终任宣徽使，特地发给每年二千贯的观察使公用钱。

乐于接济别人自己却很少索求。

中毕士安

毕士安，字仁叟，代州云中人[①]。事继母以孝闻。举进士，累官吏部侍郎、参知政事，与寇准同拜平章事。卒于位，年六十八，赠太傅、中书令，谥文简。及王旦为相[②]，面奏曰："陛下前称毕士安清慎如古人，在位闻之感叹。仕至辅相而四方无田园居第，殁未终丧，家用已屈，真不负陛下所知。然使其家假贷为生，宜有以周之者，窃谓当出上恩，非臣敢为私惠。"真宗感叹，赐白金五千两。

清慎如古人。

【注释】

①云中：今山西大同。

②王旦（957—1017）：字子明。北宋初年名臣。

【译文】

毕士安，字仁叟，是代州云中人。毕士安侍奉继母，以孝顺闻名。他考中进士后，连续升迁至吏部侍郎、参知政事，与寇准一同出任宰相。后来在任上去世，享年六十八岁，朝廷追赠他为太傅、中书令，谥号为文简。

王旦任宰相之时，曾当面启奏宋真宗说："陛下从前曾称赞毕士安为人像古代贤人一般清廉、谨慎，朝堂中人听到这话都为之感叹。毕士安官至宰相却没有田地宅院，他死后还不满三年丧期，他的家人就已经用度匮乏，他的确没有辜负陛下的知遇之恩。然而他的家人靠借贷来维持生活，应该得到周济，臣以为这应当出自陛下的恩典，臣不敢私自馈赠。"宋真宗为之感叹不已，下令赐给毕士安家白银五千两。

清廉、谨慎如古之贤人。

上 王旦

王旦，字子明，大名莘人[①]。太平兴国五年进士及第，为大理评事，知平江县[②]。其廨旧有物怪凭戾[③]，居多不宁。旦将至前夕，守吏闻群鬼啸呼，云："相君至矣，当避去。"自是遂绝。咸平三年，拜给事中、同知枢密院事[④]。逾年，以工部侍郎参知政事。时契丹犯边，从幸澶州。雍王元份留守东京[⑤]，遇暴疾，命旦驰还，权留守事。旦奏曰："十日之间未有捷音时，当如何？"帝默然良久，曰："立皇太子。"旦既至京，直入禁中，下令甚严，使人不得传播。及驾还，旦子弟及家人皆迎于郊，忽闻后有驺诃声，惊视之，乃旦也。二年[⑥]，加尚书左丞。三年，拜工部尚书、同中书门下平章事、集贤殿大学士[⑦]，监修两朝国史。大中祥符中[⑧]，累为天书仪仗使、大礼使，寻拜司空。

【注释】

①莘：今山东莘县。

②平江县：今湖南平江。

③廨(xiè):官吏办公的地方。

④同知枢密院事:官名。北宋太宗淳化二年(991)始置,为枢密院副长官。

⑤留守:古时皇帝出巡或亲征,命大臣督守京城,便宜行事,谓之“京城留守”。其陪京和行都则常设留守,多以地方长官兼任。至北魏始为正式命官。

⑥二年:此指景德二年(1005)。

⑦集贤殿大学士:官名。唐代宗大历中改集贤院学士置,以宰相兼,掌修书之事。五代、宋初因之。

⑧大中祥符:宋真宗赵恒年号(1008—1016)。

【译文】

王旦,字子明,是大名府莘县人。太平兴国五年,王旦进士及第,担任大理评事,后出任平江知县。传说平江县官舍有怪物盘踞骚扰,使人无法安居。王旦到任前夕,看守的官员听见群鬼啸呼说:“宰相公到了,我们应该避开离去。”怪物从此绝迹。咸平三年,王旦被任命为给事中、同知枢密院事。第二年,王旦又以工部侍郎担任参知政事。当时契丹侵犯边境,王旦跟随宋真宗御驾亲征澶州。雍王赵元份任东京留守,突患重病,王旦受命驰还京城接任留守之职。王旦奏请说:“如果十天之内没有捷报,应该怎么办?”宋真宗沉默了很久后说:“立皇太子为帝。”王旦到达京城后,径直进入禁中,他发布严令,命人不得走漏消息。等到宋真宗返回后,王旦的子弟及家人都在郊外迎接,忽然听见后面有骑士的呵斥声,惊异之下一看,才发现是王旦。景德二年,王旦被加封为尚书左丞。景德三年,他又被任命为工部尚书、同中书门下平章事、集贤殿大学士,并奉命监修太祖、太宗两朝国史。大中祥符年间,王旦被任命为天书仪仗使、大礼使,不久又被授予司空。

旦柄用十八年,真宗久益信之,凡大臣有所请,必曰:

“王旦以为如何？”天禧初[①]，进太保，复加太尉，兼侍中。旦力求避位，帝睹其形瘁，悯然许之，以太尉领玉清昭应宫使，给宰相半俸。旦疾甚，遣内侍问者日三四，帝手自和药赐之。遗戒子弟：“我家盛名清德，当务俭素，保守门风，勿为厚葬以金宝置柩中。”帝亲视疾，赐白金五千两。旦作奏辞之，稿末复益四句云：“益惧多藏，况无所用，见欲散施，以息殃咎。”即舁至内閤[②]，诏不许。还至门，旦已薨，年六十一。帝临其丧，甚恸，废朝三日，赠太师、尚书令、魏国公，谥文正。

文正相业多[③]，即留守请奏语，何等识力。

【注释】

①天禧：宋真宗赵恒年号（1017—1021）。

②舁（yú）：共同抬东西。

③相业：宰相的功业。亦喻巨大的功绩。

【译文】

王旦执掌朝政达十八年，宋真宗对他越发信任，凡是大臣有所奏报请示，宋真宗必定说：“王旦认为应当如何？”天禧初年，王旦被晋封太保，并加封太尉，兼侍中。王旦极力请求辞职，宋真宗看到他形容憔悴，便怜悯地答应了他的请求，同时命他以太尉的身份兼任玉清昭应宫使，按宰相俸禄的一半发给他。王旦病重，宋真宗派内侍探望，有时一天达三四次，宋真宗还亲手和药赐给王旦。王旦留下遗嘱告诫子弟：“我家盛名清德，应致力于俭朴，保守门风，不得将金银珠宝放入棺柩中来厚葬。”宋真宗亲自前往王旦府第去探望，赐白银五千两。王旦上奏辞谢，在奏稿末尾有四句话说：“越发害怕多藏财物，况且没有什么用处，现在想将财物散发施予出去，以平息罪责祸害。”写完奏稿，王旦马上让人抬到宫内小门，宋真宗下诏不准王旦退还赏赐。等回到家门口时，王旦已经逝世，享年六十一岁。宋真宗亲临王旦的丧礼，十分哀恸，为他辍朝三日，追赠太师、尚书令、魏国公，赐谥号为文正。

王文正公作为宰相有很多功绩，他任京城留守之时的上奏建言，是何等的见识和魄力啊。

下 曹修古

曹修古，字述之，建州建安人[①]。进士起家，累迁秘书丞，历殿中侍御史、尚书刑部员外郎，以言事忤刘太后，黜知兴化军。会赦复官，卒。修古立朝慷慨，有风节。既殁，人多惜之。家贫不能归葬，宾佐赙钱五十万。季女泣白其母曰："奈何以是累吾先人也？"卒拒不纳。

女不受赙最奇，以此见修古。

【注释】

①建州建安：今福建建瓯。

【译文】

曹修古，字述之，是建州建安人。他考中进士出仕做官，接连升迁至秘书丞，曾任殿中侍御史、尚书刑部员外郎，因为上奏议论政事忤逆了刘太后，被贬知兴化军。后来遇赦恢复原官，不久便过世了。曹修古在朝中正气凛然，有风骨气节。他去世后，很多人都感到惋惜。曹修古家境贫寒，灵柩无法送回老家安葬，他的下属凑了五十万钱给他办理丧事。曹修古的幼女哭着对母亲说："怎么可以接受馈赠而玷污父亲的德行呢？"最终曹家人谢绝了赠礼。

女儿不接受赙钱一事最让人感到惊奇，由此可见曹修古的品行。

上杜衍

杜衍，字世昌，越州山阴人。擢进士甲科，累官同平章事、集贤殿大学士兼枢密使。衍好荐引贤士，而沮止侥倖[①]，小人多不悦。为言官所奏，以尚书左丞出知兖州。庆历七年[②]，衍甫七十，上表请老，乃以太子少师致仕。皇祐元年[③]，特迁太子太保，召陪祀明堂，仍诏应天府敦遣就道[④]。都亭驿设帐具几杖以待[⑤]，称疾固辞。进太子太傅，又进太子太师，封祁国公。衍清介不殖私产，既退，寓南都凡十年[⑥]，第室卑陋，才数十楹，居之裕如也。出入从者十许人，乌帽、皂绨袍、革带[⑦]。或劝衍为居士服，衍曰："老而谢事，尚可窃高名邪？"善为诗，正书行草皆有法。病革[⑧]，帝遣中使赐药，挟太医往视，不及。卒，年八十。赠司徒兼侍中，谥曰正献。临殁，戒其子忠孝，敛以一枕一席，小圹庳冢以葬。

进务荐士，退不近名。

【注释】

①沮：阻止，抑制。

②庆历：宋仁宗赵祯年号（1041—1048）。

③皇祐：宋仁宗赵祯年号（1049—1054）。

④应天府：今河南商丘，宋时为南京。

⑤几杖：坐几和手杖，皆老者所用，古常用为敬老者之物，亦用以借指老人。

⑥南都：即应天府。

⑦皂绨（tí）袍：黑色厚缯制成之袍。

⑧病革（jí）：病势危急。

【译文】

杜衍，字世昌，是越州山阴人。杜衍中进士甲科，后来升任至同平章事、集贤殿大学士兼枢密使。他喜欢举荐贤士，抑制侥幸之徒，小人对他多有不满。杜衍因被言官上奏弹劾，以尚书左丞出任兖州知州。庆历七年，杜衍刚满七十岁，就上奏请求告老还乡，于是以太子少师的官衔退休。皇祐元年，宋仁宗特地授予杜衍太子太保，下诏命杜衍进京陪同天子祭祀明堂，并令应天府官员敦促杜衍启程。应天府官员在都亭驿站设置帐具、几仗等待杜衍，他却声称患病，极力辞谢。后来，朝廷加封杜衍太子太傅衔，又升为太子太师，晋封祁国公爵位。杜衍清廉耿介，不经营私产，退休后寄居在南京应天府共十年，居所狭小简陋，柱子总共才数十根，他住在里面很满足。他出入之时随从约十来人，戴乌帽，穿黑色的绨袍，系革带。有人劝他着居士服，他却说："老而退休，哪能盗用高士之名呢？"杜衍擅长写诗，正书、行书、草书皆有章法。杜衍病危时，宋仁宗派遣宦官赐药，并带着太医前去诊治，没有来得及。杜衍终年八十岁。朝廷追赠杜衍司徒兼侍中衔，谥号为正献。杜衍将死之时，以忠孝之道告诫儿子，遗嘱只用一枕一席进行装殓，用狭小的墓穴和低矮的坟冢来安葬。

在职务求荐举贤士，退休不图清高之名。

上 范仲淹

范仲淹，字希文，苏州吴县人。二岁而孤，母更适长山朱氏[①]。仲淹少有志操，既长，知其世家，乃感泣辞母，去之南都学舍，昼夜讲诵，冬月惫甚，以水沃面，食不给，至以糜粥继之。居六年，大通"六经"之旨，为文章论说必本于仁义。祥符八年，举进士第，为广德司理参军[②]，迎其母归养。

迁监楚州粮料院[3]，母丧，去。天圣中[4]，晏殊知应天府，荐为秘阁校理[5]。学者多从之。

【注释】

①适：女子出嫁。

②司理参军：官名。宋置，掌讼狱审讯调查等事。

③粮料院：宋朝官署名。有诸司粮料院和诸军粮料院之别，分掌官俸及军饷。

④天圣：宋仁宗赵祯年号（1023—1032）。

⑤秘阁校理：官名。宋淳化元年（990）置，以京朝官充任，与直秘阁通掌阁事。元丰改制后一度废除。

【译文】

范仲淹，字希文，是苏州吴县人。范仲淹两岁时父亲去世，母亲改嫁长山朱氏。范仲淹年少时便有志向操守，等长大以后，他得知家世，就伤感地泣别母亲，前往南都应天府求学。他不分昼夜地学习，冬天感到十分疲惫时，就用凉水洗脸，食物匮乏，就靠喝粥充饥。范仲淹在应天府六年，对"六经"要义融会贯通，写文章、发议论都以仁义为宗旨。大中祥符八年，范仲淹考取进士后，被任命为广德司理参军，把母亲接来奉养。后来范仲淹升任监楚州粮料院，因母亲去世而辞官回家守孝。天圣年间，晏殊知应天府，举荐范仲淹担任秘阁校理。很多读书人跟从范仲淹学习。

仲淹尝推其奉以食四方游士，诸子至，易衣而出。每感激论天下事，奋不顾身，一时士大夫矫厉风节，自仲淹倡之。历官参知政事，以天下为己任，尝言士当先天下之忧而忧，后天下之乐而乐。后为小人所攻，自请罢政，乃以为资政殿学士、陕西四路宣抚使、知邠州[①]。是时，夏人已请臣，仲淹因以疾请邓州，再徙杭州，迁户部侍郎。徙青州，会病甚，请颍州[②]，未至而卒，年六十四。赠兵部尚书，谥文正。

【注释】

①资政殿学士：宋代官名。一般由罢职辅臣充任，以示尊宠。陕西四路：庆历元年，分陕西沿边为秦凤、泾原、环庆、鄜延四路。

②颍州：北魏置。治所在今安徽阜阳颍州区。

【译文】

范仲淹曾把自己的俸禄用来供给四方游学之人，他们一来，范仲淹就更换衣服出门迎接。他每每慷慨激烈地谈论天下大事，不顾虑个人安危，当时士大夫推崇风骨操守，正是始于范仲淹的大力倡导。范仲淹任参知政事，以天下为己任，他曾说，读书人应当先天下之忧而忧，后天下之乐而乐。后来范仲淹遭到小人攻击，于是自请罢免参知政事之职，改任资政殿学士、陕西四路宣抚使、邠州知州。这时，西夏已经向宋称臣，范仲淹于是以生病为由上表请求出任邓州知州，后来又调任杭州，升任户部侍郎。范仲淹后来又被调往青州，他因病重而请求前往颍州任知州，还没有到任就去世了，终年六十四岁。朝廷追赠工部尚书，谥号为文正。

仲淹内刚外和，性至孝，以母在时方贫，其后虽贵，非宾客不重肉，妻子衣食仅能自充。而好施予，置义庄里中，以赡族人。士多出其门下，里巷之人皆能道其名字。死之日，四方闻者皆为叹息。初为环庆路经略安抚招讨使[①]，务持重，不急近功小利，所在贼不敢犯。邠、庆二州之人与属羌，皆画像立生祠事之。及其卒也，哭之如父。

文正先忧济世，其本色也。至今义庄义仓皆祖之。

【注释】

①环庆路：北宋康定二年（1041），分陕西路置环庆路经略安抚使，治庆州（今甘肃庆阳）。

【译文】

范仲淹性情刚烈而外表温和，他本性至孝，因为他母亲健在时家境贫困，所以即使富贵之后，家中没有宾客就不上两道肉菜，妻儿的衣服和饭食也仅能御寒和充饥。范仲淹对人好施予，他在家乡中设置义庄，用来赡养族人。当时很多士大夫出自范仲淹门下，即使市井之人也知晓他的名声。范仲淹去世之时，各地的人都为之惋惜。当初范仲淹担任环庆路经略安抚招讨使的时候，办事持重，不急功近利，所在之处贼寇都不敢进犯。邠州、庆州的百姓和羌人部族都为他画像、立生祠来事奉他。范仲淹去世后，他们都像失去父亲一样悲伤痛哭。

文正公有济世之志，先天下之忧而忧，是他的本色。今日赡济族人的义庄、义仓都是效法范仲淹。

下 石介

石介，字守道，兖州奉符人[①]。进士及第。笃学有志尚，乐善疾恶，喜声名，遇事奋然敢为。御史台辟为主簿，未至，即上书言事，罢为嘉州军事判官[②]。丁父母忧，耕徂徕山下，葬五世之未葬者七十丧[③]。以《易》教授于家，鲁人号徂徕先生。入为国子监直讲[④]，学者从之甚众，太学由此益盛。介为文有气，尝著《唐鉴》以戒奸臣、宦官、宫女。杜衍、韩琦荐直集贤院[⑤]。会吕夷简罢相[⑥]，夏竦既除枢密使[⑦]，复夺之,以衍代。而范仲淹及琦等同时执政,欧阳修等为谏官,介喜曰:“此盛事也,歌颂吾职,其可已乎?”作《庆历圣德诗》[8]。诗且出,孙复曰:“子祸始于此矣。”介不自安,求出,通判濮州,未赴,卒。会徐狂人孔直温反,搜得介书,夏竦衔介甚,且欲中伤琦等,因言介诈死,北走契丹,请发棺以验。掌书记龚鼎臣、提点刑狱吕居简等力保介已死[9],得免斫棺。介家贫甚,妻子几冻馁,富弼、韩琦共分俸买田,以赡养之。有《徂徕集》行于世。

介有气能,文人也。顾作《庆历圣德诗》,累韩、范诸公,几不自保骸骨,喜声名为患如此,戒之戒之。

【注释】

①奉符:古县名。北宋大中祥符元年(1008)改乾封县置,在今山东泰安。

②嘉州:北周大成年间置。治所在今四川乐山。

③五世:父子相继为一世。五世即五辈。

④国子监直讲:官名。掌佐博士、助教讲授经术。

⑤韩琦(1008—1075):字稚圭,相州安阳(今河南安阳)人。北宋名臣。

⑥吕夷简(979—1044):字坦夫,淮南路寿州(今安徽凤台)人。北宋名臣,太子太师吕蒙正之侄、光禄寺丞吕蒙亨之子。

⑦夏竦(985—1051):字子乔,德安县(今属江西)人。北宋大臣。

⑧《庆历圣德诗》:内容为赞革新派,贬保守派,指责反对革新的夏竦等人为大奸。石介的行为使夏竦等人衔恨在心,自此成为死敌。

⑨提点刑狱:官名。简称提刑。掌稽考一路刑狱、审问囚徒、详覆案牍等事。

【译文】

石介，字守道，是兖州奉符人。石介考中进士入仕。他专注学问，有远大的志向，对于善恶爱憎分明，重视名声，遇事奋勇敢为。石介曾被征召担任御史台主簿，他还没有到任，就向皇帝上表议论国政，因此被贬为嘉州军事判官。因父母相继去世，石介辞官守孝，回到徂徕山下耕作为业，这期间他安葬了家族中五辈以内没有安葬的七十人。他在家中教授学生《周易》之学，鲁地之人称他为徂徕先生。后来石介入朝任国子监直讲，跟从他求学的人很多，太学由此愈加兴盛。石介写文章很有气势，曾写《唐鉴》一文来警示奸臣、太监和宫女。杜衍、韩琦两人推荐石介到集贤院任职。这时正逢吕夷简被免去宰相之职，夏竦先被任命为枢密使，随后又被罢免，杜衍接替了夏竦的职务。范仲淹与韩琦等人同时执政朝政，欧阳修等人担任谏官，石介很高兴地说："这是大好事，歌颂此事是我的本分，怎可以停止呢？"于是作了《庆历圣德诗》。诗作写完后，孙复对石介说："你的灾难始于此。"石介感到不安，请求外调，被安置到濮州做通判，还没赴任就去世了。恰好徐州有狂人孔直温谋反，在他家搜查出了石介的书信，夏竦对石介恨之入骨，而且想借机中伤韩琦等人，于是说石介是装死逃往了契丹，请求开棺验尸。掌书记龚鼎臣、提点刑狱吕居简等人极力担保石介已经去世，这才得以避免剖棺。石介家境十分贫苦，妻子儿女时常挨饿受冻，富弼、韩琦一起拿出自己的俸禄买田供养石介的家人。石介有《徂徕集》流传于世。

石介有气节与才能，是真正的文人。只是他写《庆历圣德诗》，连累了韩琦与范仲淹等人，害得自己差点连尸骨都保不住，喜好名声导致如此灾祸，应当引以为戒。

下 王质

王质，字子野，旦之从子[①]，单州单父人[②]。以荫补太常奉礼郎。试进士及第。质家世富贵，兄弟习为骄侈，而质自奉简，素如寒士，不喜畜财，至不能自给。初，旦为中书舍人，家贫，与昆弟贷人息钱，违期，以所乘马偿之。质阅书得故券，召子弟示之，曰："此吾家素风，尔曹当毋忘也。"后范仲淹贬饶州[③]，治朋党方急，质独载酒往饯。或以诮质，质曰："范公贤者，得为之党，幸矣。"后以天章阁待制[④]，出知陕州，卒。

处侈能约，载酒饯范，是立节之士。

【注释】

①从子：旧义为伯父或叔父之孙，唐宋时人开始将亲兄弟之子称作从子。

②单（shàn）父：古邑名。又称亶父。春秋鲁邑。相传为虞舜师单卷所居，故名。今山东单县。

③饶州：隋开皇年间以鄱阳郡改名。治所在今江西鄱阳。

④天章阁待制：官名。天章阁，宋真宗时营建，以奉御集御书。仁宗时，置天章阁待制。

【译文】

王质，字子野，是王旦的侄子，单州单父人。他以门荫被授予太常奉礼郎官职。后来参加科举考中进士。王质家世代显贵，他的兄弟多有骄纵奢侈的习气，而王质生活简朴就如出身贫寒的读书人一般，他不喜欢积蓄财物，以致生计困难。当初，王旦担任中书舍人之时，因家境贫穷，和兄弟向他人借贷，过期不能偿还，用所骑的马来抵债。王质翻书时发现了从前的借券，召集子弟给他们看，说："这是我们家一贯的家风，你们不要忘记。"后来范仲淹被贬饶州，当时朝廷正在打击朋党，形势紧迫，王质独自带酒前去为范仲淹饯行。有人因此责备他，王质说："范公是贤德之人，能够成为他的同党，是一件幸事。”后来王质以天章阁待制的官衔，出任陕州知州，在任上去世。

王质处在骄纵奢侈的环境下还能以节俭自处，独自带酒去给范公饯行，这是能树立名节之人。

包拯

包拯，字希仁，庐州合肥人也[①]。举进士，除大理评事，调知天长县[②]。有盗割人牛舌者，主来诉，拯曰：“第归，杀而鬻之。”寻复有来告私杀牛者，拯曰：“何为割牛舌而又告之？”盗惊服。徙知端州。端土产砚，前守缘贡，率取数十倍以遗权贵。拯命制者才足贡数，岁满不持一砚归。累迁三司户部副使，除龙图阁直学士、河北都转运使[③]，后知开封府，迁右司郎中。拯立朝刚毅，贵戚宦官为之敛手。人以其笑比黄河清。累迁给事中、枢密副使。顷之，迁礼部侍郎，辞不受。寻以疾卒，年六十四，赠礼部尚书，谥孝肃。

【注释】

①庐州合肥：今安徽合肥。

②天长县：今安徽天长。

③龙图阁直学士：官名。北宋龙图阁直学士是加官，一种虚衔。

【译文】

包拯，字希仁，是庐州合肥人。他考取进士，被任命为大理评事，调往天长县任知县。有盗贼割掉人家耕牛舌头的案件发生，牛主人前来告状，包拯说：“你只管回家把牛杀了卖肉。”随即便有一人来县衙告发有人私自宰杀耕牛，包拯对告发者说：“你为什么割了别人家耕牛的舌头，又来告他的状?"这个盗贼震惊之下认罪服法。包拯后来调任端州知州。端州出产名贵砚台,此前的知州以进贡的名义向民间索要进贡数目数十倍的砚台来贿赂当朝权贵。包拯到任后命令制造的砚台仅仅满足进贡之数,离任之时没拿走一方砚台。包拯后来升迁至三司户部副使,被授予龙图阁直学士、河北都转运使,后出任开封府知府,又升迁为右司郎中。包拯在朝处事刚强坚毅,贵戚宦官因此而大为收敛。人们把包拯笑比做像黄河水清一样是极难发生的事情。后来包拯又累次升迁至给事中、枢密副使。不久又升任礼部侍郎,包拯推辞不受。不久后因病去世,享年六十四岁,朝廷追赠他为礼部尚书,谥号为孝肃。

拯性峭直,与人不苟合,平居无私书,故人亲党皆绝之。虽贵,衣服器用饮食如布衣时。尝曰:"后世子孙仕宦有犯赃者,不得放归本家,死不得葬大茔中。不从吾志,非吾子若孙也。"

刚。钩致割牛舌者亦巧。

【译文】

包拯性格冷峻正直,从不无原则地附和别人,他连私人书信都不写,与亲朋故旧都断绝往来。虽担任高官,但衣服器用饮食还是和做平民时一样。包拯曾经说:"后世子孙出仕为官的,倘若有贪赃罪行,不允许回家,死后不得安葬在家族墓地。若不遵从我的训诫,就不是我的子孙。"

性格刚毅。引出割牛舌贼人的方法也十分巧妙。

上胡宿

胡宿,字武平,常州晋陵人①。登第,为扬子尉。县大水,民被溺，令不能救，宿率公私船活数千人。以荐为馆阁校勘[②]。后知湖州，筑石塘百里捍水患，大兴学校，学者盛于东南，自宿始。母忧去官，州人思之，名其塘曰胡公塘，学者为立生祠。历官枢密副使，数以老乞身。治平三年[③]，罢为观文殿学士、知杭州。为政不略细，故民尤爱之。明年，以太子少师致仕而薨，年七十二，赠太子太傅，谥曰文恭。

【注释】

①常州晋陵：今江苏常州。

②馆阁校勘：官名。北宋前期置，以京官充任，为馆阁职事之一，掌校勘书籍，通常不许带职补外。神宗元丰改制罢。哲宗元祐中复置。

③治平：宋英宗赵曙年号（1064—1067）。

【译文】

胡宿，字武平，常州晋陵人。胡宿考取进士后任职扬子县县尉。扬子县发生水灾，老百姓被淹死不少，县令不能拯救，胡宿带领公私船只救下了数千人。胡宿被推荐担任馆阁校勘。后出任湖州知州，在任上曾修筑百里石塘来抵御水患，他还大力兴办学校，东南地区读书求学之风大盛，正是从胡宿的倡导开始。胡宿因母亲去世离职守孝，湖州百姓非常想念他，把他所修筑的石塘称为胡公塘，文人学士们还为他修建生祠。胡宿后来官至枢密副使，他数次以年老为由请求退休。治平三年，胡宿被免去枢密副使，改任观文殿学士、杭州知州。他处理事务用心、仔细，因此深受百姓爱戴。第二年，胡宿以太子少师官衔退休，随后去世，享年七十二岁，朝廷追赠他为太子太傅，谥号文恭。

宿为人清谨。少与一僧善，僧有秘术，能化瓦石为黄金。且死，以授宿，使葬之。宿曰："后事当尽力，他非吾所冀也。”僧叹曰：“子之志，未可量也。”其笃行自励，至于贵显，常如布衣时。其学该博，兼通阴阳五行天人灾异之说。有文集四十卷。

士大夫不得志，往往事烧炼，贪心不断也。胡公可法。

【译文】

胡宿为人廉洁谨慎。他年少时曾同一和尚关系亲密，和尚有秘术，能化瓦石为黄金。和尚快死时，想把这一法术传给胡宿，并让胡宿安葬他。胡宿说：“你的后事我自当尽力，其他的不是我所企望的。”和尚叹道：“你的志气，不可度量啊。”胡宿坚持不懈磨砺自己，官居高位后还和平民时一样。他学识渊博，通晓阴阳五行、天人感应和灾异之学。著有文集四十卷。

士大夫不得志，往往会去从事烧炉炼丹之事，这是不能断绝贪念的表现。胡公正是值得效法的人。

赵抃

赵抃，字阅道，衢州西安人①。进士及第。曾公亮荐为殿中侍御史②。弹劾不避权倖，声称凛然，京师目为铁面御史③。其言务欲朝廷别白君子小人。迁为右司谏，出知虔州④。岭外仕者死多无以为归，抃造舟百艘，移告诸郡曰：“仕宦之家有不能归者，皆于我乎出。”于是至者相继，悉授以舟并给其道里费。召为侍御史，进天章阁待制、河北都转运使。时贾昌朝以故相守魏⑤，抃将按视府库，昌朝使来告曰：“前此监司未有按视吾藏者，恐事无比。”抃曰：“舍是则他郡不服。”竟往焉。

【注释】

①衢州西安：今浙江衢州柯城区。

②曾公亮（999—1078）：字明仲，号乐正，泉州晋江县（今福建泉州）人。北宋政治家、文学家。

③铁面御史：泛称不畏权贵、不徇私情、公正严明的官员。

④虔州：隋开皇年间以南康郡改置。治所在今江西赣州。

⑤贾昌朝（998—1065）：字子明。宋朝宰相、文学家、书法家。

【译文】

赵抃，字阅道，是衢州西安人。赵抃考中进士。曾公亮举荐他担任殿中侍御史。赵抃在任上弹劾不避权贵佞幸，其名声令人敬畏，京城中的人视他为铁面御史。他进言极力要求朝廷区分清楚君子和小人。后来赵抃升任右司谏，出任虔州知州。当时到岭南任职的官员去世后，很多无法归葬，赵抃造船百只，发文告知各郡说："官宦人家有无法归葬家乡的，都由我予以帮助。"于是求助的人接踵而至，赵抃发给他们船只、盘缠。后来，赵抃回京担任侍御史，又升任天章阁待制、河北都转运使。当时前任宰相贾昌朝镇守魏地，赵抃要去他的府库巡查，贾昌朝派人来告诉赵抃说："以前的监察官员是从不巡查我的库藏的，恐怕没有先例。"赵抃说："魏郡不查，其他郡就不会服气。"于是坚持前往检查。

神宗立[①]，召知谏院。及谢，帝曰："闻卿匹马入蜀，以一琴一鹤自随，为政简易，亦称是乎？"未几，擢参知政事。王安石用事，抃屡斥其不便，恳乞去位。拜资政殿学士、知杭州，改青州。时京东旱蝗，蝗及青境，遇风退飞尽堕水死。历知成都、越州，复徙杭，以太子少保致仕。而官其子屼提举两浙常平[②]，以便养。屼奉抃遍游诸名山，吴人以为荣。元丰七年[③]，薨，年七十七，赠太子少师，谥曰清献。抃长厚清修，人不见其喜愠。平生不治赀业。日所为事，入夜必衣冠露香以告于天，不可告则不敢为也。

清献琴鹤孤标。至造百艘给岭外旅榇[④]。致仕归，与子遍游诸名山。不专以清峻胜。

【注释】

①神宗：赵顼（1048—1085）。北宋第六位皇帝。

②提举两浙常平：提举常平，官名。宋置官署提举常平司，掌常平仓、免役、市易、坊场、河渡、水利等事。

③元丰：宋神宗赵顼年号（1078—1085）。

④旅榇（chèn）：客死者的灵柩。

【译文】

宋神宗即位，召赵抃担任知谏院。赵抃谢恩时，宋神宗说："听说你匹马入蜀，以一琴一鹤自随，政策宽松平和，也应胜任谏官之职吧？"不久，赵抃升任参知政事。王安石主政后，赵抃屡屡反对他的主张，恳请去职。于是赵抃被任命为资政殿学士、杭州知州，又改任青州知州。当时京东一带发生旱灾、蝗灾，蝗虫飞到青州边境时，遇到狂风阻遏，都落水淹死。赵抃又先后出任成都、越州知州，又调任杭州知州，后来以太子少保官衔退休。他的儿子赵岏被任命为提举两浙常平，以便就近照顾赵抃。赵岏陪同赵抃遍游江南名山大川，吴地人都以此为荣。元丰七年，赵抃逝世，享年七十七岁，朝廷追赠太子少师，谥号清献。赵抃为人忠厚淳朴，操行高洁，喜怒不形于色。他平生不经营家产。白天所做的事情，到了夜里他一定穿戴好衣冠焚香向上天禀告，不可明告上天的事情，就绝不敢去做。

琴、鹤标志着清献公的清高。造船百艘来运送客死岭南者的灵柩。退休回家，与儿子游遍江南名山。所凭借的不单单是清廉刚直。

下彭思永

彭思永，字季长，庐陵人。第进士，历官知太平州。熙宁三年[①]，以户部侍郎致仕。卒，年七十一。

【注释】

①熙宁：宋神宗赵顼年号（1068—1077）。

【译文】

彭思永，字季长，庐陵人。他考取进士，担任过太平州知州。熙宁三年，彭思永以户部侍郎退休。后来去世，享年七十一岁。

思永仁厚廉恕。为儿时，旦起就学，得金钗于门外，默坐其处。须臾，亡钗者来物色，审之良是，即付之。其人欲谢以钱，思永笑曰："使我欲之，则匿金矣。"

【译文】

彭思永为人仁厚清廉能体谅人。小时候，有次早上起来上学的时候，他在门外捡到了一枚金钗，便默默地坐在那里。不一会儿，那个丢钗子的人前来找寻，彭思永通过询问确认了对方正是失主，便还给了他。失主要给钱答谢，彭思永笑着说："假如我真的想要财物，那我就会藏起这金钗了。"

始就举，持数钏为资[①]。同举者过之，出而玩，或坠其一于袖间，众相为求索，思永曰："数止此耳。"客去，举手揖，钏坠于地，众皆服其量。居母丧，窭甚，乡人馈之，无所受。

还金钗易事，第儿时难耳。坠钏不索，却是量。思永为御史中丞时，为蒋之奇所误，诬蔑欧阳修，是识暗。

【注释】

①钏（chuàn）：臂镯的古称，用珠子或玉石等穿起。

【译文】

彭思永前去赶考时，拿了几个钏当盘缠。同他一起赶考的人去看望他，他拿钏出来和众人一起把玩，有个钏掉到某人袖子里面，大家都帮着寻找，彭思永说："本来就是这么多。"等客人离开的时候，举手作揖时钏掉到了地上，众人都佩服他的度量。彭思永为母守丧期间，非常贫困，但同乡送来的财物他都没有接受。

归还金钗之事容易做到，难的是孩童时期便能做到。丢失钏不去追究，这是有度量。彭思永担任御史中丞时，受蒋之奇所蛊惑而诬蔑欧阳修，则是见识浅薄。

张载

张载，字子厚，长安人。少喜谈兵，至欲结客取洮西之地[①]。年二十一，以书谒范仲淹，一见知其远器，乃警之曰："儒者自有名教可乐，何事于兵？"因劝读《中庸》，犹以为未足也，又访诸释老，无所得，反而求之"六经"。举进士，为云岩令。熙宁初，御史中丞吕公著荐之于朝，召问治道。对曰："为治不法三代，终苟道也。"帝悦，以为崇文院校书。俄移疾屏居南山下，终日危坐一室，左右简编，俯而读，仰而思，敝衣蔬食，与诸生讲学，学者有问，多告以知礼成性、变化气质之道。吕大防荐之[②]，召知太常礼院。与有司议礼不合，复以疾归。中道疾甚，沐浴更衣而寝，旦而卒，年五十八。贫无以敛，门人买棺奉其丧还。载学古力行，为关中士人宗师，世称为横渠先生。

学本“六经”，治法三代，岂有合乎？宜其贫，宜其廉。

【注释】

①洮西之地：北宋的西河路辖区，即黄河支流洮河流经的洮、岷、熙、河州地区。

②吕大防（1027—1097）：字微仲，京兆府蓝田（今陕西蓝田）人。北宋时期政治家、书法家。南宋初年追谥正愍，追赠太师、宣国公。

【译文】

张载，字子厚，长安人。张载年少时喜好谈论兵事，以至于想要结交宾客以攻取洮西之地。二十一岁时，张载写信求见范仲淹，范仲淹一见就知道他有远大的抱负，于是告诫他说：“儒学之士自有名教可以作为乐事，为什么要谈论兵事呢？”于是劝他读《中庸》，但是他仍然认为不够，又专研佛、道之学，一无所得，于是便反过来求之于“六经”。张载考中进士后，担任云岩县令。熙宁初年，御史中丞吕公著向朝廷举荐了张载，宋神宗召见他询问治国之道。张载回答道：“治理天下不效法三代，终究是苟且之道。”宋神宗非常高兴，让他担任崇文院校书。不久张载因病退职避居南山之下，他整天端正地坐在室内，身边都是书籍，他俯身就读书，仰头便思考，穿破旧衣服，吃粗茶淡饭，给他的学生讲学，学生有所疑问，他多以知礼成性、变化气质的道理相授。吕大防向朝廷推荐张载，朝廷召他担任知太常礼院。因为与相关官员讨论礼制时意见不合，他又以生病为由辞官归家。半路上张载病情加重，头天晚上沐浴更衣后就寝，第二天早上便去世了，享年五十八岁。因为张载家贫，连入殓安葬的费用都没有，于是他的学生买了棺木，护送他的灵柩回乡安葬。张载学习古人之道，身体力行，被关中士人奉为宗师，世人称他为横渠先生。

学问以“六经”为根本，治理天下效法三代，这岂是他人能做到的？他的贫穷是应当的，他的清廉也是应当的。

下 毕仲游

毕仲游，字公叔，士安曾孙。与兄仲衍同登第[①]。仲游为开封府推官，出提点河东路刑狱。太原铜器名天下，独不市一物，惧人以为矫也，且行，买二茶匕而去。韩缜曰：“如公叔，可谓真清矣。”

【注释】

①仲衍：毕仲衍（1040—1082），字夷仲，睢阳（今河南商丘南）人。毕士安曾孙。撰有《中书备对》三十卷，现已佚。

【译文】

毕仲游，字公叔，是毕士安的曾孙。他与哥哥毕仲衍同时考中进士。毕仲游曾任开封府推官，又出京任提点河东路刑狱。太原的铜器名满天下，唯独他没买过一件，由于害怕别人说他故作清高，所以在将离任的时候，买了两个茶匕带走。韩缜评论道：“像公叔这样的人，可以说是真正的清廉啊。”

仲游早受知于司马光、吕公著，不及用。范纯仁尤知之，当国时，又适居母丧，故未尝得尺寸进。然亦堕党籍，坎壈散秩而终[①]，卒年七十五。

买茶匕亦复不必。

【注释】

①坎壈（lǎn）：困顿，不顺利。散秩：闲散无实职的官员。

【译文】

毕仲游早年受司马光、吕公著赏识，但没有来得及被重用。范纯仁特别赏识他，当政时，又赶上毕仲游在家为母亲守丧，因此他在仕途上没有得到升迁。然而他也受党祸牵连，坎坷一生，直到去世都只任闲散官职，享年七十五岁。

买茶匕也可不必。

中刘恕

刘恕，字道源，涣子也，筠州人①。少颖悟，书过目即成诵。年十三，欲应制举，从人假《汉》《唐书》，阅月皆归之。未冠，举进士，赐第。与司马光共修《资治通鉴》，考证差谬，最为精详。王安石与之有旧，欲引置三司条例司②，恕以不习金谷为辞③。安石怒，与之绝。出监南康军酒税。官至秘书丞，卒，年四十七。

【注释】

①筠州：唐武德年间改米州置。治所在今江西高安。

②三司条例司：即制置三司条例司，是北宋熙宁变法时的临时官署。

③金谷：钱财和粮食。

【译文】

刘恕，字道源，为刘涣之子，筠州人。刘恕少年时便十分聪慧，所看之书过目成诵。十三岁时，刘恕想参加制举考试，向别人借了《汉书》《唐书》，看了一个月就全部归还。他不满二十岁就参加进士科考试并考中。刘恕与司马光共同修撰《资治通鉴》，对其中的差谬之处进行考证，最为精确详细。王安石与他有旧交，想要引荐他到三司条例司任职，刘恕以不熟悉钱粮之事为由推辞。王安石对此十分愤怒，与他绝交。刘恕后来出任监南康军酒税。最终官至秘书丞，去世时四十七岁。

恕为学自历数、地理、官职、族姓，至前代公府案牍，皆取以审证，求书不远数百里，身就之，读且抄，殆忘寝食。宋次道知亳州，家多书，恕枉道借览。次道日具馔为主人礼，恕曰："引非吾所为来也，殊废吾事。"悉去之。独闭阁，昼夜口诵手抄，留旬日，尽其书而去，目为之翳①。家素贫，无以给甘旨，一毫不妄取于人。自洛南归时，方冬，无寒具，司马光遗以衣袜，及故茵褥，辞不获，强受而别，行及颍，悉封还之。

辞王安石三司条例司，真廉也。是书僻。父涣高隐庐山三十余年，此称涣儿。

【注释】

①翳：一种眼病。

【译文】

刘恕做学问，从历数、地理、官职、族姓到前代官府的公文，都拿来仔细分析认真求证，为了求取书籍，即使数百里路他也不以为远，亲自前去，一拿到书便一边读一边抄录，废寝忘食。宋次道任亳州知州时，家中有很多藏书，刘恕便专门绕道去他家借阅。宋次道每天都为他准备饭食以尽主人之礼，刘恕说："这不是我来你家的目的，还会耽误我的事情。"于是将饭食全部撤去。刘恕独自一人待在屋里，夜以继日地诵读、抄写书籍，他在宋家待了十多天，直到将藏书看完才离去，导致眼睛都生病了。刘恕家境清贫，连可口的饭菜都没有，但他却不随便收他人分毫财物。刘恕从洛南回来的时候，正赶上冬天，他却没有御寒的衣物被褥，司马光送给了他一些衣服袜子,还有一些以前睡过的被褥,他推辞不过,勉强接受后离去,等行至颍地时,他又将这些东西全部封还给了司马光。

王安石引荐三司条例司,他推辞了,这是真清廉。是好书成癖之人。刘恕之父刘涣曾隐居庐山三十余年,刘恕不愧是刘涣的儿子。

中程珦

程珦,世居中山,后从开封徙河南。为黄陂尉①,后知龚州②。时宜獠区希范既诛,乡人忽传其神降,言当为我立祠。于是迎其神以往,至龚,珦使人诘之,答曰:"比过浔,浔守以为妖,投祠具江中,逆流而上,守惧,乃更致礼。"珦使复投之,顺流去,其妄乃息。徙知磁州③,又徙汉州。抗议言新法不便使者,李元瑜怒,即致仕。累转太中大夫。元祐五年卒,年八十五。

【注释】

①黄陂:今湖北武汉黄陂区。

②龚州:唐贞观年间置。治所在今广西南平。

③磁州:隋开皇年间置。治所在今河北磁县。

【译文】

程珦,其祖先世代居住在中山,后来从开封迁徙到河南。程珦曾任黄陂尉,后来任龚州知州。当时宜州獠人首领区希范因作乱被诛杀后,民间忽然传闻区希范的鬼魂降临,要民众为他建祠堂祭祀。于是百姓迎来区希范的神位去建祠堂,途经龚州时,程珦派人查问,主事的人说:"不久前经过浔州时,浔州知州认为这是妖异之事,将祭祀用具投入江中,它们逆流而上,知州害怕了,向其行礼致敬。"程珦令人将祭祀用品再扔进江中,那些东西都顺流漂走了，于是荒诞之事自然平息。程珦调任磁州，又被调到汉州。他反对新法中不合实际情况的内容，李元瑜很愤怒，程珦随即辞官退休。后来程珦又转任太中大夫。他于元祐五年去世，时年八十五岁。

珦慈恕而刚断。平居与幼贱处，惟恐有伤其意，至于犯礼义则不假也。左右使令之人，无日不察其饥饱寒燠。前后五得任子，以均诸父之子孙。嫁遣孤女必尽其力。所得奉禄分赡亲戚之贫者。伯母寡居，奉养甚至。从兄女既适人而丧其夫，珦迎以归，教养其子，均于子侄。官小禄薄，克己为义，人以为难。文彦博等九人表其清节，诏赐帛二百，官给其葬。子颢为宋名儒。

正气人。

【译文】

程珦为人仁慈宽厚而刚直果断。他平常与年纪比自己小、地位比自己低的人交往，唯恐伤害他们的感情，但对于违反正道之事则毫不宽容。对于身边的仆役，程珦每日都关心他们的饥寒饱暖。他前后五次得到朝廷授予其子官职的机会，都让给了伯父、叔父的子孙。家族中孤女出嫁，他必定尽力置办嫁妆。做官所得俸禄都用来接济贫困的亲戚。程珦的伯母寡居，他奉养十分用心周到。程珦堂兄的女儿出嫁后丧夫，他将侄女接回家中，对她儿子的教养同其他子侄一样。程珦官职小俸禄少，约束自己而行义举，人们都认为难能可贵。文彦博等九人向朝廷上奏程珦的清高操守，皇帝下诏赏赐程珦二百匹帛，由官府负责他的丧葬费用。程珦之子程颢为宋朝名儒。

正气人。

陈师道

陈师道，字履常，一字无己，彭城人。好学苦志，年十六以文谒曾巩[①]，巩一见奇之，许以文著。熙宁中，王氏经学盛行，师道心非其说，遂绝意进取。

【注释】

①曾巩（1019—1083）：字子固，建昌军南丰（今江西南丰）人。北宋文学家。

【译文】

陈师道，字履常，又字无己，彭城人。陈师道勤奋好学，苦砺意志，十六岁时带自己所作文章前去拜见曾巩，曾巩看了他的文章非常惊奇，说他将来定会以文才出名。熙宁年间，王安石所倡导的经学盛行，陈师道不认同他的学说，于是不愿入仕为官。

元祐初，苏轼荐其文行，起为徐州教授[①]，又为太学博士，改教授颍州，调彭泽令，不赴。家素贫，或经日不炊。妻子愠见，宴如也。久之，召为秘书省正字，适预郊祀行礼，寒甚，衣无绵。妻就假于其友赵挺之家，问所从得，不肯服，遂以寒疾卒，年四十九。友人邹浩买棺敛之。

枯寒。

【注释】

①教授：学官名。宋代在武学、宗学等学置教授传授学业。各路的州县学亦置教授，掌学校课试等事。

【译文】

元祐初年，苏轼向朝廷推荐陈师道文章与德行出众，于是他被起用为徐州教授,后来又担任太学博士,改任颍州教授,又调任彭泽县令,但他没有赴任。陈师道家中素来贫困,有时一整天都不生火做饭。他的妻子脸色十分难看,而陈师道安然自若。很久以后,陈师道又被召入朝任秘书省正字,正赶上参加郊祀典礼,天气非常寒冷,而他的衣服里面没有御寒的丝绵。他的妻子找他朋友赵挺之借衣服,陈师道问衣服是从哪里来的,知道后拒绝穿用,于是因受冻而生病去世,时年四十九岁。他的朋友邹浩买了棺材殓葬了他。

过着贫苦的生活。

下柳植

柳植,字子春,真州人[①]。举进士,历知寿、亳、蔡、扬四州,分司西京,累迁吏部侍郎。卒。所至官舍蔬果不辄采,家无长物,时称其廉。

【注释】

①真州:北宋大中祥符年间升建安军置。治所在扬子县(今江苏仪征)。

【译文】

柳植,字子春,真州人。柳植考取进士入仕,先后出任寿、亳、蔡、扬四州的知州,分司西京,累官至吏部侍郎。后来去世。他所到之处,连官舍中的蔬果都不会去采摘,家中没有值钱的东西,当时人们都称赞他的廉洁。

中朱震

朱震,字子发,荆门军人[①]。登政和进士第[②],仕州县,以廉称。赵鼎参知政事[③]，上咨以当世人才，鼎曰："臣所知朱震，学术深博，廉正守道，士之冠冕。"转给事中，迁翰林学士。时处州民为盗，天子以为忧，选良太守往慰抚之。将行，震曰："使居官者廉而不扰，则百姓自安。虽诱之为盗，亦不为矣。愿诏新太守到官之日，条具本郡及属县官吏有贪墨无状者，一切罢去，听其自择慈祥仁惠之人，有治效者优加奖劝。"上从其言。累迁中书舍人。后谢病丐祠[④]，旋知礼部贡举，会疾卒。

【注释】

①荆门军：五代梁以荆门县改置。治所在今湖北荆门。南宋端平年间迁治今湖北当阳。

②政和：宋徽宗赵佶年号（1111—1118）。

③赵鼎（1085—1147）：字元镇，号得全居士，解州闻喜县（今山西闻喜）人。南宋政治家、文学家，为昭勋阁二十四功臣之一，与李纲、胡铨、李光并称为南宋四名臣。

④丐祠：即请求奉祠。宋时，高级官员老病不宜任事者，请求赐予"奉祠"之职，以享受其俸禄。

【译文】

朱震，字子发，荆门军人。朱震在政和年间考中进士，在州县任职时以廉洁著称。赵鼎担任参知政事时，皇帝向他询问当世人才的情况，赵鼎说："臣所了解的朱震，学问渊深广博，为人清廉恪守正道，是士人当中的佼佼者。"于是朱震转任给事中，又升任翰林学士。当时处州百姓有很多成为盗贼，天子对此非常忧心，于是挑选优秀州官前往安抚百姓。在选任官员将出发时，朱震说："让为官者做到清廉而不扰民，那么百姓自然会安定。即使让他去当盗贼，他也不会去的。希望皇上下诏，让新太守到任的时候，把本郡及其所属各县中贪赃枉法、行为不端的官吏一一查出，将他们全部罢免，听凭百姓的意愿让他们自己选择那些慈祥仁惠的人为官，有政绩的人加以优待奖励。”皇帝听取了朱震的建言。朱震升迁至中书舍人。后来因病请求奉祠，不久任礼部知贡举，因病去世。

上张九成

张九成，字子韶，别号无垢居士。其先开封人，徙居钱塘。十四游郡庠，闭阁终日，比舍生穴隙视之，则敛膝危坐，对置大编，若与神明伍，乃相惊服而师尊之。游京师，从杨时学，权贵托人致币曰：“肯从吾游，当荐之馆阁。”九成笑曰：“王良且羞与嬖奚乘①，吾可为贵游客邪？”绍兴二年②，上策进士，九成射策，至晡未毕③，貂珰促之④，九成曰：“未也，方谈及公等。”上览其对，擢置第一，授镇东佥判⑤。未几，投檄归。九成既归，学者日众。

【注释】

①王良且羞与嬖奚乘：王良，春秋末年善御者。嬖奚，晋国大夫赵简之的宠臣。赵简之命王良给嬖奚驾车，王良以不习惯为小人驾车为由拒绝。典出《孟子·滕文公下》。

②绍兴：宋高宗赵构年号（1131—1162）。

③晡（bū）：晡时，古时十二时辰之一，即申时，下午三点至五点。

④貂珰：借指宦官。

⑤佥判：即签判。签书判官厅公事的简称。为宋代各州幕职，协助州长官处理政务及文书案牍。

【译文】

张九成,字子韶,别号无垢居士。张九成的祖先是开封人,后来迁徙到钱塘。他十四岁入府学读书,终日关门独处,邻舍的学生从门缝窥视,发现张九成端端正正坐着,面前放置着大本书册,就像在与神明交流一样,于是对张九成惊异佩服,把他当老师一样尊敬。张九成在京城游学时,师从杨时,有权贵托人送钱给他说:"要是你愿意和我交往,我就推荐你去馆阁就职。"张九成笑着说:"王良尚且以为嬖奚驾车为耻,我会和权贵交游吗?"绍兴二年,宋高宗策试进士,张九成参加了考试,直到晡时还没有写完,太监催促他,张九成说:"还没写好,正写到关于你们这些人的事。"皇帝阅览了他的对策,将其选拔为第一名,授职镇东佥判。不久,张九成呈递辞职文书回家。他回家以后,随他学习的人一天天地多起来。

九成尝言耳目乃礼乐之原,梦寐乃居处之验。赵鼎荐于朝,遂以太常博士召,迁著作郎。上言:"我宋家法,曰仁而已。"除浙东提刑。力辞,与祠以归。未几,复除宗正少卿,兼权刑部侍郎。忤秦桧意,谪守邵州①,再谪南安军。九成在南安十四年,又自号横浦居士。每执书就明,倚立庭砖,岁久,双趺隐然。广帅致籯金,九成曰:"吾何敢苟取?"悉归之。桧死,起知温州,寻丐祠归。数月病卒。宝庆初②,特赠太师,封崇国公,谥文忠。

子韶深于道者,辞贵游、忤权奸,其余事。

【注释】

①邵州:唐贞观年间改南梁州置。治所在今湖南邵阳。

②宝庆:宋理宗赵昀年号(1225—1227)。

【译文】

张九成曾说耳目是礼乐的起始，梦寐是平日行事的验证。赵鼎向朝廷举荐张九成，于是朝廷召他任太常博士，又升任著作郎。宋高宗说："我大宋的法度，讲求仁而已。"任命张九成为浙东提刑。他极力辞官，参与春祭之后便归家了。不久，张九成又被任命为宗正少卿，兼任刑部侍郎。因触怒秦桧被贬为邵州知州，再被贬谪到南安军。张九成在南安呆了十四年，所以他自号为横浦居士。他常常站在庭院中砖地上拿着书就着阳光读，时间久了，砖上两个脚印都依稀可见。镇守广东的大臣送给张九成贵重礼品，他说："我怎么敢随便收受呢？"于是全部归还。秦桧死后，张九成被起用为温州知州，不久他请求以奉祠官身份回家。数月之后病故。宝庆初年，朝廷追赠张九成太师，追封崇国公爵位，赐谥号文忠。

张九成是深研道学的人，拒绝与权贵交游、触怒权奸这些事对他来说并不重要。

中高登

高登，字彦先，漳浦人。绍兴二年，廷对极意尽言，无所顾避，有司恶其直，授富川主簿。满秩，士民丐留，不获。相率馈金五十万，不告姓名，白于守曰："高君贫无以养，愿太守劝其咸受。"登辞之不可，复无所归，请置于学，买书以谢士民。还上疏，秦桧恶其讥己，授古县令，寻取旨编管容州[①]。登谪居，授徒以给，家事一不介意，惟闻朝廷事，小失则颦蹙[②]，大失则恸哭随之。临卒，所言皆天下大计也。

如此忠愤之人，焉能取容。置金买书清奇。

【注释】

①编管:宋代官吏得罪,被谪放到远方州郡,并编入该地户籍。

②颦蹙:皱眉皱额。

【译文】

高登,字彦先,漳浦人。绍兴二年,高登在朝堂上回答皇帝咨询时尽意而言,无所顾忌回避,有关官员憎恶他的耿直,外派他担任富川主簿。高登在富川任期满后,当地民众都乞求让他留任,但没有得到允许。于是民众相约凑钱五十万赠送给他,不留姓名,他们告诉太守说:“高君贫困不能养家,希望太守您能劝他收下这笔钱。”高登无法推辞,又没法归还,于是将这笔钱存放在当地学府,用来买书以答谢民众。高登回朝后上疏议论政事,秦桧忌恨他讽刺自己,于是让他出任古县县令,不久秦桧又取得圣旨把高登编管容州。高登谪居期间,靠教授学生负担日常生活,对家事毫不在意,唯独听到朝廷之事,得知朝政有小的过失则眉头紧皱,有大的过失则悲痛大哭。在临终之时,他所说的依然是天下大事。

如此忠诚愤激之人,岂能被容得下。将馈赠的钱财用来买书真是清高而奇妙。

中杨简

杨简,字敬仲,慈溪人[①]。乾道五年[②],举进士,历授著作郎、将作少监。入对答,必往复,漏过八刻[③],上目送久之。兼国史院编修官,以面所陈未行,求外补。知温州,廉俭自将,奉养菲薄,常曰:“吾敢以赤子膏血自肥乎?”民爱之如父母,咸画象事之。迁驾部员外郎,老稚扶拥缘道,倾城哭送。官至宝谟阁学士、太中大夫。卒,赠正奉大夫。

杨敬仲精于《易》,详著已。《易》论学者称为慈湖先生。

【注释】

①慈溪：今浙江慈溪，因治南有溪，东汉董黯“母慈子孝”而得名。

②乾道：宋孝宗赵昚年号（1165—1173）。

③八刻：一个时辰分作八刻，每十五分钟一刻。

【译文】

杨简，字敬仲，慈溪人。杨简于乾道五年中进士，先后被任命为著作郎、将作少监。入朝奏对，他必定反复陈奏，往往漏壶过了八刻才结束，离开时皇帝目送他很久。杨简兼任国史院编修官，因为向皇帝当面提出的建议没有得到施行，于是请求到地方任职。杨简出任温州知州，秉持廉洁俭朴的作风，生活花费非常微薄，他常说：“我怎么敢用民脂民膏来养肥自己呢？”百姓就像爱戴父母一样爱戴他，将他的画像供奉起来。杨简迁任驾部员外郎离去之时，全城老少相互扶拥着在道路两旁哭着为他送行。杨简官至宝谟阁学士、太中大夫。去世后被追赠正奉大夫。

杨敬仲精研《周易》之学，对此有详尽的著述。专研《周易》的学者尊称他为慈湖先生。

朱熹

朱熹，字元晦，一字仲晦，世徽州婺源人[①]。父松，以不附和议[②]，去国入闽。熹幼颖悟，中绍兴十八年进士第。孝宗即位，上封事。乾道三年，陈俊卿荐为枢密院编修官[③]，不起。上曰：“熹安贫乐道，廉退可嘉。”特改主管台州崇道观，再辞。淳熙二年[④]，除秘书郎，辞。主管武夷山冲佑观。五年，知南康军。时浙东大饥，易提举浙东常平茶盐事，即日单车就道，拊问存恤，所活不可数纪。九年，以赈济有功，进直徽猷阁[⑤]，辞。知台州。十年，差主管台州崇道观。学者益众。

十四年,除提点江西刑狱公事。十五年,王淮罢相,遂力疾入奏,除兵部郎,辞。主管嵩山崇福宫。具封事,投匦以进[⑥],凡几千言。疏入,上已就寝,亟起,秉烛读之终篇。明日,除主管太一宫,兼崇政殿说书,熹力辞。除秘阁修撰,奉外祠。光宗即位[⑦],除江东转运副使,改知漳州。绍熙二年[⑧],除荆南路转运副使。宁宗立[⑨],首召奏事。兼实录院同修撰。庆元二年[⑩],丞相赵汝愚罢[⑪],韩侂胄诬熹不轨[⑫],谪永州。二年,监察御史沈继祖诬熹十罪,诏落职罢祠。五年,卒,年七十一。

【注释】

①徽州婺源:今安徽婺源。

②不附和议:时值宋金多事之秋,金兵侵犯中原,时权相秦桧主张议和,朱松极力反对。

③陈俊卿(1113—1186):字应求,莆田(今福建莆田)人。南宋名相、诗人。

④淳熙:宋孝宗赵昚年号(1174—1189)。

⑤徽猷阁:北宋皇宫藏书之地。

⑥投匦:向皇帝上书。匦,匦匣。唐武则天时,铸铜匦四个置于朝堂,受纳上书。

⑦光宗:赵惇(1147—1200)。宋朝第十二位皇帝。

⑧绍熙:宋光宗赵惇年号(1190—1194)。

⑨宁宗:赵扩(1168—1224)。宋光宗次子。

⑩庆元:宋宁宗赵扩年号(1195—1200)。

⑪赵汝愚(1140—1196):字子直。南宋宗室大臣、学者。

⑫韩侂(tuō)胄(1152—1207):字节夫,相州安阳(今河南安阳)人。

南宋权相。任内禁绝朱熹理学，贬谪以宗室赵汝愚为代表的大臣，史称“庆元党禁”。

【译文】

朱熹，字元晦，又字仲晦，世代为徽州婺源人。他的父亲朱松，因为反对与金国议和，离开京城进入闽地。朱熹自幼聪颖，于绍兴十八年考中进士。宋孝宗即位后，朱熹呈递密封奏章。乾道三年，陈俊卿推荐朱熹担任枢密院编修官，他没有接受。皇帝说：“朱熹安贫乐道，为人廉洁谦逊，值得褒奖。”于是特地让朱熹主管台州崇道观，他再一次推辞。淳熙二年，朱熹被任命为秘书郎，他推辞不受。于是让他主管武夷山冲佑观。淳熙五年，朱熹出任知南康军。当时浙东正在闹饥荒，朝廷命朱熹改任浙东常平茶盐事，他接受任命当天就只身赴任，慰问抚恤百姓，救活的人不可计数。淳熙九年，因赈济百姓有功，朱熹升迁到徽猷阁任职，他推辞不就。出任台州知州。淳熙十年，朝廷派遣他主管台州崇道观。前来跟随他学习的人越来越多。淳熙十四年，朱熹被任命为提点江南西路刑狱公事。淳熙十五年，王淮被罢免宰相之职，朱熹就此事迅速上奏，朝廷任命朱熹为兵部郎，他又推辞不就。后被任命为主管嵩山崇福宫。他写好了密封的奏章，投匭上书，密奏共有几千言。奏章送到的时候，皇帝已经睡下了，闻知朱熹有密奏，赶忙起来就着蜡烛读完。第二天，皇帝就下令任命朱熹主管太一宫，兼任崇政殿说书，朱熹极力推辞。后来朱熹被任命为秘阁修撰，同时领京师外祠禄官。宋光宗即位，任命朱熹为江东转运副使，又改任漳州知州。绍熙二年，朱熹任荆南路转运副使。宋宁宗即位后，很快召见朱熹奏事。朱熹又兼任实录院同修撰。庆元二年，丞相赵汝愚被罢免，韩侂胄诬告朱熹图谋不轨，于是朱熹被贬官至永州。庆元二年，监察御史沈继祖以十条罪状诬陷朱熹，于是皇帝下诏免去了他祠禄官之职。庆元五年，朱熹去世，时年七十一岁。

疾且革，手书属其子及门人拳拳勉学，及修正遗书为言。翌日，正坐整衣冠，就枕而逝。熹登第五十年，仕于外者仅九考[①]，立朝才四十日。家故贫，少依父友刘子羽，寓建之崇安，后徙建阳之考亭。箪瓢屡空，宴如也。诸生之自远至者，豆饭藜羹率与之共。往往称贷于人以自给，而非其道义则一介不取也。嘉泰初[②]，诏赐熹恩泽，谥曰文，赠宝谟阁直学士。

【注释】

①仅：接近。九考：二十七年。古代官员三年一考绩，九考为二十七年。

②嘉泰：宋宁宗赵扩年号（1201—1204）。

【译文】

朱熹病危时，亲手写下遗嘱嘱咐儿子和学生要勤勉学习，并修订他留下的著作。第二天，朱熹端坐整理好衣冠，躺下就逝世了。朱熹中进士之后的五十年中，在外任官近二十七年，在朝堂上才待了四十天。因为家庭贫困，朱熹年少时曾投靠他父亲的朋友刘子羽，寄居在建州崇安，后来又搬到建阳考亭。他时常匮乏饮食，却安然自得。有从远地来访的读书人，朱熹便与他们一起分食粗粝的饭菜。他经常要向他人借贷才能维持生计，只要不合道义要求，他便分毫不取。嘉泰初年，皇帝下诏加恩于朱熹，赐予谥号为文，并追赠他宝谟阁直学士。

安贫乐道，立朝才四十日，出处生死之际，粹然儒者，不为廉名也。读其封事与崇政殿札子，长言之即出自诚意正心，似比《说命》《虞谟》稍烦。

【译文】

安贫乐道，在朝堂任官才四十天，在出仕、隐退和面对生死之时，都是纯粹的儒者，而不是为了清廉的名声。读朱熹留下的奏章与崇政殿札子，长文乃是出自端正诚恳的心地，但比起《尚书》中的《说命》和《虞谟》来显得稍微烦琐。

下 熊克

熊克，字子复，建宁建阳人[①]。绍兴中，中进士第。知诸暨县。入为提辖文思院。孝宗喜其文，特出御笔除直学士院[②]。历起居郎，兼直学士院。出知台州，奉祠。克博闻强记，著述外无他嗜。家素俭约，虽贵不改。旧所居卑陋，门不容辙。虽部使者郡守至，必降车乃入。尝爱临川童子王克勤之才，将妻以女，而乏资遣。会草制获金，遂以归之。人称其清介。卒年七十三。

【注释】

①建阳：今福建南平建阳区。

②直学士院：官名。北宋初置。

【译文】

熊克，字子复，是建宁建阳人。熊克于绍兴年间考中进士。出任诸暨县知县。入朝入职提辖文思院。孝宗非常喜欢他写的文章，特别御笔提名让其任直学士院。又担任起居郎，兼直学士院。出任台州知州，奉祠。熊克博闻强记，除了撰著之外别无其他嗜好。家用素来清贫节俭，虽然地位显贵但仍然不改此志。旧时所住的房子非常简陋，大门连车都进不去。即使朝官、郡守驾到，也必须下车才能够进入。曾经赏识临川童子王克勤的才华，准备将自己的女儿嫁给他，却缺少嫁妆。正赶上起草文诰赐了钱财，于是用来嫁女儿。人们称赞他清廉正直。死时七十三岁。

赵汝愚

赵汝愚，字子直，余干人也①。擢进士第，召试馆职②，历迁右丞相枢密使。立朝謇正③，忤韩侂胄，为其党李沐所诬，汝愚出浙江亭待罪。遂罢右相，除观文殿学士，知福州。台臣合词乞寝出守之命，遂以大学士提举洞霄宫。朝臣不平，争上书讼汝愚之忠，侂胄忌益深，遂以中丞何澹疏落大观文，御史胡纮疏责宁远军节度副使，永州安置。汝愚夷然就道。庆元二年，至衡州，病作，为守臣钱鍪所窘，暴薨，天下闻而冤之。汝愚学务有用，常以司马光、富弼、韩琦、范仲淹自期。聚族而居，门内三千指，所得禀给悉分与之，菜羹蔬食，恩意均洽。自奉养甚薄，为夕郎时④，大冬衣布裘，至为相亦然。侂胄诛，尽复原官，谥忠定，赠太师，封沂国公。

【注释】

①余干：今江西余干。

②试馆：古代科举考试时应试者居住的场所。

③謇正：忠贞正直。

④夕郎：即黄门侍郎。

【译文】

赵汝愚，字子直，余干人。他在中进士后被选拔，召他去考试院就职，后来一直升迁至右丞相枢密使。他在朝中忠贞正直，因为不肯屈从韩侂胄，被他的党羽李沐所诬陷，赵汝愚被外放到浙江亭待罪。随后赵汝愚被罢免右相之职，被任命为观文殿学士，任福州知州。谏官们联名上奏请求收回让赵汝愚外放的诏令，于是朝廷让他以大学士提举洞霄宫。朝中群臣内心不平，争相上书言赵汝愚之忠心，因而韩侂胄更加忌恨他，于是指使中丞何澹上疏使赵汝愚被免去观文殿学士之职，御史胡纮也上疏，于是朝廷贬谪赵汝愚为宁远军节度副使，永州安置。赵汝愚平静上路。庆元二年，赵汝愚行至衡州时，疾病发作，又遭到衡州知州钱鍪的刁难，突然去世，天下人都认为他是冤屈的。赵汝愚治学务求实用，常以司马光、富弼、韩琦、范仲淹等名臣作为榜样。赵汝愚聚族而居，族中人口众多，他所得的俸禄全都分散给族人，虽说粗茶淡饭，族人相处融洽和谐。他自己的生活十分艰苦，担任黄门侍郎时，寒冬时节他也只穿着布衣，官至宰相后还是如此。韩侂胄被诛杀后，赵汝愚恢复原官，谥号为忠定，又被追赠太师，追封沂国公。

下 牛大年

牛大年，字隆叟，扬州人。庆元二年进士。历官将作监主簿①，入对，请惩贪吏。累迁崇政殿说书②，以宝章阁待制提举太平兴国宫。卒，特赠四官。大年清操凛然，所至以廉洁自将。

【注释】

①将作监：古代官署名。掌管宫室建筑、金玉珠翠犀象宝贝器皿的制作和纱罗缎匹的刺绣以及各种异样器用打造的官署。

②说书：官名。陪侍皇帝内廷讲说经书。

【译文】

牛大年，字隆叟，是扬州人。牛大年于庆元二年中进士。他曾任将作监主簿，在受皇帝召见时请求惩处贪官污吏。牛大年后来累官至崇政殿说书，以宝谟阁待制提举太平兴国宫。后去世，朝廷特地追赠他加升四级。牛大年节操清正凛然有正气，所到之处都以廉洁要求自己。

中王万

王万，字处一，家世婺州[①]。登嘉定十六年进士第[②]。知台州。终日坐厅事，事至立断，吏无所售，往往改业散去。食惟蔬饭。后为监察御史。首论史嵩之贪秽[③]，无大臣节。后乞休，致诏特转朝奉郎，守太常少卿致仕，卒。嵩之罢相，众方交论其非，上思万先见，亲赐御札，谓："万立朝蹇谔，古之遗直；为郡廉平，古之遗爱。闻其母老家贫，朕甚念之。赐新会五千贯、田五百亩[④]，以赡给其家。"

遗直遗爱可传。

【注释】

①婺州：隋开皇年间置。治所在今浙江金华。

②嘉定：宋宁宗赵扩年号（1208—1224）。

③史嵩之：字子由，鄞县（今浙江宁波）人。南宋大臣。

④会：会子。南宋时的一种纸币。

【译文】

王万，字处一，他家世代居住在婺州。嘉定十六年，王万考中进士。后任台州知州。他每日坐在大堂上，公事一到就立刻办理，使属下吏员无事可做，纷纷改换行业散去。王万生活简朴，所吃的只是粗茶淡饭。后来王万担任监察御史。他上书弹劾史嵩之有贪污罪行，没有大臣应有的节操。后来王万请求辞官，皇帝特地下诏将王万升为朝奉郎，以太常少卿的身份退休，随后去世。史嵩之被罢免宰相后，众人才开始指摘他，皇帝想到王万有先见之明，赐给王万亲笔诏书，其中写道："王万在朝堂上耿直敢言，有古人正直的风范；在地方任职廉洁公正，有古人仁爱的风范。听闻他母老家贫，朕十分挂念。特赐新会子五千贯、田五百亩，用来周济他家。"

遗直遗爱流传后世。

中王阮

王阮，字南卿，江州人。举进士，为南康都昌主簿[①]。以廉闻。韩侂胄宿闻阮名，特名入奏，将诱以美官。夜遣密客诣阮，阮不答。私谓所亲曰："吾闻公卿择士，士亦择公卿。刘歆、柳宗元失身匪人，为万世笑。今政自韩氏出，吾肯出其门邪？"陛对毕，拂衣出关，归隐庐山。朱熹常惜其才气术略过人，而留滞不偶。嘉定元年卒。

拂衣庐山，清风可挹。

【注释】

①南康：即南康军。治所在今江西星子。都昌：今江西都昌。

【译文】

王阮，字南卿，江州人。王阮中进士后，担任南康军都昌县主簿。以清廉而闻名。韩侂胄很早就听说了王阮的名声，特地命他入朝奏事，想要以高官厚禄来拉拢他。韩侂胄夜里派人去拜访王阮，王阮不予应答。他私下对亲近的人说："我听说公卿选择士人，士人也会选择公卿。刘歆、柳宗元因为依附奸人而失去操守，被万世耻笑。如今国家大政出于韩侂胄，我岂愿投到他的门下？"王阮在觐见皇帝后，便拂衣出关，归隐于庐山。朱熹常常惋惜王阮的才气韬略过人，而羁留于乡野，未逢时运。嘉定元年，王阮去世。

拂衣而去归隐庐山，清高之风值得尊敬。

中徐鹿卿

徐鹿卿，字德夫，隆兴丰城人[①]。嘉定十六年廷试进士第居二，详定官以其直抑之，犹置第十。调南安军学教授，累官礼部侍郎。累疏告老，授宝章阁待制、知宁国府，而引年之疏五上②，不允。提举鸿禧观，遂致仕，进华文阁待制。卒，谥清正。

【注释】

①隆兴丰城：今江西丰城。

②引年：年老辞官。

【译文】

徐鹿卿，字德夫，隆兴丰城人。嘉定十六年，徐鹿卿参加廷试，考中进士第二名，负责审定名次的官员因其文章直露而加以贬低，结果徐鹿卿还是名列第十。徐鹿卿调任南安军学教授，后逐步升迁至礼部侍郎。他多次上书请求告老还乡，又被任命为宝章阁待制、知宁国府，他连续五次上书说自己年老想要辞官，都没有被允许。后来徐鹿卿被授予提举鸿禧观才退休，又被升为华文阁待制。去世后，谥号为清正。

鹿卿居家孝友，居官廉约清峻，毫发不妄取，一庐仅庇风雨。所著有《泉谷文集》、奏议、讲义、《盐楮议政稿》《历官对越集》，手编《汉唐文类》《文苑菁华》。

【译文】

徐鹿卿在家孝顺父母、友爱兄弟，为官廉洁俭约，公正刚直，一丝一毫都不妄取，简陋的房舍仅能遮蔽风雨。徐鹿卿著有《泉谷文集》、奏议、讲义、《盐楮议政稿》《历官对越集》，并亲自编定《汉唐文类》《文苑菁华》。

中赵逢龙

赵逢龙，字应甫，庆元之鄞人[①]。登嘉定十六年进士。居官自常奉外，一介不取。民赋有逋负[②]，悉为代输。迁将作监，拜宗正少卿，兼侍讲。年八十有八，终于家。逢龙家居讲道，从游者皆巨公名士[③]。丞相叶梦鼎出判庆元，修弟子礼。常谓师门庳陋，欲市其邻居充拓之，逢龙曰："邻里粗安，一旦惊扰，彼虽勉从，我能无愧于心？"逢龙寡嗜欲，不好名扬，历日久，泊然不知富贵之味。或问何以裕后，逢龙笑曰："吾忧子孙学行不进，不患其饥寒也。"

【注释】

①庆元之鄞：今浙江宁波。

②逋（bū）负：拖欠赋税。

③巨公：指王公大臣。

【译文】

赵逢龙，字应甫，是庆元府鄞县人。嘉定十六年，赵逢龙考中进士。他做官除了自己应得的俸禄之外，一概不取。百姓有拖欠赋税的，他都代为缴纳。赵逢龙后来升任将作监，又被任命为宗正少卿，兼侍讲。八十八岁时，赵逢龙在家中去世。赵逢龙在家中讲道，与他交游之人都是王公大臣以及名士贤人。丞相叶梦鼎出任庆元判官，对赵逢龙执弟子之礼。叶梦鼎经常说老师家的门矮小简陋，想买下旁边的房屋来扩建大门，赵逢龙说："如今邻里之间大致安好，一旦惊扰，他们虽然会勉为遵从，但是我能够无愧于心吗？"赵逢龙没有什么欲望与嗜好，不喜好名声，不爱张扬，就这样过了很久，心态淡然不知道富贵之味。有人问他拿什么遗惠后代，赵逢龙笑着说："我担忧的是子孙们学问、德行不好，不担心他们饥寒。”

下程公许

程公许,字季与,叙州宣化人[①]。嘉定四年举进士。通判简州[②],改隆州[③]。未上,会金人犯阆中,辟公许通判施州[④]。诸将乘乱抄劫,事定自危。大将和彦威怀金宝以献,公许正色却之,彦威惭而退。公许冲澹寡欲,晚年惟一僮侍。食无重味,一裘至十数年不易,家无羡储。累官权刑部尚书。卒,赠宣奉大夫。

不易裘,慕效晏婴。

【注释】

①叙州宣化:今四川宜宾。

②简州:治所在今四川简阳。

③隆州:治所在今四川阆中。

④施州:治所在今湖北恩施。

【译文】

程公许,字季与,叙州宣化人。嘉定四年,程公许考中进士。任简州通判,后改任隆州。还未上任,适逢金人进犯阆中,于是被征辟为施州通判。当时各地将领乘乱四处抢掠,战事平定之后人人自危。大将和彦威怀揣金银珠宝想进献给程公许,他严肃地拒绝了,和彦威羞愧而去。程公许淡泊寡欲,晚年唯有一名僮仆在身边侍候。他吃饭没有两样菜肴,一件皮衣穿了十多年都没更换,家中没有什么积蓄。程公许后来累官至刑部尚书。去世后,朝廷追赠宣奉大夫。

不更换皮衣,钦慕效仿晏婴。

中 陈宓

陈宓，字师复，丞相俊卿之子。以父任历知南康军，迁南剑州[1]，皆有惠政。后改知漳州，未行，闻宁宗崩，呜咽累日，遂致仕，寻卒。自言居官必如颜真卿，居家必如陶渊明，而深爱诸葛亮。身死，家无余财，库无余帛。庶乎能蹈其语者。端平初[2]，诏赠直龙图阁[3]。

颜、陶、诸葛，雅志希踪。

【注释】

①南剑州：治所在今福建南平。

②端平：宋理宗赵昀年号（1234—1236）。

③直龙图阁：官名。北宋始置。

【译文】

陈宓，字师复，是丞相陈俊卿的儿子。他因父荫历知南康军，调任南剑州知州，在两地都有惠政。后来陈宓改任漳州知州，还未赴任就听闻宋宁宗驾崩的消息，他连日悲伤哭泣，于是辞官归家，不久去世。陈宓曾说自己为官一定要像颜真卿，居家生活就要像陶渊明，而最为仰慕诸葛亮。陈宓死后，家无余财，库无余帛。他真算得上是能践行己志。端平初年，皇帝下诏追赠陈宓直龙图阁。

颜真卿、陶渊明、诸葛亮，这些人都有高洁之志，很少有人能效法他们。

下 徐经孙

徐经孙，字中立。宝庆二年进士，授浏阳主簿[1]。潭守俾部牙契钱至州[2]，有告者曰："朝廷方下令颁行十七界会[3]，令若此钱皆用会，小须，则幸而获大利矣。”经孙曰：“此钱取诸保司，出诸公库，吾纳会而私取其钱，外欺其民，内欺其心，奚可哉！”诘旦，悉以所部钱上之。其人惊服。累官端明殿大学士。卒，赠金紫光禄大夫。

【注释】

①浏阳：今湖南浏阳。

②牙契钱：牙契税。

③会：会子，宋代发行的一种纸币。

【译文】

徐经孙，字中立。宝庆二年考中进士，被任命为浏阳主簿。当时潭州知州让所辖各县将牙契税上交到州里，有人给徐经孙出主意说：“朝廷刚刚下令在十七州发行会子，如果这笔钱都用会子上交，稍加等待就会获得巨大利益。”徐经孙说：“这笔钱取之于保司，出之于公库，我上交会子而私自占有这些钱，对外是欺骗百姓，对内是欺骗自己，这怎么行呢！”一大早，就将所管辖地区的牙契税全部上交。那人惊叹佩服。徐经孙后来升迁至端明殿大学士。去世后，追赠金紫光禄大夫。

中孙梦观

孙梦观，字守叔，庆元府慈溪人。宝庆二年进士，历迁知宁国府[①]。丞相董槐召还[②]，帝问江东廉吏，首以梦观对。帝悦，迁司农少卿，兼资善堂赞读。后权吏部侍郎，力求补外，以集英殿修撰知建宁府。郡人徐清叟以为有古循吏风。民有梦从者甚都，迎祠山神，出视之，则梦观也。俄而梦观得疾，口授遗表，不忘规谏，遂卒。帝悼惜久之，赙银帛三百。其居败屋数间,布衣蔬食而已。

【注释】

①宁国府:南宋升宣州为宁国府。治所在今安徽宣城。

②董槐(? —1262):字廷植。南宋大臣,理宗朝宰相。

【译文】

孙梦观,字守叔,是庆元府慈溪人。孙梦观于宝庆二年中进士,曾任宁国知府。丞相董槐被召回京城时,皇帝向他询问在江东谁是廉吏,董槐首先提到的就是孙梦观。皇帝很高兴,升迁孙梦观为司农少卿,兼资善堂赞读。后来孙梦观又代理吏部侍郎,他极力请求调外地任职,于是以集英殿修撰出任建宁知府。建宁人徐清叟评论他有古代循吏的风范。有个百姓曾梦到同很多人一起去祭祀山神,抬出神像一看,正是孙梦观。不久孙梦观就身患重病,他口述遗表,仍不忘进谏规劝皇帝,随后就去世了。皇帝为之哀悼惋惜良久,赐给孙梦观家三百匹帛办理丧事。孙梦观的住所只有破屋数间,平日都是穿布衣吃粗食。

中徐侨

徐侨,字崇甫,婺州义乌人[①]。淳熙十四年举进士。端平初,迁秘书少监、太常少卿。入觐,手疏数千言。帝见其衣履垢敝,愀然谓曰:“卿可谓清贫。”侨对曰:“臣不贫,陛下乃贫耳。”帝曰:“朕何为贫?”侨曰:“陛下国本未建,疆宇日蹙;权幸用事,将帅非材;旱蝗相仍,盗贼并起;经用无艺,帑藏空虚;民困于横敛,军怨于掊克[②];群臣养交而天子孤立,国势阽危而陛下不悟[③]。臣不贫,陛下乃贫耳。”帝为之感动,赐侨金帛,固辞不受。官至侍讲,以疾求解职,乃以宝谟阁待制奉祠。卒，谥文清。

"陛下乃贫耳"语妙，发如此谠言。

【注释】

①婺州义乌：今浙江义乌。

②掊（póu）克：聚敛，搜刮民财。

③阽（diàn）：临近边缘。

【译文】

徐侨，字崇甫，婺州义乌人。淳熙十四年，徐侨考中进士。端平初年，徐侨升任秘书少监、太常少卿。在入朝觐见皇帝时，他亲手书写下数千言的奏章。皇帝见他的衣服鞋子又脏又破，难过地说："你真可说是贫苦啊。"徐侨回答道："臣不算贫苦，真贫苦的是陛下。"皇帝曰："朕有什么贫苦的？"徐侨说："陛下国家的根基还未建起，国内危机日益紧迫；那些有权势的奸佞之人执掌大权，将帅都非大材之任；旱灾蝗灾接连不断，盗贼并起；各种花费没有限度，国库空虚；百姓因横征暴敛而困苦不堪，军士们对四处搜刮民财也怨声载道；群臣之间结党营私而天子被孤立，国家的运势已经在危险的边缘而陛下却不醒悟。臣不贫苦，陛下才贫苦。"皇帝深为感动，赐给徐侨金帛，徐侨坚决推辞不受。徐侨官至侍讲，后因生病而请求离职，于是他以宝谟阁待制的身份奉祠。后去世，谥号为文清。

"陛下才贫苦"，此言甚妙，能够说出如此正直的话。

下 李韶

李韶，字元善，弥逊之曾孙也[①]。嘉定四年，与兄宁同举进士。调南雄州教授。以廉勤荐，累迁殿中侍御史。乞补外，以集贤殿修撰知漳州，号称廉平。嘉熙五年[②]，召为礼部侍郎。至阙，屡上书言时事。是时杜范亦在列[3]，二人廉直，中外称为“李杜”。累官翰林学士兼知制诰。淳祐七年[4]，丐去，乃以端明殿学士提举玉隆宫。十一年，卒，年七十五。韶简澹不溺于声色货利，默坐一室，门无杂宾。

【注释】

①弥逊：即李弥逊（？—1153），字似之。宋朝词人。

②嘉熙：宋理宗赵昀年号（1237—1240）。

③杜范（1182—1245）：字成之。南宋宰相，以廉洁称。

④淳祐：宋理宗赵昀年号（1241—1252）。

【译文】

李韶，字元善，是李弥逊的曾孙。嘉定四年，李韶与兄长李宁一起考中进士。他调任南雄州教授。因为廉洁勤勉而被举荐，累次升迁至殿中侍御史。他上书乞求外放，于是以集贤殿修撰出任漳州知州，他治理地方享有清廉平和的声誉。嘉熙五年，李韶被征召入朝任礼部侍郎。进京之后，他多次上书议论国事。当时杜范也在朝为官，二人都廉洁正直，朝廷内外将他们合称“李杜”。李韶累次升迁至翰林学士兼知制诰。淳祐七年，他请求辞职，于是以端明殿学士提举玉隆宫。淳祐十一年，李韶去世，享年七十五岁。李韶简朴澹泊，不沉溺于声色货利，他时常在房中静坐，家里从来没有闲杂宾客。

下 欧阳守道

欧阳守道，字公权，吉州人[1]。淳祐元年举进士，授于都主簿[2]。后迁秘书郎，以言事罢官。徒步出钱塘门，惟书两箧而已。后迁著作郎，卒，家无一钱。

【注释】

①吉州：隋开皇年间置。治所在今江西吉水。唐永淳年间徙治今江西吉安。

②于都：今属江西。

【译文】

欧阳守道，字公权，吉州人。欧阳守道于淳祐元年中进士，被任命为于都主簿。后升任秘书郎，因议论政事而被罢官。他罢官后徒步走出钱塘门，所带的只有两箧书而已。后来欧阳守道又被任命为著作郎，他去世后，家里一文钱也没有。

中杨文仲

杨文仲，字时发，眉州彭山人[①]，以《春秋》贡，后胄试、功试皆第一[②]。累迁国子博士，丐外，添差通判台州[③]。故事，守贰尚华侈[④]，正月望取灯民间，吏以白，文仲曰："为吾然一灯足矣。"

【注释】

①眉州彭山：今四川眉山彭山区。

②胄试：有关官员子弟、亲戚、门客为避嫌，牒送别处贡院考试，又称牒试。功试：疑为"公试"，由朝廷主持的考试。

③添差：宋制，凡授正官，皆作计给禄奉的虚衔，实不任事。内外政务则于正官外另立他官主管，称差遣。于差遣员额外增添的差遣，叫添差。

④守贰：指知州、通判等官。

【译文】

杨文仲，字时发，眉州彭山人。他因精研《春秋》之学取得贡士资格，后来胄试、公试都名列第一。杨文仲升迁至国子博士，自请外放，于是添差任台州通判。台州旧例，知州、通判等崇尚奢华，每年正月十五从民间索取灯笼，官吏将此事告诉了杨文仲，杨文仲说："替我点一盏灯就够了。"

劭农东郊[①]，守因欲泛湖，文仲即先驰归。添差通判扬州。牙契旧额岁为钱四万缗，累改增至十六万，开告讦以求羡。文仲曰："希赏以扰民，吾不为也。"尝言与民之惠有限，不扰之惠无穷。累官给事中、国子祭酒。及元兵渡江，畿甸震动，朝士多弃去者，侍从班唯文仲一人而已。寻以疾改集英殿修撰，知泉州。因将家逾岭南，待次而卒。

文仲侍班不去，标岁寒之节。

【注释】

①劭农：劝勉农事。

【译文】

在东郊举行劝勉农事的典礼时，因知州想要到湖上泛舟游玩，杨文仲当即驱马先回去。杨文仲又被添差扬州通判。旧时买卖契约税每年的定额为四万缗钱，后来多次变动，增至十六万，官府还鼓励告密揭发漏税以求收取更多钱款。杨文仲说："因贪图奖赏而扰民，这种事情我不做。"他曾说能给予百姓的好处是有限的，而不去打扰百姓的好处是无限的。杨文仲后来官至给事中、国子祭酒。元兵渡江之时，京城震动，朝中官员很多都逃走了，在朝堂侍班的只剩杨文仲一个人。不久他因病改任集英殿修撰，出任泉州知州。于是杨文仲举家往岭南搬迁，在等待就任时去世。

杨文仲坚持侍班不逃亡，显示出松竹岁寒不凋一般的坚贞气节。

下陈蒙

陈蒙，庆元府鄞人。年十八，上书万言。除太府寺主簿。入对，极言贾似道之奸[①]。似道衔之，诬以贪污，贬建昌军。簿录其家，惟有青毡一片。德祐初[②]，以刑部侍郎召，不赴，卒。

【注释】

①贾似道（1213—1275）：字师宪，号悦生，台州天台县（今浙江天台）人。南宋晚期权相。

②德祐：宋恭帝赵㬎的年号（1275—1276）。

【译文】

陈蒙，庆元府鄞县人。他在十八岁的时候，曾向朝廷上万言书。被任命为太府寺主簿。入宫接受皇帝询问时，极力陈说贾似道的奸恶。贾似道对他痛恨不已，以贪污的罪名诬陷他，将他贬到建昌军去。在查抄登记陈蒙家财产时，发现只有一片青毡。德祐初年，陈蒙奉召担任刑部侍郎，他没有赴任，随后去世。

中常楙

常楙，字长孺，显谟阁直学士同之曾孙。淳祐七年，举进士。调常熟尉。公廉自持，不畏强御，部府交荐之[①]。后监江淮茶盐所芜湖局，不受商税赢。知广德军[②]，郡有水灾，发社仓粟以活饥民[③]，官吏难之，楙先发而后请专命之罪[④]。故事，郡守秋苗例可得米千石[⑤]，楙以代属县偿大农纲欠。知平江，值旱，故事，应得纸钱十五万，悉以助民食军饷。请蠲苗九万、税十三万、版帐十六万[⑥]，又蠲新苗二万八千，大宽公私之力。飞蝗几及境，疾风飘入太湖。既代[⑦]，有送还事例，自给吏卒外，余金万楮[⑧]，棶悉不受。吏叹曰："常侍郎真不爱钱。"德祐二年，拜参知政事，后六年卒。

【注释】

①部府：朝廷的部门设置，即所谓的五府六部。五府是指宗人府、顺天府、詹事府、提督府、内务府，六部是指吏部、户部、礼部、工部、兵部、刑部。

②广德军：北宋置。宋太平兴国四年（979），升广德县为广德军（治安徽广德桃州镇），仅领广德县。

③社仓：古代为防荒年而在乡社设置的粮仓。始于隋代。

④专命：不奉上命而自主行事。

⑤秋苗：官府征收的秋熟谷物赋税，也称秋税。

⑥版帐：南宋初征收的一种军用税钱。

⑦代：卸任。

⑧楮（chǔ）：即楮币，宋、金、元时发行的一种纸币，亦称楮券。因其多用楮皮纸制成，故名。

【译文】

常棶，字长孺，是显谟阁直学士常同之的曾孙。淳祐七年，常棶考取进士。调任常熟县尉。他秉持公正廉洁，不惧豪强权势，五府六部共同举荐了他。后来常棶出任监江淮盐茶所芜湖局，任内从不收受商税盈余。常棶担任广德军知州时，郡中发生了水灾，他发放社仓中的粮食赈济饥民，官吏们感到为难，常棶先发放粮食然后自请擅做主张之罪。按惯例，郡守征收秋税可得米千石，常棶全部拿来替属县偿还积欠的户部钱粮。常棶担任平江知府时，正赶上旱灾，他又将按照旧制应得的纸币十五万全部拿出来充作百姓口粮和军饷。他还请求朝廷免除了本地苗税九万、赋税十三万、版帐税十六万，又再免除新苗税二万八千，使公家和私人都大为宽裕。当飞蝗将要到达他的辖境时，突然吹起大风将蝗虫都吹入太湖。常楙卸任之时，依照送别的惯例，除了自己要发给吏卒的钱外，还剩下了一万纸币，他都没有要。吏员们感叹道："常侍郎真的是不爱钱啊。"德祐二年，常楙被任命为参知政事，六年之后去世。

元

【题解】

元朝是中国历史上第一个由少数民族建立的统一政权。蒙古族统治者对汉文化没有太大兴趣，其统治模式也极为粗疏，就连科举在元朝也曾长期中断。即便如此，依照黄汝亨所秉持的价值标准，在不到一百年的时期内，也有十五人名列《廉吏传》，实令人感慨道统之绵延不绝。元朝廉吏中，既有张养浩这样的汉族士大夫，也有彻里、伯答沙这样的蒙古贵族，以及耶律楚材、廉希宪这样的色目人，他们都作为中国历史的精英人物而受到后世敬仰。

孔子笑夷狄之有君，不如诸夏之亡也。胡元犬羊之俗而统中夏[①]，亦天地一大变。然观其将相如耶律楚材、廉希宪诸人，即伊略箕筹何以远过，人材不择地而生，信夫。凡一十有五人。

【注释】

①犬羊之俗：代指野蛮落后的文化。

【译文】

孔子曾笑话夷狄之国虽然有国君，还不如中原诸国没有。元朝以野蛮落后的文化来统治中原，这也是天地间一大巨变。然而看耶律楚材、廉希宪等将相之臣，即使夏朝的伊尹、商朝的箕子这样的贤人也并不比他们高明多少，优秀之人不会择地而生，这句话是真的。元朝廉吏共收录十五人。

上耶律楚材

耶律楚材，字晋卿，父履，以学行事金世宗①。楚材三岁而孤，母杨氏教之学。及长，博极群书，旁通天文、地理、律历、术数及释老、医卜之说，下笔为文，若宿构者。

【注释】

①金世宗：完颜雍（1123—1189）。金朝第五位皇帝。

【译文】

耶律楚材，字晋卿，其父为耶律履，因其学历品行出众而得以在金世宗手下任职。耶律楚材三岁丧父，母亲杨氏教他读书。他长大后，博览群书，并且精通天文、地理、历法、术数以及佛家、道家、医学、卜筮方面的知识，下笔写文章就像预先构思好了的。

太祖定燕①，闻其名，召见之。楚材身长八尺，美髯宏声。帝伟之曰："辽金世仇，朕为汝雪之。"对曰："臣父祖尝委质事之，既为之臣，敢仇君邪？"帝重其言，处之左右，遂呼楚材曰"吾图撒合里"而不名。吾图撒合里，盖国语长髯人也。

【注释】

①太祖：即铁木真。至元二年（1265），元世祖忽必烈追尊为太祖。

【译文】

元太祖平定燕京，听说耶律楚材的名声，于是召见了他。耶律楚材身长八尺，胡须漂亮，声音洪亮。元太祖非常看重他，说："辽国与金国是世代的仇敌，朕为你报仇雪恨。"耶律楚材回答说："臣的父亲和祖父都曾委身侍奉过金国，既然已经做了金国的臣子，又怎么敢仇视自己的君主呢？"太祖非常敬重他能说出这番话，将他安排在自己身边，称呼他为"吾图撒合里"而不称其名。吾图撒合里，在蒙语中是胡须很长的人的意思。

己卯夏，帝西讨回回国，祃旗之日[①]，雨雪三尺。帝疑之。楚材曰："玄冥之气，见于盛夏，克敌之征也。"庚辰冬，大雷，复问之，对曰："回回国主当死于野。"后皆验。西域历人奏五月望夜月当蚀，楚材曰不，果不蚀。明年十月，楚材曰月当蚀，西域人曰不，而卒蚀八分。壬午八月，长星见西方[②]，楚材曰："女直将易主矣[③]。"明年，金宣宗死[④]。甲申，帝至东印度，驻铁门关，有一角兽，形如鹿而马尾，其色绿，作人言，谓侍卫者曰："汝主宜早还。"帝以问楚材，对曰："此瑞兽也，其名曰角端，能言四方语。好生恶杀，此天降符以告陛下，愿承天心以全民命。"帝即日班师。丙戌冬，从下灵武，诸将争取子女玉帛[⑤]，楚材独收遗书及大黄药材。既而士卒病疫，得大黄辄愈。帝自经营西土，未暇定制，州郡长吏，生杀任情，至孥人妻女，取货材，兼田土，杀人盈市。楚材闻之泣下，即入奏，请禁州郡，非奉玺书，不得擅征发，囚当大辟者[⑥]，必待报，违者罪死。于是贪暴之风稍戢。燕多剧贼，未夕[⑦]，辄曳牛车，指富家取其财物，不与，则杀之。事闻，遣中使偕楚材往，穷治之。楚材询察，得其姓名，皆留后亲属[8]，及势家子，尽捕下狱，戮十六人于市，燕民始安。

【注释】

①祃（mà）旗：即祃牙，古代军队将要出发时所举行的祭牙旗之礼。

②长星：天上的一种星，与彗星相类似，有长形光芒。

③女直：即女真族。将女真族称为女直，其原因有多种观点。据陈准《北风扬沙录》记载："金国本名朱里真，番语舌音讹为女真，或曰虑真，避契丹兴宗名又曰女直。"

④金宣宗：完颜珣（1163—？）。金朝第八位皇帝。

⑤子女玉帛：本指人民与财产，后泛指财物、美女。

⑥大辟：死刑。隋以前称死刑为大辟，隋唐以后改称死刑。

⑦未夕：未到夕阳落山，即白天。

⑧留后：官职名。中唐以后，藩镇势力扩大，有时节度使不能亲自主事，这时便会让其亲属或者下属代行职务，这些人就被为节度留后或观察留后。

【译文】

己卯年夏天，元太祖西征，出兵祭旗那天，下了三尺厚的大雪。元太祖对此非常疑惑。耶律楚材说："这是玄冥之气，在盛夏时节出现，乃是战胜敌人的征兆。"庚辰年冬天，天空响起了巨大的雷声，元太祖又向耶律楚材询问，他回答说："当地首领应该会死于郊外。"后来这些话都应验了。西域掌管历法之人上奏说五月望夜的时候会发生月食，耶律楚材说不会，果然没有发生月食。第二年十月，耶律楚材说会发生月食，西域人说不会，而最终月亮蚀去八分。壬午年八月，有长星在西方出现，耶律楚材说："金国人将要换国君了。"第二年，金宣宗就死了。甲申年，元太祖进入东印度地区，驻军在铁门关，有只一角兽，身形如鹿而长了马尾，颜色是绿色的，能说人话，对侍卫说："你们的国君最好早点回去。"元太祖向耶律楚材询问此事，耶律楚材说："这是祥瑞之兽，它名叫角端，能说各国语言。爱怜生灵，厌恶杀戮，这是上天赐予符命来告知您，希望您能顺从上天的旨意，以此保全百姓之命。"元太祖当天便班师回朝。丙戌年冬天，耶律楚材跟随元太祖攻下了灵武，其他将领都在争相抢夺财物美女，唯独耶律楚材在收集那些遗散的书籍以及大黄等药材。不久后很多士兵生病了，因为有大黄的医治很快便痊愈了。元太祖亲自管理西面领土，还没顾得上建立制度，州郡的长官随意生杀，以至于强虏百姓的妻子儿女做奴隶，掠夺财物，兼并田地，所杀之人堆满了市集。耶律楚材听闻此事为之哭泣，随即入朝上奏，请求下禁令给州郡官吏，非有朝廷圣旨，不得私自征发百姓，囚犯犯了死罪，必须等到朝廷下旨才能处决，违反者当判死罪。自此以后贪污暴敛的事情逐渐减少了。燕京一带有很多大盗，大白天就拉着牛车到富人家去抢夺财物，若是不给就杀人。朝廷闻知此事，就派遣宦官和耶律楚材一起前往处置。耶律楚材在当地询问调查，知道了那些大盗的姓名，都是留后的亲属以及有权势人家的子弟，耶律楚材将他们全部逮捕入狱，并在市集上公开处决了十六人，燕京百姓生活才开始安定下来。

太宗立[①]，近臣别迭等言汉人无补于国，可尽空其人以为牧地。楚材曰："陛下将南伐，军需宜有所资，诚能定中原，地税、商税、盐、酒、铁冶、山泽之利，岁可得银五十万两，帛八万匹，粟四十余万石，足以供给，何谓无补哉？"帝曰："卿试为朕行之。"乃奏立燕京等十路征收课税使，凡长贰悉用士人。如陈时可、赵昉等，皆宽厚长者，极天下之选。参佐皆用省部旧人。辛卯秋，帝至云中，十路咸进廪籍及金帛，帝笑谓楚材曰："汝不去朕左右，而能使国用充足，南国之臣，复有如卿者乎？"对曰："在彼者，皆贤于臣。臣不才，故留燕为陛下用耳。"帝嘉其谦，即日拜中书令。壬辰春，帝南征，诏逃难之民来降者免死。或曰："此辈急则降，缓则走，徒以资敌，不可宥。"楚材请制旗数百，以给降民，使归田里，全活甚众。汴梁将下，大将速不台遣使来言："金人抗拒持久，师多死伤，城下之日，宜屠之。"楚材驰入，奏曰："将士暴露数十年，所欲者，土地人民耳。得地无民，将安用之？"诏罪止完颜氏，余皆勿问。时避兵居汴者得百四十七万人。又请求孔子后袭衍圣公，收太常礼乐生，及召名儒梁陟、王万庆、赵著等，使释"九经"，以兴文治。帝议裂州县，赐亲王功臣，楚材曰："裂土分民，易生嫌隙，不如多以金帛与之。"帝曰："已许，奈何？"楚材曰："若朝廷置吏，收其贡赋，岁终颁之，使毋擅科征可也。"帝然其议，遂定天下赋税。每二户出丝一斤，以给国用；五户出丝一斤，以给诸王功臣汤沐之资。地税，中田每亩二升又半，上田三升，下田二升，水田每亩五升。商税，三十分而一。盐价，银一两四十斤。既定常赋，朝议以为太轻，楚材曰："作法于凉②，其弊犹贪，后将有以利进者，则今已重矣。"丁酉，楚材又奏曰："制器必用良工，守成必用儒臣，请以经义、词赋、论分为三科，儒人被俘为奴者，亦令就试，其主匿弗遣者，死。"得士凡四千三百人，免为奴者四之一。

【注释】

①太宗：窝阔台（1186—1241）。成吉思汗第三子，蒙古帝国大汗。元世祖忽必烈追尊为太宗。

②凉：通"谅"，宽厚。

【译文】

元太宗即位，近臣别迭等人说汉人对国家没有用处，可以将他们全部杀光，将土地变为牧场。耶律楚材说："陛下将要南征，军需要有地方提供，如果真的能够平定中原，地税、商税、盐、酒、铁冶、山泽所产生的利润，每年可得银五十万两，布帛八万匹，粟四十余万石，足以供给国家花费，怎么能说对国家没有用处呢？"皇帝说："那你先试着为朕办理一下。"于是耶律楚材上奏，设立了燕京等十路征收课税使，凡正、副长官都任用读书人。如陈时可、赵昉等，他们都是宽厚的长者，是天下一流的人物。属官都用以前在金国供职的人员。辛卯年秋天，皇帝到云中，十路征收课税使都送来了记录粮食贮备的簿册和黄金、绢帛，皇帝笑着对耶律楚材说："你没有离开过我的身边，却能使国家经费充裕，南国还有像你这样的大臣吗？"耶律楚材回答说："那里的人，都比我更加贤明能干。我没什么才干，所以留在燕京为陛下所用。"皇帝赞赏他谦虚，当即任命他为中书令。壬辰年春天，皇帝南征，下诏凡是逃难的百姓只要投降就能免死。有人说："这些人在情势危急的时候就投降，情势有所缓和就离开，这是白白地帮助敌人，不能宽容他们。"耶律楚材请求制作数百件旗子，把这些给那些投降的百姓，让他们返回乡里，保全了很多人的性命。汴梁将要攻下时，大将速不台派遣使者报告说："金人顽强抵抗，我们的军队死伤甚多，攻下城池的时候，应当屠城。"耶律楚材连忙上奏劝阻说："将士们在外征战数十年，希望得到的，就是那些被征服的土地和百姓。如果得到了土地却没了百姓，那么要土地又有什么用呢？"皇帝随即下诏，只追究完颜氏之罪，其余的人都不追究。当时为了躲避兵祸，在汴梁居住的人有一百四十七万。耶律楚材又请求派人寻访孔子的后代，让他承袭衍圣公的封号，他还建议收用太常礼乐生，征召著名的儒者梁陟、王万庆、赵著等，让他们解释"九经"，以此来大兴文治。皇帝与众臣商议划割州县来赐给亲王和有功之臣，耶律楚材说："割裂国土，分划百姓，容易产生嫌隙，不如多分给他们一些金帛。"皇帝说："我已经许诺他们了，怎么办呢？”耶律楚材曰：“如果朝廷设置官吏，每年收取赋税，年底的时候分给他们，让他们不要擅自征收赋税，这样就可以了。”皇帝认可他的提议，于是规定了天下赋税。每两户出丝一斤，作为国家的用度；每五户出丝一斤，作为诸王功臣食邑的资费。地税，中等田每亩交两升半，上等田交三升，下等田交二升，水田每亩五升。商税，三十取一。盐价，银一两四十斤。固定的赋税已经拟定好了，朝廷众臣却认为赋税太轻，耶律楚材说：“宽容地制定法律，依然会出现贪污的弊端，以后将有凭借金钱晋升的，那么今天的赋税已经很重了。”丁酉年，耶律楚材上奏说：“制作器物一定要用优秀的工匠，想要守住国家就必须用儒臣，请将经义、词赋、论分为三科，那些被俘为奴的儒学者，也让他们参加考试，有藏匿不让他们参加考试的主人判死罪。”一共有四千三百名士人参加了考试，被赦免不再当奴隶的有四分之一。

岁辛丑冬，帝崩。皇后乃马真氏称制，崇信奸回。楚材面折廷争，言人所难言，人皆危之。甲辰夏，薨于位，年五十五。赠经国议制寅亮佐运功臣，封广宁王，谥文正。后有谮楚材者，言在相位日久，天下贡赋半入其家，后命近臣麻里扎覆视之，唯琴阮十余，及古今书画、金石、遗文数千卷①。

此王佐也。通天人、兼文武，古今名臣绝少。

【注释】

①琴阮：即阮琴，其形似月琴。相传为阮咸所制，故有此名。

【译文】

辛丑年冬，皇帝驾崩。皇后乃马真氏执掌大权，重用信任奸邪之人。耶律楚材在朝廷上当面进行诤谏，说了别人不敢说的话，人们都为他的处境担心。甲辰年夏天，耶律楚材在任上去世，享年五十五岁。朝廷追赠他为经国议制寅亮佐运功臣，追封广宁王，谥号为文正。后来有人诬陷耶律楚材，说他居相位时间很长，天下的贡赋大半都被他收入自己家里，皇后命近臣麻里扎去他家察看，结果发现他家只有十多台阮琴，以及古今书画、金石、遗文几千卷。

这就是辅佐君王的人。能够通晓天人之道，文武双全，纵观古今，这样的名臣也是非常稀少的。

上 廉希宪

廉希宪，字善甫，布鲁海牙子也[①]。九岁，家奴四人盗五马逃去，法当死，希宪泣谏，释之。希宪尝侍母居中山，有二奴醉，出恶言，希宪曰："是以我为幼也。"即送系府狱杖之。

【注释】

①布鲁海牙（1197—1265）：西州高昌（今新疆吐鲁番）人。畏兀儿族，大蒙古国大臣。以其官职"廉访使"为子孙取汉姓"廉"。

【译文】

廉希宪，字善甫，是布鲁海牙之子。廉希宪九岁时，有四个家奴偷了五匹马逃走了，依法当处死，廉希宪哭着劝谏，最终使他们被释放。廉希宪曾住在中山侍奉母亲，有两个家奴喝醉了，口出恶言，希宪说："这是欺负我年幼。"于是将二人捆绑起来送到官府监狱之中，杖责了他们。

世祖为皇弟[①]，希宪年十九，得入侍。笃好经史，手不释卷。一日，方读《孟子》，闻召，急怀以进。世祖问其说，遂以性善、义利、仁暴之旨对，世祖嘉之，目曰"廉孟子"。尝与近臣校射，希宪只插三矢，发皆中，众惊服曰："真文武材也。”

【注释】

①世祖：忽必烈（1215—1294）。元宪宗蒙哥弟，元朝的创建者。

【译文】

元世祖还是皇弟时，廉希宪十九岁，得以到元世祖身边供职。他非常喜好经史著作，手不释卷。一天，正在读《孟子》时，听到元世祖召见，急急忙忙地揣着书就前去进见。元世祖问他孟子之学说，他于是就用人性善、重义轻利、行仁政而不行暴政的观点回答，世祖嘉许他，视他为“廉孟子”。他曾与皇帝身边的近臣比赛射箭，廉希宪只发了三箭，三发全中，众人都惊叹佩服，说道：“真是文武全材。”

岁甲寅，世祖以京兆分地，命希宪为宣抚使。希宪讲求民病，抑强扶弱，暇日从名儒许衡、姚枢辈，咨访治道，首请提举学校[①]，教育人材。世祖渡江，取鄂州，希宪率儒生百余拜伏军前，言王师渡江，凡俘获士人，宜遣还以广异恩。世祖嘉纳之，放还者五百余人。宪宗崩[②]，希宪劝世祖还京，正大位以安天下。世祖即位，建元中统。时刘太平、霍鲁海在关右，浑都海在六盘，皆相通谋反，希宪以便宜调度，以平秦蜀诸叛者。帝大嘉之，曰：“希宪真男子也。”进拜平章政事，赐宅一区，时希宪年三十矣。

【注释】

①首请提举学校：《元史·廉希宪传》载为：“首请用衡提举京兆学校，教育人材。”

②宪宗：蒙哥（1209—1259）。成吉思汗之孙，拖雷之子。忽必烈追

尊为宪宗。

【译文】

甲寅年，元世祖以京兆地区分封土地，任命廉希宪为京兆宣抚使。廉希宪着力探求百姓困苦的原因，抑制豪强，扶助弱小，闲暇之时，向著名的儒生许衡、姚枢等人寻求治国之道，他最先提出请元世祖任用许衡来管理京兆学校，教育人才。元世祖渡江攻取鄂州时，廉希宪率儒生百余人拜伏在军队前，请求世祖在军队过江之后，凡是俘获的士人，应当遣送回乡以广施恩典。元世祖称赞他并且接受了建议，有五百余人得以被遣送回家。元宪宗驾崩后，廉希宪劝元世祖回京继承皇位以安天下。元世祖即位，以中统为年号。当时刘太平、霍鲁海在关右，浑都海在六盘，都相互私通谋反，廉希宪灵活地调度军队，平定了秦蜀等地叛乱之人。元世祖对他大加赞赏，说："廉希宪是真男子。"升任他为平章政事，并赐予一座宅邸，当时廉希宪三十岁。

希宪奏四川降民散处山谷，宜申饬军吏，禁止俘掠，又禁诸人无贩易生口。所获宋臣张炳震、王政，俱以母老愿赐矜放，希宪皆遣之还。宋将家属之在北者，希宪岁给其粮。仕于宋者，子弟得越界省亲。希宪在中书，振举纲维，综劾名实，典章文物，粲然可考。

【译文】

廉希宪上奏说四川归降的百姓都分散在山谷之中，应当告诫军吏，禁止掳掠，并禁止贩卖人口。被俘获的宋臣张炳震、王政，都因为其母亲年老，希望能够放归，廉希宪将他们都放回了家中。那些家属在北方的宋朝将士，廉希宪每年都给予其家属粮食。在宋朝为官的人，他们的子弟能够跨越边界省亲。廉希宪在中书省的时候，整顿纲纪，考评事物是否名实相符，制定法令、礼乐、制度，收集历代遗留文物，成效卓著。

至元元年[1]，丁母忧，行古丧礼，勺水不入口者三日，恸则呕血不能起。有诏夺情起复[2]，出则素服从事，入必缞绖[3]。及丧父，亦如之。奸臣阿合马领左右部[4]，专总财赋，其党相攻击，帝命中书推覆，众畏其权，莫敢问。希宪穷治其事，以状闻，杖阿合马，罢所领归有司。帝谕希宪曰："吏废法而贪，民失业而逃，工不给用，财不赡费，先朝患此久矣。自卿等为相，朕无此忧。"对曰："陛下圣犹尧舜，臣等未能以皋陶、稷、契之道，赞辅治化，今日小治，未足多也。"有内侍传旨入朝堂，言某事当尔，希宪曰："此阉宦预政之渐，不可启也。"遂入奏，杖之。

【注释】

①至元：元世祖忽必烈年号（1264—1294）。

②夺情起复：古代丁忧制度的延伸，意思是为国家夺去了孝亲之情，即守丧之时不必去职，以素服办公。

③缞绖（cuī dié）：丧服。

④阿合马（？—1282）：元朝大臣。

【译文】

至元元年，廉希宪母亲去世，他遵行古代丧礼，三天一勺水都不喝，因悲恸而呕血不能起身。皇帝下诏命他不必离职守孝，他就外出时穿素服，回家之后则穿丧服。他父亲去世时，也是如此。当时奸臣阿合马领中书左右部，总揽财政大权，他的党羽在朝中相互攻讦，皇帝下令让中书省予以整治，众人害怕阿合马的权势，没人敢过问此事。廉希宪则全力办理此事，并将情况告知皇帝，皇帝杖责阿合马，免去他所负责的事务，重新划归相关的部门处理。皇帝下诏对廉希宪说："官吏废弛法令，贪赃枉法，百姓失业，四散逃离，生产不继不能供给用度，财政匮乏不能支撑消费，先朝长期为此而担忧。自从你入朝为相，朕再也没有这方面的忧虑了。”廉希宪回答道：“陛下圣明，犹如尧舜，臣未能以皋陶、稷、契的为臣之道辅佐皇上治理国家，如今国家只是稍有治理，还有许多事没能办到。”曾有内侍进入朝堂传达旨意，说某件事情应当这样处理，廉希宪说：“这是阉官想要干预朝政的苗头，不能够开此先例。”于是上奏皇帝，杖责了他。

希宪每奏议帝前，论事激切，无少回惜。帝曰：“卿昔事朕王府，多所容受。今为天子臣，乃尔木强邪？”对曰：“王府事轻，天下事重，一或面从，天下将受其害，臣非不自爱也。”一日，帝问侍臣曰：“希宪居家何为？”阿合马谗之曰：“日与妻子宴乐尔。”帝变色曰：“希宪清贫，何从宴设？”希宪尝有疾，须沙糖作饮，时最艰得，家人求于外，阿合马与之二斤，且致密意。希宪却之，曰：“使此物果能活人，吾终不以奸人所与求活也。”帝闻而遣赐之。诏希宪为北京行省平章政事。朝廷降钞买马六千五百匹，希宪遣买于东州，得羡余马千三百匹。希宪曰：“上之则若自炫。”即与他郡之不及者，以其直还官。

【译文】

廉希宪每次在皇帝面前上奏，谈论事情言辞激切，没有什么顾虑。皇帝说：“你以前在王府中侍奉我，很是宽容。如今身为天子之臣，竟这样强硬吗？”廉希宪回答道：“王府之事轻，天下之事重，一但我轻易顺从，天下将深受其害，臣并不是不自爱。”一天，皇帝问侍臣说：“廉希宪平常在家干什么？”阿合马诽谤他说：“每天都与妻子欢宴享乐。”皇帝脸色大变，说：“廉希宪清贫，拿什么来设宴？”廉希宪曾有疾病，必须要喝沙糖水，当时沙糖非常难以得到，他的家人就向外人求助，阿合马送来二斤沙糖，并且表达了亲近之意。廉希宪拒绝了，说："纵然这东西能够让人活下来，我也不能接受奸人所给的东西来求活命。"皇帝听说了就派人赐给他沙糖。朝廷下诏让廉希宪担任北京行省平章政事。朝廷拨款买马六千五百匹，廉希宪派人去东州购买，还多购得了一千三百多匹。廉希宪说："如果上交朝廷，那么就像是在自我炫耀。"于是就将多余的马匹给予了那些没有买够的郡，把结余的款项交还官府。

阿里海牙下江陵①，诏希宪行省荆南。时宋故官礼谒大府②，必广致珍玩。希宪拒之，且语曰："汝等身仍故官，或不次迁擢，当念圣恩，尽力报效。今所馈者，若皆己物，我取之为非义；一或系官，事同盗窃；若敛于民，不为无罪。宜戒慎之。"关吏得江陵人私书，不敢发，上之，枢密臣发之帝前，中有曰："归附之初，人不聊生，皇帝遣廉相出镇，岂惟人渐德化，昆虫草木咸被泽矣。"帝曰："希宪不嗜杀人，故能尔也。"希宪疾久不愈，有诏召还，民号泣遮道留之不得③，相与画像建祠。希宪还，囊橐萧然④，琴书自随而已。后有大星陨于正寝之傍，流光照地，久之方灭。是夕，希宪卒，年五十。大德八年⑤，赠忠清粹德功臣，封魏国公，谥文正。

【注释】

①阿里海牙（1227—1286）：畏兀儿族，西域北庭（今新疆吉木萨尔）人。元代军事将领，诗人贯云石祖父。

②大府：上级官府。

③遮道：拦路。

④囊橐：行李。

⑤大德：元成宗铁穆耳年号（1297—1307）。

【译文】

阿里海牙攻取江陵后，皇帝下诏让廉希宪到荆南行省任职。当时宋朝旧官拜谒上级官府的时候，必然会大量赠送珍宝。廉希宪拒绝接受，并且说："你们现在仍然官居原位，有的还得到破格提拔，你们应当感念当今皇上的恩德，尽力报效。你们今天所赠之物，如果都是你们自己的东西，我受取了就是不义；如果说是官家之物，那么就如同盗窃；如果是从百姓家中聚敛而来，就不是无罪的了。此事你们应当引以为戒。"守关的吏员得到了一封江陵人的私信，不敢打开，便将其上交朝廷，枢密臣在皇帝面前打开了这封信，信中写道："我们刚刚归附的时候，民不聊生，皇帝派遣廉希宪镇抚此地，何止人们渐渐被道德感化，连昆虫草木都受了恩泽。"皇帝说："廉希宪不以杀人为嗜好，因此能做到这样。"廉希宪生病久治不愈，皇帝下诏让他回京，百姓哭号着拦路想要留住他，没能成功，于是为他画了画像，建起了祠堂。廉希宪回京之时，行李空空荡荡，只携带了琴和书。后来有大星陨落在廉希宪卧室的旁边，闪动的光芒照亮了大地，很久才熄灭。当晚，廉希宪便去世了，享年五十岁。大德八年，朝廷追赠廉希宪为忠清粹德功臣，追封魏国公，谥号为文正。

希宪十九能明孟子仁义性善之旨，名儒良相功德咸备，宋韩、范诸公无以复加，岂惟廉哉，岂惟廉哉！内侍有传旨者，公曰："此阉宦预政之渐，不可启也。"入奏杖之。方今当事大臣对之，宁不愧汗？

【译文】

廉希宪十九岁就能明白孟子所说的仁义性善，集名儒、良相的品德功业于一身，即使宋朝的韩琦、范仲淹诸公也不能比他做得更好，岂止仅仅是廉洁啊，岂止仅仅是廉洁啊！内侍前来传旨意，他说："这是宦官想要干预朝政的苗头，不能够开此先例。”向皇帝上奏，廷杖了内侍。今日执掌政事的大臣看到廉希宪的事迹，难道不会惭愧汗颜吗？

董文用

董文用，字彦材，真定藁城人[①]。阿术奉诏伐宋[②]，召文用为其属。文用辞曰：“新制，诸侯总兵者，其子弟勿复任兵事。今吾兄文炳，以经略使总重兵，我不当行。”

【注释】

①真定藁城：今河北石家庄藁城区。

②阿术（1234—1287）：蒙古族，都元帅兀良合台之子。元朝初期大将。

【译文】

董文用，字彦材，真定藁城人。阿术奉诏讨伐宋，召董文用为其属官。董文用推辞道：“按照新制的规定，统兵诸侯，他的子弟不能再掌管兵中事务。现在我的兄长董文炳，以经略使的官职统领重兵，因此我不应当随你出行。”

至元改元，召为西夏、中兴等路行省郎中。始开唐来、汉延、秦家等渠，垦中兴、西凉、甘肃、瓜沙等州之土，为水田若干，于是民之归者户四五万，悉授田种，颁农具。更造舟置黄河中，授诸部落及溃叛之来降者。时诸王只必铁木儿镇西方，其下纵横需索无算，省臣不能支。文用坐幕府，辄面折以法，其徒积忿，谮文用于王。王怒，召文用，使左右杂问之，意叵测。文用曰：“我天子命吏，非汝等所当问，请得与天子所遣为王傅者辩之。”王即遣其傅讯文用。文用谓曰：“我汉人，生死不足计。所恨者，仁慈宽厚如王，以重戚镇远方，而其下毒虐百姓，凌暴官府，伤王威名，于事体不便。”因历指其不法者数十事，其傅惊起，去白王，王召文用谢之曰：“非郎中，我殆不知。郎中持此心事朝廷，宜勿怠。”自是谮言不行，省府事颇立。

【译文】

至元元年，朝廷下诏任命他为西夏、中兴等路行省郎中。董文用兴建了唐来、汉延、秦家等河渠，开垦中兴、西凉、甘肃、瓜沙等州的土地，开辟出若干水田，于是有四五万户百姓前来归附，董文用给他们都分发了田地让他们耕种，发给他们农具。他又制造船只放置在黄河之中，交给那些前来归附的部落以及溃散叛逃来投降的人使用。当时蒙古宗王只必铁木儿坐镇西部，他的下属横行霸道，无限度地向行省索取，行省之官员不能负担。董文用在官署之中，当面根据法令斥责他们，这些人心中忿恨，于是向只必铁木儿诬陷董文用。只必铁木儿大怒，将董文用召来，让身边的人来质问他，其用意难以明了。董文用说：“我是天子任命的官吏，不是你们这些人有资格讯问的，请让天子派遣的王爷的老师来讯问我。”只必铁木儿随即派遣他的老师来讯问董文用。董文用对他说：“我是汉人，生死不足为道。所遗憾的，就是王爷本是一个仁慈宽厚之人，并且以皇室贵戚身份坐镇远方，但是他的属下残害百姓，欺压地方官府，败坏了王爷的名声，对王爷来说也不体面。”接着详细指出了他们数十件违法的事，只必铁木儿的师傅非常吃惊，赶忙离开，将此事告诉了只必铁木儿，于是只必铁木儿召见董文用向其道歉说：“要不是郎中，我还全然不知。愿郎中你坚守公忠体国之心为朝廷办事，千万不要懈怠。”自此以后，谗言再也不起作用了，行省的事也就好办了。

寻为工部侍郎。出为卫辉路总管，佩金虎符。郡当冲要。会初得江南，图籍、金玉、财帛之运，不绝于道，警卫输挽①，日役数千夫。文用忧民力不给，乃从转运主者言："州县吏卒，足以备用，不必重烦吾民也。"主者曰："汝言诚然，万一有不虞，则罪将谁归？"文用手书具官姓名保任之。民得以时耕，而运事亦不废。

【注释】

①输挽：运送物资。

【译文】

不久董文用被任命为工部侍郎。又出任卫辉路总管，佩带金虎符。他所辖之郡为军事重地。此时恰逢刚刚占领江南，图册文书、金玉、财帛的运输，在路上源源不断，护送和运输，每天都需要役使数千人。董文用担心民力不能够承担，于是对主管转运的人说："州县的吏卒，已足够用了，不必再劳烦我们的百姓了。"主管转运的人说："你说的确实对，但万一出现了什么差错，谁又来承担这罪过呢？"董文用马上就写下了文书，上面写明了自己的官职姓名，以此来担保这件事。百姓由此得以按农时耕种，而搬运的事情也没有耽搁。

后受代①，归田里，茅茨数椽②，仅避风雨。读书赋诗，怡然燕居。卒年七十有四，赠银青光禄大夫，少保寿国公，谥忠穆。

文用兴利除暴，敬事恤民。茅茨赋咏，萧然归田之致。

【注释】

①受代：旧时谓官吏任满由新官代替为受代。

②茅茨：用茅草盖的屋顶，亦指茅屋。

【译文】

后来董文用的职位被人接替，他便回归田里，有茅屋数间，仅仅能够遮避风雨。他在此读书赋诗，怡然闲居。董文用于七十四岁去世，追赠银青光禄大夫，追封少保寿国公，谥号忠穆。

董文用兴办对民有利的事业，铲除凶暴之徒，处事恭敬谨慎，体恤百姓。在茅屋中赋诗吟咏，有潇洒归隐田园的逸致。

中 王文干

王文干，大名南乐人[①]。善骑射，袭父珍爵为行军万户。从世祖攻鄂州，先登，中流矢，赐以良马金帛。李璮叛[②]，从哈必赤讨平之。论功欲以官赏，文干曰："增秩则荣及一身，赐金则恩逮麾下。"乃以白金二千两、器皿百事、杂彩数百缣赏之，文干悉颁之军中。后解职，避弟文礼，己以鄂州功，升佥东川行枢密院事。历全州、卫辉、东平总管。改江东建康道提刑按察使，卒于官，年五十八。发其箧中，钱仅七缗，贫不能归葬，人以此称之。

辞秩请金以颁军中，此仁廉。

【注释】

①大名南乐：今河南南乐。

②李璮（？—1262）：字松寿，潍州北海（今山东潍坊）人。金末山东军阀李全之子。正大八年（1231），其父李全死，李璮袭为益都行省，拥兵自重。开庆元年（1259），李璮反叛蒙古。景定三年（1262）七月，城破，被俘处死。

【译文】

王文榦，大名南乐人。王文榦善于骑射，承袭其父王珍的官爵担任行军万户。他跟随元世祖攻打鄂州时，率先登上城楼，中箭负伤，元世祖赏赐他良马金帛。李璮叛乱时，王文榦跟随哈必赤前去征讨平定。平乱之后，在论功的时候想要用升官作为赏赐，王文榦说："升官增俸只是让我一人显耀，赐予金银则能够恩及麾下军士。"于是用白金二千两、器皿百件、杂色丝织品数百匹作为赏赐，王文榦全部发放给军中将士。王文榦后来解任，将官职让与其弟王文礼，而自己因为平定鄂州有功，升任东川行枢密院事。又先后出任全州、卫辉、东平总管。后来王文榦又改任江东建康道提刑按察使，在任上去世，享年五十八岁。人们打开他家里的箱子，发现仅仅有钱七缗，贫穷得无法回故乡安葬，人们因此而称道他。

推辞升官而请求赐予金银分发军中军士，这就是仁爱而清廉。

中贾居贞

贾居贞，字仲明，真定获鹿人[①]。为行台从事。时法制未立，人以贿赂相交结，有馈黄金五十两者，居贞却之。世祖在潜邸[②]，知其贤，召用之。及即位，授中书左右司郎中。一日，帝问："郎俸几何？"居贞以数对。帝谓其太薄，敕增之，居贞辞曰："品秩宜然，不可以臣而紊制。"刘秉忠奏居贞为参知政事[③]，又辞曰："他日必有由郎官援例求执政者，将何以处之？"不拜。

【注释】

①真定获鹿：今河北石家庄鹿泉区。

②潜邸：本指皇帝即位前的住所，这里借指太子尚未即位。

③刘秉忠（1216—1274）：字仲晦，邢州（今河北邢台）人。蒙古国至元代初期政治家、文学家。

【译文】

贾居贞，字仲明，真定获鹿人。他任职行台从事。当时国家的法令制度还未确立，人们以贿赂相互勾结，有人以黄金五十两赠与贾居贞，贾居贞拒绝了。元世祖尚未即位时，知道他非常贤德，便召见任用了他。等到元世祖即位，授予他中书左右司郎中之职。一日，世祖问："郎中俸禄多少？"贾居贞如数回答。世祖说太少了，下令增加，贾居贞推辞道："我的品级应当是这么多俸禄，不能因为我而扰乱制度。"刘秉忠上奏请求任命贾居贞为参知政事，贾居贞又推辞道："他日必然会有人援引此例，由郎官之职直接升为执政大臣，那又将如何处置呢？"没有接受任命。

丞相伯颜伐宋[①]，居贞以宣抚使议行省事，发仓廪以赈流亡。宋宗室子孙流寓者，皆廪食之。东南未下，商旅流滞者，皆给引以归之。免括商税，并湖荻之禁，一方安之。

【注释】

①伯颜：元朝初年名臣。

【译文】

丞相伯颜征伐宋朝，贾居贞以宣抚使的身份参议行省事务，打开粮仓赈济流亡的百姓。宋朝那些流亡寄居鄂州的皇室子孙，贾居贞也都给了他们食物。东南地区有一些尚未攻下的州郡，那里的商人旅客滞留在鄂州，都发给了凭证让他们回去。免征商税，开放湖禁，一方百姓得以安居乐业。

南安李梓发反，居贞虑将帅出兵扰民，请亲往，卒才千人，营于城北，遣人谕之。贼众闻居贞至，皆散匿不复为用。梓发闭妻子一室自焚死。比还，不戮一人。杜万一乱都昌，居贞调兵擒戮之。矜释所蔓延不计其数。凡有所牒，皆投于水火。年六十三，以疾卒于位，赠推忠辅义功臣，封定国公。

却金辞官，两有平贼，功而能仁。

【译文】

南安李梓发造反，贾居贞怕将帅出兵扰民，于是请求亲自前往，所率兵士才千人，扎营于城北，派人去劝说叛贼。叛贼部众听说贾居贞到了，都四散逃匿，不再为李梓发卖命。李梓发将自己的妻子和儿女关在一间屋子里面自焚而死。直到平乱回朝，没有滥杀一人。杜万一在都昌反叛，贾居贞调兵将其擒获并斩杀。所释放的相关人员不计其数。那些告发的文书，全都焚毁。贾居贞六十三岁时，因病在任上去世，朝廷追赠他推忠辅义功臣，封为定国公。

拒绝黄金，推辞官职，两次平定了反贼，有功绩并且富有仁爱之心。

上彻里

彻里，燕只吉台氏。曾祖太赤，为马步军都元帅，从太祖定中原，以功封徐、邳二州，因家于徐。彻里幼孤，母蒲察氏教以读书。至元十八年，世祖召见，应对详雅，悦之。从征东北边还，因言大军所过，民不胜烦扰，冻饿且死，宜加赈给。帝从之，乃赐边民谷、帛、牛、马有差[①]，赖以存活者众。后奉使江南省风俗，访遗逸[②]。时行省理财方急，卖所在学田[③]。彻里曰："学田所以供祭礼、育人才也，安可鬻？"遽止之。

【注释】

①有差：有区别，不同。

②遗逸：隐士。

③学田：旧时办学用的公田，以其收入作为学校经费。

【译文】

彻里，燕只吉台氏人。彻里的曾祖父太赤官至马步军都元帅，跟随元太祖平定了中原，以功勋而被赐封徐、邳二州为食邑，所以安家于徐州。彻里幼年丧父，其母蒲察氏教他读书。至元十八年，元世祖召见彻里，他在交谈中应对详尽优雅，元世祖对他十分满意。他在跟从元世祖征伐东北返回后，进言说大军经过的地方，百姓不堪其扰，饥寒交迫而死，应当赈济他们。元世祖听从了他的建议，于是分别赐给边疆人民粮食、布帛、牛、马，很多人依靠这些而活了下来。后来彻里奉命前往江南考察民风民俗，寻访隐逸之士。当时的行省急于治理财政，卖掉了所在地区的学田。彻里说："学田是用来供给祭祀、培育人才的，怎么能卖呢？"立即制止了这种行为。

时桑哥为相[①]，引用党与，钩考天下钱粮[②]，行省乘风，督责尤峻。民不胜苦，自裁及死狱者以百数，中外骚动，廷臣莫敢言。彻里乃于帝前具陈桑哥奸贪误国害民状，辞语激烈。帝怒，谓其毁诋大臣，命左右批其颊，彻里辩愈力。帝悟[③]，命羽林三百人籍桑哥家，得珍宝如内藏之半。桑哥诛，诸枉系者始得释。复奉旨往江南，籍桑哥姻党，皆弃市，天下大快。彻里往来，凡四道徐，皆过门而不入。

【注释】

①桑哥（？—1291）：元朝宰相。在任期间独揽朝政大权，进行了一

系列的财政经济制度改革。

②钩考：探求考核。

③帝悟：据《元史·彻里传》所载："彻里辩愈力，且曰：'臣与桑哥无仇，所以力数其罪而不顾身者，正为国家计耳。苟畏圣怒而不复言，则奸臣何由而除，民害何由而息！且使陛下有拒谏之名，臣窃惧焉。'于是帝大悟。"

【译文】

桑哥担任丞相时，引荐任用其党羽来核定天下的钱粮，各行省趁势对百姓大加督察责罚。百姓不堪其苦，数百人自杀或死在狱中，朝廷内外动荡不安，朝臣都不敢说。于是彻里在皇帝面前详细陈述了桑哥奸诈贪婪误国害民的情况，言辞十分激烈。皇帝大怒，说他诽谤诋毁大臣，命左右侍从打他的脸，彻里争辩得更加激烈。皇帝幡然醒悟，命羽林军三百人去抄桑哥的家，搜得的珍宝多达内府收藏的一半。桑哥被诛杀，那些被冤枉的人也得以释放。彻里又奉旨前往江南，抄没桑哥的姻亲之家，将他们在街市上处斩，天下人心大快。彻里在此间四次路过徐州，都是过家门而不入。

进拜御史中丞，俄迁福建行省平章政事。汀、漳剧盗欧狗久不平，引兵征之。有降者劳以酒食，他栅闻之，悉款附。未几，欧狗为其党缚致于军，枭首以狗[①]，胁从者不戮一人，汀、漳遂平。成宗立，拜江南诸道行台御史大夫。一日召都事贾钧谓曰："国家置御史台，所以肃清庶官、美风俗、兴教化也。乃者，御史不存大体，巡按以苛为明，征赃以多为功，至有迫子证父、弟证兄、奴讦主者，伤风败教，莫兹为甚。君为我语诸御史，毋庸效尤为也。"帝闻而善之。后召入为中书省平章政事。以疾薨，年四十七。薨之日，家资不满二百缗，人服其廉。赠推忠守正佐理功臣，封徐国公，谥忠肃。

巡按以苛为明，征赃以多为功，今亦有之。语诸御史，有关风教。

【注释】

①狥：同“徇”，巡行示众。

【译文】

彻里升任御史中丞，不久改任福建行省平章政事。汀、漳等地有大盗名叫欧狗，长期没能剿灭，于是彻里领兵征讨他。有前来投降的人就用酒食慰劳他们，其他营寨中的人听说后，纷纷前来投降。不久，欧狗被他的同党绑送到了军营，彻里将欧狗斩首示众，他手下之人一个也没杀，于是汀、漳地区被平定。元成宗即位，任命彻里为江南诸道行台御史大夫。有一天彻里召见都事贾钧，告诫他说：“国家设立御史台，是用来肃整吏治、美化风俗、兴办教育的。过去御史不顾大体，巡按以繁细为明察，查获赃物以多作为功绩，以至于有强迫儿子指认父亲、弟弟指认兄长、奴仆揭发自己的主人的，败坏道德风气，莫过于此。请您帮我告诫诸御史，不要效法这些人。”皇帝听说后非常赞赏他。后来彻里被召回京城任中书省平章政事。他因病去世，享年四十七岁。彻里去世时，家中财物不超过二百缗，人们都叹服他的廉洁。朝廷追赠他为推忠守正佐理功臣，追封徐国公爵位，谥号为忠肃。

巡按以繁细为明察，查获赃物以多作为功绩，这种现象今天也有。正告诸位御史，与风俗教化相关。

申屠致远

申屠致远，字大用，为杭州总管府推官[①]。宋驸马杨镇从子玠节，家故饶，守藏吏姚溶窃其银，惧事觉，诬玠节阴与宋广、益二王通，有司榜笞，诬服，狱具。致远谳之[2]，得其情，溶服辜，玠节冤得雪，因怀金致谢，致远怒绝之。

【注释】

①推官：官职名。唐朝始置，掌推勾狱讼之事。

②谳（yàn）：审判定罪。

【译文】

申屠致远，字大用，曾任杭州总管府推官。宋朝驸马杨镇的侄子杨玠节，家财殷实，看守财物的官吏姚溶盗取了他的银两，因害怕事情被察觉，于是诬陷杨玠节暗地与宋朝的广、益二王勾结私通，官吏拷打杨玠节，迫使他认罪，具结罪案。申屠致远审核之时，查明其中的隐情，使姚溶认罪，杨玠节的冤屈得以昭雪。于是杨玠节带着金子前去致谢，申屠致远生气地回绝了他。

后拜江南行台监察御史。时桑哥当国，治书侍御史陈天祥使至湖广[1]，劾平章要束木[2]，桑哥摘其疏中语，诬以不道，奏逮天祥。时行台遣御史按湖广，咸惮之，莫敢往。致远慨然请行，比至，累章极论之。桑哥方促定天祥罪，会致远章上，为之气沮[3]。后佥淮西江北道肃政廉访司事，行部至和州，卒。致远清修苦节，家无余产，生平耻事权贵，有书万卷，号曰墨庄。

【注释】

①陈天祥：字吉甫，赵州宁晋（今河北宁晋）人。官至中书右丞。

②要束木：人名。

③气沮：气势馁弱。

【译文】

后来申屠致远被任命为江南行台监察御史。当时桑哥把持朝政,治书侍御史陈天祥下派到湖广,弹劾平章要束木,桑哥对陈天祥弹劾奏疏中的话断章取义,诬陷他大逆不道,奏请逮捕陈天祥。当时行台要派遣御史巡查湖广,大家都害怕桑哥,因此没人敢去。申屠致远毅然请求前往,他到了湖广之后,多次上奏极力为陈天祥争辩。桑哥正催促定陈天祥之罪,正赶上申屠致远的奏章呈上,桑哥的气势馁弱下来。后来申屠致远任淮西江北道肃政廉访司事,在和州巡视的时候去世。申屠致远清廉修身,生活贫苦节俭,家中没有产业,一生以事奉权贵为耻,他的书斋之中存有书万余卷,名号叫墨庄。

下 赵与漂

赵与漂,字晦叔,宋宗室子。登进士第,为鄂州教授。世祖问宋宗室之贤者,伯颜首以与漂对。召见,言宋败亡之故,悉由误用权奸,辞旨激切。即授翰林待制。疏陈江南科敛急督,移括大姓,宋世丘垅暴露,皆大臣擅易明诏所为[①]。时京师雾四塞,虎入南城。与漂又疏言权臣专政之咎。未几,桑哥败,平章不忽木奏与漂贫窭有守[②],有抱负。世祖曰:"得非指权臣为虎者邪?"赐钞万三千贯,岁给其妻子衣粮。累迁翰林学士,以疾卒。贫无以为葬,成宗命有司赙钞五千贯[③],给舟车还葬。赠礼部尚书、天水郡侯,谥文简。

宋仕元者,即不得苛论,然为廉几何?

【注释】

①明诏:英明的诏示。

②不忽木(1255—1300):又名时用,字用臣,康里人。元世祖侍从燕真之子,师从王恂、许衡,历仕元世祖、元成宗两朝,历任中书平章政事、昭文馆大学士、行御史中丞。

③成宗:铁穆耳(1265—1307)。忽必烈之孙,元朝第二位皇帝。

【译文】

赵与漂,字晦叔,是宋朝宗室子弟。他考中进士,担任鄂州教授。当时元世祖询问宋朝宗室之中的贤德者,伯颜首先推荐了赵与漂。于是元世祖召见了他,在谈及宋朝败亡的原因时,赵与漂认为都是由于误用了奸佞权臣,言辞十分激切。赵与漂随即被授以翰林待制之职。他上疏陈述江南地区遭受横征暴敛,强制迁徙、搜刮大户人家,盗掘宋朝皇陵,这都是大臣擅自更改皇帝英明的诏令去做的。当时京师被大雾所笼罩,老虎进入了南城。赵与漂又上疏论说权臣专政的弊端。不久,桑哥被诛杀,平章政事不忽木上奏,说赵与漂清贫能够固守气节,有抱负。元世祖说:"难道就是那个将权臣比作猛虎的人吗?"于是赏赐赵与漂一万三千贯钱,并每年都向他的妻子儿女供给衣食。赵与漂后来累迁至翰林学士,因病去世。他家境清贫,没有下葬的费用,元成宗下令让相关部门发给他家五千贯钱丧葬费,并安排车船送其灵柩回乡安葬。朝廷追赠赵与漂为礼部尚书、天水郡侯,谥号为文简。

宋朝入仕元朝的,即便不被苛刻地评论,能被评为廉洁的又有几个?

上董士选

董士选,字舜卿,文炳次子也。幼从文炳居兵间,昼治武事,夜读书不辍。文炳总师与宋兵战金山,士选战甚力,大败之。丞相伯颜壮其骁勇,奏功,佩金符为管军总管。宋降,随文炳入宋宫,秋毫无所取。未几,请以职让弟士秀。帝嘉其意,命士秀将前卫,以士选同佥枢密院事。

【译文】

董士选，字舜卿，是董文炳的二儿子。他自幼随其父董文炳生活在军中，白天处理军中事务，夜间勤奋读书。董文炳率军与宋兵战于金山，董士选在战斗中非常勇猛，大败敌军。丞相伯颜称赞他骁勇，为他奏请战功，于是他被授予金符，担任管军总管。宋朝投降后，董士选随董文炳进入宋朝皇宫，秋毫无犯。不久，董士选上书请求将自己的官职让给弟弟董士秀。皇帝赞赏其用意，下令让董士秀统领前卫军，任命董士选为同佥枢密院事。

宗王乃颜叛[①]，帝亲征之，飞矢及乘舆前，士选出步兵横击之，其众败走。赣州盗刘六十伪立名号，聚众至万余。士选闻将士扰民，不用命，贼势转盛，因请自往，即日就道，不求益兵，但率掾史持文书以去，众莫测其所为。至赣境，捕官吏害民者治之。复察激乱之人，置于法，及诛奸民之为囊橐者[②]。于是民争出，请自效。不数日，遂擒贼魁，散余众归农，赣境遂平。遣使还报，惟请出赃吏数人，并不言破贼功。朝廷嘉其不伐。后迁陕西行省平章政事。

【注释】

①乃颜：元朝蒙古宗王。成吉思汗幼弟铁木哥斡赤斤玄孙。

②囊橐（náng tuó）：窝藏，包庇。

【译文】

宗王乃颜反叛，皇帝御驾亲征，战斗非常激烈，乃颜军队的箭射到了皇帝的车驾前，董士选率领步兵从侧面突击，乃颜溃败逃走。赣州的盗匪刘六十私立国号造反，召集了万余人。董士选听说由于军队扰民，不听指挥，导致叛贼的势力大盛，于是请求由自己前去平乱，他领命当天就出发，没有要求增兵，仅和属下掾史带上文书一同前去，大家都猜不到他想干什么。到了赣州境地，董士选将那些祸害百姓的官吏逮捕治罪。又查出了煽动叛乱之人，将他们依法惩处，诛杀了那些窝藏叛贼的奸民。于是百姓争相出来，请求为官府效力。没过几天，就将贼首擒获，剩下的人也解散回去务农，赣州境内自此平定。董士选派遣使者向朝廷汇报，只请命罢黜赃吏数人，并不谈及自己击破叛贼的功劳。朝廷对他不夸耀功劳的品德大加赞誉。后来董士选升任陕西行省平章政事。

士选生平以忠义自许，尤号廉介，门生部曲无敢持一毫献者。晚年好读《易》，澹然终其身，子孙不异布衣之士，仕者往往称廉吏云。

黜赃吏数人，不言破贼功。学道㧑谦，不易得也。子孙往往为廉吏，源清流洁，信夫。

【译文】

董士选一生以忠义自居，以廉洁耿介而知名，门生部属没有谁敢给他送一丝一毫财物。董士选晚年喜欢读《周易》，终生淡泊恬静，他的子孙与一般百姓无异，其中有为官的，也往往被称为廉吏。

罢黜了赃吏数人，不谈及自己破贼的功劳。学习大道，为人谦和，这是很不容易的。子孙往往成为清廉的官吏，源头清河流方能洁净，的确如此。

下伯答沙

伯答沙，幼入宿卫[①]，事成宗、武宗[②]。由光禄少卿擢同知宣徽院事，寻升院使，遥授左丞相[③]。时朝廷清明，百姓乂安④，伯答沙身事四君，官至太傅。为人清慎宽厚，号称长者。及卒，贫无以敛。诏赠推忠佐理正德秉义功臣，封威平王。

【注释】

①宿卫：古时指在宫禁中值宿、担任皇宫警卫之人。

②武宗：海山（1281—1311）。元朝第三位皇帝。

③遥授：授予官职，而不须到任。

④乂安：太平，安定。

【译文】

伯答沙，幼时入宫担任皇帝侍卫，先后侍奉过元成宗、元武宗。后来由光禄少卿擢升为同知宣徽院事，不久又升任宣徽院使，遥授左丞相头衔。当时朝廷政治清明，百姓生活安定，伯答沙先后辅佐了四代君主，官至太傅。他清廉谨慎，宽厚待人，人们都说他是德高望重的长者。伯答沙去世时，家中清贫，没有殓葬之资。皇帝下诏追赠他为推忠佐理正德秉义功臣，追封威平王爵位。

中张养浩

张养浩，字希孟，济南人。幼有行义，有人遗楮币于途，其人已去，追而还之。游京师，献书于平章不忽木，大奇之，荐入御史台。一日病，不忽木亲至其家问疾，四顾壁立，叹曰："此真台掾也。"未几，拜监察御史。言尚书省变法乱政，将祸天下，遂疏时政万余言。后以父老弃官归养。召为吏部尚书，不拜。年六十卒，赠摅诚宣惠功臣，封滨国公，谥文忠。

廉而孝。

【译文】

张养浩，字希孟，济南人。他自小便有德行节义，曾有人把楮币遗失在路上，那人已经走远了，他还追上去还给人家。张养浩游学京师时，曾将自己的文章进献给了宰相不忽木，不忽木看过之后大为称奇，举荐他到御史台任职。有一天张养浩生病，不忽木亲自到他家探望，见他家徒四壁，感叹道："这种人才是真正的国之栋梁啊。"不久，张养浩被任命为监察御史。他指责尚书省任意更改法令，扰乱朝政，将会祸及天下，于是上万言奏疏议论时政。后来张养浩因为父亲年老，弃官归家奉养父亲。朝廷征召他出任吏部尚书，他没有接受任命。张养浩于六十岁时去世，追赠摅诚宣惠功臣，追封滨国公，谥号为文忠。

廉洁并且孝顺。

中卜天璋

卜天璋，字君璋，洛阳人。性廉直，知大体，为刑部郎中。尚书省臣得罪，仁宗召天璋入见①，时兴圣太后在座，帝指曰："此不贪贿卜天璋也。"因问今何官，天璋对曰："臣待罪刑部郎中②。"复问谁所荐者，对曰："臣不才，误蒙擢用。"帝曰："先朝以谢仲和为尚书③，卿为郎中，皆朕亲荐也。"即以中书刑部印章付之。

【注释】

①仁宗：爱育黎拔力八达（1285—1320）。元朝第四位皇帝。

②待罪：官吏供职的谦辞。

③谢仲和：即谢让，字仲和。元朝大臣。

【译文】

卜天璋，字君璋，洛阳人。卜天璋性情廉洁正直，识大体，曾任刑部郎中。尚书省有大臣获罪，元仁宗召卜天璋入朝觐见，当时兴圣太后在座，仁宗指着卜天璋说："此人就是不贪污不受贿的卜天璋。"于是询问他现在官居何职，卜天璋回答说："臣现为刑部郎中。"太后又问是谁推荐的，回答说："臣不才，蒙陛下提拔任用。"仁宗说："先朝任用谢仲和为尚书，卜天璋为郎中，都是我亲自举荐的。"当即便将中书省刑部的大印交给了他。

后为归德知府，有惠政。改饶州路总管，发粟赈饥民，先全活，而后申请。火延饶之东门，天璋具衣冠拜，火遂息。山有虎为暴，天璋移文山神，虎立歼。以治行第一，升广东廉访使。岭南素无冰，天璋至，人始见冰，以为异。

【译文】

后来卜天璋担任归德知府，为政惠及百姓。后来卜天璋又改任为饶州路总管，他发放粟米赈济饥民，先让饥民全部得以存活，然后才申报开仓放粮。有次饶州发生大火，火势蔓延到了饶州东门，卜天璋穿戴整齐，对火而拜，大火因此熄灭。山中有猛虎为害，卜天璋发出檄文给山神，很快老虎全部被歼。他政绩考评获得第一，升任广东廉访使。岭南之地向来无冰，卜天璋到了之后，人们开始看见冰了，都认为非常奇异。

天历二年[①]，蜀兵起，荆楚大震，复拜山南廉访使，人谓："公年八十，老矣，可辞此行。"天璋曰："国步方艰，人臣敢避难乎？"遂行。至则厉风纪，清吏治，州郡肃然。时谷价翔涌，乃下令勿损谷价，听民自便，于是舟车争集，价顿减。会诏三品官言时政得失，因列上二十事，万余言，目曰《中兴济治策》。因自引归。以余禄施之族党，家无甑储，天璋处之，晏如也。至顺二年卒[2]，赠河南郡侯，谥正献。

【注释】

①天历：元文宗图贴睦尔年号（1328—1330）。

②至顺：元文宗图贴睦尔、元宁宗懿璘质班年号（1330—1333）。

【译文】

天历二年，蜀地起兵造反，荆楚大为震动，朝廷任命卜天璋为山南廉访使，人们说："你都八十岁了，老了，可以推辞掉这个差使。"卜天璋说："国家正值艰难困苦之时，身为人臣怎么敢躲避危难呢？"于是就上任了。他到任之后整饬风化，整肃吏治，州郡得以安定有序。当时谷物价格飞涨，卜天璋便下令不要压低谷价，听任百姓自由买卖，于是各地卖谷物的舟车争相来此汇集，谷价顿时就下降了。正值朝廷下诏给三品以上官员，让他们陈述当时政策得失，卜天璋因此列举二十件事上奏，共一万余言，取名为《中兴济治策》。然后他便辞官归家。卜天璋将自己留存的俸禄全部分发给了族人，家中无丝毫储蓄，而他处之淡然。至顺二年卜天璋去世，追赠河南郡侯，谥号为正献。

下 黄溍

黄溍，字晋卿，婺州义乌人。历诸邑宰，多出冤狱，民称神明。自将仕郎[1]，七转至中奉大夫。溍天性介特[2]，在州县惟以清白为治，月俸弗给，每鬻产以佐之。谢病南还，优游田里，年八十一卒。

介特，何至鬻产佐俸。

【注释】

①将仕郎：文散官名。隋朝始置。

②介特：孤高，不随流俗。

【译文】

黄滔，字晋卿，婺州义乌人。他曾担任多个县的县令，平反了很多冤案，百姓称之为神明。他从担任将仕郎开始，七次迁职，官至中奉大夫。黄滔天性耿介孤高，在州县任职时以清廉为处事之本，他每月俸禄都不够用，常靠变卖家产来补贴。后来黄滔告病辞官南归，优游于乡野之间，于八十一岁时去世。

孤高，但何至于要卖掉家产来补贴官俸的不足。

中曹鉴

曹鉴，字克明，宛平人。为湖广员外，有故掾顾渊伯馈辰砞一函[①]，鉴以药品，不拒，漫置箧中。后年余，欲以和药，开视之，内有金一锭，鉴惊叹曰："渊伯非知我者。"时顾已殁，访其子还之。官至礼部尚书，犹僦屋而居[②]。年六十五，卒，封谯郡侯，谥文穆。

父没还子，此为至行。

【注释】

①辰砞（zhū）：即辰砂，又称朱砂、丹砂、赤丹、汞沙，中药材，具镇静、安神和杀菌等功效。古代将其作为炼丹的重要原料。

②僦（jiù）：租赁。

【译文】

曹鉴,字克明,宛平人。曹鉴担任湖广员外时,有一位旧下属叫顾渊伯的送了他一包辰砂,曹鉴因为是药品,所以没有拒绝,随手就放在了小箱子里。一年多以后,他想要用辰砂和药,打开箱子一看,里面有一锭黄金,曹鉴惊叹道:"渊伯不是了解我的人啊。"当时顾渊伯已经死了,曹鉴就寻访他的儿子将金子归还。曹鉴官至礼部尚书,却仍然租房而居。他在六十五岁时去世,被追封为谯郡侯,谥号为文穆。

父亲去世了就还给儿子,此为至德之行。

下 宋本

宋本,字诚夫,大都人[①]。廷试第一。自承务郎[②],十转至太中大夫。历诸华朊[③],犹僦室以居。及卒,非赙赠几不能棺敛。执绋者近二千人[④],皆缙绅、门生故吏及国学诸生,未尝有一杂宾。时人荣之。

【注释】

①大都:今北京。

②承务郎:隋朝六部设承务郎。唐废。宋以后沿置,为低级文职官阶。

③华朊(wǔ):华贵,显贵。

④执绋:原指送葬时帮助牵引灵柩,后泛指送葬。

【译文】

宋本,字诚夫,大都人。宋本在殿试中考中第一。从任职承务郎起,十次迁职,官至太中大夫。他地位显贵,仍然租房居住。等到他死之时,如果不是靠亲朋好友所赠的财物差点不能入殓。为他送葬的有近两千人,都是士大夫、他的门生故吏及国子监的学生,除此之外没有其他宾客。当时的人都认为这很荣耀。

廉蠹

【题解】

“廉蠹”是黄汝亨的发明。这一附录部分其实才算是他自己真正的独立思考所得，也是他相较于费枢在历史人物的认识和评价方面略显特别之处。那些违逆人的本性而残忍严酷者，没有恻隐之心，捐弃仁恕之道，虽廉亦不足以效法。而被冠以“诈”“谲”“贼”“奸”之流，则是典型的反面教员，也是当今时代反腐倡廉需要重点予以关注的。

孔子曰：“乡原[①]，德之贼也。”孟子推言恶似而非者，曰：“恐其乱德。”谓：“居之似忠信，行之似廉洁。”然则有不廉不洁之行，即不得似，似之固已廉洁矣。至举乱贼之恶名而加之，孔孟不已刻乎？曰：“诛其心也。”夫盗跖恣睢暴戾[②]，庸人皆知其非。至于似则忠信廉洁之名归焉，将使贞白粹清之士无以自异。故孔孟痛恶之，不少假贷[③]，况夫诈谲酷烈，而阴贼人，显乱家国，残忍骨肉者乎？公孙弘、牛僧孺，天下之所谓贤良文学人也；张汤，明习法令人也。其罪讵至与卢杞同科？而予并以为“廉蠹”，遵孔孟之训，辨真似之介，不敢不严也。乃若鄙琐陋劣，如接屣衔绢之流，丑态飞动，不待识者为之汗颜，何足道哉，何足道哉！余摘之得十人。

【注释】

①乡原（yuàn）：即乡愿，指乡里那些言行不一、伪善欺世之人。

②恣睢：凶残横暴，任性而为。

③假贷：宽容。

【译文】

孔子说："乡愿，是败坏道德之人。"孟子由此而厌恶那些似是而非之人，评价道："担心他们败坏道德规范。"又说："这类人平日好像忠诚守信，行为也似乎清正廉洁。"这样说来，有不廉不洁的行为，就不能够做到好像廉洁的样子，既然相似那么本来就是廉洁了。至于用乱贼这样的恶名去评价这类人，孔子和孟子难道过于苛刻了吗？答道："这是为了揭露他们的真实意图。"盗跖凶残横暴，庸人都知道他的罪孽。而那些看起来好像清廉正直之人，倘若享有忠信廉洁的美名，将使得那些真正清正廉洁的人无法与之区分开来。因而孔孟非常痛恨这种人，对他们毫不宽容，更何况那些奸诈严酷阴狠残忍，背地里害人，公开扰乱家国，残害骨肉的人呢？公孙弘、牛僧孺，是天下所谓的贤良而有才华的人；张汤，是明习法令之人。他们的罪行怎会和卢杞一样严重？但我将他们合称为"廉蠹"，是为了遵从孔孟的训诫，去辨别真的廉洁与伪装廉洁的区别，不敢不严格分别。至于那些卑鄙猥琐陋俗低劣之人，如同接鞋衔绢之流，他们丑态毕露，人们不需要有什么见识也会为之汗颜，他们不值一提，不值一提！我选取了十个人列名廉蠹。

酷郅都

郅都，河东大杨人也[①]。以郎事文帝。景帝时，为中郎将，敢直谏，面折大臣。尝从入上林，贾姬在厕，野彘入厕。

上目都，都不行。上欲自持兵救贾姬，都伏上前曰：“亡一姬，复一姬进，天下所少宁姬等邪？陛下纵自轻，奈宗庙太后何？”上还，彘亦不伤贾姬。太后闻之，赐都金百斤，上亦赐金百斤，由此重都。

【注释】

①大杨：县名。在今山西洪洞。

【译文】

郅都，是河东郡大杨人。他曾以郎官的身份侍从汉文帝。在汉景帝时担任中郎将，敢于直言进谏，在朝堂上敢当面驳斥公卿大臣。郅都曾随汉景帝到上林苑，贾姬上厕所时，一只野猪窜了进去。景帝向郅都使眼色让他去救贾姬，郅都不去。汉景帝想自己拿武器去救贾姬，郅都跪在汉景帝面前拦阻说：“失去一个姬妾，又会有一个姬妾进来，天下难道会缺少姬妾吗？纵使陛下您不珍重自己，那又如何向祖宗、太后交代呢？”于是汉景帝便回去了，而野猪也没有伤害贾姬。太后听说了这件事，赏赐郅都金百斤，汉景帝也赏赐他金百斤，郅都由此得到重视。

济南瞷氏宗人三百余家[①]，豪猾，二千石莫能制。于是景帝拜都为济南太守，至则诛瞷氏首恶，余皆股栗。居岁余，郡中不拾遗，旁十余郡守畏都如大府。

【注释】

①瞷：音 xián。

【译文】

济南郡有个瞷氏家族共三百余家，强横奸猾，郡太守无法管制他们。于是汉景帝任命郅都为济南太守，郅都到任就诛杀了瞷氏家族的首恶，其余的人都吓得两腿发颤。过了一年多,郡中路不拾遗,附近十几个郡的太守敬畏郅都就像敬畏上级长官一样。

都为人勇,有气,公廉,不发私书,问遗无所受,请寄无所听,尝称曰:“已背亲而出身,固当奉职死节官下,终不得顾妻子矣。”

【译文】

郅都为人勇敢,有气节,公正廉明,不看私人信件,谁送的东西也不收,任何人说情都不听,他曾说道:“我离开了亲人在外为官,应当奉公守节死于任上,不能再顾及妻子儿女了。”

都迁为中尉,丞相条侯至贵倨也[①],而都揖丞相。是时民朴,畏罪自重,而都独先严酷,行法不避贵戚,列侯宗室见都侧目而视,号曰“苍鹰”。临江王征诣中尉府对簿[②],欲得刀笔为书谢上,而都禁吏弗与,魏其侯使人间予临江王[③],王既得,为书谢上,因自杀。窦太后闻之[④],怒,以危法中都,免归家。景帝乃使使即拜都为雁门太守,便道之官,得以便宜从事。匈奴素闻其节,举边引兵去,竟都死不近雁门。匈奴至为偶人象都,令骑驰射,莫能中,其见惮如此。匈奴患之,乃中都以汉法,帝曰:“都忠臣。”欲释之。太后曰:“临江王独非忠臣乎?”于是斩都也。

【注释】

①条侯:即周亚夫。

②临江王：刘荣（？—前147）。汉景帝庶长子，汉武帝刘彻的兄长，曾被汉景帝立为太子。景帝七年（前150）正月，栗姬失宠，废刘荣为临江王。

③魏其侯：窦婴（？—前131）。西汉大臣，汉文帝窦皇后的侄子。

④窦太后：汉文帝皇后，汉景帝之母。

【译文】

郅都后来升任中尉，当时的丞相条侯周亚夫地位尊贵，为人最是傲慢，而郅都见了丞相也仅仅是作揖而已。当时民风淳朴，人人害怕犯罪，洁身自重，而郅都却率先实行严刑酷法，执行法令不避贵戚，使得诸侯王公和皇家宗室都不敢与他对视，给他起了个绰号叫“苍鹰”。临江王刘荣被召到中尉府受审时，想要拿刀笔给皇帝写信谢罪，而郅都不让官吏给他，魏其侯让人偷偷拿了刀笔给临江王，临江王拿到了刀笔，写下了给皇帝的谢罪信后就自杀了。窦太后听了这件事，大怒，以郅都行严酷之法为由，将其罢免归家。汉景帝于是派出使者任命郅都为雁门太守，让他抄近路赴任，遇事可无需请示自行决断。匈奴早就听闻他的为人，将雁门周边的军队都撤去了，直到郅都去世都没有再靠近雁门。匈奴曾用木头刻了一个郅都的雕像，令骑兵习射，没有能射中的，他们就是这样害怕郅都。匈奴人恨他，于是用汉朝的法律来构陷他，汉景帝说：“郅都是忠臣。”想要释放他。窦太后说：“临江王难道不是忠臣吗？”于是处斩了郅都。

郅都不发私书，不受馈遗，廉矣。乃民朴畏罪而独任严酷，令人侧目，号“苍鹰”。彼宁成“乳虎”①，赵禹“贼”②，深相效仿为残刻，草菅人命，此其廉害甚于贪。

【注释】

①宁成：西汉酷吏。曾任关都尉，出入关者说：“宁见乳虎，无值宁成之怒。”

②赵禹：西汉司法官，与张汤论定律令。

【译文】

郅都不看私人信件，不接受馈赠，这就是廉洁。但是百姓民风淳朴，害怕犯罪，他却一意实行严刑酷法，让人侧目，称他为“苍鹰”。此外还有宁成号称“乳虎”，赵禹被称为“贼”，他们彼此效仿，残忍苛刻，草菅人命，这就是为什么说他们的廉洁为害甚至超过了贪墨。

酷张汤

张汤，杜陵人也。父为长安丞，出，汤为儿守舍①。还，鼠盗肉，父怒，笞汤。汤掘熏得鼠及余肉，劾鼠掠治②，传爰书③，讯鞫论报④，并取鼠与肉，具狱磔堂下⑤。父见之，视文辞如老狱吏，遂使书狱⑥。

【注释】

①为儿：言其尚小。

②劾：审讯。掠治：拷打。

③爰书：古代的一种司法文书，主要是将整个审判过程都记录下来。后用以指判决书。

④讯鞫（jū）：审讯。

⑤磔（zhé）：古代一种分裂肢体的酷刑。

⑥书狱：书写办案文书。

【译文】

张汤，是杜陵人。张汤的父亲曾任长安县丞，有一次外出，让年幼的张汤看守家舍。回家之后，发现老鼠偷了肉，张汤父亲非常生气，鞭打了张汤。张汤熏掘洞窟抓住了老鼠找到了吃剩下的肉，拷打审讯了老鼠，传阅讯问书，反复审讯定案，将老鼠以及剩余的肉都提来取证，最后将老鼠处以磔刑。他的父亲见了,看他审判老鼠的文书写得就像老练的狱吏所书,于是便让他负责写办案文书。

后给事内史,为宁成掾。武安侯为丞相[①],征为吏。治巫蛊狱[②],深竟党与,迁太中大夫。与赵禹定律令,务在深文。又多舞智御人。汤至于大吏,内行修,交通宾客。而深刻吏多为爪牙用者,多巧排大臣,为诈忠陷人。三长史心害汤,发汤阴事,上以汤怀诈,使使八辈簿责汤,遂自杀。汤死,家产直不过五百金,皆所得奉赐,无它赢。

起刀笔致位三公,仅存奉赐五百金,无它赢,不可谓不廉。然深文舞智巧陷人,为诈忠,窃取公卿,贪生残矣。

【注释】

①武安侯:即田蚡(? —前130)。西汉初年外戚、宰相。

②巫蛊狱:即陈皇后巫蛊案。据《汉书·外戚传上》所载:"初,武帝得立为太子,长主有力,取主女为妃。及帝即位,立为皇后,擅宠骄贵,十余年而无子,闻卫子夫得幸,几死者数焉。上愈怒。后又挟妇人媚道,颇觉。元光五年,上遂穷治之,女子楚服等坐为皇后巫蛊祠祭祝诅,大逆无道,相连及诛者三百余人。楚服枭首于市。使有司赐皇后策曰:'皇后失序,惑于巫祝,不可以承天命。其上玺绶,罢退居长门宫。'"

【译文】

后来张汤调到内史任职,担任宁成的属官。武安侯任丞相时,征召张汤为相府史。在处理陈皇后巫蛊案件中,张汤深入追究查办牵连的人,升任为太中大夫。他与赵禹一起制定法律条令,使法律条文更为严谨细密。他又善于玩弄机智权谋以控制他人。张汤虽担任大官,但是个人生活节制，常与宾客交往。而那些苛刻阴毒的官吏多数成为了他的爪牙，常常排挤大臣，以表面的忠厚来陷害他人。丞相府的三个长史忌恨张汤，于是揭发了他那些见不得人的事，皇帝认为张汤怀有诡诈之心，于是派遣了八批使者按文书所列罪状逐一责问张汤，张汤于是就自杀了。张汤死后，他的家产不过五百金，都是他所得的奉赐，此外没有别的财物。

从刀笔小吏起家到位列三公，仅仅存有赏赐的五百金，而没有其他财物，不能说他不廉洁。然而他援用法律条文苛细严峻，且玩弄机智权谋以控制陷害他人，是假装忠诚，窃取公卿之位，他所贪的是残害他人生命。

酷尹齐

尹齐，东郡茌平人也①。以刀笔吏稍迁至御史，事张汤。汤数称以为廉武，帝使督盗贼，斩伐不避贵势。迁关都尉，有声，拜中尉。

【注释】

①茌平：今山东聊城茌平区。

【译文】

尹齐，是东郡茌平人。尹齐最初为刀笔吏，逐渐升迁为御史，任职于张汤手下。张汤多次称他廉洁勇武，皇帝派他督察缉捕盗贼，尹齐诛杀罪犯从不因其地位权势惧怕。后来尹齐升任关都尉，任内颇具声望，又被任命为中尉。

齐木强少文，豪恶吏伏匿而善吏不能为治，以故事多废，抵罪。后复为淮阳都尉。数年病死，家直不满五十金。所诛灭淮阳甚多，及死，仇家欲焚其尸，妻亡去归葬。

以廉结汤，知而行其酷。

【译文】

尹齐为人刻板、缺乏文才，他治下恶吏往往隐匿不仕，而善吏又不能治事，故而尹齐因政事多有荒废而被问罪。后来他又担任淮阳都尉。数年后病死，家产不足五十金。他在淮阳诛杀了很多人，等到他死后，仇家想要焚毁他的尸体，他的妻子携尸逃去才得以埋葬。

因为廉洁而结交张汤，聪明而行事残酷。

诈公孙弘

公孙弘，淄川薛人也[①]。少时为狱吏，有罪免。家贫，牧豕海上。年四十余，乃学《春秋》杂说。

【注释】

①淄川薛：在今山东寿光。

【译文】

公孙弘，淄川薛县人。他年少时曾担任狱吏，因为犯罪而被免官。公孙弘家中贫困，以在海边养猪为业。到了四十多岁的时候，他开始学习《春秋》之学及其他杂学。

武帝初即位，招贤良文学士，是时弘年六十，以贤良征，为博士。使匈奴，还报不合意，免归。元光五年[①]，复征贤良文学，推上弘。对策，天了擢弘对为第一，待诏金马门。每朝会议，开陈其端，使人主自择，不肯面折廷诤，上说之。一岁中至左内史，事有所不可，不肯廷辩。常与主爵都尉汲黯请间[②]，黯先发之，弘推其后，上常说，所言皆听。尝与公卿约议，至上前，皆背其约以顺上旨。汲黯廷诘弘曰："齐人多诈而无情。”弘谢。后母卒，服丧三年，迁御史大夫。汲黯曰："弘位在三公，奉禄甚多，然为布被，诈也。”上问弘，弘谢曰："有之。夫以三公为布被，诚饰诈以钓名，如黯言。”上以为有让，益贤之，下诏封丞相弘为平津侯。丞相封侯，自弘始也。于是开东阁以延贤人③。弘身食一肉，脱粟饭④，故人宾客仰衣食，奉禄皆以给之，家无所余。然其性意忌⑤，外宽内深。诸常与弘有隙，虽阳与善，后竟报其过。杀主父偃⑥，徙董仲舒胶西⑦，皆弘力也。

【注释】

①元光：汉武帝刘彻年号（前 134—前 129）。

②主爵都尉：官名。汉代位列九卿，主要负责诸侯国各王及其子孙封爵夺爵等事宜。汲黯（？—前 112）：字长孺。西汉名臣。请间：请求在空隙之时报告事情，不欲当众言说。

③东阁：古代称宰相招致、款待宾客之所。

④脱粟饭：脱粟指仅脱谷皮的糙米，言其不精。

⑤意忌：疑忌。

⑥主父偃：汉武帝时大臣，曾向汉武帝提出了“大一统”的政治主张。

⑦董仲舒（？—前 104）：西汉今文经学大师。系统提出“天人感应”“大一统”学说，主张“罢黜百家，表彰六经”。

【译文】

汉武帝即位之初，招募贤良文学之士，当时公孙弘六十岁，以贤良之名而被征召，被任命为博士。他奉命出使匈奴，因汇报情况不合天子之意而被免官归乡。元光五年，朝廷再次征召贤良文学，淄川国又推荐了公孙弘。在对策考核中，汉武帝把公孙弘选拔为第一，让他在金马门待诏。每次举行朝会议事时，公孙弘总是先开头陈述见解，让皇帝自己选择决定，不肯当面谏诤，因此皇帝非常喜欢他。公孙弘在一年之内就官至左内史，他所奏之事有的不被准许，他也不在朝堂上争辩。他常和主爵都尉汲黯一起请求在闲时背着众人向皇帝进言，汲黯先向皇帝提出意见，公孙弘随后解释说明，因此皇帝经常感到高兴，他们所说的也都能够采纳。公孙弘曾同公卿大臣约定好奏议之事，等到向皇帝奏请的时候，他却违背先前的约定，而顺从皇帝的意旨。汲黯在朝上责备公孙弘说："齐人多好欺诈而没有真情。"公孙弘向汲黯谢罪。后来公孙弘的母亲去世，他服丧三年，后升任御史大夫。汲黯评论道："公孙弘位列三公，俸禄非常多，然而他却还盖布被，这是欺诈之举。"皇帝问公孙弘，公孙弘谢罪说："确实有这件事。位列三公却盖布被，确实是为求声名而行的欺诈之举，正如汲黯所言。"武帝认为公孙弘谦让有礼，更加厚待他，下诏封丞相公孙弘为平津侯。丞相封侯的惯例，就是从公孙弘开始的。于是公孙弘开东阁门延揽贤人。他每顿饭只有一个肉菜，吃的是粗米饭，那些故人宾客的衣食全靠他的俸禄来供给，家中没有积蓄。然而公孙弘为人疑忌，表面看来宽宏大量，内心城府却很深。那些曾经同他有仇怨的人，他虽然表面与他们相处融洽，但暗中却加以报复。主父偃被诛杀，董仲舒被改派到胶西国当国相，都是公孙弘干的事。

弘奏策文学，诚冠汉庭。身食一肉，脱粟饭，行之似廉矣。然三公为布被，饰诈以钓名，先发后推，背约顺上旨，外宽内深，阳与之善，阴为报复，此老奸也。

【译文】

公孙弘的奏策、文学之才，的确冠绝汉朝。每餐仅食一个肉菜，吃粗米饭，确实看似廉洁。然而位列三公却盖布被，以此伪饰来沽求声名，先让汲黯上奏，自己随后再解释说明，背弃先前之约而顺从皇帝的旨意，表面看来宽宏大量，内心城府很深，表面与别人交善，暗地里却报复，这就是老奸巨猾之人。

谲朱博

朱博，字子元，杜陵人也。成帝时[1]，以高第入守左冯翊。长陵大姓尚方禁，少时尝盗人妻，见斫，创著其颊。府功曹受赂，白除禁调守尉。博闻之，以他事召见，视其面，果有瘢[2]。博辟左右，问禁是何等创也，禁叩头服状。博笑曰："冯翊欲洒卿耻，拔拭用禁[3]，能自效不？"禁且喜且惧，对曰："必死。"博因敕禁："毋得泄语，有便宜，辄记言。"因亲信之以为耳目。

【注释】

①成帝：刘骜（前51—前7）。西汉第十二位皇帝。

②瘢（bān）：疮疤愈合后留下的痕迹。

③拔拭：擦去。

【译文】

朱博，字子元，杜陵人。汉成帝时，朱博因政绩考核优异入京担任左冯翊。当时长陵豪族有个叫尚方禁的人，年轻时曾与他人之妻私通，被砍伤，伤疤还留在脸上。州府的功曹接受了贿赂，告诉朱博让尚方禁担任守尉。朱博知道以后，就以其他事情为由召见尚方禁，察看他的脸上，果然有斑痕。朱博屏退身边的人，问尚方禁脸上是什么伤，尚方禁叩头说明情况。朱博笑着说："左冯翊想洗掉你的耻辱，擦掉你的劣迹任用你，你能为我效力吗？"尚方禁既高兴又害怕，回答说："一定以死相报。"于是朱博命令尚方禁说："不可泄漏此事，有机会就记下别人的话。"此后便亲近信任尚方禁，将他当作自己的耳目。

禁晨夜发起部中盗贼及他伏奸，有功效。博擢禁连守县令。久之，召见功曹，闭阁数责以禁等事，与笔札使自记，积受取一钱以上，无得有所匿。功曹惶怖，具自疏奸臧，大小不敢隐。博知其对以实，遣出就职。功曹后常战栗，不敢蹉跌。

【译文】

尚方禁没日没夜地揭发了一些盗贼，以及其他隐秘的奸恶之事，有功效。朱博就提拔尚方禁为连守县令。很久之后，朱博召见功曹，关起门来责备他接受尚方禁贿赂等事，给他了笔札，让他自己写出来接受的贿赂，一文钱都不能隐匿。功曹十分害怕，于是将受赂的事全部写出，无论大小都不敢隐瞒。朱博知道他是按照实际情况来答对，就让他回到任上。此后功曹对朱博十分恐惧，不敢有所失误。

博为人廉俭，不好酒色游宴，自微贱至富贵，食不重味，案上不过三杯。然好乐士大夫，为郡守九卿，宾客满门，欲仕宦者荐举之，欲报仇怨者解剑以带之，其趋事待士如是。为左冯翊多武谲，网络张设，少爱利，敢诛杀。博以此自立，然终用败。

廉俭不好酒色固可纪，然武健阴刻，多诛杀人。此谲廉也，与张汤同罪。

【译文】

朱博为人清廉节俭，不喜欢酒色游宴之事，从卑微低贱到富贵，吃的只是简单的饭菜，案桌上不超过三个碗盘。然而他乐于结交士大夫之流，在担任郡守、九卿时，宾客满门，其中有想要为官的人，朱博就予以举荐，有想要报仇的，朱博就解下佩剑给他带上，他就这样待人处事。朱博担任左冯翊期间行事多靠武力、欺诈，善于设置陷阱，缺少仁爱利人之举，敢于多杀人。朱博以此来自立，然而最终却失败了。

清廉节俭不喜好酒色固然值得称道，但是崇尚武力善施阴谋，诛杀过多。这就是狡诈之廉，与张汤同罪。

陋虞玩之

虞玩之，字茂瑶，会稽余姚人。少闲刀笔[①]，泛涉书史，好臧否人物。为少府，齐高帝时在东府[②]，玩之蹑屐造席，高帝取屐亲视之，讹黑斜锐[③]，蒵断[④]，以芒接之，问曰："卿此屐已几载？"玩之曰："初释褐拜征北行佐[⑤]，买之，着已三十年，贫士竟不办易。"高帝咨嗟，因赐以新屐。玩之不受，帝问其故，答曰："今日之赐，恩华俱重，但蓍簪弊席复不可遗[⑥]，所以不敢当。"帝善之。元徽中[⑦]，为尚书右丞。

味太酸。

【注释】

①闲：通"娴"，熟练。

②齐高帝（427—482）：萧道成，字绍伯，小字斗将，东海郡兰陵县（今山东临沂）人。南朝齐开国皇帝，自称西汉丞相萧何二十四世孙。

③讹黑：即被火烧黑。讹，野火烧。斜锐：指屐上横斜的芒草锋利扎脚。斜，横斜的芒草。

④蒵（xì）：鞋带。

⑤释褐：脱去平民衣服，开始为官。

⑥蓍（shī）：植物名。其茎在古代常用于占卜。

⑦元徽：宋后废帝刘昱年号（473—477）。

【译文】

虞玩之,字茂瑶,会稽余姚人。虞玩之年少时熟练掌握法律文书,广泛涉猎经书史籍,好评论人物。他担任少府之职时,正逢齐高帝在东府,虞玩之穿着一双木屐赴宴,齐高帝拿着他的木屐亲自察看,那木屐已经被火烧黑,屐上横斜的芒草锋利扎脚,木屐的鞋带断了,是用芒草接起来的,齐高帝问虞玩之:"你这双木屐穿了多少年了?"虞玩之回答道:"我刚为官,任征北将军的属官时买的,已经穿了三十年了,毕竟贫穷的士人置办它不太容易。"齐高帝为之感叹,于是赐给他新的木屐。虞玩之没有接受,齐高帝问其缘由,虞玩之回答道:"今天的赏赐,恩德深厚,器物也很华美,但是以蓍草做的簪子、破旧的草席也不能丢弃,因此不敢接受。"齐高帝非常赞许他。元徽年间,虞玩之担任尚书右丞。

此人太过酸腐。

忍刘览

刘览,字孝智,彭城安上里人。十六通《老》《易》,为中书郎。以所生母忧,庐于墓,再期不尝盐酪[①]。隆冬止着单布衣,家人虑不胜丧,中夜窃置炭于床下,览因暖得寐。及觉知之,号恸欧血。

【注释】

①再期:指服丧两年。

【译文】

刘览,字孝智,彭城安上里人。他十六岁就精通《老子》《周易》,曾任中书郎。因为要为其生母服丧,于是刘览在墓旁结庐而居,服丧两年间不食用盐和乳酪。隆冬时节只穿单布衣,家人担心他不能承受服丧之苦,就在半夜偷偷将炭火放在他床下,刘览因为暖和而睡着了。等他醒来后知道了这件事,号叫恸哭以致呕血。

服阕,除尚书左丞。居官清正,无所私。从兄吏部郎孝绰颇通赃货[①],览劾奏免官,孝绰怨之,常谓人曰:"犬噬行路,览噬家人。"出为始兴内史,复为左丞。卒。

刻薄。证父攘羊之直[②]。

【注释】

①孝绰:即刘孝绰(481—539)。《梁书·刘孝绰传》:"刘孝绰,字孝绰,彭城人。本名冉。祖勔,宋司空忠昭公。父绘,齐大司马霸府从事中郎。"

②证父攘羊:父亲偷了羊,而儿子将其告发。出自《论语·子路》:"叶公语孔子曰:'吾党有直躬者,其父攘羊,而子证之。'孔子曰:'吾党之直者异于是,父为子隐,子为父隐,直在其中矣。'"

【译文】

刘览服丧期满,被任命为尚书左丞。刘览为官清廉正直不营私。他的从兄吏部郎刘孝绰常常收受贿赂,刘览因此上奏弹劾使其罢官,刘孝绰因此非常怨恨他,经常对人说:"狗咬路人,刘览咬家里人。"刘览出京担任始兴内史,后又再次任尚书左丞。在任上去世。

为人刻薄。有揭发自己父亲偷羊一般的"正直"。

陋厍狄士文

厍狄士文[①],善无人也[②]。性孤直,虽邻里至亲,莫与通狎。在齐,袭父干爵,封章武郡王。周武帝平齐,山东衣冠多来迎,唯士文闭门自守。帝奇之,授开府仪同三司、随州刺史。

【注释】

①厍(shè)狄:复姓。

②善无:今山西右玉。

【译文】

厍狄士文,善无县人。他性情孤高直率,即使邻里至亲,也不相交往亲近。在北齐时,厍狄士文承袭父亲爵位,受封为章武郡王。北周武帝平定北齐之后,山东世家大族多来相迎,唯独厍狄士文闭门不出。周武帝认为他很特别,任命他为开府仪同三司、随州刺史。

隋文受禅,加上开府,封湖陂县子,寻拜贝州刺史。性清苦,不受公料,家无余财。其子尝啖官厨饼,士文枷之于狱累日,杖之二百,步送还京。童隶无敢出门,所买盐菜必于外境。凡有出入,皆封署其门,亲故绝迹,庆吊不通。法令严肃,吏人股战,道不拾遗。常入朝,遇上赐公卿入左藏[①],任取多少,人皆极重,士文独口衔绢一匹,两手各持一匹。上问其故,士文曰:"臣口手俱足,余无所须。"上异之,别赏遗之。士文至州,发擿奸细谄谀,长吏尺布斗粟之赃,无所宽贷。后为雍州长史,齐亡,为御史所劾,士文性刚,在狱数日,愤恚而死。家无余财,有三子,朝夕不继,亲宾无赡之者。

杖子二百,恶态。手口俱足,丑态。

【注释】

①左藏:左藏库,官署名。职掌收受四方财赋,掌管金银珠玉、宝货钱币等。

【译文】

隋文帝接受禅让登基后,厍狄士文被授予上开府官衔,受封湖陂县子爵位，不久又被任命为贝州刺史。他生性清廉刻苦，从不接受公家之物，家无余财。他的儿子曾吃了官府厨房中的饼，厍狄士文将他套上枷锁关进狱中多日，并将他杖责二百，徒步将其送回京城。厍狄士文的仆从不敢随便出门，盐和蔬菜都要去州境之外购买。每次进出，都要将门贴上封条，亲戚朋友也不跟他来往，贺喜吊丧之事也不参与。他执法严苛，官吏们闻之便双腿颤抖，辖区内道不拾遗。有一次上朝，正碰上皇帝让公卿大臣们到左藏库去随意拿取器物，其他人都拿了很贵重的财物，唯独厍狄士文口中衔绢一匹，两手各拿一匹。皇帝问其缘故，厍狄士文回答道："我口手都拿满了，其他没有需要的了。"皇帝感到惊异，就另外赏赐了一些物品给他。厍狄士文在刺史任上，揭发奸人和阿谀奉承之徒，属下官吏哪怕只是贪污了一尺布一升粟，也无所宽贷。后来厍狄士文担任雍州长史，齐朝灭亡之后，遭到御史弹劾，厍狄士文性格刚直，在狱中数日后悲愤而死。他家无余财，身后留下三个儿子，吃了上顿没有下顿，亲友中没有帮助他们的人。

杖子二百，显出其凶恶之态。取物口手俱拿，显出其丑陋之态。

贼卢杞

卢杞，字子良，父弈，祖奂。杞有才辨，体陋甚，鬼貌蓝色，不耻恶衣菲食，人未悟其不情[①]，咸谓有祖风节。藉荫得官，累迁虢州刺史。奏言虢有官豕三千，为民患，德宗曰："徙之沙苑。"杞曰："同州亦陛下百姓，臣谓食之便。"帝曰："守虢而忧他州，宰相材也。"诏以豕赐贫民，遂有意柄用。俄召为御史中丞，论奏无不合。逾年迁大夫，擢门下侍郎、同中书门下平章事。

【注释】

①不情：不近人情。

【译文】

卢杞，字子良，他的父亲是卢弈，祖父是卢奂。卢杞有才智机辩，但体貌十分丑陋，面貌如鬼，面呈蓝色，他不以敝衣粗食为耻，人们不知道他不近人情，都说他有先祖卢奂的风度气节。他依靠门荫获得官职，后累次升迁至虢州刺史。卢杞曾上奏说虢州官府养了三千头猪，使百姓难以负担成为忧患，唐德宗说："将它们迁徙到沙苑去。"卢杞说："同州人也是陛下的百姓，臣认为吃了它们比较好。"唐德宗说："身为虢州刺史而能心系他州，是担任宰相之材。"于是下诏将这些猪赐给贫民，由此皇帝有心任用卢杞执掌朝政。不久召他进京担任御史中丞，卢杞所上的论奏，没有不合皇帝心意的。一年后，卢杞升迁大夫，又被擢升为门下侍郎、同中书门下平章事。

既得志，险贼浸露，媢贤忌能[①]，小忤意，不置死地不止。大臣杨炎、张镒、郑詹、颜真卿辈，俱杞所陷也。杞用户部侍郎赵赞判度支，于是作"间架""除陌"法[②]，怨诽满天下。及泾师乱[③]，帝奔奉天，李怀光自河北还[④]，数破贼勤王。杞虑怀光不利于己，诏无入朝。怀光自以千里赴难，有大功，为奸臣所阻，不一见天子，内怏怏无所发，遂反，因暴杞罪恶。帝始寤，贬为新州司马。然帝念之不衰，及兴元赦令，俄徙吉州长史。贞元元年，诏拜饶州刺史。给事中袁高当行制，不肯草，乃改澧州别驾。寻死。始，帝即位，以崔祐甫为相，专务道德，故建中初纲纪张设，有贞观风。及杞相，乃讽帝以刑名绳天下，乱败踵及。其阴害矫谲，虽国屯主辱，犹謷然肆为之[5]。然史称其清介，一时莫及也。

险陋凶人。恶食菲衣，史称清介，是廉之贼。

【注释】

①媢（mào）贤：嫉妒贤能。

②间架：谓税间架。即征收建房税，为唐代施行的一种杂税。除陌：征收交易税。

③泾师乱：指建中四年（783）爆发的泾原兵变。建中四年，泾原镇士卒兵变，攻陷了长安。唐德宗仓皇出逃至奉天，被包围一月余。

④李怀光（729—785）：本姓茹，渤海国人。靺鞨族。唐朝将领，朔方将军李嘉庆之子。

⑤謷（áo）然：傲慢貌。

【译文】

卢杞得志以后，阴险奸诈的一面渐渐显露，他嫉贤妒能，一旦有人稍稍违逆他，他不将对方置于死地不会罢休。大臣杨炎、张镒、郑詹、颜真卿等，都是卢杞陷害的。卢杞让户部侍郎赵赞管理财务收支，实施了“间架”“除陌”两种税法，使得天下怨诽四起。时逢泾原兵变，唐德宗仓皇出逃至奉天，李怀光从河北还师，多次击破贼军救援唐德宗。卢杞考虑到李怀光可能对自己不利，于是下诏不让他入朝面圣。李怀光认为自己驰援千里赴难，立下了大功，却被奸臣所阻，不能够见天子一面，心中非常忧郁而无处发泄，于是造反，揭露了卢杞的罪恶。唐德宗方才明白，将卢杞贬为新州司马。然而唐德宗对他仍然念念不忘，兴元年间，又下令赦免卢杞，不久让他转任吉州长史。贞元元年，唐德宗下诏任命卢杞为饶州刺史。给事中袁高本该拟写任命书，却不肯起草，于是就改任卢杞为澧州别驾。不久卢杞便死了。当初，唐德宗刚即位，任命崔祐甫为宰相，一心以道德施政，因此建中初年纲常风纪肃然，大有贞观之风。等到卢杞为相，就劝谏皇帝用刑名治理天下，祸乱衰败因此而生。卢杞阴险诡诈，即使国家受难，国君受辱，他却仍然肆意妄为。然而史书却称他的清廉耿介在当时无人能及。

阴险、丑陋、凶恶之人。虽用粗食敝衣，史书称其清廉耿介，实际上是败坏廉洁的贼人。

奸 牛僧孺

牛僧孺，字思黯，隋仆射奇章公弘之裔①。元和初，以贤良方正对策第一。历位御史中丞，按治不法，内外澄肃。宿州刺史李直臣坐赇当死，赂宦侍为助，具狱上，帝曰："直臣有才，朕欲贷而用之。"僧孺曰："彼不才者，持禄取容耳②。天子制法，所以束缚有才者。禄山、朱泚以才过人，故乱天下。"帝异其言，乃止。赐金紫服，以户部侍郎同中书门下平章事。

【注释】

①弘：牛弘，本姓裒，字里仁，安定鹑觚（今甘肃灵台）人。

②取容：曲从讨好，取悦于人。

【译文】

牛僧孺，字思黯，是隋朝仆射奇章公牛弘的后裔。元和初年，牛僧孺参加贤良方正科的策试获得第一。他担任御史中丞期间，查办不法之事，肃清朝廷内外。宿州刺史李直臣因贪赃应当被判死刑，而他贿赂宦官为他求情，案件卷宗全部呈上后，皇帝说："李直臣有才干，我想宽恕并且任用他。"牛僧孺说："那些没有才干的人，只不过拿着俸禄取悦他人而已。帝王立法，就是要用来束缚那些有才干的人。安禄山、朱泚因为才干过人，所以谋乱天下。"皇帝对他的言论感到诧异，于是就打消了念头。赐给牛僧孺金鱼袋和紫袍，让他以户部侍郎掌管国政。

始韩弘入朝[①]，其子公武用财贿赂权贵，杜塞言者，俄而弘、公武卒，孙弱不能事，帝遣使者至其家，悉收赀簿，校计出入。所以饷遗朝臣者皆在，至僧孺，独朱句细字注其左曰：“某月日，送户部牛侍郎钱千万，不纳。”帝善之，谓左右曰：“吾不缪知人。”繇是遂以相。

【注释】

①韩弘（765—823）：滑州匡城（今河南长垣）人。唐朝中期藩镇重臣。

【译文】

当初韩弘入朝，他的儿子韩公武通过向权臣行贿来阻塞别人进言，不久韩弘、韩公武死了，孙儿孤弱，不能理事，皇帝派遣使者到他们家，将账簿全部收缴上来，核算出入。那些用来记录贿赂朝中大臣的账目都在，至牛僧孺名下，单独用红色的小字在左侧注到：“某年月日，送户部牛侍郎钱千万，没有接受。”皇帝非常满意，对身边的人说：“我果然没有看错人。”于是牛僧孺当上了宰相。

敬宗立[①]，进封奇章郡公。文宗立，李宗闵当国，屡称僧孺贤，复以兵部尚书平章事。是时吐蕃请和约弛兵，而大酋悉怛谋举维州[②]，入之剑南，于是李德裕上言[③]：“韦皋经略西山，至死恨不能致。今以生羌三千人烧十三桥，捣虏之虚，可以得志。”帝使群臣大议，请如德裕策。僧孺持不可，谓失信速敌，得百维州何益？帝然之。时皆谓僧孺挟素怨横议沮解[4]，帝亦以为不直。

【注释】

①敬宗：唐敬宗李湛(809—827)。唐朝第十三位皇帝。

②维州：唐武德年间置。治所在今四川理县东北一带。

③李德裕(787—850)：字文饶，赵郡赞皇(今河北赞皇)人。中唐名臣，中书侍郎李吉甫次子。

④沮解：破坏。

【译文】

唐敬宗即位，加封牛僧孺为奇章郡公。唐文宗即位，李宗闵主持国事，他多次称赞牛僧孺的贤德，又让他以兵部尚书出任宰相。当时吐蕃请求与唐朝议和罢兵，而吐蕃大首领悉怛谋以维州之地请求归降，进入剑南，于是李德裕进言说："韦皋经营西山多年，至死都没能收复此城，以此为终身之憾。而今天凭借生羌三千人烧十三桥，直捣敌人的虚空之处，就能够实现愿望。"皇帝让使群臣讨论，朝臣都认为应当采纳李德裕的策略。牛僧孺认为不可，说违背信义而招致敌人迅速报复，即使得到一百个维州又有什么益处？皇帝认为他说的是对的。舆论认为牛僧孺是因为同李德裕之间有素怨而横加破坏，后来皇帝也认为牛僧孺不够正直。

它日，延英召见宰相曰："公等有意于太平乎？何道以致之？"僧孺曰："太平亦无象，今虽未及至盛，亦足为治。"从此固请罢，乃检校尚书左仆射，为淮南节度使。开成初[1]，表解剧镇[2]，治第洛之归仁里，与宾客相娱乐。自刘稹诛[3]，而石雄军吏得从谏与僧孺、李宗闵交结状。武宗怒[10]，黜分司东都，累贬循州长史。宣宗立[5]，徙衡、汝二州。年六十九卒，赠太尉，谥文简。

【注释】

①开成:唐文宗李昂年号(836—840)。

②剧镇:政务繁剧的藩镇。

③刘稹(?—844):唐朝藩镇将领,昭义节度使刘从谏之侄。

④武宗:李炎(814—846)。唐朝第十五位皇帝。

⑤宣宗:李忱(810—859)。唐朝第十六位皇帝。

【译文】

一天,皇帝在延英殿召见宰相说:"你们希望天下太平吗?要怎样才能做到呢?"牛僧孺说:"太平没有具体的征象,现在虽然没有达到太平昌盛之境,也能够算得上天下治理有度。"之后牛僧孺坚决请求免去宰相之职,于是以检校尚书左仆射出任淮南节度使。开成初年,牛僧孺上表辞掉政务繁剧的藩镇职务,在洛阳的归仁里建造了宅第居住,与宾客互相娱乐。刘稹被诛杀后,石雄军吏获得刘稹叔父刘从谏与牛僧孺、李宗闵交结的证据。唐武宗大怒,将牛僧孺贬为分司东都,又接连贬谪为循州长史。唐宣宗即位后,牛僧孺先后调职到衡、汝二州。他于六十九岁时去世,朝廷追赠太尉,谥号为文简。

史氏赞曰:夫口道先王语,行如市人,其名曰盗。僧孺、宗闵,以方正敢言进,既当国,反奋私昵党,排撇所憎,是时权震天下,人指曰"牛李",非盗谓何?

【译文】

史家评论道:嘴上说着先王之道,行事却如同市井中人,这种人就被称为盗。牛僧孺、李宗闵,他们因为为人方正、敢于进言而得官,然而等到执掌国事的时候,反而结党营私,排除异己,以至于当时权倾天下,被合称为"牛李",不是盗又是什么呢?

余按：僧孺无他才能，以对策诋李吉甫①，流落不偶，号称直言，名用是起。及在相位，时方岌岌矣，而妄谓太平无象，今亦小康，良足以发识者之一噱耳。至与宗闵结党相磨轧，凡四十年，缙绅之祸不解。计破李卫公功，却大酋悉怛谋之降，遂失维州，终贻边患。言伪而辨，圣人所必诛也。朋奸误国，为唐大憝。徒以不受馈钱生窃台鼎之班，死挂廉洁之籍，幸矣哉。予故论著之以为小廉大害之戒。客曰：韩公武私籍僧孺不受名姓，安知非僧孺计埋之？此言似刻，亦不可保必无。

【注释】

①李吉甫（？—814）：唐朝宰相，辅佐唐宪宗开创“元和中兴”。宰相李德裕的父亲。

【译文】

我的看法是：牛僧孺没有别的才能，他在对策中诋毁李吉甫，潦倒穷困，号称敢于直言，由此获得名声和重用。他担任宰相时，正值国家危急之际，而他还在妄言什么太平没有具体征象，现在也称得上是小康之世，真是令有见识的人感到可笑。至于他与李宗闵结党倾轧异己，致使四十年中，士大夫们的祸患无法解除。他用计使李德裕的功业不能达成，拒绝吐蕃首领悉怛谋归降，丢掉了维州之地，留下严重边患。他话语诈伪而诡辩，是圣人必然诛杀的对象。他结连朋党误国，是唐朝的大罪人。然而仅仅因为不受贿赂而在活着的时候窃居宰辅高位，死后还名列廉吏，真是幸运的人啊。所以我记述他的事迹来作为小廉洁大祸害的警示。有人说：韩公武私下记载牛僧孺不受贿，谁知道不是牛僧孺所设的计谋呢？这话似乎苛刻，但也不能保证没有此事。

中华经典名著
全本全注全译丛书
（已出书目）

周易
尚书
诗经
周礼
仪礼
礼记
左传
韩诗外传
春秋公羊传
春秋穀梁传
孝经·忠经
论语·大学·中庸
尔雅
孟子
春秋繁露
说文解字
释名
国语
晏子春秋
穆天子传
战国策
史记
吴越春秋
越绝书
华阳国志
水经注
洛阳伽蓝记
大唐西域记
史通
贞观政要
营造法式
东京梦华录
唐才子传
大明律
廉吏传
徐霞客游记

读通鉴论
宋论
文史通义
老子
道德经
帛书老子
鹖冠子
黄帝四经·关尹子·尸子
孙子兵法
墨子
管子
孔子家语
曾子·子思子·孔丛子
吴子·司马法
商君书
慎子·太白阴经
列子
鬼谷子
庄子
公孙龙子(外三种)
荀子
六韬
吕氏春秋
韩非子
山海经
黄帝内经
素书
新书
淮南子
九章算术(附海岛算经)
新序
说苑
列仙传
盐铁论
法言
方言
白虎通义
论衡
潜夫论
政论·昌言
风俗通义
申鉴·中论
太平经
伤寒论
周易参同契
人物志
博物志
抱朴子内篇
抱朴子外篇
西京杂记
神仙传
搜神记